2판

사회복지정책론

| 김기원 저 |

Social Welfare Policy (2nd ed.)

학지사

이 책은 사회복지정책을 연구하는 학자, 학생, 정책 현장의 공직자, 사회복지실무자 그리고 사회복지 분야에 관심이 있는 일반인이 사회복지정책 전반에 관한 내용을 이해하는 데 도움을 주고자 저술되었다.

사회복지정책은 사람들의 욕구를 충족해 주고 사회문제를 해결하여 국민의 삶의 질을 향상시키고, 사회적 통합을 구현하기 위해 국가가 필요한 자원을 계획하고 조달하며, 이를 권위적으로 배분하는 모든 과정이자 집단적이고 의도적인 행동지침으로 주로 사회보험제도와 공공부조제도 그리고 사회서비스제도를 통해 실시된다.

사회복지정책의 대상이 되는 사회적 욕구와 사회문제는 시간이 지남에 따라 변화하는 역동적인 특징을 갖고 있다. 따라서 사회복지정책의 내용도 역동적으로 변화한다. 사회복지정책에 관한 저서 역시 기본적인 이념과 원리 그리고 분석틀은 기존의 체제는 유지하면서 역동적으로 변해 가는 사회복지정책 환경의 변화를 반영하여 내용을 정리해 나가야 할 필요가 있다.

『사회복지정책론』 초판이 출판된 이후, 사회복지정책 환경의 변화에 따라 일부 변화 내용을 반영하고 자료를 갱신할 필요가 있었으며, 내용의 분량 측면에서도 일부를 조정할 필요가 있어 개정을 하였다.

2판의 기본 구성은 초판의 내용과 동일하나, 다만 제1장 '정책 일반'의 내용 가운데 일부 내용이 수정되었다. 다른 장의 주요 내용은 큰 변화가 없으며, 일부 자료가 최근의 것으로 대체되었다. 앞으로도 변화하는 사회복지정책의 내용을 반영하여 내용을 보완하고 발전시켜 나가도록 하겠다.

이번 2판을 내면서 무엇보다 감사한 것은, 하나님께서 부족한 지혜를 채워 주시고 육신의 건강을 지켜 주신 것이다. 기도와 사랑으로 응원해 준 나의 가족, 생산적인 조언을 해 준 동료 학자들 그리고 언제나 믿음으로 지켜봐 준 나의 제자들에게도 감사를 전한다. 출판과 편집에 정성을 다해 주신 학지사 관계자에게도 감사를 전한다.

2020년 8월
안골연구실에서 김기원

**1판
머리말**

이 책은 사회복지정책을 연구하는 학자, 학생, 정책 현장의 공직자, 사회복지실무자 그리고 사회복지 분야에 관심이 있는 일반인이 사회복지정책 전반에 관한 내용을 이해하는 데 도움을 주고자 쓰였다.

제1장과 제2장에서는 정책 일반과 사회복지정책 일반에 대해 살펴본다. 우리가 사회복지정책을 올바로 이해하기 위해서는 먼저 정책이 무엇이고 이에 관한 주요 이론이 무엇인가를 올바르게 이해해야 한다. 사회복지정책이란 사회복지에 관한 공공정책으로, 이론적으로는 충족되지 않은 국민의 욕구를 충족시키거나 사회문제를 해결하기 위하여 가치를 권위적으로 배분함으로써 국민의 복지를 향상시키기 위한 일련의 행동지침을 말한다. 사회복지에 관한 정의는 협의에서 광의로 그리고 최근에는 초광의로 확대되어 가고 있으며, 이에 따라 사회복지정책에 관한 정의도 점차 협의에서 광의로, 나아가 초광의로 확대되어야 한다.

제3장에서는 사회복지정책의 이념과 전략을 살펴본다. 사회복지정책의 가치는 이념의 렌즈를 통하여 조직된다. 단순히 말해, 이념이란 사람들이 공통적으로 갖고 있는 세상을 바라보는 신념체계를 말한다. 사회복지정책의 이념은 자유주의와 사회주의를 양극단에 두고 그 사이의 연속선상에서 신자유주의나 사민주의 등을 설명하기도 하지만, 종종 어느 하나의 정책이념이 정(正)으로, 이에 반기를 든 이념이 반(反)으로 진행되다가 양자의 장점을 취합하고 단점을 버리는 합(合)으로서 새로운 정책이념이 등장하기도 한다.

제4장에서는 복지국가에 관한 다양한 이론과 유형을 살펴보고, 복지국가 위기론과

그 대안을 분석한다. 사회복지정책의 학문적 영역에서 중요한 부분 중 하나는 복지국가인데, 그 유형에 대한 분석은 학자에 따라, 바라보는 관점에 따라, 그 밖에 다양한 지표에 따라 서로 다를 수 있다. 복지국가는 무엇보다도 기반을 두고 있는 이념의 성향에 따라 그 유형이 구분되는 경향이 있다.

제5장에서는 사회복지정책의 목표와 가치에 대해 알아본다. 사회복지정책은 정책목표와 그것을 달성하기 위한 정책수단 그리고 정책대상자로 구성되어 있다. 사회복지정책의 목표는 장기적으로 사회의 복지 수준을 향상시켜 국민의 삶의 질을 향상시키는 것이기 때문에 미래성을 갖고 있으며, 바람직한 사회 상태를 추구하기 때문에 발전지향적이고, 향후 우리 사회가 복지국가로 나아가기 위한 복지정책의 기본방향을 제시해 준다. 광범위하고 일반적인 수준에서 보면, 사회복지정책이 추구하는 가치는 배분적 정의다. 배분적 정의의 기본적인 가치는 내용상 평등, 형평 그리고 적절성이라는 세 가지의 하위가치(sub-value)로 구성된다. 이와 관련된 내용을 탐구하고, 사회복지정책 현장에서 나타나는 '가치의 충돌(goal conflict)' 현상을 분석해 본다.

제6장에서는 사회복지정책의 분석에 대해 알아본다. 정책분석이란 정부활동의 원인과 결과를 기술하고 설명하는 것으로 처방보다는 기술에 초점을 맞춘다. 이 장에서는 사회복지정책을 분석하기 위해 사용하는 주된 접근방법인 과정분석(studies of process), 산물분석(studies of product) 그리고 성과분석(studies of performance)을 탐구한다.

제7장에서는 사회복지정책 이론의 변천과정을 탐구한다. 사회복지정책의 발달과정에 관한 이론을 연구해 보면, 왕조 중심의 엘리트주의적인 역사적 전개도 있지만 다른한편에서는 사회구성원의 욕구 충족과 사회문제 해결이라는 민중사학적 측면에서의전개도 파악할 수 있다. 이 장에서는 사회복지정책을 역사적 연속선상에서 분석한다.

제8장에서 논하는 사회복지정책의 형성과정은 사회적 과정이자 의사결정과정이다. 사회복지정책 형성과정에 대해서는 학자들에 따라 다소 견해의 차이가 있지만, 대체로 아젠다형성과정-정책대안형성과정-정책대안채택과정-정책집행과정-정책평가과정-환류과정으로 구성된다.

사회복지 현장에는 다양한 복지 공급자가 존재한다. 이와 관련하여, 제9장에서는 복지다원주의(welfare pluralism), 복지의 혼합(welfare mix), 복지의 혼합경제(mixed economy of social welfare) 등으로 표현되는 다양한 사회복지 주체의 특징과 장단점을 논하고, 최근 그 중요성이 강조되는 복지거버넌스(welfare governance)에 관해 탐구한다.

제10장에서는 사회복지정책의 대상에 대해 살펴본다. 정부가 누구에게 사회복지서비스를 제공할 것인가는 어떠한 사회복지급여 할당 원칙을 적용하느냐에 따라 결정된다. 이에 관하여 전통적인 보편주의나 선별주의뿐만 아니라 대안이 되는 사회적 할당의 원리를 중심으로 사회복지정책의 객체를 논한다.

제11장에서는 사회복지정책 급여의 전반을 탐구한다. 사회복지정책 급여는 현금부터 바우처 또는 기회에 이르기까지 다양한 형태로 지급된다. 이를 존재 형태나 학자별 관점, 인구학적 범주, 자산조사 여부 등의 다양한 기준에 따라 그 유형과 특성을 살펴본다.

제12장에서는 사회복지정책의 전달체계에 관해 탐구한다. 사회복지정책의 전달체계란 사회복지서비스의 공급자와 소비자를 연결하기 위한 조직적 장치를 뜻하며, 이 장에서는 전달체계의 의의는 물론 서비스 공급자에서 소비자에 이르는 서비스의 흐름을 향상시키기 위한 전략을 논한다.

최근 복지국가위기론이 대두하면서 사회복지재정에 대한 국가나 사회의 관심이 높아지고 있다. 이에 따라 제13장에서는 사회복지재정의 의의, 기능 및 다양한 재정방식의 유형과 대안 등을 복지의 혼합경제 차원에서 분석한다.

이 책은 한정판으로 발간된 저자의 『사회복지정책론』을 수정·보완한 책이다. 이 책을 내면서 무엇보다 감사한 것은 하나님께서 부족한 지혜를 채워 주시고, 육신의 건강을 지켜 주신 것이다. 기도와 사랑으로 응원해 준 나의 가족, 생산적인 조언을 해 준 동료 학자들 그리고 언제나 믿음으로 지켜봐 준 나의 제자들에게도 감사를 전한다. 마지막으로 출판과 편집에 정성을 다해 주신 학지사 관계자에게도 감사를 전한다.

2017년 1월
안골연구실에서 김기원

제1장

정책 일반

1. 정책의 의의

사회복지정책은 다양한 정책 분야 가운데 하나다. 따라서 사회복지정책을 이해하기 위해서는 정책 일반에 대한 이해가 선행되어야 한다. 정책이 무엇이냐에 대한 정의는 학자나 관점에 따라 다양하게 내려지고 있다.

정책학은 정치학의 한 분야로 발전하였다. 전통적인 정치학에서 정책은 제도적인 구조와 정부에 대한 철학적 정당화에 주로 관심의 초점을 맞추는 반면, 행태정치학에서 정책은 정부와 관련된 과정이나 행태에 주로 관심의 초점을 둔다. 오늘날에는 정책 연구가 정부활동의 원인과 결과를 묘사하고 설명하는 데 초점을 맞추고 있다.[1]

정책이란 명백한 행동과정으로, 상시적 계획으로, 계획한 대안들의 실체로 불린다.[2] 일반적으로 정책이란 용어는 조직이나 정부가 어떠한 조치를 취하기 위한 지침으로 사용하는 명시적 또는 암묵적 상시 계획(standing plan)을 말한다.[3] 정책은 주어진 활동 영역 내에서 어느 정부관료, 집단, 정부기관과 같은 어떤 행위자 또는 일련의 행위자의 행태를 명명하기 위해 사용된다.[4] 라스웰과 캐플런(Lasswell & Kaplan, 1971)은 정책

---

1) DiNitto(2007), pp. 13-14.
2) Gilbert & Terrell(2005), pp. 1-2.
3) Barker(2004), p. 303.
4) Dye(1984), pp. 2-3.

이란 목표, 가치 및 책략에 관한 계획된 프로그램이라고 정의하였다. 앤더슨(Anderson, 1984)에 따르면, 정책이란 문제나 관심사를 다루는 데서 어느 한 행위자나 일련의 행위자들이 따르는 의도적인 행동노선을 말한다. 이러한 정책의 개념은 제안되거나 의도된 것과는 대조적으로 실제로 되는 것에 관심의 초점을 맞추며, 정책과 경쟁적인 대안 가운데 하나의 선택을 의미하는 결정과 구분된다. 프리드리히(Friedrich)는 정책에는 목적(goal), 목표(objective) 또는 취지(purpose)가 반드시 있어야 한다고 주장한다.[5] 정책이라고 불리기 위해서 정부의 조치는 반드시 목적을 가지고 있어야 한다.

이스턴(Easton)에 따르면, 공공정책(public policy)은 "전체 사회를 위한 가치의 권위적 분배(the authoritative allocation of values for the whole society)"다. 정부는 전체 사회에 대하여 권위적으로 영향을 미칠 수 있으며, 정부가 행하기로 또는 행하지 않기로 선택한 모든 것은 결과적으로 가치의 분배를 가져온다.[6]

공공정책이란 정부의 공무원이, 나아가 그들이 대표하는 시민이 공공문제에 관하여 하기로 또는 하지 않기로 선택한 것을 말한다. 여기서 공공문제란 대중이 받아들일 수 없는 것으로 널리 인식하고 있어서 개입이 필요한 상황을 말한다.[7]

존스(Jones)는 다양한 제안(목적을 달성하기 위한 구체적인 수단), 프로그램(목적을 달성하기 위한 인증된 수단), 결정(프로그램을 집행하기 위해 취해진 구체적인 조치) 그리고 결과(프로그램의 측정가능한 영향) 간에 구분이 있어야 한다고 지적한다.[8]

율라우와 프리윗(Eulau & Prewitt)에 따르면, 정책은 효력이 항상 지속되는 결정(standing decision)으로, 결정을 내리고 결정을 준수해야 하는 양 당사자의 편에서 행동의 일관성과 반복성을 특징으로 한다.[9]

다이(Dye)에 따르면, 공공정책은 정부가 하기로 선택하거나 하지 않기로 선택한 것이다(Public policy is whatever governments choose to do or not to do). 여기서 주의해야 할 점으로 정부가 하기로 선택한 조치(措處, action)에 초점을 맞출 뿐만 아니라 정부의 비조치(非措處, inaction), 즉 정부가 하지 않기로 선택한 것에도 초점을 맞춘다고 주장한다. 정부의 비조치도 정부의 조치만큼이나 사회에 큰 영향을 미칠 수 있다.[10]

---

5) Friedrich(1963), p. 70.
6) Easton(1953), p. 129.
7) Kraft & Furlong(2012), pp. 3-4.
8) Jones(1984): 송근원(1994), pp. 7-8 재인용.
9) Eulau & Prewitt(1973), p. 465.
10) Dye(1984), pp. 1-3.

학자들의 주장을 토대로 공공정책에 함의된 내용을 정리하면 다음과 같다.

- 정책은 무작위적이거나 우연한 행태가 아닌 의도적이거나 목적지향적인 실행에 관심을 갖는다.
- 정책은 별개의 분리된 결정이라기보다는 일련의 행동과정이나 패턴으로 구성되어 있다.
- 정책은 정부가 실제로 행하는 것이다. 실제로 일어나는 것을 고려하지 않고 정부의 의도만을 정책으로 간주하는 것은 무의미하다.
- 공공정책은 그 형태가 적극적이거나 소극적(positive or negative)이다. 적극적 의미로서 정책은 특정 문제에 영향을 주는 정부의 공적인 행동과 관련이 있다. 소극적 의미로서 정책은 정부가 개입해야 하는 어떤 문제에 관해서 어떠한 조치를 취하지 않기로 한, 즉 아무것도 하지 않기로 한 결정과도 관련이 있다. 예를 들면, 정부가 자유방임정책(a policy of laissez faire)을 실행하는 경우가 있다. 이러한 비조치는 역시 사회나 집단에 중대한 영향을 미칠 수 있다.
- 공공정책은 적어도 적극적인 형태로서 법에 기초하므로 권위적이다. 즉, 정책은 권위의 원천이 법에 근거한 법률적 권위를 부여받는다. 베버(Weber)가 제시하는 권위의 유형 가운데, 정책은 합법적-합리적 권위에 근거하고 있다.

2. 정책탐구 및 분석

1) 정책탐구

왜 정책을 탐구하는가? 달리 이야기하면, 왜 정책분석을 행하는가? 정책탐구(policy study)는 과학적·전문적·정치적 이유에서 수행된다.

과학적 이유에서 공공정책은 그의 기원, 발전과정, 사회에 대한 보다 많은 지식을 얻기 위하여 탐구될 수 있다. 공공정책이 종속변수냐 아니면 독립변수냐에 따라 초점이 달라진다. 공공정책이 종속변수로서 간주될 때, 우리는 정책의 내용을 결정하는 데 도움이 되는 정치적·환경적 요인들에 관심을 두게 된다. 만일 공공정책이 독립변수로 간주된다면, 연구의 초점은 정치체계와 환경에 대해 정책이 미치는 영향에 맞추게 된다.

전문적 이유에서 정책은 단지 지식을 발견하려고 하는 과학적 상황(scientific estate)
이라기보다는, 과학적 지식을 실제 사회문제의 해결에 적용하기 위한 전문적 상황
(professional estate)에 속한다.

정치적 이유에서 공공정책에 관한 탐구는 정부가 올바른 목적을 달성하는 데 적절
한 정책을 확실하게 채택하도록 하기 위해 실시된다. 이러한 관점에서는 정책분석가
들은 가치중립적이라기보다는 가치개입적이다.[11]

2) 정책분석

정책분석(policy analysis)이란 처방보다는 주로 설명과 관련이 있다. 정책권고안은
정책의 설명이나 묘사에 따라 부수적으로 나타나게 된다. 정책분석을 체계적으로 하
기 위해서는 정책의 원인과 결과, 즉 인과관계에 대한 엄밀한 과학적 조사와 분석이 행
해져야 한다. 때로는 복잡한 원인과 결과에 관한 타당한 추론을 하기 위해 고도의 세
련된 계량분석기술이 필요하기도 하지만 이러한 계량적 기술은 실제로 반드시 필요한
것은 아니다. 정책분석은 공공정책의 원인과 결과에 관한 일반적인 명제를 개발하고
검증하기 위한 그리고 일반적인 관련성에 관한 신뢰할 만한 연구 결과를 축적하기 위
해 노력하여야 한다. 이와 같이 노력하는 것은 신뢰할 만한 기관 또는 정부기관과 다
른 정책영역에 적용할 수 있는 일반적인 공공정책이론을 개발하기 위함이다.

이러한 측면에서 정책분석은 정책옹호(policy advocacy)와 차이가 있다. 정책옹호는
수사학, 설득, 조직 그리고 행동주의를 필요로 하며, 정부가 추구해야 할 정책이 무엇
인가에 관한 처방을 내리는 것과 관련이 있다. 즉, 정책옹호는 정부가 응당 무엇을 하
여야 하며, 어떠한 변화를 가져와야 할 것인가를 논한다.

정책성명(policy statement)은 공공정책의 공식적 표현이나 명세(specification), 즉 분
명하고 자세한 내용을 말한다. 정책성명에는 정부의 목적과 의도 그리고 그것들을 실
현하기 위해 행해야 하는 것을 나타내는 공무원들의 성명이나 연설뿐만 아니라 법률,
행정명령과 선언, 행정규칙 그리고 법원의 의견이 포함된다. 정책성명은 가끔 모호하
기도 하며, 때로는 서로 다른 수준, 부서, 부처들이 대립되는 내용의 정책성명을 발표
하기도 한다.[12]

---

11) Anderson(1984), pp. 1-5.
12) 위의 책, pp. 1-5.

정책분석은 다음과 같은 요소들이 필수적이다.

- 문제를 확인하거나, 이해하거나, 명확히 한다. 이를 위해 문제의 근원을 열거하고, 문제의 범위를 결정하며, 이 문제가 사회의 다른 영역에 어떻게 그리고 얼마나 침투해 갈 것인지를 개략적으로 기술한다.
- 어디서 정책결정이 이루어지는가, 즉 정책결정의 소재(location for policy decision)에 관한 탐색이 이루어져야 한다. 정책결정은 어느 한 곳에서만 이루어지는 것이 아니라 정책형성과정의 여러 곳에서 이루어진다.
- 가능한 해결책 또는 대안을 열거하고, 각 대안이 채택되었을 경우 미래에 미치는 결과를 명확히 한다.
- 서로 다른 사람들에게 이러한 해결책이 미치는 영향을, 즉 그 결과를 평가하거나 예측한다.[13]

정책분석은 사회적·경제적 조건, 정치체계의 특성 그리고 공공정책의 내용 간의 관계 또는 연계에 관한 일련의 질문으로서 수행될 수 있다([그림 1-1] 참조).[14]

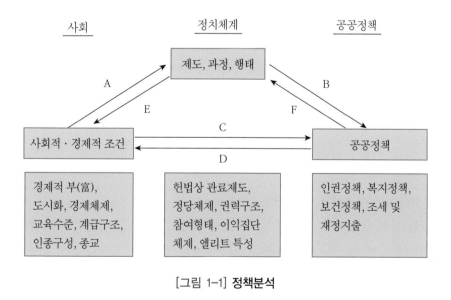

[그림 1-1] **정책분석**

---

13) Dobelstein(1990), pp. 64-68.
14) Dye(1984), pp. 5-6.

- **연계 A**: 환경적 요인이나 조건들이 정치적 그리고 정부의 제도, 과정, 행태에 미치는 영향은 무엇인가?
- **연계 B**: 정치적 그리고 정부의 제도, 과정, 행태들이 공공정책에 미치는 영향은 무엇인가?
- **연계 C**: 환경적 요인이나 조건들이 공공정책에 미치는 영향은 무엇인가?
- **연계 D**: 공공정책이 환경적 요인이나 조건들에 미치는 영향이나 환류는 무엇인가?
- **연계 E**: 정치적 그리고 정부의 제도, 과정, 행태가 환경적 요인이나 조건들에 미치는 영향이나 환류는 무엇인가?
- **연계 F**: 공공정책이 정치적 그리고 정부의 제도, 과정, 행태에 미치는 영향이나 환류는 무엇인가?

3. 정책분석모델

1) 제도주의: 제도적 산출로서의 정책

전통적으로, 제도적 접근방법은 정부의 제도(공식조직, 법적 권력, 제도적 규칙 그리고 기능 또는 활동)의 보다 공식적이고 법적인 측면을 묘사하는 데 중점을 두어 왔다. 제도란 일정 기간 지속되는 일련의 조직화된 인간행태의 패턴이다. 종종 규칙, 구조 등으로 불리는 이러한 조직화된 행태의 패턴들은 정책의 내용과 의사결정에 영향을 미칠 수 있다.

공공정책은 의회, 대통령, 법원, 주정부, 시정부, 정당 등과 같은 특별한 정부기관에 의해 권위적으로 결정되고, 집행되고, 실시된다.

정부기관들은 공공정책에 세 가지 특징을 부여하고 있다. 먼저, 정부는 정책에 합법성 또는 정당성(legitimacy)을 제공한다. 정부정책은 일반적으로 시민들에게는 반드시 따라야 하는 합법적 의무로 간주된다. 국민은 사회의 다른 집단, 협회, 기업, 교회 등의 정책도 중요하게 인식하고 나아가 구속력이 있는 것으로 간주할지 모르지만, 오로지 정부의 정책만이 법적인 의무를 갖게 하고 있다. 또한 정부정책은 보편성(universality)을 갖고 있다. 다른 집단이나 기관의 정책은 단지 사회의 어느 한 부분에만 미치는 반면, 정부정책은 사회의 모든 사람에게 미친다. 그리고 정부는 사회에서 강제력을 독점하고 있어 오로지 정부만이 정책의 위반자에 대해 합법적으로 제재를 가할 수 있다. 모든 시민이 정책에 순응할 것을 명령하고, 전체 사회를 지배하는 정책을 제정하고, 합법적인 권력사용을 독점하는 것은 정부만이 갖고 있는 권한이다.

2) 기능적 과정이론: 정치적 활동으로서의 정책

기능적 과정이론은 정책과정에서 발생하는 다양한 기능적 활동에 초점을 맞추고 있다. 정책과정은 일련의 정치적 활동으로 간주할 수 있다. 이러한 정책과정의 일반적인 개요를 기술하면 다음과 같다.

정책과정의 개요
① 문제의 확인(identifying problems): 해결되어야 한다는 객관적 상황이 존재하여, 이에 관하여 정부가 어떠한 조치를 해 줄 것에 대한 요구가 표현된다.
② 정책제안의 형성(formulating policy proposals): 그러한 요구에 대하여 권위 있는 의사결정자나 관계자들이 관심을 갖게 되어 공공의 논의를 위한 아젠다형성(agenda setting)이 이루어진다. 아젠다가 형성되면, 문제를 해결하기 위한 대안이나 프로그램과 같은 정책제안이 이루어진다.
③ 정책의 정당화(legitimating policies): 제안을 선택하고, 선택된 제안에 대한 정치적 지지를 형성한다. 관련된 내용을 법률로 제정한다.
④ 정책의 집행(implementing policies): 관료제도를 조직화하고, 급여와 서비스를 제공하며, 소요 재원을 확충하기 위해 세금을 징수한다.
⑤ 정책 평가(evaluating policies) 및 환류(feedback): 집행한 프로그램에 대해 조사를 실시한다. 정부 프로그램의 산출을 보고하고, 사회 내의 목표집단과 비목표집단에 대해 프로그램이 끼친 영향을 평가하며, 평가 결과를 환류시켜 새로운 가능성과 조정을 제안한다.

3) 집단이론: 집단 균형으로서의 정책

집단(group)이란 공유된 태도나 이익에 기초하여 사회 내의 다른 집단에 대해 어떠한 요구를 하려는 개인들의 집합체를 말한다. 이러한 집단이 정부의 어떤 기관에 대해 또는 정부의 어떤 기관을 통해서 요구를 할 때 정치적 이익집단(political interest group)이 된다. 집단이론에서는 공공정책이란 언제나 지배집단의 이익을 대변한다고 본다.

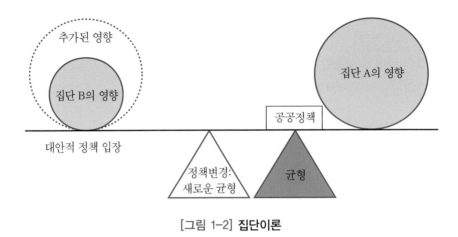

[그림 1-2] **집단이론**

즉, 집단들이 권력이나 영향력을 획득하거나 상실함에 따라, 공공정책은 영향력을 상실한 집단의 이익에 불리하게 되는 반면, 영향력을 획득한 집단의 이익에 유리하게 변화된다.

집단이론은 집단 간의 상호작용이 정책형성에 중심적 역할을 한다는 가정으로부터 출발한다. 트루먼(Truman)에 따르면, 이익집단은 사회 내의 다른 집단들에 대하여 공유된 태도를 가진 집단이다.[15] 이러한 집단이 만일 정부의 어떤 기관에 대해 또는 그 기관을 통해서 어떤 요구를 할 때, 정치적이 된다. 집단은 개인과 정부 간의 필수적인 매개체인 가교 역할을 한다. 정치는 실제로 공공정책에 영향을 주기 위한 집단 간의 투쟁이다. 정치체계의 과업은 집단 간의 투쟁에서 게임의 법칙을 확립하고, 타협하고, 이해관계가 균형을 이루도록 함으로써 공공정책의 형태로 타협을 입법화하고, 이러한 타협을 통해 만들어진 법을 집행함으로써 집단 간 갈등을 관리하는 것이다.

집단이론에 따르면, 공공정책은 집단 간 투쟁의 결과다. 래섬(Latham)에 따르면, 정책이라고 불리는 것은 어느 주어진 순간에 이러한 집단투쟁 가운데 성취된 균형(equilibrium)이며, 경쟁집단들이 끊임없이 자신들에게 유리하게 조작하려고 행한 노력들의 균형을 나타낸다. 집단이론자에 따르면, 공공정책은 언제나 집단 간 갈등이 발생했을 때 균형을 이루는 것이다. 이러한 균형은 이익집단의 상대적 영향력에 의해 결정된다. 이익집단들이 갖고 있는 상대적 영향력이 변화하면, 이러한 변화가 공공정책의 변화를 가져오게 된다. 정책은 영향력을 상실한 집단이 원하는 방향으로부터 영향력

---

15) Truman(1951), p. 37.

을 획득한 집단이 원하는 방향으로 움직일 것이다. 집단의 영향력은 그 집단 구성원의 수, 부, 조직력, 리더십, 정책형성자에 대한 접근 그리고 내부적인 결속력에 의해 결정된다.

4) 엘리트이론: 엘리트의 선호로서의 정책

엘리트이론(elite theory)은 일반 대중의 가치와 선호와는 다른 지배엘리트의 가치와 선호가 공공정책의 전개에 어떻게 영향을 미치는가를 중요시한다. 엘리트이론은 우선적으로 일반 대중의 가치와 선호가 공공정책을 형성하는 데 대중을 대표하지 않는, 보다 소수의 집단 또는 엘리트의 가치와 선호보다 영향력이 적다고 가정을 한다.[16]

이 이론에서는 공공정책은 정부엘리트의 선호와 가치로 간주된다. 비록 우리는 흔히 공공정책이 국민의 욕구를 반영한다고 주장하지만, 이것은 미국 민주주의의 현실을 표현한다기보다는 신화(the myth rather than the reality), 즉 근거가 희박한 생각일 뿐이다.

엘리트이론에 따르면, 대중은 공공정책에 무감각하고 잘 알지 못하고 있어서 대중이 엘리트의 의견을 형성한다기보다는 엘리트들이 정책문제에 대한 대중의 의견을 형성한다. 그래서 공공정책이란 결과적으로 실제 엘리트들의 선호를 나타내게 된다. 공무원이나 행정가들은 단지 엘리트들에 의해 결정된 정책들을 집행할 따름이다. 정책은 엘리트에게서 대중에게로 흘러내려 가는 것이지 대중의 욕구로부터 생성되는 것이 아니다.

엘리트이론은 다음과 같이 요약할 수 있다.

- 사회는 권력을 갖고 있는 소수와 권력을 갖고 있지 않은 다수로 분류된다. 단지 소수의 사람이 사회를 위해 가치를 할당하는 것이지 다수가 공공정책을 결정하는 것이 아니다.
- 지배하는 소수는 지배를 받는 다수를 대표하지 않는다. 엘리트는 사회 가운데 상류의 사회경제적 계급으로부터 불균형적으로 선출되었다.
- 비엘리트 지위로부터 엘리트 지위로의 이동은 안정을 유지하고 혁명을 회피하기

---

16) Kraft & Furlong(2012), pp. 78-83.

위하여 서서히 그리고 지속적으로 이루어져야 한다. 다만, 기초가 되는 엘리트의 의견을 수용하던 비엘리트만이 지배적인 집단에 들어갈 수 있다.

- 엘리트는 사회체계의 기본적인 가치와 체계 보존을 위해 일치된 의견을 갖고 있다. 미국에서 엘리트의 의견이 일치하는 주된 요소로는 사유재산의 신성함, 제한된 정부 그리고 개인의 자유를 들 수 있다.
- 공공정책은 대중의 요구를 반영하는 것이 아니라 엘리트의 지배적인 가치를 반영한다. 공공정책에서의 변화는 혁명적이기보다는 점증적이다.
- 활발하게 활동하는 엘리트는 무관심한 대중으로부터 상대적으로 직접적인 영향을 받지 않는다. 대중이 엘리트에게 영향을 주기보다는 엘리트가 대중에게 영향을 끼친다.

5) 합리주의: 최대의 사회적 이익으로서의 정책

합리적 선택이론(rational choice theory)은, 공공선택과 공식적 이론이라고도 불리는데, 주로 경제학 중에서도 미시경제학에서 도출되었으며, 종종 정교한 수학적 모델이 사용된다. 분석가들은 개별 유권자의 의사결정만큼이나 다양한 사람들의 행동양식을 설명하기 위해 그리고 국가안보위협에 직면하였을 때 공무원의 신중한 계획을 설명하기 위해 이 이론을 사용한다. 이 이론은 의사결정에 있어 개인들이 합리적 행위자이므로, 그들은 자신의 선호나 이기심의 성취를 극대화시키기 위해 노력한다고 가정한다. 이 이론의 목적은 개개인이 다양한 상황과 불확실성 속에서 어떻게 행동하는지를 예측하거나 추론하는 것이다.[17]

합리적 정책은 최대의 사회적 이익을 성취하는 것이다. 여기서 '최대의 사회적 이익(maximum social gain)'이란 정부는 결과적으로 소요되는 비용을 훨씬 초과하는 이익을 사회에 가져오는 정책을 선택해야만 하고, 만일 이익이 비용을 초과하지 않는다면 정부는 그 정책을 실시해서는 안 된다는 것을 의미한다.

여기서 주의해야 할 것은 이러한 사회적 최대 이익에 관한 정의 속에 포함되어 있는 두 가지 중요한 지침이다. 만일 비용이 편익(benefits)을 초과하지 않는다면 어떠한 정책도 채택되어서는 안 된다. 또한 여러 정책대안 가운데 의사결정자들은 비용을 초과

---

17) 앞의 책, pp. 78-83.

하는 편익을 극대화할 정책을 선택해야만 한다.

　달리 이야기하면, 정책은 그것이 성취하려는 가치와 그것이 희생하려는 가치 간의 차이가 '0'보다 커야 하고, 다른 어느 정책대안보다 그 차이가 커야 한다. 그러나 합리주의에서는 편협한 금전적 효율의 측면만을 고려해서는 안 되고, 모든 사회적 · 정치적 · 경제적 가치를 고려하여 정책대안을 채택하여야 한다.

　일반적으로 합리주의 의사결정에 포함되는 요인들은 다음과 같다.

- 의사결정자는 다른 문제와 분리될 수 있거나 적어도 다른 문제와 비교하여 의미 있게 고려될 수 있는 문제에 직면하여 있다.
- 의사결정자가 달성하려는 목적 · 가치 · 목표는 명확하고, 각각의 중요성에 따라 순위를 정할 수 있다.
- 문제를 다루는 다양한 대안이 조사된다.
- 각 대안의 선택에 따라 나타나는 결과들(비용과 편익)이 조사된다.
- 각 대안과 그 부수적인 결과는 다른 대안들과 비교될 수 있다.
- 의사결정자는 목적, 가치, 목표의 달성을 극대화할 대안과 그 결과를 선택한다.

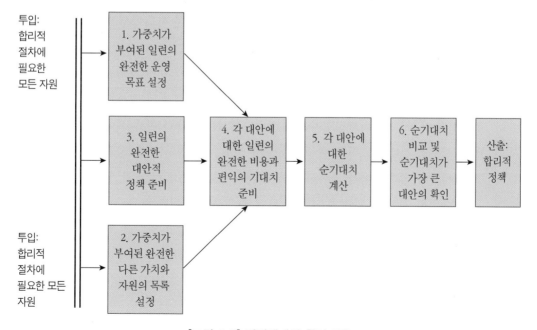

[그림 1-3] **결정체계의 합리모델**

합리적 정책을 선택하기 위해서, 정책형성자는 반드시 사회의 모든 가치 선호와 상대적 가중치를 알아야 하고, 모든 사용가능한 정책대안과 각 정책대안의 모든 결과를 알아야 한다. 또한 각 정책대안에 대한 비용편익비율을 계산하여야 하고, 가장 효율적인 정책대안(the most efficient policy alternative)을 선택하여야 한다. 이 합리성은 전체 사회의 가치 선호를 파악할 수 있을 뿐 아니라 각 집단의 선호에 가중치(weight)를 부여할 수 있다는 것을 가정하고 있다. 또한 각 정책대안에 대한 정보, 각 정책대안의 결과(비용, 편익, 효과 등)를 정확히 예견할 수 있는 예측능력 그리고 비용편익비율을 정확히 계산할 수 있는 지능을 필요로 하며, 무엇보다 정책형성에서 합리성을 용이하게 발휘할 수 있는 의사결정체계가 갖추어져야 정책을 합리적으로 형성할 수 있다.

그러나 합리적 의사결정에는 많은 장애요인이 있다. 사실, 합리적 의사결정에 너무 많은 장애요인이 있기 때문에 정부 내에서는 거의 활용되지 않는다. 그러나 합리모델은 장애요인들을 합리적으로 확인하는 데 도움을 줄 수 있기 때문에 여전히 분석적 목적을 위해서 중요한 모델로 인식되고 있다.

6) 점증주의: 과거에 기초한 변형으로서의 정책

점증주의는 제한되고, 실용적이고 그리고 수용가능한 결정을 산출한다. 린드블롬(Lindblom)은 이러한 점증주의는 미국과 같은 다원적인 사회에서 전형적인 의사결정 과정을 나타낸다고 주장한다.[18]

점증주의는 공공정책을 단지 점증적 변화만을 가져온 과거 정부활동의 연속으로 간주한다. 전통적인 합리적 의사결정모델을 비판하는 과정에서 점증주의 모델을 제시한 린드블롬에 따르면, 의사결정자는 합리주의에서처럼 매년 현존하는 그리고 제안된 정책의 전부를 검토하고, 사회적 목적을 확인하고, 이러한 목적을 성취하는 데서의 대안적 정책의 편익과 비용을 조사하고, 최대한의 순편익에 의하여 각 정책대안에 대한 선호의 순위를 정하고, 관련된 모든 정보에 기초하여 선택을 하는 것이 아니다. 그와는 반대로, 점증주의에서 정책형성자들은 시간, 지능 그리고 비용의 제한으로 모든 정책대안과 그 결과를 확인할 수가 없다. 여러 정치적인 제한은 명백한 사회적 목적의 설정 그리고 비용과 편익의 정확한 계산을 할 수 없게 한다. 점증주의 모델은 합리적·포괄

---

18) Lindblom(1959), pp. 79-88.

적 정책형성의 비실용적인 성격을 인식하고 보다 보수적인 의사결정과정을 묘사한다.
점증주의는 다음과 같은 형태로 요약될 수 있다.

- 목적이나 목표의 선택과 이를 달성하기 위해 필요한 조치에 대한 경험적 분석은 구분되기보다는 서로 뒤얽혀 있다.
- 의사결정자는 어느 한 문제를 다루기 위해 단지 몇 개의 대안만을 고려한다. 그리고 이러한 대안들은 단지 점증적으로, 즉 한계적으로 현존 정책과 차이가 난다.
- 각 대안에 대해서 단지 제한된 수의 중요한 결과만이 평가된다.
- 의사결정자가 직면한 문제는 계속적으로 재정의된다. 점증주의는 그 문제를 더 다루기 쉽게 만들기 위해서 수많은 목적과 수단을 조정할 여지를 두고 있다.
- 어느 한 문제에 대한 유일한 결정이나 옳은 해결책은 없다.
- 점증적 의사결정은 본질적으로 수정해 나가는 것을 전제로 한다. 점증적 의사결정은 미래의 사회적 목적을 증진하는 데 초점을 맞추기보다는 현재의 사회적 불완전성을 구체적으로 개선해 나가는 데 초점을 맞추고 있다.

점증주의는 현존하는 프로그램이나 정책 또는 지출을 기초로 삼고, 그 기초 위에 현재의 프로그램·정책·지출을 증가·감소시키거나 수정하는 데 관심을 집중한다는 점에서 보수적이다. 정책형성자들은 일반적으로 이미 제정된 프로그램의 정당성을 받아들이고 이전의 정책을 지속하겠다고 묵시적으로 동의한다.

합의된 사회적 목적이나 가치가 존재하지 않는 경우에, 특히 가치의 다양성이 존중

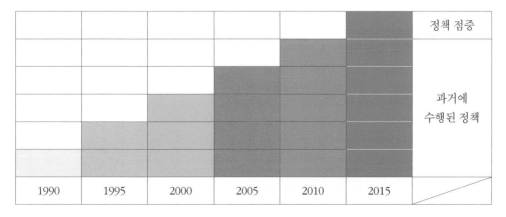

[그림 1-4] 점증주의 모델

되고 허용되는 다원주의사회에서 정부는 특정한 사회적 목적을 달성하기 위한 전반적인 정책기획에 관여하기보다는 현존 정책대안이나 프로그램을 지속적으로 유지하는 것을 선호하게 된다.

7) 게임이론: 경쟁적 상황에서의 합리적 선택으로서의 정책

게임이론은 두 명 이상의 참여자가 선택을 하고 그 결과는 그들 각자가 행한 선택에 달려 있는 상황에서 합리적 결정을 하는 것에 관한 연구다. 게임이론은 사람이 할 수 있는 독립된 최선의 선택이 존재하지 않는, 즉 최선의 결과가 다른 사람들이 무엇을 하느냐에 달려 있는 정책형성에 적용된다.

여기서 게임이란 아이디어는 의사결정자들의 의사결정이 상호의존적인 선택에 달려 있다는 것이다. 각 경기자(player)는 그 자신의 바람과 능력을 반영할 뿐만 아니라 다른 사람들이 무엇을 할 것인가를 예측하고 이를 반영하여야 하며, 이를 위해서는 반드시 그 자신의 행동을 조정해야만 한다. 여기서 경기자는 개인이나 집단이 될 수 있으며, 정부 또한 경기자가 될 수 있다. 사실, 합리적 행동을 할 수 있는 잘 정의된 목적을 가진 그 누구라도 경기자가 될 수 있다.

게임이론은 정책결정의 추상적이고 연역적인 모델이다. 게임이론은 사람들이 실제로 어떻게 의사결정을 할 것인가를 묘사하지 않고, 만일 사람들이 철저히 합리적이라면 경쟁적인 상황에서 어떻게 의사결정에 착수해야 하는지를 묘사한다. 따라서 게임이론은 합리주의 형태이지만, 두 명 이상의 참여자가 있고 상대방이 무엇을 행하느냐에 따라 결과가 달라지는 경쟁적 상황에서 적용될 수 있다.

		경기자 A	
		대안 A1	대안 A2
경기자 B	대안 B1	결과 1(A) 결과 1(B)	결과 3(A) 결과 3(B)
	대안 B2	결과 2(A) 결과 2(B)	결과 4(A) 결과 4(B)

[그림 1-5] 게임이론

게임의 법칙은 모든 경기자가 사용할 수 있는 선택을 묘사한다. 그 선택은 종종 각 경기자의 대안적 선택과 그 게임의 모든 가능한 결과를 제시하는 도표인 행렬(matrix)로 묘사된다. 2:2 행렬이 가장 단순하다. 두 명의 경기자가 있고, 각 경기자에게는 단지 두 개의 선택할 수 있는 대안만 있다고 가정하자.

이 단순한 게임에서는 4개의 가능한 결과(outcome)가 있는데, 각각의 결과는 행렬 내의 방(cell)에 표시되고, 그 결과는 기대되는 이득이다. 실제 결과는 경기자 A와 경기자 B의 선택에 달려 있다. 정책 결과는 정부의 조치 또는 비조치로부터 발생하는 의도된 또는 의도되지 않은 사회를 위한 결과다.

게임이론에서 이득(payoff)은 각 경기자의 선택과 상대방의 선택의 결과로서 각 경기자가 얻게 되는 값을 말한다. 이익은 종종 각 결과에 부여된 계량적인 값에 의해 나타난다. 이러한 계량적인 값은 행렬의 각 방안에 적혀 있으며, 각 결과에 대해 각 경기자가 자신의 판단에 따라 부여한 값에 상응한다. 경기자들은 다른 결과를 다르게 평가하기 때문에, 각 방안에는 두 개의 계량값이 있다.

병아리게임(치킨게임, 겁쟁이게임, the game of chicken)을 생각해 보자. 두 명의 운전자가 서로를 향하여 빠른 속도로 고속도로의 중앙선 위를 달린다. 만일 둘 다 방향을 바꾸지 않는다면 그들은 충돌할 것이다. 이때 방향을 바꾸는 사람은 병아리(겁쟁이)다. 두 운전자는 죽음을 피하기를 원하지만, 또한 겁쟁이가 되는 불명예도 피하고 싶다. 그 결과는 두 운전자가 무엇을 행하느냐에 달려 있고, 각 운전자는 반드시 상대방이 어떻게 행동할 것인가를 예측하려고 해야만 한다. 이러한 형태의 아슬아슬한 상태까지 밀고 나가는 극한정책(brinkmanship)은 국제관계에서 흔히 있는 일이지만, 우리나라의 무상보육정책에서 중앙정부와 지방정부 간에 나타난 극한대립의 예와 같이 복지정책 분야에서도 찾아볼 수 있다.

게임이론에서 중요한 개념은 전략(strategy)이다. 전략은 어느 일방의 조치가 상대방의 모든 가능한 조치를 고려한 후에 적절한 이윤분배를 달성하기 위해 고안되는 합리적 의사결정을 말한다. 게임이론가들은 상대방이 무엇을 행하건 간에 상관없이 한 경기자가 자신의 최소한의 이익을 극대화하거나 최대한의 손실을 극소화하는 합리적 전략을 선택한다고 하여 이러한 전략을 '미니맥스(minimax)'라고 한다. 미니맥스 전략은 상대방의 최선의 경기에 대비하여 경기자를 보호하기 위해 고안된 전략이다. 미니맥스 전략은 큰 손실을 감내하고 이윤을 극대화하려고 하기보다는 손실을 감소시키면서 최소한의 이익을 보장하기 위해 고안되었다는 점에서 보수적인 전략이라고 간주될 수 있다. 그러나 대부분의 게임이론가들은 미니맥스를 최선의 합리적인 전략으로 간주한다.[19] 이러한 논의에서 게임이론은 매우 복잡하면서도 매우 단순한 아이디어를 포함하고 있다는 것이 명백하다.

8) 체계이론: 체계산물로서의 정책

체계이론은 환경이 정치체계에 영향을 미칠 때 정치체계가 이에 어떻게 반응하는가를 분석한다. 체계이론에서는 이러한 정치체계의 반응을 정책이라고 한다.

정치체계에 영향을 미치는 요인 가운데, 환경 내에서 발생된 요인들은 투입(inputs)으로 간주된다. 환경(environment)은 정치체계 경계의 외부로서 간주되는 어떤 조건이나 상황을 의미한다. 정치체계(political system)는 권위적으로 사회를 위해 가치를 할당하는 기능을 하는 상호 관련된 구조와 과정의 집단이다. 정치체계의 산출(outputs)은 정치체계가 가치를 체계적으로 할당한 것이며, 이러한 할당은 공공정책(public policy)으로 구성된다.

정치적 활동과 공공정책의 개념화는 [그림 1-6]과 같다.

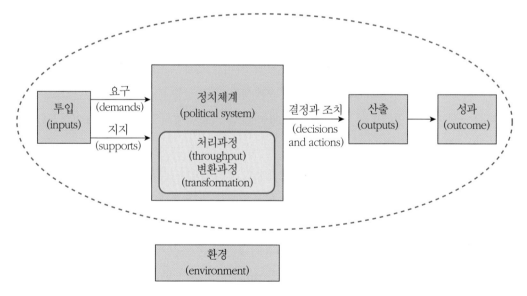

[그림 1-6] **체계이론(the system theory)**

---

19) 병아리게임에서 합리적 경기자는 방향을 바꿀 것이다. 그 선택이 최대 손실을 극소화하기 때문이다.

정치체계의 개념은 묵시적 또는 명시적으로 공공정책의 원인과 결과를 분석하려는 많은 학자에 의해 채택되어 왔다.

체계이론은 공공정책을 정치체계의 산출로 묘사한다. 체계(system)라는 개념은 요구를 권위적인 결정으로 전환시킬 수 있는 제도와 활동을 의미한다. 체계는 또한 체계의 요소가 상호 관련되어 있으며, 그 체계는 자신을 보존하기 위하여 환경요인들에 반응한다. 투입(inputs)은 요구(demands)와 지지(supports)의 형태로 정치체계 안으로 들어온다. 정치체계는 사회를 구속하는 권위적인 결정이나 가치를 배분하는 상호 관련된 제도나 활동들로 구성되어 있다. 이러한 정치체계는 종종 블랙박스(black box)라고 불린다.

환경이란 정치체계의 경계 밖에 있는 모든 조건과 사건으로 구성되어 있다. 환경으로부터 정치체계로의 투입은 요구와 지지로 구성되어 있다. 요구(demands)는 개인이나 집단이 환경조건에 대해 인식하고 그에 반응한 결과로 나타나며, 공공정책에 영향을 주기 위해 행동할 때 발생한다. 지지(supports)는 개인이나 집단이 선거결과를 받아들이고, 법을 준수하며, 세금을 납부하고, 일반적으로 정책결정에 순응할 때 나타난다. 어떠한 체계라도 다양한 수요를 수용하지만, 그 수요 가운데 일부는 서로 갈등을 빚기도 한다.

정책산출(policy outputs)은 새로운 요구를 만들어 내기도 하는데, 그것은 지속적이고 결코 중단되지 않는 공공정책의 흐름 가운데 결과적으로 새로운 정책을 산출하는 계기가 되기도 한다. 이는 주로 정책대안을 의미한다.

정책성과(policy outcome)는 정책대안을 집행한 결과, 나타나는 정책효과를 의미한다.

환류(feedback)는 공공정책 또는 산출이 계속해서 정치체계 그 자체를 변화시킬 뿐만 아니라 그 정치체계 안에서 산출된 환경과 요구를 변화시키는 것을 의미한다.[20]

공공정책탐구에서 체계이론의 유용성은 그의 일반적 속성에 의해 제한된다. 체계이론은 정치체계라고 불리는 블랙박스 내에서 결정이 어떻게 이루어지고 정책이 어떻게 개발되는지에 관해서는 많은 설명을 하지 않는다. 그럼에도 체계이론은 정책형성을 어떻게 탐구할 것인가를 설계하는 데 유용한 도구가 된다.

---

20) 최근 일부 학자들은 feedback이란 용어를 feedforward란 용어로 대체하여 사용하기도 한다.

9) 혼합관조모델

에치오니(Etzioni)는 합리주의이론에 대한 비판에 동의하지만 또한 점증주의 의사결정이론에도 단점이 있다고 지적한다.[21] 예를 들면, 점증주의자들에 의한 결정은 사회 내의 가장 강력하고 조직화된 이익을 대변하는 반면, 빈민들과 같이 혜택을 받지 못하는 사람들이나 정치적으로 조직화되어 있지 않은 사람들의 이익은 소홀히 다룬다. 더구나 현재의 정책 내에서 단기적이고 오로지 제한된 변화에 초점을 맞춤으로써, 점증주의는 근본적인 사회개혁에 대해서는 소홀히 한다. 따라서 거대한 또는 근본적인 결정은 점증주의의 분석대상 내에 들어오지 않는다.[22]

에치오니는 의사결정의 접근방법으로 혼합관조(mixed scanning)를 제시한다. 혼합관조는 근본적인 결정과 점증적인 결정을 모두 고려하고, 기본적인 방향을 정하는 높은 등급의 근본적인 정책형성과정과 근본적인 결정을 준비하며, 그런 연후에 그 결정을 실시하는 점증적인 과정을 모두 고려한다. 에치오니는 다음과 같은 혼합관조의 예를 제공한다.

기상위성을 사용하는 전 세계적인 기상관찰을 실시한다고 가정하자. 합리적 접근방법은 구체적인 관찰이 가능한 카메라를 사용하고, 가능한 한 자주 전체 하늘을 조사함으로써 기상상태를 전부 조사하려 한다. 이것은 엄청난 양의 세부적인 것들을 산출하여, 모두 분석하는 데에는 많은 비용이 들고 우리의 실행능력을 압도할 것 같다. 반면, 점증주의는 최근에 유사한 형태가 발생하는 지역과 몇몇 인근지역에 초점을 맞춘다.

혼합관조전략은 두 개의 카메라를 사용함으로써 두 접근방법의 요소들을 포함한다. 하늘 전체를 망라할 수 있지만 아주 구체적으로는 볼 수 없는 광각카메라(broad-angle camera, 합리모델)와, 보다 면밀한 조사를 요하는 것으로 첫 번째 광각카메라에 의해 나타난 지역을 겨냥하여 자세히 볼 수 있는 두 번째 카메라(점증주의 모델)다.

혼합관조는 의사결정자로 하여금 다른 상황에서 합리적·포괄적 이론과 점증주의 이론을 모두 활용하도록 허락하고 있다. 어떤 사례에서는 점증주의가 적절한 반면, 어

---

21) Etzioni(1967), pp. 385-392.
22) Chandler & Plano(1982), pp. 116-117.

떤 경우에는 합리적·포괄적 이론에 따라 보다 완전한 접근방법이 필요하다. 혼합관조는 또한 의사결정자들의 서로 다른 능력을 고려한다. 일반적으로 말하면, 자신의 결정을 실현시키기 위해 필요한 권력을 동원할 수 있는 의사결정자의 능력이 크면 클수록, 현실적으로 그들은 더 많은 정밀한 조사(scanning)를 실시할 수 있다. 그리고 더 많은 조사가 이루어질수록 더 효과적인 의사결정이 이루어진다. 혼합관조는 점증주의와 합리주의를 결합하여 사용하는 일종의 타협적인 접근방법이다.

제2장

사회복지정책 일반

    사회복지정책은 파악하기 쉽지 않은 개념(elusive concept)이다.[1] 사회복지가 무엇이냐, 정책이 무엇이냐는 학자나 관점에 따라 다양하게 정의될 뿐만 아니라 시대에 따라 변화하기 때문에 유일무이하고 영구불변하는 보편적인 사회복지정책에 관한 정의를 내리기는 어렵다.[2]

    본래 사회복지란 어의적으로 social+welfare(=fare well)의 합성어로 사회구성원 모두 또는 다수가 평안하게 잘 지내는 상태를 말한다. 프리들랜더(Friedlander)에 따르면 사회복지는 "개인과 집단이 만족스러운 생활과 건강 수준을 달성하도록 도와주고, 그들의 모든 능력을 개발하여 그들 가족과 지역사회의 욕구에 걸맞게 그들의 복리를 증진하도록 하여 주는, 개인적·사회적 관계를 성취하기 위해 고안된 조직화된 사회서비스와 제도 체계"를 말한다.[3] 사회복지는 사회사업보다 광범위한 의미를 갖고 있고 사회사업, 공공복지 그리고 다른 관련 프로그램과 활동 등을 포함한다. 광의로는 물리적·정신적·정서적 그리고 경제적 욕구를 포함한 많은 사람의 복지와 이해(理解)를 포함한다.[4]

    사회복지는 또한 사회 내 모든 개인의 사회적·재정적·보건적 그리고 여가적 필

1) Gilbert & Terrell(2005), p. 2.
2) 위의 책, pp. 1-2.
3) Friedlander & Apte(1974), p. 4.
4) Skidmore & Thackeray(1976), pp. 2-4.

수요건들을 충족시켜 주는 것이다.[5] 최근 우리나라의 사회복지는 기본적 욕구 이외에 문화복지와 같은 상위욕구의 실현을 도모하고 있다.

사회복지정책이란 사회복지에 관한 정책이다. 사회복지는 사회의 복리를 의미한다. 사회의 복리를 유지하는 것은 사회복지정책의 주된 영역이다. 사회복지정책은 사회문제에 대한 집합적 대처다.[6] 어의적으로 보면 사회복지정책이란 사회구성원 모두 또는 다수가 평안하게 잘 지낼 수 있도록 정부가 권위적으로 가치를 배분하는 의도적 행동노선을 말한다. 최근 사회복지에 관한 정의가 협의에서 광의로 그리고 최근에는 초광의로 확대되어 가고 있다. 사회복지정책에 관한 정의도 이러한 추세에 맞추어 협의 → 광의 → 초광의로 확대되어야 한다.[7]

사회복지정책은 특정 정책의 집행에 영향을 미치는 사회적 · 제도적 문제를 천명하는 규칙, 규정, 절차, 목적을 집합적으로 규정한 것으로 정의되기도 한다.[8] 사회복지정책은 인간의 사회적 기능을 향상시키거나 유지하기 위해 의도된 모든 사회적 개입을 위한 행동노선으로, 고용, 소득, 식품, 주거, 의료 그리고 관계와 같은 기본적인 생활욕구를 충족시키기 위함은 물론, 경우에 따라서는 개인이 처한 특수욕구도 충족시키기 위해 급여의 지급을 통제한다. 사회복지정책은 때로는 급여가 제공되는 배경에 의해 영향을 받기도 한다.[9] [10]

미국사회사업가협회(National Association of Social Workers: NASW)는 제도로서 사회복지에 관한 정의를 내리고 있다. 이를 기초로 할 때 사회복지정책은 사람들이 사회의 유지에 필수적인 사회적 · 경제적 · 교육적 욕구와 보건 욕구를 충족하는 데 도움을 주는 프로그램, 급여 그리고 서비스에 관한 국가의 의도적 행동노선을 말한다.

사회복지정책은 사회적 이슈나 문제에 대한 조직화된 반응이거나 또는 사회적 이슈나 문제에 대한 반응의 결여를 말한다.

사회복지정책의 체계는 사회적 이슈, 정책목적, 입법/규제 그리고 사회복지 프로그램이라는 서로 연관된 부분으로 구성된다.[11]

---

5) Zastrow(2000), p. 4.
6) Segal(2010), pp. 2-3.
7) 김상균 외(2007), pp. 42-47.
8) Jansson(1994), pp. 18-24.
9) Karger & Stoesz(2005), p. 3.
10) Dolgoff & Feldstein(2003), pp. 4-5.
11) Segal & Brzuzy(1998), pp. 8-9.

[그림 2-1] **사회복지정책의 체계**

출처: Segal & Brzuzy(1998), p. 9.

1. 사회복지정책의 의의

1) 협의의 사회복지정책과 광의의 사회복지정책

(1) 협의의 사회복지정책

사회복지를 협의적으로 개념화하고 있는 카두신(Kadushin)의 사회복지에 대한 정의를 원용하면, 사회복지정책이란 빈곤, 노령, 장애 등의 사유로 도움이 필요한 특수계층의 욕구를 충족시키기 위하여 정부가 권위적으로 가치를 배분하는 의도적 행동노선으로, 이 요보호자들에게 현금이나 현물, 기타 서비스를 제공하는 사회서비스 및 공공부조에 관한 정부의 시책을 말한다.

(2) 광의의 사회복지정책

로마니신(Romanyshyn)은 사회복지란 애매하면서도 변화하는 개념으로 긍정적인 의미뿐 아니라 부정적인 의미도 함축하고 있다고 주장하면서, 협의로는 열악한 처지에 있는 사람들에 대한 재정적 원조와 다른 서비스를 의미할 수도 있지만 다른 한편으로는 사람들의 보편적 욕구를 충족시키기 위한 집합적 책임(collective responsibility)을 의미한다고 설명한다. 그는 사회복지는 개인의 복리와 사회 전체의 복리를 증진하는 법, 프로그램, 급여 및 서비스 등 모든 형태의 사회적 개입을 포함하는 광의의 사회복지에 대한 정의를 채택하여야 한다고 하였다. 이러한 광의의 사회복지는 사회문제의 치료와 예방, 인적 자원의 개발, 삶의 향상에 직접적으로 관련이 있는 급여와 과정을 포함한다. 또한 사회복지는 개인이나 가족에 대한 사회적 서비스뿐만 아니라, 사회제도를 강화하거나 수정하려는 노력을 포함한다. 나아가 로마니신은 사회정책으로서 사회복지는 모든 또는 일부 사람의 복리를 증진하는 것과 직접적으로 관련된 집합적 의사결

정을 의미한다고 주장한다.[12]

이와 같이 사회복지를 광의로 개념화한 로마니신의 사회복지에 대한 정의를 기초로 사회복지정책을 정의하면, 사회복지정책이란 개인과 사회 전체의 복지를 증진하기 위해 권위적으로 가치를 배분하는 정부의 모든 형태의 의도적 행동노선으로, 사회문제의 발생을 예방하고 근본 원인을 치료하며, 인적 자원을 개발하고, 삶의 질을 향상시키기 위한 사회보험, 공공부조, 사회서비스에 관한 일체의 집합적 의사결정을 말한다. 광의의 사회복지정책은 사회구성원 일반을 대상으로 하여 정부가 가치를 권위적으로 배분함으로써 그 생활상의 각 측면에 나타나는 비복지(非福祉, diswelfare)를 해결하여 그들의 복리를 향상시키려는 정부의 의도적 행동노선(a purposive course of action)을 말한다.

2) 잔여적 · 제도적 사회복지정책

사회복지정책은 사회복지에 대한 윌렌스키와 르보(Wilensky & Lebeaux) 그리고 길버트와 스펙트(Gilbert & Specht)의 잔여적(residual, 보충적 또는 보완적) · 제도적(institutional) 사회복지 개념에 따라 잔여적 · 제도적 사회복지정책으로 구분할 수 있다. 이 개념은 그 사회의 풍조를 반영하며, 사회복지예산이나 사회복지정책급여의 많고 적음은 '잔여적 복지정책이냐 아니면 제도적 복지정책이냐'라는 문제에 귀착된다. 또한 이 개념은 한편에서는 경제적 개인주의와 자유시장이라는 가치, 다른 한편에서는 안정, 평등, 인도주의라는 가치 사이에서 절충을 모색한다.[13]

(1) 잔여적 사회복지정책

잔여적 사회복지 개념에서는 사회복지제도가 오직 가족 또는 시장과 같은 정상적인 공급구조가 제 기능을 발휘하지 못하는 경우에만 활동을 시작해야 한다고 본다.[14] 잔여적 개념은 두 개의 자연적 경로인 가족과 시장경제를 통하여 각 개인의 필요가 적절히 충족될 수 있다고 전제하고, 이러한 경로는 더욱 바람직한 공급구조로 간주된다. 그러나 가족해체나 경제공황의 발생 등으로 이러한 제도가 제 기능을 하지 못하거나,

---

12) Romanyshyn(1970), pp. 3-5.
13) Wilensky & Lebeaux(1985), pp. 119-121.
14) 'residual'이라는 용어는 학자에 따라 '잔여적' '보충적' '보완적'으로 달리 번역되고 있다. 이 책에서는 주로 '잔여적'으로 번역하도록 한다.

노령이나 질병으로 이러한 정상적인 경로를 활용하지 못할 때 제3의 욕구 충족 메커니즘인 사회복지조직이 활동을 시작한다. 사회복지조직은 주로 응급조치기능을 수행하는 잔여적 활동을 하며, 가족과 경제제도와 같은 정상적인 사회조직이 다시 제 기능을 수행하기 시작할 때에는 활동을 중지해야 한다. 잔여적(보충적, 보완적)이며 대체적(代替的)인 특징 때문에 사회복지는 종종 시혜나 자선과 같이 간주되어 수혜과정에 낙인(stigma)이 수반된다. 이 개념은 미국에서 경제대공황 이전에 널리 통용되었으며, 개인의 책임과 자력에 의한 성공이라는 전통적인 미국인의 사상과 맥을 같이한다.

잔여적(보충적, 보완적) 사회복지정책은 가족의 실패 또는 시장의 실패로 가족이나 시장이 제 기능을 원활히 수행하지 못함으로써 사람들이 정상적인 사회생활을 유지할 수 없는 경우, 이들을 보호-치료-예방하여 최소한의 인간다운 생활을 영위할 수 있도록 하려는 정부의 의도적인 행동노선을 말한다. 즉, 잔여적 사회복지정책은 다른 모든 사회제도가 생계수단으로서 그 기능을 다한 연후에도 사람들이 생활상의 곤란에 처했을 때 비로소 개입하는 안전망(safety net)으로서 역할을 수행한다. 따라서 가족이나 시장 등이 원활히 그 기능을 수행할 경우 안전망의 기능을 수행하는 사회복지정책은 그 존재가치를 상실하게 된다. 따라서 사회복지정책은 임시적이고 보충적인 역할을 수행한다. 또한 잔여적 사회복지정책에서는 생활상의 곤란이나 사회문제의 발생원인이 개인에게 있다고 간주하고 개인의 책임을 강조하는 정책대안을 강구한다.

잔여적 사회복지에서 사회복지정책은 부족분 채우기(gap-filling) 또는 응급조치기능(first-aid role)을 수행한다. 따라서 복지서비스는 오로지 개인의 욕구가 충족되지 않았을 때에만 제공되어야 한다. 이러한 잔여적 견해의 특징은 '불행한 사람을 위한 자선(charity for unfortunates)'이며, 복지서비스나 자금을 수혜받는 과정에서 낙인을 느끼게 된다.[15]

(2) 제도적 사회복지정책

제도적 개념의 사회복지에서는 복지서비스가 현대산업사회에서 정상적인 제일선(first line)의 기능을 수행해야 한다고 간주한다. 제도적 사회복지 개념에서 사회복지는 각 개인이나 집단이 만족할 만한 수준의 삶과 건강을 누릴 수 있도록 도와주기 위해 만들어진 사회적 서비스와 제도의 조직화된 체계로서, 각 개인이 지역사회의 필요와 조

---

15) Zastrow(2000), p. 10.

화를 이루면서 자신의 능력을 최대한 개발하고, 그 자신의 복지를 증진할 수 있도록 하여 주는 개인적 · 사회적 관계를 확립하는 것을 목표로 한다.[16]

제도적 개념에서 사회복지는 현대산업사회에서 각 개인의 자아완성을 돕기 위해 타당하고 정당한 기능을 수행하는 것으로 받아들여진다. 현대사회의 복잡성이 인정되어, 각 개인이 자신의 힘만으로는 충분히 대비할 수 없으며 가족이나 직장을 통해 그의 모든 필요를 충족시킬 수 없다는 것이 정상적인 것으로 간주된다. 따라서 원조기관은 정상적인 제도적 지위를 획득하게 된다.

제도적 사회복지정책은 현대산업사회에서 사람들이 생활상의 곤란을 겪고 있거나 사회문제가 발생할 경우 가족과 시장이 제 기능을 완전하게 수행할 수 없는 가족의 실패와 시장의 실패가 상존하기 때문에, 정부가 가족이나 시장이 그 기능을 수행함으로써 생활상의 곤란이나 사회문제를 해결하기를 기다리지 않고, 상부상조의 가치를 바탕으로 한 사회복지정책을 (안전망으로서가 아니라) 사회의 필수적이고 정상적인 제일선의 기능을 수행하는 제도로서 실시하는 것이다. 제도적 사회복지정책은 생활상의 곤란이나 사회문제의 원인이 개인에게 있는 것이 아니라 사회구조에 있다고 간주하고, 사회구조적 책임과 변화를 강조하는 정책대안을 강구한다.

윌렌스키와 르보는 산업화가 진전됨에 따라 국가들의 사회복지제도에 잔여적 성격보다는 제도적 성격이 강하게 나타난다는 수렴이론(convergency theory)을 주장한다. 수렴이론에 따르면 산업화가 진전됨에 따라 가족구조, 연령구조, 도시화 등 모든 사회구조 및 사회체계가 변화하게 되고, 이들의 변화가 독립변수로 작용하여 사회복지정책이 잔여적 사회복지정책에서 제도적 사회복지정책으로 변화해 가는 경향을 나타낸다.

길버트와 스펙트는 잔여적 개념의 사회복지와 제도적 개념의 사회복지를 다음과 같이 설명한다.[17] 가장 단순한 사회에서는 사회화, 사회통합, 생산 · 분배 · 소비, 사회통제, 상호부조의 모든 기능이 가족이라는 사회제도에 의해 수행된다. 사회가 점차 복잡해짐에 따라 개인과 집단은 이들 사회기능을 전문화하였고, 이러한 전문화에 따라 종교적 · 정치적 · 경제적 제도와 같은 다른 제도들도 진화되었다. 가족적 · 종교적 · 정치적 · 경제적 제도는 사회의 주요 제도로서 일반적으로 인정되며, 각 제도는 일차적

---

16) Wilensky & Lebeaux(1985), pp. 119-121.
17) Gilbert & Specht(1974), pp. 2-9.

〈표 2-1〉 **사회제도의 제도적 기능(institutional function)**

제도		일차적 기능
주요 사회제도 (major social institution)	가족	사회화(socialization)
	종교	사회통합(social integration)
	경제	생산·분배·소비(production-distribution-consumption)
	정치	사회통제(social control)
사회복지		상호부조(mutual support)

또는 핵심적인 기능과 밀접하게 관련되어 있는 동시에 한 가지 이상의 기능을 수행한다. 사회복지제도는 다른 제도와 비교할 때 기능적으로 널리 분포되어 있다. 즉, 가족적·종교적·정치적·경제적 제도들은 주변에서 교차하지만 상당히 구별되고 독립적으로 정의될 수 있는 일차적 기능을 포함하고 있다. 반면, 사회복지의 일차적 기능인 상호부조는 다른 제도적 기능에 비례하고 또 의존하고 있다. 상호부조활동은 인간의 욕구가 가족이나 정치적·종교적·경제적 활동들에 의하여 충족되지 않을 때 비로소 시작된다. 이러한 점은 사회복지정책의 특징으로 통합, 분배, 사회통제를 강조하는 논문에 두드러지게 나타나고 있다.

기능적 확산은 사회복지제도를 하나의 분리되고 특징적인 실체로 묘사하려는 노력을 복잡하게 만든다. 사실, 그것은 사회복지가 주로 잔여적 기능(보충적 기능, 보완적 기능, residual function)을 수행한다는 개념을 중시하도록 한다. 이러한 개념에서는 정상적인 제도적 통로에 의해 도움을 받는 사람들이 개인적 실패와 예외적 욕구 때문에 또는 이러한 정상적 통로가 적절히 작동하지 못해 급여를 받을 수 없게 될 때에만 비로소 사회복지활동이 필요한 것으로 인식된다.

사회복지를 개인이나 주요 제도의 실패에 대한 잔여적이고 임시적인 대체물(substitute)로 간주한다면, 사회복지는 다소 소극적(negative)이고 바람직하지 않은 활동으로 보일 것이다. 이러한 견해의 지지자들은 사회복지를 주요 사회제도들과 나란히 동일선상에 올려놓는 것은 적절하지 않다고 주장한다.

사회복지를 다른 모든 것이 실패한 후에 그 조각을 잡기 위한 안전망(safety net)으로서가 아니라, 현대산업사회의 필수적이고 정상적인 제일선의 기능으로서(as an integral and normal first line functioning) 공헌하는 독특한 활동유형으로 바라보는 제도적 사회복지의 견해는 오랫동안 잔여적 사회복지 개념과 서로 경합해 오고 있다.

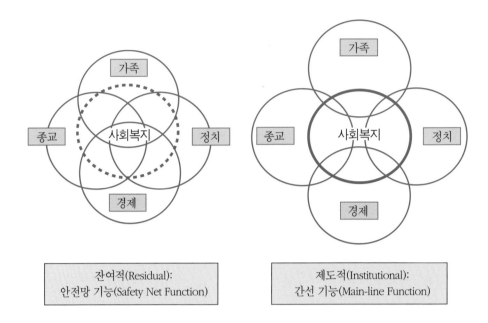

[그림 2-2] **사회복지의 개념**

이와 같이 사회복지가 하나의 기본적 사회제도로 인식되면, 사회복지가 시혜(dole)
나 자선(charity)으로 인식될 때 나타나는 그 어떤 낙인감도 느끼지 않게 된다. 그보다
는 오히려 사회복지가 개인, 가족 그리고 지역사회가 사회적 욕구를 충족하고 건강한
삶을 이룰 수 있게 하는 정상적이고 널리 수용되는 수단으로 간주된다.

사회복지의 제도적 개념이나 잔여적 개념 중 어느 개념이 우세하느냐는 대체로 사
회 내의 충족되지 않은 욕구의 발생과 원인을 어떻게 이해하느냐에 달려 있다. 두 개
념에서는 주요한 제도적 구조들이 사람들의 욕구를 충족시키는 데 어느 정도는 비효
과적이라고 본다. 근본적인 이슈는 다음과 같다.

- 이 같은 이례적인 것(anomaly)이 어느 정도로 개인의 결핍과 제도적 역기능의 여
  지를 반영하고 있는가?
- 그것은 어느 정도로 현대산업사회에서 삶의 절박한 상황(exigencies of life)을 처리
  하려는 개인적 노력과 변화시키려는 제도적 적응구조의 내재적 한계를 반영하고
  정상적으로 예견된 결과인가? 달리 말하면, 종종 결함이 있는 것은 근로자와 그의
  수단인가? 또는 양자는 그 직무의 복잡성과 불확실한 수요가 내재적으로 불완전
  하게 주어진 것인가?

첫 번째 질문에 대해서 '매우 그렇다'라는 대답 그리고 두 번째 질문에 대해서 '거의 그렇지 않다'라는 대답은 사회복지를 기본적인 제도적 구조를 위한 안전망으로서 기능하는 잔여적 활동의 지위로 귀속시킨다. 이러한 대답과 반대인 경우 사회복지는 기본적 사회제도로 나타난다.

요컨대, 사회복지는 핵심적인 기능이 상호부조인 새로이 등장한 제도로서 가장 정확하게 특징지어질 수 있다. 역사적으로 상호부조활동은 주로 가족이나 종교와 같은 다른 제도의 이차적 기능(secondary function)이었다.

잔여적 개념의 사회복지는 사회복지가 제도적인 지위로 접근해 가더라도 오랫동안 남아 있을 것이다. 서로 다른 사회복지정책분석의 접근방법은 과정(process), 산물(product) 그리고 성과(performance)라는 3P's의 연구로 특징지어진다.

길버트와 테럴(Gilbert & Terrell)은 길버트와 스펙트의 모델을 좀 더 세분화하여 분석하였다. 길버트와 테럴은 사회복지정책을 정의함에 있어 사회복지행동방침을 결정하는 데 도움을 주는 결정과 선택에 관심을 둔다. 이러한 결정과 선택은 사회복지를 조직하고 제공하는 사회의 주요 제도의 기능에 역점을 두고 있다. 지역사회생활의 주요 활동이 발생하는 6가지 기본적인 사회제도는 친족(kinship), 종교, 직장(workplace), 시장, 상호원조(mutual assistance) 그리고 정부다.[18] 이 6가지의 기본적인 사회제도는 모든 사회에 존재하고, 각각 일차적 기능(primary function)을 수행하며, 동시에 사회복지 기능을 수행한다.

제도적 견해에서는 사회복지정책이 사람들이 욕구를 충족할 수 있도록 원조할 때 현대산업사회에서 필요한 적절하고도 합법적인 기능을 수행한다고 간주한다. 따라서 이러한 견해에서는 서비스나 자금을 수혜받는 과정에서 낙인감이 발생하지 않으며, 수혜자들은 이러한 원조를 응당 받을 자격이 있다고 간주한다.[19]

3) 선별적 사회복지정책과 보편적 사회복지정책

(1) 선별적 사회복지정책

선별적 사회복지정책은 특정 개인이나 계층만이 특정 정책급여를 필요로 한다고 가

---

18) Gilbert & Terrell(2005), pp. 2-14.
19) Zastrow(2000), p. 10.

⟨표 2-2⟩ 제도, 조직 그리고 기능

사회제도 (social institutions)	주요 조직 형태 (key organizational forms)	일차적 기능 (primary functions)	사회복지 기능 (social welfare functions)
친족(kinship)	가족	출산, 사회화, 보호, 친밀함, 정서적 지지	부양가족 보호(dependent care), 가족 간 재정적 지원
종교(religion)	교회	영적 개발	신앙에 기초한 보건 · 교 육 · 사회서비스
직장(workplace)	기업체, 공장, 농장	재화와 서비스의 생산	근로자 법정급여 및 부가급 여
시장(marketplace)	생산자(기업)와 소비 자(가계)	재화 · 서비스와 화폐 를 교환	상업적 사회복지 재화 및 서 비스
상호원조 (mutual assistance)	지지집단(support groups), 자원기관	상호원조(mutual aid), 자선	자조(self-help), 자원봉사, 비영리 사회서비스
정부(government)	연방정부, 주정부, 지 방정부	공통 목적을 위한 자 원의 조달(raising)과 분배	빈곤퇴치(antipoverty), 경 제적 보장, 보건, 교육, 사회 서비스

출처: Gilbert & Terrell(2005), p. 3.

정한다. 즉, 생활상의 곤란이나 사회문제는 특정 계층들이 겪고 있거나 그들에게만 발생하는 것이므로 이들을 일정한 기준에 따라 선별한 후 정부가 권위적으로 그들에 대해서만 가치를 제한적으로 배분하는 사회복지정책을 말한다. 정책급여의 수혜대상자를 선정하기 위하여 주로 자산조사(means test)를 실시하며, 자산조사 결과, 소득과 재산이 일정 수준 이하인 자에 대하여 급여를 제공한다.

(2) 보편적 사회복지정책

보편적 사회복지정책은 정책급여의 필요성이 어느 특정 계층에게만 존재하는 것이 아니라 모든 사람에게 보편적으로 존재한다고 가정한다. 즉, 생활상의 곤란이나 사회문제의 개연성이 모든 사람에게 존재하기 때문에 사람들이 일정한 상황에 처하게 되면 일정한 조건을 충족할 경우 자산조사 없이 누구나 사회복지정책급여를 제공받게 된다. 이는 사람들의 생활상의 곤란이나 사회문제의 발생 책임이 특정 개인에게 있는 것이 아니라 사회구조적인 요인에 존재한다는 가정에 근거하고 있다.

2. 사회복지정책의 필요성

정부가 사회복지정책을 형성하여 국민의 삶의 질을 향상시켜야 할 필요성은 기본권 보장, 정치적 측면, 경제적 측면, 심리·사회적 측면으로 구분할 수 있다.[20]

1) 복지국가 건설-기본권 보장

복지국가는 사회적·경제적 원인에 의한 실업, 질병, 빈곤 등을 제거함으로써 인간으로 하여금 인간다운 생활을 누릴 수 있도록 재산권이나 경제활동을 규제하거나 또는 적극적으로 경제정책, 사회정책, 사회복지정책을 실시하는 국가다.

우리 「헌법」은 전문에서 국민생활의 균등한 향상을 선언하고 있다. 기본권 조항에서 모든 국민의 인간다운 생활을 보장하고, 사회보장·사회복지에 관한 국가의무를 규정하며, 건강하고 쾌적한 환경에서 생활할 권리를 보장하여 복지국가 건설을 그 목적으로 하고 있음을 천명한다. 나아가서 근로자의 고용 증진과 적정임금을 보장하고, 최저임금제를 실시하며, 근로조건의 기준을 인간의 존엄성을 보장하도록 법률로 정할 것을 규정하고 있다. 여성, 노인, 청소년 및 장애인의 복지를 규정하고 있으며, 상이군경과 전몰군경 및 국가유공자의 유가족에 대한 우선취업권을 부여하고, 혼인과 가족 생활이 개인의 존엄과 양성의 평등에 기초하도록 하여 복지국가주의를 실질화하고 있다. 이러한 복지국가의 달성을 위한 경제 조항을 두어 사회적 시장경제주의의 원칙을 선언하고 있다.

기본권이란 인간이 누릴 수 있는 권리 가운데 「헌법」이 보장하는 국민의 기본적 권리로 국가는 이를 보장할 책임이 있다. 「헌법」상 기본권에는 자유권, 평등권, 생존권, 청구권, 참정권이 있다. 사회복지정책은 이러한 국민의 기본권 가운데 주로 생존권을 보장하기 위하여 만들어진다. 생존권은 사회주의적 생존권과 개량주의적 생존권으로 구별된다. 사회주의적 생존권은 사유재산제도를 부정하고 생산수단을 공유화함으로써 모두의 노동을 통해 생존권을 실질적으로 실현하려는 사회주의국가에서 추구되는 생존권이다. 반면, 개량주의적 생존권은 사유재산제도를 사회의 기본질서로 인정하

20) 박병현(2007), pp. 32-37.

고, 다만 그로 인해 파생되는 문제점을 해결하고 개선해 나아감으로써 생존권을 실현하려는 자본주의국가에서 추구되는 생존권이다. 사회복지정책은 개량주의적 생존권을 보장하기 위해 형성된다.

생존권 가운데 국민이 인간다운 생활을 영위하는 데 필요한 복지서비스를 국가로부터 보장받을 권리를 복지권이라고 한다. 마셜(Marshall)은 시민권이 공민권(civil right), 정치권(political right) 및 사회권(social right)으로 구성되어 있다고 지적하고, 이 가운데 사회권을 복지권(welfare right)이라고 하였다. 사회권은 사회의 지배적인 기준에 합당한 시민생활을 누릴 수 있는 권리로서 국가로부터 복지서비스를 받을 권리를 말한다.

2) 빈곤문제 해결

일반적으로 빈곤이란 기본적 욕구를 충족할 능력이 부족한 상태로 정의할 수 있다. 즉, 빈곤은 재화와 서비스를 사용할 능력이 부족한 상태로 정의된다. 빈곤은 주로 경제적 측면에서 논의되고 있지만, 경제적 빈곤뿐만 아니라 비경제적인 문화적 측면에서 논의되는 문화적 빈곤과 인간적 빈곤도 있다. 공공부조는 경제적 측면에서의 빈곤뿐만 아니라 문화적 측면과 인간적 측면에서의 빈곤도 문제해결의 대상으로 삼고 있다. 경제적 측면에서 빈곤은 객관적인 비교기준이 있느냐에 따라 객관적 빈곤과 주관적 빈곤으로 나뉜다. 객관적 빈곤은 다시 객관적으로 측정되는 절대적 최저기준을 갖고 있느냐에 따라 절대적 빈곤과 상대적 빈곤으로 나뉜다. 객관적으로 결정된 절대적 최저한도보다 적게 가지는 것을 절대적 빈곤이라 하고, 사회구성원 가운데 다른 사람들보다 상대적으로 적게 가지는 것을 상대적 빈곤이라 한다. 주관적 빈곤이란 자신이 충분히 갖고 있지 않다고 주관적으로 느끼는 것이다.[21]

빈곤의 역사는 인류의 역사와 함께한다. 따라서 구빈이란 국가의 가장 근본적이고 최우선적인 목적 가운데 하나다. 구빈을 위한 사회복지정책대안인 공공부조는 빈곤이 사회문제로 대두한 이래 오랫동안 국가가 빈곤문제를 해결하기 위한 시책으로 행하여 왔다.

빈곤문제를 해결하기 위한 대표적 사회복지정책인 공공부조는 국가가 규정한 공적인 빈곤선 이하에서 경제적으로 빈곤한 생활을 하고 있으며 자신의 능력으로 독립적

---

21) 김기원(2000a), pp. 55-64.

인 생활이 불가능하고 부양의무자의 도움을 받을 수 없어 보호를 필요로 하는 상태, 즉 요보호상태에 있는 자를 대상으로 한다. 신청에 근거하여 또는 직권으로 자산조사와 상태조사를 실시한 후 자활능력이 있는 자와 자활능력이 없는 자로 구분해 판정하고, 자활능력이 없는 자로 판정되었을 때는 이들에 대해 건강하고 문화적인 최저한도의 기초생활을 유지할 수 있도록 급여를 제공해 준다. 반면, 자활능력이 있는 자로 판정되었을 때에는 이들의 자립자활을 촉진하는 데 필요한 원조를 제공해 주거나 근로와 연계하여 원조를 제공(workfare)한다. 이는 수혜자의 비용부담 없이 국가나 지방자치단체가 전액 공비로 부담하는 무기여 · 보충적 원조이며, 자본주의사회의 공적인 최후의 안전망 역할을 수행한다.

3) 정치적 필요성

사회복지정책은 정치시장의 수요에 부응하는 공급대안인 정치적 재화(political goods)라고도 불린다. 정권을 창출하거나 유지하고자 하는 정당들이 정치적 지지와 정당성을 국민으로부터 부여받기 위하여 의도적으로 사회복지정책을 입안하기 때문이다. 따라서 사회복지정책은 정치적 지지와 정당성을 확보하는 데 유리한 방향으로 창출되거나 형성된다.

진보적 정당의 경우 사회복지를 확대하려는 정책대안들을 제안함으로써 그들의 지지기반이 되는 서민이나 노동자에게 보다 많은 복지혜택을 주려고 노력하는 반면, 보수적 정당의 경우 사회복지를 축소하려는 정책대안들을 제안함으로써 그들의 지지기반이 되는 중상층이나 기업가들이 사회복지정책으로 겪게 되는 조세부담을 감소시키기 위해 노력한다.

4) 경제적 필요성

사회복지가 경제성장을 촉진하기 때문에 정부는 사회복지정책을 형성할 필요가 있다. 일반적으로 경제성장에 기여하는 요인으로는 자본축적, 인구와 노동력, 기술진보, 천연자원, 경제조직, 사회적 환경 등을 들고 있다.

사회복지와 같은 정부이전지출 비율의 증가는 경제성장에 직접적으로 기여한다는 실증분석이 있다. 이에 따르면 평균적으로 사회복지지출의 상대적 비율이 1% 증가하

면 연평균 1%에서 2% 사이로 경제성장률이 증가한다고 한다.[22]

사회복지와 경제성장 간에 긍정적인 상관관계가 의미 있게 존재한다는 연구 결과도 있다. 일반적인 사회보장수준을 측정하는 국가사회보험프로그램경험지수(an index of a nation's social insurance program experience: SIPE)와 경제성장 간의 상관관계를 분석한 결과, 양자는 가장 강력한 긍정적인 상관관계($r = .90$)가 있는 것으로 나타났다.[23]

구체적으로 사회복지가 경제성장에 어떻게 기여할 수 있는지는 다음과 같이 설명할 수 있다.[24]

사회복지는 경제의 자동안정장치(built-in stabilizer) 역할을 수행할 수 있다. 즉, 경기변동이 일어났을 때 특별한 대책을 세우지 않더라도 자동적으로 안정시키는 역할을 수행한다. 불황기에 정부가 실시하는 사회복지정책은 개인의 가처분소득을 증가시켜 유효수요를 증대시킴으로써 경제성장에 기여할 수 있다.

사회복지제도는 막대한 자금을 정책적으로 동원할 수 있어 경제성장에 필요한 대규모 자본을 쉽게 축적할 수 있다. 자본축적은 생산규모를 확대시켜 고용을 창출하고 기술과 첨단생산시설의 도입과 개발을 가능케 해 준다. 국민연금기금과 같은 사회보험 갹출기금이 경부고속전철이나 신공항 건설과 같은 대규모 재정투융자 사업에 동원될 수 있어 경제성장의 기반 조성에 기여할 수 있다. 부과방식이 아닌 적립방식을 택할 경우 갹출과 급부 사이에 시간적 격차를 크게 할수록 대규모 자본을 손쉽게 축적할 수 있고 장기간 축적된 자본을 경제성장을 위한 기반 조성에 사용할 수 있다.

사회복지제도는 경제성장을 위한 자본축적에 필요한 국민의 저축습관을 학습시킨다. 현금이나 현물을 제공하는 공공부조제도 또는 보육이나 보건과 같은 사회서비스는 국민의 가처분소득을 증가시킴으로써 자발적 저축을 증가시킬 수 있다. 사회보험제도는 저소득층이 급부를 받기 위해선 일정 기간 일정액을 정기적으로 기여해야 하기 때문에 강제저축의 성격을 띠고, 고소득층도 일정액을 지속적으로 납부해야 하기 때문에 강제적이지만 저축습관을 배우게 하는 저축학습효과가 있다. 강제저축으로서의 사회보험제도가 자발적 저축을 증대시킨다는 주장과 자발적 저축을 대체해 이를 감소시킨다는 주장이 엇갈리고 있다. 국민연금제도가 퇴직자 노후생활에 대비하기 위해 저축이 필요하다는 저축 필요성에 대한 인식효과(recognition effect)를 증가시켜 연

---

22) Brown(1988), pp. 42-47.

23) Cutright(1965/4), pp. 537-550.

24) 김기원(1995), pp. 13-17.

금제도에 가입된 계층의 자발적 저축률이 연금제도에 가입되지 않은 계층의 저축률보다 오히려 높다는 주장이 있다.[25] 반면, 국민연금이 미래자산으로 인식되어 미래에 대비하는 자발적 저축을 감소시키는 대체효과를 주장하는 논리도 있다.

사회복지제도는 경제성장의 필수조건인 인간자본을 보존하고 개선시켜 준다. 국민기초생활보장제도, 건강보험제도, 의료급여제도, 최저임금제도, 직업훈련 등을 통하여 사회복지제도는 저소득자의 노동력 상실을 방지하고 손상된 노동력을 회복시켜 경제성장에 기여하고 있다. 장애인과 기초생활수급자 그리고 준고령자 및 고령자에 대한 고용촉진사업을 실시하는 한편, 보육사업을 통해 여성의 고용을 촉진해 노동력 공급 부족을 방지하고 직업훈련을 통해 노동의 질을 향상시켜 생산성을 제고함으로써 산업생산이 원활해지도록 하고 경제성장에 기여하게 해 준다.

사회복지제도는 고용을 창출한다. 경제성장에 필요한 새로운 분야의 산업과 직종을 창출함으로써 고용을 증대시킨다. 노인들을 대상으로 하는 실버사업(silver business or silver service), 복지공학(welfare engineering), 사회복지시설이나 단체의 신설 등으로 사회복지와 관련된 분야에서 고용을 증대시킨다. 또한 외국인 근로자 상담·적응 지원, 산재근로자 간병, 저소득 근로자나 맞벌이 부부의 자녀 방과후 교실, 어린이 안전문화 교육, 노숙자 돌보기, 재활용품 수거·분리, 문화재 보존·관리 등과 같은 사회적 일자리사업을 통해 장기실업자, 중장년 및 고령자, 여성, 장애인 등 취업이 어려운 계층을 중심으로 실업자들에게 일자리를 제공하기도 한다. 노인장기요양보험제도는 요양보호사라는 새로운 직종을 탄생시켜 고용을 창출하기도 하였다.

사회복지제도는 관련 산업을 활성화시킴으로써 경제에 간접적으로 긍정적인 효과를 미칠 수 있다. 영세민 주택문제를 해결하기 위한 대단위 임대주택건설은 건설경기 활성화에 기여할 수 있고, 건강보험과 의료급여제도는 의료수요의 증가를 가져와 병원, 의료기기산업, 제약업 등 의료 관련 산업의 성장을 촉진하고 있다. 미국의 경우 식품권제도(food stamp program)를 실시하여 빈민구제와 동시에 농업경제 강화 및 농산물유통산업 활성화라는 외부편익(external benefit)을 발생시켜 농업경제의 붕괴를 방지하는 데 기여하기도 하였다.

사회복지는 국민이 자발적으로 사회에 기여하는 민간복지나 자원봉사문화를 조성함으로써 정부가 최소한의 재정부담으로 사회복지, 교육, 보건, 환경보전 등의 사업을

---

25) 연하청, 민재성(1982), pp. 188-193.

수행할 수 있도록 하고 있다. 정부재정부담으로 수행해야 할 사업들을 민간이 자발적으로 수행함으로써 재정을 절약할 수 있게 된다. 절약된 정부재정은 경제성장에 필요한 분야에 사용될 수 있다.

사회복지는 세계화 시대의 개방경제체계하에서 상품수출이나 해외건설수주를 위한 긍정적인 현지 분위기 조성에 기여할 수 있다. 한국에 근무하는 외국인 근로자나 산업연수원생 그리고 그들의 가족에게 최저임금제도, 산재보험, 건강보험 등과 같은 복지혜택을 국내인과 동등하게 부여함으로써 파견국의 사회가 한국에 대해 호의적인 이미지를 갖도록 할 수 있다. 외국인에 대한 인권수호국으로서의 이러한 이미지 개선은 수출시장 확보에 긍정적으로 작용할 수 있는 사회분위기 조성에 영향을 미칠 수 있어 경제성장에 간접적으로 기여할 수 있다.

5) 사회안정

사회복지정책은 소득재분배 기능을 통해 빈부격차를 해소함으로써 계층 간의 대립을 사전에 방지하여 사회안정에 기여할 수 있다. 소득계층 간, 노동자와 사용자 간 또는 농민을 포함한 사회계층 간의 갈등과 대립은 사회질서의 파괴, 산업생산 중단, 지역경제 마비, 하청기업 도산 등 막대한 손실을 끼치고 있다. 사회복지정책은 갈등과 대립에 따른 사회혼란을 사전에 방지함으로써 계급의 발생을 사전에 예방하는 선제전략(preemptive strategy)으로 실시된다. 기술과 노동잠재력을 완벽하게 활용하려는 기업에는 근로자와의 문제를 해결하는 능력이 가장 중요한 생산요소가 되고 있다.[26] 사회복지정책을 통하여 기업이윤을 근로자의 생활의 질과 양을 개선하는 데 사용함으로써 노사안정을 이루고 노사 간에 더불어 잘사는 기업문화를 이룩할 수 있다. 노사 간에 평화로운 산업문화의 정착은 대립적인 분위기와 이에 따른 혼란을 방지함으로써 비생산적인 기업비용을 줄이고 기업가는 모험적이고 합리적인 기업가정신(entrepreneurship)을 자유로이 발휘해 기업경영에 전념할 수 있도록 함으로써 경제성장에 기여할 수 있다. 특히, 사회불안정기에는 복지지출을 증가시킴으로써 사회불안을 잠재우는 정책을 실시하기도 한다. 그러나 이러한 정책은 복지가 권리로 주어져야지 사회불안을 통제하기 위한 도구로 사용되어서는 안 된다는 비판에 직면하기도 한다.

---

26) Piven & Cloward(1987), p. 15.

3. 사회복지정책과 유사 정책의 관계 및 차이

사회복지정책은 국민의 삶의 다양한 측면에 영향을 미치고 있고 학제적으로 연구가 이루어지고 있기 때문에 영역별로 다른 정책과 그 대상과 목적이 일부 중복되기도 하고, 위계적으로 상위-하위의 개념으로 이해되기도 하며, 때로는 전혀 별개의 독립된 정책으로 이해되기도 한다.

1) 사회복지정책과 사회정책

[그림 2-3] **사회복지정책과 사회정책**

사회정책(social policy)이란 주로 유럽에서 널리 사용되는 용어로 독일어의 Sozialpolitik에 해당한다. 사회정책은 산업사회가 발전하면서 파생되는 사회적 약자와 사회적 위험에 처한 사람들을 보호하기 위한 대책으로서 소득, 보건, 교육, 주거, 노동, 환경, 교통 정책을 포함한다. 사회정책은 인간의 복리에 관한 탐구로, '사회정책이 온전히 사람들을 위해 복리를 행하고 있는가?' '사회정책은 매우 요긴한 것임에 틀림이 없는가?'라는 두 질문에 대응을 할 수 있어야 한다.[27] 힐(Hill)은 영국의 사회정책을 논하면서 사회정책이란 복지에 영향을 미치는 정책활동이라고 정의함으로써 사회정책을 사회복지정책과 동일한 의미로 사용하고 있다.[28] 반면, 시민권론자인 마셜도 사회정책이란 서비스와 소득을 제공함으로써 시민의 복지에 직접 영향을 미치는 행동에

---

27) Dean(2014), pp. 1-2.
28) Hill(1995), pp. 1-3.

관한 정부의 정책이라고 함으로써 힐과 유사한 입장을 취하고 있다.

사회정책이나 프로그램이 운영되기 위해서는 목적(goals)과 목표(objectives), 전달되는 급부나 서비스의 형태, 권리에 관한 규칙(entitlement rule) 또는 수급자격에 관한 규칙(eligibility rule), 서비스 전달을 위한 행정구조 또는 조직구조, 재원조달방법이라는 5개의 기본적인 요소와 이들 간의 상호작용(interactions)이 반드시 필요하다. 기본적 정책요소와 이들의 하위유형(subtype) 그리고 평가기준을 정리하면 다음과 같다.

〈표 2-3〉 기본적 정책요소, 하위유형 및 평가기준

기본적 정책요소	하위유형	평가기준
목적과 목표	1. 원칙 또는 의도(purpose) 2. 장기/단기 3. 중간/궁극적 4. 명백함/잠재적	1. 목적과 목표에 특정한 기준 　a) 제공되는 서비스가 아니라 결과 　　(outcomes)에 관한 관심 　b) 명백함, 측정가능성, 조작가능성 　　(manipulability) 　c) 실행기준과 목표 세부사항의 함의 2. 적절성, 형평성 그리고 효율성을 위한 　목적과 목표의 함의 3. 사회문제 분석, 문제의 정의 그리고 원 　인분석에 있어서의 변수(결과)
급부나 서비스의 형태	1. 개인적 사회서비스: 　전문가 서비스 2. 경성급부(hard benefit),[29] 　금전, 재화, 상품 3. 긍정적 차별(positive 　discrimination) 4. 신용/바우처 5. 보조금 6. 정부의 대출 보증 7. 보호적 규제 8. 일탈의 감독 9. 결정권	1. 급부와 서비스에 특유한 기준 　a) 낙인화(stigmatization) 　b) 대상효율성(target efficiency) 　c) 비용효과성 　d) 대체가능성(substitutability) 　e) 소비자주권(consumer sovereignty) 　f) 교환(trade-off) 　g) 강제성/과잉간섭(intrusiveness) 　h) 복잡성과 행정비용 　i) 전체 사용자에 걸친 적응성(사용될 　　가능성) 　j) 정치적 위험 2. 급부와 서비스의 적절성, 형평성 및 효 　율성

29) 경성급부란 소득을 증가시키거나 비용을 절약하는 조치를 의미한다.
Chambers & Wedel(2009), pp. 38-41.

		3. 사회문제 분석과 관련한 급부/서비스 형태의 적합성
수급자격규칙	1. 자산조사(소득·재산조사) 2. 행정규칙 3. 사적 계약규정 4. 과거의 기여 5. 전문적 재량 6. 사법적 결정 7. 근로연계(workfare) 부과	1. 수급자격규칙 특유의 기준 　a) 과도/과소 이용 　b) 과도한 비용 　c) 낙인/소외(stigma/alienation) 　d) 근로 비유인(disincentive for work) 　e) 출산과 결혼 붕괴 또는 세대 간 의존에 대한 유인 2. 사회문제 분석의 적합성: 문제의 정의/대상 집단 내역 3. 수급자격규칙이 적절성, 형평성 및 효율성을 내포하고 있음
행정과 전달체계	1. 중앙집권화 2. 연방화(federalization) 3. 사례관리 4. 의뢰(referral)기관 5. 고유한 근로자 인력배치 6. 인종적으로 지향된 기관 7. 행정상 공정한 청문 8. 클라이언트의 설차적 권리를 위한 정당한 법적 절차 보호 9. 시민참여	1. 행정/서비스전달체계 특유의 평가기준 　a) 논리 정연한 프로그램/정책 설계 존재 　b) 통합/지속성 　c) 접근가능성 　d) 책임성 　e) 클라이언트/소비자 역량강화 　f) 소비자의 의사결정과정 참여 　g) 인종, 성 및 민족 다양성 대처 2. 사회문제 분석의 적합성 3. 적절성, 형평성 및 효율성과의 관련성
재원조달	1. 사전납부 및 보험원칙 2. 공적으로 규제된 사적 계약 3. 자발적 기여 4. 조세수입 사용 5. 서비스 이용료 6. 사적 기부	1. 재정 특유의 평가기준 　a) 재원조달의 지속성 　b) 광범위한 경제적 변화 속 안정성: 인플레이션/디플레이션 및 인구학적 변화 2. 사회문제 분석의 적합성 3. 적절성, 형평성 및 효율성을 위한 행정 형태의 적합성
상호작용		어떤 유일한 평가기준은 없음

사회복지정책은 사회복지의 목적 달성을 위하여, 즉 사람들의 욕구 충족과 사회문제를 해결함으로써 국민의 삶의 질을 향상시키고 사회적 통합을 구현하기 위하여 국가가 필요한 자원을 계획하고 조달하며 배분하는 모든 과정이자 집단적 행동지침이다. 반면, 사회정책은 사회에 의해 인가된 사회행동으로, 다수의 학자들은 사회정책을 사회복지정책뿐 아니라 노동정책과 경제정책을 포함하는 보다 광범위한 개념으로 이해하고 있다. 달리 표현하면, 사회복지정책은 사회정책의 부분집합(a subset of social policy)이라고 할 수 있다.

사회복지정책은 고용, 소득, 식품, 주거, 의료 및 관계 등과 같은 기본적인 욕구를 충족시키기 위하여 사람들에 대한 급여의 제공을 관장하며, 이는 사회정책의 일환으로 실시된다.[30]

2) 사회복지정책과 사회보장정책

사회복지정책은 사회보장정책보다 광범위하고 추상적인 개념이다. 사회보장정책은 사회복지정책 가운데 주로 정부가 제도를 통하여 복지사회를 구현하기 위하여 실시하는 국가의 시책을 말한다. 「사회보장기본법」상 사회보장의 정의에 따른 사회보장정책이란 출산, 양육, 실업, 노령, 장애, 질병, 빈곤 및 사망 등의 사회적 위험으로부터 모든 국민을 보호하고 국민의 삶의 질을 향상시키는 데 필요한 소득과 서비스를 보장하는 사회보험, 공공부조, 사회서비스에 관한 정책을 말한다. 사회보장정책은 모든 국민이 다양한 사회적 위험으로부터 벗어나 행복하고 인간다운 생활을 향유할 수 있도록 자립을 지원하며, 사회참여 · 자아실현에 필요한 제도와 여건을 조성하여 사회통합과 행복한 복지사회를 실현하는 것을 기본 이념으로 한다.[31]

사회보장정책은 내용적으로 사회보험정책, 공공부조정책 및 사회서비스정책으로 구성되어 있다. 사회보험정책이란 국민에게 발생하는 사회적 위험을 보험방식에 의하여 대처함으로써 국민건강과 소득을 보장하는 제반 시책을 말한다. 공공부조정책이라 함은 국가 및 지방자치단체의 책임하에 생활유지능력이 없거나 생활이 어려운 국민의 최저생활을 보장하고 자립을 지원하는 제반 시책을 말한다. 사회서비스정책이라 함은

---

30) Karger & Stoesz(2010), pp. 3-4.
31) 법제처, www.moleg.go.kr

국가, 지방자치단체 및 민간부문의 도움이 필요한 모든 국민에게 복지, 보건의료, 교육, 고용, 주거, 문화, 환경 등의 분야에서 인간다운 생활을 보장하고 상담, 재활, 돌봄, 정보의 제공, 관련 시설의 이용, 역량 개발, 사회참여 지원 등을 통하여 국민의 삶의 질이 향상되도록 지원하는 정책을 말한다.

3) 사회복지정책과 경제정책

사회복지정책과 경제정책은 사회적 욕구의 충족과 국민복리의 증진을 목적으로 한다는 점에서 공통점을 찾을 수 있으나, 경제정책은 주로 시장기제(market mechanism)의 원활한 운용을 기초로 형성되는 반면, 사회복지정책은 시장기제의 실패로 인한 문제를 해결하기 위해 형성된다.

경제정책은 국가 경제정책의 실현을 위한 정책으로 시장에서의 분배(distribution)의 문제를 다룬다. 반면, 사회복지정책은 시장에서 이루어진 분배의 결과를 다시 분배하려는 재분배(redistribution)의 문제를 다룬다. 사회복지정책은 경제정책이 규율하는 시장에서 이루어진 분배의 결과 파생된 소득불균등과 같은 문제를 해결하기 위하여 누진적인 소득세를 통해 재원을 마련하고 그 재원으로 저소득층에게 사회복지제도를 통해 사회복지급여를 제공함으로써 시장에서 이루어진 부의 분배 결과를 다시 분배하고 사회계층 간의 소득격차를 완화시키며 모든 국민이 최소한의 건강하고 문화적인 삶을 살아갈 수 있도록 하기 위한 제도와 활동을 규정하고 있다.

사회복지정책은 직접적으로 경제활동을 하지 않고, 그와 같은 경제활동의 결과를 전제로 하여 생활보장급부를 행함으로써 소득의 재분배라는 기능을 수행한다. 그러나 양자는 경제적 약자를 보호하려 한다는 공통점이 있다.

수요 · 공급을 기준으로 볼 때 경제정책은 경제시장(economic market)을 기반으로 하고, 사회복지정책은 주로 사회적 시장(social market)을 기반으로 한다. 경제시장에서는 사회의 구성원이 생활상 필요한 재화나 서비스를 수요와 공급에 따라 결정된 가격을 지불하고 구매해 자신의 욕구를 충족하게 된다. 그러나 개인이나 가족의 경제적 지불능력이 부족하거나 시장기제(market mechanism)가 기능을 제대로 수행하지 못하는 시장의 실패(market failure)가 발생할 경우, 또는 시장의 부의 분배 결과 불평등이 야기된 경우, 개인이나 가족이 생활상 필요한 재화나 서비스를 소비할 수 없어 자신의 욕구를 충족하지 못하거나 사회문제를 해결할 수 없게 된다. 이러한 개인의 결핍이나 시장의 실패를 치유하고 정상적으로 기능하도록 하기 위하여 국가가 사회복지정책을 실시한다. 사회복지는 경제시장 밖에서 경제적 원칙(개인의 능력, 자유경쟁, 이윤극대화 등)이 아닌 다른 원칙(생활상의 욕구, 결과의 평등, 이타주의 원칙 등)에 의하여 재화와 서비스를 배분하는 활동이다.

사회복지는 사회적 목표(사회적 통합과 사회연대적 자선)를 달성하기 위하여 재화와 서비스를 경제시장 밖으로 끄집어내어 경제시장과 다른 원칙으로 배분하거나 아니면 경제시장의 운영을 통제 또는 수정하는 역할을 하기 때문에 사회복지활동을 사회적 시장이라고도 부른다. 사회복지는 국가의 개입에 의해서 재화와 서비스를 배분하는 활동으로서 사적 경제시장의 문제점을 수정하고 보완하기 위한 분배체계다.[32]

4) 사회복지정책과 노동정책

노동정책이란 자본주의 경제질서에서의 근로자들의 노동관계를 규정함으로써 그들의 생존확보를 가능하게 하는 공공정책을 말한다. 사회복지정책과 노동정책은 역사적으로 밀접한 관련이 있는데 이는 특히 빈곤노동자, 실직노동자, 피재노동자와 관련하여 나타나고 있다. 사회복지의 역사적 발전과정을 살펴보면, 초기에는 구빈법에서 나타나듯이 근로능력이 있는 빈민들(the unworthy poor)의 노동을 상품화(commodification)하기 위한 노동 통제적 입법이 주류를 이루었다. 1536년 「건강한 부랑자 및 걸인 처벌법」은 근로능력이 있는 빈민 중 노동의사가 있는 자에게는 일거리를 제공하였고, 반면 노동의사가 없는 나태자는 태형에 처하였으며, 빈곤 아동은 도제로 삼았다. 1601년 엘리자베스 1세의 「구빈법」에서도 빈민을 노동능력 유무에 따라 분류하여 노동능력자는 교정원이나 작업장에 입소시켜 강제노역에 처하였다.

전통적인 독일의 사회복지정책은 통일 후 경제 성장 과정에서 나타난 사회문제를 해결하기 위해 실시되었다. 대표적인 정책으로 비스마르크(Bismarck) 수상 당시의 '채찍과 당근(stick and carrot)' 또는 '채찍과 사탕(stick and sugar)' 정책을 들 수 있다(p. 66 참조).

미국에서는 루스벨트(Roosevelt) 대통령이 1935년 경기부양과 실업자구제를 위한 뉴딜정책의 일환으로 사회보험, 공공부조, 보건복지서비스 등을 포함한 「사회보장법

---

32) Gilbert & Terrell(2005), pp. 63-67.

(Social Security Act)」을 제정하였는데, 사회보험 가운데 실업보험은 주정부가 주관하도록 하였다. 이들 사회보험은 모두 노동자를 대상으로 하였으며, 노동조건의 보호 및 노동력 보전과도 밀접한 관계가 있었다.

사회복지정책 가운데 연금정책은 근로자의 노후생활을 보장하기 위한 정책으로 초기에는 노동자보험으로서 노동정책 분야에서 다루었지만, 노령은 업무를 떠난 후의 문제이기 때문에 주변적인 문제로 다루었다. 그러나 사회복지정책이 발전함에 따라 노령문제는 생활보장이라는 관점에서 다루어야 할 문제로 인식되어 노동정책이 아닌 사회복지정책의 연금 분야에서 다루게 되었다.

사회복지정책대안인 고용보험이나 실업보험은 실업에 의하여 발생하는 임금소득의 상실을 사회적인 급부로 보충해 주는 것이다. 그러나 실업의 예방이나 사후대책 또는 노동관계 복귀를 위한 직업안정정책은 노동정책의 영역이다. 산재보험도 노동과 밀접한 관계가 있다. 재해부조 또는 재해보상 규정은 사용자가 재해를 입은 고용근로자에 대하여 직접 의료서비스나 금전부조를 제공하도록 한 것으로, 이는 노동조건의 하나로 규정되어 있었다.

5) 사회복지정책과 조세정책

사회복지정책과 조세정책은 그 본래의 목적은 다르면서도 기능적인 측면에서 유사한 면을 보이고 있다. 티트머스(Titmuss)는 사회정책의 목적 가운데 하나로 빈부계층 간의 자원배분과 누진적인 재분배 정책을 들고 있다. 이러한 목적은 주로 「조세법」상 누진적인 소득세제도와 이를 재원으로 한 사회복지제도를 통해 이루어진다. 또한 「조세법」상 실시되는 소득공제제도와 조세감면제도, 미국의 부(負)의 소득세(NIT) 등은 국민이 최소한의 건강하고 문화적인 삶을 살아가는 데 필요한 소득을 확보하는 데 기여하는 동시에 사회적 부(富)가 재분배되어 공평한 복지사회를 이루게 하는 측면이 있다. 특히, 미국의 EITC(Earned Income Tax Credit)제도를 모델로 한 우리나라의 근로장려세제는 국세청이 주관하고 있는 근로유인 기능이 큰 복지정책이다.

조세라 함은 국가 또는 지방자치단체가 수입을 얻기 위하여 법률의 규정에 의해 직접적인 반대급부를 제공함이 없이 자연인이나 법인에게 부과하는 경제적 부담을 말한다. 조세는 국세, 지방세와 같은 세(稅)만이 아니라 그 명칭 여하를 불문하고 보상 없이 국가가 일방적이고 강제적으로 부과하는 것으로, 반대급부를 조건으로 한 것은 조세가 아니다. 따라서 노령, 질병, 실업이 발생했을 때 노령연금, 요양급여, 실업급여 등을 받는 조건으로 납부하는 국민연금보험료, 건강보험료, 고용보험료 등 사회보험의 보험료는 반대급부를 조건으로 하고, 보험료 납부에 따라 보험급여청구권이 구체적으로 발생하여 쌍방적이기 때문에 엄격히 말하면 조세가 아니다. 그러나 외국의 경우 이들 사회보험료를 사회보장세(social security tax)라고 부르는 경우가 있다.

반면, 장애인의무고용제도에서 기준고용률에 미달했을 때 납부하는 장애인고용분담금 등과 같은 벌금이나 과태료 성격의 납부는 특별한 반대급부를 조건으로 하지 않고 일방적이기 때문에 조세의 특성을 갖추고 있다. 사회 일각에서는 조세와 유사한 성격을 갖는 이러한 부담금을 준조세(準租稅)라고도 부른다.

4. 사회복지정책의 국가별 용법 차이

사회복지정책의 개념은 국가에 따라 사용되는 의미가 다소 다르다. 영국과 독일에서는 사회정책이라는 용어가, 미국과 전후 일본 등에서는 사회복지정책이라는 용어가 사용되고 있으며, 국가에 따라 그 의미가 다소 다르다. 사회복지정책이라는 개념의 국가별 용법은 다음과 같다.[33] [34] [35] [36]

1) 미국에서의 사회복지정책

미국에서 사회복지정책의 개념에 대해서는 학자에 따라 사회정책의 개념 또는 사회복지정책(social welfare policy)의 개념, 최근에는 인간봉사정책(human service policy)이란 용어가 사용되기도 한다.

사회정책이라는 개념으로 사용되는 예를 열거하면 다음과 같다.

프리먼과 셔우드(Freeman & Sherwood, 1970)는 사회정책을 철학적 개념, 산물, 과정 그리고 행동의 준거 틀로서 정의하였다. 철학적 개념으로서 사회정책은 거대 조직과

---

33) 장인협, 전남진(1982), pp. 8-24.
34) 강욱모 외(2002), pp. 21-29.
35) 전남진(1986), pp. 66-94.
36) 김영모(1999), pp. 1-13.

정치적 실체의 구성원들이 그들에게 영향을 주는 문제점에 대해 지속적인 해결을 집단적으로 추구하려는 원칙을 말한다.[37] 산물로서의 사회정책은 지역사회가 처한 상황이나 사회생활을 개선하고, 일탈과 사회해체 등에 관심을 가진 사람들에 의해 이루어진 결론으로 구성된다. 과정으로서의 사회정책은 지속적인 조직체가 안정 요소를 유지하고 구성원을 위한 제반조건을 향상시키는 기초적 과정으로, 상황과 가치의 변화에 따라 계속 변화된다. 행동을 위한 준거 틀로서의 사회정책은 산물로서의 사회정책과 과정으로서의 사회정책을 결합한 것이다.

레인(Rein)은 사회정책에 관해 점진적이고 포괄적인 정의를 내린다.[38] 이를 재정리하면 사회정책은 사회적 서비스에 대해 역사학적 · 정치학적 · 철학적 · 사회학적 그리고 경제학적으로 연구되는 분야로서 타협 또는 선례에 의해 계획적으로 발전되어 온 일련의 사회복지대책이다. 최저교육, 의료보장, 현금이전(cash transfer), 주거, 사회사업 등과 같은 사회적 서비스뿐만 아니라 농업, 경제, 인력, 재정, 물질 등에 대한 개발이 어떠한 사회적 목적과 결과를 갖는가를 주요 문제로 다루며, 사회복지정책도 이에 포함된다. 사회정책은 사회적 외부성(externality), 재분배, 사회적 급부의 공평한 분배, 특히 사회서비스를 위한 계획으로 정의된다.

번스(Burns)는 사회정책은 인지된 개인의 욕구나 집단 또는 개개인에 의해 제시된 사회문제들을 해결하기 위한 사회의 조직화된 노력이라고 정의한다.[39]

쇼틀랜드(Schottland, 1967)에 따르면, 사회정책은 사회적 목표와 전략의 진술 또는 국민 간의 상호관계, 정부와 국민 간의 상호관계 그리고 입법활동, 사법적 결정, 행정적 결정 등을 포함하는 정부 간의 상호작용을 취급하도록 설정된 행동경로다.

미국사회사업가협회(NASW, 1963)에 따르면, 공공사회정책은 개인들과 그들이 속해 있는 사회의 관계에 영향을 주는 법률, 정책 및 정부의 실천으로 구성되어 있다.

볼딩(Boulding, 1967)은 사회정책은 개인이 관련을 갖고 있는 지역사회를 중심으로 개인의 정체성(identity)을 확립하는 것을 목적으로 하고, 사회통합을 이룩하고 소외를 예방하려는 제도에 초점을 맞추고 있다고 본다.

프리그모어와 애서턴(Prigmore & Atherton)은 사회복지정책이란 사회복지 관련 프로그램과 이슈에 관한 의사결정을 하기 위해 사용되는 지침(guideline)을 위한 일반적 용

---

37) Tropman et al.(1976).

38) Rein(1970), p. 3.

39) Burns(1961), 김태성(1995), p. 21.

어라고 말한다.[40)]

프리들랜더와 압트(Friedlander & Apte)의 사회복지에 관한 정의를 원용하면, 사회복지정책은 사람들의 복지를 위해 그리고 사회제도(social order)의 역할을 위해 기본적인 것으로 인정되는 사회적 욕구를 충족시키기 위한 공급을 강화하거나 보장하는 법, 프로그램, 급여와 서비스에 관한 미래의사결정의 지침 또는 상설계획이다.[41)]

잰슨(Jansson)은 티트머스와 유사하게 사회복지정책을 정의하였다. 잰슨에 따르면 사회복지정책은 사회문제와 특정 정책의 집행에 영향을 미치는 제도적 문제에 역점을 두어 다루는 집합적으로 정의된 규칙, 규정, 절차 그리고 목적이다. 사회복지정책은 다양한 결핍(deprivation)으로부터 파생하는 〈표 2-4〉와 같은 광범위한 사회문제에 역점을 두어 다룬다.[42)]

길버트와 스펙트는 주요한 사회제도로서 가족적 제도, 종교적 제도, 경제적 제도, 정치적 제도가 있으며, 이 각 제도는 한 가지 이상의 기능을 수행하고, 동시에 일차적 또는 핵심적 기능과 밀접한 관련이 있다고 본다. 사회복지는 상호부조의 기능을 수행한다.[43)]

제도(institutions)란 필수적인 사회기능을 수행하는 방식으로서 일반적으로 받아들여지는 관계망(networks of relationships)이다. 필수적인 사회기능이란 아동을 양육하고 재화를 생산, 분배, 소비하는 것과 같은 인간활동이다. 사회화를 위한 일차적 제도는 가족이지만, 가족이 유일한 제도는 아니며, 종교조직이나 교육조직 그리고 사회봉사

〈표 2-4〉 **사회문제의 구분체계**

물질적 자원의 결핍	정신적 · 정서적 결핍	인지적 결핍	개인 간의 결핍	기회의 결핍	개인적 권리의 결핍	신체적 결핍

• 부적절한
  소득
• 주거
• 식품
	다양한 형태
	의 정신질환
		발달장애	• 부부간 갈등
			• 고독
			• 파괴적 부모
			  자녀 관계
				• 교육의 결핍
				• 서비스나 의
				  료에 대한 접
				  근의 결핍
				• 근로이행의
				  결핍
					• 공민권과 자
					  유의 결핍
					• 차별의 희생
						• 질병
						• 장애

---

40) Prigmore & Atherton(1977), pp. 41-42.

41) Friedlander & Apte(1955), p. 4.

42) Jansson(1994), pp. 18-20.

43) Gilbert & Specht(1974), pp. 6-9.

기관들도 사회화의 책임을 담당할 수 있다. 그러나 사회화는 이 제도들의 일차적이거나 핵심적인 기능이 아니다.

지역사회생활의 주요 제도적 활동 가운데 발전되어 가는 다섯 가지 사회기능이 있다. 생산·분배·소비, 사회화, 사회통제, 사회통합, 상호부조가 이에 속한다. 이 기능들은 일상생활 가운데 필수적인 기본적 인간활동 체계를 나타낸다. 존슨과 워런(Johnson & Warren)의 설명을 부연하면 다음과 같다.

(1) 생산·분배·소비

살아가는 데 필요한 재화와 서비스를 생산하고 분배하며 소비하는 과정과 관련된다. 이는 산업적·전문적·교육적·종교적 제도들은 물론 재화와 서비스의 주요 공급자인 기업을 포함한다. 이 제도들은 개인에게는 생계를 영위하고, 재화와 서비스에 대한 가족의 욕구를 충족시키는 방식에 영향을 미친다. 지역사회에서는 이러한 기능들이 수행되는 방식이 지역사회 구성원들이 자조하고 건전하게 기능하는 데 필요한 것을 받는 정도를 결정한다.

(2) 사회화

널리 알려진 지식, 사회적 가치 그리고 행동양식을 사회구성원에게 전달하는 과정과 관련이 된다. 사회화(socialization)는 사람들에게 어떻게 행동할 것인가를 가르치는 메커니즘을 말한다.

(3) 사회통제

사회가 사회규범을 준수하도록 하기 위하여 사회구성원의 행위에 영향을 미치는 장치(arrangements)를 말한다. 경찰이나 법원을 통하여 보편적으로 적용할 수 있는 법률을 집행할 강제 권력을 가진 공식적 정부는 사회통제의 일차적 제도다. 그러나 가족, 학교, 교회 그리고 사회기관을 포함한 다른 많은 사회단위(social units)도 사회통제(social control) 기능을 수행할 책임을 담당하고 있다.

(4) 사회통합

사회통합(social integration)은 사회체계 내 단위들 간의 관계와 관련이 있다. 또한 사람들의 행위를 지배하고 강요하기 위한 수단과 관계가 있다. 사람들이 행동하기를 원하도록 하는, 예를 들면 사회통제, 사회화 등의 규칙을 존중하고 순응하도록 하는 수단을 말한다. 사회통합 기능을 수행하는 사회기관들은 사회 가치와 규범의 개발에 관여하고 있으며, 교회, 가족 그리고 학교를 포함한다.

(5) 상호부조

앞에서 언급한 다른 사회기능을 수행하기 위하여 작용하는 주요 사회제도를 통하여 개인들이 그들의 욕구를 충족할 수 없을 때 작동하기 시작한다. 상호부조(mutual support)는 질병, 임금노동자의 상실, 또는 경제제도의 부적절한 기능과 같은 다양한 이유로 발생한다. 기술적으로 낙후된 사회에서는 상호부조활동이 일차적으로 가족에 의해 수행된다. 사회가 점차 복잡해짐에 따라 교회, 자원기관 그리고 정부와 같은 상호부조활동을 수행하는 다른 집단, 조직, 기관들이 발달한다. 사회복지제도는 상호부조 기능을 수행하기 위하여 사회에서 발달한 관계들을 유형화한 것이다.

2) 영국에서의 사회복지정책

영국에서 사회복지정책의 개념은 사회정책이라는 용어로 널리 사용되어 오고 있다.[44) 45)] 마셜(Marshall)에 따르면 사회정책은 시민들에게 서비스나 소득을 제공함으로써 시민의 복지에 직접적인 영향을 주는 행위와 관련된 정부의 정책을 말하며, 사회보험, 공공부조, 보건 및 복지 서비스 그리고 주택정책이 그 핵심을 이루고 있다. 타운센드(Townsend)는 사회정책이란 정부뿐 아니라 기업, 자원단체, 전문가 및 다른 집단들이 구체적으로 사회적 목표를 충족시키기 위하여 채택하고 조직화한 제도들을 포함한다고 말한다. 사회적 목표란 사회적 평등과 사회정의의 성취, 부의 재분배, 여성에 대한 평등, 의존상태에 있는 사람의 욕구를 충족시킬 수 있는 소득, 상이한 종교 및 인종에 대한 평등 등이 이에 속한다. 사회정책은 공식적으로 정의된 공공사회서비스뿐만 아니라 근로자복지 및 재정적 급여를 포함할 수 있다.[46)]

티트머스(Titmuss)는 빙산에 비유해 교육과 의료보호와 같은 직접적인 공공의 현물서비스 급여와 퇴직 및 가족 수당과 같은 현금급여의 지급은 직접적이며 빙산의 물 위

---

44) 한형수 외(2002), pp. 21-30.
45) 장인협, 전남진(1982), pp. 8-24.
46) Townsend(1975), p. 2.

에 드러난 부분이고, 반면 부양세대에 대한 조세감면과 같은 재정복지와 고용상태나 성취도 등에 따라 제공하는 직업복지는 간접적이며 빙산의 물에 잠긴 부분이라고 하였다. 이 세 부류의 사회정책은 재분배 기능을 한다는 공통점이 있다.

티트머스는 사회정책의 대조적인 세 가지 모델로[47] 모델 A-사회정책의 잔여적 복지 모델, 모델 B-사회정책의 산업상 업적·수행 모델, 모델 C-사회정책의 제도적 재분배 모델을 제시하였다.

(1) 모델 A-사회정책의 잔여적 복지 모델

잔여적 복지 모델(residual welfare model)은 민간시장체계와 가족이라는 두 개의 자연적인 통로를 통하여 개인적 욕구가 적절히 해결될 수 있다고 전제하고, 시장체계와 가족이 제대로 기능을 발휘하지 못할 때만 사회복지제도가 일시적이고 잠정적으로 개입을 한다. 이러한 맥락에서 피콕(Peacock)은 "복지국가의 참된 목적은 복지국가 없이도 살 수 있는 방법을 가르쳐 주는 것이다."라고 하였다.

(2) 모델 B-사회정책의 산업상 업적·수행 모델

산업상 업적·수행 모델(industrial achievement-performance model)은 사회복지제도가 경제의 부속물로서 중요한 역할을 수행하도록 하는 것이다. 사회적 욕구는 업적과 노동수행 및 생산성에 기초하여 해결되어야 한다. 이 모델은 자극동기, 노력과 보수, 계급의 형성, 집단충성들에 관심을 가진 다양한 경제적·심리적 이론에서 창출되었는데, 때때로 '시녀적(侍女的) 모델'이라는 평을 듣는다.

(3) 모델 C-사회정책의 제도적 재분배 모델

제도적 재분배 모델(institutional redistributive model)은 사회복지를 욕구의 원칙에 입각해 시장체계 밖에서 보편주의적 서비스를 제공하는 사회의 주요한 통합된 제도로 보며, 사회변동과 경제제도의 다양한 효과에 관한 이론 및 부분적으로 사회평등의 원리에 기초해 있다. 이것은 기본적으로 일정한 시기를 기점으로 한 일개인의 요구를 해결할 수 있는 자원통제(command-over-resources-in-time)에서 재분배제도를 통합한 모델이다.

---

47) Titmuss(1980), pp. 20-22.

3) 독일에서의 사회복지정책

독일의 사회복지정책은 사회정책(sozial politik)이라는 용어를 사용한다. 독일의 사회정책은 독일제국 통일 이후 사회경제적 변화와 문제에 대처하는 대안으로 발전되었다. 1871년 국가를 통일한 독일은 급속한 산업화와 경제성장을 이루었으며, 그러한 과정에서 노동자들의 도시집중과 아울러 심각한 물가인상, 열악한 노동조건, 주택난 등 생활난이 겹치면서 사회민주당과 노동조합을 중심으로 강력한 사회주의운동으로 발전하게 되었다.

여기에 마르크스주의가 새로운 사상적 조류로 등장하였다. 이러한 사회적 혼란을 잠재우기 위하여 비스마르크(Bismarck)가 1878년 「사회주의자탄압법」을 제정하였다. 비스마르크의 사회정책은 종종 '채찍과 당근' 또는 '채찍과 사탕' 정책으로 비유된다. 비스마르크의 「사회주의자탄압법」은 채찍정책으로 그 자체는 사회주의운동 가담자들을 엄하게 진압하기 위한 법이기에 사회복지와 관련된 내용을 직접 포함하지는 않았지만, 한편으로 비스마르크가 사회주의운동에 가담하지 않은 노동자를 회유하기 위한 당근(사탕)정책으로서 사회보장 입법을 실행하는 계기가 되었다. 1881년 황제칙서에서 비스마르크는 "사회적 상처의 회복은 사회민주적인 폭동의 억압뿐만 아니라 노동자들의 복지를 적극적으로 장려하는 데서 찾아야 할 것"이라고 밝히고 당근정책의 일환으로 「질병보험법」의 초안과 「재해보험법」의 수정안을 제출하였으며, 나아가 「폐질 및 노령보험법」을 제정해 노령과 폐질로 노동불능이 된 사람에게 국가구조를 요구할 권리가 주어져야 한다고 주장하였다.

독일의 사회정책은 크게 노사협조론과 노사비협조론으로 구분된다. 노사협조론자인 바그너(Wagner)에 따르면 사회정책은 분배과정에서 나타나는 여러 사회적 폐해를 입법 및 행정수단으로서 해결하려는 윤리적 조치이자 계급 간 대립을 완화하기 위한 국가의 정책이다.[48]

계급투쟁론에 입각하여 자본주의를 부정하고 극복하려는 노사비협조론자 가운데 좀바르트(Sombart)에 따르면, 사회정책은 경제적 생산력을 대변하는 사회계층의 이익을 적극적으로 지지하는 계급정책이다. 따라서 노동계급이 사회정책의 주체가 되어야

---

48) Wagner(1891), p. 4.: 김영모(1982) 재인용.

한다.[49] 하이만(Heiman)에 따르면, 사회정책은 계급협조가 아니라 자본주의에 대항하는 이념 및 운동이다. 사회정책은 보수적으로는 자본주의 경제질서를 유지하기 위한 산업정책이며, 혁명적으로는 대자본에 의해 매몰된 피억압자의 자유를 위한 저항운동으로 사회운동을 제도적으로 여과한 것이다.[50]

4) 일본에서의 사회복지정책

일본에서는 오래전부터 휼구규칙 등을 통한 빈민구제정책이 존재하였고, 구호법의 제정 등으로 근대적인 공공부조정책이 형성되기 시작하였다.[51] 일본의 사회복지정책은 제2차 세계대전 이전에는 독일에서 행해지던 사회개량주의를 포함한 분배정책적 사회정책과 노동력 보전과 배양을 위주로 하는 노동정책 중심의 사회정책 등을 의미하였다.[52] 전후에는 승전국인 미국이 일본을 점령한 이후 미국식 제도가 이식되기 시작하였으며, 미국식 사회복지정책 개념이 사용되고 있다. 전후 일본의 사회복지제도는 경제성장과 함께 커다란 발전과 변화를 이루었다. 이러한 사회복지제도의 기초적인 틀이 이루어진 시기는 1945년부터 1952년까지의 미군정시대라 할 수 있다. 일본이 제2차 세계대전 후에 미국사회보장조사단들의 권고를 받아 '사회보장제도심의회'를 구성하고 이 심의회가 정부에 대하여 권고하는 형식으로 새로운 사회보장제도의 요강을 마련하면서 제정되기 시작하였다. 1950년대 이후에는 우리나라의 6·25전쟁을 계기로 크게 성장한 경제력을 바탕으로 사회보장정책을 체계화해 왔다.

다카하시 쇼이치(孝橋正一)에 따르면 광의의 사회복지정책은 문화, 교육정책, 보건위생, 노동사회정책, 아동·여성 정책, 범죄정책의 상위개념으로, 보통 공공일반시책이라 불리는 사회정책과 사회복지의 모든 부문을 포함한다.[53] 반면에 협의의 사회복지정책은 자본주의 제도의 필연적인 문제인 다양한 사회문제를 해결하려는 합목적적인 공사의 모든 노력을 말한다. 미우라 후미후는 광의의 사회복지정책은 사회복지의 추진과 진행에 관한 국가와 지방자치단체 또는 모든 공적·사적 단체와 기관의 프로

---

49) 김영모(1982) 재인용.
50) 김영모(1982) 재인용.
51) 강욱모 외(2002), pp. 21-29.
52) 최경구 외(2002), pp. 29-30.
53) 孝橋正一(1962), p. 17.

그램인 반면, 협의의 사회복지정책은 국가와 지방자치단체가 설정하는 사회복지의 목적 달성을 위한 방법과 수속 등을 포함하는 프로그램으로 한정한다.

5. 사회복지정책과 사회사업실천의 관계

일반적으로 사회복지학은 사회사업실천부문과 사회복지정책부문으로 구분하는데, 각각은 서로 다른 이론적 체계와 내용을 갖고 있다.[54] 사회사업실천론은 인간 존엄성과 정신분석이론에 근거하는 인간행동의 이해를 강조하며, 근래에는 개체와 환경 양면을 동시에 강조하는 것이 하나의 흐름이다.

사회복지정책과 사회사업실천은 사회적 욕구의 충족과 사회문제 해결이라는 공통적인 목적을 갖고 있지만 그 접근방법에는 차이가 있다.[55] 사회복지정책은 주로 거시적 접근방법(macro approach)을 사용하는 반면, 사회사업실천은 주로 미시적 접근방법(micro approach)을 사용하고 있다. 그러나 양자는 사회적 욕구 충족과 사회문제 해결이라는 목적을 달성하는 데 상호대립적이기보다는 상호보완적으로 작용한다.[56]

사회복지정책과 사회사업실천은 서비스 영역과 개입대상에서 구분이 된다. 서비스 영역에서 사회복지정책은 직접적 서비스 제공을 기획하고 지원하는 간접적인 서비스 영역(indirect service sector)에 속하는 데 반하여, 사회사업실천은 서비스를 필요로 하는 개인이나 집단에 직접적으로 제공하는 직접적인 서비스 영역(direct service sector)에 속한다.

개입대상을 기준으로 구분할 때 사회복지정책은 개인이나 가족, 소집단 등을 개입대상으로 하는 전통적인 전문적 사회사업(professional social work)에 해당하는 개별사회사업, 집단사회사업, 지역사회조직과 같은 사회사업실천과는 달리, 사회 전체나 국가 또는 특정 지방 전체를 개입대상으로 함으로써 개입규모가 보다 광범위하고 복잡한 내용을 포함한다.

---

54) 김상균 외(2007), pp. 138-139.
55) 박병현(2007), pp. 42-43.
56) 현외성(2000), pp. 22-23.

거시적이고 간접적으로 개입하는 사회복지정책은 미시적이고 직접적으로 개입하는 사회사업실천과 유기적으로 연계되어 있다. 사회복지정책은 법률이나 시행령 등의 형식으로 표현되어 사회사업실천을 이루는 전반적인 틀을 제공함으로써 사회사업실천의 방향, 내용, 방법 및 기준이 되어 막대한 영향을 미치고 있다.

제3장

사회복지정책의 이념과 전략

1. 사회복지정책의 이념

사회의 가치는 이념(ideology)의 렌즈를 통하여 조직된다. 단순히 말하면, 이념이란 사람들이 공통적으로 갖고 있는 세상을 바라보는 신념체계를 말한다. 이념은 어떻게 세상이 작동하는가에 대한 일련의 가정이다. 무엇이 가치가 있고, 무엇을 위해 살아야 하고 죽어야 하는지, 무엇이 선하고 진실인지 그리고 무엇이 옳은지. 그래서 사회가 조직하는 이념은 집합적 사회양심으로서 존재하게 된다. 모든 사회는 부분적으로는 스스로 이념을 재생산함으로써 스스로를 재생산한다. 이러한 점에서 각 세대는 이전 세대의 기본적인 이념 가정을 받아들인다. 이러한 이념적 경향은 정부나 국회와 같은 의사결정기관들에서 하나의 방침을 따르는 사람들이 다수일 때 사회복지정책에 직접적으로 영향을 미친다.[1]

티트머스(Titmuss)는 사회정책의 근본적인 문제는 분배의 정의(Justice of distribution)에 집중되어 있으며, 여기에는 "자신의 욕구(needs)에 따라 각자에게, 자신의 가치(worth)에 따라 각자에게, 자신의 업적(merit)에 따라 각자에게, 자신의 노력(work)에 따라 각자에게, 우리의 욕구(our need)에 따라 각자에게"라는 금언이 있다. 그는 이 가운데 마지막 금언을 첨가하면서, 만약 사회의 의지가 평등한 사회를 향해 나아가는 것

---

1) Karger & Stoesz(2005), pp. 6-7.

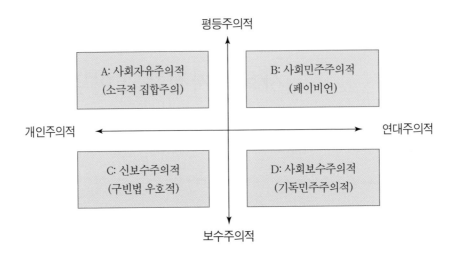

[그림 3-1] **자본주의적 사회정책의 이념적 정리**

이라면 앞의 네 가지 금언 중 과연 어떤 것이 복지대책을 결정지을 수 있을 것인가 반문하고 있다.[2)

딘(Dean)은 자본주의 사회정책을 위한 네 개의 이념적 정당화를 [그림 3-1]과 같이 제시한다.

자본주의적 사회정책은 '평등주의적(egalitarian) 대 보수주의적(conservative)'을 세로축으로, 그리고 '개인주의적(individualistic) 대 연대주의적(solidaristic)'을 가로축으로 하여 네 가지의 유형으로 분류한다. 평등주의적이고 개인주의적인 특징을 갖는 사회자유주의적(social liberal) 또는 소극적 집합주의(reluctant collectivist) 이념형, 평등주의적이고 연대주의적 특징을 갖는 사회민주주의적(social democratic) 또는 페이비언(Fabian) 이념형, 개인주의적이고 보수주의적인 특징을 갖는 신보수주의적(neo-conservative) 또는 구빈법 우호적(pro-Poor Law) 이념형, 연대주의적이고 보수주의적인 특징을 갖는 사회보수주의적(social conservative) 또는 기독민주주의적(Christian democratic) 이념형이다.

사회복지정책의 이념은 다양하다. 이 가운데 주된 이념의 유형을 정리하면 다음과 같다.[3)

---

2) Titmuss(1980), pp. 146-147.

3) Dean(2014), pp. 20-25.

1) 자유주의

자유주의(liberalism)는 개인의 자유와 평등과 자조를 지향하고 시장의 역할을 강조하며 정부의 개입을 사회악으로 규정하는 이론이나 이념으로 절대주의 국가에 대항하여 법의 지배, 보편적 자유와 평등, 신분적 평등, 사유재산권 보장, 입헌적 제한정부, 시장경제의 가치를 통해 구체화된다. 자유주의자들은 생산수단의 사적 소유라는 기초 위에 개개인의 자유로운 선택을 보장해 주는 사회질서를 건설하기 위하여, 경제적으로는 기업들의 자유로운 생산활동을 보장하고 시장 기구를 통한 자원의 배분을 중시하는 자본주의제도를, 정치적으로는 국민의 기본인권을 보장하는 입헌대의정치체제를 확립하는 데 기여하였다.

고전적 자유주의사상으로 프랑스의 중농주의와 영국의 고전경제학파를 들 수 있다. 중농주의는 절대왕정의 적극적 간섭정책에 반대하고 'laissezfaire'라는 자유방임적 불간섭 정책을 내세우며, 사회가 자연스럽게 운영되는 것을 저해하는 인위적인 간섭 요인들을 제거할 것을 주장한다. 중농주의에 영향을 받은 애덤 스미스(Adam smith)는 『국부론(國富論, An Inquiry into the Nature and Causes of the Wealth of Nations)』에서 부의 분배가 국가의 간섭 없이 자유로운 경쟁 속에서 자연적 질서에 따라, '보이지 않는 손(invisible hands)'의 작용에 따라 이루어져야 한다고 주장한다.

자유주의자에게 정부나 국가는 개인 위에 군림하는 절대적인 존재가 아니라 모든 사람이 자유와 평화 속에서 풍요롭게 살아가는 사회를 건설하는 데 필요한 하나의 도구에 불과하다. 따라서 개인과 기업의 자유로운 활동을 방해하고 간섭하려는 속성을 지닌 정부의 영역은 최소화해야 한다. 즉, 최소정부론을 주장한다. 최소정부론은 최소복지론이라는 논리로 이어진다.

자유주의자들은 부의 불평등(inequality of wealth)이 갖는 긍정적인 사회기능을 강조한다. 사회질서 가운데 부의 불평등이 가능하다면 노동시장에서 성실히 활동한 사람은 불성실하게 활동한 사람보다 많은 소득과 이윤을 얻게 되므로, 사람들에게 더 많은 근로유인을 가져오고 근로소득의 축적과 자본의 축적을 가능하게 하여 사회적 부의 총량은 증가하며 자본주의는 발전하게 된다. 그러나 만일 부의 균등분배가 국가에 의해 강요된다면 근로자의 근로유인이나 기업가의 활동의욕을 저하시켜 생산성이 저하될 것이며, 결과적으로 사회적 부의 총량은 줄어들어 각자가 받는 몫이 급속히 감소되고, 궁극적으로는 각자의 몫은 가장 가난한 사람이 받는 몫보다 낮지 않을 것이며, 최악의 경우 사회는 소멸될 것이라고 주장한다. 즉, 평등하나 모두가 가난하게 되는 평등한 빈곤상태(All are equally poor)에 빠지게 된다.[4] 노직(Nozick)은 만일 분배가 자발적이고 공정한 절차에 의해서 이루어졌다면 그 분배는 공정하다고 말한다. 만일 사람들이 소유하고 있는 소유물이 공정하게만 획득되었다면, 많고 적음을 떠나 그 소유는 공정하다고 본다. 분배가 공정하냐 공정하지 않느냐는 역사적인 증거를 통해 판단할 수 있다. 즉, 새로운 생산이 매매·증여·유산과 같은 이전(移轉)이 공정하게 이루어졌으면 그 결과 나타난 부의 소유와 분배는 공정하다.[5]

고전적 자유주의이론의 전통을 이어받은 학자는 프리드먼(Friedman)이다. 프리드먼은 사회의 책임보다는 개인의 책임, 국가개입주의보다는 자유방임주의, 집권화보다는 분권화되고 제한된 정부를 강조하며 부의 재분배를 위한 국가의 복지정책에 대해 소극적인 입장을 취하고 있다. 프리드먼에 따르면 복지정책은 무엇보다 수급자의 근로윤리를 손상시키고, 근로의욕을 저하시키며, 경제성장을 저해하게 된다. 복지정책에 대한 대안으로 그는 결과의 평등이 아니라 노동 여하에 따라 결과의 불평등을 가져오는 부의 소득세(Negative Income Tax: NIT) 또는 마이너스(−) 소득세를 제안한다.[6]

프리드먼(Friedman)의 논리에 따르면, 정부의 지나친 복지활동은 국민의 조세부담을 증가시키고, 통화팽창을 가져오며, 불가피하게 적자예산을 채택하게 하고, 개인의 자유를 축소시키며, 결국 자본주의 자체를 위기에 빠뜨린다. 따라서 정부는 복지제도를 축소하거나 폐지하여 국민의 조세부담을 경감시키고, 지나친 정부규제를 철폐하여야 하며, 시장의 자율 기능을 저해하는 요인을 폐지하고, 개인의 자유를 침해하지 않도록 노력하여야 한다.

2) 사회주의·마르크스주의

사회주의(socialism)는 근본주의좌파라고도 불린다. 사회주의는 본래 개인주의와 반대되는 사상체계였으나 마르크스(Marx)에 의해 자본주의를 비판하는 경제이론으로 발전되었다.[7]

---

4) Mises(1998), p. 8.
5) Stone(1988), pp. 41–45.
6) Milton(1985), pp. 170–183.
7) Giddens(2001), pp. 34–39.

마르크스의 사회주의인 마르크스주의(Marxism) 이론에 의하면 자본주의는 경제적으로 비효율적이고, 사회적으로 분열적이며, 장기적으로 소멸할 수밖에 없는 모순된 체제다. 이러한 모순은 생산은 생산물이 사회구성원 다수를 위해 이루어진다는 사회적 특성을 갖는 반면, 생산수단은 자본가의 개인적 소유라는 비사회적 특성을 가진 데서 유래한다. 이러한 양자 간의 모순관계는 생산수단을 국유화해 사회적 소유로 이전하고, 사회화된 생산수단을 통해서 미리 세워진 사회계획에 따라 생산된 재화와 서비스를 사회구성원에게 계획적으로 필요에 따라 분배함으로써 해결될 수 있다.

사회주의에서의 분배원칙은 사회주의 발전단계에 따라 두 가지로 나뉜다. 첫 번째 단계는 '각인으로부터는 그 능력에 따라, 각인에게는 그 노동에 따라'라는 분배원칙이다. 이 원칙은 생산수단은 사회화되었으나 소비의 사유화가 인정되는 초기의 사회주의 단계에서 실시되는 분배원칙으로, 각자는 자신의 능력에 따라 노동을 하고 자신의 노동의 양과 질에 따라 생산물이 분배됨으로써 각자의 능력 차이에 따른 불평등한 분배를 인정한다. 두 번째 단계의 분배원칙은 '각인으로부터는 그 능력에 따라, 각인에게는 그 필요에 따라'라는 분배원칙이다. 이는 생산수단과 소비가 모두 사회화된 보다 높은 단계의 사회주의에 적용되는 분배원칙으로 각자는 자신의 능력에 따라 노동을 하지만, 필요에 따른 불평등한 분배를 인정한다.

사회주의에서는 노동의 사회화를 강조한다. 모든 사람은 평등하게 노동할 의무를 가지며 사회화된 생산시설에서 자신의 능력에 따라 일하고, 그로써 만들어진 사회의 총생산물에서 비용을 제외한 나머지 부분을 일정한 기준에 따라 각자에게 분배한다.

또한 사회주의에 따르면, 국가는 계급지배를 위한 기관이며 어느 한 계급이 다른 계급을 억압하고 착취하기 위한 도구이고, 역사는 지배계급과 피지배계급 간의 대립과 투쟁의 관계다.

3) 케인즈주의

케인즈(Keynes) 일반이론이 추구하는 것은 현행 임금으로 노동을 할 능력과 의지가 있음에도 일자리가 없어서 취업을 할 수 없는 비자발적 실업을 어떻게 하면 구제할 수 있느냐 하는 것이다. 실업이 발생하는 원인이 고임금에 있으며 또한 이는 일시적인 현상이라고 본 고전학파와 달리, 케인즈는 실업의 발생이 수요의 부족 때문이라는 유효수요(effective demand)이론을 주장하였다. 케인즈에 따르면 한 나라의 총수요는 소비수요와 투자수요의 합계이며 이 총수요의 크기가 산출량, 국민소득 및 고용량의 수준을 결정한다. 즉, 생산량의 증가는 총수요에 의해서 유발되는 것이며 총수요에 의해서 증가된 생산량은 고용을 증대시킨다는 것이다. 따라서 총수요를 창조하는 유효수요가 불충분할 때 실업이 발생한다.[8] 실업을 구제하기 위한 실질투자의 증가를 위해서는 정부의 공공투자가 필요하며, 공공투자에 필요한 막대한 재정수요를 충당하기 위해 재정의 불균형이 인정된다. 유효수요의 창출(creation of effective demand)과 불균형 재정(unbalanced budget)에 의해 자연히 정부의 역할을 중요시하게 되며 종래의 값싼 정부(cheap government)로부터 값비싼 정부(expensive government)로의 전환이 불가피하게 된다.

케인즈이론에 따르면 정부의 복지지출 증가는 국민소득을 향상시키는 데 긍정적인 영향을 미친다. 즉, 정부가 복지지출을 증가시키면, 유효수요가 증가하고 생산량을 증가시켜 고용을 증대시키며 궁극적으로 국민소득을 증가시킨다. 따라서 불경기일 때 공공복지지출의 증가는 국민의 삶을 풍요롭게 하는 데 기여한다. 반면, 호경기일 때는 불경기 때 발생한 재정적자를 보전하기 위해 정부의 복지지출을 감소시켜야 한다.

미국의 경우 케인즈이론에 입각하여 '검은 목요일(Black Thursday)'로 불리는 1929년 10월 24일 뉴욕 증권시장의 붕괴로 시작된 대공황(Great Depression) 위기를 맞아 국가의 적극적 개입에 의한 수요의 창출을 통하여 경제를 회복시키기 위한 뉴딜 정책(New Deal Policy)을 실시함으로써 극복하였다. 케인즈이론은 정부의 재정지출 확대는 유효수요를 증가시켜 소비를 증가시키고, 소비의 증가는 생산을 증가시키고, 생산의 증가는 생산시설에 대한 투자의 증가를 가져오고, 투자의 증가는 고용의 증가를 가져온다고 주장한다. 미국은 당시 대규모 공공사업과 함께 뉴딜 정책의 3R's[부흥(Recovery), 구제(Relief), 개혁(Reform)] 가운데 Relief(구제) 대안의 하나로 1935년 「사회보장법(Social Security Act)」을 제정하여 사회보장에 대한 재정지출을 증가시켰으며, 연방정부는 노령연금을, 주정부는 실업보험, 아동부조, 장애인부조, 노령부조를 주도하였다.

4) 사회민주주의

사회민주주의(social democracy)는 계급투쟁에 의해 자본주의를 사회주의로 대체시

---

8) 고전학파는 임금의 인하가 고용을 증대시킨다고 주장한다.

키려는 고전적 사회주의가 아니라 온건하고 의회주의적인 사회주의로, 시장경제의 병폐와 분배상의 문제점을 국가개입에 의해 해결하려는 사회이념이다.[9]

사회민주주의는 국가통제를 받아들이면서 타협을 선호하는 온건 좌파, 좌파 자유주의, 복지자유주의 등으로도 불린다. 서방세계에서 말하는 사회주의는 복지국가의 기틀 위에 세워진 사회민주주의다.

사회민주주의는 포디즘(Fordism)적 생산체제에 따른 케인즈주의적 계급타협체제 내에서 발전한다. 포디즘적 생산체제란 일관된 공정시스템, 노동의 분업화, 반숙련 노동자계층 등에 기초한 소품종 대량생산체제로, 사업장이 대규모화되고 생산직 노동자층이 대규모로 집결됨에 따라 대규모 파업 등 노동쟁의 가능성이 상존한다. 노동쟁의는 자본가와 노동자 모두에게 커다란 경제적 손실을 가져온다. 따라서 파업을 예방하고 통제하기 위해 자본가계층과 노동자계층의 계급적 협력체제가 구축될 필요가 있다.[10] 사회민주주의체제는 계급 간의 타협을 추구하는 조합주의(corporatism)다. 이 체제는 계급타협체제의 구축에 찬성한 자본가계층과 계급타협을 추구하는 대중노조지도부가 지배블록을 구성하여 노사 간의 사회적 동반자관계(social partnership) 수립을 추구한다. 사회민주주의체제는 노동자계층과 신중간계층이 자본주의를 무너뜨리려는 것이 아니라 자본주의를 인정하는 가운데서 '복지동맹'을 이룩하려는 체제다.

사회민주주의체제하에서는 계급 간 대립과 갈등이라는 고전적인 사회주의 문제가 복지정책상 아젠다의 지위에서 물러나고 분배와 복지 및 고용창출이 정책아젠다의 지위를 획득하는 변화가 발생하였다. 노동운동 역시 자본주의체제를 붕괴시키려는 체제변혁을 시도하지 않고, 자본주의 지배질서를 인정하는 가운데 변혁을 추진하는 제도혁신운동으로 전환되어 체제종속적으로 변화하였다.

사회민주주의의 핵심적 특징은 고전적 사회주의와 달리 생산수단의 개인적 소유권을 불법화하지 않으며, 모든 생산수단의 사적 소유까지도 수용한다. 반면, 생산수단의 소유자는 그의 생산수단의 사용으로 얻을 수 있는 소득의 전부를 정당하게 소유하지 못하며, 생산소득의 일부는 정당하게 사회에 귀속되고, 사회에 인도되어야 하고, 평등주의 또는 분배정의의 사상에 따라 사회의 각 구성원에게 재분배된다.[11]

---

9) Giddens(2001), pp. 5-11.
10) 김세균, www.dbpia.co.kr/article/2686684
11) Hoppe(1988), p. 25.

분배적 측면에서 사회민주주의는 롤스(Rawls)의 정의론에 기초하고 있다.[12] 롤스의 정의론은 자유민주주의의 기틀 아래서 적극적인 부의 재분배정책을 시도한다. 롤스는 사회를 협동과 갈등의 양면성을 띤 체제로 인식한다. 사회를 사회구성원들이 상호 간의 이익을 위해 노력하는 협동체계임과 동시에 이익의 분배과정에서 상호 간의 이해가 대립되고 갈등이 불가피하게 발생하는 체제로 본다. 따라서 적정한 분배를 위한 사회적 합의를 유도할 수 있는 기본원리가 필요하다.

롤스는 사회적 주요재(社會的 主要財, social primary goods)로 자유, 기회, 소득, 부, 자존심의 기초를 들었다. 이러한 사회적 주요재는 모든 사람에게 중요하지만 사회구조와 정치제도에 의해 창조되고, 형성되고, 영향을 받는 재화를 말한다. 롤스는 이러한 사회적 주요재는 만일 이 재화들의 불평등한 분배가 가장 열악한 사람들의 이익을 도모하지 않는다면 평등하게 분배되어야 한다고 주장한다.[13] 이러한 사회적 주요재의 분배원리로 롤스는 두 가지 원리를 제시한다. 첫 번째 원리는 평등한 자유의 원리(equal liberty principle)다. 각 개인은 모든 사람이 향유하는 유사한 자유체계와 모순되지 않는 평등한 기본적 자유체계를 가장 광범위하고 완전하게 누릴 수 있는 동등한 권리를 가져야 한다(Each person is to have an equal right to the most extensive total system of equal basic liberties compatible with a similar system of liberty for all). 두 번째 원리는 차등의 원리(difference principles)다. 사회적·경제적 불평등은 가장 열악한 사람들의 이익이 극대화되도록 조정되어야 하며, 이는 공정한 기회의 평등이라는 조건하에서 모든 사람에게 개방된 직무와 지위에 적용되도록 배려되어야 한다(Social and economic inequalities are to be arranged so that they are both (a) to the greatest benefit of the least advantaged, and (b)attached to offices and positions open to all under conditions of fair equality of opportunity).[14]

롤스의 공정의 정의(Justice as fairness)에 따르면, 기본적인 사회경제적 불평등은 가능한 한 회피하여야 하지만 사회적으로 열악한 사람들의 복지를 위해서 불평등을 용인하는 사회가 정의로운 사회이고 배분적 정의가 실현되는 복지사회임을 의미한다. 롤스는 두 가지의 원리 가운데 첫 번째 원리와 두 번째 원리가 서로 충돌할 때는 제1의 원리가 제2의 원리를 우선한다고 주장함으로써 자유민주주의체제 내에서의 재분배정

---

12) 신일철(1991), pp. 201-210.

13) Stone(1988), pp. 41-48.

14) Levine(1988), pp. 77-85.

책을 옹호한다.

　사회민주주의의 계급타협체제는 계급타협을 위한 고용창출과 경제성장 유지 등을 명분으로 생산력주의와 성장제일주의 등을 관철했다. 복지국가를 지탱할 수 있는 재원의 대부분은 건실한 노동시장으로부터 충당되기 때문이다. 다른 한편으로는 계급문제와 관련이 없는 선거혁명, 부패방지, 범죄예방, 청소년 보호, 환경, 문화 등과 관련된 '신사회운동'이 계급운동을 대신하여 사회운동의 중심으로 자리매김했다.

　사회민주주의자들은 복지국가를 적극적으로 지지한다. 특히, 이들은 모든 국민에게 중간계층의 삶을 보장해 주는 사회민주주의복지국가를 지향한다. 사회민주주의자들은 복지국가는 사회적 빈곤을 완화시키고 사회적 욕구를 충족해 줄 뿐 아니라 사회복지급여나 서비스는 경제성장을 촉진하고, 사회적 투자가 되며, 모두가 인간다운 삶을 구현하는 수단이 되고, 사회를 하나로 통합시켜 준다는 점에서 정당성을 부여한다. 그러나 사회민주주의하의 복지국가는 지나친 세금부담과 국가재정적자, 비대해진 국가관료제와 지나친 중앙집권제, 국민의 노동의욕 감소 및 국가 경쟁력의 하락 등으로 이른바 복지국가위기론(Crisis of Welfare State)에 직면하게 된다.

5) 신자유주의(신우파)

　신자유주의(New Liberalism or Neoliberalism)는 자유주의의 개인주의적 요소에 공동체주의적 요소를 가미하고 국가개입을 조화시키려 한 사회이념이다. 신자유주의는 보수주의적인 가족, 민족, 종교 등 비시장적 전통가치를 옹호하고, 사회질서 유지를 위한 강력한 국가를 지향하기 때문에 '신우파 혹은 신보수주의'라고도 불린다. 1970년대 중반 오일쇼크 이후 선진복지국가들은 심각한 재정적자, 높은 실업률, 치솟는 물가 등으로 경제적 위기에 처하게 되었다. 이러한 경제적 위기는 그동안 높은 경제적 호황을 바탕으로 한 사회민주주의복지국가체제를 위태롭게 하였고, 이른바 '복지호가 가라앉고 있다(Welfare-ship is sinking)'는 인식이 정부와 국민 사이에 널리 확산되었다. 경제적 위기를 자초한 원인은 다양하지만 이 가운데 하나가 지나친 복지재정지출이라는 지적이 있었다. 이러한 사회적 비판 가운데 경제회생을 내세운 영국의 대처리즘(Thacherism)과 미국의 레이거노믹스(Reaganomics)로 대표되는 신자유주의 또는 신보수주의가 사회적 지지를 받으며 정치권에 등장했다.

　신자유주의란 1980년대 국가 기능이 과도하게 팽창하면서 파생하는 문제점을 해결하기 위해 시장경제에 대한 정부의 개입을 극소화하는 동시에 시장의 기능을 확대하고, 기업과 개인의 자유를 증대시키며, 최소한의 사회안전망을 제공함으로써 사회경제적 관계를 시장 중심으로 재편하려는 이론과 이념을 말한다.

1973년부터 시작된 중동의 석유위기로 세계경제가 위기에 처하고 지나친 복지재정 지출로 복지국가위기론이 대두하자, 공급경제에 기반을 둔 신자유주의가 등장하게 되었다. 다른 한편으로는 전 세계적으로 전자기술의 급속한 발전에 따라 고기술 사회로 변해 가고, 소품종 대량생산체제로 특징되는 포디즘(Fordism)적 생산체제로부터 노동력의 기능적 유연화와 수량적 유연화가 강조되는 다품종 소량생산체제의 포스트포디즘(Post-Fordism)적 생산체제로 전환되었다. 동시에 피폐한 자본시장을 탈피하기 위해서 국제금융자본이 적극적으로 활용되는 세계적 자본주의(global capitalism)가 추진되었다.

신자유주의는 영국과 미국을 중심으로 케인즈 경제이론에 기초한 복지국가 이념에 대한 우파적 대안이다. 신자유주의는 시장근본주의와 보수주의라는 모순된 요소들의 결합이다. 시장근본주의는 시장이 개인들의 능력과 창의성에 따른 경쟁을 촉진하고, 이에 따라 개인들의 능력을 차별화하고 보상함으로써 사회 전체의 발전을 가져온다는 신념이다. 이들은 사회적 불평등을 최소 수혜자 개인의 성격과 태도 문제로 본다. 따라서 국가는 자유시장을 위해서 사유재산권 보호, 공정경쟁의 보장, 시장체제의 유지를 위한 최소한의 사회안전망을 구축해야 하지만 그 밖의 경제개입은 대폭 축소해야 한다. 한편, 신자유주의는 보수주의의 갈래로서 가족, 민족, 종교 등 비시장적 가치를 옹호하고, 질서유지를 위한 강력한 국가의 처방을 강조한다.[15]

"자본에 더 많은 자유를, 노동엔 더 적은 권리를"이라는 모토를 외치는 신자유주의를 대표하는 정책은 미국의 레이거노믹스와 영국의 대처리즘이다. 이들 신자유주의 정책은 형평보다는 효율을 중시하고, 수요 측면의 경제(demand-side economy)가 아니라 공급 측면의 경제(supply-side economy)를 표방하며, 산업자본가와 중산층 그리고 상층 노동자를 중요한 정책적 기반으로 삼는다.

신자유주의자들이 주장하는 구체적 정책대안은 기업가를 우선하는 공급 측면의 경제정책을 실시하는 것이다. 신자유주의자들은 정책의 초점을 기업가에 맞추고 있다. 정부가 기업가에게 혜택을 주면 기업가는 산업시설에 더 투자를 하고, 이러한 기업가

---

15) Giddens(2001), pp. 293-294.

의 투자 증가는 고용의 증가를 가져와 저소득 근로자들이 근로의 기회를 갖게 되며, 근로소득을 올려 경제적으로 안정된 삶을 누리게 된다고 한다. 이와 같이 기업가에 대한 정부의 혜택은 결국 그 이익이 하층 근로자들에게 자연스럽게 흘러내려 온다(trickle down)는 적하정책(積荷政策) 혹은 낙리정책(落利政策, trickle-down policy)을 실시한다.

신자유주의의 구체적 정책대안을 살펴보면 노동시간을 규제하고 최저임금을 보장하는 유럽의 사회헌장 승인을 거부하고, 소득재분배정책의 최소화, 통화주의적 긴축재정 실시, 국가경쟁력 강화, 자유시장경제원리에 따른 경쟁원리 보장, 자유무역주의, 경제에 대한 정부간섭 축소, 공공부문의 민영화, 노동의 유연화 촉진, 탈규제화, 자유화, 복지예산의 삭감, 복지수혜자의 자조(self-reliance)를 강조하며, 도덕적 해이(moral hazard)나 복지종속(welfare dependency)을 비판한다. 그리고 부유층 세금감면, 조세인하를 통한 기업경쟁력 제고, 산업구조조정, 경쟁력 강화를 위한 정리해고 등에 따른 대량해고, 공장폐업, 공장의 해외이전, 노동자 권리 축소, 국가권력의 지방이양, 전통적 가족의 가치 강조 등을 포함한다. 또한 세계화의 흐름에 힘입어 한 국가를 넘어서 세계 수준에 적용되는 이데올로기를 지향한다.

이러한 정책대안들은 국가경쟁력 강화로 자본의 이윤증식을 촉진했지만, 세계경제의 구조적 불황의 원인을 노동자와 국민에게 전가하고, 사회구성원들을 경쟁과 업적 중심의 사회체제하에 종속시키고, 소득불평등을 심화했다. 또한 유연적 생산체제는 정규직 노동자를 파트타임·임시직·일용직 노동자로 전락시켰고, 경쟁과 효율을 강조하는 시장은 승자전취(勝者全取, winner-take-it-all)의 결과를 가져왔으며, 과거의 케인즈주의적 계급타협체제를 결정적으로 훼손했다는 비판도 있다. 이뿐만 아니라 이는 '소수에 의한, 소수를 위한' 정책이며, 저임금과 노동시간 증가라는 희생을 가져왔으며, 노동운동을 억압하는 반노동정책이고, 빈익빈 부익부를 방치하고, 계층 간의 격차를 심화했다는 비판도 있다. 신자유주의의 복지정책은 불평등을 심화하고 "요람에서 무덤까지"는 아니더라도 인간다운 생활을 할 수 있는 최소한의 사회안전망조차 제대로 제공하지 못할 것이라는 비판도 있다.

6) 제3의 길

'제3의 길(the third way)'이라는 용어는 오래전부터 다양하게 논의되었으나 최근 복지정책 분야에서 거론되는 제3의 길은 기든스(Giddens)가 제시한 사회이념을 말한다.

기든스는 제3의 길이란 구식 사회민주주의(old-style social democracy)와 신자유주의(neoliberalism)를 변증법적으로 통합하고 이를 초월하는 사고와 정책형성의 틀이라고 정의한다. 달리 정의하면, 사회민주주의의 모형을 신자유주의와 조화시키는 '제3의 길'을 의미한다.

사회민주주의가 국민을 행복하게 해 주는 복지이념으로서 널리 유행하였으나 새로운 문제점을 드러내며 복지국가위기론을 대두시켰고, 이러한 사회적 비판에 대처하면서 시장경제의 효율성과 자유를 강조하는 신자유주의가 대처리즘과 레이거노믹스하에서 채택되어 번영을 누리게 되었다. 그러나 신자유주의는 사회적 부의 절대적 크기를 증가시키는 데 기여한 반면, 빈부 간 격차를 심화하는 등 새로운 문제점을 노출했다. 신자유주의 이념을 택한 국가들은 신자유주의가 발생시킨 이러한 문제를 해결하기 위해서 과거의 사회민주주의로 회귀하지 않고, 사회민주주의와 신자유주의의 장점을 결합하고 단점을 시정한 제3의 이념을 추구하기 시작하였다. 이것이 바로 제3의 길이다.

제3의 길은 정책적 측면에서 살펴보면 경제적 효율과 사회적 형평을 두 축으로 삼으면서, 경제성장과 복지국가를 동시에 유지 · 발전시키는 것을 기본 방향으로 설정하고 추진해 나가는 정책노선이다. 복지정책적 측면에서 살펴보면 한편으로는 국민이 단순히 소비적인 복지의 수급자만이 아니라 노동시장에서 생산적인 활동에 참여할 의무를 가진 개체라는 개인주의(individualism)를 추구하면서, 다른 한편으로 공정한 기회균등과 분배적 정의를 실현함으로써 공동체적 사회연대를 달성하려는 집합주의(collectivism)를 자본주의체제 내에서 동시에 추구한다. 제3의 길 복지정책은 사회보장과 재분배에 관심을 기울이는 동시에 경제적 부의 산출에도 많은 관심을 기울인다.

제3의 길은 '자본주의 죽이기'가 아닌 '인간의 얼굴을 한 자본주의 만들기'에 나선 유럽 좌파의 부활이라고도 한다.[16] 달리 표현하면 제3의 길은 인도주의적 자본주의(humanitarian capitalism) 혹은 인간중심적 자본주의(human-centered capitalism)를 지향한다.

제3의 길은 영국 블레어(Blair) 수상의 '블레어리즘 또는 블레어노믹스'와 독일 슈뢰더(Schröder) 수상의 '새로운 중도' 노선과 맥을 같이한다. 블레어노믹스는 사회구성원 모두의 이익을 도모하는 '한 국가(one nation)' 정책으로 사회연대를 지향하며, 서로 의존하고 협동하는 사회적 존재로서 인간상의 구현을 추구하는 이해관계자경제(stakeholder economy)를 강조한다.

---

16) Blair(1998), 한겨레 21, 229호.

7) 엘리트주의

앞의 장에서 언급하였지만 엘리트주의(elitism, 선량주의, 善良主義)란 전통적으로 사회는 소수의 엘리트와 다수의 대중으로 구성되고, 소수의 엘리트집단을 정점으로 한 피라미드 구조를 이루고 있다고 본다. 사회의 정점에 있는 엘리트들은 영향력 있는 지위를 차지하고서 정책의 형성과정에 지배적인 영향력을 행사하며, 권력을 가지지 못한 다수의 대중(mass)과의 사이에 계층적인 통치질서를 형성하면서 사회를 움직이고 있다. 문제는 소수의 엘리트들이 폐쇄적인 집단으로서 대중에 대해 책임을 지지 않고, 대중과 소통하지 않으며, 사회 전체의 이익보다는 자신들의 이해관계에 따라 정책을 형성한다는 점이다. 미국 사회학자인 밀스(Mills)는 현대사회에서 주요 계층과 조직을 통솔하고 있는 사람들을 '파워 엘리트(power elite)'라 부르고, 이들이 주요 기업을 경영하고 중요한 정부기관들을 운영하며 군대를 지휘하고 있다고 말한다. 라스웰(Lasswell)은 이 파워 엘리트들을 '권력의 소유자(power holders)'라고 부른다.

엘리트이론에는 나름의 특징이 존재하는데 그중 몇 가지는 다음과 같다.

- 소규모 집단이 국가 정책을 결정하는 대부분의 의사결정을 통제하고 있다.
- 엘리트 구성원들은 다국적 기업의 우두머리이거나 정부의 고위관리이거나 군대의 요직에 있다.
- 엘리트들, 예를 들면 정부나 군대의 관료들은 퇴직하면 기업의 간부가 되는 것처럼 서로 밀접하게 연계되는 아류형(亞流型, subtype)이 존재하며, 아류형 간에는 일반적인 상호교환이 이루어지는 이른바 '회전문 현상(revolving door phenomenon)'이 존재한다.
- 아류형 간에는 내재하는 이익의 공동체(community of interest)가 존재하기 때문에 일반적으로 서로 음모를 꾸밀 필요가 없다.
- 파워 엘리트들이 정책결정에 중요한 영향력을 행사하여 결정된 정책들은 엘리트로부터 대중에게 일방적-하향적으로 전달되고 집행될 뿐 엘리트에 대한 대중의 요구와 비판은 수용되지 않는다.[17]

---

17) Chandler & Plano(1982), pp. 57-58.

때로는 파워 엘리트들이 사회복지정책의 발전에 긍정적 기여를 하기도 한다. 1960~
1970년대 미국의 노령연금이나 노인복지 관련법은 진보적 성향을 가진 사회보장청의
고위직 관료엘리트들이 순수하게 인간에 대한 자연스러운 신뢰를 바탕으로 사회의 개
량과 개선을 위해 헌신한 노력의 결과 탄생했다.[18]

사회의 권력구조는 계층화되어 있어 접하는 정보와 가용한 수단 등 권력자원(power
resources)이 불평등하게 분포되어 있다. 소수 엘리트집단의 경우 출신성분이 동질적이고
대외적으로는 배타적이어서 본질적으로 그들 집단의 특수이익을 우선적으로 고려하여
결정을 내리게 된다. 따라서 아젠다형성과정(agenda setting)에서 권위 있는 의사결정자
들이 진지하게 관심을 갖는 이슈나 문제는 엘리트집단이나 이들이 대변하는 집단의 이
해관계와 밀접한 관계를 가질 수밖에 없다. 독일의 정치이론가 미헬스(Michels)는 조직이
생존하기 위해서는 리더십이 필수적이기 때문에, 민주적 통치는 관념적으로서만 유용한
개념이라고 주장한다. 따라서 지배적인 집단 없이 사회는 존재할 수 없으며, 어느 조직이
든 간에 하나의 지배집단이 불가피하게 리더십을 발휘하게 된다. 미헬스는 이를 과두제
의 철칙(iron law of oligarchy) 또는 소수의 통치(rule of the few)라고 부른다.[19]

8) 다원주의

다원주의(pluralism)에 따르면, 개인과 집단은 서로 다른 사상과 생활양식을 갖고 있
는 다원주의적 사회(pluralistic society)에서 살아가고 있으며, 사회적 이해관계의 다원
화와 복잡성으로 다양한 이익집단이 생성되고, 정치권력이 다양하게 분화되며, 다양
한 이데올로기와 가치관이 발전하게 된다. 따라서 국가는 사회를 획일적으로 통제하
기보다는 개방적이고 융통성 있는 자세를 가지고 서로 다른 이익집단들이 대화와 타
협을 통해 만들어 낸 합의된 정책을 집행하는 기능을 수행한다. 이를 통하여 국가는
사회의 다양성을 존중하면서 핵심적 가치를 중심으로 사회적 통합을 이루어 간다.

다원주의는 정책을 정부가 개개인과 집단의 이익대결과 갈등을 공정하고 종합적인
입장에서 조정한 결과로서의 균형(equilibrium)을 의미하는 것으로 해석한다. 이때 균
형 상태의 위치와 내용, 즉 정책의 내용과 형태는 이익집단들의 상대적 영향력의 정
도에 따라 달라진다. 이러한 집단의 영향력은 구성원의 수와 능력, 재원, 조직력, 지

18) 현외성(2000), pp. 84-85.
19) Chandler & Plano(1982), pp. 127-128.

도자의 리더십, 정책결정자에의 접근가능성, 내적 결속력 등에 의해 결정된다. 리찬(Richan)은 영국과 미국의 경우 사회복지법령의 입법과정에서 전문사회사업가의 이익집단적인 활동이 크게 작용하였음을 밝혔다. 금전적 재원, 공식적 권위, 정보, 개인적 관계, 타이밍 등이 정책결정과정에서 중요한 요인이긴 하지만, 사회사업가의 집단적 활동이 가장 중요한 결정변수임을 사례연구를 통해 밝혔다. 패터슨(Patterson)은 미국의 경우 1960~1970년대의 노령부조와 노령보험 등이 상대적으로 증가한 이유는 노인 관련 이익집단의 영향력의 결과라고 본다. 즉, 노인 이익집단의 수적 증가와 집단규모 및 로비활동의 증대에 따라 1965년 메디케어(Medicare) 실시를 위한 법이 통과되고, 노령관련급여가 증가하였다.[20]

권력의 원천은 계층화되어 있기보다는 사회에 다원적이고도 다면적으로 분산되어 있다. 분야별로 형성되는 엘리트나 이익집단은 그 구성이 복합적이고 영향력 행사방향도 복잡하다. 엘리트 간에 행사되는 권력의 우위에 따라 각종 아젠다들이 채택되거나 폐기된다. 때에 따라서는 한 엘리트집단이 다른 엘리트집단의 견해를 물리치기 위한 권력을 얻기 위해 일반 대중에게 그들의 입장을 호소하여 지원을 요청하는 경우도 있다. 다만, 이들은 다원적 엘리트 간의 이해관계가 서로 얽혀 있어서 정책아젠다로 등장한 주요 문제라 할지라도 엘리트집단 간의 힘의 견제와 균형 구도를 깨거나 기존의 이해관계를 심히 일탈하는 결정을 내리지 못한다. 아젠다의 등장과 결정이 점증적일 수밖에 없는 이유가 여기에 있다. 끝으로 다원주의적 이해관계에서 나타나는 집단 간 갈등은 정통성 있는 선거과정을 통해 융화되고 해소된다.

다원론자들은 권력의 소재(source)보다 권력의 행사(exercise) 과정에 집중한다. 또한 일상적인(routine) 정책결정보다 주요한 정책결정들을 연구대상으로 한다. 중요한 정책선정과정에 적극적으로 참여하는 집단을 밝혀내고 나아가 이해관계의 갈등해소과정에서 나타나는 참여자들의 실질적 행태를 파악하여 이를 형성된 정책의 내용과 연결해 분석한다.

사회복지정책에서 다원주의는 복지다원주의(welfare pluralism) 또는 복지혼합(welfare mix)이라는 신우파적 이데올로기의 도구로 발전한다. 복지다원주의란 사회복지의 제공주체가 국가·시민사회·시장 또는 정부·시장·자원조직·비영리단체·친족·가족 등으로 다양하다는 것이다. 이러한 복지다원주의는 영국의 사회서비스

---

20) 현외성(2000), pp. 83-84.

(social services)제도도 다른 나라와 마찬가지로 사회복지, 재정복지, 직업복지로 구성되어 있다는 티트머스의 주장에서도 찾아볼 수 있다.

티트머스(Titmuss)에 따르면, 국민보건서비스나 사회보장지출과 같은 사회복지는 전통적인 사회봉사로서 중앙정부와 지방정부에 의해 조직되고 관리되며, 재무성에 의해 예산편성을 목적으로 분류되는 모든 직접적인 행정봉사와 이전지출을 포함한다. 또한 정부의 사회봉사를 위탁받아 수행하는 민간기관에 대한 보조금도 포함한다.

티트머스는 또한 재정복지제도는 전적으로 중앙 및 지방의 직접적인 조세제도, 이른바 사회보험이라 불리는 국민보험 또는 사회보장과 같은 세금이라고 주장한다. 가족수당 및 퇴직연금과 같이 분리되어 관리되고 있는 사회보장제도하에서 직접적 현금지급은 특수한 부양자에 대한 집합적 책임을 면하기 위한 것이다. 이러한 것은 사회봉사예산으로 중앙정부의 회계를 통하여 지출된다. 중앙정부회계를 통하지 않는 소득세로부터의 수당이나 구제금은 사회봉사예산으로 취급되지 않지만 유사한 사회적 목적을 갖고 있다. 국가는 피부양자가 있는 사람의 납세의무를 감해 줌으로써 현금수당을 지급하는 것과 마찬가지로 각 납세자의 가정을 보호해야 할 책임을 분담하고 있다.

재정복지는 광범위한 욕구와 피부양의 영역을 포함한다. 즉, 노령저축 · 생명보험 · 퇴직수당, 노령 · 불구 · 친척이 없는 피부양자를 위한 수당, 직업여성을 위한 가정부, 자가주택소유자를 위한 저당수당, 세액공제에 매달려 사는 사람을 위한 은행대부이자 · 자선헌금 · 교육보조 · 공립학교 · 민간의료 · 가족신탁 등이 있다.

직업복지는 사회정책의 제2의 모델인 B형, 즉 사회정책의 '산업상 업적 · 수행 모델'의 주요한 부분을 이룬다. 고용조건의 현대적 개선과 직원을 위한 건강 · 안정 · 유락에 대한 광범위한 의미를 인식함으로써 고용주가 주로 상용근로자를 위해 제공하는 현금 및 현물 급여. 이는 '좋은 인간관계와 훌륭한 고용주상(像)'의 표현의 일부다.

직업복지의 영역은 직업연금뿐 아니라 아동수당까지 광범위하다. 즉, 사망급여 · 보건 및 복지 서비스 · 여행 · 오락 · 의복 및 비품에 관한 개인적 비용 · 식권 · 자동차 · 정기승차권 · 숙박비용 · 휴가비 · 아동교육비 · 질병급여 · 의료비 · 교육 및 훈련보조금 · 염가식사 · 실업급여 · 진료청구서 등을 들 수 있다. 이들 급여의 상당 부분은 노령 · 질병 및 무능력 · 아동 · 과부 등의 피부양성 또는 의존상태에 대한 인식의 결과다. 직업복지의 비용은 직업복지급여가 면세대상이기 때문에 전체 납세자의 부담이 되기도 한다.[21]

---

21) Titmuss(1974), pp. 136-137.

9) 조합주의

슈미터(Schmitter)에 따르면, 조합주의(Corporatism)란 하나의 조정(intervention)체계로서 그 구성단위는 제한된 수의 위계적 · 기능적으로 분화된 범주들로 이루어지며, 단일적이고 강제적이며 비경쟁적인 특성을 갖는다. 그것은 국가에 의해 인정되거나 허가를 받음으로써 각개의 독자적 대표성을 확보하는 대신에, 지도자의 선출이나 또는 특정 사안에 대한 요구와 지지의 표명에서 국가의 통제를 받아들인다. 조합주의는 크게 사회조합주의와 국가조합주의로 나뉜다. 사회조합주의(social corporatism)는 국가로부터 이익단체들의 자율성이 보장되고, 아래로부터의 점진적 진화 · 발전을 특성으로 하며, 자유자본주의라기보다는 선진자본주의의 민주복지국가에서 나타난다. 반면, 국가조합주의(state corporatism)는 이익단체들이 국가에 종속되고, 위로부터의 권위적 · 정치적 힘에 의해 강제적으로 운영되는 것을 특징으로 하는데, 이는 반자유주의적이고 후진자본주의적이며, 권위적이고 신중상주의적인 국가에서 나타나는 경향이 있다.[22]

크라우치(Crouch)에 따르면 조합주의는 다원주의와 조합주의의 관계가 조직의 성원에 대한 계도와 대표의 정도에 따라 연속성 있는 개념으로 파악될 수 있다. 권위적 조합주의에서는 조직이 성원을 계도하되 대표의 기능을 하지 않는다. 반면, 경쟁주의(contestation)에서는 성원들의 요구를 그대로 표현하고 타협을 하지 않는다. 이를 도식화하면 다음과 같다.[23]

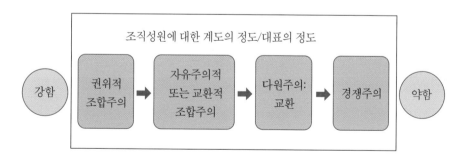

[그림 3-2] **조합주의와 다원주의의 비교**

출처: 최경구(1993), p. 88.

---

22) 최경구(1993), pp. 86-93.
23) 위의 책, p. 88.

복지국가의 위기에 대한 우파와 좌파의 대응 이외에 혼합경제와 복지국가를 거부하지 않는 제3의 반응인 조합주의가 있다. 미쉬라(Mishra)에 따르면, 조합주의는 신보수주의와 마르크스주의의 시각과는 달리 선진자본주의의 정치경제의 통합적 문제에 대해 실용적으로 접근하는 통합양식(mode of integration)이다.[24] [25]

조합주의가 전후 복지국가와 다른 점은 다음과 같다.

첫째, 경제정책과 사회정책이 상호 밀접하게 관련되어 있어서 양자의 통합이 필요하다고 본다. 즉, 전체 사회 내에서 경제정책과 사회정책을 조화시켜야 할 필요성을 인정하고 있다. 조합주의는 경제정책을 사회정책에, 사회정책을 경제정책에 환류(feedback)시킬 것을 인식하고 절충을 시도한다. 그래서 분배문제를 생산문제와 분리될 수 없는 것으로 본다.

둘째, 조합주의자의 접근방법에서는 복지국가의 제도 속에 함축되어 있는 체계통합(system integration)을 사회통합(social integration)과 관련된 것으로 본다. 체계통합은 제도 간의 기능적 성질의 통합에 관련된 것이고, 사회통합은 집단 간의 상관적 성질의 통합에 관한 것이다. 경제와 사회복지 간의 기능적 통합(functional integration)은 주요 경제 집단(자본가와 노동자) 간의 관계와 상호의존적이다.

생산적 시장경제와 고도로 발전된 사회복지체계는 주요 사회집단의 협력과 동의 없이는 장기적으로 유지될 수 없다. 생산자뿐만 아니라 자본가는 그들의 조직 내에서 생산과 분배의 주요한 동반자(partners)로 간주된다. 따라서 그들은 체계작업(system work)을 수행할 책임을 받아들여야 한다. 예를 들면, 사용자는 사회적 목표로서 완전고용을 인식하고, 노동자는 경제성장과 사회복지를 위해 임금인상 절제와 높은 생산성 향상의 필요성을 받아들여야 한다.

정치적·경제적 면에서 끊임없는 이익의 갈등을 역설한 홉스주의자나 계급투쟁을 강조한 마르크스주의자의 견해와는 대조적으로, 조합주의적 견해에서 사회란 거미줄과 같아서 상호의존적 기능과 이익을 위한 협동이 필요하다고 본다. 이것은 다른 관점에서 보면 통합적 복지국가는 케인즈주의와는 달리 사회경제에 대한 집단적 책임논리를 포함하고 있다. 분절적 복지국가가 광범위한 자유방임주의경제와 잔여적 복지로부터의 진일보였던 것처럼, 통합적 복지국가는 집단적 책임에로의 또 다른 진전이다.

---

24) Mishra(1984), pp. 130-139.
25) 김태성, 성경륭(1993), pp. 175-176.

조합주의는 자유로운 시장경제 내에서 완전고용과 폭넓은 사회서비스를 지속시키기 위한 제도적인 골격을 제공해 준다. 첫째로 분배를 위한 생산의 중요성과 인플레이션, 임금, 사회복지 및 실업문제와 같은 사회경제적 현상 간의 연관성을 인정하는 것이다. 둘째로 경제적 목표와 사회적 목표를 조화시키기 위해서, 체계통합을 유지하기 위해서 사회 내의 주요 경제적 이익집단의 제도화된 협력이 불가피하다. 노동자와 자본가는 '사회적 동반자정신(social partnership)'을 가져야 한다. 이러한 조직화된 주요 이익집단 간의 협력체제 아래서는 임금협상을 위해서든지 사회복지를 위해서든지 간에 어느 정도 자유참여적 다원주의가 배제되고, 사회적 목표 달성과 관련되어 있는 조직화된 경제력의 실재를 인정하는 일종의 중앙집권화된 다원주의가 필요하다. 조합주의적 문제해결에 내포되어 있는 노동자, 고용자 및 국가를 포함하는 3자 간의 의사결정구조는 공식적인 정치기구(의회와 정당)를 어느 정도 무시한다.

조합주의는 정책형성과정에서 국가가 능동적이고 적극적인 주도권을 행사한다. 국가는 국가 전체의 이익 확대와 사회질서의 유지를 위해서 사회를 일정한 방향으로 유도하기 위하여 의도적으로 사회집단과 개인의 이익 및 가치를 통제·조정한다.

미쉬라(Mishra)는 다원주의적 또는 분절적 복지국가와 조합주의적 또는 통합적 복지국가 유형을 다음과 같이 제시한다.[26] [27]

〈표 3-1〉 다원주의적 또는 분절적 복지국가와 조합주의적 또는 통합적 복지국가 비교

	다원주의적 또는 분절적 복지국가 (Pluralist or Differentiated Welfare State) (Keynes-Beveridge)	조합주의적 또는 통합적 복지국가 (Corporate or Integrated Welfare State) (Post-Keynesian)
정의	복지국가가 경제와 정치와는 비교적 독립적이고 한정적인 분야로 간주한다.	사회복지계획 및 정책이 경제와 정치에 관련되어 있다고 보며, 사회복지를 너 큰 사회체제에 통합시키려 노력한다.
경제	수요 측면의 경제조절정책. 정부는 유수정책(誘水政策, pump priming, 정부의 경기회복책), 적자재정, 수요를 촉진하거나 억제하기 위한 재정정책과 통화정책을 조절함.	수요 측면과 공급 측면을 모두 고려한 경제조절정책. 이윤, 투자, 임금수준, 인플레이션, 노동시장조건, 경제문제 전반에 걸친 규제와 합의.

26) Mishra(1981), pp. 130-139.
27) 김태성, 성경륭(1993), pp. 175-176.

사회 복지	경제와는 구별되는 비교적 독립적인 영역. 사회적으로 경제와 관련하여 거의 명확한 연계성이 없는 것으로 보이는 서비스 분야에 대한 국가 규정.	경제 및 경제정책과 독립된 영역으로 간주되지 않음. 사회적 측면과 경제적 측면 사이의 상호의존과 상호관계가 인정되고 제도화된 상태. 경제정책과 사회정책 간의 기능적 관계와 협력관계.
정치	이익집단에 의해 특징지어지는 다원주의 정치와 사회적 의사결정과정의 자유참여 혹은 시장모델, 산업부문에서의 자유로운 단체교섭, 조직화된 단체, 정당 및 의회를 통한 각 부문의 이익추구, 사회적 책임 없이 경제력을 행사, 의회제 형태를 가진 정부, 완전한 시민의 자유와 정치적 자유.	중앙집권화된 다원주의가 특징, 광범위한 경제·사회 정책에 대한 주요 경제적 이익을 대표하는 정상 간의 교제를 통한 협상, 계급협력과 사회적 합의의 형태로 인정되고 제도화된 경제집단의 상호의존, 경제력을 가진 주요 집단은 사회적 책임을 받아들임. 의회제 형태를 가진 정부, 완전한 시민의 자유와 정치적 자유.

10) 페미니즘

페미니즘(feminism)이란 사회 전반에서 여성의 권리를 확장하려는 주의를 말한다. 페미니즘은 여성들이 압력집단이자 하나의 사회운동세력으로서 긍정적 조치(affirmative action)나 여성폭력 등의 영역에서 구체적 서비스와 입법 조치를 옹호함으로써, 유권자로서 여성친화적 정책을 내세우는 정당이나 후보자를 지지함으로써, 또 사회복지프로그램과 급여의 축소가 여성에게 미치는 나쁜 영향에 저항함으로써 복지국가의 발전에 기여해 왔다고 주장한다. 페미니즘에 따르면 여성의 해방은 여성들이 사회적 규모의 생산에 광범위하게 참여하고, 또한 그들이 돌보아야 할 가사노동을 가능한 한 줄일 수 있을 때 가능하다. 따라서 그들은 여성의 사회적 생산 참여를 적극적으로 조장하고, 보육이나 가족부양을 사회화하여 국가와 사회가 책임을 지기 위해서는 보육의 사회화와 노인의 사회적 부양을 위한 사회복지정책이 실시되어야 한다고 주장한다.

복지에 대한 여권신장론자들의 접근방법은 자유주의 페미니즘(libertarian feminism), 진보적 페미니즘(liberal feminism), 복지페미니즘(welfare feminism), 급진적 페미니즘(radical feminism), 사회주의 페미니즘(socialist feminism)·흑인 페미니즘(black feminism) 등으로 다양하게 분류된다.[28] 이들은 이념적 지향에 따라 국가복지에 상이한 시각을

---

28) Ramazanoglu(1989), pp. 24-35.

갖고 있다. 이 가운데 주요 접근방법인 자유주의 페미니즘, 사회주의 페미니즘 그리고 급진적 페미니즘의 내용을 요약하면 다음과 같다.[29]

자유주의 페미니즘은 여성은 남성과 동등한데 성별 때문에 부당하게 고통을 받는 다고 가정하고 교육, 모든 종류의 기회, 중요한 사회적 위치 등에서 여성의 평등한 권리를 강조하면서, 교육기회의 차별 철폐, 여학생의 의과대학 입학을 제한하는 할당제 종식, 직장 신입사원 채용과 임금, 연금 그리고 주택융자 교부금에서의 직접적이거나 간접적인 차별을 종식시킬 것을 강조한다. 자유주의 페미니즘은 여성들이 사회적 성차 때문에 차별을 받는다고 인식하지만, 양성의 관계를 특수한 권력관계로 규정하지는 않는다. 이들은 불평등을 축소하고 좀 더 공감할 수 있는 여론을 개발하기 위해 여성들이 이용해 왔고 또 이용할 수 있는 경제관계 및 사회관계를 조직하는 접근방법이 복지국가라고 여기며, 복지국가는 여성의 경제적 권리와 사회적 권리의 확대가능성과 여지를 제공한다고 본다.

사회주의 페미니즘은 자본주의 사회에서 여성들은 생물학적이고 사회학적인 재생산의 특정한 역할을 수행한다는 가정 아래, 여성의 '임금이 없는 노동(unwaged labor)'은 다음 세대의 노동자를 재생산하는 비용을 줄이는 등의 역할을 수행함으로써 자본주의를 촉진하는 데 기여한다고 본다. '여성이 가족과 남성 가장에게 의존한다'고 가정하기 때문에 고용주가 노동력 재생의 비용을 여성들에게는 지불할 필요가 없다고 생각하게 만든다. 또한 여성의 낮은 수준의 임금은 남성의 소득을 공유할 수 있는 결혼 생활과 결혼에 대한 의존성을 강화한다. 그러므로 자본주의와 가족 간에는 공생적 관계가 존재하며 이러한 자본주의와 가족이 착취관계로 결합되어 있는 사회제도가 복지국가라고 간주하면서, 가족을 지지하도록 설계된 정책을 통해 복지국가가 유지된다고 생각한다.

급진적 페미니즘은 한 집단으로서의 여성이 한 집단으로서의 남성에 의해 억압되는 것으로 본다. 급진적 페미니스트들은 복지국가는 무엇보다 남성지배를 보장하는 성적 관계 유형을 보존하고 강화한다고 간주한다. 그들은 경제적 맥락과 사회적 맥락을 고려하지 않은 남성과 여성의 관계에 초점을 맞추고, 결혼한 남성과 여성을 남성 고용주와 여성 피고용인 같은 대립적 계급관계로 본다. 그들은 남성과 여성을 기본적으로 대립적인 이해집단으로 보면서 국가는 남성에 의해 지배되고, 복지국가는 남성지배권을

---

29) George & Wilding(1994), pp. 173-210.

유지하는 기제가 된다고 주장한다.

11) 녹색주의

녹색주의(the Greens)의 사회가치는 자연 질서에서 우리의 위치를 재평가하고, 모든 다른 관심사에 우선하여 지구의 복지를 향상시킬 것을 요구한다. 녹색주의는 물질주의의 동기만큼 정신적 가치에도 동등한 중요성을 부여하며, 이것이 진실로 지속가능한 부를 창조하는 제도의 출현을 위한 필수조건이라고 본다. 녹색주의자는 복지국가가 국가권력의 중앙집권화를 초래하고, 관료정치를 강화하고, 시민의 미덕과 우리의 사회적 책임감을 훼손하고, 시민들을 서비스의 수동적 수혜자로 바꾼다고 주장함으로써 중앙집권화된 복지국가에 대해 비판적이다. 또한 국가와 복지국가를 소수가 다수를 통제하는 메커니즘으로 간주하고, 복지국가는 사회문제의 원인보다는 증상을 다루며 사회문제는 대개 산업사회의 본질에 기인한다고 주장한다. 따라서 복지서비스는 지방분권화되어야 하고, 가능하면 자조와 상호부조에 근거하여야 한다.

녹색주의자는 유급노동뿐만 아니라 비고용노동도 중시한다.[30] 비고용노동을 지속가능한 사회의 본질적 요소로 보고 '지역 교환 및 거래 체계(Local Exchange and Trading System: LETS)'와 같은 제도를 높이 평가한다. LETS는 일종의 자원봉사관리시스템으로 자원봉사의 실적을 자신이 원하는 재화와 서비스를 얻는 데 활용할 수 있도록 되어 있다.

2. 사회복지정책의 전략

1) 선별주의와 보편주의

선별주의와 보편주의는 사회복지급여의 할당과 관련이 있는 원칙이다.[31]

---

30) Taylor(2006), pp. 261-276.
31) Gilbert & Specht(1974), pp. 54-59.

(1) 선별주의

선별주의(selectivism)는 급여가 자산조사에 의해 결정된 개인적 욕구에 기초하여 이용될 수 있도록 만들어진 급여에 관한 아이디어를 의미한다. 즉, 자산조사를 통하여 급여에 대한 개인적 욕구가 있는지 여부를 확인하고 욕구가 있는 자를 선별하여 급여를 제공하는 전략이다. 예를 들면, 부(負)의 소득세, 근로소득공제(Earned Income Tax Credit: EITC), 식품권(food stamp)과 같은 공공부조와 빈민을 위한 공공주택(public housing) 등이다. 선별주의자는 필요한 사람에게만 한정하여 이용될 수 있도록 사회적 급여를 제공함으로써 발생하는 지역사회 재원의 저축을 거론하며 선별주의가 갖는 비용효과의 장점을 강조한다. 선별주의자는 선별주의에 따른 할당이 계층 간 갈등 등으로 인한 사회적 비용을 감소시키고, 빈민에 대한 급여제공만이 보편적 할당보다 사회적 불평등을 감소시킴으로써 평등한 사회 구현이라는 정책목표를 보다 효과적으로 구현할 수 있다고 주장한다.

(2) 보편주의

보편주의(universalism)는 급여가 모든 국민에게 사회적 권리(social right)로서 이용될 수 있도록 만들어진 급여에 관한 아이디어를 의미한다. 예를 들면, 노인을 위한 사회보장과 젊은이를 위한 공교육 등이다. 경제적 여건에 관계없이 모든 가족에게 급여가 할당되는 특징이 있는 아동수당(children's allowances) 또는 가족수당(family allowances)과 같은 데모그란트(demogrant)도 보편성(universality)의 원칙을 반영한다.

보편주의자는 사람들을 주는 자와 받는 자로 구분하지 않음으로써 생기는 인간 존엄성의 보존과 사회통합을 들어 사회적 효과의 장점을 강조한다. 보편주의하에서는 급여에 대한 요구가 모두에게 평등하다. 보편주의자들은 선별주의의 제한억제조치로서도, 예를 들면 자산조사에 의해서나 수혜자격에 의해 낙인을 준다 하더라도 사회적 급여에의 접근을 방지할 수 없는 경우가 발생할 수 있기 때문에 보편주의가 비용효과적이라고 주장한다. 행정 면에서도 지속적인 조사·확인 그리고 수혜자 자격심사와 급여수준의 적절성 심사를 필요로 하지 않기 때문에 보편주의에 따른 할당이 선별주의에 따른 할당보다 행정적으로 비용이 적게 든다고 주장한다.

(3) 선별주의와 보편주의의 정책효과

사회복지정책이 '선별주의에 따라 대안을 형성하느냐' 아니면 '보편주의에 따라 형

성하느냐'에 따라서 결과적으로 사회복지정책대안은 다음과 같은 사회적 효과성에 중
대한 영향을 미친다.

- **근로유인(incentives to work):** 보편적 정책대안인 아동수당은 경제적 압박(ecnonomic stress)의 정도를 제거하는 만큼 근로유인에 부정적인 영향을 미친다. 이것은 아무 대가 없이 무엇인가를 얻는 사람은 계속해서 아무 일도 하지 않을 경향이 있다는 전통적인 가르침을 반영한 것이다. 반면, 선별적 정책대안인 부(負)의 소득세 수급자의 경우 이전과 같은 정도로 근로를 하거나 오히려 더 열심히 일하도록 유도되는 사례를 발견할 수 있다. 미국의 EITC나 우리나라의 근로장려세제의 경우에도 근로유인효과가 있다.
- **출산유인(incentives to procreate):** 번스는 아동수당제도는 출산을 자극하게 되는 문제가 있다고 주장한다. 아동수당은 일종의 자녀수당(a baby bonus)의 역할을 수행함으로써 인구증가를 촉진시킨다. 프리들랜더도 가족수당(family allowance)은 출산율 증가를 촉진하는 데 성공적이었다고 주장한다. 1930년대 프랑스는 출산을 장려하기 위해 「가족수당법(Family Allowances Act of 1931)」을 제정한 이후 전체 인구가 증가했다. 그러나 미국의 경우와 같이 아동수당 또는 가족수당제도를 실시하지 않은 나라들도 급속한 출생률의 증가가 발생했으며, 1950년대에 스웨덴의 경우 가족수당제도를 실시하였음에도 출생률이 지속적으로 감소한 사례도 있어 사회복지정책의 출산유인효과에 대해 논란이 있다.

〈표 3-2〉 선별주의와 보편주의의 사회적 효과

	선별주의	보편주의
근로유인 (incentives to work)	부의 소득세-긍정적 영향 또는 불변	아동수당-부정적 영향
출산유인 (incentives to procreate)	미검증	출산율 증가 논란
낙인화 (stigmatization)	낙인화 증가	낙인화 회피
사회통합 (social integration)	사회분리 조장	사회통합 용이

- **낙인화(stigmatization)**: 가족원조프로그램(Family Assistance Program: FAP)과 같은 선별적 접근방법이 수혜자에게 낙인을 찍는(stigmatizing) 문제가 있는 반면, 아동수당과 같은 보편적 제도는 수혜자에게 낙인을 찍는 것을 회피할 수 있다.
- **사회통합(social integration)**: 선별주의 원리는 사회 내에서 주는 자와 받는 자를 별개 집단으로 구분한다. 즉, 사회복지정책으로 새로운 계층이 형성되는 계층화(stratification) 현상이 발생한다. 이와는 대조적으로 아동수당과 같은 보편주의적 제도는 이러한 잠재적 분할과 계층화현상을 방지하며, 다양한 경제적 환경 속에서 살아가는 가족들의 공통 욕구를 강조함으로써 사회통합을 용이하게 한다.

2) 시민참여, 리더십, 전문가 판단

시민참여, 리더십, 전문가 판단은 서로 다른 공익 개념이 강조되는 정도에 영향을 미치는 세 개의 경쟁적 가치다.[32]

(1) 시민참여

간접민주주의인 대의민주주의를 실시하는 사회에서 파생하는 문제점을 직접민주주의적 방법으로 시정하기 위하여 시민참여(citizen participation)가 채택된다.

시민(citizen)이란 용어는 다양하게 정의되지만, 정책형성론에서 시민이란 일반적으로 공공정책의 결정에 주체적으로 참여하는 민주사회의 구성원을 말한다. 참여(participation)란 모든 사람이 각각 자신의 복지에 영향을 미치는 의사결정에 의미 있게 참가하여 관계를 맺는 것을 말한다. 사회복지정책에서 시민참여란 사회구성원 각자가 자신의 복지에 영향을 미치는 정책결정과정에 의미 있게 참가하는 것을 말한다.

시민참여가 필요한 이유는, 첫째, '보이지 않는 정당(invisible party)'이라 불리는 관료집단이 하나의 강력한 이익집단으로서 국민 전체의 이익보다는 관료 자신의 이익을 위해 행동하는 경향이 있기 때문이다. 이와 같은 관료의 자기 이익 추구현상의 심화는 공공선과 국민이익의 침식을 의미한다. 둘째, 정치인은 정책에 관한 정보를 관료와 공유하기를 원하고 갈등을 회피하려 하기 때문이다. 이러한 정치인의 통제기능 약화가 선거에 의한 행정책임성 확보를 무력화한다. 셋째, 비대해진 정부는 사회영역 전반에

---

32) Gilbert & Specht(1974), pp. 187-191.

걸쳐 개입하고 통제하기 때문이다. 행정의 전문화와 복잡화 그리고 관료의 재량행위 증대 등은 시민사회의 적극적인 통제의 필요성을 더욱 요구하게 한다.

　시민참여제도의 유형으로는 주민총회, 국민투표, 국민발안, 국민소환, 근린정부 등을 들 수 있다.

- **주민총회**(town meeting):[33] 모든 유권자가 참여하여 주요 사안을 직접적으로 결정하는 제도다. 주민총회는 행정위원이 특정한 의제를 제안함으로써 개회하는 것이 원칙이지만, 시민들도 어떠한 관심사에 관하여든 의제를 제안할 수 있다. 주민총회의 주요 기능은 지역학교, 도로건설예산 등 중요한 지역문제를 승인하는 것이다. 투표방식은 통상 구두로 이루어지지만 거수, 기립, 투표 등도 다양하게 사용된다.
- **국민투표**(referendum): 일정한 의제에 관하여 유권자들의 찬반투표로 결정하는 직접민주제의 대표적 방식이다. 이 방식은 유권자들의 판단이 대표자들의 그것보다 우월하다고 보며, 또한 유권자들에 의해서만 결정되어야 할 기본적 문제들이 존재한다고 본다.

　국민투표는 입법과정에의 개입단계에 따라 의회가 심의하기 전에 특정한 사안에 관하여 투표자의 의견을 묻는 자문적 국민투표(advisory referendum)와 일종의 국민의 거부권(veto)으로서 의회가 가결한 법률의 효력을 시민발의에 의해 다루는 항의적 또는 청원적 국민투표(protest or petition referendum)로 구분되고, 국민투표의 대상사항에 따라 헌법의 채택이나 개정을 그 대상으로 하는 입헌적 국민투표(constitutional referendum)와 통상의 법률을 그 대상으로 하는 입법적 국민투표(statutory referendum)로 나뉘며, 국민투표의 실시형태에 따라 특정 사안에 관하여는 법률상 반드시 국민투표에 붙여야 하는 강제적 국민투표(compulsory referendum)와 의회가 그 사안의 미묘함 때문에 유권자들이 정책결정을 하도록 하는, 즉 의회가 재량으로 일정 사안을 국민투표에 회부하는 자발적 국민투표(voluntary referendum)로 나뉜다.
- **국민발안**(initiative): 시민들이 제안한 법률안을 국민투표나 의회에서 확정하는 방법이다. 국민발안은 헌법 개정을 의제로 제안하는 입헌적 국민발안과 법률의 제정

---

33) 미국의 대표적 직접민주주의의 예로 뉴잉글랜드(New England)의 주민총회를 든다.

이나 개정을 제안하는 입법적 국민발안으로 구분된다. 법적 서명요건을 갖춘 경우에 법률안이나 헌법개정안을 직접 주민투표에 회부하는 직접적 국민발안과 일정한 유권자의 서명을 받은 후에 청원집단이 그 안을 청문·제정·기타 행동을 위해 의회에 제출하는 간접적 국민발안이 있다. 유권자들이 선거를 할 때에 구속력이 없는 질의를 투표용지에 포함하도록 청원함으로써 의회가 특정한 조치를 하도록 압력을 가하는 자문적 국민발안이 있다.

- **국민소환(recall):** 공무원을 그 임기 종료 전에 공직에서 해임하는 제도로 공무원에 대한 유권자들의 통제를 위한 장치로서 의의가 있다. 국민소환은 공무원의 국민에 대한 책임성과 대응성을 제고하기 위한 것으로, 대의민주주의제도하에서 유용하며 다른 방법들이 없는 경우 최후의 수단으로 활용된다.

- **근린정부(neighborhood polity):** 통제 또는 통치분할을 의미한다. 지방정부는 국민과 가까운 풀뿌리 정부(grass-roots government)로 평가되지만, 관료제의 성장은 정책결정을 완만하게 하였으며, 새로운 도시문제들에 대처할 수 없게 되었으며, 시민들이 지방정부로부터 소외되고, 대표성과 대응성이 부족하게 되는 결과를 초래하였다. 이에 대해 시민들이 지방정부의 지역적 규모를 줄임으로써 정부에의 접근을 가능하게 하고, 직접민주주의로의 복귀를 위해 대도시를 분할하여 마이크로정부(microgovernment)를 추구하게 되었다. 근린정부는 공통된 이해관계를 가진 지역주민들의 적극적인 시민참여를 유도할 수 있으며, 지역주민들의 관심과 참여를 통해서 정부에 대한 대응성을 높일 수 있고, 지역주민들의 욕구를 잘 알 수 있어 주민들이 원하는 서비스를 개선하거나 제공할 수 있으며, 특히 사회적·경제적 약자인 소수집단에 대한 처우 개선을 통하여 사회적 평등을 실현하고 나아가 사회안정에 기여할 수 있다.

이러한 시민참여가 사회복지정책에 미치는 긍정적 영향은 정책형성과 정책집행은 물론 정책평가에 이르기까지 정책과정 전반에 걸쳐 참여자 간의 적절한 세력균형이 이루어지고, 이를 통하여 절차적 합리성이 확보됨으로써 복지정책 내용의 정당성을 높일 수 있다는 것이다. 또한 정책의 순응성도 높일 수 있다. 정책과정 전반에 시민들의 다양한 의견과 이해관계가 반영됨으로써 정책결과에 대한 시민들의 저항을 극소화할 수 있으며, 신뢰성을 향상시킬 수 있다. 나아가 복지수요자 친화적(welfare-consumer friendly) 복지정책을 실시할 수 있다. 시민참여는 사회복지의 주된 공급주체

가운데 하나인 정부가 복지수요를 정확히 파악하고 이에 대응하도록 함으로써 복지수요자인 시민의 욕구에 적절히 대응하는 복지정책대안을 강구할 수 있다.

수급자가 정책결정에 참여하여 정책내용에 영향을 줄 수 있다면 수급자는 실질적으로 많은 이득을 얻을 수 있을 것이다. 그러나 시민참여(citizen participation)는 대부분 명목적인 참여(nominal participation)로 명목주의(tokenism)에 그쳐 실질적인 정책내용에 영향을 미치지 못한다. 수급자들의 참여율이 낮을 뿐만 아니라 참여한 사람들이 실질적으로 수급자의 이익을 대변하기보다는 기존의 정책결정자들에 의해 선택된 사람들이기 때문이다. 그리고 수급자들이 정책의 내용에 대한 이해가 적기 때문에 참여를 해도 실질적인 정책변화에 영향을 줄 수 없다는 것이다. 참여를 통해 수급자에게 권력을 제공해 준다 하더라도 실질적으로 수급자들에게 이득이 돌아가기가 어려우며, 이는 참여민주주의(participatory democracy)의 미명하에 기득권자의 합리화를 위한 도구로 사용될 가능성이 크다.[34]

개개인으로서의 일반 국민은 그들의 이익이나 가치를 조직화하기 어렵고, 사회적 이슈에 대한 공통적인 관심을 집약해 표출하기가 용이하지 않으며, 그들의 요구를 반영할 수 있는 통로도 관료들의 현상 유지적 편견 때문에 폐쇄적이고, 특정 정책 분야에 대한 전문적인 지식이나 정보가 없다. 따라서 일반 국민은 정책결정에 직접적인 영향력을 행사하기 어렵다. 단지 일반 국민이 정책결정에 참여하는 방법으로는 투표, 의견진술, 여론 형성, 대중매체를 이용하는 것 등을 들 수 있다.[35]

(2) 리더십

가치로서 리더십(leadership)은 참여와 정반대의 것(antithesis)이다. 복잡한 결정을 끊임없이 내려야 하고, 권위가 결정된 것을 집행하는 데까지 미쳐야만 하기 때문에 리더십은 조직화된 어떤 집합체에서든 중요하다.

(3) 전문가 판단

전문가(expertise) 판단은 합리성을 의사결정을 위한 최고의 기준으로 삼는 가치다. 이론적으로, 전문가들은 정치보다는 장점에 기초하여 프로그램 대안 가운데에서 선택

---

34) 김태성, 송근원(1995), p. 384.
35) 송근원(2004), p. 248.

을 한다. 전문가들은 정부의 부패와 낭비에 대한 교정수단(antidote)의 역할을 한다.

3) 노동의 전(前)상품화 · 상품화 · 탈(脫)상품화 · 재(再)상품화

(1) 노동의 전(前)상품화

노동의 전(前)상품화(pre-commodification)란 사람들의 노동이 성숙된 자본주의하에서 노동시장에서 상품으로 거래되기 이전의 시대인 전(前)자본주의 사회(precapitalist society)에서 사람들이 생존을 위해 임금형태의 소득에 전적으로 의존하지 않던 상태를 말한다.[36] 노동의 상품화(commodification of labor)란 산업화가 진척됨에 따라 대규모의 피고용자층이 발생하고, 노동시장에서 노동력을 팔아 그 대가로 임금을 받고, 이를 통하여 생계를 유지하는 것을 말한다. 노동의 탈상품화(decommodification of labor)란 개인의 복지가 시장에 의존하지 않고도 이루어질 수 있는 상태를 말한다.

(2) 노동의 상품화

현대 사회복지정책의 주요 동기는 인간의 욕구와 노동력이 상품화되고, 이에 따라 인간의 복리가 현금거래관계에 의존하게 되는 과정에 존재한다. 자본주의의 번성은 전(前)상품화된 사회적 보호(pre-commodified protection)의 쇠잔과 함께 도래하였다. 인간욕구의 충족이 상품구매를 의미할 때, 구매력과 소득분배의 이슈가 두드러지게 된다. 그러나 노동력 역시 상품이 될 때, 시장 밖에서 사람들의 생존권은 위태로워진다. 상품화(commodification)의 문제는 축적과정에서 계급 발달에 관한 마르크스의 분석의 핵심이다. 독립적인 생산자의 무산자 임금근로자(propertyless wage-earner)로의 전환, 즉 노동력의 상품화는 마르크스에게는 소외를 의미한다.

전통적인 자유방임 자유주의자는 순수 현금거래관계(cash-nexus)에 대한 대안들이 공급과 수요의 신성한 균형을 방해하고 심지어는 좌절시키기 때문에 이러한 대안들을 반대하며, 최소한의 사회임금(social wage)은 빈곤을 근절시키지 못하고 오히려 빈곤의 영속화에 적극적으로 기여한다고 본다.

전(前)자본주의생산자(pre-capitalists producers), 소작인, 농노 또는 날품팔이 일꾼(Journeymen)이 자신의 업무수행과는 관계없이 상당한 양의 복지에 의존할 수 있었다

---

36) Esping-Andersen(1990), pp. 35-54.

는 것은 분명히 사실이 아니다. 사람들은 자신이 노동을 하지 않고 생계를 영위할 권리를 주장할 수 없었다. 그러나 다수의 사람이 자신의 생존을 위해 임금형태의 소득에 전적으로 의존하지 않았다는 점에서 상품형태는 없었다. 가족은 매우 자급자족하였고, 영지의 노예들은 어느 정도의 상호의존과 영주의 온정적 원조를 받았다. 도시 생산자는 일반적으로 길드나 우애조합(fraternal association)에 강제적으로 가입하였고 빈민들은 통상적으로 교회에 접근할 수 있었다. 그래서 순수한 상품논리의 자본주의와는 대조적으로, 대다수는 생계를 위해서 일반적인 규범과 자치적인 조직들에 의존할 수 있었다. 그리고 자유방임주의 빈민구제와 비교할 때, 전자본주의 사회원조(pre-capitalist social aid)는 풍성하고 자비로웠다. 길드는 소멸되었지만, 상호부조협회(mutual benefit societies)로서 존속되었다. 국가뿐 아니라 자본주의 사회는 근로계약 이외에 사회적 급여의 메뉴를 제공하였다. 그리고 온정주의(paternalism)는 기업가 정신과 모순되는 것처럼 보이지 않았다. 슘페터(Schumpeter)가 주장하는 바와 같이 전(前)상품화 단계의 사회정책은 자본주의의 붕괴를 예방하는 하나의 버팀목(buttress) 역할을 하였다.

순수한 상품형식(pure commodity form)은 자유방임 보급자들(laissez-faire popularizers)에 의해서 신성시된다. 복지 관점에서 보면, 그들의 주장은 오늘날 신자유주의에서 다시금 주장되는 바와 같이 사회적 최소한(social minimum)의 보장은 빈곤을 퇴치하는 것이 아니라 오히려 빈곤과 실업의 원인이 된다는 것이다. 그들은 사회적 보호는 도덕적 타락, 낭비, 나태, 음주벽의 원인이 된다고 주장한다.

자유주의는 어떻게 노동 상품화의 딜레마를 감수했는가를 살펴보면, 하나는 「개정구빈법」으로부터 연유한 열등처우의 원칙(less eligibility principle)의 수정된 견해를 자산조사를 거친 사회적 부조(means-tested social assistance) 구조로 변형시켰다. 이렇게 하여 무조건적 사회권의 확장은 회피되고, 정부의 선물은 증명될 수 있는 빈민(the certifiably needy)에게 한정되고, 근로자들이 근로 대신에 복지를 선택하도록 유인하지 않는다. 자산조사 원조체계는 비시장 소득(non-market income)이 시장에 참여할 수 없는 사람들을 위해 유보되어 있다는 사실을 보증하는 방법이다. 티트머스의 잔여적 또는 한계적 복지국가의 개념은 이러한 자유주의 패러다임의 속성을 그대로 포착하기 위해 노력한다. 즉, 공적인 책임은 시장이 실패한 경우에만 이행되고, 상품논리(commodity logic)가 최상이다.

(3) 노동의 탈(脫)상품화

　사회주의는 자본주의의 노동 상품화에 대한 반응으로 등장하였다. 사회주의에서는 노동의 상품화가 소외와 계급과정에서의 핵심적인 요소다. 근로자가 임금을 대가로 그들의 근로에 대한 통제를 포기하는 조건이며 시장에 대한 의존이 확인되는 조건으로, 고용자 통제의 주요 원천이다. 그것은 계급분할의 원인이자 집합적 통일(collective unity)의 장애가 된다. 단순히 정의하면, 상품은 경쟁하고, 경쟁이 심하면 심할수록 그 가격은 떨어진다. 따라서 탈(脫)상품화(decommodification)에 대한 근로자의 열망은 노동운동정책의 지도원리가 된다.

　사회주의 패러다임에서 탈상품화의 요지는 시장의존성으로부터의 해방이다. 우리가 명백한 사회주의 접근을 확인할 수 있는 것은 존재 그 자체에서가 아니라 사회권의 질과 제도(arrangement)다. 자유주의와는 대조적으로 사회주의의 목적은 권리를 극대화하고 제도화하는 것이다. 잘 발달된 사회주의 패러다임이 추구되는 곳에서는 원칙적으로 근로자의 탈무산자화(de-proletarianization)를 용이하게 한다.

　사회정책의 가능성을 탈상품화하는 데서의 차이는 나라와 시대에 따라서 경험적으로 식별될 수 있다. 이러한 잠재성은 단지 사회지출수준에 의해서 파악되는 것이 아니라, 실제 복지프로그램에 관한 규칙과 기준의 분석을 요구한다. 문제는 '어떻게 이 중요한 척도를 적절히 조작화하는가'다. 첫 번째 척도는 수혜자격에 관한 규칙과 권리에 대한 제한(eligibility rules and restrictions on entitlements)과 같이 급여에 대한 사람들의 접근을 지배하는 규칙에 관한 것이다. 만일 접근이 용이하고, 적절한 수준의 생활을 할 권리가 이전의 고용기록, 업무수행, 욕구조사 또는 재정적 기여와 관계없이 보장된다면 탈상품화의 잠재성은 더 크다고 볼 수 있다. 두 번째 척도는 소득대체(income replacement)와 관련이 있다. 급여비용이 사회에서 적절하고 수용가능하다고 인식되는 생활수준이나 정상적인 소득보다 상당히 낮은 수준이라면, 수급자를 가능한 한 빨리 노동으로 다시 몰아내는 결과가 될 것이다. 세 번째는 부여된 권리의 범위(range of entitlements)가 가장 중요하다. 거의 모든 선진자본주의국가는 실업, 장애, 질병 그리고 노령과 같은 기본적인 사회적 위험(basic social risks)에 대해 보호를 받을 사회권을 어떤 형태로든 인정하고 있다. 고도로 발달된 사례를 들면, 사회봉급(social wage)이 원인이 무엇이냐에 관계없이 시민들에게 지급된다. 스칸디나비아 제국의 보장된 시민임금(guaranteed citizen's wage) 아이디어나 미국의 부의 소득세 제안이 이에 가깝다.

　일반적으로 탈상품화에 영향을 미치는 세 가지 형태의 체계가 있다.

첫째, 앵글로색슨 국가에서 역사적으로 가장 잘 알려진 이 시스템은 입증할 수 있고 비참한 욕구를 중심으로 급여를 받을 권리를 형성하는 것이다. 「구빈법」전통에서부터 시작한 사회부조 전통은 다양한 정도의 엄격함을 지닌 자산조사 또는 소득조사의 적용을 특징으로 한다.

둘째, 노동수행성(work performance)에 근거하여 권리를 확대한다. 이 제도는 독일에서 처음 개발되어 유럽 전역으로 전파된 보험전통에 근거를 두고 있다. 여기서의 권리는 분명히 노동시장 애착과 재정적 기여의 혼합을 조건으로 하고, 보통 현실주의 논리(a logic of actualism)에 종속되어 있다. 즉, 개인들은 계약적 속성의 개인적 권리를 갖고 있다는 사상이다. 이러한 종류의 체제가 탈상품화에 대한 기회를 제공하는 정도는 주로 그것이 얼마나 현실주의 원칙을 완화시키느냐에 달려 있다. 즉, 개인이 얼마나 근로를 해야 하고, 자격을 얻기 위해 기여해야 하는지 그리고 이전의 수행과 급여 간의 관계가 얼마나 엄격한지에 달려 있다.

셋째, 업무수행의 정도나 욕구의 정도에 관계없이 베버리지(Beveridge)의 보편적 시민권의 원리에서 유래한다. 그 대신 수혜자격심사는 시민이냐 또는 그 국가의 오랜 거주자이냐에 달려 있다. 이런 형태의 프로그램들은 정액급여원칙(flat-rate benefit principle)에 기초하여 형성된다. 원칙적으로 이런 민중복지접근(people's welfare approach)은 강한 탈상품화 잠재력을 갖고 있지만, 급여의 과도한 지급으로 제한을 받는다. 민중복지체계는 스칸디나비아 국가들에서 공고히 유지되고 있으며, 사회주의 사회정책 전통에서 오랜 원칙으로 남아 있다.

(4) 노동의 재(再)상품화

보편주의적 복지정책의 핵심이 노동의 탈상품화에 있다면, 신자유주의 복지정책의 핵심은 노동의 상품화 또는 노동의 재(再)상품화(re-commodification)에 있다. 탈상품화 정책이 노령이나 실업 등 사회적 위험에 빠진 시민들로 하여금 생활상의 심각한 어려움 없이 노동시장으로부터 어느 정도 자유롭게 이탈하도록 허용하는 것이라면, (재)상품화 정책은 시민생활과 시장의 연계를 강화하는 것이다. 이러한 신자유주의 복지정책은 그것이 실행되는 각 사회의 조건에 따라 다양한 형태로 나타난다. 예를 들어, 사회보장제도의 민영화와 같은 극단적인 형태도 있지만, 민간보험의 활성화, 사회보장지출의 감축, 근로를 조건으로 하는 복지제공, 사회보장급여 조건의 강화와 같은 일반적인 형태도 있고, 복지기구의 합리화와 같은 소극적인 형태도 존재한다.

4) 긍정적 조치

긍정적 조치(Affirmative Action: A. A.) 또는 적극적 조치는 여성, 장애인, 소수인종집단, 유색인종, 농어촌지역주민 등 사회적으로 불리한 조건에 처한 집단에 대해 입학, 고용, 승진 등에서 평등을 실현하고자 하는 정책을 말한다. 긍정적 조치 프로그램의 성공은 이들 집단이 인구구성비에 비례하여(in proportion to their representation in the population) 입학되고, 고용되고, 승진되어야 한다는 개념에 기초하고 있다.[37]

긍정적 조치는 경제적 · 사회적 약자의 지위를 향상하기 위해 취해지는 호혜적 조치 (benign treatment), 우선적 조치(preferential treatment) 또는 적극적 조치(positive action) 혹은 적극적 평등실현조치라고도 불리며, 절대적 평등론이 아닌 상대적 평등론에서 인정되는 조치다.

일반적으로 긍정적 조치를 지지하는 동기는 다음과 같다. 먼저, 보상(compensation) 의 논리는 과거에 '사회의 손(hands of society)'에 의해 차별을 받던 특정 집단에게 보상 할 필요가 있다는 것이다. 재분배(redistribution)의 논리는 사회적 자원이나 지위를 보 다 평등하게 실질적으로 재분배하기 위해 적극적 조치가 필요하다는 논리다. 공리주 의(utilitarianism) 논리는 서로 다른 집단 간의 사회적 분리와 긴장을 완화시키면 전체 사회에 혜택이 돌아온다는 논리다.

긍정적 조치는 본래 1961년 미국의 케네디 대통령이 연방정부 발주사업의 계약자들 이 '인종, 정치적 신조, 피부색, 출신민족'에 근거해 하도급자를 차별하는 것을 금지하 고 오히려 사회적 · 경제적 약자들에게 적극적 평등실현조치를 취할 것을 요구한 행정 명령에서 본격화되었으며, 이를 실현하기 위해 '평등 고용기회에 관한 대통령위원회 (President's Commission on Equal Employment Opportunity)'가 설치되었다. 1964년 제정 된 「민권법(Civil Rights Act of 1964)」 제7편(Title VII)에서는 '개인의 인종, 피부색, 종교, 성 또는 출신민족'을 이유로 차별하는 것을 금지하였다. 「민권법」에 근거한 연방정부 의 긍정적 조치 정책은 무차별(nondiscrimination) 접근방법을 추구하였다. 무차별이란 단순히 우선적 조치(preferential treatment)가 선별된 인종집단에 대해 주어지지 않는다 는 것을 의미한다. 그러나 이러한 접근방법에 대해 흑인들이 불만을 토로하였고, 그에 따라 대학입학과 고용에서 보다 적극적으로 평등을 도모하기 위한 접근방법이 취해져

37) DiNitto & Dye(1987), pp. 253-256.

야 한다는 의견이 대두되었다. 보다 공격적인 접근방법의 하나가 목표제(goal system)가 아닌 할당제(quota system)다. 할당(quotas)이란 자격요건을 충족하는 가능성 있는 지원자의 숫자에 상관없이 일정 수 또는 일정 비율의 사람들을 의무적으로 입학시키거나 고용하거나 승진시키도록 강요하는 것을 말한다.[38]

긍정적 조치는 미국에서 소수민족이나 여성과 같은 특수 집단의 구성원들에게 일자리와 자원을 할당해 줌으로써 과거 사회적 차별의 영향을 극복하려는 정부의 프로그램이다. 긍정적 조치 정책은 1964년 「민권법」을 집행하는 연방기관에 의해 집행되었다. 1973년에 제정된 미국의 「재활법(Rehabilitation Act of 1973)」에서도 장애인의 사회통합을 위하여 연방기관들은 반드시 유자격 장애인을 고용하고 승진시키기 위한 긍정적 조치 프로그램을 갖추어야 한다고 규정하고 있다.

우리나라의 적용사례를 살펴보면, 50인 이상 사업체는 일정 비율 이상 장애인을 의무적으로 고용하여야 한다는 장애인의무고용제도의 규정이 긍정적 조치의 예에 해당한다. 이 규정과 같이 사회적 약자인 장애인의 사회통합과 사회정의라는 정당한 이유가 있기 때문에 고용경쟁에서 장애인에 대한 차별적인 혜택을 주는 입법은 허용이 된다. 그러나 이러한 사회적으로 열악한 사람들(the socially disadvantaged)을 위한 긍정적 조치는 역차별(逆差別, reverse discrimination)이라는 사회적 논란을 불러일으켜 특정 인종이나 성 또는 상태에 있는 사람들에 대한 선호(race-based or sex-based preference)를 금지하는 정책적 움직임을 나타내기도 한다.

5) 역량강화

역량강화(empowerment)란 어의적으로는 특정 사람에게 특정 행위를 할 수 있는 권한이나 공식적 허락을 부여하는 것(to give them authority or official permission to do it)이다. 때로는 권한강화, 권한부여 등으로도 불리기도 한다. 역량강화라는 개념은 개인, 조직, 지역사회, 국가 등 그 주체에 따라 다양하게 사용되고 있다. 개인적 수준에서

---

38) 반면, 목표(goal)는 예상되는 빈자리의 수와 활용가능한 유자격 지원자의 수로 환산한, 현실적으로 고정된 양적 목표를 말한다. 만일 고용주가 차별의 대상이던 집단으로부터 사람들을 포함시키기 위해 모든 성실한 노력을 보여 주었으나 목표 달성에 충분한 수만큼 채용하지 못하는 경우, 제재를 받지 않는다. 또한 고용주는 보다 좋은 자격을 갖춘 유망한 근로자보다 자격이 없거나 자격이 미달되는 사람을 우선하여 고용할 책임이 없다.

역량강화를 형성하여 내부의 힘을 찾아 동기를 보강하게 되면 심리적인 안정감과 자아존중감을 유지시켜 개인이 변화를 일으키게 되고, 이러한 변화는 권한부여뿐 아니라 개개인의 역량과 에너지를 극대화함으로써 문제해결과 자기방향성을 증진하는 대인관계나 외부환경과의 상호작용능력을 발전시켜 결국은 개인에게 영향을 주는 사회구조의 변화를 가져올 수 있다.

  역량강화란 사회복지정책에서 '사회복지정책 수급자, 사회복지정책형성 및 집행자, 복지국가'라는 세 가지 차원에서 논의될 수 있다. 사회복지정책 수급자의 차원에서 역량강화를 살펴보면, 수급자는 역량을 획득할 수 있는 충분한 잠재력이 있으며 나름대로 강점이 있다고 가정하고, 수급자가 겪고 있는 문제는 역량이 없는 데 원인이 있으며, 문제해결은 치료를 통해서가 아니라 역량을 획득함으로써 가능하다고 본다. 여기서 역량이란 자신이 원하는 것을 얻는 능력, 타인의 사고·느낌·행동에 영향을 미치는 능력 그리고 가족·조직·지역사회·사회에서 자원의 분배에 영향을 미치는 능력을 말한다. 문제해결을 위해 수급자로 하여금 역량을 획득하게 하고 역량을 부여한다는 것은 수급자가 스스로 자신의 환경에 효과적이고 창조적으로 참여하게 하는 것으로, 자신의 삶에 영향을 미치는 결정에 참여하는 선택권을 갖는 것이다. 복지국가 차원에서의 역량강화의 사례로 기든스(Giddens)는 제3의 길(The Third Way)의 한 정책대안으로 역량강화국가(empowerment state)를 제시하기도 하였다.

제4장

사회복지정책과 복지국가

1. 복지국가의 개념 및 기원

1) 복지국가의 개념

일반적으로 복지국가란 국민의 인간다운 생활을 보장하기 위해 복지 향상을 도모하는 국가를 말한다. 즉, 국민이 만족스러운 삶을 영위하면서 건강과 행복의 조건들을 충족하기 위해 노력하는 국가를 말한다. 달리 이야기하면, 복지국가는 사회권 혹은 복지권을 제도적으로 보장하는 국가로서 빈곤, 질병, 불안 등 불행하고 만족스럽지 못한 상태인 비복지(diswelfare)를 제거하고 복지를 향상시키기 위해 노력하는 국가 또는 국민의 복지 향상을 가장 중요한 책임과 의무로 삼는 국가를 말한다.

복지국가는 시장기제의 작동에서 오는 문제들을 수정하기 위한 노력의 일환으로 정치와 행정을 통해 조직화된 권력을 다음의 세 가지 방향에서 의도적으로 사용하는 국가를 말한다.

- 개인의 능력과 재산이 시장에서 가지는 가치와는 무관하게 모든 개인과 가족에게 최소한의 수입을 보장한다.
- 개인과 가족에게 위기를 초래하는 사회적 위험들(질병, 노령, 실업 등)에 대응할 수 있도록 보호하여 삶의 불안정을 감소시킨다.

- 지위나 계급의 차이에 관계없이 모든 국민에게 일정 범위의 사회적 서비스를 가능한 한 최고의 수준으로 제공한다.

복지국가가 무엇이냐에 대한 개념 정의는 학자에 따라 다양하다.[1] 윌렌스키 (Wilensky)에 따르면, 복지국가의 핵심은 국가가 모든 국민에게 최소한의 수입, 영양, 건강, 주택 그리고 교육을 보장하는 것이다. 국가에 의한 이러한 복지 제공은 자선이 아니라 모든 국민이 누리는 정치적 권리에 대응하여 주어지는 것이다.

헥셔(Heckscher)에 따르면, 복지국가는 자국 내에 거주하는 국민과 시민권을 갖고 있지 않은 거주자들의 삶에 대해 집합적 책임을 지는 국가다. 따라서 복지국가는 빈곤을 제거하기 위해 노력하고, 국민이 빈곤상태에 빠지는 경우 그들을 위해 적절한 사회보장을 제공하고, 기회의 평등을 촉진하여 국민의 삶을 향상시키기 위해 노력한다.

미쉬라(Mishra)에 따르면, 복지국가는 국민의 삶과 관련된 국민적 최소 수준(national minimum standard)을 유지하기 위해 국가의 책임을 제도화한다. 특히, 제2차 세계대전 이후의 복지국가는 이 같은 국민적 최소 수준을 보장하기 위해 완전고용의 실현, 국민의 기본 욕구를 충족하기 위한 보편적 서비스의 제공 그리고 빈곤의 해소와 예방에 정책의 초점을 맞춘다.

코르피(Korpi)에 따르면, 복지국가의 발전 정도는 정치적 민주주의와 국민에 대한 최소한의 사회보장을 전제조건으로 하여 상대적 빈곤이 어느 정도 감소되는지 혹은 결과의 평등이 어느 정도 실현되는지에 의해 결정된다.

에스핑-안데르센(Esping-Andersen)에 따르면, 복지국가에는 자유주의적 복지국가, 조합주의적 복지국가, 사회민주주의적 복지국가가 존재한다. 그러나 복지국가의 발전 정도는 국가에 의해 부여되는 사회권이 국민의 시장에 대한 의존성을 얼마나 줄이느냐, 즉 탈상품화가 어느 정도인가에 달려 있다.

브릭스(Briggs)에 따르면, 복지국가는 시장에서의 가치, 지위나 계급의 차이에 관계없이 모든 국민에게 최소한의 수입을 보장하고, 사회적 위험들로부터 국민의 삶의 안전을 보장하기 위하여 사회적 서비스를 가능한 최고 수준으로 제공하는 국가로 규정된다.

---

1) 김태성, 성경륭(1993), pp. 46-56 재인용.

2) 복지국가의 기원과 전개과정

윌렌스키와 르보(Wilensky & Lebeaux)는 복지국가의 유형을 잔여적(residual) 복지제도와 제도적(institutional) 복지제도로 구분하면서 산업화가 진전됨에 따라 잔여적 복지국가에서 제도적 복지국가로 발전해 나간다는 수렴이론을 주장하였다. 그러나 제도적 복지국가가 이른바 복지국가위기론에 봉착하면서 신자유주의적 복지다원주의가 전개되는 현상도 발견된다. 잔여적 복지제도는 가족이나 시장이 사회복지 욕구해결의 자연적이고 정상적인 주된 기능을 수행하고, 가족이나 시장이 이러한 기능을 제대로 수행하지 못하는 가족의 실패 또는 시장의 실패가 있을 때 비로소 정부가 개입하므로 정부의 역할은 최소화된다. 잔여적 복지국가에서는 낮은 사회복지급여수준, 낙인을 동반하는 까다로운 자산조사, 개인의 책임과 경쟁을 강조하는 개인주의의 특징이 있으며, 응당 도움을 받을 자격이 있는지 여부에 따라 근로능력이 없는 '(도움받을) 자격 있는 빈민 또는 가치 있는 빈민(the deserving poor or the worthy poor)'과 근로능력이 있는 '(도움받을) 자격 없는 빈민 또는 가치 없는 빈민(the undeserving poor or the unworthy poor)'으로 구분한다. 반면, 제도적 복지국가에서는 사회복지가 사회의 정상적이고 최일선의(normal and first line) 기능을 수행하며, 국민의 욕구 충족에 국가의 역할이 극대화되고, 자산조사에 의한 급여가 아닌 하나의 권리로서 거의 모든 국민에게 보편적으로 제공되며, 높은 급여수준과 집합적 사회결속을 강조하는 특징이 있다. 따라서 복지수혜자와 비수혜자 간의 구분이 약해지고 사회복지의 확대에 대한 이념적 대립도 약하다.[2]

복지국가가 생성되어 발전하는 과정을 살펴보면, 일반적으로 민간사회에 의한 잔여적 복지 제공, 국가에 의한 잔여적 복지 제공, 복지국가 탄생에 따른 제도적 복지 제공, 복지국가 위기에 따른 신자유주의적 복지다원주의의 과정, 사민주의나 신자유주의의 장점을 변증법적으로 취합한 제3의 복지국가 모델을 창출하고 있다.[3] 국가에 따라 다소 차이가 있지만, 일반적인 추세는 잔여적 복지국가로 출발해서 제도적 복지국가로 발전해 나가다가, 위기적 상황에 처하면 잔여적 복지국가로 회귀하거나 제3의 복지국가 모델을 변증법적으로 창출해 나가기도 한다.

---

2) 앞의 책, pp. 170-172.
3) 위의 책, pp. 61-126.

(1) 복지국가 탄생 이전의 복지 제공

'사회적 원조의 동심원 모델(a concentric model of social help)'에 의하면, 어떤 경우든 개인의 생존 문제는 일차적으로 자립의 원칙에 의하고, 자립이 불가능한 경우에 자신과 가장 가까운 사람부터 시작하여 점점 거리가 먼 사람이나 기관으로[가족 → 친족 → 친구 → 이웃 → 지주나 고용주 → 상호부조단체 → 교회와 같은 자선기관 → 길드(guild)와 같은 동업조합 → 노동자들의 우애조합 또는 공제조합(friendly society) → 민영보험회사나 유료 복지시설과 같은 시장기구 → 기업 → 공공부조기구로서 국가] 도움을 구하는 범위를 확대해 나간다. 이는 잔여적 복지국가의 특성을 묘사한 이론이다.

국가에 의한 잔여적 복지 제공은 「구빈법」과 더불어 체계화되기 시작했다.[4] 엘리자베스(Elizabeth) 1세 영국 여왕은 1601년 이른바 「구(舊) 구빈법(救貧法, Old Poor Law)」 또는 「엘리자베스 구빈법(Elizabeth Poor Law of 1601)」을 제정하였다. 이 법은 15세기 말 이후 영국 자본주의 축적과정에서 파생한 빈곤문제를 빈민 통제적 그리고 치안 유지적 입장에서 해결하기 위해 시행하던 법령을 집대성하여 성문화한 것이다. 이 법은 1598년 마련된 초안을 입법화한 것으로 최초로 구빈의 책임을 교회가 아닌 정부(지방정부)가 졌다는 점에 큰 의의가 있으나, 실제 내용상으로는 빈민구제보다 빈민을 통제하고 관리하기 위한 법이었다. 이 법은 본래 '빈민구제를 위한 법(An Act for the Relief of the Poor)'이라는 명칭으로 제정되었다. 이 법이 제정된 지 300년이 지났지만 영국뿐 아니라 다른 나라에서도 이 법은 공공부조제도의 기초로서 중요한 역할을 수행하고 있다.

「구 구빈법」은 빈민을 세 종류로 구분하고 각각을 구분해 처우했다.

- **근로능력이 있는 빈민(the able-bodied poor)**: 이들은 '가치 없는 빈민(the undeserving poor or the unworthy poor)', 즉 도움을 받을 만한 가치가 없는 빈민들로, 기혼과 미혼을 막론하고 스스로 생활을 영위할 수 있는 근로능력을 가진 사람은 일을 하도록 하였다. 근로능력이 있고 신체 건강한 이들 빈민은 교정원(the house of correction)이나 작업장(workhouse)에서 강제로 노동을 하도록 하였으며, 이를 거부할 경우 감옥에 가두었다.
- **근로능력이 없는 빈민(the impotent poor)**: 장애인이나 노인, 기타 노동 불능자가 대부

---

4) 김기원(2009b), pp. 66-76.

분인 이들은 '가치 있는 빈민(the deserving poor or the worthy poor)', 즉 마땅히 도움을 받을 만한 가치가 있는 빈민들로 구빈원(almshouse) 또는 자선원(charitable hospitals)에 수용되어 제한된 보호를 받도록 하였다. 작업장 밖의 거주지에서 보호하는 원외구제(outdoor relief)의 비용이 덜 들 것으로 판단되면 빈민 감독관들은 현 거주지에서 음식, 의복, 연료 등의 현물급여를 제공하였다.

- 부모의 양육을 받을 수 없는 빈곤아동(dependent children): 의지할 곳 없는 고아, 기아 또는 부모가 양육능력을 상실한 아동은 도제(徒弟, apprentice)와 입양을 통하여 보호하였다. 8세 이상의 아동 가운데 일을 할 수 있는 경우, 소년들은 24세까지 도제계약을 맺어 도제봉공인(徒弟奉公人)으로서 장인(匠人)에게서 기술을 배우며 생활하도록 하였고, 소녀들은 21세까지 또는 결혼할 때까지 가사를 돌보는 하녀로서 도제생활을 하도록 하였다.

「구 구빈법」이 빈민구제의 책임을 지방정부가 지도록 함으로써 정부는 빈민구제를 위해 지방세액을 증가시켰고, 구빈행정체계를 마련하여 모든 교구에 구빈감독관(overseers of the poor)을 임명하였으며, 이들이 구빈업무와 지방세 징수업무를 관장하도록 하였다. 이들 구빈감독관은 지역지도자 겸 무보수 왕립관료인 치안판사(Justice of Peace)의 지시를 받았으며, 치안판사는 추밀원(Privy Council)으로부터 의무를 성실히 수행하도록 요청하는 서한을 받았다. 「구 구빈법」이 1834년 「개정 구빈법」에 의해 개정될 때까지 지방기금에 의한, 지방관리에 의한, 지방빈민에 대한 구빈행정이라는 원칙이 유지되었다.

찰스(Charles) 2세는 빈민의 소속교구를 분명히 하고, 빈민들의 도시유입을 막기 위해 1662년 교구에 정착해 거주할 수 있는 자격을 규정한 「정주법(定住法, The Settlement Act of Charles II)」을 제정하였다. 「정주법」은 정착해 거주할 수 있는 자격을, 교구 내에서 출생하였거나, 여자인 경우 결혼하였거나, 1년 1일 동안 교구 내에서 일하고 있는 사람으로 제한하였다. 새로 이사 온 이주자는 이주한 후 40일 이내에 구빈감독관으로부터 생활상태를 조사받도록 하였으며, 이들 새로운 이주자가 1년에 은화 10파운드에 해당하는 지대를 낼 수 있거나 공탁을 할 경우 또는 소유한 토지가 있는 경우와 같이 교구의 구빈혜택을 받지 않을 것이 확실한 경우 이주가 허락되었다. 「정주법」은 극단의 교구주의(parochialism) 혹은 지방할거주의(sectionalism)의 표현인 동시에, 농촌노동자의 이농을 막아 농촌노동력을 확보하기 위한 방책이기도 하였다. 「정주법」은 자유로운 이동을 방해하였으며, 일자리를 찾아 인구과밀 교구를 떠나지 못하게 하였으며, 단기고용이 증가하였다.

1782년 「길버트법(Gilbert Act)」은 「구빈법」 개혁조치의 하나로, 일종의 작업장 개선운동이었다. 「길버트법」은 구빈세 부담을 경감시킴으로써 구빈세의 계속적 증가를 방지하였고, 교구가 구빈행정단위로는 작기 때문에 구빈행정을 합리화하기 위해 교구연합(parish union)을 통해 보다 효율적인 구빈행정을 시도하였으며, 감독이나 구제위원과 같은 유급구빈 전문 관리로 하여금 구빈행정을 수행하도록 하였다. 또한 노동능력이 있는 근면한 빈곤자들이 자신의 집에서 공공부조를 받게 되는 원외구제(outdoor relief)제도를 창시하여 거택보호제도의 효시가 됨으로써, 「구 구빈법」과 차이를 보이고 있다. 노동의사와 노동능력이 있는 빈민에게는 구제위원이 직업을 알선하고, 직업을 얻을 때까지 작업장에서 적당한 구제를 실시하며, 노동의 대가로 얻은 수입이 생활에 부족한 경우에는 부족한 액수를 보충하여 주었다. 따라서 작업장은 노동능력이 있는 빈민을 수용하는 곳이 아니라 노인·병자·고아·모자 등과 같이 노동능력이 현격히 부족하거나 노동을 할 수 없는 빈민을 위한 보호시설이 되었으며, 예전과 같이 빈민들을 작업장에 수용함으로써 구제를 억제하려던 노력을 포기하게 되었다. 길버트 의원이 주도한 이 법은 오늘날 인도주의적인 구빈제도를 실시한 법으로 평가되고 있다.

1793년 영국에서는 원시적 사회보험 기능을 수행하는 공제조합을 장려하는 법이 제정되었다. 「우애조합 장려와 구제에 관한 법(An Act for the Encouragement and Relief of Friendly Society)」은 우애조합을 법정단체로 인정하여 조합결성을 장려한 법이다. 영국에서는 노동자나 농민의 자발적인 상호부조조직인 우애조합이 상호협력하여 빈곤에 대처하는 공제활동을 적극적으로 전개하여 왔다.

1795년 5월 스핀햄랜드의 버크셔카운티(Berkshire County)는 임금보충방안을 채택하였다. 행정장관은 임금보충방안인 급여수당척도(allowance scale)를 도입하기로 결정하였는데, 이 제도에 따르면 교구는 빵 가격과 가족 중 아동의 수에 따라 노동자들에게 그들의 임금을 생존수준까지 보충하여 주도록 하였다. 이러한 방법은 다른 지방에도 전파되어 의회에서 「스핀햄랜드법(Speenhamland Act of 1795)」으로 승인되었다.

1834년 「개정 구빈법(Poor Law Amendment, 1834)」 또는 「신(新) 구빈법(New Poor Law)」이라 불리는 「잉글랜드와 웨일스 빈민들에 대한 법의 관리개선과 개정에 관한 법(An Act for the Amendment and Better Admini-stration of the Law Relating to the Poor in England and Wales)」이 제정되었다.

구걸행위가 만연하고 구빈세(poor rate) 부담이 증가하자 「구빈법」시행에 대한 시민들의 거센 반대가 일어났다. 1832년 현행 「구빈법」의 부정적인 영향을 조사하기 위하여 구빈법위원회(Poor Law Commission)가 설립되었다. 위원장에는 경제학자인 시니어(Senior)가 임명되었다. 위원들은 의회가 아닌 왕의 천거로 구성되었으며, 정당으로부터 독립되어 구빈행정실태를 조사할 수 있었다. 구빈법위원회는 조사결과를 토대로 빈민구제조건을 보다 엄격히 적용하는 입법을 통과시키기 위한 목적이 있었다.

이 법은 다음과 같은 원칙을 따른다.

- **원외구제의 폐지(abolition of outdoor relief) · 작업장 수용(accommodations in the workhouse)의 원칙**: 「스핀햄랜드법」에 의한 임금보조와 아동수당, 가족수당을 폐지하고, 「길버트법」에 의한 노동능력자에 대한 원외구제를 중지한다. 근로능력이 있는 빈민에게는 원외구제를 금지하고 작업장 수용으로 한정하였다. 단, 기아를 면하기 위해 어떠한 조건이라도 수락하려는 자로서 자립의 수단이나 희망이 없다고 인정되는 자는 예외로 하였다.
- **열등처우의 원칙(劣等處遇의 原則, principle of less eligibility)**: 피구제자의 생활수준은 최하급 독립노동자의 상태 이하가 되지 않으면 안 된다는 원칙이다. 정상적인 노동을 권장하기 위하여 구제의 수준을 최하급 극빈 독립노동자의 생활수준보다 낮은 수준으로 정하였다. 열등처우의 원칙은 오늘날 공공부조제도에서도 일반적으로 적용되는 원칙으로, 보충급여방식의 생계급여 등에서 발견할 수 있다.
- **작업장 조사 또는 작업장 심사(workhouse test)의 원칙**: 빈곤 처우의 지나친 다양성과 자격조사에 따른 부패를 해소하기 위해 단순조사를 실시하였고, 이를 통해 구제 적용의 다양성과 불확실성을 배제하였다. 이 조사를 통해 절망적인 처지에 놓인 빈민들을 작업장에 수용하였다.
- **균일 처우의 원칙(principle of national uniformity)**: 피구제자에게 주어지는 구제는 지방정부가 아니라 중앙정부의 행정기관인 구빈법위원회에 의해 전국적으로 통일되었다. 구빈행정의 기초단위를 교구에서 교구연합인 구빈법연합(Poor Law Unions)으로 확대함과 아울러, 중앙집권적인 구빈행정전달체계를 중앙정부의 구빈법위원회-보좌위원-연합교구의 빈민보호위원으로 재편하였다.

「개정 구빈법」은 빈곤구제의 책임은 국가에 있다고 인정하기는 하였지만, 근본적으로 빈곤의 원인이 개인의 도덕적 문제나 나태에 있다는 일종의 사례빈곤(case poverty)으로 보았기 때문에 사회구조적인 문제로 빈곤이 발생한다고 인식하지 않았다. 따라서 사회의 구조적 개혁을 시도하거나 제도적인 빈곤구제법이라기보다는 사회통제적이고 잔여적인 빈곤구제법이었다. 「개정 구빈법」은 한편으로는 구빈비용을 줄이는 효과를 가져왔으나 다른 한편으로는 작업장 등에서 빈민을 관리하는 비용을 초래하였다.

(2) 제도적 복지국가의 생성과 발전

복지국가의 발전은 복지혜택의 종류 또는 포괄성(range or comprehensiveness), 복지혜택의 적용범위(coverage), 복지혜택의 적절성(adequacy or generosity), 복지혜택의 결과에 따른 재분배 효과(redistributive effect)라는 네 가지 요인을 기준으로 살펴볼 수 있다.[5] [6]

복지국가(welfare state)라는 용어는 1934년 옥스퍼드대학교 짐머른(Zimmern) 교수가 권력국가(power state)와 대비하여 사용하였으며, 그 후 1941년 영국 켄터베리 대주교 윌리엄 템플(William Temple)은 자신의 저서인 『시민과 성직자(Citizen and Churchman)』에서 나치독일을 시민과 인접 국가를 억압하는 폭군적 국가인 전쟁국가(warfare state) 또는 무력국가(power state)라고 부르고 영국을 시민의 복지를 위해 봉사하고 이웃 국가를 존중하는 일종의 공동체인 복지국가라고 대비하여 부르면서 널리 사용되기 시작하였다.

복지국가가 생성되어 정착하는 데에는 전쟁과 경제공황과 같은 외생적인 변인들이 의미 있는 역할을 수행하기도 하였다. 영국·프랑스·러시아 등의 협상국과 독일·오스트리아 등 동맹국 간의 제국주의 전쟁인 제1차 세계대전(1914~1918)과 영국·미국·프랑스·중국 등 연합국과 독일·일본·이탈리아 등 군국주의국가 간의 제2차 세계대전(1939~1945)과 같은 전쟁은 수많은 사상자와 빈민을 양산하여 복지급여를 필요로 하는 수혜대상자가 급증하였다. 영국과 독일의 경우 제2차 세계대전 동안 효과적으로 국민을 동원하기 위해 복지수혜대상자를 확대하고 다양한 복지서비스를 제공하였다. 이는 이른바 '전쟁-복지국가(warfare-welfare state)'의 가설을 뒷받침한다.

---

5) 적절성이란 소득이 중단되더라도 기본적인 욕구를 충족할 수 있을 정도로 충분한 복지혜택 수준인가다.
6) 김태성, 성경륭(1993), pp. 101-102.

경제대공황으로 인한 대량실업으로 수많은 실직자가 발생하였고, 노동자의 권익을 옹호하는 진보적 정당이 출현하였다. 미국과 유럽의 국가들은 대공황으로 인한 사회문제를 해결하기 위하여 뉴딜(New Deal), 사회계약(social contract), 역사적 타협(historical compromise) 등으로 불리는 사회협약을 자본과 노동 간에 체결하여, 케인즈적 수요이론에 근거하거나 복지사회주의(welfare socialism)를 실현하기 위해 국가복지를 대폭적으로 확대하였다.

이에 따라 기존의 공공부조나 사회보험제도로는 이들을 모두 보호하는 데 한계가 있고 민간사회복지기관이나 민영보험도 미비할 뿐이어서 이들 대부분에게 다양한 복지급여를 제공하는 보편적이고 포괄적인 사회복지정책이 수립되었다. 이 시기의 복지국가는 제도적 확충, 복지수혜자 범위의 확대, 복지예산 증대라는 공통점이 있었다.

제2차 세계대전 이후 1975년까지를 일반적으로 복지국가의 황금기로 부른다. 이전시기에 뉴딜, 사회계약 또는 역사적 타협을 위해 국가·자본·노동 간에 형성된 화해적 정치구조가 그대로 지속되어 경제성장·완전고용·복지국가를 하나로 묶는 합의의 정치(politics of consensus)를 실현하였고, 사회민주당이나 노동당의 집권이 이루어졌다. 이 시기에는 국가나 노동계급이 소유·생산·경영에 관한 자본가계급의 특권적지위를 박탈하지 않았으며, 노동계급은 자본가계급과 합의하에 그리고 국가의 제도적보장하에 경영·분배 과정에 부분적으로 참여하되 결코 소유·생산 영역을 사회화하려는 급진적 시도를 하지 않았다. 국가·자본·노동 간의 3자 협력 결과 이루어지는 경제성장은 자본가뿐 아니라 노동계급에는 완전고용과 향상된 복지혜택을 보장하고 국가에는 재정수입의 증가를 보장하기 때문에 모두를 이롭게 한다. 복지국가 황금기에 다양한 복지제도가 개별국가로 빠르게 확산되어 노령연금, 의료보험, 실업보험, 산재보험, 가족수당 등의 다양한 복지제도가 급속히 확산했으며, 공공부조와 개인적 사회서비스도 확충되었고, 복지수혜자의 수도 증가하여 보편화된 복지제도가 발전한 획기적인 시기였다. 이 시기의 복지국가는 복지제도의 포괄성, 복지수혜자의 보편성, 복지혜택의 적절성이란 세 측면에서 극치를 이루었다.[7]

사회민주주의(social democracy)는 계급투쟁에 의해 자본주의를 사회주의로 대체하려는 고전적 사회주의가 아니라 온건하고 의회주의적인 사회주의로서 시장경제의 병

---

7) 앞의 책, pp. 104-116.

폐와 분배상의 문제점을 국가개입에 의해 해결하려는 사회이념이다.[8]

　사회민주주의의 핵심적 특징은 고전적 사회주의와 달리 생산수단의 개인적 소유권을 불법화하지 않으며, 모든 생산수단의 사적 소유도 수용한다. 반면, 생산수단의 소유자는 그의 생산수단 사용으로 얻을 수 있는 소득의 전부를 정당하게 소유하지 못하며, 생산소득의 일부는 정당하게 사회에 귀속되고 인도되어 평등주의 또는 분배정의의 사상에 따라 사회의 각 구성원에게 재분배된다.[9]

　분배적 측면에서 사회민주주의는 롤스(Rawls)의 『정의론(On Justice)』에 기초하고 있다. 『정의론』에서 롤스는 모든 사회구성원에게 중요한 사회적 주요재로서 자유, 기회, 소득, 부, 자존심의 기초를 들고 있는데, 이들 사회적 주요재는 사회구조와 정치제도에 의해 창조되고, 형성되고, 영향을 받는다.[10] 이러한 사회적 주요재의 분배원리로 롤스는 평등한 자유의 원리와 차등의 원리를 제시했다.[11] 롤스는 차등의 원리에 근거한 평등을 논하면서 "자연의 분배방식은 공정하지도, 불공정하지도 않다. 인간이 태어나면서 특정한 사회적 위치에 놓이는 것 역시 부당하지 않다. 그것은 단지 타고나는 요소일 뿐이다. 공정이나 불공정은 제도가 그러한 요소들을 다루는 방식에서 생겨난다. 우리가 그러한 요소들을 다룰 때, 서로의 운명을 공유하고 우연히 주어진 선천적이거나 사회적인 환경을 자신을 위해 이용하려면, 그 행위가 반드시 공동의 이익에 도움이 되어야 한다."라는 데 동의하자고 제안했다.[12]

　사회민주주의자들은 복지국가를 적극적으로 지지한다. 특히, 이들은 모든 국민에게 중간계층의 삶을 보장해 주는 사회민주주의복지국가를 지향한다. 사회민주주의자들은 복지국가는 사회적 빈곤을 완화하고 사회적 욕구를 충족할 뿐 아니라 사회복지급여나 서비스는 경제성장을 촉진하고, 사회적 투자가 되며, 모두가 인간다운 삶을 구현하는 수단이 되고, 사회를 하나로 통합시켜 준다는 점에서 정당성을 부여한다. 그러나 사회민주주의하의 복지국가는 지나친 세금부담과 국가재정적자, 비대해진 국가 관료제와 지나친 중앙집권제, 국민의 노동의욕 감소 및 국가 경쟁력의 하락 등으로 인한 복지국가위기론에 직면하게 된다.

---

8) Giddens(2001), p. 36.
9) Hoppe(1988), p. 25.
10) Stone(1988), pp. 41-48.
11) Levine(1988), pp. 77-85.
12) Sandel(2010), pp. 217-231.

(3) 복지국가의 정체 및 재편

사회민주주의자들에 의한 급속한 복지국가의 팽창은 상당한 정당성을 부여받았지만 지나친 세금부담과 국가재정적자, 비대해진 국가 관료제와 지나친 중앙집권제, 국민의 노동의욕 감소 및 국가 경쟁력의 하락 등으로 복지국가위기론에 직면하게 된다. 따라서 복지국가는 신자유주의라는 정책이념이 발전함에 따라 정체되고, 정체된 복지국가의 새로운 대안으로 제3의 길이라는 변증법적 정책이념이 영국과 미국 등에서 발전했다.

제3의 길은 기존에 정(正)으로 받아들여진 사회민주주의라는 제1의 길의 문제점을 지적하고, 이에 대한 대안으로 역시 제1의 길의 모순을 지적하며 반(反)으로서 내세우던 제2의 길인 신자유주의를 추종하는 것이 아니라, 양자의 단점을 배제하고 장점만을 받아들여 융화시킨 합(合)으로서 창안된 새로운 복지정책의 기본 틀이다.

① 신자유주의의 등장

경제적으로 1970년대 황금기를 누리던 복지국가가 오일쇼크, 스태그플레이션 등으로 위기에 처하면서 재정적자가 누적되고 생산적 투자가 저하되었다. 케인즈적 수요경제가 위기에 처하면서 이 위기를 돌파하고 자본을 새로이 축적하려는 시도로, 공급경제 중심의 신자유주의가 영국의 대처리즘(Thacherism)과 미국의 레이거노믹스(Reaganomics)를 중심으로 신우파(New Right) 또는 신보수주의(neo-conservatism) 등으로 불리며 등장했다.

신자유주의는 영국과 미국을 중심으로 케인즈 경제이론에 기초한 복지국가 이념에 반대하는 우파적 대안으로 국가는 자유시장을 위해서 사유재산권 보호, 공정경쟁의 보장, 자유시장경제의 유지를 위한 최소한의 사회안전망 구축을 지지하는 반면, 그 밖의 국가에 의한 경제개입은 대폭 축소해야 한다고 주장한다.

신자유주의자들은 복지국가에 대해 부정적인 견해를 갖고 있다. 복지국가는 개인의 자유를 침해하고, 지나치게 비용소모적이며, 지나친 국가독점체제를 유지하고, 시장의 순기능을 해치게 되며, 경제적 주체로서 개인과 가족의 책임을 약화시키고, 근로윤리를 손상시키며, 지역공동체의 책임 등에 부정적인 영향을 미치므로 사회적으로도 악(evil)이고, 지나친 정책으로 정부의 정통성을 위협한다고 주장한다.

"자본에 더 많은 자유를, 노동엔 더 적은 권리를"이라는 모토를 내세우는 신자유주의 정책은 효율을 중시하는 공급 측면의 경제(supply-side economy)를 표방하며, 노동의 권리보다는 자본의 자유를 중시하는 복지국가 노선이다(신자유주의의 구체적 정책내용은 pp. 79-81 '5) 신자유주의(신우파)' 참조).

② 제3의 길로 재편

제3의 길(The Third Way)은 기든스(Giddens)가 제시한 사회이념으로 구식 사회민주주의(old-style social democracy)와 신자유주의를 초월하는 사고와 정책형성의 틀이라고 정의된다. '제3의 길'의 정책노선에 따른 복지국가는 경제성장을 강조하는 신자유주의와 복지를 강조하는 사회민주주의를 동시에 받아들여 변증법적으로 융합하려는 복지국가 유형을 의미한다(이념적 부분은 제3장을 참고).

'제3의 길'을 추구하는 복지국가 형태는 영국의 블레어 수상이 채택한 정책노선인 블레어리즘(Blairism) 또는 블레어노믹스(Blairnomics)를 들 수 있다. 독일의 경우 사회협약을 내세우며 좌파 속의 우파를 표명하였던 슈뢰더 수상의 정책노선인 '새로운 중도(Die Neue Mitte)'도 '제3의 길'로 평가된다.

블레어노믹스는 국민분열의 원리가 아닌 사회연대의 원리로 특수 계층의 이익만을 위한 정책이 아니라 사회구성원 모두의 이익을 위한 '한 국가(one nation)'를 지향하는 정책이다. 이 정책은 '이해관계자경제(Stakeholder economy)'라는 개념에 입각한 정책으로, 예컨대 민간기업이 주주의 이익을 늘리는 데만 신경 쓰는 경제를 '주주경제'라 한다면 '이해관계자경제'는 주주뿐 아니라 경영관리층, 종업원, 고객 등의 이해를 동시에 고려하는 경제로 시장경제의 사회적 성격을 강조한다. 인간을 시장에서 경쟁만 하는 고립된 경제주체가 아니라 가정·사회·공동체의 구성원이고 서로 의존하고 협동하는 사회적 존재로 보는 것이다.[13] 제3의 길은 베버리지 시대의 소극적 복지수급자(the passive welfare beneficiary)와는 대조적으로 적극적 복지시민(the active welfare citizen)의 위상 정립에 정책의 초점을 맞추고 있다.[14]

미국의 경우 제3의 길은 부분적으로 클린턴 정부하에서 WtW 정책으로 구체화되었다. WtW란 Welfare-to-Work의 약자로 '복지에서 근로로'를 뜻한다. 이는 본래 'moving people from welfare to work'에서 유래된 용어로 '복지수혜자들을 복지로부터 근로로 전환시킨다'는 의미를 갖고 있다. WtW는 간략히 '복지로부터 근로로 전환'

---

13) 한규선(1998), pp. 1-4.
14) Williams(1990), pp. 670-675.

또는 '복지-근로 전환'이라 부를 수 있다.

WtW는 미국의 클린턴(Clinton) 정부가 1996년 미국의 복지를 전반적으로 개혁하기 위해 입법한 「개인적 책임과 근로기회 조정에 관한 법(Personal Responsibility and Work Opportunity Reconciliation Act: PRWORA)」의 핵심이 되는 기본 전략으로 정부의 복지혜택에 장기간 머물러 있는, 즉 복지에 종속된 사람들이 노동시장에서 근로를 통해 경제적 자립을 이룩할 수 있도록 원조하는 정책이다. 이는 복지수혜자들을 복지로부터 노동으로 전환시킴으로써 복지수혜자들이 경제적으로 독립된 주체로서 자립자활할 수 있도록 최대한 조장하는 노동지향적인 복지정책이다.

1965년 존슨 대통령이 빈곤을 퇴치하기 위한 '빈곤과의 전쟁(War on Poverty)'을 시작한 이후 30여 년이 지났지만 막대한 정부의 복지지출에도 미국의 공식적 빈곤율은 오히려 증가하였다. 이러한 현상은 정부의 공공복지가 오히려 빈곤문제를 악화시켰으며, 빈민들의 자립심을 손상시키고, 자기책임정신을 파괴하였으며, 복지종속계급을 양육하는 등 많은 부작용을 초래하였다는 비판을 불러일으켰다.

이러한 비판에 부응하면서 클린턴 대통령은 지속적으로 복지에 종속되는 사례는 근절하여야 하며, 근로능력이 있는 모든 사람은 누구도 영원히 복지혜택을 받을 수 없도록 하여야 한다고 주장하면서 1996년 '복지개혁법(Welfare Reform Act of 1996)'이라 불리는 「1996 개인의 책임과 근로기회 조정에 관한 법(Personal Responsibility and Work Opportunity Reconciliation Act: PRWORA of 1966: PRWORA)」을 제정하고, 이를 구체화하기 위한 개혁적인 정책대안으로 WtW(Welfare to Work)를 마련하였다.[15] WtW는 국민의 노동권을 강조하고, 근로를 통해 복지수혜자들을 자립자활시키려는 정책대안들을 제시하며, 이러한 정책노선은 생산적 복지와 유사한 측면이 있다.

WtW가 노동시장을 통해 복지개혁을 시도한 배경에는 클린턴 대통령 집권 이후 지속적 호황을 누리는 미국의 경제가 있었다. 지속적인 호경기는 신규고용을 창출하고 노동수요를 증가시켜 복지에서 이탈된 사람들이 손쉽게 일정 수준 이상의 보수를 받으며 노동시장에 진입함으로써 자연스럽게 자립자활할 계기를 마련해 줄 수 있다. 이와 같은 정책논리는 케인즈의 순환적 복지지출(cyclical expenditure of social welfare) 이론에 의해서도 뒷받침된다.

WtW는 빈곤문제를 다루기 위한 대안으로 모든 사람은 일을 해야 하고, 자활할 수

---

15) CNN Time(1997), pp. 1-3, http://cnn.com

없는 사람들에게는 도움을 주어야 하며, 빈곤을 예방하기 위해 빈민을 생산적인 시민(productive citizens)으로 양성한다는 정책대안을 제시한다.[16] 이를 보다 구체적으로 기술하면 다음과 같다.

- '근로 우선(work first)'이라는 기본 노선하에 근로조건부 복지제공 또는 근로연계 복지규정(workfare)을 엄격히 적용하여 복지수혜자들에게 근로참여를 강력히 요구하고, 동시에 '훈련(교육)조건부 복지제공' 규정인 학습연계복지(learnfare) 규정도 적용하고 있다.[17] WtW의 근로연계복지 규정은 구직등록이나 구직노력을 규정하는 데 그치지 않고, 모든 복지수혜자에게 누구도 예외 없이 2년 동안 복지혜택을 받은 후에는 반드시 근로를 해야 한다는 강제적 근로의무를 규정하고 있다. 주정부의 이러한 근로요구사항을 준수하기 위해서 복지수혜자들은 정부 보조·비보조 고용, 현장훈련, 근로체험, 지역사회봉사, 12개월간의 직업훈련 등에 반드시 참여하여야 한다. 만일 복지수혜자들이 이러한 활동에 참여하지 못한다면, 지역사회봉사활동에 참여하는 복지수혜자들의 자녀를 대신 돌보아 주는 보육서비스를 반드시 제공하여야 한다.
- 시한부 복지혜택(time-limited welfare benefit)이다. WtW에서는 복지에 장기간 머무르면서 공공부조에 의존하며 생활하는 복지종속 현상을 근절하기 위하여 복지수혜자들이 복지혜택을 받을 수 있는 기간을 국가가 통산 일정 기간으로 제한하고, 이 법정 수혜기간을 초과한 경우에는 공공부조혜택을 중단시킨다.[18]
- WtW 통합보조금(block grants)제도와 배합보조금제도를 실시한다. 복지수혜자들을 복지로부터 노동으로 전환시키기 위해 연방정부가 주정부와 복지현장에 통합보조금을 제공한다. 통합보조금은 사용용도를 몇 개의 세부적인 범주를 하나로 통합한 광범위한 범주, 즉 블록(block=consolidated categories)으로 만들어 제공하는 보조금이다.[19] WtW 통합보조금은 주정부가 많은 복지수혜자에게 장기적이고 안정적이며 독립적인 고용이 성공적으로 이루어지기 위해 필요한 취업알선서비스, 임시고용 그리고 다른 지원서비스를 제공하는 데 재량권을 부여한다.

16) Duncan(2000), pp. 1-3.
17) Kharfen(1998), p. 1.
18) DHHS(1996), pp. 1-7.
19) 김기원(1996), pp. 343-345.

- 복지-노동 전환을 위한 협력사업(WtW Partnership)을 실시한다. 복지-노동 전환을 위한 협력사업은 기업들과 협력하여 복지수혜자들을 복지로부터 노동으로 전환시키기 위한 사업이다. 처음에는 참여기업의 수가 적었으나, 1997년에는 5,000개의 사업체로 증가하여 13만 5,000명의 복지수혜자를 고용하였다. 클린턴 대통령은 1998년에는 27만 명의 복지수혜자를 고용하도록 기업들에 적극 요청하였다. 이 협력사업에 참여한 기업들에는 무료장거리전화서비스, 웹사이트, 기업청 사진편람 등을 제공하였다. 다른 신규채용자보다 과거 복지수혜자이던 신규채용자의 근속률이 높은 기업들에 대해서는 기술적인 원조와 지원을 제공한다.[20]

- 중소기업관리(Small Business Administration: SBA)는 전국적인 구인·구직 정보를 토대로 구직자와 구인자를 연계해 주는 프로그램이다. 중소기업관리는 전국의 중소기업에 접촉하여 중소기업들과 취업준비가 되어 있는 복지수혜자들을 연결해 주어 이 복지수혜자들의 근로전환을 도와주는 프로그램이다. 또한 중소기업관리는 자영업을 시작하기를 원하는 복지수혜자들이 자신의 사업을 원활히 시작할 수 있도록 원조를 제공하기도 한다.

- WtW의 지속적 성공을 위한 협력사업(WtW coalition to sustain success)을 실시한다. 클린턴 행정부는 WtW의 지속적 성공을 위하여 시민, 종교, 비영리 집단들과 협력하는 일종의 제3영역(the third sector)과의 사회적 협력사업(social partnership)을 창안하였다. 이 협력사업은 과거의 복지수혜자들이 노동집단에 계속 머무르면서 그들이 속한 노동사회에서 성공할 수 있도록 도와주기 위한 시민집단들의 연합활동이다.

- 연방정부의 솔선 고용조치(federal government's hiring initiative)다. 클린턴 행정부는 WtW의 성공을 위하여 연방정부가 직원들을 고용할 때 일정 수의 복지수혜자들을 솔선하여 고용함으로써 복지수혜자들의 근로전환을 위해 본을 보이도록 하였다. 클린턴 대통령은 연방정부가 4년 동안 적어도 만 명의 복지수혜자를 직접 고용하도록 하였으며 백악관도 WtW의 성공을 위한 상징적 노력으로 일정 수의 복지수혜자를 직접 고용하였다.

- 복지-근로 전환 세금공제(welfare to work tax credit)를 실시한다. 복지-근로 전환 세금공제는 장기복지수혜자를 근로로 전환시키기 위해 이들을 고용한 고용주에

20) DHHS(2000), pp. 1-5.

대해 세금을 공제해 주는 세금공제제도다. '복지-근로 전환 세금공제' 프로그램
은 장기복지수혜자를 고용한 고용주들에게 이들 장기복지수혜자에게 지급된 임
금의 최초 1만 달러에 대하여 50% 세금공제를 청구할 수 있도록 하였다.[21]

• 복지-근로 전환 주거증서(welfare-to-work housing vouchers) 및 통근(welfare-to-
work transportation)서비스 제공이다. WtW의 보다 원활한 성공을 위해 주거증서
제도가 실시되었다. 주거증서는 증서의 수혜자가 민간주택시장에서 주택임대료
를 대신해 지불할 수 있도록 한 증서로 수혜자의 주거안정을 기하는 제도다.[22] 또
한 근로로 전환한 복지수혜자들이 직장에 출근하는 것을 도와주기 위하여 직장통
근 경쟁 보조금(job access competitive grants)을 주정부와 지역기관들에 제공하고,
이들은 복지수혜자들과 다른 저소득근로자들을 위하여 밴 서비스(van service)와
같은 융통성 있는 통근수단을 개발하여 이들에게 출퇴근교통서비스를 제공한다.

• 근로전환보상 성과보너스(performance bonus)제도다. 클린턴 행정부는 주정부들
이 복지수혜자의 근로전환을 위해 적극적으로 노력하도록 유인하는 일종의 인센
티브제도인 성과보너스제도를 실시하였다. 복지수혜대상자들이 노동시장에 적
극 참여하도록 하거나 일자리를 많이 마련해 준 주정부에 대하여는 이들의 노력
을 보상해 주는 차원에서 성과보너스를 제공하였다.[23]

2. 복지국가 발전에 관한 이론

복지국가의 발전에 관한 설명은 복지국가 발전을 산업화의 산물로 보는 마르크스주
의자 입장의 이론, 마르크스주의자의 입장에서 독점자본의 필요성의 산물로 보는 이
론, 노동을 대변하는 사회민주주의 세력의 전리품으로 보는 이론, 민주정치 발전과정
에서 이익집단 정치의 산물로 보는 이론, 국가 구조와 관리자의 입장에서 보는 국가중
심적 이론으로 구분할 수 있다.[24]

---

21) Connecticut Department of Labor(2000), pp. 1-4.
22) 김기원(2000a), pp. 24-28.
23) DHHS(1999), pp. 1-6.
24) 김태성, 성경륭(1993), pp. 128-161.

1) 산업화 이론

산업화 이론은 복지국가 이론 가운데 등장한 지 가장 오래된 이론으로, 복지국가의 발전은 산업화과정에서 발생하는 사회복지욕구에 대한 기능적 대응의 결과라고 설명한다.[25] 이 이론에 따르면 서로 다른 정치이념과 정치문화를 가진 국가들도 산업화만 이룩되면 복지국가로 발전되어 유사한 사회복지체계를 갖게 된다는 수렴이론(convergency theory)과 밀접하다. 윌렌스키(Wilensky)는 복지국가의 기원과 발전을 결정하는 독립변수는 이념이나 정치체제가 아니라 경제성장, 인구학적 변화, 관료제적 변화와 같은 사회적 요인임을 다음과 같이 강조하고 있다.[26] "경제성장과 그것에 수반하는 인구학적 그리고 관료제적 측면에서의 변화의 결과가 복지국가의 기원과 발전의 근원적인 원인이다. 따라서 사회주의경제냐 자본주의경제냐, 집합주의 이념이냐 개인주의 이념이냐 혹은 민주적이냐 전제적 정치체제냐 등을 구분하는 문제는 복지국가 발전을 설명하는 데 무의미하다."[27]

사회문제적 관점에서 보면, 산업재해, 대량실업, 노동자의 대규모 도시이주에 따른 빈민집중과 주거난 등의 사회문제를 해결하기 위한 대안으로 사회복지정책이 발전하였다. 또한 산업화로 핵가족화나 부양세대의 도시이주에 따른 노인단독세대의 증가, 산업사회에 필요한 기술인력 양성을 위한 아동교육의 필요성, 여성의 노동시장 참여 증가로 인한 저출산·고령화 현상과 아동 및 노부모에 대한 사회적 부양의 필요성 증가, 이혼 증가로 인한 모·부자가정의 증가 등의 사회문제를 해결하기 위한 국가적 차원의 사회복지정책적 대응이 필요하게 되었다.

경제적 관점에서 보면, 산업화는 대규모의 임금노동자를 발생시켜 자신의 노동을 노동시장에서 팔아 그 대가로 임금을 받고 그를 통해 자신과 가족의 생계를 유지해야 하는 노동의 상품화(commodification of labor)를 촉진했다. 그러나 질병, 노령, 실업, 산업재해 등으로 소득이 중단될 경우에는 자신과 가족의 삶이 크게 위협을 받게 되어 국가가 이러한 문제를 해결하기 위한 복지정책을 강구해야만 하였다. 노령연금이나 실업보험 등의 사회복지프로그램을 통하여 불경기에는 구매력이 약한 노인이나 실업자의 구매력을 높여 경기회복을 이룩할 수 있다. 산업화는 경제성장을 가져와 국가가 사

25) 앞의 책, pp. 131-136.
26) Wilensky(1975), p. 13.
27) 김태성, 성경륭(1993), pp. 130-131 재인용.

회복지에 사용할 수 있는 자원을 축적시킨다.

2) 독점자본이론

복지국가에 관한 독점자본이론은 전통적 마르크스주의 이후 자본주의의 속성이 독점자본주의로 변화되고 국가의 개입이 강화되자 이러한 변화에 부응하기 위해 새로이 개발된 신마르크스주의(neo-marxism)이론이다.[28]

전통적 마르크스주의에 따르면, 지배계급의 이익만을 추구하는 착취적인 자본주의 사회에서는 다수의 복지가 보장될 수 없으며, 진정한 복지국가가 이루어지기 위해서는 생산수단의 사회화를 통하여 생산은 사회적 기준에 의해 이루어지고, 분배는 인간의 욕구에 따라 이루어져야 한다고 주장한다.

그러나 고전적인 경쟁적 자본주의가 독점자본주의로 변화되자 소극적인 국가의 역할에서 탈피하여 국가가 자본주의 시장경제에 적극 개입하여 독과점의 폐해를 방지하고, 동시에 국민을 사회적 위험으로부터 보호하고, 기본적인 욕구를 충족해 주는 복지국가가 등장하였다.

신마르크스주의는 계급갈등과 국가역할을 기준으로 도구주의 관점, 구조주의 관점 그리고 정치적 계급투쟁의 관점으로 구분된다.

첫째, 도구주의(instrumentalism)에 따르면, 자본주의사회에서 경제조직을 독점한 자본가들은 정치조직에도 강력한 영향력을 발휘하기 때문에 국가는 자본가계급의 이익을 결정하는 도구에 지나지 않게 되고, 결국 국가의 복지정책은 자본가계급에 의해서 제안되고 결정된다. 복지국가의 정책은 자본가들에 의한 자본축적의 필요성, 자본축적의 위기(예: 대공황)나 하부계층으로부터의 정치적 도전(예: 폭동) 등이 발생하는 것에 대한 대응으로 본다.

둘째, 구조주의(structuralism)에 따르면, 자본주의에서의 국가는 자본주의 경제구조 때문에 자본가의 이익과 합치될 수밖에 없으므로 필연적으로 자본주의 사회의 경제체제를 유지하고 강화해야 한다. 노동계급의 도전은 자본주의에 매우 위협적이기 때문에 노동자계급을 통제하고 분열시켜야 하는데, 자본가들은 계급의식도 없고 단기적 이익을 추구하며 분열되기 쉬워서 이러한 통제 · 분열 작업을 할 수 없다. 따라서 국가

---

28) 김태성, 성경륭(1993), pp. 136-147.

는 자본가들의 반대에도 불구하고 이러한 분열작업을 하는 데서 협동전략상 복지정책을 확대할 수밖에 없다.

국가는 자본가계급의 단기적인 이익을 희생하더라도 자본주의경제의 장기적인 안정과 강화를 위하여 어느 정도의 자율성을 갖고 자본가계급에 반하는 복지정책을 추진하고 또한 자본축적의 역할을 적극적으로 수행한다.

오코너(O'Connor, 1973)는 독점자본주의 단계에서 국가는 자본축적(accumulation)과 정당화(legitimization)라는 두 가지의 기본적이고 모순적인 기능을 수행해야 한다고 본다. 즉, 국가는 먼저 이윤이 발생하여 자본축적이 될 수 있는 상황을 유지하고 만들어야만 한다. 또한 이것을 위해서는 다른 한편으로 사회조화(social harmony) 혹은 사회안정 상황도 유지하고 만들어야 한다. 국가는 자본축적과 정당화를 위하여 사회적 자본(social capital)과 사회적 비용(social expenditure)을 위한 지출을 한다. 사회적 자본은 직업훈련과 같이 노동생산성을 증가시키기 위한 투자인 사회적 투자(social investment)와, 노동비용을 낮추고 노동자의 재생산 능력을 확대시키는 사회보험과 같이 간접적으로 노동력의 재생산 비용을 낮추면서 자본축적을 하기 위한 사회적 소비(social consumption)로 구성된다.

오페(Offe, 1984)에 따르면, 복지국가의 확대는 고도의 독점자본주의에서의 경제적 모순으로 발생하는 위기를 관리하기 위하여 이루어진다. 자본주의는 경제체계, 정치관리체계, 규범적-정당화 체계의 하위체계로 구성되어 있다. 경제체계는 이윤추구를 위한 생산과 교환이 이루어지는 체계로 사회안정이 이루어지는 규범적-정당화 체계로부터 대중적 지지를 받기 위한 복지서비스 재원 마련의 원천이므로 복지국가의 장기적 활성화에 필수적이다. 정치관리체계는 두 체계를 관리하는 역할을 한다. 경제체계는 스스로를 규제할 능력이 없기 때문에 불충분한 고용 또는 불충분한 자본 이용 등으로 인해 노동력과 자본의 일부를 생산적 고용에서 배제하는 경향이 있다. 따라서 정치관리체계가 개입하여 각종 규제, 재정적 유인책 또는 공공부문의 하부구조에 대한 투자 등의 방법을 통하여 자본과 노동이 충분히 활용될 수 있도록 하는 '관리적 재상품화(administrative recommodification)'를 이루어야 한다고 주장하였다. 즉, 자본과 노동의 상품화를 충분히 이루기 위해 국가가 관리할 필요가 있다는 것이다.

셋째, 정치적 계급투쟁(political class struggle)의 관점에 따르면, 복지국가는 자본가계급과 노동자계급의 정치적·계급적 투쟁에 따라 그 성격이 결정된다. 따라서 노동자계급의 세력이 강하면 복지국가는 진정으로 노동자계급을 위한 형태가 될 수 있다.

3) 사회민주주의이론

사회민주주의이론에 따르면 복지국가는 노동의 정치적 세력 확대의 결과다. 즉, 복지국가는 자본과 노동의 계급투쟁에서 노동이 획득한 승리의 전리품으로, 노동자계급을 대변하는 정치적 집단의 정치적 세력이 크면 클수록 복지국가는 발전한다.

사회민주주의 관점에서 복지국가에 관한 이론을 정리하면 다음과 같다.[29]

첫째, 생산수단의 국유화(nationalization of the means of production)를 하지 않아도 소비의 국유화(nationalization of consumption)를 통해 자본가들을 국가가 통제하므로 자본주의는 문제가 되지 않는다. 즉, '관리된 자본주의(managed capitalism)'에서 국가가 조세정책, 재정정책, 금융정책, 공공투자정책 등을 통하여 소비와 투자를 적절히 관리한다면 생산수단의 소유와 상관없이 자본주의는 유지된다.

둘째, 고도산업사회에서 힘의 근원은 시장에서 나오는 경제적 힘과 정치에서 나오는 정치적 힘으로 구분되는데, 경제적 힘은 생산수단의 소유로 인한 노동통제로부터 나오고 정치적 힘은 민주제도를 통한 다수의 무산자들의 조직화에서 나온다. 대중민주주의하에서는 국가와 사회의 점진적 변혁, 즉 먼저 국가가 민주적 제도로 통제 가능하고 다음에 대중으로부터 뽑힌 국가의 권력을 통하여 사회적·경제적 개혁이 가능하며, 복지국가는 이러한 개혁을 수행하는 중요 기제다.

셋째, 자본주의가 발전하게 되면 전통적인 노동자계급과 다른 중간층(middle-class)의 확대가 이루어지며, 중간층의 정치적 힘은 강해지고 사회민주주의세력의 장기집권이 중간층의 지지에 의해 가능해진다.

4) 이익집단정치이론

이익집단정치이론(interest group politics)은 다양한 이익집단의 정치적 힘에 초점을 맞추고, 사회복지 발전은 다양한 이익집단 사이에서 사회적 자원의 배분을 둘러싼 경쟁이 치열해지고 따라서 이러한 집단들의 정치적 힘이 중요해져 정치가들이 이들의 요구를 수용하는 데서 나온 결과라고 본다.[30]

---

29) 김태성, 성경륭(1993), pp. 147-152.
30) 위의 책, pp. 153-158.

이익집단정치이론을 뒷받침하는 논리적 근거는 다음과 같다. 먼저, 현대사회에 들어와서 전통적 계급의 차이에 의한 정치적 구분이 약해졌다. 노동자계급의 소득이 향상되어 부르주아화(embourgeoisement)되면서 경제적 요인이 더 이상 정치적 갈등의 결정요소로 작용하지 않으며, 고도산업사회에서의 중간층의 확대도 노동과 자본의 구분을 흐려 놓는다. 이러한 상황에서 선거에서 승리를 노리는 정당은 점차 전통적인 계급을 바탕으로 하는 지지기반과의 연계가 약화되어 중도화하는 경향이 있다.

비계급적인 이익집단들이 현대사회에서 더 중요해지는 또 하나의 이유는 인종적 · 종교적 · 언어적 · 문화적 · 성적 그리고 연령 등의 귀속적(ascriptive) 차이에 따른 집단 간의 집합적인 정치적 행위가 커지고 결속력이 커져 이를 바탕으로 지배세력과 적어도 정치적으로 평등하게 경쟁할 수 있게 되기 때문이다. 고도산업사회에서는 직업, 산업 그리고 경제적 집단들이 다양화되고 이질화되어 하나의 커다란 계급 내에도 전문분야나 숙련 정도에 따라 다양한 이익추구 집단이 형성된다.

또한 이익집단들은 자기들의 이익을 위한 프로그램을 지지하는 정치가들과 그들의 표를 교환하기 때문에 정부의 공공정책에의 지출은 민주주의사회에서는 선거에서의 득표를 위한 경쟁에서 비롯된다.

오늘날 대부분의 복지국가에서 가장 큰 복지프로그램이 노인을 위한 것인 이유는 노인들의 복지욕구가 크다는 것도 있지만, 노인들의 정치적 힘이 증대하였기 때문이다. 노인들의 정치적 힘이 증대한 이유는 노인의 수가 증가함에 따라 투표율이 높아졌고, 또 노인들이 추구하는 이익이 동질화되었기 때문이다. 대부분 노인들은 65세가 되면 노동시장에 참여하지 않으며, 또한 가족의 도움도 약해져 그들의 생활은 거의 국가에 의존하게 된다.

이익집단정치이론에 따르면 복지국가프로그램들은 정치적 힘이 강한 집단의 이익을 반영하기 때문에 소득재분배적 기능이 약하다. 노령연금의 경우 소득이 높은 사람으로부터 소득이 낮은 사람에게 소득이 재분배되는 수직적 재분배(vertical income redistribution)는 약하고, 대신 현재 일하는 사람으로부터 노인에게로의 소득재분배인 세대 간 소득재분배(inter-generational income redistribution) 또는 가족 수가 적은 가족으로부터 많은 가족으로의 소득재분배인 수평적 재분배(horizontal income redistribution)가 강하다.

5) 국가중심적 이론

국가중심적 이론은 사회복지를 제공하는 공급 측면에서 복지국가 발전을 설명한다. 이 이론은 사회복지 수요의 변화에도 국가는 국가 나름대로 사회복지 확대가 필요한 다음과 같은 근거들을 갖고 있다.[31]

첫째, 많은 사회복지정책은 국가 관료기구를 맡고 있는 개혁적인 정치가나 전문 관료들에 의하여 국가발전의 장기적인 안목을 가진 관료기구의 바탕 위에서 이루어졌다.

둘째, 유사한 사회복지 욕구가 발생해도 사회복지정책 형성과정에 따라 이러한 욕구가 정책으로 반영될 수도 있고 그렇지 않을 수도 있다. 따라서 사회복지 욕구가 정책아젠다에 오르고, 어떤 방법에 의하여 어떤 정책제안들이 택하여지고, 누가 왜 반대 혹은 찬성하고, 또한 그러한 정책이 어떻게 누구에 의하여 집행되는지 등의 요인이 중요하다. 이러한 정치적 학습과정(political learning process)에 대한 이해가 중요하다.

셋째, 국가조직의 형태에 초점을 맞추어서 중앙집권적이고 조합주의적인 국가조직의 형태가 사회복지 발전을 설명하는 데 중요하다.

넷째, 사회복지정책 담당 관리기구의 속성을 중시하여 사회복지를 담당하는 관리기구의 팽창을 위하여 그것의 대상이 되는 사람들의 숫자를 늘리려는 경향이 있다. 이에 따라 기존의 사회복지프로그램의 확대 혹은 새로운 프로그램의 개발을 꾸준히 추구하게 되며, 그 결과 복지국가가 확대된다. 즉, 외부적 요인이 아니라 사회복지 관리기구의 내부적인 이익추구에 의해 복지국가가 확대된다.

3. 복지국가의 유형화

복지국가의 유형에 대한 분석은 학자에 따라, 바라보는 관점에 따라, 그 밖에 다양한 지표에 따라 서로 다르게 분류될 수 있다. 복지국가는 무엇보다 기반을 두고 있는 이념적 성향의 차이에 따라 그 유형이 구분되기도 한다. 복지이념의 구분은 학자들에 따라 다양하게 제시되고 있다. 조지와 와일딩(George & Wilding)은 복지이념을 반집

---

31) 앞의 책, pp. 158-161.

합주의(Anti-Collectivism), 소극적 집합주의(Reluctant Collectivism), 페이비언 사회주의(Fabian Socialism) 그리고 마르크스주의(Marxism)로 구분한다. 룸(Room)은 복지이념을 시장자유주의(Market Liberals), 정치적 자유주의(Political Liberals), 사회민주주의(Social Democrats), 신마르크스주의(neo-Marxists)로 구분한다. 핑커(Pinker)는 고전적 경제이론(Classical Economic Theory), 신중상주의(neo-Mercantilism), 마르크스주의(Marxisms)와 그의 사회주의적 일탈(it's socialist deviates)로 구분한다. 미쉬라는 잔여적 복지, 제도적 복지 그리고 규범적 또는 사회주의적 복지로 구분한다. 퍼니스와 틸턴(Furniss & Tilton)은 보수주의(conservatism), 적극국가(positive state), 사회보장국가(social security State), 사회복지국가(social welfare state) 그리고 급진주의(radicalism)로 구분한다. 이러한 복지이념에 관한 다양한 학자의 주장을 피터 조지(Peter George)는 반국가적(anti-state)이냐 또는 친국가적(pro-state)이냐라는 두 차원에서 재정리하여 도식화했다.[32] 여기에 에스핑-앤더슨(Esping-Andersen)이 제시하는 자유주의 복지국가(liberal welfare state), 보수적이고 강한 조합주의 복지국가(conservative and strongly corporatist welfare state) 그리고 사회민주주의 복지국가(social democratic welfare state)를 첨가하여 정리해 도식화하면 〈표 4-1〉과 같다.

〈표 4-1〉 복지국가 유형

학자 ＼ 국가주의	반국가주의(anti-state) ◄──────────────► 친국가주의(pro-state)
조지와 와일딩	반집합주의 ── 소극적 집합주의 ── 페이비언 사회주의 ── 마르크스주의
룸	시장자유주의 ── 정치적 자유주의 ── 사회민주주의 ── 신마르크스주의
핑커	고전적 경제이론 ──────── 신중상주의 ──────── 마르크스주의
미쉬라	잔여적 복지 ──── 제도적 복지 ──── 규범적 또는 사회주의적 복지
퍼니스와 틸턴	보수주의 ── 적극국가 ── 사회보장국가 ── 사회복지국가 ── 급진주의
에스핑-앤더슨	자유주의 복지국가 ── 보수적이고 강한 조합주의 복지국가 ── 사회민주주의 복지국가

32) Lee & Raban(1990), pp. 23-24.

피터 조지는 다시 국가와 시장 간의 적절한 관계에 대한 태도와 공동체의 개념에 따라 [그림 4-1]과 같이 네 개의 서로 다른 이념형을 구분하고 있다.

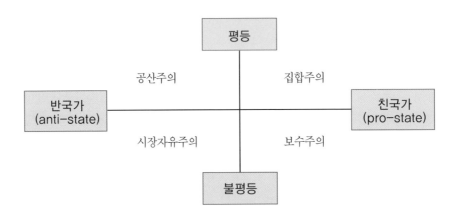

[그림 4-1] 복지이념 유형

출처: Lee & Raban(1990), pp. 23-24.

◆ 복지국가의 개념적 분석에 의한 유형화

복지국가의 유형화는 주로 개념적 분석에 의한다. 그 밖에 사회복지지출, 프로그램 도입 시기, 정책결정요인, 프로그램 내용에 따라 유형화할 수도 있다.[33] 복지국가의 유형을 개념적으로 분석하여 정리하면 〈표 4-2〉와 같다.

(1) 잔여적 복지국가와 제도적 복지국가

잔여적 복지국가(residual welfare state)와 제도적 복지국가(institutional welfare state)는 각각 윌렌스키와 르보(Wilensky & Lebeaux)의 잔여적 복지제도와 제도적 복지제도를 실시하는 복지국가다.

〈표 4-2〉 잔여적 복지국가와 제도적 복지국가

특징	잔여적 복지국가	제도적 복지국가
사회복지 등장	가족이나 시장과 같이 사회의 정상적인 주요 제도들이 복지욕구를 충족하지 못할 때, 즉 가족이나 시장이 실패할 때	사회의 정상적인 최일선(first line)의 기능을 함
사회복지 욕구해결의 주된 역할	가족이나 시장	국가
국가의 복지 기능	최소화	극대화
가족이나 시장의 복지 기능	자연적이고 정상적인 주된 기능	극소화
사회복지 급여 수준	낮음	높음
수급 절차	까다롭고 낙인감을 주는 자산조사를 실시한 후 급여 제공	사회권으로서 보편적으로 급여 제공
강조하는 이념	개인주의, 개인책임, 경쟁	집합적 사회결속
사회복지서비스 제공 근거	수급자격 유무에 근거–(도움을 받을) 자격 있는 빈민과 (도움을 받을) 자격 없는 빈민으로 구분	욕구에 근거–사회구성원 대부분이 수혜자: 복지수혜자와 비수혜자의 구분이 무의미
대표적 국가	미국, 일본	스웨덴, 노르웨이 등 스칸디나비아 국가

(2) 잔여적 모델, 산업상 업적 수행 모델, 제도적 재분배 모델

티트머스는 복지국가 모델을 잔여적(residual) 복지국가 모델, 산업상 업적 수행(industrial achievement performance) 복지국가 모델, 제도적 재분배(institutional redistributive) 복지국가 모델로 나눈다.[34] [35]

잔여적 복지국가와 제도적 재분배 복지국가는 윌렌스키와 르보의 잔여적 복지국가와 제도적 복지국가와 유사하다. 산업상 업적 수행 모델에서는 사회복지의 제공이 시장에서의 업적과 밀접한 관계가 있어야 한다고 주장하기 때문에 사회복지의 급여를 시장에서의 직무수행 정도, 생산성 정도 등과 같이 시장에서의 역할 정도에 따라 차등을 두어야 한다는 점을 강조한다. 따라서 사회보험프로그램을 강조한다.

---

34) 앞의 책(1993), pp. 171-173.
35) Titmuss(1969).

〈표 4-3〉 **잔여적 · 산업상 업적 수행 · 제도적 재분배 모형 복지국가**

특징	잔여적 복지국가	산업상 업적 수행 복지국가	제도적 재분배 복지국가
시장과 가족의 사회 복지 역할	시장과 가족의 역할 강조	사회복지 제공이 시장에서의 업적과 밀접한 관계가 있음을 강조	시장과 가족 밖에서 욕구에 따른 보편적 복지 제공 강조
강조하는 프로그램	공공부조	사회보험	보편적 프로그램

티트머스는 한 나라의 복지는 사회복지, 재정복지, 직업복지로 역할이 분담된다고 한다. 사회복지는 소득보장, 교육, 건강, 개별적 사회서비스 등을 포함하는 광의의 사회복지서비스를 모두 포함한다. 재정복지(fiscal welfare)는 아동부양가구에 대한 조세감면, 민간보험보험료에 대한 조세감면 등과 같이 국가의 조세정책에 의해 간접적으로 국민의 복지를 증진하는 것이다. 직업복지(occupational welfare)는 기업연금이나 기업에서 제공하는 의료보험과 같이 개인이 속한 기업에서 제공하는 사회복지급여를 말한다.

소득재분배의 측면에서 볼 때 사회복지가 재정복지나 직업복지에 비해 더 발전된 형태에 속한다. 오늘날의 복지국가는 세 가지 복지형태를 모두 갖고 있다. 미국, 영국, 프랑스 등은 다른 국가들에 비하여 재정복지를 강조하고, 일본은 직업복지를 강조한다.

(3) 적극적 국가, 사회보장국가, 사회복지국가

퍼니스와 틸턴(Furniss & Tilton, 1977)은 사회복지 욕구에 대한 정부의 개입형태에 따라 적극적 국가(positive state), 사회보장국가(social security state), 사회복지국가(social welfare state)로 분류하였다.[36]

---

36) 김태성, 성경륭(1993), pp. 173-174.

〈표 4-4〉 적극적 국가, 사회보장국가, 사회복지국가

특징	적극적 국가	사회보장국가	사회복지국가
목표	자본주의 시장의 문제와 재분배 요구세력으로부터 자본가 보호	국민의 최저생활 보장. 최저생활수준은 전반적인 생활수준이 상승하는 데 따라 변화	국민의 최저수준 보장을 넘어서 전반적인 삶의 질의 평등을 추구. 궁극적으로 정책결정의 권한을 피고용자와 일반 시민이 갖도록 함.
복지정책 방향	경제성장을 위한 정부와 시장경제기제 사이의 협력	국가와 기업 간의 협동을 강조	정부와 노동조합 간의 협력을 강조. 노조가 정부의 임금과 고용 정책에 깊이 개입해 정부와 기업의 통제를 넘어섬.
복지정책 내용	경제적 효율성에 반하는 복지정책에 대한 강한 저항	개인의 동기, 기회, 책임 등을 무시해서는 안 됨. 개인이 스스로의 노력을 통해 자신과 가족을 부양	집단 간 평등의 극대화 추구, 사회보험과 공공부조뿐 아니라 모든 국민이 수혜자가 되는 보편적 프로그램 강조
복지 프로그램	엄격한 보험수리 원칙을 바탕으로 하는 사회보험 프로그램에 크게 의존	보험원칙에 엄격히 의존하지 않는 사회보험프로그램 실시. 사회보험 이외의 공공부조와 같은 다른 프로그램 중시	전통적인 사회보험이나 공공부조 프로그램에의 의존을 넘어 정부가 일반예산에 의한 복지서비스 제공을 확대
재분배	수평적 재분배 또는 세대 간 재분배를 더 강조	평등보다는 기회의 평등을 강조	집단 간 평등 극대화. 국민 평등과 화합 강조
복지체계 기능	시장체계 기능을 강화하기 위한 사회통제 기능이 강함.	경제정책과 사회정책 결합. 완전고용 추구	탈상품화(decommodifi-cation) 극대화. 완전고용 실현
급여	시장에서 역할이 적은 사람은 적은 급여 그리고 낙인을 느끼는 복지급여를 받음.	국민 최저수준까지만 보장	국민 최저수준 이상을 보장
해당 국가의 예	미국 등	영국 등	스웨덴 등

(4) 반집합주의, 소극적 집합주의, 페이비언 사회주의, 마르크스주의

조지와 와일딩은 복지국가 유형을 정치적 이념의 차이에 따라 반집합주의, 소극적 집합주의, 페이비언 사회주의, 마르크스주의의 네 가지로 분류한다.

〈표 4-5〉 **반집합주의, 소극적 집합주의, 페이비언 사회주의, 마르크스주의**

특징	반집합주의	소극적 집합주의	페이비언 사회주의	마르크스주의
복지국가에 대한 태도	복지국가를 근본적으로 반대(복지국가는 자유시장을 왜곡함. 그 자체가 비복지적인 것)	국가의 복지개입을 어느 정도 인정	복지국가의 확대를 찬성. 복지국가는 궁극적 목표인 사회주의로 나아가는 한 단계	• 복지국가를 반대. 자본주의의 모순을 살리고 자본가의 이익을 위해 복지국가가 존재 • 복지국가는 궁극적으로 인민의 복지를 위하기보다는 자본주의를 살리기 위한 수단. • 복지국가가 사회주의로 나아가는 단계라고 생각하지 않고 사회주의에서 더 멀어질 수 있다고 생각
정부의 복지개입	• 시장경제의 효율성 저해(근로동기 약화, 저축과 투자 약화) • 전통적 가족 역할의 훼손 • 개인의 자유 침해	• 시장체계의 문제점(market failure)을 해결 • 사회정치적 안정의 필요성 • 국가의 복지개입은 한계가 있음. 공공부문과 병행하여 민간부문의 사회복지 역할을 강조	• 복지국가의 확대로 자본주의 그 자체를 변화시킬 수 있음. • 경제성장, 평등, 사회통합을 위하여 복지국가의 확대가 필요 • 사회복지에서의 공공부문이 절대적으로 강조되고 개인이나 가족 등의 민간부문 역할은 극소화	• 정부의 복지개입 반대. 정부의 복지개입으로 자본주의 모순이 해결되니 사회주의 건설에 방해됨. • 복지국가가 자본주의를 살림으로써 자본가의 잉여가치 착취를 조장함.
기타[37]	19세기 자유방임사상(laissez-faire)에 기초함.	자본주의의 효율성이라는 장점을 유지하고 자본주의 특정 문제만을 해결	보다 공정하고 보다 평등한 사회를 만드는 국가의 역할을 강조	복지는 건강하고 교육받은 근로자를 제공함으로써 자본주의체제를 원조·유지한다고 복지국가를 비판

---

37) Young(2000), pp. 292-295.

(5) 다원적 또는 분절적 복지국가, 조합주의적 또는 통합적 복지국가

미쉬라는 복지국가의 유형을 다원적 또는 분절적 복지국가(pluralist or differentiated welfare state)와 조합주의적 또는 통합적 복지국가(corporatist or integrated welfare state)로 구분하였다.

미쉬라는 복지정책을 경쟁과 자조를 강조하는 잔여적(보완적) 모델(residual model), 협동과 상호부조를 강조하는 제도적 모델(institutional model), 사회주의복지국가를 지향하는 규범적 모델(normative model)의 세 가지로 제시한다. 복지사회주의(welfare socialism)는 복지개혁을 통해 사회주의 건설을 추구한다.

〈표 4-6〉 다원적 또는 분절적 복지국가, 조합주의적 또는 통합적 복지국가

	다원적 또는 분절적 복지국가	조합주의적 또는 통합적 복지국가
복지정책 형성	다양한 이익집단의 다양한 이익추구 과정에서 복지정책이 형성됨. 복지정책은 통합적이나 포괄적이지 않고 단편적임.	정부·노동자·사용자 집단의 상호협력하에 추진됨. 계급 간의 집합적 책임을 강조함. 사회구성원들의 이익이 통합되는 복지국가 추구
복지와 경제 간 관계	사회복지는 경제와 상호 연관이 없어 구분되고 양자는 서로 대립적임. 경제에 나쁜 영향을 주는 사회복지는 제한되어야 함.	사회복지정책과 경제정책 간에는 밀접한 관계가 있음. 완전고용정책과 포괄적 사회복지정책은 시장체계의 골격을 유지하면서 가능
잔여적/제도적	잔여적	제도적
대표적 국가	미국, 영국	스웨덴, 오스트리아

1970년대 말 중동의 오일쇼크로 전 세계가 경제적 어려움에 처하고, 그에 따라 파생한 복지국가 위기의 해결책으로 우파는 자유방임주의에로의 복귀를 주장한 반면, 좌파는 자본주의의 철폐를 주장하였다. 그러나 미쉬라는 양자는 모두 복지국가의 발전적 방향을 모색하는 것이라고 볼 수가 없으며, 조합주의에 입각한 통합적 복지국가만이 이러한 복지국가의 위기를 해결할 대안이 될 수 있다고 주장하였다.

(6) 자유주의적 복지국가, 보수적이고 강한 조합주의적 복지국가, 사회민주주의적 복지국가

에스핑-앤더슨은 탈상품화의 정도와 복지국가 정책에 의한 계층화 그리고 국가·가족·시장의 역할관계를 토대로 자유주의적 복지국가, 보수적이고 강한 조합주의적

복지국가 그리고 사회민주주의적 복지국가로 구분하였다.

에스핑-앤더슨은 복지국가는 역사의 산물이며, 각 사회계급 간의 투쟁의 산물이라는 점을 전제로 다음의 세 가지 판별기준에 따라 유형화될 수 있다고 주장한다.

첫째, 탈상품화(脫商品化, de-commodification)다. 탈상품화란 상품화에서 벗어나는 것이다. 상품화란 사람들이 노동시장에서 노동을 상품으로 팔아, 즉 노동시장에서 노동을 하고 그 대가로 임금을 받아 생활을 영위하는 것으로 노동시장에 의존하여 살아가야만 하는 상태를 말한다. 반면, 탈상품화란 사람들이 노동시장에서 노동을 상품으로 팔지 않더라도, 정부가 제공하는 복지혜택을 받아 충분히 생활해 갈 수 있는 상태를 말한다. 탈상품화가 이루어지기 위해서는 복지가 시혜나 선물이 아닌 하나의 권리로서 사람들에게 주어져야 하며, 복지혜택의 수준이 높아야 한다.

탈상품화란 '특정의 서비스가 교환으로서가 아니라 권리로서 주어지는 것으로, 즉 개인의 복지가 전적으로 노동시장에 의존하게 되어 있는 자유방임적 자본주의로부터 벗어나 복지가 하나의 권리이자 정의로서 모두에게 주어짐으로써 사회적 시민권(social citizenship)이 보장되는 공동체주의적 복지국가를 이루는 데 핵심적 역할을 한다. 탈상품화가 이루어지면 절대빈곤층에게만 안전망(safety net)으로서 복지가 제공되어 복지수혜자가 비정상적인 사람이나 무능력자로 간주됨으로써 발생하는 낙인(stigma)이 발생하지 않게 된다. 만일 복지혜택이 사회적 모욕과 함께 제공된다면 복지수혜자들은 정부가 제공하는 복지혜택을 받지 않고 노동시장에서 노동을 하여 살아가려 하게 될 것이므로 상품화를 강화시킬 수 있다. 에스핑-앤더슨은 탈상품화가 이루어지면 노동자들은 연대적 집단행동을 통해 자신들의 권력을 강화할 수 있다고 주장하면서, 탈상품화에 필요한 조건으로 고급수혜가 보장되는 질병보험, 충분하고 즉각적인 질병휴가, 연금, 임신휴가, 양육휴가, 교육휴가, 실업보험 등을 들고 있다.

둘째, 계층화(階層化, stratification)다. 계층화란 국가가 실시하는 사회복지정책이 기존의 계급·계층 구조를 강화하거나 또는 새로운 계층구조를 형성하는 것을 말한다. 과거 영국의「구 구빈법」이나「개정 구빈법」이 실시되던 시기에 공공부조와 같은 빈민구제정책은 전통적으로 수혜자를 비난하고 모욕감을 줌으로써 정부가 실시하는 복지정책이 사회를 복지수혜계층과 복지비수혜계층으로 이원화해 계층화를 강화하도록 하였다. 반면, 보편주의적인 사회민주주의적 복지국가 모델에서는 정부의 사회복지정책이 모든 국민에게 조세를 재원으로 한 균등한 고정액의 복지혜택을 제공하여 모두가 복지수혜계층이 됨으로써 수혜자와 비수혜자 간의 구분이 없어 계층화현상이 발생하지 않으며, 결과적으로 국민 간에 신분의 평등이 촉진되고, 전 국민적 연대를 창출하는 효과를 가져온다.

셋째, 국가·시장·가족의 역할관계다. 이는 복지제공의 주된 주체가 누구인가 그리고 그들은 어떻게 결합되어 있는가에 관한 것이다. 만일 복지제공의 주체가 시장이고 국가는 빈민구휼에 그친다면 노동의 상품화 정도는 매우 강한 반면, 탈상품화의 정도는 매우 미약하고, 사회계층은 국가수혜계층과 국가비수혜계층(시장수혜계층)으로 이원화되어 계층화는 매우 심화될 것이다. 만일 복지제공의 주체가 조합주의적 국가나 교회 및 가족이고 시장은 주변적 역할에 머문다면, 복지가 권리로 인식되는 탈상품화는 미약한 수준에서 이뤄지지만 사회복지정책으로 수혜계층과 비수혜계층이 구분되어 전통적인 계층화현상은 그대로 유지될 것이다. 반면, 보편주의적 국가가 주도적으로 복지제공의 주된 역할을 수행하면서 시장과 가족을 사회화시킨다면, 즉 국가가 복지주체로서 가족과 시장이 하던 역할을 대체한다면, 상당한 정도의 탈상품화가 이루어져 복지가 시혜가 아닌 권리로서 모든 국민에게 주어짐으로써 국민 간에 수혜계층과 비수혜계층의 구분이 의미가 없게 되며, 결과적으로 평등주의가 구현될 것이다.

에스핑-앤더슨은 탈상품화, 계층화, 국가·시장·가족의 역할관계 등을 기준으로 세 가지 복지국가 유형을 구분한다.

첫째, 자유주의적 복지국가다. 자유주의적 복지국가는 안전망으로서 잔여적(residual) 복지를 실시하며, 매우 부분적인 욕구만을 충족하기 위해 공공부조 위주의 복지정책을 실시하고, 사회보험이나 사회서비스는 발달하지 못한 복지체제다. 공공복지가 충족해 주지 못하는 복지욕구는 시장에서 사적 보험이나 사적 서비스를 구매하여 충족하는 시장중심적 체제다. 자유주의적 복지국가에서는 자산조사(means test)에 의한 공공부조(public assistance)가 중심적 역할을 수행하며, 복지행정의 주된 업무는 근로능력이 없는 '(도움을 받을) 가치 있는 빈민'을 선별하여 정부의 복지급여를 제공하고, 반면 근로능력이 있는 '(도움을 받을) 가치가 없는 빈민'을 복지수혜대상에서 제외하는 데 많은 노력을 기울이고 있다. 복지급여에는 낙인과 같은 사회적 모욕이 수반된다. 미국과 캐나다 같은 국가가 자유주의적 복지국가에 속한다.

둘째, 보수적이고 강한 조합주의적 복지국가다. 이 복지국가체제에서는 피보험자의 기여를 재정적 근간으로 하는 사회보험을 강조한다. 빈곤층을 위한 공공부조의 경우에도 열등처우의 원칙(principle of less eligibility)이 강조되며, 수급자들이 자립자활할 수 있도록 하는 데 초점을 맞춘다. 그러나 노동을 강조하는 근로연계복지(workfare)보다는 근로친화적(work-friendly) 또는 노동을 권장하는 복지를 시행하고 있다. 시장을 대체한 복지제공자로서의 조합주의적인 국가가 주로 신분차별의 유지를 위해 강력하게 작동하며, 복지의 재분배 효과는 극히 미미하다. 국가가 제공하는 가족서비스는 상당히 낙후되어 있으며, 국가는 가족의 복지제공능력이 고갈되었을 때만 개입한다. 이 유형에 속하는 국가로는 프랑스, 독일, 이탈리아 등을 들 수 있다.

셋째, 사회민주주의적 복지국가다. 이 복지국가체제는 복지와 노동의 결합을 중시하며, 완전고용을 강조한다. 완전고용을 적극적으로 보장하는 이유는 복지시스템을 유지하는 데 드는 비용이 노동에 따른 소득세에서 얻어지기 때문이다. 사민주의 복지국가체제가 국민의 복지를 높은 수준에서 보장하는 것은 사실이지만, 동시에 노동을 강조하는 것도 사실이다. 보편주의와 탈상품화 원칙들을 신중간계급에게까지 확대 적용하며, 수혜의 질이 신중간계급의 욕구를 충족할 정도로 양호할 것과 이러한 수혜를 노동계급들도 동등하게 누릴 것을 요구한다. 시장의 역할이 주변화되는 대신 모두가 수혜를 받고 서로 의존하며 상호 부담함으로써 보편적인 사회적 연대가 창출된다. 여기서도 시장과 가족의 복지제공 역할을 일정하게 강조하지만 조합주의의 보조모델과

〈표 4-7〉 에스핑-앤더슨의 복지국가 모형

	자유주의적 복지국가	보수적이고 강한 조합주의적 복지국가	사회민주주의적 복지국가
일반적 특징	자유주의적 노동윤리 강조. 시장원리에 입각한 차별적 수혜	정부 · 자본 · 노동의 협조관계	보편주의와 사회권을 통한 최대수준의 복지 추구
탈상품화	최소화	제한적	극대화
보편주의	빈곤층 대상	제한적 수혜	보편적 복지
사회권	미약	인정	강조
포괄성(종류)	최소 범위	필요시 확대	다양화
급여수준	최저생계비	능력별 차등	중간계층
본인부담	높음	공동부담	낮음
가족책임	강함	일부 인정	미약
자산조사	엄격	가족의 복지제공능력 고갈 입증	축소
소득재분배	매우 미약	미미	강함

같이 가족의 수혜제공 능력이 고갈되기를 기다리는 것이 아니라 그것들을 사회화한다. 즉, 가족에 대한 의존을 극대화하는 것이 아니라 개인의 독립적인 능력을 극대화하고자 한다. 국가가 아동, 노인, 무능력자들에 대해 직접적인 보호의 책임을 지게 되며 이는 한편으로 여성의 사회적 노동참여를 고무한다. 스웨덴, 노르웨이, 핀란드, 덴마크 등 북유럽 국가들이 이 체제의 국가에 속한다.

(7) 제3의 길 복지체제

기든스(Giddens)에 따르면, '제3의 길'이란 제1의 길인 구식 사회민주주의(old-style social democracy)와 이를 반대하는 제2의 길인 신자유주의(neoliberalism)를 초월하는 사고와 정책형성의 틀을 의미한다.[38] 달리 표현하면, 고전적 사회주의자 혹은 구좌파가 되어 버린 롤스의 사회민주주의의 모형(正)과 신자유주의 혹은 신우파(反)를 변증법적으로 조화시키는 사회이념을 '제3의 길'(合)이라고 한다.

제3의 길은 서로 이질적인 양면 간의 조화를 기한다. 제3의 길은 경제적 효율과 사회적 형평을 두 축으로 삼으면서, 경제성장과 복지국가를 동시에 유지하면서 발전시킨다는 기본 방향을 설정하고 있다. 효율과 형평, 성장과 복지는 양단 간의 선택의 문제가 아니라 동시에 추구할 수 있는 상호보완적인 양립의 문제라는 것이다. 노동사회와 복지사회의 균형을 유지함으로써 복지사회를 그대로 유지하면서도 경제성장을 이룩할 수 있는 길을 모색한다.

또한 개인주의와 집합주의 간의 조화를 꾀한다. 한편으로는 노동사회의 구성원으로서 복지수혜자의 개인적 책임과 의무를 강조하는 개인주의(individualism)를 추구하면서, 다른 한편으로는 공정한 기회균등과 분배적 정의를 실현함으로써 공동체적 사회연대를 달성하려는 집합주의(collectivism)를 자본주의체제 내에서 동시에 추구한다.

제3의 길은 '자본주의 죽이기'가 아닌 '인간의 얼굴을 한 자본주의 만들기'에 나선 유럽 좌파의 부활이다.[39] 달리 표현하면 제3의 길은 인도주의적 자본주의(humanitarian capitalism) 혹은 인간중심적 자본주의(human-centered capitalism)를 지향한다.

제3의 길은 이해관계자경제를 내세우는데, 이는 노동당 경제정책의 휴머니즘적 장점과 보수당의 효율이라는 장점을 결합한 것이다.[40]

---

[38] Giddens(2001), pp. 25-26.
[39] Blair(1998), pp. 1-2.
[40] 한규선(1998), pp. 1-4.

제3의 길 복지정책은 '신혼합경제(new mixed economy)'를 옹호한다. 고전적 사회민주주의는 사회보장과 재분배에 많은 관심을 기울였으나 부의 산출은 경시하였고, 반면 신자유주의는 경쟁력과 부의 산출은 중요하게 여겼으나 사회보장이나 재분배는 경시하였다. 그러나 제3의 길 복지정책은 사회보장과 재분배에 관심을 기울이는 동시에 경제적 부의 산출에도 많은 관심을 기울인다. 제3의 길 복지정책은 경쟁력과 부의 산출을 중시하는 '신혼합경제'를 옹호한다. 신혼합경제에서는 공공부문과 민간부문 사이의 상승 효과를 추구하며, 공익을 염두에 두고 시장의 역동성을 이용한다. 첫째는 국가와 지방 수준뿐만 아니라 초국가적 수준에서도 규제와 탈규제 사이의 균형을 수반한다. 둘째는 사회생활의 경제적인 것과 비경제적인 것 사이의 균형을 포함한다.

기든스는 제3의 길 프로그램으로 다음과 같은 10가지 프로그램을 제시한다.[41]

제3의 길 프로그램(The third way programme)

급진적 중도(The radical centre)

새로운 민주국가(적이 없는 국가)[(The new democratic state(the state without enemies)]

활발한 시민사회(Active civil society)

민주적 가족(The democratic family)

신혼합경제(The new mixed economy)

포용으로서의 평등(Equality as inclusion)

적극적 복지(Positive welfare)

사회투자국가(The social investment state)

세계주의적 민족(The cosmopolitan nation)

세계적 민주주의(Cosmopolitan democracy)

이 가운데 사회복지정책과 밀접한 내용을 일부 발췌하면 다음과 같다.[42]

첫째, 제3의 길은 사회적 기업가정신을 육성하는 프로그램을 강조한다. 사회적 기업가정신의 예로 적립식 자원봉사 프로그램인 서비스 크레딧(service credit)제도를 들 수 있다. 이 제도는 자선사업에 참여하는 자원봉사자들은 각자 자신의 자원봉사계좌를 정식적으로 제공받고, 컴퓨터 시스템으로 자원봉사자의 봉사내역이 관리되어 봉사자 자신의 봉사 시간이 자신의 계좌에 기록·적립되고, 자신이 다른 자원봉사자의 도움

---

41) Giddens(2001), pp. 25-26.
42) 위의 책, pp. 69-128.

이 필요한 때에는 자신의 적립된 자원봉사계좌에서 일부를 인출하여 다른 자원봉사자의 도움을 받을 수 있는 제도다. 이를 '타임달러(time dollar)' 또는 '그림자 임금(shadow wage)'이라고도 부른다. 타임달러는 비과세 대상이고, 적립해 두었다가 의료비용 등으로 지불하거나, 사회적 경제에서 일한 시간만큼 세금을 감면해 줄 수도 있을 것이다.

둘째, 제3의 길은 적극적 복지를 지향한다. 1942년 궁핍, 질병, 무지, 불결 그리고 나태와의 전쟁을 선언한 베버리지 보고서는 소극적인 면에 초점을 맞추었다. 적극적 복지는 부의 창조에 순기능을 한다. 즉, 복지의 생산성, 달리 표현하면 생산적 복지를 지향한다. 또한 복지는 본질적으로 경제적인 개념이 아니라, 잘사는 것과 관련되므로 심리적인 개념이다. 경제적 혜택이나 이득뿐만 아니라 심리적 혜택의 육성과도 관련되어야 한다. 적극적인 복지는 베버리지의 궁핍 대신에 자율성으로, 질병이 아니라 활력 있는 건강으로, 무지 대신에 생활의 지속적인 일부로서의 교육으로, 불결보다는 안녕으로 그리고 나태 대신에 진취성으로 대체함으로써, 소극적 요소들을 적극적 요소로 대체시키는 것이다.

셋째, 제3의 길은 사회투자국가(social investment state)의 건설을 강조한다. 사회투자국가는 경제적 부양비를 제공하기보다는 인간자본(human capital)에 대한 투자를 강조한다. 특별히 교육에 대한 투자를 강조하는데 이는 가능성의 재분배를 위한 핵심 기반이기도 하다.

넷째, 제3의 길은 복지국가가 복지사회(welfare society)로 대체되어야 한다고 주장한다. 복지사회는 국가 중심의 복지라기보다는 국가뿐만 아니라 기업이나 자원기관 등 사회의 다양한 구성요소들이 복지제공의 주체로서 서로 협력해 나아가는 복지체제로 복지다원주의(welfare pluralism) 혹은 복지의 혼합(welfare mix)과 맥을 같이한다. 제1부문이 국가라면, 제2부문은 시장을 의미하고, 제3부문은 자원기관을 의미한다. 복지사회는 이들 모두가 복지 향상을 위하여 적절한 역할을 수행할 것을 전제로 한다. 특히 제3부문 기관들의 역할을 강조하는데, 이들이 두드러진 활동을 하지 못하는 곳에서는 제3부문들이 복지서비스를 제공하는 데 적극적인 역할을 해야 한다고 주장한다. 파월(Powell)은 '복지의 혼합'의 구성요소로 국가복지(state welfare), 시장복지(market welfare), 자원복지(voluntary welfare) 그리고 비공식복지(informal welfare)를 들고 있다.[43]

---

43) Powell(2011), pp. 31-33.

다섯째, 제3의 길은 가족친화적 작업장 정책을 지향한다. 직장보육시설의 설치나 보육바우처제도, 양육수당 등과 같은 아동보육지원의 강화, 재택근무, 안식년제 등을 통하여 고용과 가사를 동시에 가능하도록 한다.

여섯째, 제3의 길에서는 평등을 포용(inclusion)으로, 불평등을 배제(exclusion)로 규정한다. 포용은 가장 넓은 의미에서 시민권을 가리킨다. 포용은 사회의 모든 구성원이 형식적으로뿐만 아니라 삶의 실재로서 가져야만 하는 정치적 권리 및 의무를 의미하며 또한 기회와 공적 영역에 대한 참여를 의미하기도 한다. 배제에는 하층으로부터의 배제와 상층으로부터의 배제가 있다. '밑바닥층으로부터의 배제'는 하층부의 사람들이 사회가 제공하는 기회의 주류로부터 차단되어 있는 것을 말한다. 반면, '상층부로부터의 배제'는 상층부의 자발적인 배제, 즉 '엘리트의 반란'을 말하는데, 이것은 보다 부유한 집단이 공공제도에서 물러나 사회의 나머지 사람들로부터 스스로 분리된 생활을 선택하는 것이다. 특권층은 요새 같은 지역에서 살기 시작하고, 공공교육제도와 공공의료제도로부터 스스로 철수한다.

제5장

사회복지정책의 목표와 가치

1. 사회복지정책의 목표

사회복지정책은 정책목표와 그 정책목표를 달성하기 위한 정책수단 그리고 정책대상자로 구성되어 있다.[1] 사회복지정책의 목표는 사회복지정책을 통하여 이룩하고자 하는 바람직한 상태(desirable state)를 말한다.

사회복지정책목표는 미래성, 발전지향성 그리고 방향성을 갖고 있다. 사회복지정책목표는 시간적으로 장래에 달성하고자 하는 바람직한 상태이기 때문에 미래성을 갖고 있으며, 바람직한 상태를 추구하기 때문에 발전지향적이고, 향후 나아가야 할 방향을 제시해 준다.

프리들랜더(Friedlander)에 따르면, 사회복지는 "개인들과 집단들이 만족스러운 생활과 건강 수준을 누리도록 하고, 그들의 최대 능력을 발휘하도록 하며, 그들 가족과 지역사회의 욕구에 알맞게 그들의 복리(wellbeing)를 증진하도록 하는 개인적 그리고 사회적 관계를 달성하기 위해 고안된 사회서비스와 제도의 조직화된 체계다."[2]

일반적으로 서술하면, 사회복지정책의 목적은 우리 사회의 문제를 해결하고, 충족되지 않은 국민의 욕구를 충족함으로써 모든 국민이 인간다운 생활을 영위하도록 하

---

1) 정정길(1993), pp. 38-47.
2) Friedlander & Apte(1974), p. 4.

고, 국민의 생활상에 나타나는 비복지의 문제를 해결하여 그들의 복리를 향상시키는 데 있다.

반면, 음모론 또는 사회통제론에서는 사회복지정책의 목적은 복지지출을 통해 사회불안을 통제함으로써 사회 전체의 안정과 질서를 유지하는 데 있다고 한다.

우리나라의 사회복지정책을 포함한 공공정책은 제정된 법에 근거하며, 관련법의 내용을 실질적으로 실현하기 위한 정책대안을 강구하고, 이를 정부의 인적·물적 자원을 활용하여 집행하고 있다. 우리나라의 사회복지정책은 주기본권이라 불리는 「헌법」 제10조의 '인간의 존엄과 가치, 행복추구권'과 주생존권이라 불리는 「헌법」 제34조의 '인간다운 생활을 할 권리'에 이념적인 기초를 두고 있다.[3] 「헌법」 제34조의 '인간다운 생활을 할 권리'를 구체화한 법이 「사회보장기본법」을 위시하여, 「사회보장급여법」, 「사회복지사업법」 그리고 다수의 사회보험에 관한 법, 공공부조에 관한 법, 사회서비스에 관한 법이다.

개별법 차원에서 볼 때 우리나라 사회복지정책의 법적 기초는 「사회보장기본법」이다. 「사회보장기본법」은 사회보장에 관한 국민의 권리와 국가 및 지방자치단체의 책임을 정하고 사회보장정책의 수립·추진과 관련 제도에 관한 기본적인 사항을 규정함으로써 국민의 복지증진에 이바지하는 것을 목적으로 제정되었다. 이 법에 따르면, 사회보장은 모든 국민이 다양한 사회적 위험으로부터 벗어나 행복하고 인간다운 생활을 향유할 수 있도록 자립을 지원하며, 사회참여·자아실현에 필요한 제도와 여건을 조성하여 사회통합과 행복한 복지사회를 실현하는 것을 기본 이념으로 한다.[4]

---

3) 「헌법」 제10조. 모든 국민은 인간으로서의 존엄과 가치를 가지며, 행복을 추구할 권리를 가진다. 국가는 개인이 가지는 불가침의 기본적 인권을 확인하고 이를 보장할 의무를 진다.

「헌법」 제34조 ① 모든 국민은 인간다운 생활을 할 권리를 가진다.

② 국가는 사회보장·사회복지의 증진에 노력할 의무를 진다.

③ 국가는 여자의 복지와 권익의 향상을 위하여 노력하여야 한다.

④ 국가는 노인과 청소년의 복지향상을 위한 정책을 실시할 의무를 진다.

⑤ 신체장애자 및 질병·노령 기타의 사유로 생활능력이 없는 국민은 법률이 정하는 바에 의하여 국가의 보호를 받는다.

⑥ 국가는 재해를 예방하고 그 위험으로부터 국민을 보호하기 위하여 노력하여야 한다.

법제처(2016), www.moleg.go.kr

4) 「사회보장기본법」 제1조(목적) 이 법은 사회보장에 관한 국민의 권리와 국가 및 지방자치단체의 책임을 정하고 사회보장정책의 수립·추진과 관련 제도에 관한 기본적인 사항을 규정함으로써 국민의 복지증진에 이바지하는 것을 목적으로 한다.

「사회보장기본법」 제2조(기본 이념) 사회보장은 모든 국민이 다양한 사회적 위험으로부터 벗어나 행복하고 인간다운 생활을 향유할 수 있도록 자립을 지원하며, 사회참여·자아실현에 필요한 제도

「사회보장기본법」에서 사회보장은 사회보험, 공공부조, 사회서비스로 구성되어 있다. 이 법의 입법적 정의에 기초하여 관련 정책의 목적을 다음과 같이 정의할 수 있다.[5]

- **사회보장정책**(social security policy): 출산, 양육, 실업, 노령, 장애, 질병, 빈곤 및 사망 등의 사회적 위험으로부터 모든 국민을 보호하고 국민 삶의 질을 향상시키는 데 필요한 소득·서비스를 보장하기 위한 정책
- **사회보험정책**(social insurance policy): 국민에게 발생하는 사회적 위험을 보험의 방식으로 대처함으로써 국민의 건강과 소득을 보장하기 위한 정책
- **공공부조정책**(public assistance policy): 국가와 지방자치단체의 책임하에 생활 유지 능력이 없거나 생활이 어려운 국민의 최저생활을 보장하고 자립을 지원하기 위한 정책
- **사회서비스정책**(social service policy): 국가, 지방자치단체 및 민간부문의 도움이 필요한 모든 국민에게 복지, 보건의료, 교육, 고용, 주거, 문화, 환경 등의 분야에서 인간다운 생활을 보장하고 상담, 재활, 돌봄, 정보의 제공, 관련 시설의 이용, 역량 개발, 사회참여 지원 등을 통하여 국민의 삶의 질이 향상되도록 지원하기 위한 정책
- **평생사회안전망정책**: 생애주기에 걸쳐 보편적으로 충족되어야 하는 기본욕구와 특

와 여건을 조성하여 사회통합과 행복한 복지사회를 실현하는 것을 기본 이념으로 한다.

「사회보장기본법」 제3조(정의) 이 법에서 사용하는 용어의 뜻은 다음과 같다.

1. "사회보장"이란 출산, 양육, 실업, 노령, 장애, 질병, 빈곤 및 사망 등의 사회적 위험으로부터 모든 국민을 보호하고 국민 삶의 질을 향상시키는 데 필요한 소득·서비스를 보장하는 사회보험, 공공부조, 사회서비스를 말한다.
2. "사회보험"이란 국민에게 발생하는 사회적 위험을 보험의 방식으로 대처함으로써 국민의 건강과 소득을 보장하는 제도를 말한다.
3. "공공부조(公共扶助)"란 국가와 지방자치단체의 책임하에 생활 유지 능력이 없거나 생활이 어려운 국민의 최저생활을 보장하고 자립을 지원하는 제도를 말한다.
4. "사회서비스"란 국가·지방자치단체 및 민간부문의 도움이 필요한 모든 국민에게 복지, 보건의료, 교육, 고용, 주거, 문화, 환경 등의 분야에서 인간다운 생활을 보장하고 상담, 재활, 돌봄, 정보의 제공, 관련 시설의 이용, 역량 개발, 사회참여 지원 등을 통하여 국민의 삶의 질이 향상되도록 지원하는 제도를 말한다.
5. "평생사회안전망"이란 생애주기에 걸쳐 보편적으로 충족되어야 하는 기본욕구와 특정한 사회위험에 의하여 발생하는 특수욕구를 동시에 고려하여 소득·서비스를 보장하는 맞춤형 사회보장제도를 말한다.

법제처(2016), www.moleg.go.kr

5) 법제처(2016), www.moleg.go.kr

정한 사회위험에 의하여 발생하는 특수욕구를 동시에 고려하여 소득·서비스를
보장하기 위한 정책

2. 사회복지정책의 가치

뮈르달(Myrdal)이 주장하는 바와 같이, 사회정책이 진실로 합리적이기 위해서는 사
실뿐만 아니라 가치를 전제로 하여야 한다.[6] 따라서 사회복지정책 설계에 내재된 가
치를 밝히는 것은 매우 중요하다.

길버트와 테럴(Gilbert & Terrell)은 사회복지정책의 가치를 크게 일반적 가치와 선택
적 차원의 가치로 구분한다. 그의 설명을 토대로 사회복지정책의 가치를 도식화하면
[그림 5-1]과 같다.[7]

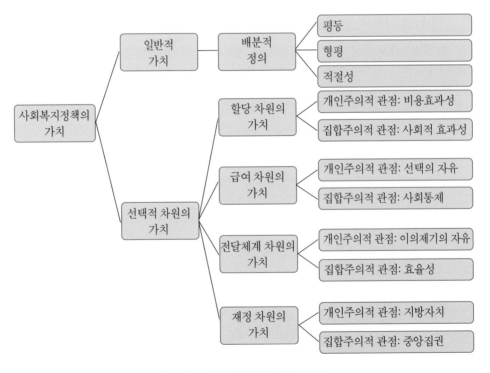

[그림 5-1] **사회복지정책의 가치**

---

6) Myrdal(1968), pp. 133-153.

7) Gilbert & Terrell(2005), pp. 76-91.

길버트와 테럴에 따르면, 특정한 선택의 차원이 아닌 광범위한 목적의 차원에서 사회복지정책은 '그 정책이 배분적 정의(distributive justice)를 어느 정도 달성했는가'를 다룬다. 따라서 광범위하고 일반적 수준에서 보면, 사회복지정책이 추구하는 가치는 배분적 정의다. 배분적 정의라는 사회복지정책의 일반적이고 기본적인 가치는 내용상 평등, 형평 그리고 적절성이라는 세 가지의 하위가치(sub-value)로 구성된다. 이 세 가지의 하위가치들이 배분적 정의의 핵심을 이루며 조화를 이룰 수도 있지만, 실제 정책을 수행하는 과정에서는 어느 하나의 가치를 추구하다 보면 다른 가치가 손상되는 이른바 '가치의 충돌(value conflict)' 현상이 발생할 수 있다. 사회복지정책가는 정책대안을 강구하는 데서 이 가치들 간의 충돌을 어떻게 해결하고, 어떻게 조화를 이루느냐 하는 또 다른 과제를 부여받게 된다.

일반적 가치의 아래 단계로 내려오면, 선택을 하기 위해 고려해야 할 보다 광범위한 사회적 가치들이 존재한다. 즉, 할당(수급자격), 사회적 급여의 형태, 전달체계 및 재정양식이라는 네 가지의 선택의 차원에 영향을 미치는 경쟁적 가치들이 존재한다.

1) 일반적 가치: 배분적 정의

사회복지정책의 일반적 가치인 배분적 정의를 구성하는 핵심적 하위가치로는 평등, 형평, 적절성이 있다.

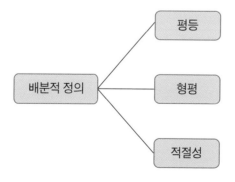

[그림 5-2] **사회복지정책의 일반적 가치**

(1) 평등

아리스토텔레스는 평등(equality)을 수량적 평등(numerical equality)과 비례적 평등(proportional equality)으로 구분하는데 전자는 배분적 정의의 평등주의적 요소(egalitarian elements)를, 후자는 실적주의적 요소(meritarian elements)를 반영하고 있다.

수량적(산술적) 평등은 '모든 사람에 대한 동등한 처우ー모든 사람에게 동등한 몫ー(the same treatment of everyone-to all an equal share)'을 의미한다. 반면, 비례적 평등은 '유사한 사람들에 대한 동일한 처우ー각자 자신의 실적이나 공적에 따라ー(the same treatment of similar persons-to each according to his or her merit or virtue)'를 의미한다. 개념상의 혼란을 방지하기 위해 평등이라는 개념을 수량적 평등의 의미로 사용하고, 형평이라는 개념은 비례적 평등을 의미하는 것으로 사용한다.

급여할당의 결과에 관한 평등의 가치는 사회복지정책에 영향을 미친다. 평등의 가치를 이루기 위해서는 사회복지급여 분배과정에서 자원과 기회가 평등하게 분배되도록 하여야 한다. 미국의 공공부조프로그램인 보충적 보장소득제도(SSI)에서 연방보조금을 균일하게 제공하는 것은 전국에 걸쳐 재정원조의 평등을 촉진하기 위한 조치다.

기회지향적인 정책들(opportunity-oriented policies)에서는 동등한 몫이라는 목적은 동등한 기회(equal opportunity)라는 관점에서 재해석된다. 장애인의무고용제와 같은 할당고용제(quota hiring plan)는 기회의 평등을 지향하는 정책 선택의 한 예다. 미국의 「공정주거법(Fair Housing Legistration)」은 인종이나 민족에 관계없이 사람들은 주거할 곳을 찾는 과정에서 동등한 처우를 받아야 한다고 규정하고 있다. 그러나 이러한 평등추구-기회지향적 정책은 모든 사람에게 동등한 결과를 보장해 주지는 않는다(It does not ensure equal results for everyone).

(2) 형평

전통적으로 형평(equity)이란 공정한 처우(fair treatment)를 의미한다. 공정한 처우란 비례적 특성을 갖고 있다. 만일 일을 절반만 하였다면, 절반의 보수만을 받을 자격이 있다. 사람의 값어치는 그가 사회에 얼마나 공헌했느냐에 달려 있다. 따라서 형평이란 규범적으로 인정될 수 있는 '공평한 불평등(equitable inequality)' 또는 '호혜적 조치(preferential treatment)'를 구현하는 정책사례에서 찾아볼 수 있다. 예를 들면, 제대군인에 대한 우대조치, 자신의 과거 소득에 비례하여 다르게 지급되는 실업급여 그리고 '열등처우의 원칙(doctrine of less eligibility)'이 적용된 공공부조의 경우 모두 형평의 가치를 구현하고 있다. 열등처우의 원칙은 1834년 영국의 「개정 빈민법(신 빈민법)」에서 처음으로 구체화되었으며, '구제를 받는 빈민(the individual relived, pauper)의 전반적인 생활상태는 실질적으로나 외관상으로나 최하급 독립 노동자의 상태만큼 적절한 수준이어서는 안 된다(A recipient's situation on the whole shall not be made really or apparently so eligible as the situation of the indepent laborer of the lowest class)'는 원칙이다. 본래 이 원칙은 「개정 구빈법」 제정을 위한 빈민법위원회의 위원이자 벤담(Bentham)의 제자인 채드윅(Chadwick)이 만든 원리다.[8]

미국의 대부분 주가 극히 낮은 수준의 공공부조를 지지하는 이유는 '공공부조의 원조가 수급자의 상태를 극빈노동자의 생활수준보다 나은 수준이 되게 해서는 안 된다'는 믿음이 뿌리박혀 있기 때문이다. 이와 같이 공공부조는 형평이란 가치를 강조함으로써 형평의 가치를 구현하기 위해 그 제도 안에 근로유인(incentive to work)을 유지시킬 적절한 제도적 장치를 마련하고 있다.

미국 근로유인프로그램의 발전과정
AFDC-UP → WIN → FSA → TANF

근로유인을 도모하는 프로그램은 AFDC-UP(Aid to Families with Dependent Children-Unemployed Parents) 프로그램하에서 실직 부모에게 매우 제한적으로 실시되었으나, 1967년 「사회보장법」의 개정으로 모든 근로능력이 있는 사람들에게 직업훈련과 취업을 제공하는 근로유인프로그램인 WIN(Work Incentive Now)이 도입되었다. WIN은 1981년에 「가족지원법(Family Support Act: FSA)」의 근로연계복지 또는 근로조건부복지(workfare) 규정으로 완전히 대체되었다. 1996년 「PRWORA(Personal Responsibility Work Opportunity Act)」의 제정으로 AFDC제도가 임시적 빈곤가족원조프로그램인 TANF(Temporary Assistance for Needy Families)로 대체되었으며, 이로 인해 복지혜택을 받기 위해서는 근로를 해야 하는 '근로연계복지'가 체계적으로 실시되었다. TANF 프

---

8) Rimlinger(1971), pp. 78-83.

로그램으로 수급자는 2년 이내에 일자리를 구하여야 하며, 평생 받을 수 있는 공공부조 수급기간이 엄격히 제한되었다. 사실, 사회복지를 근로연계복지 또는 근로조건부 복지로 전환한 데는 여성노동력을 가정으로부터 시장경제로 이동시키기 위한 정치적 목적도 잠재해 있다.

(3) 적절성

적절성(adequacy)이란 사람들의 삶의 적합성(goodness of people's life)에 관한 논의로, 사회복지정책에 의해 제공되는 물질적·정신적 복지수준이 인간으로서 품위를 유지하는 데 얼마나 바람직한가 하는 것이다.

적절성의 기준은 시간과 환경에 따라 다양하게 나타난다. 중세의 농노들은 건강과 생산성을 유지하기 위한 필수품들을 제공받았다. 오늘날 적절성을 정의하기 위한 가장 평범한 통계치는 미국 노동부가 매년 산출하고 가족 수에 따라 조정하는 빈곤선으로 이는 최소한의 적절한 소득수준을 나타낸다.

전체적으로, 급여할당기제로서 공공부조는 적절성과 평등보다는 형평에 더 많은 관심을 갖는다. 자본주의 사회에서는 일반적으로 열심히 일한 사람일수록 더 많은 보상을 받아야 한다는 형평의 가치가 더 강조된다. 반면, 사회주의에서는 이론적으로 평등의 가치를 더 강조한다.

비록 어느 한 정책이 평등, 형평, 적절성 중 하나를 강조할 수 있지만, 그 강조는 종종 배분적 정의를 구현하려는 노력이 이루어지는 과정에서 다른 두 개의 가치가 필요하게 되기 때문에 특정 가치에 대한 강조는 다른 가치에 대한 수요에 의해 조절된다.

2) 선택의 차원에서의 사회복지정책의 가치

개인주의적 가치와 집합주의적 가치: 네 가지 경쟁적 가치

할당(수급자격), 급여, 전달체계, 재정이라는 네 가지 선택의 차원에 영향을 미치는 사회복지정책의 가치들이 있다. 이 네 가지 선택의 차원과 그 각각에 영향을 미치는 경쟁적 가치들을 개인주의와 집합주의의 관점에서 정리하면 다음과 같다.

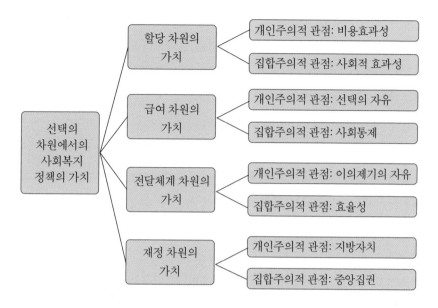

[그림 5-3] **선택의 차원에서의 사회복지정책의 가치**

비용효과성과 사회적 효과성

- 비용효과성: 선별주의 > 보편주의
- 사회적 효과성: 선별주의 < 보편주의

비용효과성(cost effectiveness)은 사회적 할당에 적용할 때 욕구가 가장 많은 사람, 즉 개방된 시장에서 자신들이 필요로 하는 것을 구매할 능력이 가장 적은 사람들에게 단위 금액당(예: 달러당) 급여가 얼마나 할당되었는지 정도에 의해 측정된다. 비용효과성의 지침은 자원의 낭비가 없어야 한다는 것이다. 비용효과성의 가치를 실현하기 위해서는 수급자격이 있는 사람을 결정하는 데 높은 수준의 선별성이 요구된다. 극단적인 경우에는 사회구성원을 의존적인 사람과 독립적인 사람, 무능한 사람과 자립하는 사람으로 구분하는 결과를 초래할 수도 있다.

사회적 효과성(social effectiveness)을 사회적 할당의 차원에서 측정하는 한 가지 방법은 모든 개인이 사회조직체의 동등한 구성원으로서 대우받는 정도를 측정하는 것이다. 여기서 사회적 효과성을 높이기 위해서는 잠재적인 수급자 누구나 급여를 신청할 때 수치심이나 낙인 또는 선별적인 절차를 집행하는 데 종종 수반되는 조직적인 까다로운 절차(organizational rigmarole) 때문에 신청을 주저하게 만들어서는 안 된다. 따라서 사회적 효과성을 높이기 위해서는 할당은 선별적이 아니라 보편적으로 이루어져야 한다. 보편적으로 할당이 이루어지면 수급자격을 얻기 위해서 개인적인 특별한 욕구나 부족함이 선별적인 조사과정에서 드러나야 할 필요가 없다. 단지 시민권을 갖고 있다는 신분 자체가 급여를 당연히 받을 수 있는 자격의 근거로 충분하다(The badge of citizenship is sufficient basis for entitlement).

예를 들면, 빈곤가정에 대한 임시적 원조 프로그램(TANF, 과거의 AFDC)은 모든 신청자에 대한 철저한 자산조사를 통해 수급자격 유무가 결정되므로, TANF와 같은 공공부조제도의 사회적 할당은 분명히 사회적 효과성보다는 비용효과성에 더 많은 중점을 두고 있다.

티트머스(Titmuss)는 의료급여제도에서 발생하는 비용효과성과 사회적 효과성 간의 갈등관계를 다음과 같이 설명했다.

만일 의료서비스를 이용하기 위해서 자존심이 상하거나 시간 소모적이거나 다른 불편을 감수해야 하는 자산조사를 받아야 한다면, 사람들은 증상이 심각한 상태에 이를 때까지 의료서비스를 이용하지 않을 것이며, 증상이 심각해진 후에 의료서비스를 받게 되면 치료비용이 더 많이 소요된다.

장기적으로 보면, 매우 심각한 욕구를 가진 사람에게만 치료서비스를 제한함으로써 비용을 절약하는 의료서비스의 선별적인 할당보다 예방을 통한 보편적인 할당이 더 많은 비용을 절약할 수 있다. 비용효과성과 사회적 효과성 간에 조화를 이룰 수 있는 정책대안을 강구하여야 한다.

선택의 자유와 사회통제

• 선택의 자유: 현금급여>현물급여, 조건부 급여<비조건부 급여
• 사회통제: 현금급여<현물급여, 조건부 급여>비조건부 급여

선택의 자유(freedom of choice)는 수급자에게 자신의 개인적 선호에 따라 급여를 선택할 수 있는 상당한 재량이 제공될 때 나타난다. 예를 들면, 현금 형태로 급여가 제공될 때 수급자는 높은 수준의 선택권, 즉 소비자 주권(consumer sovereignty)을 행사할 수

있다.

사회통제(social control)는 개인적 선택을 제한하는 급여에서 나타난다. 현물급여의 경우, 수급자는 주거, 의료서비스, 상담, 치료, 자문, 정보 등 어떠한 형태로 제공되든 특정 형태의 급여를 제한적으로 제공받게 된다. 물론 수급자들은 급여를 받을 것인지 받지 않을 것인지를 선택할 자유는 있지만, 이러한 선택은 거기에서 끝난다. 어떤 사회복지프로그램에서 사회적 급여들은 선택의 자유와 사회통제의 가치가 서로 상충하는 관계(trade-off)에 놓여 있다. 어느 한 급여 영역에서 선택의 자유를 높이기 위해서는 다른 영역에서 사회통제를 희생시켜야만 하도록 되어 있다. 공공부조에서 경제적 원조의 할당은 높은 수준의 사회통제와 연계되어 있는 경우가 종종 있다.

미국의 AFDC의 경우, 수급자들은 처음에는 현금보조금을 받아 물질적 생존을 위해 필요한 것들을 자유롭게 충족할 수 있는 선택의 자유를 행사할 수 있었다. 그러나 공공부조에서 경제적 원조에 사회통제가 연계되기 시작하였다. 1988년 「가족지원법 (FSA, Family Support Act of 1988)」하에서는 AFDC의 현금원조가 직업훈련프로그램의 참여와, 일부 주에서는 교육프로그램의 참여와 연계되었다. 1996년 AFDC가 TANF로 대체되면서 현금급여는 학교 다니기, 10대 미혼모의 경우 집에서 생활하기, 직업훈련 참여, 아동의 친자 확인하기 등과 같은 다양한 바람직한 행동을 할 경우에만 일종의 인센티브로서 제공되었다. 이러한 사회통제의 일종인 인센티브제도는 보수주의자들로부터도 상당한 지지를 받았다.

이러한 조건부 급여는 비조건부 급여보다 사회통제 효과는 더 크나 선택의 자유를 일부 제한하게 된다.

이의제기의 자유와 효율성

• 이의제기의 자유: 민주적 전달체계 > 관료적 전달체계
• 효율성: 민주적 전달체계 < 관료적 전달체계

이의제기의 자유(freedom of dissent)와 효율성(efficiency)은 전달체계가 본래 민주적인 노선을 따라 설계되었느냐 아니면 관료적인 노선을 따라 설계되었느냐에 따라 영향을 받는 가치다. 사회구성원 대다수의 이익을 반영하는 사회적 목적을 성취할 때에는 사회구성원들이 상충하는 모든 견해를 전해 줄 기회를 제공하는 것이 중요한 문제

다. 반면, 과업이 주어진 사회적 목적을 성취하는 것일 때는 과업을 성취하기 위한 대중적인 수단이 아니라 효율적인 수단을 발견하는 것이 해결해야 할 근본적인 문제다.

미국의 TANF의 경우, 전달체계는 본래 관료적인 노선을 따라 조직되었다. 클라이언트들은 보조금 수준이나 수급자격을 결정하는 데 자신의 의견을 개진할 수가 없었다. 그러나 1960년대 빈곤과의 전쟁이나 시범도시프로그램은 프로그램의 기획과 집행과정에 상당한 시민참여가 이루어지도록 규정하였다.

지방자치와 중앙집권

지방자치(local autonomy)와 중앙집권(centralization)은 프로그램의 재정과 관리영역에서 찾아볼 수 있는 가치다. 이 가치들 간의 갈등은 프로그램 비용을 정부 간에(예: 중앙정부와 지방정부 간에) 또는 민간영역에서 전국적인 자원조직과 지방자원조직 간에 재정분담을 어떻게 하고 관리는 어떻게 할 것인가를 구상할 때 종종 나타날 수 있다.

비용분담장치는 연방정부의 보조금을 통해 집행되는데, 이는 연속선상에서 한쪽 끝에 광범위한 목적의 포괄보조금(broad purpose block grants)이 위치하고, 다른 쪽 끝에 특정 목적의 범주적 보조금(special purpose categorical grants)이 위치하며, 그 사이에 다양한 형태의 정부보조금 대안이 위치한다.

포괄보조금은 중앙정부가 일괄적으로 전국에 걸쳐 지방정부의 프로그램에 대해 재정보조를 하는 보조금제도다. 포괄보조금은 제공된 보조금이 보건, 지역사회 개발 또는 교육과 같은 일반적인 프로그램 영역에 사용되어야 한다는 필요조건 이외에 그 돈이 어떻게 사용되어야 한다는 것에 대한 구체적 요구사항이나 세부규정은 거의 없다. 이러한 점에서 포괄보조금은 높은 수준의 지방자치를 보장해 준다.

반면, 범주적 보조금은 연방정부가 정해 놓은 세부적인 사용 목적과 구체적인 기준에 따라 사용되어야 하는 보조금제도다. 따라서 범주적 보조금제도하에서는 기금의 사용에 관한 지방정부의 재량권은 연방정부의 상세한 기준에 따라 제한된다. 비용

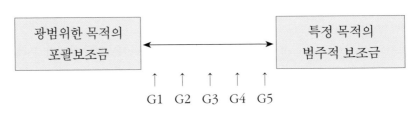

[그림 5-4] 정부보조금 대안

분담장치에서 대부분의 경우 재정방식은 연속선상의 중간 어느 지점에 자리를 잡고 있다.

AFDC 프로그램은 비록 범주적 원리에 기초하지만 지방자치와 중앙집권이라는 두 가치의 요소들을 포함하고 있었다. 연방정부의 자금제공자는 이러한 범주적 보조금에 시민권 보장, 주 전체에 걸친 실시(statewideness) 그리고 서비스 제공에 관한 다양한 조건들을 부과하였다. 그러나 주정부는 자유로이 욕구기준의 설정과 수급자에게 제공되는 재정적 원조 금액을 규정할 수 있었다.

1996년 AFDC가 TANF로 바뀌면서 재정방식이 범주적 보조금에서 포괄보조금으로 바뀌었고, 그에 따라 연방정부는 주정부에게 어떻게 자금을 사용할 것인가를 결정하는 데 더 많은 재량권을 부여하였다. 그럼에도 시민권, 시한부 급여 그리고 근로의무 등과 같은 다양한 조건을 포괄보조금에 의해 원조를 받는 수급자에게 부과하였다.

제6장

사회복지정책의 분석

1. 사회복지정책 분석의 의의

1) 사회복지정책 분석의 개념

정책분석에 관한 학자들의 정의는 서로 다르게 나타나고 있다. 저명한 정책학자인 다이(Dye)는 정책분석이란 정부활동의 원인과 결과를 기술하고 설명하는 것으로 처방보다는 기술에 초점을 맞춘다고 하였다. 던(Dunn)은 정책분석이란 정책과정의 그리고 정책과정에서 지식을 생산하는 과정이라고 하였다. 그는 정책분석을 정책문제 해결에 적합한 정보를 생산하기 위해 다양한 조사와 논증을 행하며, 다양한 사회과학기법을 활용하는 일종의 응용사회과학(applied social science)이라고 하였다.[1] 도벨스타인(Dobelstein)은 정책분석이란 정책결정자들에게 그들이 고려해야 할 문제들에 대한 믿을 만한 정보를 제공하는 것이라고 하였다.[2] 젠킨스(Jenkins)는 정책분석이란 다양한 정부 차원에서 나타나는 정치적 행동의 원인, 속성 그리고 결과를 분석하는 것으로 의사결정에 초점을 맞추고 있다.[3]

이들의 정의를 종합해 보면, 정책분석이란 정부 차원에서 다양하게 이루어지는 정

---

1) Dunn(1981), pp. 7-9.
2) Dobelstein(1990), pp. 64-68.
3) Jenkins(1978), pp. 13-15.

부활동의 원인과 결과를 조사하고 논증하여 정책문제 해결에 필요한 정보를 생산하여 제공하기 위한 분석활동을 말한다.

따라서 사회복지정책 분석이란 모든 국민의 인간다운 생활을 보장하기 위해 정부 차원에서 다양하게 이루어지는 정부활동의 원인과 결과를 조사하고 논증하여, 사회복지정책상 문제를 해결하고 국민의 욕구를 충족시켜 줄 정보를 생산·제공하기 위한 분석활동을 말한다.

2) 사회복지정책 분석의 목적

앤더슨(Anderson)에 따르면 사회복지정책 분석은 일반적으로 과학적·전문적·실천적 그리고 정치적 목적을 갖고 있다.[4]

- **과학적(scientific) 목적**: 사회복지정책 분석은 사회복지정책에 관한 인적·물적 자원 등 정책자원의 투입, 전달체계 내에서의 변환과정, 산출물로서의 정책급여 그리고 그로 인해 어떠한 변화나 영향이 있었는가에 관한 정책결과, 아울러 이들 체계 밖에서 각각에 미치는 환경적 요인들에 관한 지식을 탐구한다. 이러한 과정에서 정책은 때로는 독립변수로서, 때로는 종속변수로서 역할을 한다.
- **전문적(professional) 목적**: 사회복지정책 분석은 지식탐구를 통하여 얻은 과학적 지식을 실제 사회문제 해결에 적용하는 처방적 기능을 수행한다.
- **실천적(practical) 목적**: 사회복지정책 분석은 비복지의 문제에 관해 진단하고, 이 문제를 해결하기 위한 정책대안을 개발하고, 이와 관련된 정보를 정책결정자에게 주기 위해 수행된다.
- **정치적(political) 목적**: 사회복지정책 분석은 국민의 삶의 질을 향상시키기 위해 특정 정책을 옹호하고, 그 정책이 실현되도록 하기 위해 실시된다.

사회복지정책이 분석되는 과정은 가치중립적이라기보다 가치개입적이고(value judgment), 규범적이며 처방적인 특징을 갖고 있다. 사회복지정책을 분석하기 위한 접근방법과 그에 따른 정책적 관심 문제 그리고 분석 결과를 통하여 제공할 수 있는 정보유형을 정리하면 다음과 같다.

4) Anderson(1979), pp. 6-8.

〈표 6-1〉 정책분석에 따른 정보유형

접근방법	관심 문제	정보유형
경험적	그것은 존재하는가? (사실, fact)	지시적(designative)
평가적	그것은 가치 있는가? (가치, value)	평가적(evaluative)
규범적	무엇이 행해져야 하는가? (행동, action)	옹호적(advocative)

2. 사회복지정책 분석의 방법

사회복지정책을 분석하기 위해 사용하는 주된 접근방법은 과정분석(studies of process), 산물분석(studies of product) 그리고 성과분석(studies of performance)으로, 영문 머리글자를 따서 3P's로 불린다. 사회복지사들은 종종 이 세 가지의 분석과 관련된 정책 현장에서 활동하고 있기 때문에 사회복지사들은 과정분석, 산물분석, 성과분석으로부터 도출된 지식과 통찰력을 동일한 비중으로 활용할 수 있어야 한다.[5] 노인장기요양보험정책 이해에서 사회복지사는 「노인장기요양보험법」이 법제화되는 과정을 과정분석을 통해 이해할 수 있어야 하며, 입법 결과 법적 내용을 구체적으로 실현하기 위한 시설급여나 재가급여와 같은 다양한 프로그램을 산물분석을 통해 이해할 수 있어야 하고, 또한 그 프로그램들의 성과를 성과분석을 통해 이해할 수 있어야 한다.

1) 과정분석

과정분석이란 사회복지정책 형성의 역동성을 사회정치적 변수와 기술적·방법적 변수를 중심으로 하여 분석하는 접근으로, 정치학과 역사학이 학문적으로 기초를 이룬다. 과정분석은 계획에 관련된 각종 정보인 계획정보, 그리고 다양한 정치조직, 정부조직, 기타 여러 조직 간의 관계 및 상호작용이 정책형성에 어떻게 영향을 미치는가를 분석하는 데에 가장 많은 관심을 둔다. 계획정보와 조직들 간의 관계 및 상호작용은 정책형성의 투입요소다.

과정분석은 정책사정(policy assessment)이 어떻게 이루어지는지를 이해하기 위한 목

---

5) Gilbert & Terrell(2005), pp. 14-17.

적에서 이루어지는데, 일반적으로 과정분석은 정책결정에서의 정치적 · 기술적 투입 요소에 대한 사례연구의 형태로 이루어진다. 과정분석은 시간적 차원에서 장기적 또는 단기적으로 이루어질 수 있으며, 분석수준을 기준으로 사회복지제도의 전체 또는 일부를 대상으로 이루어질 수 있다.

또 다른 중요한 분석적 전통 가운데 하나로 지배계급이나 특정 성(性, gender) 또는 인종이 결정적인 역할을 수행할 수 있다는 마르크스주의적 관점과 이를 부정하고 다양한 사회적, 정치적 및 경제적 세력들이 결정적인 역할을 수행할 수 있다는 다원주의적 관점을 들 수 있다. 마르크스주의적 관점으로는 복지국가를 계급, 문화 그리고 억압의 관점에서 해석하여 공적인 복지가 권리로서 국민에게 주어진 것이 아니라 일종의 빈민을 통제하기 위한 수단으로 사용되어 왔다고 비판하는 피번과 클로워드(Piven & Cloward)의 주장을 들 수 있다. [6] 다원주의적 관점에서는 정부의 주요 결정들을 기업과 재계의 권력집단 및 그들과 관련된 엘리트뿐만 아니라 다양한 시민단체, 이익단체, 정책전문가, 선거를 통해 선출된 관료 그리고 개개의 유권자들의 노력의 산물로 본다.

2) 산물분석

산물분석은 기획과정(planning process)을 거쳐 이끌어 낸 일련의 정책대안(policy choices)에 초점을 맞추는 접근방법이다. 정책설계의 구성요소들인 대안의 형태와 본질이 무엇인가? 이러한 대안을 배제하는 선택은 무엇인가? 어떠한 가치, 이론 그리고 가정이 이러한 대안을 지지하는가?

기획과정을 통해 얻게 되는 산물은 일련의 정책대안이다. 이러한 정책대안은 프로그램 제안의 형태를 가질 수도, 법률의 형태를 가질 수도, 궁극적으로 프로그램으로 발전하게 될 확정적 계획(standing plan)의 형태를 가질 수도 있는데 산물분석이란 그러한 정책대안에 관련된 여러 가지 쟁점을 분석하는 접근이다.

산물분석의 과제는 정책이 형성되는 사회정치적 맥락을 고찰하거나 정책의 결과를 평가하는 데 있지 않고 정책설계의 중요한 구성요소들을 구분하고 분해하는 데 있다. 산물분석의 관점에서 관심을 갖는 정책설계의 기본적인 구성요소를 대안의 차원(dimensions of choice)이라 할 수 있다.

---

6) Piven & Cloward(1987), p. 15.

3) 성과분석

성과분석은 특정한 정책선택에 의해 실행된 프로그램이 낳은 결과를 기술하고 평가하는 데 관심을 둔다. 프로그램 결과를 분석하는 경우에는 프로그램의 경계가 보다 분명하게 정해질 수 있기 때문에 상대적으로 보다 객관적이고 체계적인 관찰이 이루어질 수 있다. 성과는 질적 · 양적 자료의 수집을 통해서 그리고 여러 가지 학문 분야에서 개발된 다양한 방법론적 도구를 통해서 측정될 수 있다. 조사방법론은 성과를 측정하기 위한 중요한 기술적 · 이론적 지식과 기법을 제공하고 있다.

3. 사회복지정책 연구에 관한 정치적 관점

사회복지를 둘러싼 전통적인 논쟁은 바람직한 사회란 무엇인지 그리고 그러한 사회 속에서 정부의 역할은 무엇인지에 관해 개인주의 가치와 집단주의 가치 간의 첨예한 대립의 양상을 띠고 진행되어 왔다.[7]

〈표 6-2〉 사회복지정책에 관한 정치적 관점

	개인주의적 관점	집합주의적 관점
정치 이데올로기	보수적	진보적
사회문제에 관한 입장	사회문제는 잘못된 선택, 개인적 역기능, 빈곤문화에 기인함.	사회문제는 근본적인 사회경제적 환경, 접근을 저해하는 요인들, 기회의 부족에서 비롯됨.
시장에 관한 입장	통제받지 않은 시장과 사유재산이 번영과 복지를 보장함.	통제받지 않은 시장은 위험한 경기순환, 실업, 도시 황폐화, 빈곤, 불평등 및 환경 파괴를 초래함.
정부의 책임	잔여적 관점-정부는 작아야 함-사적 제도를 보조하는 온건하고 분권화된 정부가 되어야 함.	제도적 관점-정부는 전체 사회공동체를 위해 복지를 증진하기에 충분할 만큼 커야 함.
사회정책 아젠다	시장, 자원봉사 및 종교적 제도에 중점을 두고, 빈곤층에 초점을 맞춘 최소한의 안전망을 제공	공적인 리더십에 의존, 충분한 기회, 경제적 안전 및 기본적인 사회적 재화를 확보하기 위해 광범위한 프로그램을 제공

7) Gilbert & Terrell(2005), pp. 17-20.

1) 개인주의 가치

개인주의(individualism)는 자신의 적성과 야망을 바탕으로 성공적인 삶을 이룰 수 있도록 보통 사람들에게 주어진 기회에 대해서 강한 믿음을 보인다. 이는 자유주의 국가인 미국 사회의 가장 근본적인 윤리인 노력과 성취를 통하여 미국이 이룬 성공을 가장 잘 설명해 주는 '미국 예외주의(American exceptionalism)'의 기본 요소다.

집합주의(collectivism)적 관점은 사회적으로 바람직한 행위로 공동의 목표를 이루기 위한 공동의 행위를 강조한다. 집합주의적 관점에서는 사회의 복리에서 가장 중요한 요소는 개인적 행위가 아니라 사회적 행위(social action)이므로 무분별한 자기향상(unchecked self-advancement)의 욕구 속에 내재한 불화적 성향(divisiveness)을 통제해야 한다고 주장한다.

모든 사람은 각자 자신의 운명에 대해 책임이 있다(Every person responsible for his or her own fate)는 개인주의의 지배적인 가정은 열심히 자립하기 위해 노력하면 물질적 성공으로 보상을 받게 된다는 전통적인 아메리칸 드림(American dream)에 관한 견해를 대변하고 있다. 같은 맥락에서 실패한 삶을 사는 사람은 개인적으로 부적절하거나, 노력이 부족하거나, 기술이 충분하지 않기 때문이라는 의미를 함축하고 있다.

사회철학으로서 개인주의는 인위적인 개입이 없는 사적 시장에서 사람들이 자신의 물질적인 이익을 자유롭게 추구할 때 사회가 가장 잘 작동하게 된다는 자유방임(laissez-faire)적 경제관에서 찾아볼 수 있다. 보수주의자(conservatives)들은 최적 수준의 복지는 일자리와 부와 모두를 위한 경제적 보장을 성공적으로 창출하는 기업가정신을 내포하는 사적 행위와 사적 이익의 결과로 구현된다. 이들은 개인주의와 자유시장자본주의가 세상에서 가장 효율적인 빈곤퇴치장치(the most efficient anti-poverty machine)를 창조하였다고 주장한다.

정치적으로 개인주의는 보수주의의 근본적인 요소다. 보수주의는 가족, 교회 그리고 국가가 아닌 사회적 개입을 위한 기본적인 기관으로 간주되는 민간 협회와 같은 민간사회기관들에 우선적인 가치를 두고 있다.

개인주의는 국방, 기초교육, 공정거래, 사회간접자본(도로, 항만 등) 건설 등을 제외하고는 정부의 역할에 대해 매우 회의적인 입장을 취한다.[8] 특히, 사회복지에 관한 한

---

8) 이와 관련하여 레이건(Reagan) 대통령은 다음과 같이 말하였다. "정부가 할 수 있는 최선은 아무것도

보수주의자들은 공공복지는 시장의 기능을 저해하고 사적 책임을 약화시킬 수 있기 때문에 사회질서를 보호하기 위한 최소한의 안전망(minimum safety net)을 구축하는 것 이상의 조치에 대해서는 강한 저항을 나타내고 있다. 이러한 '사람들은 퇴직 후 소득이 확보된다면 책임 있게 자신의 미래에 대해 계획을 세우지 않는다'는 논거가 바로 1935년 미국의 「사회보장법(Social Security Act of 1935)」 제정 당시 보수주의자들이 사회보장을 반대한 근본적인 이유였으며, 보수주의자들이 오늘날 보건 및 사회서비스 조치들을 반대하는 근본적인 이유가 되고 있다.

2) 집합주의 가치

반면, 집합주의(collectivism)는 민주적 사회주의, 진보주의 그리고 사회적 자유주의와 오랫동안 관련되어 왔기 때문에 시민들이 권리로서 사회에서 공정한 몫(fair share)을 응당 받을 자격이 있다고 주장한다. 좌파에게 사회문제는 개인적인 부적절함의 산물이라기보다는 산업자본주의의 탐욕스러운 자기추구와 같은 사회경제적 기능부전(malfunction)의 결과다.

오늘날 집합주의적 접근은 사회주의나 계급갈등 등과 같은 용어를 사용하기보다는 사회경제적 요인, 기회 그리고 사회복지와 같은 용어를 사용한다. 비록 집합주의가 자본주의의 기본적 구조와 타협점을 찾았지만, 그럼에도 좌파는 여전히 개인주의를 불평등, 사회문제 그리고 사회적·경제적 엘리트에 의한 지배를 파생시키는 해로운 도구로 간주한다.

집합주의 원리는 정부를 소수를 위한 아젠다에 대항하여 다수의 이익을 보호하기 위한 권위를 가진 사회제도로서 광범위한 사회의 민주적 의지 표현으로 정부에 가치를 부여하고 있다. 좌파에게 정부의 임무는 시장에 대응하여 균형을 맞추고, 전체를 위해서 이기적인 세력들의 권력을 제한하는 것이며, 성장과 고용 그리고 공정한 임금을 보장하기 위한 경제적 경영을 확보하는 것이다.

보수주의자들이 안전망의 잔여주의(residualism of safety net)를 옹호하는 반면, 진보주의자들은 인간의 기본적인 욕구들에 역점을 두어 다루어져야 할 것을 확실히 하는 적극적인 공적 책임을 강조한다.

하지 않는 것이다(The best thing the government can do is nothing)."

실제로 진보주의적 사회정책은 그것이 소득 격차든 극심한 교육·보건·주거 격차든 간에, 사회적 불평등을 감소시키기 위한 자원의 할당을 추진하고 있기 때문에 광범위한 인류평등주의적 윤리(egalitarian ethic)에 기초하고 있다.

4. 사회복지정책 분석틀의 유형

사회복지정책의 분석틀은 비록 그 초점이 광범위하지 못하지만 연구자가 초점을 두는 현상만을 관찰할 수 있게 하는 현미경의 렌즈와 같은 역할을 한다. 분석틀은 일련의 특정한 개념들을 확대하고 그 개념들에만 주의를 집중하게 하는 일정한 수준의 추상성을 자동적으로 추적하여 분석하는 경향이 있다.

사회복지정책의 분석틀은 길버트와 테럴이 사용하는 분석틀에 따라 사회복지정책을 '경제적 시장 밖에서 기능하는 급여할당기제(benefit-allocation mechanism functioning outside the economic marketplace)'의 환경에 자리를 잡아 준다.

마셜(Marshall)이 논평하는 바와 같이, 경제적 과정과는 대조적으로 복지국가의 근본적인 원리는 개인의 시장가치(market value of individual)가 복지에 대한 권리의 척도가 될 수 없다는 것이다. 사실, 복지의 중심적인 기능은 시장으로부터 재화와 서비스를 추출함으로써, 또는 시장이 스스로 생산해 내지 못하는 결과를 창출하기 위하여 시장의 작동을 통제하고 수정함으로써 시장을 대체하는 것이다.[9]

◆ 사회적 시장과 경제적 시장

시장은 재화와 서비스를 할당하는 원리와 동기가 무엇인가를 기준으로 사회적 시장(social market)과 경제적 시장(economic market)으로 구분한다. 사회적 시장은 재화와 서비스를 우선적으로 재정적 욕구, 의존성, 이타적 동기, 사회적 책임, 자선적 동기, 공동체의 안정에 대한 바람 등에 의해 할당한다. 반면, 경제적 시장은 자본주의 사회에서 기본적으로 개인의 창의성, 능력, 생산성, 이윤추구 동기 등에 기초를 두고 재화와 서비스를 할당한다.

---

9) Gilbert & Terrell(2005), pp. 62-67.

사회적 시장에는 공공부문과 민간부문이 모두 포함된다. 공공부문은 연방정부, 주정부, 지방정부 모두 포함하며, 복지국가에서 분배되는 재화와 서비스의 가장 많은 부분을 차지한다. 사회적 시장에서 민간부문을 통해 할당되는 급여는 가족과 친구들의 비공식적 노력들, 자원기관에 의해 그리고 종종 영리추구기관에 의해 제공되는 서비스를 포함한다. 경제적 시장의 활동과 중복되는 경우는, 즉 사회적 시장에서 영리추구기관이 서비스를 제공하는 경우는 민간사회복지영역과 경제적 시장 간의 경계를 불분명하게 만들고 있다.

사회적 시장경제에서 민간영리기관이 차지하는 비중은 비록 작지만 1960년대 중반 이래 증가하고 있다. 라이히(Reich)는 사회복지와 경제발전을 통합하기 위해서 정부와 기업 간의 동반자 관계(government and business partnerships)가 필요함을 주장하였다.[10] [11] 그는 이러한 정부와 기업 간의 동반자 관계가 이루어지면 만성적인 실업자를 고용하기로 동의한 기업에 정부가 보조금을 제공함으로써 기존의 복지체계의 상당 부분을 대체할 수 있다고 주장한다. 주간보호, 보건의료, 장애인 급부와 같은 사회서비스를 위한 공적 자금이 기업에 할당되면, 정부가 이들을 관리할 필요성이 없어진다. 사회복지가 기업들과 이와 같이 연계하게 되면, 사회복지급여는 인간자본의 형성에 기여함으로써 중요한 목적을 달성하는 데 공헌하게 된다. 이와 같은 사회복지와 기업 간을 결합함으로써 나타나는 가장 큰 매력은 그러한 결합을 통하여 복지활동이 시장경제에서 경제성장을 촉진하는 생산적 동력이 될 수 있다는 정당성과 가치를 부여받게 된다는 것이다.

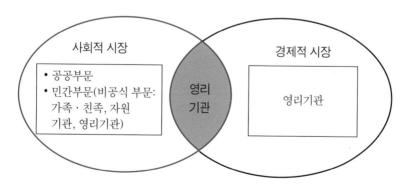

[그림 6-1] **사회적 시장과 경제적 시장**

---

10) 앞의 책, p. 65.
11) Reich(1983), p. 247.

민간영리기관들에 의해 제공되는 사회서비스는 가정봉사서비스, 보육서비스, 무료급식서비스, 직업훈련 등과 같은 영역에서 찾아볼 수 있지만 가장 두드러진 분야는 요양원서비스다. 미국의 경우 요양서비스는 소요비용의 절반가량을 주로 메디케이드(Medicaid) 같은 공공재정으로 충당하지만 대부분의 요양원이 영리기관에 의해 운영된다. 이와 같은 요양원서비스의 영역을 '요양원산업(nursing home industry)'이라 부르며, 최근에는 '보육서비스산업(day care industry)'이 떠오르고 있다.

영리기관들이 복지국가에 침투해 들어옴으로써 사회적 시장이 자본주의 정신으로 물들게 되었으며, 사회복지 할당의 처리방식도 점점 시장경제의 처리방식으로 이루어지는 경향이 발생하게 되었다.

그러나 복지서비스를 사회복지의 인본주의적 특성을 갖고 있는 공동체적이고 자선적인 정신과 배치되는 시장경제와 혼합하는 측면이 있다. 복지프로그램과 민간기업을 혼합하는 것은 사회적 목적과 경제적 목적 간에 조화를 이룰 수 있다는 가정을 전제하는 것이나 양자 간의 조화는 명백하지 않다. 실적이나 생산성에 대한 보상을 기초로 하는 경제적 목적과 욕구나 의존성에 기초한 급부에 대한 지원을 기초로 하는 사회적 목적 간에는 조화를 이루기 어렵다. 재정적 이득을 위해 위험을 감수할 것을 촉구하는 체제가 평등과 보장을 추구하는 데 진지한 노력을 기울일 가능성은 희박하다. 근본적인 이슈는 자본주의사회가 욕구 충족과 실적 보상, 자유의 증진과 보장 제공 그리고 기회 평등의 제공과 결과 평등의 보장과 같은 상충하는 목적을 어떻게 처리할 것이냐는 것이다.

산업화된 자본주의사회에서 사회적 시장과 경제적 시장이 어떻게 기능하느냐는 개인주의적 열망과 집합적 책임 간의 복잡한 관계에 달려 있다. 양자 간의 관계는 긴장과 모순으로 가득 차 있다. 마셜은 이러한 긴장이 자선적 동기와 이윤추구 동기 간에 또는 욕구와 실적 간에 건설적인 균형을 유지시키는 데 도움을 주며, 그래서 건전한 사회를 건설하는 데 기여하게 된다고 주장한다.[12] 영리추구기업이 사회적 시장을 상업화하기 위해 사회적 시장에 유입된다고 해도 이러한 균형이 향상될 것이라고 기대하는 것은 어려운 일이다.

일부 분석가들은 사회복지정책은 급여할당이 시장체계 밖에서 일어나도록 하기 때문에 상호적이거나 구매자로부터 판매자에게로의 시장교환이라기보다는 일방적 교환 또는 사회로부터 개인에게로의 사회적 이전(social transfer)을 제공한다고 믿고 있다.

---

12) Marshall(1972), pp. 19~20.

그러나 사회복지수급자들은 보통 엄격한 의무를 지게 된다. 잘드(Zald)가 지적하듯이 비록 많은 복지수급자는 그들이 받는 서비스의 대가로 금전을 지급하지는 않지만 그보다 많은 것(예: 고마움, 정치적 순종 등)을 지불하는지도 모른다. 따라서 상호대등관계가 있느냐 없느냐는 금전이라는 것을 어떻게 설명하느냐에 달려 있다.[13]

사실, 1990년대에 사회복지급부에 대한 권리를 주장하는 사람들이 수행해야 할 책임이 무엇이냐에 관한 중요성이 강조되기 시작하였다. '만일 사회복지급부가 시민권의 권리라면, 이러한 권리에 수반되는 사회적 책임이 무엇이냐'라는 질문이 사회정책에 대한 공적인 논의에서 중심을 이루었다. 미드(Mead, 1986)의 시민권에 따른 사회적 책임에 대한 분석은 공적인 원조에 대한 시민의 권리를 의존적인 공동체 구성원으로서 수행해야 할 그들의 책임에 대해 어떻게 비교검토할 것인가에 대한 논쟁을 불러일으켰다. 미드에 따르면, 사회복지급부를 받을 자격은 획득가능한 일자리에서 근로하고, 자신의 가족에 대한 부양에 기여하며, 취업을 위해 학교에서 충분한 교육을 받고, 법률 준수와 같은 기대되는 행동을 이행한 수급자들에게 조건부로 주어져야 한다.

사회적 시장에서 급여의 할당은 급여할당에 소요되는 재정 마련과 급여 전달을 포함하는데, 이러한 역할은 동일한 구성단위에 의해 수행되는 것이 아니라 공공기관, 민간기관, 영리기관 그리고 비공식 부문의 역할이 다양하게 혼합되어 다양한 형태로 존재하게 된다. 일반적으로 이러한 급여할당방식에서의 다양성을 '복지의 혼합경제(mixed economy of welfare)'라 부른다.

5. 분석틀의 요소: 선택의 차원

급부할당 분석틀 안에서 사회복지정책은 어떤 급부가 제공될 것인가, 누구에게 급부를 제공할 것인가, 어떻게 급부를 전달할 것인가 그리고 어떻게 재정을 충당할 것인가를 결정하는 원칙 가운데서 적절한 원칙을 선택하는 것으로 해석될 수 있다. 분석틀의 요소들은 지적인 선택과정에서 사용되는 사회적 구성개념이다. 분석틀을 구성하는 주요 선택의 차원들은 다음과 같은 네 가지 질문 형태로 표현될 수 있다.[14]

---

13) Zald(1965), p. 4.
14) Gilbert & Terrell(2005), pp. 67-70.

- 사회적 할당의 기반은 무엇인가? (What are the bases of social allocation?)
- 할당될 사회적 급여의 형태는 무엇인가? (What are the types of social provisions to be allocated?)
- 이러한 급여의 전달을 위한 전략은 무엇인가? (What are the strategies for the delivery of these provisions?)
- 이러한 급여 제공에 소요되는 재정을 충당하기 위한 방법은 무엇인가? (What are the ways to finance these provisions?)

이러한 분석틀에서의 선택의 차원은 사회복지정책의 모든 영역에 적용될 수 있다. 사회적 할당의 기반, 사회적 급여의 형태, 전달 전략 그리고 재정양식은 선택의 차원(dimensions of choice)을 의미하며, 이 각각의 차원은 각 차원 내부에 존재하는 대안의 범위, 대안들을 지지하는 사회적 가치, 각 대안의 기초가 되는 이론과 가정이라는 세 가지 축을 따라 검토된다.

선택의 차원들을 구체화하는 데서, 즉 사회복지정책을 분석하는 데서 우리는 두 단계를 거친다. 사회복지정책 분석과정에서 첫 번째 단계는 '어떠한 급여를 누구에게 할당할 것인가? 어떻게 이러한 급여들을 전달하고, 필요한 재정을 충당할 것인가?' 하는 것으로 할당 · 급여 · 전달 · 재정에 관한 선택의 차원을 다룬다. 사회복지정책 분석과정에서 두 번째 단계는 '왜(why)'의 질문으로, 이는 사회적 선택에 관해 정보를 제공해 주는 가치, 이론 또는 가정에 관해 다루는 것이다.

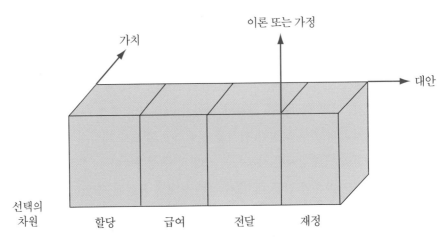

[그림 6-2] **선택의 차원**

출처: Gilbert & Terrell(2005), p. 68.

1) 할당 · 급여 · 전달 · 재정에 관한 선택

(1) 할당과 급여에 대한 선택: 수급자격(who)과 급여 형태(what)

할당의 기초와 급여 형태라는 선택의 차원들은 '누가 무엇을 얻는가?(Who gets what?)'라는 질문으로 표현된다.

사회적 할당의 기반은 수급자격 기준을 구체적으로 규정하기 위한 지침으로 사회복지정책에서 '누가(who)'의 문제를 다룬다. 사회복지정책은 항상 정책집행을 통해서 복지가 향상되는 사람들, 즉 수급자가 누구인가를 규정해야 한다. 사회복지정책이 비록 공익(public interest)을 증진하기 위해 노력하지만, 모든 사람을 평등하게 도와줄 수는 없으며, 혜택을 받을 대상인 수혜자를 선택해야만 한다. 그 선택은 끊임없이 정책기획자가 바람직하다고 생각하는 것, 환경이 필요로 하는 것 그리고 대중이 찬성하는 것 사이에서 상호조정(trade-off)을 거쳐 이루어진다.

사회적 급여를 받을 자격이 누구에게 있는가를 결정하는 데는 소득, 재산, 혼인상태, 취업상태, 연령 등과 같은 수많은 기준을 나열할 수 있지만, 선택의 차원이라는 관점에서 볼 때 그보다는 수급자격을 결정하는 기준의 토대가 되는 원칙이 과연 무엇인지를 파악하는 것이 중요하다. 사회적 할당의 기반이라는 선택의 차원은 사회 안의 특정 사람 또는 특정 집단이 사회적 급여를 이용할 수 있도록 하기 위해 적용되는 다양한 원칙 가운데에서 특정 원칙을 선택하는 것을 의미한다(The bases of social allocations refer to choices among the various principles upon which social provisions are made accessible to particular people and groups in society).

1960년대에는 사회서비스의 수급자격이 자산조사를 기반으로 엄격히 제한되는 선별주의가 실시되었다. 1981년 「사회보장법」의 개정으로 사회서비스통합보조금제도(Social Service Block Grants: SSBG)가 도입되어 주정부가 수급자격을 자유롭게 결정할 수 있게 되었다.

1990년에 들어서는 자산조사를 실시하지 않고 사회서비스가 일종의 권리로서 모든 국민에게 제공되는 보편주의로 변화하는 흐름을 발견할 수 있다.

사람들이 무엇(what)을 받을 자격이 있느냐의 문제는 사회적 급여의 형태에 관한 정책 선택과 관련된다. 정책분석에서 전통적인 사회적 급여의 형태에 관한 선택은 급여가 금전(in cash, 현금)으로 제공되느냐 아니면 현물(in-kind, 재화 또는 서비스)로 제공되느냐에 따라 다르지만 사회복지정책을 통해 분배되는 급여에는 권력, 증서, 기회 등과 같은 형태도 있다. 이들은 현금과 현물이라는 이분법적 구분보다 서로 다른 정도의 소비자 주권(consumer sovereignty)을 실현할 수 있도록 하여 준다.

사회적 급여의 종류에 관한 질문은 전달되는 급여의 종류가 무엇인가와 관련이 있다. 미국의 경우 1962년 당시에는 개별사회사업이 사회서비스의 대부분을 차지하였으며, 1967년에는 직업훈련이나 보육과 같이 구체적인 사회서비스를 제공하는 데 중점을 두었고, 1981년 사회서비스통합보조금(SSBG)제도의 도입으로 주정부가 생각해 낼 수 있는 모든 종류의 서비스를 제공할 수 있게 되었다. 따라서 사회적 급여와 성격이 추상적이고 제한된 종류의 서비스로부터 구체적이고 다양한 서비스로 전환되었다.

(2) 전달과 재정에 관한 선택: 어떻게(how)

사회적 급여를 전달하기 위한 대안적 전략들은 '어떻게(how)'라는 질문과 관련이 있다. 정책의 '누구에게(who)'와 '무엇을(what)'이라는 질문에 대한 선택이 이루어지면, 그다음에는 결정된 급여를 수급자격을 가진 소비자들에게 전달하기 위한 조치가 마련되어야 한다.

전달 전략이란 사회복지급여의 공급자와 소비자들이 지역사회체계[이웃, 시 그리고 시와 주 사이의 행정구역인 카운티(county)]의 환경 내에서 그리고 절대 다수의 공급자와 소비자들이 함께 만나는 수준에서 사회복지서비스의 공급자와 소비자 간에 형성되는 대안적인 조직적 장치들을 말한다(Delivery strategies refer to the alternative organizational arrangements among providers and consumers of social welfare benefits in the context of local community system(i.e. neighborhood, city, and county), the level at which the overwhelming majority of providers and consumers come together).

전달체계를 설계하는 데서는 보통 서비스 공급자로부터 서비스 소비자에 이르는 서비스의 흐름을 향상시키기 위한 전략을 논의하게 된다. 전달체계의 설계는 서비스 전달체계의 전체적인 구성, 서비스 구성단위 간의 연계, 시설의 지리적 위치, 서비스 전달을 담당할 인력의 능력과 적절성 그리고 공적 원조를 할 것인지 사적 원조를 할 것인지 등을 포함한다.

미국의 공공부조는 1967년까지는 사회서비스와 소득보장 기능이 통합되어 두 기능이 동일한 행정단위에 의해 수행되었으나, 그 후 사회서비스의 기능과 소득보장 기능이 행정적으로 분리되어 각기 다른 사람들에 의해 수행되었다. 그리고 1975년 이후 주정부와 지방정부의 서비스 구매조치들(purchase-of-service arrangements)에 대한 의

존도가 증가함에 따라 사적 비영리기관들이 본래 공공기관의 전달체계이던 영역으로 유입되는 사례가 증가하였다. 전달체계는 소득보조와 연계된 공적인(public-and-linked-to-income-maintenance) 전달체계에서 소득보장과 연계되지 않은 공·사혼합(public, private and free standing) 전달체계로 변화하고 있다.

　사회복지정책이 시장 밖에서 기능하는 급여할당기제로 간주된다면, 재정의 원천과 방법에 관한 선택이 이루어져야 한다. 급여에 재정을 충당하는 것과 급여를 전달하는 것의 차이를 인식하는 것은 중요하다. 재정 선택은 재원과 자금이 원천으로부터 흘러나와서 서비스 급여가 이루어지는 점으로 흘러들어 가는 방식에 관한 질문과 관련이 있다(Funding choices involve questions concerning the source of funds and the fashion in which funds flow from the point of origin to the point-of-service provision).

　주된 재정 대안 가운데 일부는 금전이 공적, 사적 또는 혼합 원천으로부터 추출되느냐, 관련된 정부의 수준, 그리고 징수되는 조세의 형태 등과 관계가 있다. 재정은 또한 보조금 공식, 목적의 구체화 그리고 시점 등과 같이 재정 장치를 지배하는 행정적 조건과도 관계가 있다.

　미국의 경우, 1962년 당시 연방정부는 AFDC, AB, OAA, APTD와 같은 공공부조 범주에 속하는 수급자들을 위한 모든 사회서비스 비용의 75%를 보조해 주었다. 1974년 사회서비스에 대한 연방정부의 지출액이 일정액을 넘지 못하게 하는 지출상한제(expenditure ceiling)를 실시하였으며, 보조금도 인구비례공식에 따라 엄격히 배분되었고, 사회서비스를 법에 일괄적으로 규정한 후 포괄보조금(block grant)으로 전환되었다. 1981년 사회서비스통합보조금(SSBG)으로 전환되면서 주정부는 연방정부의 보조금에 대해 완전한 재량권을 행사할 수 있게 되었고, 그동안 보조금을 받기 위한 주정부의 필요조건이던 대응자금(matching fund), 보고, 기획을 더 이상 요구하지 않게 되었다. 미국의 사회서비스 재정에 관한 선택은 금액제한 없는 범주적 보조금에서 고정금액의 포괄보조금으로(open-ended categorical grant to fixed-amount block grant) 전환되는 모습을 보이고 있다.

2) 사회적 선택에 내재된 가치·이론·가정: 왜(why)

　뮈르달(Myrdal)이 주장하는 바와 같이 사회정책이 진실로 합리적이기 위해서는 실천적인 판단과 같이 사회프로그램은 사실뿐만 아니라 가치의 전제를 기반으로 하는 결론이라는 명백한 원리를 받아들여야만 한다. 따라서 사회복지정책 설계에 내재된 가치를 밝히는 것은 매우 중요하다. 사회적 선택의 근본적 가치를 파악하게 되면 우리는 사회적 선택을 하게 된 이유를 찾아낼 수 있다.[15) 16)]

(1) 가치: 배분적 정의

가치와 사회복지정책에 관한 분석은 광범위한 수준과 특정 선택 차원의 수준이라는 적어도 두 가지 수준에서 접근할 수 있다. 보다 광범위한 수준에서의 분석은 일반적 의미로서의 정책에 초점을 맞춘다. 광범위한 수준에서의 분석은 특정 선택의 차원과 그 각각에 부수된 가치를 고찰하기보다는 광범위한 목적에 초점을 맞춘다. 엄밀히 말하면, '어느 정도 그 정책이 배분적 정의(distributive justice)를 달성했는지'를 다룬다. 이 일반성의 수준에서는 평등(equality), 형평(equity) 그리고 적절성(adequacy)이라는 세 가지의 가치들이 정책을 설계하는 데 핵심을 이룬다. 단, 이 세 가지 가치가 배분적 정의의 초석을 이루지만 항상 조화를 이루는 것은 아니다(제5장 '사회복지정책의 목표와 가치' 참고).

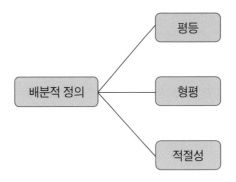

[그림 6-3] 배분적 정의의 하위가치

평등

아리스토텔레스는 평등을 수량적 평등(numerical equality)과 비례적 평등(proportional equality)으로 구분하는데 전자는 배분적 정의의 평등주의적 요소(egalitarian elements)를, 후자는 실적주의적 요소(meritarian elements)를 반영하고 있다.

---

15) Gilbert & Terrell(2005), pp. 76-91.
16) '(1) 가치: 배분적 정의'와 '(2) 개인주의적 가치와 집합주의적 가치' 부분은 제5장의 '사회복지정책의 목표와 가치' 부분과 중복되나, 이해의 편의를 위해 반복하여 서술하였음.

수량적(산술적) 평등은 '모든 사람에 대한 동등한 처우—모든 사람에게 동등한 몫—(the same treatment of everyone-to all an equal share)'을 의미하며, 대부분의 경우 이를 평등이라 부른다. 비례적 평등은 '유사한 사람들에 대한 동일한 처우—각자는 자신의 실적이나 공적에 따라—(the same treatment of similar persons-to each according to his or her merit or virtue)'를 의미하며, 이를 형평(equity)이라 부른다.

급여할당의 결과에 관한 평등의 가치는 사회복지정책에 영향을 미친다. 평등의 가치는 사회복지급여 분배과정에서 자원과 기회를 모두에게 동등하게 분배할 것을 요구한다. 미국의 공공부조제도 가운데 하나인 보충적 보장소득제도(SSI)에서 균일하게 연방보조금을 제공하는 것은 부분적으로 전국에 걸쳐 재정원조의 평등을 촉진하기 위한 조치다. 우리나라의 무상급식제도도 평등의 가치를 구현하는 사회복지급여다. 공공부조를 설계하는 데 평등이라는 목적이 미치는 영향은 부유한 주(州)/부자로부터 빈곤한 주(州)/가난한 자에게 재정이 얼마나 이전되느냐에 의해 명백하게 파악할 수 있다.

기회지향적인 정책들(opportunity-oriented policies)에서는 동등한 몫이라는 목적은 동등한 기회(equal opportunity)라는 관점에서 재해석된다. 장애인의무고용제와 같은 할당고용제(quota hiring plan)는 기회의 평등을 지향하는 정책 선택의 한 예다. 미국의 「공정주거법(Fair Housing legistration)」은 인종이나 민족에 관계없이 사람들은 주거를 탐색하는 데서 똑같은 처우를 받아야 한다고 규정하고 있다. 그러나 평등을 추구하는 이러한 기회지향적인 정책이 모든 사람에게 똑같은 결과를 보장해 주지는 않는다(It does not ensure equal results for everyone). 즉, 기회의 평등은 보장하나 결과의 평등은 보장하지 않는다.

형평

형평(equity)이란 공정한 처우(fair treatment)라는 전통적인 의미를 갖고 있다. 공정한 처우란 자신이 받는 처우가 자신의 기여나 공헌에 따라 달라지는 비례적 평등(proportional equality)을 의미한다. 형평이란 규범적으로 인정될 수 있는 '공평한 불평등(equitable inequality)' 또는 '호혜적 조치(preferential treatment)'를 구현하는 정책사례에서 찾아볼 수 있다. 예를 들면, 제대군인에 대한 우대조치나 자신의 과거 소득에 비례하여 다르게 지급되는 실업급여, '열등처우의 원칙(doctrine of less eligibility)'이 적용된 공공부조의 경우 모두 형평의 가치를 구현하고 있다. 열등처우의 원칙은 1834년 영국의 「개정 빈민법(신 빈민법)」에서 처음으로 구체화된 원칙으로 '구제를 받는 빈민(the individual relived, pauper)의 생활수준은 최하급 독립 노동자의 생활수준보다 낮아야 한다'는 원칙이다.

미국의 대부분 주가 사회복지급여 배분에서 극히 낮은 급여 수준의 공공부조를 지지하는 이유는 공공부조의 원조가 수급자의 상태를 극빈 노동자의 생활수준 이상으로 향상시켜서는 안 된다는 믿음에서 비롯된 것이다. 이는 영국 「개정 빈민법」의 열등처우의 원칙과 일맥상통하는 정책신념이다. 이와 같이 '공공부조에서 형평이란 가치를 강조하는 것'은 공공부조제도 안에 근로유인(incentive to work)을 유지하기 위한 적절한 장치를 마련하는 것을 지지하게 한다.

근로유인프로그램이 본격적으로 실시된 것은 1967년 모든 근로능력이 있는 사람들에게 직업훈련과 취업을 제공하도록 하는 WIN(Work Incentive Now)이 도입되면서부터다. 1981년 WIN은 「가족지원법(FSA Family Support Act)」의 근로연계복지 또는 근로조건부복지(workfare) 규정으로 완전히 대체되었다. 1996년 「PRWORA(Personal Responsibility Work Opportunity Act)」의 제정으로 임시적 빈곤가족원조프로그램인 TANF(Temporary Assistance for Needy Families)가 탄생하였으며, 이로 인해 사회복지는 '근로연계복지'로 정립되었다. TANF 프로그램으로 수급자는 2년 이내에 일자리를 구하여야 하며, 평생 받을 수 있는 공공부조 수급기간이 엄격히 제한되었다.

적절성

적절성(adequacy)이란 사람들의 삶의 적합성(goodness of people's life)에 관한 논의로 인간으로서 품위를 유지할 수 있는 수준의 물질적 · 정신적 복리의 제공이 얼마나 바람직한가 하는 것이다(Adequacy refers to the desirability of providing a decent standard of physical and spiritual well-being). 단순히 표현하면 급여수준에 관한 논의다.

적절성의 기준은 시간과 환경에 따라 다양하게 나타난다. 중세의 농노들은 건강과 생산성을 유지하기 위한 필수품들을 제공받았다. 오늘날 적절성을 정의하기 위한 가장 평범한 통계치는 미국 노동부가 매년 산출하고 가족 수에 따라 조정하는 빈곤선으로 이는 최소한의 적절한 소득수준을 나타낸다. 우리 「헌법」 제34조에서 명시한 최소한의 인간다운 생활은 급여수준의 적절성을 논할 때 종종 언급된다. 국민기초생활보장제도의 최저보장수준도 적절성의 가치를 구현하기 위한 것이다.

평등, 형평, 적절성이라는 가치는 사회보장제도의 종류에 따라, 복지이념에 따라 강조하는 가치가 다를 수 있으며, 때로는 배분적 정의라는 상위가치를 구현하는 과정에서 가치의 충돌이 일어나기도 하고, 조절되기도 한다.

(2) 개인주의적 가치와 집합주의적 가치: 네 가지 경쟁적 가치

하위 단계로 내려오면, 선택을 하기 위해 고려해야 할 보다 광범위한 사회적 가치들이 존재한다. 예를 들면, 프라이버시, 인간의 존엄성, 근로 그리고 독립성과 같은 가치들이 수급자격, 사회적 급여의 형태 그리고 전달체계나 재정양식의 설계에 영향을 미칠 수 있다. 네 가지 선택의 차원과 그 각각에 영향을 미치는 경쟁적 가치들을 개인주의와 집합주의를 양극단에 놓고 정리하면 다음과 같다.

〈표 6-3〉 선택의 차원과 경쟁적 가치 관점

개인주의적 관점	선택의 차원	집합주의적 관점
비용효과성	할당	사회적 효과성
선택의 자유	급여	사회통제
이의제기의 자유	전달	효율성
지방자치	재정	중앙집권

비용효과성과 사회적 효과성

비용효과성(cost effectiveness)은 사회적 할당에 적용할 때 욕구가 가장 많은 사람, 즉 개방된 시장에서 자신들이 필요로 하는 것을 구매할 능력이 가장 적은 사람들에게 단위 금액당 급여가 얼마나 할당되었는지 정도에 의해 측정된다. 비용효과성의 지침은 자원의 낭비가 없어야 한다는 것이다. 비용효과성의 가치를 실현하기 위해서는 수급자격이 있는 사람을 결정하는 데 고도의 선별성(selectivity)이 요구된다. 극단적으로 선별성을 요구하는 경우에는 사회를 의존적인 사람과 독립적인 사람, 무능한 사람과 자립하는 사람으로 분리하여 계층화(stratification)를 초래할 수도 있다.

사회적 효과성(social effectiveness)은 탈낙인화(destigmatization)의 정도로 측정할 수 있다. 여기서 사회적 효과성의 개념은 잠재적인 수급자 누구나 급여를 신청할 때 수치심이나 낙인 또는 선별적인 절차를 집행하는 데 종종 필요한 조직적인 까다로운 절차(organizational rigmarole) 때문에 신청을 주저하게 하여서는 안 된다는 것이다. 사회적 효과성을 높이기 위해서는 할당은 선별적이 아니라 보편적으로 이루어질 것을 요구한다. 수급자격을 얻기 위해서 자산조사나 소득인정액조사를 할 필요가 없으며, 단지 시

민권을 갖고 있다는 신분 자체가 급여를 당연히 받을 수 있는 자격의 근거로서 충분하다(The badge of citizenship is sufficient basis for entitlement).

예를 들면, 자산조사를 통해 수급자격 유무가 결정되는 TANF나 우리나라 국민기초생활보장제도와 같은 공공부조제도의 사회적 할당은 분명히 사회적 효과성보다는 비용효과성에 대한 관심에 의해 더 많은 영향을 받게 된다. 반면, 아동수당제도나 우리나라의 무상보육제도와 같은 사회수당제도의 사회적 할당은 비용효과성보다 사회적 효과성에 더 많은 관심을 기울인다.

티트머스는 정책목표가 치료뿐만 아니라 예방도 포함하는 경우에, 특히 의료 급여에 대해서 비용효과성 계산을 사용하는 근시안적 관점으로 인해 비용효과성과 사회적 효과성 간에는 명백한 긴장이 발생한다고 말한다.[17]

선택의 자유와 사회통제

선택의 자유(freedom of choice)는 복지수혜자가 자신이 원하는 것을 자신의 선호에 따라 자유롭게 선택할 수 있는 정도, 즉 소비자주권(consumer sovereignty) 또는 수혜자주권(client sovereignty)을 행사할 수 있는 정도를 나타낸다. 현금급여가 현물급여보다 선택의 자유가 크다.

사회통제(social control)는 개인적 선택을 제한하는 급여에서 나타난다. 현물급여의 경우 급여가 특정 형태로 제공되기 때문에 자신의 선호에 따라 자신이 원하는 형태의 급여를 선택할 수 없다. 따라서 소비자주권 또는 수혜자주권의 행사가 통제된다. 그러나 사회통제는 선택의 자유는 제한하지만 의도한 정책목표를 달성하는 데는 유리하므로 효과성을 높일 수 있다. 현물급여는 현금급여보다 사회적 통제기능이 강하다.

이의제기의 자유와 효율성

이의제기의 자유(freedom of dissent)와 효율성(efficiency)은 전달체계가 본래 민주적인 노선을 따라 설계되었느냐 아니면 관료적인 노선을 따라 설계되었느냐에 영향을 미치는 가치다. 사회적 급여를 할당하는 과정에서 상충하는 모든 견해를 받아 준다면 민주성은 높아질 수 있지만 행정의 효율성은 저하된다.

미국의 TANF의 경우, 전달체계는 본래 관료적인 노선을 따라 조직되어, 이의제기의

---

17) Titmuss(1968), pp. 67-71.

자유를 제한하고 행정의 효율성을 높이도록 설계되었다. 따라서 클라이언트는 보조금 수준이나 수급자격을 설정하는 데 자신의 의견을 개진할 수 없었다. 그러나 1960년대 빈곤과의 전쟁이나 시범도시프로그램은 프로그램의 기획과 집행과정에 상당한 시민 참여가 이루어지도록 규정하여 민주적인 요소와 관료적인 요소를 통합하였다.

지방자치와 중앙집권

지방자치(local autonomy)와 중앙집권(centralization)은 프로그램의 재정과 관리에서 찾아볼 수 있는 가치다.

비용분담장치는 연방정부의 보조금을 통해 집행되는데, 이는 연속선상에서 한 끝의 광범위한 목적의 포괄보조금(broad purpose block grants)에서부터 다른 끝의 특정 목적의 범주적 보조금(special purpose categorical grants)에 이르기까지 다양한 형태를 가진다.

포괄보조금은 지방정부의 프로그램에 대해 중앙정부가 일괄적으로 전국적인 재정기여를 하는 것으로 제공된 보조금이 보건, 지역사회 개발 또는 교육과 같은 일반적인 프로그램 영역에 사용되어야 한다는 필요조건 이외에 어떻게 그 돈이 사용되어야 한다는 것에 대한 요구사항이나 세부규정은 거의 없으므로, 지방정부에 상당한 수준의 재량권을 부여하고 높은 수준의 지방자치를 보장해 준다.

반면, 범주적 보조금은 세부적인 사용 목적과 구체적인 사용 기준을 정해 놓기 때문에 기금의 사용에 관한 지방정부의 재량권은 연방정부의 상세한 기준에 따라 제한된다. 대부분의 비용분담장치에서 재정방식은 연속선상의 중간 어느 지점에 자리를 잡고, 지방자치와 국가적 기획의 공동의 바람직한 상황을 반영하고 있다.

전반적으로 포괄보조금은 지방자치에 유리한 반면, 범주적 보조금은 중앙집권에 유리하다. AFDC 프로그램은 범주적 보조금으로 운영된 반면, TANF 프로그램은 포괄보조금으로 운영되었다.

(3) 이론과 가정 그리고 사회적 선택

특정한 사회적 선택이 이루어지는 원인과 관련된 또 하나의 분석 차원으로 관련된 이론과 가정을 들 수 있다. 이론은 사회과학적 통찰력이 정책 선택에 영향을 미치고, 그 선택을 지지할 수 있을 때 이론이라 한다. 반면, 증거를 획득하고 해석하려는 체계적인 노력이 거의 없는 가설을 가정(assumption)이라 한다. 가정은 아직 완전하지 않은

이론을 말한다.[18]

이론이나 가정이 다르면 그에 따른 사회적 선택도 달라진다. 미국의 예를 들면, 1950년대에는 공공부조수혜자들이 실업이나 장애, 가장의 사망 등과 같은 외적 환경에 의해 희생된 사람으로 간주되었으며, 그들은 도움을 받아야 할 사람이지 변화되거나 치료되어야 할 사람으로 간주되지는 않았다. 따라서 경제적 원조 위주의 정책이 실시되었다. 1962년 「사회보장법」의 서비스 개정은 빈곤은 개인적 결함의 함수이며 그 개인적 결함은 개별사회사업(casework)을 통하여 변화되거나 완화될 수 있다는 이론에 근거하였으며, 이에 따라 개별사회사업과 같은 임상모델을 통하여 빈곤에 빠진 개인의 경제적 의존상태를 변화시키고, 치료하고, 재활시킬 수 있다고 보았다.

1971년 카터(Carter)는 빈곤의 문제는 매우 복잡하고, 다른 사람이나 가족의 문제, 지역사회나 전체 사회의 문제와 관련되어 있기 때문에 품위 있는 수준의 삶을 영위하기 위한 급여를 먼저 제공하지 않고는 빈곤에 빠진 자의 행동수정이 제대로 이루어질 수 없다는 결론을 내렸다.[19]

(4) 최근에 등장하는 이슈: 형평의 추구

사회복지정책의 분석에 대한 분석적 접근의 핵심을 요약하면 다음과 같다.[20]

- 급여할당기제로서 사회복지정책은 할당, 급여, 전달 그리고 재정과 관련된 네 가지 형태의 선택을 요구한다.
- 네 가지 차원의 선택을 이해하기 위해서는 각 차원의 선택과 관련된 기본적인 대안을 알아야 한다.
- 왜 특정 대안이 다른 대안보다 선호되는지를 이해하기 위해서는 명백한 목표, 이론 그리고 정책설계에 함의된 가정을 상세히 설명해야 한다.

사회복지정책을 형성하는 사회적 가치와 관련된 중요한 문제 가운데 하나는 형평에 관한 것이다. 사회복지정책을 설계하는 데서 형평은 가장 핵심적인 가치이지만, 형평과 관련된 문제에 관한 논의는 급여에 관한 권리와 의무 간의 균형을 추구하면서 본격

---

18) Gilbert & Terrell(2005), pp. 87-91.
19) Carter(1971), p. 224.
20) Gilbert & Terrell(2005), pp. 90-91.

화되었다.

　21세기가 시작되면서, 형평에 대한 관심은 사회복지정책이 자리를 잡게 하는 도덕적 나침반을 제공하였다. 그러나 '무엇이 공정한지'에 관해 모두가 동의하는 것은 아니다. 예를 들면, 다음과 같은 이유가 있다.

　먼저, 적극적 조치(Affirmative Action: A. A.)가 과연 공정한가 하는 의문이다. 만일 적극적 조치로 고소득 가정의 흑인 학생이 동일한 자격을 갖춘 저소득 가정의 백인 학생을 불합격시키고 대학에 입학하는 특혜를 받게 된다면 그것은 공정한 것인가? 사회적 불평등에 대한 정책적 해결 근거가 가구소득수준이 아니라 소수인종이라면 이는 공정한 기준인가?

　또한 일하는 가정주부 수의 급증은 사회보장에서, 특히 부양급여(dependents' benefit)에서 형평을 추구하는 것을 복잡하게 만들고 있다. 미국의 「사회보장법」이 1939년에 개정되었을 때, 개인적 형평(individual equity)—은퇴근로자는 대충 자신의 기여와 동등한 급여를 받는다—이라는 사회보험의 원리는 급여가 적절한 수준의 가족생활을 제공해야 한다는 관심에 의해 손상된다. 배우자나 자녀와 같은 피부양자에게까지 사회보장급여를 확대하는 법안을 제정하는 것은 단지 개인이라기보다 전체 가족에게 합당한 적절한 수준의 삶을 확보해 주기 위한 것이었다. 그러나 부양급여는 다른 유형의 근로와 소득이 있는 기혼부부 간에 사회적 불공평(social inequity)의 문제를 파생시킨다. 이를테면, '남편의 소득이 높을 경우 더 많은 세금을 낸 것은 사실이지만, 고소득 가정의 전업주부인 부인이 저소득 가정의 취업한 부인이나 저소득 가정의 전업주부인 부인보다 많은 사회보장급여를 받을 때 이러한 분배가 공평하다고 할 수 있을까?' '왜 사회정책이 부자집단들로 하여금 노년에 다른 경제적 특혜를 유지할 수 있도록 하여 주는 보조금을 제공해야만 하는가?' 등의 문제다.

　형평을 추구하는 데서 또 다른 중요한 이슈는 사회적 욕구와 할당에 관련된 계산을 올바로 하느냐는 것이다. 사회적 비용의 규모를 올바로 이해하기 위해서는 직접적인 사회복지비용뿐만 아니라 주택소유자, 학생, 고용주, 퇴역군인, 농부 등에게 주어지는 간접적인 조세지출을 포함하는 광범위한 사회적 이전의 규모를 파악해야 한다.

제7장

사회복지정책 이론의 발달

사회복지정책 이론의 역사적 변천과정을 분석하는 것은 사회복지정책의 역동적인 변천과정을 명확히 이해하는 데 도움이 된다. 사회복지정책이 형성되고 집행되며 평가되는 과정에는 직간접적으로 이해관계가 있는 사회집단들이 자신들에게 유리한 정책이 수립되고 집행될 수 있도록 하기 위해 온갖 노력을 기울인다. 한편으로는 시민사회단체나 종교집단들도 일반 대중이나 소외집단의 이익을 대변하기 위해 다양한 노력을 전개한다. 이러한 집단들의 노력과정을 통해서 그 시대의 사회적 욕구와 사회문제는 아젠다의 지위에 오르게 되고, 적절한 정책대안이 마련되어 사회복지제도가 정립되는 데 기여하게 된다.

1. 사회양심론

사회적 이타주의 → 사회복지정책

사회양심론(social conscience theory)은 이타주의(利他主義, altruism)에 근거하고 있다. 이타주의는 자신의 유익을 구하기보다는 다른 사람의 유익을 위해 자신을 희생(self-sacrifice)하는 윤리의식이자 행동이론으로, 자신의 이익을 추구하기 위해 행동하는 이기주의와 대비된다.

사회양심론에서는 도덕성과 인도주의를 최우선의 신념으로 내세우며, 사회복지정책은 개인 차원의 이타주의가 사회적 차원의 이타주의로 승화한 것으로 보고 있다. 이러한 사회적 이타주의(social altruism)가 곧 사회복지정책이 된다. 사회복지정책은 인간이 지니고 있는 타인을 위한 사랑을 국가를 통해 표현하는 것이다.

홀(Hall, 1952)과 같은 사회양심론자들은 이와 같은 관점에서 영국의 사회서비스 발달과정을 고찰하면서, 사회복지란 다른 사람들의 불행을 도우려는 사회양심의 발로에서 비롯된 것이라고 주장한다. 즉, 욕구가 있는 사람들의 문제들을 개선시키기 위한 사회에서의 합의가 정부가 조직적으로 제공하는 복지수준의 향상을 가져왔다고 주장한다. 국가는 국민에게 인도주의적 가치를 실현시켜 주기 위하여 사회복지제도를 도입하고 확장시켜 나간다. 이러한 관점에서 보면, 복지국가란 인간의 기본적 욕구를 충족하고 사회문제를 해결함으로써 인간다운 삶을 보장해야 한다는 도덕적 확신에 근거하여 발달된 국가체제다.

사회양심론에서 볼 때 20세기 초반 사회복지의 발달은 도덕적 합의에 대한 정부의 반응이었다. 즉, 정부나 국가에 의해 사회복지제도나 사회정책이 도입되는 과정은 사회계층 간 이해의 갈등에서 비롯되는 것이 아니라, 정부가 주도하는 사회복지의 필요성에 대해 합의가 이루어지는 과정에서 자연스럽게 행해진 과정이다. 그러므로 사회복지는 사회적 이타주의의 여파가 제도화된 것이라 할 수 있다.[1]

베이커(Baker)는 사회복지의 발전은 사회구성원의 집단양심이, 즉 사회적 양심의 증대가 사회복지의 발전을 가져온다는 '사회양심체제(social conscience thesis)'를 주장한다. 사회복지란 인간이면 누구나 가지고 있는 타인에 대한 사랑을 국가를 통해 실현하는 것이며, 사회적 의무감의 확대와 욕구에 대한 국민의 지식 향상이라는 두 요인에 의해 변화되고, 변화는 누적되며 사회복지는 균일하게 변화하지 않지만 계속 발전하고, 개선은 불가피하며 현행 서비스는 지금까지의 것 중 최선의 것이고, 역사적으로 볼 때 현행 서비스가 완전한 것은 아닐지라도 사회복지의 주된 문제는 이미 해결되었고, 사회는 안정 기반 위에 구축되어 있기 때문에 지속적인 발전을 기대할 수 있다.[2]

---

1) 박병현(2007), pp. 50-51.
2) 위의 책, pp. 51-52.

2. 수렴이론

> 산업화 → 경제성장 → 사회복지정책 발달결정

　수렴이론(convergency theory)에서는 산업사회의 사회구조를 결정하는 열쇠는 사람들의 합의, 이데올로기, 계급 간의 갈등 또는 문화가 아니라 기술, 즉 산업화이며 어느 수준의 산업화를 이룬 나라들의 사회제도는 어느 한 점으로 수렴되어 비슷하다고 주장한다. 복지기능과 서비스를 포괄한 거대한 국가의 존재는 산업사회의 효과적 기능에 필요한 것으로 본다.

　국가복지프로그램은 정치적 · 이념적 차이에 관계없이 모든 산업사회에서 발달하고 있다. 사회복지정책과 복지국가의 발달은 산업화의 기능적인 부산물이다. 일단 산업화가 시작되면 산업화로 생성된 사회문제를 해결하기 위한 사회복지정책의 도입은 필연적이다. 산업화로 유사한 수준의 경제발전을 이룩한 국가들은 유사한 내용의 복지프로그램을 실시한다.

　윌렌스키와 르보(Wilensky & Lebeaux)에 의하면, 미국에서 초기 단계의 산업화는 가족구조의 변화에 영향을 미쳤으며, 사회해체현상으로 노인들이 혼자 남게 되었고, 이혼율이 높아지고, 경제적인 지지구조에 변화를 일으키는 등의 사회현상들을 가져왔고 이로 인해 사회복지정책이 발달하였다고 주장한다. 또한 후기 단계의 산업화는 전문적 분화와 계층화를 심화했고, 조직규모를 대규모로 성장시켰으며, 지역 간의 이동을 심화했고, 노동조합은 하나의 '기업조합'으로 성장하였으며 계약과 법률에 의해 통제되는 안정된 조직이 되었고, 그에 따라 사회복지에 대한 요구가 일상화되어 결과적으로 사회복지정책의 발달에 영향을 미쳤다고 주장한다.[3][4] 그들은 전통사회에서 산업사회로 변화하는 과정에서 가족구조, 연령구조, 도시화 등 모든 사회구조 및 사회체제가 변화하게 되고, 이러한 변화된 상황이 사회복지를 필요로 하게 함으로써 사회복지정책과 제도가 발달하게 되었다고 한다. 체제나 이념을 넘어서서 산업화가 촉진됨에

---

3) Wilensky & Lebeaux(1958), pp. 25-116.
4) 박병현(2007), pp. 53-54.

따라 사회복지는 잔여적 사회복지모형에서 제도적 사회복지모형으로 변화되어 점진적으로 제도적 사회복지모형으로 수렴된다.[5]

지속적인 경제발전을 이룩한 국가사회들은 유사한 사회보장제도를 실시하게 된다. 윌렌스키에 따르면, 문화적 · 정치적 전통이 대조되던 국가들이 경제가 성장함에 따라서 어떤 사람도 그 아래로 떨어지지 않는 안전망을 구축하는 전략을 수립한다는 면에서 점점 유사해진다.

산업화 초기 단계에서 사회복지정책이 상이한 것에 대해서는 주로 지배 엘리트 혹은 사회계급 및 그들의 이념을 갖고 설명을 시도하나, 산업화가 더 진전된 단계에서는 산업주의의 기능적 필요 때문에 모든 산업사회는 비슷한 사회복지정책을 갖게 된다. 결과적으로 산업사회가 모두 똑같게 되는 것이 아니라, 국가 간의 차이가 좁혀진다. 즉, 수렴된다는 말이다.

산업화과정에서 발생하는 사회문제를 해결하려고 노력하는 과정에서 국가들은 산업화과정을 거친 다른 나라의 정책대안을 답습하였고, 이로 인해 각 국가들은 유사한 사회복지정책을 실시하게 됨으로써 이 국가들의 사회복지제도는 서로 비슷하게 합해질 수 있었다. 이를 수렴이론이라 한다.

수렴이론이 산업화와 경제성장을 사회복지 발달과정의 중요한 요인으로 삼기 때문에 산업화 이론(industrialization theory)이라고도 부른다. 산업화 이론의 핵심은 서로 다른 정치이념과 정치문화를 가진 국가들도 산업화만 이루어지면 복지국가로 발전되어 유사한 사회복지체계를 갖게 된다고 본다.[6] 이와 같이 사회복지정책의 변화가 이념이나 체제 때문에 이루어지는 것이 아니라 산업화, 가족구조, 도시화 등과 같은 사회적 요인이나 사회행정이나 사회사업기술과 같은 비사회적 요인에 의해 결정된다고 하여 이를 '이념의 종말' 또는 '체제의 종언'이라고도 부른다.

윌렌스키는 산업화 이론과 '체제의 종언' 또는 '이념의 종말'을 다음과 같이 표현했다.[7]

경제성장과 그것에 수반하는 인구학적 그리고 관료제적 측면에서의 변화의 결과가 복지국가의 기원과 발전의 근원적인 원인이다. 따라서 사회주의 경제냐 자본주의 경

---

5) 현외성(2000), pp. 70-72.
6) 김태성, 성경륭(1993), p. 130.
7) 위의 책, pp. 130-131.

제냐, 집합주의 이념이냐 개인주의 이념이냐 혹은 민주적이냐 전제적 정치체제냐 등을 구분하는 문제는 복지국가 발전을 설명하는 데 무의미하다.[8]

설리번(Sullivan)은 산업화로 인한 사회복지정책의 발전을 다음과 같이 설명한다. 첫째로 산업화로 노동자들이 임금노동자로 전환되어 자신의 노동력을 노동시장에서 팔아서 임금을 받아 생활해야만 하는 노동의 상품화 현상이 일어난다. 이 임금노동자들이 노령, 질병, 실업, 산업재해와 같은 사회적 사고로 소득이 중단되었을 때 이들의 소득을 제도적으로 보장하기 위해 소득보장프로그램이 도입된다. 둘째로 산업화 과정에서 가족, 친족, 교회 등 그들의 전통적인 비공식적 원조망이 역할을 제대로 하지 못하게 됨에 따라 이를 대체하는 공식적인 사회복지제도가 도입된다. 셋째로 산업화 사회에서 여성의 사회참여가 증가함에 따라 아동양육이나 노인보호와 같은 전통적인 여성의 역할을 대체할 보육서비스나 주간보호서비스와 같은 사회복지제도가 발달하게 된다.[9]

캐리어와 켄달(Carrier & Kendall)은 사회정책의 변화는 테크놀로지와 같은, 특히 사회행정이나 사회사업기술의 발달과 같은 비사회적인 힘에 의해 결정된다고 하여 수렴이론을 기술결정론(technological determination)이라고 부른다.[10]

프라이어(Pryor, 1968)는 경제적 수준이 통제될 경우 체제형태는 공산주의사회에서든 시장지향적 민주주의사회에서든 전체적인 정책영역에서의 지출수준을 예측하는 데 아무런 중요성을 가지지 못함을 발견하였다.

수렴이론가들은 비슷한 경제수준에 있는 공산주의체제와 민주주의체제는 모두 7~8개의 기본적인 사회적 보호프로그램을 가지고 있으며, 시간이 지남에 따라 그 적용범위가 유사하게 확장되어 가고, 지출수준의 급격한 증가를 경험하고 있다는 점에서 수렴되어 왔다는 것을 보여 주었다. 즉, 경제발전이 상당한 수준에 도달하게 되면 사회복지가 유사한 형태로 수렴되어 선진자본주의국가의 사회복지가 유사해질 뿐만 아니라 선진자본주의국가와 선진사회주의국가의 사회복지도 서로 비슷해진다. 이념이나 체제가 어떠한가와 상관없이 경제적 수준이 유사하면 유사한 사회복지제도와 정책을 실시한다는 것이다. 앞에서 언급한 바와 같이 '이념의 종말' 또는 '체제의 종언'이라는

---

8) Wilensky(1965), pp. 27-30.
9) 박병현(2007), pp. 60-63.
10) 현외성(2000), p. 70.

현상이 나타나는 것이다.

그러나 이러한 주장에 대한 반론도 존재한다. 대표적 반대론자인 미쉬라(Mishra)는 이데올로기가 종말을 고하는 것이 아니라 극단주의 이데올로기와 제도들이 점점 시들어 가고 중용을 향해서 느슨해진다고 주장한다. 즉, 사회복지정책의 경우 자유방임주의(laissez-faire)와 완전국가집합주의(collectivism)가 제도적 형태(institutional pattern)로 대체되는 경향이 있다. 미쉬라는 이를 '다원주의적 산업주의(pluralistic industrialism)'로 설명하였다. 다원주의적 산업주의란 극단적인 완전국가집합주의와 자유방임주의의 중간 지점에 존재하는 체제로, 자유방임적 자본주의체제는 시민의 기본적 욕구를 충족하기 위한 국가개입의 일환으로 사회복지정책을 도입하고, 반면 공산주의체제는 자원배분의 효율성을 기하기 위해 시장을 도입하게 되어, 결과적으로 양 체제가 유사해지는 것을 말한다. 미쉬라는 선진산업국가에서는 문화, 정치적 신념, 계급의 이해, 역사적 연속성 등은 사회구조에 영향을 미치지 못하며, 복지형태의 차이가 줄어든다는 '이념의 종말' 또는 수렴이론은 매우 미약하게 작용한다고 주장한다.[11]

3. 확산(전파)이론

확산이론(Diffusion Theory) 또는 전파이론은 사회복지정책의 발달이 국가 간의 의사소통이나 영향력을 주고받음에 따라 이루어진다고 본다. 사회복지정책이나 사회보장제도의 도입을 모방과정의 결과로 인식하며, 각 국가는 선구적인 복지국가의 노력을 모방한다는 것이다. 특히, 제3세계 국가들이 선진국의 사회복지정책이나 사회보장제도를 모방하여 시행한다고 한다.

확산에는 위계적 확산(hierarchical diffusion)과 공간적 확산(spatial diffusion)이 있다. 위계적 확산은 새로운 제도가 선진국에서 개발도상국으로, 지배국가에서 식민지로 확산되는 것을 말한다. 공간적 확산은 새로운 제도가 도입되면 이웃 국가들이 그 제도를 모방하면서 확산되는 것을 말한다.

콜리어와 메식(Collier & Messick)에 따르면 혁신적인 제도는 공간적 확산과정을 통해 지리적으로 인접한 국가들에게 보급되지만 주요 의사전달망(major lines of

---

11) 전남진(1987), pp. 43-52.

communication)을 통해서도 보급된다. 지리적 확산의 예는 사회경제적 발전의 수준은 낮았지만 혁신의 중심지에 근접해 있는 동부 및 남부 유럽지역의 국가들이 사회보장제도를 도입한 것을 들 수 있다. 주요 의사전달망을 통한 확산의 예는 유럽의 프로그램이 유럽 이민자들에 의해 통치되던 과거 영국의 식민지에 보급된 것을 들 수 있다.[12]

4. (구조)기능주의이론

(구조)기능주의이론([Structural] Functionalism Theory)은 전후 사회를 지배해 온 대표적인 사회이론으로 사회체계의 요소 간 상호의존관계를 제도적 측면에서 분석한다. 파슨스(Parsons)는 사회는 여러 부분(parts)으로 구성되어 있고, 이 부분들은 각기 일정한 기능을 수행하면서 전체적으로 조화를 이루고 순기능적인 관계를 이루고 있으며, 가치관과 신념의 수준에서는 사회적 합의와의 조화 그리고 제도 수준에서는 기능적 적합성(fit) 또는 통합과의 조화라는 관점에서 사회를 바라본다. 즉, 국가의 복지제도를 포함한 사회제도들은 기능적 필요 때문에 진화된 것이다. 국가의 복지제도의 주된 기능은 통합이다. 즉, 사회체계를 순조롭게 움직이게 하기 위해서 선진산업사회의 다양한 제도와 집단을 조정하고 조화시키는 것이다.[13]

파슨스는 한 사회의 생존을 위해서는 AGIL이라는 네 가지 기능적 필수요건(functional requisite)이 성공적으로 충족되어야 한다고 주장한다. AGIL은 적응(Adaptation), 목표달성(Goal attainment), 통합(Integration), 패턴유지(Latency: Pattern-maintenance)로, 문화체계는 패턴유지 기능을, 사회체계는 통합 기능을, 퍼스널리티체계는 목표달성 기능을, 행동유기체는 적응 기능을 수행함으로써 전체 사회에 내재하는 주요한 분석적 하위체계를 구성한다.[14]

---

12) 박병현(2007), p. 60.
13) 전남진(1987), pp. 221-225.
14) 파슨스는 행위를 설명하는 네 가지 독립변수로 규범(norms), 목표(goal), 수단(means), 조건(condition)을 제시한다. 각각은 하위체계(subsystem)를 형성하는데 규범은 문화체계를, 수단은 사회체계를, 목표(동기체계)는 퍼스널리티체계를, 조건은 행위자의 행동유기체를 형성한다고 한다. 각 하위체계 간에는 투입·산출 과정에 일반화된 상징적 교환매체(generalized symbolic exchange media)가 필요한데, 경제는 화폐(money)를, 정치는 권력(power)을, 사회공동체는 영향력(influence)을, 문화 패턴은 위탁(commitment)을 사용한다.

적응(A)은 경제적 과업을, 목표달성(G)은 정치적 과업을, 통합(I)은 화합과 결속(harmony and solidarity)과 관계가 있으며, 패턴유지(L)는 기본적 가치와 귀감의 지속과 관계된다. 사회조직이나 사회제도는 이 네 가지 과업 가운데 주로 한 가지와 관계되는 것이지만 대부분의 제도는 네 가지 모두에 관련되어 있다. 구조기능주의자에 의하면 사회복지제도는 주로 통합적 하위체계에 속한다. 통합(integration)은 사회체계를 더욱 응집시키고, 구성부분 간의 관계를 조화시키는 과정으로 체제통합과 사회통합으로 나뉜다. 체제통합(system integration)은 제도의 통합을 의미하며, 사회통합(social integration)은 사회집단의 통합을 의미한다.

기능주의자들은 공동체의 생존 또는 효과성 증진을 위해 통합이 필수적인 기능을 수행하는 두 가지 이유를 다음과 같이 든다. 우선, 모든 집합체(collectivity)가 순조롭게 생존하고 체계가 효과적으로 기능하기 위해서는 그 구성부분 간의 불균형 상태와 갈등의 수준을 가능한 한 낮게 유지하고, 불화와 부조화를 억제하고, 사회통제 혹은 질서를 유지해야 할 필요가 있기 때문에 사회통합이 필요하다. 통합은 공동체의식을 창조하거나 제고하는 것보다는 확립된 유형 혹은 제도를 혼란스럽게 만들지 않고 사회의 평온을 유지하는 것이다. 구조기능주의자들은 질서유지가 사회복지활동의 주된 목적이라고 주장한다. 통합적인 제도들은 부분적으로 효율, 안정 및 질서유지를 지향하는 데 기여한다. 또한 구성원들이 소속감을 공유하기를 바라는 집합체는 어느 정도의 결속감을 가져야 한다. 이타주의는 공동체 구성원에 대해 관심을 표명하므로 이타주의를 기반으로 하는 사회복지제도는 공동체의 근거도 되고 결과도 된다. 개인은 공동체의 자원에 대하여 그것을 획득했기 때문이 아니라 사회구성원을 결속시키기 위해서는 그들의 필요를 인식하고 충족해 주어야 하기 때문에 요구할 권리를 갖게 되는 것이다.[15]

기능주의자들은 사회발전을 구조적 분화과정으로 분석한다. 즉, 사회발전이란 분화되지 않은 단순한 사회구조 형태로부터 분화된 복잡한 사회구조 형태로 사회가 이동하는 것이다.

원시사회에는 욕구(need)를 충족하는 것에 관계하는 전문화된 방식, 즉 공식적 조직이 없으며 대부분의 경우 친족을 통해 욕구가 충족되므로 복지와 관련된 기본제도는 친족이다. 그 후 산업화가 이루어지기 이전 서구사회에서는 요구호자들의 복지에 이

---

15) 전남진(1987), pp. 222-225.

바지하는 것으로 수공업자길드나 상인길드와 같은 직업공동체, 지역공동체의 자선조직, 다양한 공식·비공식 제도들이 있었으나, 교회나 교구와 같은 종교조직이 사회복지의 기능을 수행하는 주된 사회조직으로 역할을 담당하였다. 이러한 사회에서는 공동체 아이디어를 상징하고 장려하는 것이 종교였기 때문이다. 빈민, 부랑인, 요구호자들을 보살피는 것, 재산이 있는 사람들로 하여금 자선을 베풀도록 하고 덜 행복한 사람들에 대한 의무를 기억하게 하는 것, 원조를 조직하고 일반적으로 공동체 의식을 살리는 것 등은 농업사회에서, 특히 종교조직에 지워진 통합적 기능들이다. 종교조직은 전통적으로 사회통합 기능과 사회통제 유지 기능을 겸했다. 이러한 현상은 사회복지가 국가가 아닌 종교에 의해 주도되는 사회복지의 성역화 현상(sacralization of social welfare) 또는 사회복지의 탈세속화 현상(desecularization of social welfare)으로 특징지어진다.[16]

산업사회에 이르게 되면 사회규모와 복잡성이 증가하고, 지역적·직업적 이동이 증가하며, 제도적 전문화가 더욱 발전한다. 대가족과 지역공동체는 집합체로서 약화되고, 종교조직은 사회에 대한 장악이 약해지고 통합적 제도로서 활동하는 능력이 약화되어 사회복지영역에서는 사회복지의 세속화 현상(secularization of social welfare)이 나타나게 된다. 조직화되고 전문화된 다양한 종류의 자선조직이 증식하고, 우애조합과 같은 자발적 협회들이 증가한다. 사회서비스와 기업복지라는 두 가지 새로운 복지양식이 산업사회에서 발전한다. 사회서비스가 욕구를 충족하는 데 관계하는 제1의 제도가 되는 경향이 있다. 복지제도들은 덜 발달된 사회에서의 복지와 마찬가지로 광범위하게 통합적 기능을 수행한다.[17]

기능주의에 따르면 복지를 통합과 공동체라는 사회생활의 요인에 관련지음으로써 교육, 종교처럼 사회의 일부분으로 이해하게 된다. 사회복지는 사회나 국가 수준의 복지에만 국한된 것이 아니라 사회서비스, 기업복지, 자선 및 자발적 그리고 다양한 종류의 상호부조를 포함한다.[18]

---

16) 김기원(2009a), pp. 33-34.
17) 전남진(1987), pp. 221-225.
18) 위의 책, pp. 117-118.

5. 시민권론

시민권론(Citizenship Theory)은 시민권의 변천과정에 따라 사회복지제도의 변화를 설명한다. 마셜(Marshall)은 시민권(citizenship rights)을 공민권(civil right), 정치권(political right), 사회권(social right)으로 구분하면서, 영국을 예로 들어, 18세기에는 공민권이, 19세기에는 정치권이, 20세기에는 사회권이 확립되었다고 한다. 공민권은 신체의 자유, 언론과 사상의 자유, 신앙의 자유, 사유재산의 자유, 계약의 자유 등과 같은 소극적 의미의 자유에 관한 권리로서 시민혁명 이후 국가권력으로부터 개인의 자유를 방어하기 위한 권리다. 정치권은 공무원선거권, 공무담임권, 국민표결권 · 국민발안권 · 국민소환권과 같은 국민투표제 등과 같이 국가권력에 직접 또는 간접적으로 접근해 국정에 참여하거나 참여하는 자를 결정하는 권리로 민주주의적 시민권 또는 정치적 자유권이라고도 한다. 사회권은 어느 정도의 경제적 복지와 보장 그리고 사회의 지배적인 기준에서 보았을 때 문명화되었다고 할 수 있는 삶을 충분히 누리고 사회의 유산에 충분히 참여할 권리로 구성된다. 즉, 사회권은 사회의 지배적인 기준에 합당한 시민생활을 누릴 수 있는 권리로 국가로부터 복지서비스를 받을 권리를 말한다.

공민권은 법률제도를 통해, 정치권은 정치제도를 통해, 사회권은 사회서비스를 통해 구현된다. 자유 · 평등 · 독립의 추상적 인격으로 인간을 파악하는 자유권이란 경제적 약자에게는 생존에 필요한 최저한의 기본적 조건마저 확보해 주지 못하기 때문에 생존 그 자체를 위협받는 사람들에게는 공허한 구호일 뿐 실질적 의미를 부여하지 못하였다. 따라서 구체적이고 현실적인 인간의 실질적인 자유와 평등을 보장하고 경제적 정의를 실현하기 위한 경제적 · 사회적 기본권으로서의 사회권 보장이 요청되었다. 사회권은 인간다운 생활을 위하여 필요한 여러 조건이 국가권력의 적극적인 관여에 의해 확보될 것을 요청할 수 있는 적극적 권리다. 마셜(Marshall)은 시민권 가운데 사회권을 복지권(welfare right)이라고 함으로써 복지를 하나의 시민권으로 파악하였다.

사회권의 확립은 복지국가 발달에 중요한 의미를 지닌다. 시민권을 구성하는 세 가지 권리는 본질적으로 모든 국민을 포괄하는 방향으로 발달해 왔다. 정치권은 최초에 귀족계급에서 중산계급으로, 다음에 노동자계급으로, 마지막으로 여성에게로 확대되었다. 사회권도 처음에는 「빈민법」 또는 「구빈법」 형태로 요구호자(the needy)에게만 제한되던 것이 이후에 노동자계급에게로 확대되고 그 후에는 전 국민에게로 확대되

었다.[19)]

시민의 복지에 대한 권리는 종속적 신분에서 시민으로 변천하는 과정에서 정립된 것으로 경제적 안정, 교육 및 제반 급부와 책임에 대한 접근을 말한다. 이 관점은 법령에 정해진 복지를 의미하므로 인간의 욕구를 충족하는 자선적·자발적 직업복지(occupational welfare) 등의 다른 방법을 포괄하지 않는다. 티트머스(Titmuss)는 사회복지를 다른 욕구 충족의 방법, 즉 재정복지와 직업복지로부터 분리하는 것은 오도된 개념이며, 이 세 유형은 욕구 충족이라는 공통된 목적을 가진 대안일 뿐이라고 했다.[20)] 따라서 사회복지를 제대로 이해하기 위해서는 다양한 욕구 충족의 양태와 그들 간의 관계를 이해하는 것이 필요한데, 이런 점에서 시민권으로서 복지는 제한된 개념이다.

6. 음모이론

음모이론(conspiracy Theory)은 1960년대와 1970년대 미국에서 신좌파(New Left)의 확산과 함께 발전된 이론으로 사회복지정책은 인도주의적 이타심이나 양심의 실현이라기보다 사회 전체의 안정과 질서의 유지를 통한 사회통제와 현상 유지에 목적이 있다고 봄으로써 인도주의에 입각해서 사회복지의 확대·발전을 설명하는 전통적인 사회양심론의 입장에 대해 정반대의 입장을 취하는 새로운 이론이다.[21)]

대표적인 음모이론으로는 미국의 중상층계급이 자비심에서가 아니라 빈민을 규제하기 위해 공적 사회복지를 이용한다고 주장하는 피번과 클로워드(Piven & Cloward)의 빈민규제론(regulating the poor)을 들 수 있다. 그들은 미국의 복지지출과 사회안정 간의 역사적 변천과정을 분석한 결과, 사회가 불안하면 복지지출이 증가하고, 반면 사회가 안정되면 복지지출이 감소하는 현상을 발견하였다. 사회의 안정과 불안정이 일정 기간 반복 순환되기 때문에 그에 따라 복지지출도 증감을 반복하는 순환적 복지지출(cyclical expenditure of welfare)이 이루어진다고 주장하였다. 즉, 미국의 대공황과 같은 대량실업 등 사회혼란과 무질서 상태가 발생하면 공적 사회복지제도를 확대하고, 반

---

19) Mishra(1981).
20) Titmuss(1974), pp. 14-20.
21) 원석조(2006), pp. 192-196.

대로 고용이 확대되고 사회가 안정되면 공적 사회복지제도가 위축된다는 사실을 발견하였다.

빈민구제정책의 목적은 빈민들의 사회복지를 증진하려는 것이 아니라 사회적 혼란을 막고 현상을 유지함으로써 사회 지배계층의 기득권을 보호하려는 데 있다. 즉, 음모이론에서는 빈민구제정책이 시민적 무질서를 해결하고 노동규범을 강제하기 위한 억압책으로서, 빈민구제라는 표현된 정책목표(expressed goals)보다는 사회질서유지 또는 사회안정이라는 숨겨진 정책목표(latent goals)를 더 중시한다고 주장하였다. 이러한 관점에서 이들의 주장은 음모론(a conspiracy theory)이라 불리며, 사회통제이론(social control theory)이라고도 불린다.

7. 엘리트이론

엘리트이론(elite theory)에 따르면 사회복지정책은 엘리트의 산물이다. 엘리트란 일반적으로 특별한 자격을 갖춘 소수의 사회지도자, 정치·경제·사회·문화 등 사회의 각 분야에서 주도적인 역할을 하는 계층으로 일반 대중과 구분된다. "역사란 곧 귀족(통치엘리트)의 무덤이다."라는 말이 있다. 이는 역사는 민중의 집합된 의지와 결실에 의하여 이루어져야 함에도 실제로는 그러한 민중을 유린하고 지배하는 소수의 통치엘리트에 의해서 지배되고 있다는 의미다.

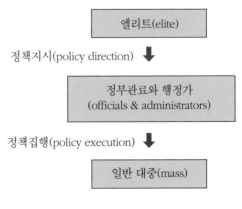

[그림 7-1] 엘리트 모델

사회복지정책과 관련한 엘리트 이론가들은 대중이란 맹목적이며 자립적인 판단을 하지 못하고, 감정적인 유혹에 쉽게 이끌리거나 창조적인 행동을 수행하지 못한다고 간주하는 반면, 엘리트들이 자신들의 이익을 도모하기 위해 사회복지정책을 도입한다고 보고 있다. 일부에서는 역사상 한 시대의 역사를 만드는 데 지배적인 역할을 한 '위대한 사람(great man)'이 사회복지정책을 만들었다고 보는 위인론(偉人論, great man theory)을 주장하기도 한다.

사회복지정책대안은 주로 보건복지부나 노동부, 학계, 국책연구소의 연구원과 같은 사회의 엘리트에 의해 형성되는 경우가 대부분이다. 엘리트이론에 따르면 우리 사회는 소수의 권력자와 다수의 비권력자로 나뉘는데 이 소수의 지배자들은 다수의 피지배자들을 대표하지 않으며, 비엘리트집단이 엘리트집단으로 쉽사리 전이되지 않는다. 엘리트들은 기존의 사회체제를 보존하고 사회의 기본 가치를 위하는 데 의견의 일치를 보고 있다. 정책은 바로 이 지배엘리트(governing elite)들의 가치와 선호로 간주된다. 사회복지정책은 다수의 일반 대중의 가치와 선호와는 다른 가치와 선호를 갖고 있는 소수 엘리트들이 자신의 가치와 선호를 반영한 결과로 간주될 수 있다.[22] 엘리트이론에 따르면 사회복지정책 형성과정에서 정책엘리트들이 얼마나 일반 대중의 가치와 선호를 정책내용에 반영하고 있느냐가 중요한 문제로 떠오른다. 즉, 지배엘리트 친화적(governing elite-friendly)이거나 지배엘리트 중심적인(governing elite-centered) 사회복지정책이 아니라 수혜자 친화적(beneficiary-friendly)이거나 수혜자 중심적인 (beneficiary-centered) 사회복지정책을 어떻게 수립할 수 있는가가 관건이 된다.

8. 이익집단론

이익집단론(interest group theory)에 따르면 사회복지정책은 이익집단 간의 갈등과 정부의 조정의 결과다.

복지국가 성립 이후 국가의 복지정책에 대한 영향력에서 계급보다는 이익집단의 영향력이 점점 강해지고 있다. 이익집단이란 하나 이상의 공통된 관심에 기반하여 전체 집단이나 사회에 대해 자신의 특수한 목적을 관철하기 위한 결사체로, 이들 이익집단

---

22) Dye(1984), pp. 28-30.

이 정부에 영향력을 행사하려 할 때 제3원(第三院, the third house)이라 불리는 압력집단(pressure group)이 된다. 이 이익집단들은 정책 형성이나 집행 과정에서 사회경제적 특수 이익을 대표하거나, 자신들이 원하는 정책을 시행하도록 정부에 대해 압력을 가하거나, 자신들에게 유리한 정보를 정책결정자에게 제공함으로써 정부로 하여금 자신들이 원하는 정책을 형성하거나 집행하도록 한다. 이러한 과정에서 이익집단 간에 갈등이 발생하기도 하며 정부는 이를 조정하여 정책을 결정한다. 그러나 이들 이익집단이 다수 국민의 이익과는 관계없는 특수집단의 이익을 위해 일방적으로 정책결정에 영향력을 행사할 가능성이 있어 공익을 해칠 개연성도 있다.

9. 정치경제학적 접근론

정치경제학(political economy)은 정치학과 경제학을 통합된 주제로 다루는 사회과학으로, 정치적 과정과 경제적 과정 간의 상관관계를 연구하는 학문 분야다. 사전적 정의에 따르면, 정치경제학은 경제학, 정치학 그리고 사회학에서 도출된 방법을 사용하여 개인과 사회 간, 시장과 국가 간의 관계를 탐색하는 학문 영역이다. 정치경제학이란 용어는 도시 또는 국가를 의미하는 폴리스(polis)라는 그리스어와 가계를 경영하는 사람이란 의미의 오이코노모스(oikonomos)에서 유래하였다. 따라서 정치경제학은 정치적 그리고 경제적 요소들을 고려하여 국가가 어떻게 운영되는가에 관심을 갖는다.[23]

정치경제학이란 용어는 비록 오늘날 경제정책결정의 정치적 측면을 묘사하는 데 종종 사용되기도 하지만, 전통적으로는 국가의 부의 속성과 원인을 체계적으로 탐구하는 정부의 기술 분야를 의미한다. 정치경제학의 학문적 전통은 고전적 정치경제학과 현대적 정치경제학인 주류 정치경제학과 마르크스주의 정치경제학을 들 수 있다.

1) 고전적 정치경제학

정치경제학이란 용어는 본래 애덤 스미스(Adam Smith)와 같은 고전경제학자들이 국민과 국가를 모두 부유하게 함을 목적으로 하는 학문 분야로 오늘날 경제학에 상응하

---

23) www.en.wikipedia.org

는 용어로 사용되었다. 애덤 스미스는 정치경제학을 한편으로는 국민에게 넉넉한 수입이나 생존을 제공하고, 다른 한편으로 국가나 공화정이 공공서비스를 제공하는 데 필요한 수입을 확보한다는 두 개의 목적을 달성하는 데 관심이 있는 정치가나 입법가를 위한 학문 영역으로서 정의하였다. 정치경제학은 국민과 국가를 모두 부유하게 하기 위한 방안을 강구한다. 애덤 스미스는 그의 『국부론(An Inquiry into the Nature and Causes of the Wealth of Nations)』에서 자유방임주의(laissez-faire)를 주장하면서 국가가 기업과 개인의 경제활동에 간섭하지 않는 시장의 자유경쟁상태에서도 '보이지 않는 손(invisible hand)'에 의해 사회의 질서가 유지되고 국가나 사회 전체의 이익을 증대시키며, 세상을 조화롭게 만들 수 있다고 주장하였다. 『정치경제와 조세(On the Principles of Political Economy and Taxation)』의 저자인 고전적 정치경제학자 리카르도(Ricardo)는 「구 구빈법(Old Poorraw)」을 생산과 분배에 대한 족쇄(fetters)로 간주하고 이를 적극 반대하였다.

2) 현대적 정치경제학

현대적 정치경제학에서는 사회적 행위를 설명하는 데 구체적인 경제이론을 적용하거나, 경제활동과 정치활동, 즉 시장과 국가의 상호작용에 의해서 야기되는 일련의 문제를 탐구한다. 그 예로 공공선택이론(public choice theory)을 들 수 있다.

공공선택이론에서는 정부와 공직자에 대한 전통적인 가정과는 달리 정치행태를 분석하는 데 신고전주의 경제학의 원리를 적용하여 정치인과 관료들을 합리적 효용극대화주의자인 경제인(economic man)으로 간주한다. 정치인은 투표자를 최대한 결집하고자 하며, 관료는 고용보장과 예산을 극대화하고자 하고, 이익집단과 투표자는 보다 많은 부와 소득을 원한다. 각 행위자들은 다른 행위자들이 보유하거나 통제하에 두고 있는 무엇과 교환하고자 한다.

시장과 마찬가지로 정치체제도 희소자원과 불확실성의 상황에서 운영된다. 정치체제는 이러한 희소자원의 할당, 소득과 부의 분배 그리고 공동의 복지를 공급하는 수단을 제공한다. 즉, 정책결정자든 투표자든 자기 이익의 지침에 따라 그들에게 가장 유리한 행동경로를 선택하고자 한다.[24]

---

24) 남궁근(2009), pp. 58-64, 331-333.

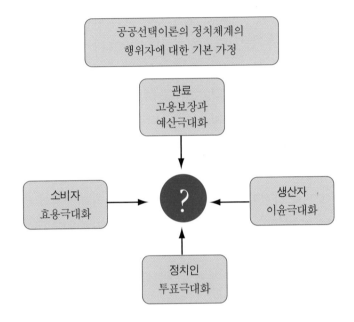

[그림 7-2] 공공선택이론 기본 가정

출처: Michell & Simmons(1994), p. 43.

3) 마르크스 정치경제학

마르크스 정치경제학에서는 인간사회의 발전은 생산력과 생산관계의 상호작용을 통하여 하부구조의 변혁을 기초로 하여 진행되어 왔다고 본다. 마르크스는 자본주의 사회에서 공공정책형성의 주도권은 자본가계급에 있으며, 따라서 자본가계급의 이익을 도모하게 된다고 한다. 즉, 국가는 단순히 자본가들의 수중에서 자본주의체제를 유지하고 노동의 희생하에서 이윤을 증가시킬 목적으로 활용하는 수단에 불과하다는 국가수단이론(instrumental theory of the state)을 주장한다.

그러나 공공정책이 자본의 이익에 봉사하는 것이 설령 사실이라 하더라도 그 정책을 자본가들이 결정하였다고 할 수 없으며, 생산수단이 국가, 법률, 이데올로기의 기본구조를 구성한다고 볼 수 없다는 비판이 있다. 이러한 비판에 따라 1960년대 이후 국가가 일정 수준의 자율성을 부여받을 수 있다는 국가의 상대적 자율성(relative autonomy)이라는 개념을 도입한 신마르크스이론이 등장한다. 이러한 자율성을 가진 국가는 정치적으로 회피할 수 없고, 장기적 사회안정에 기여한다면 노동계급에 호의적인 정책을 채택하게 된다고 본다. 이러한 조치가 단기적으로는 자본가의 이익에 부합하지 않고 자본가들이 반대할 수 있지만 장기적으로는 자본가들의 이익에 부합하게 된다고 본다. 신마르크스주의자들은 정책결정을 여전히 자본의 이익에 봉사하는 것으로 여기지만 초기 마르크스주의자와 같은 의미의 도구적 수단은 아니라고 본다. 예를 들면, 복지국가의 대두는 자본의 필요에 직접 대응한 것이 아니라 노동계급이 행사한 정치적 압력의 결과라고 본다. 그러나 자본주의국가에서 확립된 복지국가는 노동계급의 요구에 대응하면서도 근본적인 재산권 또는 이윤을 잠식하지 않는 방식으로 설계되었다고 본다.

10. 케인즈이론

케인즈이론(Keynesian theory)은 '공급이 수요를 창출한다(Supply creates its own demand)'는, 즉 상품이 생산되면 반드시 구매가 이루어진다는 과거의 세이의 법칙(Say's law)과는 달리 '수요가 공급을 유인한다'는 수요이론으로, 실질적인 구매력을 지닌 수요를 의미하는 유효수요(effective demand)의 중요성을 강조하는 이론이다. 케인즈이론에 따르면 유효수요는 실질적인 가계 가처분소득으로 나오며, 가계소득의 단지 일부만이 소비지출 목적을 위해 사용된다.

정부의 개입은 경제성장과 안정을 확보하기 위해 절대적으로 필요하다. 정부는 경기순환의 요동으로부터 부드럽게 헤쳐 나오게 하는(smoothening out the business cycle bumps) 데서 매우 중요한 일을 수행한다. 케인즈이론은 경제가 최선으로 기능하도록 하기 위하여 정부지출, 세금 감면과 인상 등과 같은 조치의 중요성을 강조한다.

1930년대에 있었던 세계적인 대공황(the great depression)기에는 대량실업이 장기적으로 발생하였는데, 케인즈는 영국과 미국의 대량실업 원인은 총공급의 문제가 아니라 총수요의 부족에 있다고 보았다. 총수요가 부족하면, 상품의 재고가 발생하고 재고누적이 증가하며, 이는 생산의 축소를 가져오고, 생산축소는 고용의 감소로 이어져 실업이 발생하게 된다. 실업은 소비수요는 물론 투자수요의 위축을 가져오게 된다. 따라서 시장의 보이지 않는 손(invisible hands)이 아니라 정부의 직접적 개입이라는 보이는 손(visible hands)이 작동해야 할 필요가 있다.

케인즈 경제학은 시장과 민간부문이 국가의 간섭이 없는 상태에서 가장 잘 운영된다는 자유방임주의자들과는 달리 민간 영역이 주도적으로 이끌어 가지만 정부와 공적 영역이 큰 역할을 수행하는 혼합경제(mixed economy)를 옹호한다. 혼합경제는 경제대공황 후반기, 제2차 세계대전 그리고 전후 경제팽창기에 경제모델로서 역할을 수행하였으며, 비록 1970년대 스태그플레이션 기간에 영향력을 상실했지만 2007년 세계적인 재정위기가 도래함에 따라서 케인즈이론은 다시 한번 주목받게 되었다. 과거 브라운(Brown) 영국 수상, 오바마(Obama) 미국 대통령 그리고 다른 세계지도자들이 그들 나라의 경제를 위한 정부의 경기부양책(stimulus programs)을 합리화하기 위해 케인즈 경제학을 사용한 적이 있다.

전후 '복지에 대한 합의(welfare consensus)'를 경제적 측면에서 고취한 케인즈(John Maynard Keynes)는 사회주의자는 아니었으나 마르크스나 사회주의가 강조한 것처럼 자본주의가 불합리한 문제점을 갖고 있다고 생각하였다. 그러나 마르크스나 사회주의자와는 달리 이러한 문제점들을 통제하여 자본주의를 그 자체로부터 살려 낼 수 있다고 보았다. 케인즈는 시장자본주의가 수요 관리와 혼합경제의 확립을 통해서 안정될 수 있는 방법을 보여 주었다.[25]

케인즈이론 가운데 사회복지정책적 함의가 큰 부분은 국민소득결정이론이다.

개방체계하에서 케인즈의 국민소득결정이론

$$Y = C + I + G + X - M$$

(Y=국민소득, C=소비, I=투자, G=정부지출, X=수출, M=수입)

케인즈이론에 따르면 불경기에는 정부가 복지지출을 증가시키고, 호경기에는 불경기 때 복지지출의 증가로 발생한 재정적자를 보전하기 위하여 복지지출을 감소시킴으로써 정부의 복지지출이 결과적으로 경제의 자동안정장치(built-in stabilizer) 역할을 수행한다.

불경기에 정부가 복지지출을 증가시키면(■G) 국민의 소득이 증가하고(■Y), 구매력과 구매의지를 가진 유효수요가 증가하게 되며, 국민의 상품 구매가 증가하게 되고, 경제를 자극하여 생산이 증가하고, 기업가들의 생산시설에 대한 투자 증가가 이루어지며, 이는 고용의 증가를 가져오고, 국민의 근로소득이 증가하게 된다.

---

25) Giddens(2001), pp. 40-42.

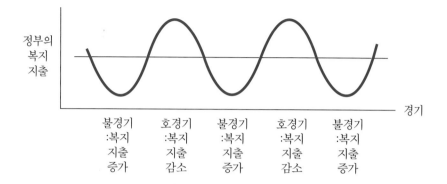

[그림 7-3] 경기순환과 정부의 복지지출

    경제대공황 시기나 최근의 세계적인 재정위기와 같은 시기에 국민의 가처분소득이 줄어들고 그에 따라 유효수요가 감소하는 시기에 정부의 사회복지지출 증가는 국민의 유효수요를 증가시키고 생산을 활성화함으로써 경제적 위기를 극복할 수 있는 하나의 정책대안이 될 수 있다.

제8장

사회복지정책 형성과정:
아젠다형성과 대안형성 · 집행 · 평가 · 환류

1. 사회복지정책 형성과정의 의의

사회복지정책의 형성과정은 사회적 과정이자 의사결정과정으로 이에 관한 학자들의 다양한 논의가 이루어져 왔다.[1] 일반적으로 사회적 과정은 참여자가 가치의 극대화를 추구하고, 이를 위해 제도를 활용하고, 결과적으로 자원이나 환경에 영향을 미친다. 이를 좀 더 구체적으로 묘사하면 참여자 → 관점 → 상황 → 기본 가치 → 전략 → 결과 → 영향의 과정을 거친다.[2] 이를 표로 정리하면 〈표 8-1〉과 같다.

정책형성과정은 의사결정과정이기도 하다. 정책형성과정에서 의사결정을 내리고 대안을 선택하기 위해서는 정책기준(the criteria of policy)을 수립할 필요가 있다. 정책기준에는 모든 기능에 필요한 정책기준과 단계마다 고려해야 할 정책기준이 있다.

사회복지정책 형성과정은 정책의 유형과 학자들에 따라 서로 다르게 설명될 수 있다.

다이(Dye)에 따르면 사회복지정책은 문제의 확인 → 정책제안의 형성 → 정책의 입법화 → 정책의 집행 → 정책평가의 과정을 거친다.[3] 다이는 후에 디니토(DiNitto)와 함께 정책형성과정이 정책문제의 확인 → 정책대안 형성 → 공공정책의 입법화 → 공공

---

1) 김기원(2003), pp. 14-32.
2) Lasswell(1971), pp. 14-26, 85-97.
3) Dye(1984), pp. 23-25.

〈표 8-1〉 정책형성의 사회적 과정

참여자	관점	상황	기본 가치	전략	결과	영향

• 개인
• 집단
• 가치형성자
 - 공식적
 - 비공식적
• 가치공유자
 - 공식적
 - 비공식적
	• 가치요구(선호,
	   의지)
	• 기대
	• 정체성
	• 사고방식
	 - 독트린
	 - 방식
	 - 신화(안정되
	   고 집착된 유
	   형의 관점)
		• 비조직화
		 - 지역적
		 - 다원적
		• 조직화
		 - 지역적
		 - 다원적
			• 긍정적 가
			  치를 지닌
			  것
			 - 관점
			 - 능력
			• 부정적 가
			  치를 지닌
			  것
			 - 관점
			 - 능력
				• 강요적
				• 설득적
				 - 조립
				 - 처리
					• 가치
					 - 충족
					 - 박탈
					• 결정
					• 선택
					 - 정보
					 - 촉진
					 - 처방
					 - 호소
					 - 적용
					 - 종결
					 - 평가
						• 가치
						 - 축적
						 - 향유
						 - 분배제도
						 - 구조
						 - 기능
						 - 혁신
						 - 보급
						 - 제한

정책의 집행 → 정책평가의 과정을 거친다고 하였다.[4]

앤더슨(Anderson)에 따르면 사회복지정책 형성과정은 정책아젠다 → 정책형성 → 정책채택 → 정책집행 → 정책평가의 과정을 거친다.[5]

존스(Jones)에 따르면 사회복지정책은 문제의 확인 → 정책제안 개발 → 의사결정과정 → 프로그램 결과 → 집행 → 평가의 과정을 거친다.[6]

젠킨스(Jenkins)에 따르면 사회복지정책은 착수 → 정보 → 고려 → 결정 → 집행 → 평가 → 종결의 과정을 거친다.[7]

이와 같이 사회복지정책 형성과정이 학자들에 따라 다소 차이가 있게 소개되고 있지만 사회복지정책 형성과정은 대체로 아젠다형성과정-정책대안형성과정-정책대안채택과정-정책집행과정-정책평가과정-환류과정에 이르기까지 일련의 연속적인 과정으로 구성된다. 조건 → 문제 → 요구 → 안건에 이르는 일련의 과정을 협의의 아젠다형성과정이라고 부른다.

---

4) DiNitto & Dye(1987), pp. 10-13.
5) Anderson(1984), pp. 23-25.
6) Jones(1970), pp. 33-36.
7) Jenkins(1978), pp. 15-21.

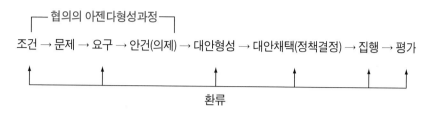

[그림 8-1] **사회복지정책의 형성과정**

사회복지정책은 상기한 바와 같이 일련의 과정을 거쳐 발전한다.

① **조건(conditions)의 과정**: 조건은 문제로 발전할 수 있는 객관적 사실 자체를 말한다.

② **문제(problem)의 과정**: 문제는 해결되어야 한다고 인식하거나 해석하는 경우를 말한다.

③ **요구(demand)의 과정**: 요구는 문제가 해결되기를 바라는 경우 나타나는 구체적 행위를 말한다.

④ **아젠다(agenda) 지위 확보 과정**: 아젠다란 공공정책으로 전환되기 위해 정책결정자들의 관심을 불러일으키고 논의될 수 있는 상태에 있는 문제나 이슈의 목록을 말한다.

⑤ **정책대안형성과정**: 정책대안형성이란 사회복지에 관한 문제를 파악하고, 정책목표를 설정하며, 정책수단을 확보하고 그들을 비교분석하는 것을 말한다.

⑥ **정책결정과정**: 정책결정이란 정책대안 가운데 하나가 정책으로 채택되는 대안채택과정으로 그 과정에서 나타나는 정책결정자의 행태도 분석된다.

⑦ **정책집행과정**: 정책집행이란 복지 관련 문제들을 해결해 나가기 위해 마련된 정책대안을 구체적으로 실행해 나가는 목적지향적 과정이다.

⑧ **평가의 과정**: 평가란 사회복지활동에 관한 정보를 수집하고 분석하며 해석함으로써 그 가치를 판단하는 과정이다.

⑨ **환류(feedback or feedforward) 과정**: 환류란 평가가 집행의 효과성을 높이는 방향으로 활용되어 다음 행정에 영향을 미치는 것을 말한다.

2. 사회복지정책의 아젠다형성과정

사회복지정책의 아젠다형성과정(the process of agenda setting)이란 사회복지 문제나 요구에 관한 이슈화 과정이다. 이슈화 과정이란 문제나 요구가 이슈로 전환되어, 일반 공중이 이에 관심을 갖게 되고, 그 해결을 위해 정책결정자들에 의해 공공정책상의 논점으로 논의되며, 제시된 여러 정책대안 중 하나가 선택되어 정책결정이 이루어지는 과정을 말한다. 이슈(issue)란 어떤 문제나 요구가 공공의 관심을 집중시켜 공공정책상의 논점으로 제시되어 관련된 사람들의 이해갈등이 나타난 경우를 말한다.[8]

1) 조건

조건(condition)이란 어떤 현상이 문제로 발전할 수 있는 객관적 사실 그 자체를 말한다. 즉, 문제의 배경이 되는 객관성을 갖는 개별적인 사실 자체를 말한다.[9] [10]

• **조건 사례 1. 국민연금기금 총수익률 마이너스로 전환**
2008년 국민연금기금의 총수익률은 국민연금제도 도입 이후 처음으로 마이너스로 전환되었다. 2005년부터 2008년 사이 국민연금기금의 수익률은 2005년 5.63%, 2006년 5.77%, 2007년 6.79%였으나 2008년 -0.18%로 감소하였다.

• **조건 사례 2. 공공부문 장애인 고용 현황**
2007년 말 현재 공공부문 장애인 고용 현황을 살펴보면 정부와 공공기관에 고용된 장애인 수는 전년에 비해 정부는 923명, 공공기관은 1,811명이 증가하였으나, 장애인의무고용률은 정부가 1.60%, 공공기관이 1.96%로 장애인의무고용률 2%에는 미치지 못하는 것으로 나타났다.

---

8) 송근원(2004), pp. 104-109.
9) 보건복지가족부(2009), pp. 1-3.
10) 노동부(2008), pp. 1-4.

2) 문제

문제(problems)란 객관적 사실 그 자체 또는 그 결과로부터 나타나는 현상에 대하여 사회구성원들이 바람직하지 않다고 간주하고 협력하여 해결되어야 한다고 인식하거나 해석하는 경우를 말한다. 따라서 인식과 해석의 과정에서 사람들의 주관적 사고가 개입된다. 결과적으로 동일한 조건에 대하여 사회구성원 모두가 해결되어야 한다고 인식하거나 해석하는 것이 아니라 보는 사람의 관점에 따라 문제라고 인식할 수도 있고 문제가 아니라고 인식할 수도 있다.

사회복지정책의 대상이 되는 문제는 사회문제다. 일반적으로 사회문제는 보편성과 사회성이란 특징을 갖고 있다는 점에서 개인의 문제와 차이가 있다. 보편성이란 문제를 갖고 있는 대상이 사회구성원 모두 또는 대부분이라는 것이다. 사회성이란 문제의 원인이 개인의 특성이 아닌 사회구조에 있다는 것이다.

사회문제란 사회 안에서 개인과 사회의 복지에 영향을 미치는 것으로 집합적 정의 과정을 거쳐 확인되며, 이러한 현실 상황들과 사회구조나 사회변화와의 관계성에 대한 분석에 따라서 사회문제가 정의된다. 사회문제는 여론을 통해서 의사결정자들이 바람직하지 못하지만 고쳐질 수 있다고 간주하는 상황일 때, 개인과 사회의 복지에 부정적인 영향을 미치는 상황일 때, 집합적(集合的) 행위나 사회운동이 조직적으로 나타날 때 확인된다.[11] 사회문제는 사람들이 우려하는 사회현상으로 무엇인가 변화가 있기를 바라는 사회의 상황이다. 이는 측정가능하고 경험가능한 객관적인 조건을 가지고 시작이 되지만, 상당수의 사람들이 우려하고 있는 주관적인 관심사가 사회문제를 정의할 때 중요한 요인이 되기도 한다. 때로는 이러한 사회문제들이 시간이 지남에 따라 문제 자체가 변화하는 역동적인(dynamic) 모습을 보이기도 한다.[12]

사회문제(social problems)는 사회구성원인 개인의 문제(personal troubles)와 일치할 수도 있고 다를 수도 있지만, 대체로 이들 구성원의 문제가 사회문제로 정의되기 위해서는 다음의 네 가지 요소를 갖추어야 한다. 개인이나 사회에 대해 물리적·정신적 피해를 끼쳐 온 것으로 인식되어 왔을 것, 어떤 영향력 있는 사회집단의 가치나 기준을 위반하여 왔을 것, 일정 기간 이러한 문제들이 지속되어 왔을 것, 제안된 문제의 해결

---

11) Scarpitti & Andersen(1989), pp. 4-12.
12) Henslin(1996), pp. 3-5.

방안이 서로 경합될 것이 이에 해당한다.[13]

또한 사회문제는 일련의 패턴을 유지하면서 전개되고 있다. 먼저, 어느 집단이 불쾌하거나 해로운 상황이 존재한다고 주장한다. 정부나 다른 영향력 있는 기관이 이에 대해 상투적인 또는 비효과적인 방법으로 반응한다. 문제를 제기한 집단은 이러한 정부나 영향력 있는 기관의 불만족스러운 반응에 대해 새로운 요구를 한다. 또한 그 집단은 정부나 영향력 있는 기관들에 대해 문제해결을 위한 새로운 대안을 세울 것을 요구한다.[14]

사회문제를 바라보는 관점은 일반적으로 기능주의, 갈등주의, 상호작용주의로 나눌 수 있으며, 서로 다른 관점을 갖고 있는 사람은 동일한 객관적 사실에 관해 서로 다르게 인식하거나 해석한다. 이 서로 다른 관점들은 사회문제의 원인을 달리 파악하고, 사회문제를 해결하기 위한 서로 다른 대안을 제시한다.

첫째, 기능주의(functionalism)에서는 사회를 조직되어 있고 안정되어 있으며 통합되어 있는 체계로 보고, 특정한 조건이 체계의 자연스러운 기능을 파괴하거나 사회적 존재와 효과적 기능을 위협할 때 사회문제가 발생한다고 본다. 기능주의의 기본 가정은 '사회는 상호의존적인 부분들로 구성되어 있는 체계'라는 것이다. 각 부분은 체계의 작동에 기여하며, 이로써 전체 체계가 순탄하게 기능하며 균형상태를 유지한다. 사회가 유지되기 위해서는 기능적 선결요건들이 충족되어야 한다. 따라서 각 사회가 존속하기 위해서는 이러한 기능적 선결요건을 충족하기 위한 제도적 장치들이 개발되어야 한다.

사회체계가 생존하기 위해서는 사회의 구성요소들이 각자 기능적 선결요건들을 충족하여야 한다. 길버트와 스펙트(Gilbert & Specht)는 사회에는 가족, 종교, 경제, 정치라는 네 가지 주요 제도가 있으며, 각자는 응당 수행해야 할 일차적 기능이 있다고 본다. 가족은 사회화, 종교는 통합, 경제는 생산·분배·소비, 정치는 사회통제라는 일차적 기능을 수행하면서 동시에 각자는 사회복지가 수행하는 기능을 수행한다. 사회복지의 일차적 기능은 상호부조다. 기능주의의 관점에서 보면 가족이 사회화의 기능을 수행하지 못하고, 종교가 통합의 기능을 수행하지 못하고, 경제가 생산·분배·소비의 기능을 수행하지 못하고, 정치가 사회통제의 기능을 수행하지 못하고, 복지가 상

---

13) Parrillo(1988), pp. 7-13.
14) Manning(1985), pp. 9-13.

호부조의 기능을 수행하지 못할 때 다양한 사회문제가 발생하게 된다.

둘째, 갈등주의(conflict theory)에서는 갈등과 투쟁이란 사회의 정상적인 과정이자 본질이라고 간주하고, 사회문제는 특정 권력을 지닌 한 집단이 자기들의 가치와 이익이 마련되지 않거나 희소자원의 배분을 획득하지 못할 때 존재한다. 갈등주의자들은 사회문제의 원인은 피지배계급이 자신들이 응당 받아야 할 몫(due)을 받지 못하고 지배계급에 의해 잉여가치를 착취(exploitation)당하는 데 있다고 본다. 또한 갈등주의는 사회문제로서 소외를 중시한다. 소외(alienation, estrangement)란 사람들이 억압적이거나 자신의 통제를 넘어서는 사회제도와 상호작용할 때 경험하게 되는 무의미감과 무력감을 말한다. 특히, 노동의 결과가 노동주체인 노동자에 귀속되지 아니함으로 초래되는 노동소외를 중시한다. 노동소외란 노동력이 상품이 되고 노동이 그 사용가치가 되는 자본주의적 생산에서 가장 인간적 활동이던 노동이 갖가지 비인간적 성격을 나타내게 되고, 노동하는 자는 자기 노동의 성과를 소유하지 못하고, 노동의 성과는 타인의 소유물이 되어 노동하는 자를 지배하게 되는 현상을 말한다.

갈등주의자들은 사회문제가 왜 지속적으로 존재하는가에 관하여 권력을 가진 사람들이 문제를 해결하는 것을 진정으로 원하지 않거나, 사회의 특정한 권력집단이 그 문제의 존속으로 인해 지속적으로 이익을 누리고 있기 때문에, 사회문제가 해결되지 않고 지속적으로 남아 있게 된다고 주장한다.

셋째, 상징적 상호작용주의(symbolic interactionism)에서 사회문제는 사회구성원 대다수 또는 사회의 주요 집단이 특정 사회구성원의 특정한 조건을 부정적으로 정의하고, 특정 집단이 이를 인식하고, 스스로 이를 수용하고 자신이 그러한 존재라는 자아개념(self-concept)을 형성하고, 부정적인 행동을 하게 되면서 발생한다. 즉, 부정적인 사회적 정의(social definition)라는 작용(action)에 대한 반작용(reaction) 또는 반응으로서 부정적인 행동을 하게 되고 결국 이것이 사회문제가 된다. 작용과 반작용을 합하여 상호작용(interaction)이라 한다. 사회적 정의를 낙인(stigma, 烙印) 또는 명명(labeling, 命名)이라고도 한다.

상호작용주의에서는 사회문제의 원인은 부정적인 사회적 정의에 있다고 본다. 따라서 상호작용주의하에서 사회문제를 해결하기 위한 대안은 사회문제의 대상이 되는 개인이나 집단에 대해 긍정적인 사회적 정의를 내려 주는 것이다. 긍정적인 사회적 정의는 결국 긍정적인 행동을 파생시켜 사회문제를 해결하게 하여 준다.

3) 이슈

(1) 이슈의 정의, 유형 및 수단

이슈란 지위나 자원의 분배와 관련된 절차적 또는 실체적 문제에 관한 둘 또는 그 이상의 확인가능한 집단 간의 갈등이다(An issue is a conflict between two or more identifiable group over procedural or substantive matters relating to the distribution of positions or resources).[15]

이슈의 주된 유형 또는 정책은 분배, 규제 그리고 재분배로 분류될 수 있다. 이들 유형은 상호 간에 배타적이며, 모든 정책은 이러한 유형 가운데 어느 하나에 들어갈 수 있다.[16] 로위(Theodore Lowi)의 주장에 따르면 모든 정책영역은 실제 권력의 활동무대를 갖고 있다는 점에서 각 영역이 별개로 구분된다. 각각의 활동무대는 그 자신 특유의 정치구조, 정치적 과정 그리고 집단관계를 개발하는 경향이 있다.[17]

- **분배적 이슈(distributive issue)**: 분배정책은 정부가 반드시 우선권을 부여해야 하는 단기적 고려와 관련이 있다. 이 영역의 범위에 속하는 것으로 정부 예산이나 보조금이 특정 집단이나 특정 선거구 의원만을 이롭게 하도록 배분되는 현상인 '포크배럴(돼지고기통, pork barrel)'이라 불리는 선심성 이권법안을 들 수 있다. 이러한 정책의 실행은 보통 입법연합 그리고 '로그롤링(정치적 결탁, log-rolling)'과 관련이 있다.
- **규제적 이슈(regulatory issue)**: 규제정책과 분배정책은 사실상 구체적이고 개인적이기 때문에 양자는 서로 공통점이 있다. 그들은 노사관계와 행정적 법령의 논점과 관련된 문제를 포함한다. 결정은 개인적 수준에서 이루어지지만, 그 결정들은 집합적으로 합쳐져서 전반적인 정책 방향을 나타낸다. 규제정책에서는 행정가들이 갈등을 해소할 수 없는데, 이는 그 이슈들은 의회로 되돌아간다는 것을 의미하며 그곳에서 이 같은 논쟁이 해결된다. 로위는 이슈는 역동적이기 때문에 어느 한 이슈는 하나의 범주에서 다른 범주로 움직일 수 있다고 하였다. 이러한 이유 때문에 압력집단(pressure group)은 어떻게 이슈가 공식적 아젠다의 지위에 오르게 되는가에 대한 완전한 해답은 아니다.

---

15) Cobb & Elder(1983), pp. 81-83.
16) 위의 책, pp. 94-96.
17) Lowi(1964), pp. 689-690.

- **재분배적 이슈(redistributive issue)**: 재분배적 이슈를 구분하는 기준은 통상적으로 관련된 사람의 수가 분배적 이슈나 규제적 이슈보다 많다는 것이다. 재분배적 이슈는 소득세나 다양한 복지국가프로그램과 같은 문제를 포함하고 있으며, 계급 노선에 따라 정의되는 경향이 있다. 재분배적 이슈는 경제적인 격차 때문에 통상적으로 다른 유형의 이슈보다 아젠다의 지위(agenda standing)를 달성할 가능성이 더 크다. '가진 자 대 갖지 아니한 자'와 관련된 이슈들은 다수의 사람들이 관련되어 있기 때문에 안건에 보다 빠르게 접근할 가능성이 더 크다.

일반적으로 이슈를 탄생시키는 네 가지 수단이 존재한다.[18]

가장 통상적인 방법은 지위나 자원의 분배가 자신들에게 불리하게 치우쳐 있다고 생각하는 하나 또는 그 이상의 논쟁집단들이 이슈를 만들어 내는 것이다. 이와 같은 이슈주도자들을 재조정자(readjustor)라고 부른다.

이슈를 만들어 내는 또 하나의 형태는 사람이나 집단이 자신들의 이득을 위해 이슈를 만들어 내는 것이다. 예를 들면, 공직 출마 희망자가 자신의 대의명분을 미리 선전할 수 있는 이슈를 찾는 경우다. 이들을 개발자(exploiter)라고 부른다.

이슈 주도의 또 다른 수단은 예상치 않은 사건을 통해서다. 이러한 사건을 상황적 반응자(circumstantial reactors)라고 부른다. 예를 들면, 2007년 12월 7일 충남 태안 앞바다에서 발생한 삼성중공업 예인선과 원유선 허베이 스프리트 호의 충돌에 의한 기름 유출 사고로 지역주민의 삶과 지역 경제가 파괴되어 빈곤층으로 전락한 다수의 지역주민들에게 국가가 긴급복지지원을 할 것이냐 아니면 별도의 특별법을 제정할 것이냐를 놓고 전개된 지역사회의 갈등 현상을 들 수 있다.

획득할 지위나 자원이 없는 사람이나 집단이 스스로 이슈를 만들어 낼 수도 있다. 종종 그들은 그들이 믿고 있는 것을 행하는 것에 대해 대중이 관심을 갖기 때문에 단지 심리적 안락감을 누릴 뿐이다. 이들을 '좋은 일을 하는 사람(do-gooders)'이라고 부를 수 있다.

(2) 이슈유발장치

이슈를 형성하는 데 도움을 주는 예측되지 않은 사건(unforeseen events)을 이슈유발

---

18) Cobb & Elder(1983), pp. 82-84.

장치(issue triggering device)라고 한다. 이슈유발장치는 국내와 국외 영역에 상응하여 내적 사건과 외적 사건으로 나눌 수 있다.

내적 이슈유발장치

내적 사건으로 다섯 개 유형의 유발장치가 있다. 첫째는 홍수나 화재와 같은 자연재해다. 둘째는 예측하지 못한 인적 사건이다. 예를 들면, 사회적 타살이라고 불린 대구 불로동 어린이 아사(餓死) 사건을 들 수 있다. 후자의 경우 우리나라에 '긴급복지지원제도'라는 복지제도를 탄생시킨 계기가 되었다. 셋째는 지금까지 논의되지 않은 문제를 만들어 내는 기술적 환경 변화다. 예를 들면, 공해나 환경오염, 대중교통 등을 들 수 있다. 넷째는 시민권, 항의 그리고 노조파업으로 이어지는 자원분배의 불균등이나 편중 현상을 들 수 있다. 다섯째는 인구의 폭발적 증가나 흑인의 북부지역 이주와 같은 생태학적 변화다.

외적 이슈유발장치

외적 이슈유발장치로는 네 가지 형태가 있다. 첫째는 미국이 직접 전투부대를 파견해 개입한 전쟁이나 군사적 충돌이다. 중동에서의 군사적 충돌은 석유파동을 가져와 우리나라의 산업에 피해를 주고, 그로 인해 실업이 증가해 고용보험 부담이 증가하기도 한다. 둘째는 기술의 혁신이다. 자동화 관련 기술혁신은 비자발적 실업을 야기하기도 해 빈곤의 원인이 되기도 한다. 셋째는 중동에서 이스라엘과 아랍국가 간의 충돌과 같이 미국이 직접적인 전투부대로서 참여하지 않은 국제적 충돌이다. 마지막 범주는 UN에서의 자국의 지위에 영향을 미치는 세계적 세력구도의 변화와 관련된 것이다.

이슈창시자와 이슈유발장치

이슈의 형성은 이슈창시자(issue initiator)와 이슈유발장치 간의 역동적인 상호작용에 의존하고 있다. 이를 그림으로 묘사하면 [그림 8-2]와 같다.

예를 들면, 광산 붕괴와 같은 재앙 자체는 이슈를 새로이 만들어 내지 않는다. 과거에도 이 같은 사건이 어떠한 개선책도 없이 여러 번 발생하였다. 불평거리 또는 유발적 사건과 그 문제를 공적 또는 사적 이유로 이슈로 전환시키는 이슈창시자 간에는 반드시 연계가 있어야 한다.

체계론적 관점에서 보면, 투입은 이슈창시자와 사건 또는 이슈유발장치로 이들은

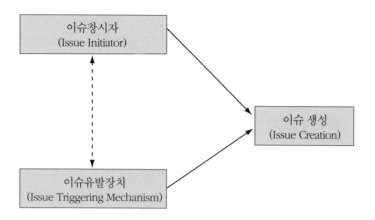

[그림 8-2] 이슈창시자와 이슈유발장치

출처: Cobb & Elder(1983), p. 85.

문제가 이슈로 전환되는 데 기여한다. 산출은 아젠다다.

(3) 이슈의 특성

이슈란 바람직하지 못한 지위나 자원분배에 관한 문제나 요구가 공공의 관심을 불러일으키고 공공정책상 논점으로 제시되어 둘 이상의 확인가능한 집단 간에 이해갈등이 나타난 경우다. 이러한 이슈들은 나름대로 특별한 속성을 갖고 있으며, 이슈 자체가 갖고 있는 이러한 속성들의 이슈화 가능성에 영향을 미친다.

- 이슈화 가능성 = f(이슈의 속성)
- 이슈의 속성(X) → 이슈화 가능성(Y)

이슈가 어떻게 정의되느냐는 명백하게 또는 암묵적으로 갈등의 성격과 궁극적인 결과와 중요하게 관련되어 있다. 콥과 엘더(Cobb & Elder)는 다섯 가지의 이슈 특성을 다음과 같이 소개한다.[19] 이러한 특성 각각은 이슈가 정의되는 일정한 차원을 묘사한다.

- **이슈의 구체성 정도(degree of specificity)**: 이는 이슈가 얼마나 추상적으로 또는 구체

---

19) 앞의 책, pp. 99-102.

적으로 정의되는가를 말한다. 구체성의 척도는 구체적 목적이 명확히 진술되는 정도, 집단 목적의 서술문에 나타난 참조적 상징(referential symbol)의 수와 반대되게 사용된 요약 상징(condensation symbol)의 수 그리고 이슈 경쟁의 구체성에 관한 논쟁자의 인식을 포함한다. 이슈의 구체성 정도가 높을수록 설득력은 높아지나 청중의 수는 줄어든다. 반면, 이슈가 추상적일수록 설득력은 낮아지나 청중의 수는 늘어난다.

- **사회적 중요성의 범위(scope of social significance):** 사회적 중요성은 이슈가 바로 논쟁자에게만 특유한 것인가 아니면 보다 일반적인 중요성을 갖는가와 관련이 있다. 사회적 중요성은 잠재적으로 영향을 받을 수 있는 사람들의 수로 측정되는 이슈의 영향(issue impact)과 유사하다. 이슈가 이슈제기자에게만 독특한 것이 아니라 사회적 중요성의 범위가 넓을수록 이슈화될 가능성이 높다. 예를 들면, 고용취약계층을 위한 사회적 일자리 창출에 관한 이슈보다는 실업 전반에 관해 갈등을 나타내는 고용보험에 관한 이슈가 사회적 중요성의 범위가 더 넓다.

- **시간적 적절성의 정도(extent of temporal relevance):** 시간적 적절성은 단기간이고 부수적인 적절성(circumstantial relevance)을 갖는가 아니면 보다 지속적이고 근본적인 중요성을 갖는가의 정도를 나타낸다. 시간적 적절성의 정도가 클수록, 즉 이슈가 짧은 기간 당시의 상황에 따라 우연히 나타나기보다는 지속적이고 기본적인 것으로 나타날 경우 이슈화 가능성이 크다.

- **복잡성의 정도(degree of complexity):** 복잡성은 이슈가 고도로 복잡하고 기술적인 것으로부터 단순하고 이해가 쉬운 것에 이르는 일련의 연속선상에서 어떻게 묘사되느냐와 관련이 있다. 복잡성의 정도가 클수록 전파범위가 제한되어 이슈화 가능성이 낮은 반면, 단순성이 강할수록 전파범위가 넓어 이슈화 가능성이 높다.

- **범주적 선례의 정도(degree of categorical precedence):** 범주적 선례는 이슈가 다소 명백한 전례(그리고 결과적으로 문제해결을 위한 예상되는 절차)를 갖는 일상적인 문제가 되는 정도, 또는 역으로 이슈가 특이한 정도를 나타낸다. 범주적 선례의 정도가 크면 이슈 갈등의 해결을 위한 절차가 표준화되어 있어 선례가 없는 이슈보다는 이슈화될 가능성이 크다.

그 밖에 이슈화에 영향을 미치는 이슈의 특징으로 현저성, 규범성, 전파가능성, 이해가능성, 유행가능성 등을 들 수 있다. 이슈제기자가 누구인가에 따라 이슈의 현저성

(salience)이 달라지며, 현저성이 강할수록 이슈는 전파가능성과 침투가능성이 높다. 클라이언트에 의해 이슈가 제기될 경우보다는 대통령, 국회의원, 언론 등과 같은 이슈 기업가(issue entrepreneur)에 의해 이슈가 제기될 경우 이슈화될 가능성이 높다. 이슈가 가치나 윤리에 바탕을 두어 규범성(normativeness)이 높은 경우 사람들의 윤리 감각에 호소하는 명분이 강한 반면, 실제적인 사실에 바탕을 둔 경우 사람들의 실리에 호소하면서 정책대안을 구체화시킬 수 있다. 규범성과 사실성은 이슈의 설득력을 높이는 데 상호보완적인 역할을 한다. 일반 국민의 이해관계와 밀접하게 관련되어 있어 전달되는 일반 공중의 범위가 넓은, 즉 전파가능성(dissemination)이 높은 이슈는 상대적으로 이슈화될 가능성이 높다. 침투가능성(pervasiveness)은 이슈가 인식되는 정도, 즉 이슈의 강도에 관한 것으로 사람들은 자신에게 이익을 주는 이슈보다는 손실을 주는 이슈에 더 민감하다. 국민에게 인기를 끌어 유행할 수 있는, 즉 유행가능성(prevalence)이 높은 이슈는 상대적으로 이슈화 가능성이 높다. 이슈의 난이도가 낮아 이해가능성(comprehensibility)이 큰 이슈는 이슈화될 가능성이 높다.

일반적으로 사회적 중요성의 정도, 시간적 적절성의 정도, 복잡성의 정도가 낮을수록, 범주적 선례의 정도가 높을수록 이슈화의 가능성이 높다. 또한 현저성, 전파가능성, 이해가능성, 침투가능성, 유행가능성이 높을수록 이슈화 가능성이 높다.

(4) 이슈화 관련 집단

논쟁 당사자

논쟁 당사자(contending parties)는 어느 이슈 갈등에 참여하여 직접 논쟁을 벌이는 집단을 말한다. 이슈 갈등에 대한 논의를 하기 전에, 우리는 갈등 당사자의 속성을 반드시 고찰하여야 한다. 엄밀히 말해서, 우리가 관심을 갖는 것은 집단갈등이다. 고찰하고자 하는 것은 갈등과 관련된 집단의 특징이다. 우리는 구체적인 특징을 상세히 고찰하는 것이 아니라 조직적 차원에서 그 특징을 집합적으로 고찰한다.

논쟁에 관련된 집단의 규모는 갈등에 의해 즉각적으로 영향을 받는 사람들의 수를 나타내고 논쟁진영의 상대적인 강도를 특정화한다는 점에서 매우 중요한 요소다. 더 나아가, 논쟁자의 규모는 갈등의 일반적 가시성과 갈등 확산의 결과적 가능성을 결정하는 중요한 요인이 되곤 한다.[20]

---

20) 앞의 책, pp. 102-109.

관련 공중

현저성이란 관련성(relevance)으로도 불리는데 양자는 사람이 어느 한 이슈에 민감해지는 양태를 의미한다. 다양한 집단화로 특별한 이슈의 발전과정을 파악하기 위해서는 그 이슈는 반드시 관련이 있어야 하고 두드러져야 한다. 어느 한 이슈는 그 이슈가 특정 집단의 구성원에게 현저한 것으로 규정되는 정도만큼 대중과 관련이 있다. 현저성이란 앞에서 언급한 5개 이슈의 특징과 그 특징들이 논쟁 과정에서 어떻게 짜여 있느냐에 대한 청중의 총체적 반응이다.

이슈 갈등은 청중 앞에서 진행되기 때문에, 네 가지 일반적 형태의 공중을 구분하는 것이 유용하다. 이들 관련 공중(relevant publics)의 형태는 다양하며, 가장 관련된 사람들부터 일반 대중에 이르기까지 네 가지로 분류된다.

① 특정 공중: 동일시집단

한 집단의 공중은 그 집단의 행동의 다양한 가능성 있는 결과를 알고 있거나 알게 할 수 있는 개인의 집합이라고 간주된다. 보다 구체적으로 말하면, 주어진 집단의 공중은 집단 지향적이거나 그 집단에 주의를 집중하여 그들의 이익을 일반적으로 그 집단의 이익과 동일시하거나 그 집단에 특유한 이익에 지속적으로 공감하는 집단을 말한다.

그 집단의 공중은 동일시집단(identification group)이라 불리는 깊게 관여하지 않는, 인위적으로 구분된 집단(non-involved synthetic grouping)의 성원으로 구성되곤 한다. 동일시집단의 구성원 간의 유대는 그 강도가 다양하지만, 그럼에도 불구하고 상대적으로 안정되고 지속적인 경향이 있다. 만일 그 어느 구성원 집단들과 관련된 갈등이 일어난다면, 이 같은 집단화의 구성원들은 일반 대중 가운데 가장 민감한 집단이 될 것이다. 만일 갈등이 논쟁에서 최초로 관련된 사람들 이상으로 확대된다면, 동일시집단의 성원들은 그 갈등에 개입하게 되는 청중 가운데 최초의 집단이 될 것이다.

② 특정 공중: 관심집단

직접 관련된 집단의 공중 외에도, 관심집단(attention groups)으로 불리는 것에 상응하는 이슈 공중(issue public)을 적어도 분석적으로 구분할 수 있다. 이러한 집단에 있는 사람들은 대부분의 이슈에 대해 무관심하지만, 어떤 특수한 이슈에 대해서는 잘 알고 있으며 관심도 갖고 있다. 사실, 일단 그들의 관심 영역 내에서 이슈가 제기되면, 그들은 쉽게 동원될 수 있다. 따라서 관심집단은 청중 가운데 확장되고 있는 이슈에 진입하는 맨 처음의 우선적인 부분 가운데 하나다. 동일시집단과 같이, 그들은 이슈가 가시화되기 오래전부터, 또는 적어도 일반 공중과 관련되기 전에 그 논쟁에 대해 알고 있다. 그러나 동일시집단의 관여가 논쟁집단의 집단적 관계에 중점을 두는 반면, 관심집단의 참여는 갈등에 관련된 이슈들에 의존하는 경향이 있다. 관심집단은 어느 한 이슈나 일군의 이슈들과 이해관계가 있는 압력집단을 포함한다.

③ 대중 공중: 관심 공중

특정 공중(specific publics)으로부터 일반 대중으로 전환하면서, 이슈에 대해 일반적인 지식을 갖고 있고 관심도 갖고 있는 계층인 관심 공중이라 불리는 집단을 식별할 필요가 있다. 비록 동질적이지는 않지만, 관심 공중(attentive public)은 구성에서 상대적으로 안정적인 경향이 있으며, 보다 고학력 고소득 집단들로부터 불균등하게 유입된다. 오피니언 리더(opinion leader)들이 이 계층에서 나온다. 보다 덜 활동적이고 관심이 더 적은 대중집단들이 갈등을 인식하게 되는 것은 이 사람들을 통해서다. 대중의 일반적인 교육수준이 증가함에 따라, 관심 공중의 크기도 증가하는 조짐이 일부 있다.

④ 대중 공중: 일반 공중

일반 공중(general public)은 덜 적극적이고, 관심이 더 적고 그리고 정보도 더 적은 대중의 일부를 말한다. 일반 공중은 갈등에 관계하는 청중의 마지막 부분이다. 일반 공중이 활성화되기 위해서는 이슈들은 반드시 고도로 일반화되거나 상징적이어야 한다. 사실, 일반 공중이 주어진 갈등에 의해 동원될 가능성은 극히 드물다. 그러나 일반 공중이 일체감의 특성을 나타내고 일반적 자극에 반응을 나타내는 한, 일반적이고 동시에 특수한 자극에 의해 차별적으로 영향을 받는 다양한 이해관계와 집단을 포함한다. 주어진 상황 또는 이슈들에 처한 일반 공중은 다른 상황과 이슈에 처한 특정 공중을 포함한다.

일반 공중을 논함에 있어, 전체 공중이 어떤 특수한 이슈에 의해 활성화될 가능성이 적기 때문에 우리는 통계적인 결과를 처리하고 있다. 일반 대중은 반드시 지속적인 언론매체의 관심을 받는 이슈에 반응하지도 않으며, 심지어는 알고 있지도 않다.

4) 요구

요구(demand)란 내면적인 욕구(need)가 외면적으로 표출된 상태를 말한다. 욕구는 '인간의 생존과 성장발전을 위해 필요하여 구하는 것'인데, 예를 들면 적절한 음식, 주택, 소득, 사회참여 등이다. 이러한 것들이 특정 개인 또는 소수의 개인에 국한될 때는 개인적 욕구가 되고 사회의 다수인에게 확대되면 사회적 욕구가 된다. 욕구는 충족되어야 할, 즉 해결되어야 할 문제로 보는 경향이 있다.

매슬로(Maslow)의 욕구단계이론에 의하면 인간은 단계적인 욕구체계가 있으며 상향적으로 만족시키기를 원한다.[21] 생리적 욕구(배고픔, 갈증, 휴식, 주거, 적으로부터 보호 등) → 안전의 욕구(위협 또는 궁핍으로부터의 보호 등) → 소속과 사랑의 욕구(소속, 사랑, 우정 등) → 존중의 욕구(자신감, 존중, 사회적 인정 등) → 자아실현의 욕구(잠재적 실현, 자아개발, 창조력 등) 순이다.

브래드쇼(Bradshaw)는 욕구인식의 기준에 따라 욕구를 규범적 욕구(normative need), 감촉적 욕구(felt need), 표현적 욕구(expressed need), 비교적 욕구(comparative need)로 구분한다.[22]

문제를 인식한 국민이나, 시민사회단체나 학계 또는 노조들이 절대빈곤의 문제, 장애인의 문제, 국민연금재정위기 문제의 해결을 바라는 구체적 행위로 청와대나 정부부처에 직접 청원을 하거나, 성명서를 발표하거나 공개토론회를 개최하거나 피켓시위를 실시하게 된다. 이러한 요구는 국민이 갖고 있는 잠재적인 욕구가 외부로 발현된 상태로서 정치적인 또는 사회적인 논점으로 부각될 때 이슈가 된다.

최근에는 사회문제로 고통을 받는 당사자들이나 이들의 문제를 대변하는 시민사회단체나 노조 등이 복지권 보호의 차원에서 국가인권위원회에 진정서를 제출하기도 한다. 국가인권위원회는 사회적으로 배제되어(social exclusion) 부당하게 복지권을 침해받았거나, 인간다운 삶을 살아가지 못하는 제도적 문제를 시정하기 위해 별도의 태스크포스 팀(task-force team)을 구성하여 추진계획을 수립하고, 분야별로 전문가 그룹과의 공동연구 또는 워크숍 등을 실시하며, 공청회나 토론회 등을 통해 인권사회단체 및 관계부처 등 이해관계자의 의견을 수렴한 후 정부에 관련법의 제정·개정을 건의하거

21) Maslow(1970), pp. 39-51.
22) Hugman(1998), pp. 30-35.

나 정책대안을 마련할 것을 촉구하고 있다.[23] 특히, 각종 차별금지 법의 제정을 위해 학벌, 성별, 장애인, 비정규직, 특정 지역, 외국인 노동자 등에 관한 차별실태조사를 실시하고, 공청회나 간담회 등을 통해 다양한 의견을 수렴하고 사회적 공감대를 형성하여 입법을 위한 토대를 마련하고 있다. 또한 비정규직 근로자들이 사회보장수혜대상자에서 제외되어 인간다운 삶을 영위할 수 없는 상황을 개선하기 위한 입법적 노력을 기울이고, 정부에 정책대안을 마련하여 집행하도록 촉구하고 있다.

3. 사회복지정책 아젠다

아젠다형성과정은 객관적 사실의 존재 → 문제의 인식 → 구체적 요구 → 체계아젠다 형성 → 제도아젠다 형성의 과정을 거친다.[24] 사회복지정책이 해결해야 할 문제나 이슈를 해결하기 위해서는 이들이 먼저 아젠다의 지위에 올라야 한다.

1) 아젠다의 정의

아젠다(agenda)란 어느 시점에서 국민의 주의를 끄는 합법적인 관심사로 간주되는 일련의 정치적 논쟁을 말한다. 아젠다는 어떠한 문제나 이슈가 정책결정자들의 관심을 불러일으켜 정부정책으로 논의될 수 있는 상태에 이른 의제들의 집합, 즉 안건을 말한다. 문제나 이슈들이 정책결정자의 관심을 불러일으켜 공공정책상의 논점으로 제시된 상태에 이르게 될 때 아젠다 지위(agenda status 또는 agenda standing)를 획득하였다고 하며, 이러한 일련의 과정을 아젠다형성(agenda setting 또는 agenda building)과정이라고 한다. 아젠다형성의 단계는 체계진입의 단계라고도 한다.

---

23) 국가인권위원회, www.humanright.go.kr
24) 송근원(1994), pp. 71-310.

2) 아젠다의 종류

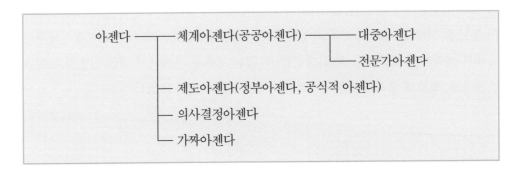

아젠다는 크게 체계아젠다(systemic agenda)와 제도아젠다(institutional agenda)로 나뉜다. 여기에 의사결정아젠다(decision agenda)와 가짜아젠다(pseudo agenda)가 첨가되기도 한다.[25]

(1) 체계아젠다

체계아젠다(systemic agenda)란 공공의 관심을 끌 가치가 있고, 현재의 정부당국이 합법적으로 다룰 수 있는 문제라고 정치적 공동체의 구성원들이 일반적으로 인지하고 있는 모든 이슈로 구성된다(The systemic agenda consists of all issues that are commonly perceived by members of the political community as meriting public attention and as involving matters within the legitimate jurisdiction of existing governmental authority). 모든 지역정치공동체, 주(州) 정치공동체, 국가적 정치공동체는 체계아젠다를 갖는다. 보다 큰 공동체의 체계아젠다는 종속적 공동체의 체계아젠다로부터 나온 항목을 포함하지만, 그러나 두 아젠다가 반드시 상호 간에 일치하는 것은 아니다.

체계아젠다는 공공아젠다(public agenda)라고도 불리우며, 일반 대중이 인식하고 있는 대중아젠다(popular agenda)와 전문가들이 문제로 인식하고 있는 전문가아젠다(professional agenda)로 세분되기도 한다. 체계아젠다는 추상적이고 일반적인 특징이 있다.

어느 한 이슈가 체계아젠다의 지위를 획득하기 위해서는 다음의 세 가지 전제조건을 갖추어야 한다.

---

25) Cobb & Elder(1983), pp. 85-89.

체계아젠다 전제조건
• 광범위한 관심 또는 최소한의 인식
• '일정한 유형의 행동이 필요하다'는 상당히 많은 대중의 공유된 관심
• 그 문제가 어떤 정부구성단위의 적절한 관심사이고 그 정부구성단위의 권위의 한계에 속한다는 것에 대한 공유된 인식

'공유된 관심'과 '공유된 인식'이라는 용어는 공동체의 지배적인 규범, 가치 그리고 이데올로기에 의해 조절되는 의견의 우세한 분위기를 말한다. 이슈는 일반 시민 전체가 아니라 단지 국민 다수의 인식을 필요로 한다.

어느 한 항목이나 이슈가 대중의 인정을 받기 위해서는, 그 항목이나 이슈의 지지자들이 반드시 언론매체나 사람들에게 다가가는 데 필요한 자원에 접근할 수 있어야 한다. 지지자들은 금전과 인적 자원이 필요하며, 종종 행동하겠다는 발언(action rhetoric)을 할 필요가 있기도 하다.

대중의 인정을 받는 것 이외에, 이슈는 반드시 다수 사람들에 의해 치유적 조치가 있어야 하거나 이 같은 조치가 필요하다는 인식이 있어야 한다. 달리 표현하면, 이슈의 해결을 위해 조치가 가능하고 또한 그러한 조치가 필요하다고 반드시 간주되어야 한다. 이 같은 대중적 확신을 조성하기 위해서는 보통은 상당한 수의 집단이나 사람들을 동원할 필요가 있다.

체계아젠다 지위를 획득하는 데서 이슈의 운명은 그 이슈가 합법적 정부 조치의 범위에 들어가는 것으로 정의될 수 있느냐에 달려 있다. 정책 현장에서는 때로는 이슈가 체계아젠다의 지위에 이르지 못하도록 만드는 파괴적 전략들이 사용되기도 한다. 가장 파괴적인 전략 가운데 하나는 그 이슈가 정부의 권한 범위에 속한다는 사실을 부정하는 것이다. 체계아젠다는 제도아젠다보다 추상적이고, 일반적이며, 범위와 영역이 더 광범위하다.

(2) 제도아젠다

제도아젠다(institutional agenda)는 체계아젠다 가운데 권위 있는 의사결정자가 명백하게 적극적이고도 진지한 관심을 기울이는 항목들의 집합으로 정의된다(Institutional agenda may be defined as that set of items explicitly up for the active and serious consideration of authoritative decision makers). 제도아젠다는 특별한 제도적 의사결정기

관에 의해 적극적이고 진지하게 고려하기로 예정된 일련의 구체적이고 특수한 항목들을 말한다.

제도아젠다 전제조건

- 광범위한 관심을 갖거나 적어도 인식하고 있음
- '일정한 유형의 행동이 필요하다'는 상당히 많은 대중의 공유된 관심
- 그 문제가 어떤 정부구성단위의 적절한 관심사이고 그 정부구성단위의 권위의 한계에 속한다는 것에 대한 공유된 인식
- 그 문제에 대한 권위 있는 의사결정자의 명백하고 적극적이고 진지한 관심

따라서 지방 · 주 · 전국 수준의 어떠한 정부기관의 항목들의 집합이라도 제도아젠다를 구성하게 된다. 여기서 '명백하게(explicitly)'란 조치나 정책대안과 관련된 이슈나 문제가 단순히 어떤 조치가 필요하다는 것을 확인하는 것과 관련된 이슈를 말한다. '적극적이고 진지한(active and serious)'이란 공식적 아젠다 항목들을 이른바 '가짜아젠다 항목들(pseudo-agenda items)'과 구분하기 위해 사용되는 용어다. 가짜아젠다는 어떠한 형태로든 요구를 등록하거나 인정하기는 하지만 그의 가치를 명백하게 고려하지 않는 항목들을 말한다. 의사결정자들은 종종 이러한 아젠다를 선거구 집단들의 좌절감을 진정시키기 위해서 그리고 그 수요를 인정하지 않는 정치적 분파를 회피하기 위해서 종종 이용한다. 가짜아젠다는 전형적으로 행동주의자집단을 진정시키기 위하여 실제 조치가 취해질 가능성이 없는 법안을 상정시키는 입법부에서 발생한다. 즉, 가짜아젠다는 어떤 요구를 어떤 형태로든 수록하거나 인정해 주고 있긴 하지만, 권위 있는 정책결정자들이 그것에 대해 진지한 관심을 두고 있지 않는 상태의 안건들을 말한다. 국민의 요구가 제도아젠다로 발전하지 못할 때에는 문제해결을 위한 구체적인 정책대안을 마련할 수 없어, 문제는 해결될 수 없게 된다. 이는 체계아젠다의 지위에는 올랐으나 제도아젠다로 발전하지 못한 상태로 머무는 가짜아젠다가 된다.

제도아젠다는 구체적이고 특수하며 수적으로 제한된 특징이 있다. 제도아젠다는 정부아젠다(government agenda) 또는 공식적 아젠다(formal agenda)라고도 불린다. 사회복지정책과 관련된 이슈들이 체계아젠다의 지위를 획득한 이후에 제도아젠다의 지위에 오르게 되면 사회적 문제와 욕구는 해결될 가능성이 크다.

제도아젠다의 내용

제도아젠다는 구 항목과 신 항목이라는 두 개의 범주로 나눌 수 있다.

① 구 항목

구 항목(old items)은 기술된 행동대안을 갖고 있는 항목으로서 특별한 경우를 제외하고는 대부분의 경우에 사전에 정해진다. 예를 들면, 매년 정부가 공표하는 최저임금에 관한 안건이다. 그 이슈는 최저임금을 5% 인상할 것인가 아니면 10% 인상할 것인가를 정하는 것은 아닐지라도, 적어도 최저임금은 인상되어야 한다는 것이다.

구 항목은 일반적으로 습관적 항목(habitual items)과 반복적인 항목(recurrent items)이라는 두 개의 요소로 구성되어 있다. 습관적인 항목은 인건비 예산항목 같이 정규적인 검토를 위해 등장하는 항목을 포함한다. 반복적인 항목은 주기적으로 일어나는 항목이지만, 반드시 규칙적 간격을 두고 나타날 필요는 없다. 예를 들면, 주기적으로 나타나는 정부의 개각이나 사회보장예산의 인상이나 복지프로그램의 확대 등을 들 수 있다.

② 신 항목

신 항목(new items)은 사전에 정해진 행동대안은 없지만 해석이나 전개를 하는 데서 융통성이 있는 항목을 말한다. 첫 번째 하위요소는 자동적 또는 자연적 항목(automatic or spontaneous item)으로 이는 어떤 특정 상황에서 주요 의사결정자의 작용이나 반작용으로서 나타나는 자동적이거나 자연적으로 일어나는 이슈들을 포함한다. 예를 들면, 경제에 상당한 영향을 미치는 주요 산업 분야에서 발생하는 파업을 들 수 있다.

두 번째 하위요소는 경로 항목(channeled items)으로 이는 노동조합과 같은 중요한 공중집단을 활성화함으로써 또는 대중의 지지를 동원함으로써 아젠다에 전달되는 이슈들을 말한다.

제도아젠다의 형태

제도아젠다의 뚜렷한 형태는 의회, 상급 법원 또는 규제기관과 같은 권위 있는 의사결정기관의 일정표에서 찾아볼 수 있다. 만일 어느 한 항목이 안건에서 보이지 않는다면, 그 항목은 아젠다 항목으로서 고려되지 않을 것이다. 아젠다의 구성은 시간이 흐름에 따라 다양하게 나타날 수 있지만, 반복적 또는 습관적 항목이 가장 많이 나타난다. 시간이 제한되어 있고 아젠다가 과부화되어 있는 의사결정자로부터 반복적 또는 습관적 항목들은 우선권을 부여받는 경향이 있다.

의사결정자들은 오래된 문제들은 그 문제가 오랫동안 살아남았고 정부관료들이 더 잘 알고 있다고 여기기 때문에 보다 많은 관심을 보장받게 된다고 하였다.

체계아젠다와 제도아젠다 특성 비교

정책결정자들은 체계아젠다와 제도아제다 모두를 형성하는 데 참여한다. 그러나 두 아젠다의 속성은 실질적으로 다르다. 체계아젠다는 매우 추상적이고 일반적인 항목으로 구성된다. 체계아젠다는 반드시 이용할 수 있는 대안이나 문제에 대처하기 위한 수단을 제시하지는 않는다. 예를 들면, 체계아젠다는 '차별 종식'과 같은 애매모호한 항목을 포함하기도 한다.

제도아젠다는 보다 특수하고, 구체적이고 그리고 항목의 수에서 제한되는 경향이 있다. 제도아젠다는, 적어도 암묵적으로, 의사결정기관에 의해 진지하게 고려되어야 하는 문제의 국면들을 확인한다. 이러한 예로 지방자치단체의 의회에서 자치단체 내의 복지시설을 지원하기 위해 어떠한 형태의 지방세 대안을 고려할 것인가와 같은 안건을 들 수 있다.

어느 한 항목이 체계아젠다의 지위를 거치지 않고 공식적 아젠다의 지위로 올라갈 가능성도 있다(제도아젠다는 공식적 아젠다 또는 정부아젠다라고도 불린다). 그러나 만일 상당한 사회적 중요성을 갖는 어느 이슈든 먼저 체계아젠다의 지위를 획득하지 않는다면, 그 이슈가 정부아젠다의 지위를 얻을 가능성은 적다.

체계아젠다의 우선순위가 반드시 제도아젠다의 우선순위와 일치하는 것은 아니다. 사실, 양자 간에는 상당한 불일치가 존재하기도 한다. 따라서 체계아젠다와 제도아젠다 간의 격차가 크면 클수록, 정치체계 내에서 갈등의 강도와 빈도는 더 크게 된다는 일반적인 가정이 제시되기도 한다.

체계 내에 존재하는 타성(inertia) 때문에 제도아젠다는 항상 그만큼 더 일반적인 체계아젠다보다 어느 정도 지체된다. 이러한 지체의 정도는 경제공황, 전쟁 그리고 기술적 변화와 같은 심각한 체제단절 기간에는 더 증대되곤 한다. 만일 그 지체가 너무 크다면, 체계는 효과적으로 작용하지 못하고 심지어는 파괴될지도 모른다.[26]

---

26) 앞의 책, pp. 14-16.

의사결정아젠다

의사결정아젠다는 관련된 이슈가 입법대상이 되었거나 장관급 고위관료의 최종결정을 기다리고 있는 의제들로 구성된다. 제도아젠다가 의사결정아젠다의 지위를 획득하게 되면 보다 적극적이고 활동적인 위치를 확보하게 된다.

3) 게이트키핑과 게이트키퍼

이스턴(Easton)은 요구나 이슈가 정치체계나 정치체계의 하위체계에 진입하거나 진입하지 못하는 과정을 게이트키핑(gatekeeping) 또는 문지기활동이라고 부른다. 그의 행동이 요구나 이슈가 체계나 그 하위체계에 진입하는 데 성공하느냐 또는 실패하느냐를 결정하는 사람, 기관 그리고 집단을 게이트키퍼(gatekeeper) 또는 문지기라고 부른다.[27] 게이트키퍼는 정치체계로 진입하기 위한 도구로서 역할을 수행할 뿐만 아니라 선별적으로 요구나 이슈의 투입을 제한함으로써 체계에 대한 전반적인 부담을 줄이기도 한다. 따라서 게이트키퍼는 연속적인 아젠다형성과정에 중요한 참여자가 된다.

실제 우리나라의 의사회, 약사회, 경영자총협회, 민주노총, 한국노총 등과 같은 이익집단이나 압력집단들은 자신들에게 유리한 이슈는 적극적으로 아젠다의 지위에 올려 문제해결을 하려고 노력하는 반면, 자신들에게 불리한 이슈는 그러한 요구가 아젠다의 지위에 오르지 못하도록 노력하는데, 이러한 활동을 게이트키핑 또는 문지기활동이라 하고, 그러한 노력을 하는 사람, 기관 그리고 집단을 게이트키퍼 또는 문지기라고 부른다.

이 게이트키퍼들이 특정 문제가 이슈화되는 것을 방지하기 위하여 채택하는 전략은 크게 집단지향적인 전략(group-oriented strategy)과 이슈지향적인 전략(issue-oriented strategy)으로 구분할 수 있다. 집단지향적인 전략의 예로는 사회복지 이슈를 제기한 집단들을 용공분자로 매도하거나, 기관운영상 문제점을 들추어내어 그 집단의 정통성이나 문제점을 지적함으로써 이슈의 확장을 저지하거나, 이슈를 제기하는 집단의 지도자를 정부의 관련 문제의 해결을 위한 대책위원회의 위원으로 위촉하여 자기편에 흡수(cooptation)시킴으로써 이슈제기집단의 지지 근거를 약화시키려는 노력을 들

---

27) 앞의 책, pp. 18-20.

수 있다. 이슈지향적인 전략으로는 전시적 노력(showcasing)이나 명목상 대책 실시 (tokenism)와 같이 제기된 문제의 극히 일부분만 실시함으로써 문제해결을 위해 노력 하고 있음을 보여 주는 것이다. 구체적인 예로, 문제를 다루기 위한 새로운 부서나 기 관을 신설하는 것이다. 또한 간접적으로 상대방이 사용하는 상징이나 캐치프레이즈를 자신들이 원용한다든가 예산 타령을 하면서 거짓동정을 행하는 것을 들 수 있다.

4) 아젠다형성의 문제에 관한 분석틀

아젠다형성의 문제에 관한 분석틀은 기존의 체계, 권력, 의사결정 그리고 이익집단 이나 집단화의 개념을 중심으로 이루어진 분석 이외에 갈등이란 개념을 중심으로 분 석이 추가적으로 이루어진다.[28]

(1) 일반체계 접근방법

아젠다형성에 관한 일반체계 접근방법(general system approach)은 이스턴의 연구에 바탕을 두고 있다. 보다 큰 체계와 비교하여 정치체계의 주요한 기능은 가치 있는 것 들의 권위적 배분이다.

요구(demands)와 지지(supports)라는 두 가지 형태의 투입 가운데 요구에 주된 관심 이 부여된다. 요구가 없다면 사회를 위한 구속력 있는 결정을 수행할 기회도 없을 것 이라는 단순한 사실을 고려하면 요구는 중심적인 변수로 간주된다.

요구는 정치화과정을 통하여 필요로부터 발생한다. 즉, 그 필요에 관하여 권위적 결 정이 요구될 때, 필요가 요구로 전환된다. 그러나 이것이 요구는 반드시 체계아젠다나 어느 특별한 공식적 아젠다의 관심을 일으키지 않는다는 것을 의미하지는 않는다. 요 구가 관심을 얻어 권위 있는 의사결정자의 아젠다에 자리 잡는 하나의 중요한 방법은 이슈로의 변환과정을 통하는 것이다. 수요를 이슈로 전환하는 것은 요구의 가시성을 증가시키는 데 도움이 되며, 이전에 관련되지 않은 사람들이나 집단들을 동원하는 경 향이 있다. 그래서 요구에 더 큰 중요성을 부여하게 된다. 달리 표현하면, 요구를 이슈 로 전환하는 것은 본질적으로 요구를 체계아젠다 지위로 끌어올린다는 것을 의미한다.

체계 내에서 요구를 표현하는 두 개의 주요한 수단은 선거와 같은 제도화된 도구와

폭력과 같은 비제도화된 수단이다. 이 가운데 선거는 단지 주민의 일정 비율만이 참여하기 때문에 무엇이 정부아젠다에 접근할 것인가의 관점에서 보면 매우 차별적이다. 그 집단의 이익은 항목들을 고려 대상이 되는 안건에 올리는 데서 의사결정자에 의해 반영된다. 비록 그렇다 하더라도, 미국 체계는 선출된 지도자들이 정책을 선정하는 데 많은 재량을 허용한다. 그래서 공식적 아젠다에 포함되는 이슈의 선별은 선거과정을 통해서 직접적으로 유입되지 않는다. 사실, 정치가들은 정책문제에 관한 주된 역할자다.

폭력과 같은 비제도화된 수단들은 과거에 이슈를 정부아젠다에 올리기 위해서 사용된 적이 있다. 우선, 주의를 끌어서 체계아젠다에 진입할 수 있다. 참여자들이 자원 없이는 법의 영역 밖의 수단에 접근할 수 없다고 믿고 있을 때, 보통 이 같은 행동이 취해진다. 종종 폭력의 위협이 관료들의 관심을 지속시키는 데 실제 폭력의 사용보다 훨씬 성공적일 수 있다. 그러나 그 체계가 지속적인 폭력적 행동의 발발 이후에 생존할 수 없기 때문에, 제도화된 수단이 더 통상적으로 사용된다.

(2) 권력 접근방법

권력은 오랫동안 정치적 분석의 중심적 개념으로 존재하여 왔다. 권력이란 분명히 관계적 개념이다. 권력의 지시대상은 구체적인 속성이나 특징들의 집합이 아나라 실체 간의 특별한 관계의 형태다. 권력이란 한 사람이 다른 사람의 행동에 영향을 미치고, 수정하고, 또는 어떻게든 해서 다른 사람의 행동을 형성하는 능력을 갖는 관계다.

권력 접근방법(power approach)에는 다음과 같은 유형이 있다.

첫째, 권력요소적 권력관계 유형이다. 네이젤(Jack Nagel)에 따르면, 대다수의 권력이론가들이 간과해 온 두 가지 중요한 형태의 권력관계가 있다.[29] 하나는 예견된 반응을 나타내는 상황이고, 또 다른 하나는 정보조작(information manipulation)이다. A라는 한 사람은 그가 특별한 항목에 대하여 B라는 사람에게 전해지는 정보를 통제할 수 있는 정도로 B라는 사람에 대하여 권력을 갖는다. 만일 A라는 사람이 B라는 사람에게 무엇인가를 하도록 설득할 수 있다면, A는 B에 대하여 권력을 갖는 것이기 때문에 앞에서 언급한 두 가지 요소는 설득이 아니라 권력이라는 표제 밑으로 속해진다. 따라서 B에게 영향을 주려는 A의 공공연한 시도는 A와 B 간의 권력관계에는 요구되지 않는다.

---

29) Nagel(1968), p. 130.

중요한 요소는 편견의 동원과 인식과 같은 주관적 요소의 조작이라고 할 수 있다.

둘째, 지역사회적 맥락에서의 권력관계의 유형이다. 엘리트주의자들(the elitists)은 지역사회의 특정 집단이 어떤 항목들이 지방정부기관들로부터 관심을 받을 것인지를 결정한다고 주장한다. 다원주의자들(the pluralists)은 지방정부아젠다는 다면적이고 지역사회 내의 다양한 집단에 의해 결정된다고 주장한다. 어느 일군의 이슈에 대하여 일군의 집단들이 지배적인 역할을 갖는 반면, 다른 일군의 집단들은 다른 일군의 이슈들에 대하여 역할을 맡아 수행한다. 이슈는 누가 그 이슈에 관련될 것인가를 결정하며, 모든 소득집단은 어떤 이슈들이 지방정부로부터 관심을 받을 것인지를 결정하는 데 일정한 영향력을 행사한다.

바흐라흐와 바라츠(Bachrach & Baratz)는 '비의사결정(nondecision)'이 '의사결정(decision)'보다 중요할 수도 있다고 주장한다.[30] 비의사결정에 관한 연구에서, 그들은 현존 지역사회 가치와 사회적 규범은 어떤 형태의 이슈들이 제도아젠다에 접근하는 것을 배제하며, 공적인 분야에서 어떠한 자원들을 어디에 할당할 것인가에 관한 실제의 결정보다 비의사결정 과정을 연구하는 것이 더 유용하다고 주장한다. 그들은 현상지향적인(status-quo oriented) 사람들과 집단들이 어떻게 지역사회 가치와 정치제도들에 영향을 미치는지 그 방식들을 반드시 연구해야 한다고 주장한다. 현상지향적인 사람들과 집단들은 실질적인 의사결정의 범위를 안전한 이슈들(safe issues)로 제한하는 경향이 있는데, 이러한 태도를 '권력의 제한적 얼굴(restrictive face of power)' 또는 '권력의 제2의 얼굴(second face of power)'이라고 한다. 현상지향적인 사람들은 또한 공식적 아젠다를 안전한 이슈로 제한하는 데 제도적 이점을 갖는다. 그러한 편견은 개혁을 추구하는 사람들보다는 제한하고자 하는 사람들에게 이익이 되도록 되어 있다. 변화의 옹호자들은 이슈 인식, 의사결정 그리고 정책집행이라는 정치적 과정의 모든 단계에서 반드시 승리해야 하는 반면, 현존 정책의 옹호자들은 그 과정에서 단지 한 단계에서만 반드시 승리하면 된다. 모든 정치체계들은 내재적인 편견의 동원체(mobilization of bias)를 갖고 있으며, 그 편견은 현재 현상을 옹호하는 사람들에게 강력하게 호의를 보인다. 더 나아가, 현존하는 편견의 동원체에 의해 이익을 얻는 사람들은 그 편견의 변경을 방지하기 위하여 종종 기꺼이 상당한 물질적 · 경제적 희생을 치른다.

셋째, 국가적 수준에서의 권력 형상의 유형이다. 국가적 수준에서 아젠다 통제에 관

---

30) Bachrach & Baratz(1962), p. 948.

한 가장 친숙한 논쟁 가운데 하나는 이른바 어떤 이슈들이 고려될 것인가를 결정하는 이른바 권력엘리트(power elite)라는 상대적으로 적은 집단의 사람들과 관련이 되어 있다. 이 권력엘리트들은 경제에 스며드는 연방보조금과 같은 것들에 대한 압도적 지배력을 통하여 국가적 아젠다에 오르는 가장 중요한 항목들을 통제하는 단일체의 집합체에 의해 지배된다. 더 나아가, 이 지배집단은 그의 권력이나 이익을 위협하지 않는 항목들에 관심을 제한한다.

요약하면, 권력이 행사되는 간접적인 방법들은 정보와 의사소통을 통제해서 무엇이 의사결정자에 의해 고려되고 고려되지 않을 것인가 하는 것과 같은 현상을 포함한다. 정부의 산출물들은 어떤 점에서는 공식적 아젠다에 의해 규정되거나 금지된 투입의 함수다.

(3) 의사결정 접근방법

의사결정은 상대적으로 정치학 연구에 최근에 추가된 개념이다. 의사결정 틀은 정치적 분석을 용이하게 하여 준다. 의사결정 접근방법(decision-making approach)은 선택과정 그 자체에 주된 초점을 맞춘다. 그 초점은 일정한 기준에 근거하여 일련의 대안들로부터 행동 또는 비행동(inaction)의 특별한 과정의 선택을 바로 가까이에서 둘러싸고 지배하고 있는 활동이나 환경에 대한 관심을 의미한다.[31]

린드블롬(Lindblom)은 아젠다형성의 형태로 점증주의(incrementalism)를 소개한다.[32] 린드블롬은 의사결정자들은 시간의 압박과 불완전한 정보 아래에 있으며, 주된 중심 가운데 하나는 관료들에 의해 일상적인 요구를 충족하기 위해 고안된 전략의 유형이라고 주장한다. 그는 개발된 전략이나 묘안의 유형은 최적(optimal)이라기보다는 받아들일 수 있는(acceptable) 결과를 목표로 하는 의사결정인 충족(satisficing), 정부관료들에 의해 취해진 조치에 대한 관심의 재조명, 장기적인 문제라기보다는 당면한 불만에 초점을 맞추기 그리고 예견할 수 있는 정책의 애로사항을 처리하려고 노력하기를 포함한다고 주장한다.

결과적으로 개발된 단편적 점증주의 전략(strategy of disjointed incrementalism)은 단지 점증적으로 서로 다른 정책들만이 고려되며, 더 나아가 현재 상태와 약간 빗나가는

---

31) Cobb & Elder(1983), pp. 18-62.
32) Lindblom(1968), p. 151.

정책들이 포함된다. 정책에 대한 고찰은 특정 정책의 포괄적 재검토라기보다는 단지 한계적 차이(marginal differences)가 강조된다.

단편적 점증주의는 다음과 같은 결과를 가져올 수 있다.

첫째, 만일 이전의 정책과 약간의 차이가 나는 정책이라면, 단지 적은 수의 이슈들만이 검토를 위해 공식적 아젠다에 오를 것이다. 심지어는 고려되는 이슈 가운데서도 오로지 당면한 문제들만이 검토될 것이다.

둘째, 어떤 특별한 상황에서는 목표들은 종종 주어진 수단들에 순응하게 된다. 정책목표는 단지 관료들이 특별한 정책 지시를 성취하기 위하여 어떠한 수단들이 이용가능한가를 조사할 때에만 종종 개발된다. 정책은 하나의 목표가 달성하기 불가능하기 때문일 뿐만 아니라 목표를 달성하는 비용이 변화하기 때문에 변화할 수 있다.

셋째, 연속적 변화를 야기한다. 어떤 특정 정책이 채택될 때마다, 시간이 지나감에 따라 이슈는 약간 수정되는 것이 명백해진다. 예를 들면, 미국의 「사회보장법(SSA)」은 그 법안이 통과된 이래 끊임없이 조정되어 왔다. 정부관료들은 결코 문제를 해결하지 못하고, 단지 매년 어느 정도 그 문제를 완화시킬 뿐이다. 따라서 연례적으로 기존의 문제를 치유하기 위하여 어떤 상징적인 조치(token step)들이 취해진다. 이는 제도아젠다는 이전의 문제로 정체되어 움직일 수 없게 될 것이며, 새로운 문제가 안건에 올라가거나 또는 그 문제가 나타날 경우에도 사람들로부터 많은 관심을 받게 되기는 매우 어렵게 된다는 것을 의미한다.

의사결정은 상호조정(mutual adjustment)과정에 따라 진행된다. 체계 내에 역동성이나 혁신이 있는지에 대하여 린드블롬(Lindblom)은 체계 내에는 의사결정자의 다양성(multiciplicity of decision-maker)이라는 한 요소가 있을 뿐이라고 주장한다.[33] 체계 내에는 다른 문제에 관심을 갖는 여러 계층이 있으며, 궁극적으로 중요한 사회문제들이 어떤 제도아젠다 위에 모습을 나타내게 된다. 다른 의사결정자들은 어쩔 수 없이 그들 스스로 분석할 수 없는 문제의 국면들에 대하여 다른 사람들의 관심을 불러일으키게 된다.

권위 있는 의사결정을 위한 공식적 아젠다의 지위에 어떻게 오르게 되느냐의 문제는 전체적인 정부과정의 중요한 측면이다. 이슈는 선택과정이 시작되기 전에 반드시 관심을 불러일으켜야 한다. 그보다, 한 이슈에 대하여 의사결정자가 관심을 갖게 될 때 그 이슈가 정의되는 방식은 그 결과로서 고려되는 대안들의 범위를 제한하게 되는

---

33) Lindblom(1965), p. 151.

것이 당연한 일이다. 사실, 한 이슈가 실제적인 선택점에 도달할 때까지는, 그 이슈의 운명은 이미 결정되어 있다.

(4) 집단 접근방법

어떻게 특정 이슈들이 정부 의사결정자의 아젠다에 접근하게 되는가를 지배하는 규칙을 발견하는 데에는 집단이론가의 연구가 유익한 도움을 준다.[34]

먼저, 집단 접근방법(group approach)의 요소들을 살펴보면, 사회는 근본적으로 집단으로 구성되어 있으며, 따라서 사회적 과정은 반드시 집단과정으로서 분석되어야 한다. 다수의 집단 간의 대립으로부터 발전되는 정책과정에서 어떻게 정보가 전달되고 내부화되는가를 살펴보면, 대립하는 당사자 각각은 그 집단의 대의명분에 해가 되는 정보를 선별해 내기 위한 또는 다른 결론을 제공하는 그 자료를 재해석하기 위한 여과장치로서 역할을 수행한다. 만일 각 집단이 단순히 그의 특별한 이해관계를 의사결정자의 관심을 얻기 위해 전달하려고 단순히 시도하는 것이라면, 집단 갈등의 해결은 그렇게 어렵지 않을 것이다. 그러나 각 집단은 자신의 이해관계를 일반적 이해관계와 동일한 것으로 재해석한다.

집단은 집단 갈등을 중재하기 위한 시도를 해야 하는 의사결정자를 반드시 인식하여야 한다. 의사결정자들은 갈등집단 간의 대화에 사로잡혀서 의식적이건 또는 무의식적이건 간에 논쟁집단 간에 갈등을 빚고 있는 다양한 점을 대표하게 된다.

만일 집단 갈등이 기본적인 사회적 과정으로 받아들여진다면, 무엇으로 사회가 분열되는 것을 방지할 것인가? 집단분석가들에 따르면 집단들은 서로 견제를 하는 경향이 있어서 일종의 역동적인 균형(dynamic equilibrium)을 만들어 낸다. 중복적인 다수집단의 회원 자격은 집단 갈등의 강도를 완화시키도록 작용하며, 집단 갈등에 제한을 가하거나 집단 갈등을 규제하기 위하여 규칙을 제공하는 근원적인 합의에 의해 체계의 안정은 보다 강화된다.

아젠다형성에서 집단 접근방법에서의 정치적 현상을 설명하는 데서 믿고 있는 교의 가운데 하나는 다원주의(pluralism)다. 정치적 아젠다형성에 관하여 주된 논쟁은 정치는 어느 한 집단이나 집단의 집합들이라도 언제나 결과를 결정할 수 없는 환경에서 조직화된 집단들 간에 이루어지는 투쟁의 총합인가에 대해 이루어진다. 정부는 상대적

---

34) Cobb & Elder(1983), pp. 18-62.

으로 적은 집단들을 끊임없이 진정시킨다.

달(Dahl)은 정부아젠다 형성을 유동적인 과정(a fluid process)으로 묘사하면서, 적극적이고 합법적인 집단은 의사결정과정의 어느 중요한 단계에서 권위 있는 의사결정자들이 효과적으로 경청하도록 할 가능성이 매우 높다고 주장한다.[35]

그러나 집단 접근방법에 대한 비판도 있다. 어떤 집단들은 그들의 요구를 의사결정자에게 알릴 수 없어 어떤 형태의 반응을 기대할 수 없기 때문에 달(Dahl)의 아젠다형성과정의 유동성 개념을 모든 분석가가 받아들이지는 않는다. 대부분의 불우한 집단들은 보다 잘 조직화된 집단들이 갖고 있는 자원이 결핍되어 있어서, 접근의 정치는 관련 잠재력을 갖고 있는 집단들에게만 제한이 된다. 따라서 단지 일정한 유형의 계층만이 체계 내에서 나타나게 되는 반면, 대부분의 국민은 체계적으로 배제된다. 갈등은 이익집단의 완전한 통제를 넘어서 공공의 장에서 해결된다. 따라서 정치를 조직화된 집단의 상호작용으로 간주하는 사람들은 문제와 관련된 다른 적절한 메커니즘과의 역동적인 상호작용을 이해하지 못하게 된다.

그럼에도 전체의 집단 갈등은 공공이슈의 기본적인 원천을 제공하고 논쟁의 체계아젠다를 규정하게 된다. 집단들이 서로 갈등함에 따라, 권위 있는 의사결정을 요구하는 이슈들이 탄생하게 된다. 정부의 우선적인 기능은 집단 갈등을 관리하는 것이다. 이것은 정부의 권위적 행동과 관련된 합법적 상징을 사용함으로써 이루어진다. 여전히 어느 이슈는 정부의 아젠다에 오르는 데 반해 다른 이슈들은 배제되느냐라는 의문은 계속 남는다. 그 해답은 어떤 점에서 가장 강력한 집단들이 어떤 이슈들이 논의될 것인지를 결정한다는 것이다. 그러나 이 해답은 아젠다형성의 역동성을 설명하기에는 여전히 부족하다.

집단이론(group theory)은 암시하는 바가 있다. 집단들은 상호작용하고 갈등을 빚는다. 그래서 권위 있는 의사결정 상황을 불러일으키는 체계아젠다나 이슈를 발생시키고 규정한다. 한 이슈가 정부아젠다에 오르게 되는 과정에 대한 통제나 그것에 미치는 영향은 정치적 권력의 중요한 원천이다.

(5) 갈등이론

갈등이론(conflict theory)은 둘 또는 그 이상의 당사자 간 대립의 속성에 초점을 맞추는 동시에 어떻게 체계아젠다와 제도아젠다가 양쪽 간 경쟁의 형태에 의해 결정되는

---

35) Dahl(1956), pp. 145-146.

지에 초점을 맞추고 있다.[36)]

정부의 기능은 다양하게 정의되지만, 정부의 가장 명백한 사회적 기능은 많은 경우 봉사 기능(serve fuctions)과 갈등관리 기능(conflict management functions)으로 구분된다. 봉사 기능은 본질적으로 논쟁의 여지가 없고, 일반적으로 동의가 이루어진 또는 합의된 요구와 관련된 권위적 의사결정을 말한다. 반면에 갈등관리 기능은 이슈나 논쟁이 되는 요구의 권위적 처리와 관련이 있다. 이 가운데 갈등이론은 갈등관리 기능에 초점을 맞추고 있다.

사회적 갈등의 관리는 명백하게 정부의 정치적 기능이다. 이스턴은 요구에 관한 갈등은 가장 작은 것에서부터 가장 큰 것에 이르기까지 그리고 가장 단순한 것에서 가장 복잡한 것에 이르기까지, 모든 정치체계의 피와 살을 구성한다고 한다. 갈등이 없는 정치체계는 오로지 공상적 사상가들(utopian thinkers)의 생각에서만 존재해 왔다.

집단 간 갈등은 근본적인 사회적 과정이며, 이 같은 갈등의 관리는 집단 간 관계에서 일정한 질서를 유지하고 확립하기 위해 정부가 활동하는 우선적인 방법이다. 정부의 의사결정자들은 사회적 갈등으로부터 유리되어 심판관으로 활동하거나 무관심한 제3자의 역할을 하는 경우도 있으나 종종 정부의 의사결정자들은 갈등관리자로서 집단 갈등에 완전히 참여한다.

사회적 갈등은 정체적이지 않고 고도로 유동적이고 탄력적이다. 사회적 갈등의 원천의 다양성에도, 사회적 갈등은 일단 시작이 되면 서로 닮아 가게 된다.

갈등 상황은 범위, 강도 그리고 가시성이라는 세 가지의 특징을 나타내는데, 이 중 범위와 강도는 실제 갈등 그 자체와 관계가 있으며, 체계로서 간주된다. 반면, 가시성은 더 넓은 사회적 환경의 맥락에서 갈등과 관계가 있다.

- **범위**: 범위(scope)는 갈등의 크기, 즉 실제로 갈등에 참여한 사람들과 집단들의 수를 말한다. 어느 시점에서나 범위는 최초에 관련된 사람들이나 집단들과 그 후에 논쟁 속으로 끌려들어 온 사람들을 포함한다. 명백히 갈등의 범위는 이슈가 되는 희소한 것들을 소중히 생각하는 사람들의 수에 달려 있다. 보다 직접적으로, 범위는 분쟁 당사자의 조직적 척도의 함수다.
- **갈등의 강도**: 갈등의 강도(intensity)는 논쟁 당사자들을 상호 양립할 수 없는 지위

---

36) Cobb & Elder(1983), pp. 36-62.

에 위탁하는 정도를 말한다. 조작적으로 정의하면, 강도는 개략적으로 그들의 전체 능력에 비하여 논쟁 당사자들이 갈등에 기꺼이 헌신하는 자원에 상당한다. 모든 갈등은 비용적 중요성을 갖고 있어서, 갈등의 대상이 어느 한 집단에 더 중요하면 중요할수록 그 집단이 갈등에 기꺼이 헌신하고자 하는 집단의 자원은 그만큼 더 많다. 그래서 갈등은 논쟁 당사자들의 헌신 정도와 그들 각자의 헌신이 서로 양립할 수 없는 정도의 함수다.

• **가시성**: 가시성(visibility)은 갈등을 대중과 연계시키는 변수다. 가시성은 갈등과 갈등의 가능한 결과를 인식하고 있는 사람들과 집단들의 수를 나타낸다. 갈등의 가시성은 갈등의 정의는 물론 갈등의 범위와 강도의 함수가 되곤 한다. 가시성은 이슈가 확산되어 정부아젠다에 접근하는 데 필요하기 때문에 중요한 변수다.

만일 갈등의 최초 처분이 결정적 요소라면, 가장 광범위하고 가장 강력한 지지를 얻은 편이 항상 성공하기 때문에 대부분의 이슈들은 결코 정치적 아젠다의 지위를 획득하지 못할 것이다. 그렇지만 이슈를 안건에 올리기 위해서는, 한편이나 다른 편은 분열노선을 변경하거나 또는 하나의 갈등을 다른 갈등으로 대체함으로써 반드시 자신의 입장에 대한 보다 많은 지지를 얻어야 한다. 샤트슈나이더(Schattschneider)는 이러한 과정을 재정의(再定意, redefinition)라고 부른다. 재정의 국면은 어느 특정의 이슈가 공식적 아젠다 관심을 받을 것이냐 아니면 받지 못할 것이냐를 결정하는 데 중요하다. 아마도 이슈의 범위를 제한하는 가장 효과적인 방법은 이슈를 기술적으로 재정의해서 대부분의 사람이 그 이슈를 이해하지 못하도록 하는 것이다.

대체(displacement) 현상은 재정의 과정과 관련되어 있다. 가끔 이슈는 발전해서 겉으로 보기에는 공식적 아젠다에 오를 잠재력을 가진 것 같지만, 기존의 분열노선을 재분열시키는 다른 이슈의 갑작스러운 발전에 의하여 이슈가 벗어나게 된다. 대체의 예로 필라델피아에서 스쿨버스를 이웃 지역으로 보내어 학생을 데려오는 개방적 학교 등록을 위한 규제완화 이슈인 이른바 '학교통학(school bussing) 이슈'가 학교 범죄와 학생 안전이란 이슈에 의해 대체된 사례를 들 수 있다.

콜먼(Coleman)은 독설을 퍼붓는 갈등은 정부아젠다에 가장 쉽게 접근할 수 있는 경향이 있다고 주장한다.[37] 그는 많은 적대감을 수반하지 않는 중요한 이슈에 관한 갈

---

37) Coleman(1957), pp. 9-10.

등은 고려 대상에서 배제되는 경향이 있는 반면, 혼란을 예고하는 신랄한 논쟁은 의사
결정자의 관심을 불러일으키는 경향이 있기 때문에 이슈에 관해서도 '그레셤의 법칙
(Gresham's Law)'이 존재한다고 주장한다. 즉, 악화가 양화를 쫓아내듯이 나쁜 이슈가
좋은 이슈를 아젠다 지위에 오르지 못하도록 쫓아낸다는 주장이다.

그러나 콜먼은 신랄한 이슈들을 포함하고 그 이슈들이 정부가 공식적으로 고려하
지 못하도록 하는 데 사용되는 전략들로 흡수와 지역사회 일체감 또는 집단멤버십
과 같은 집단구조의 행태를 소개한다. 갈등의 확산을 통제하는 하나의 수단은 흡수
(cooptation)다. 예를 들면, 불만을 가진 집단의 지도자를 정부와 같은 기구 내에 끌어
들여서 직함과 피상적인 의무를 부여하는 것이다. 집단의 임원을 관료에 임용하는 것
은 그 집단의 불만이 고려되는 것과 같은 인상을 심어 준다. 둘째로, 어느 특수한 불만
이 공식적인 관심을 불러일으키지 못하게 만드는 다른 요소로 지역사회 일체감의 변
화와 지역사회 내에 존재하는 집단구조의 형태를 들 수 있다. 콜먼은 만일 대다수의
시민이 지역사회와 강한 일체감을 갖는다면 심각한 갈등은 회피할 수 있다고 제안한
다. 지역사회의 이익을 위해 지역사회의 일반적인 조화를 깨뜨리는 위험을 감수하지
않는 것이 좋다고 주장하면서, 이러한 일체감을 이용하여 확립된 이해관계로 인한 불
만들이 의사결정자에게 전해지지 않도록 할 수 있다.

콜먼에 따르면, 조직 또는 집단 멤버십은 갈등에 두 가지로 영향을 미친다. 첫째로
다수의 집단멤버십은 개인에게 엇갈린 압력을 가하여 갈등의 강도를 완화시키는 경향
이 있다. 둘째로 다양한 형태의 집단들과 관련된 지역사회의 비율이 크면 클수록 잠재
적으로 동원가능한 사람들의 수가 그만큼 더 커져서, 이슈 재정의로 인해 더 많은 사람
이 논쟁에 빠져들 가능성이 그만큼 더 커진다.

갈등의 유형은 대부분 일시적(episodic) 갈등, 지속적(continuous) 갈등 그리고 종말
적(terminal) 갈등의 범주에 속한다. 일시적 갈등에서 집단 간 분열은 연장된 동안 지속
된다. 양 당사자는 관련 보상을 알고 있으며 각자는 그 갈등이 매우 규칙적인 간격으
로 재발한다는 것을 알고 있다. 대부분의 집합적 협상(collective bargaining)을 위한 만
남들이 이 유형에 속한다. 지속적 갈등의 경우, 양 당사자가 논쟁을 금전적으로 해결
한다 할지라도 시간이 걸린다는 사실을 알고 있기 때문에 경쟁 당사자들의 전략들은
보다 복잡하다. 어떤 유형의 갈등은 만일 해결되지 않는다면 공적인 영역으로 넘어가
기 때문에, 만일 본래의 논쟁자에 의해 해결책이 조속히 강구되지 않는다면 결과로서
나타나는 이슈들은 정부아젠다에 거의 자동으로 접근(built-in access)하게 된다. 종말

적 갈등의 행태로서 폭력은 의사결정자들의 인식을 어느 정도 얻기 위한 수단으로 사용되기도 한다. 조직화된 집단이 오랫동안 체계로부터 실체적인 혜택을 얻지 못하고 있을 때, 정부아젠다의 지위를 획득하기 위한 초법적인 수단을 쉽게 사용할 것이다. 의사결정자들은 집단의 불만을 공식적 아젠다에 올려놓는 것이 집단을 억누르는 것보다 쉽다는 것을 바로 알기 때문에 장기적 폭력을 필요로 하지 않는다.

거겐(Gergen)은 이슈 갈등의 다른 측면을 확인하면서, '하위단계 자원(subphase resources)'은 논쟁의 성공가능성의 중요한 결정요인이라고 주장한다.[38] 하위단계 자원의 예로는 인사 및 기획, 의사소통 및 홍보, 제도적 제재(sanction), 재정 그리고 제재 및 통제를 들 수 있다. 그는 어느 집단이 이들 자원을 더 많이 최적화하면 할수록, 이슈를 확장할 가능성은 그만큼 더 커진다고 주장한다. 또한 그는 개인적 효율(personal efficacy)이 또 다른 중요한 개입요소라고 주장하면서, 임시적 장애물에도 불구하고 개인적 인격이 대의명분에 적극적으로 헌신하는 것을 용이하게 해 주는 사람들은 논쟁집단에게는 하나의 자산으로 보인다. 영향력을 미치는 점(leverage points)의 수가 체계가 성장함에 따라 증가하기 때문에 체계의 크기도 이슈화 가능성에 영향을 미친다고도 주장한다.

아젠다형성의 문제와 관련이 있는 갈등의 다른 측면으로 언어와 상징이 있다. 동맹가능자들의 관심을 얻기 위하여 갈등 당사자들은 각자가 채택하는 언어와 상징이 있다. 사피어(Sapir)는 사실적 상징과 감정적 상징을 구분한다. 어떤 상징들은 산재사고 통계와 같은 사실에 근거한 지시대상(factual referents)을 갖는 반면, 다른 상징들은 감정에 호소하는 토대(emotive base)를 갖고 있다. 대부분의 정치언어는 감정적 유형의 암시로 구성되어 있다.[39]

에델먼(Edelman)은 대중 속의 다양한 하위집단을 위한 플라세보(placebo), 즉 일시적 위로의 말인 위약(僞藥)으로 상징을 사용하기도 하고, 이슈에 대처하는 데 리더십 유형이 중요하며, 정치적 맥락에서 사용되는 언어의 유형이 다양하다고 주장한다.[40] 에델먼은 사실적 토대를 가진 상징인 참조적 상징(referential symbols)과 감정에 호소하는 토대를 가진 상징인 요약적 상징(condensational symbols)을 구분하였다. 에델먼에 따르면, 가장 성공적인 상징적 기술 가운데 하나는 적(敵)을 새로이 만들어 내는 것이다. 일

---

38) Gergen(1968), pp. 183-193.
39) Cobb & Elder(1983), pp. 56-62.
40) Edelman(1964), pp. 78-79.

반 대중의 강력한 반응을 불러일으키려고 가장 공통적으로 사용된 적 가운데 하나는 공산주의다. 광범위한 대중의 지지에도, 미국의사협회(AMA)가 메디케어(Medicare)를 그렇게 오랜 시간 동안 공식적 아젠다에 들어오지 못하게 만든 이유 가운데 하나는 그 협회가 '사회화된 의학(socialized medicine)'이라는 상징을 사용하였기 때문이다. 이것이 온갖 종류의 감정적 태도, 걱정 그리고 증오를 불러일으켜서, 결과적으로 보건프로그램에 대한 정부의 참여가 수십 년 동안 지연되었다.

지도자들은 그들이 문제에 효과적으로 대처하고 있다는 인상을 주기 위해 상징과 언어를 반드시 사용하여야 한다. 그는 몇몇 언어의 유형을 구분한다. 장려되는 언어(hortatory language)는 그의 대의명분을 위하여 추종자들이 보다 많은 노력을 기하도록 간곡히 타이르기 위해 사용된다. 권고적 언어의 예로 민주주의, 정의, 공익 등을 들 수 있다.

언어의 또 다른 유형은 반대하는 상대방의 동의를 얻어 내는 시도에서 사용되는 협상(bargaining)이다. 협상에서는 불화를 일으키는 갈등의 국면을 강조하는 것이 아니라 공동의 이익을 강조한다. 그래서 양 당사자는 모두 그 이슈는 공식적 아젠다의 지위에 올릴 만큼 중요하다는 데 의견을 같이한다.

정책형성가들은 합법화의 상징을 그들이 집행되기를 원하는 정책들과 연계시키려고 시도한다. 체계아젠다에 접근하기 위해서는 집단들은 대중에게 지지를 호소하는 데서 이 같은 상징을 반드시 사용해야 한다.

미어맨(Mereman)은 어떤 상징들은 내재적으로 대중의 반응을 불러일으키는 데 더 강력하다고 주장하면서 '상징 가중치(symbol weight)'란 용어를 사용한다. 각각의 상징에 대하여 가중치를 계산할 수 있으며, 가중치가 큰 상징과 관련된 논쟁은 적절한 상징을 이용하지 않는 논쟁보다 아젠다에 오를 잠재력이 더 큰 경향이 있다.

4. 사회복지정책의 대안형성과정

사회복지정책의 대안형성과정은 사회복지에 관한 문제와 상황을 파악하고, 미래를 예측하고 정책목표를 설정하며, 정책수단을 확보하고 그들을 비교분석하는 과정이다.

1) 문제와 상황의 파악

대안을 형성하기 위해서는 다음과 같은 문제와 상황을 파악하여야 한다.

- 문제나 욕구의 원인이 클라이언트 개인에게 있는지 아니면 사회구조나 사회변동에 있는지를 파악한다.
- 파악된 문제가 미치는 사회적 영향의 범위와 심각성을 파악한다.
- 문제를 인식하고 있는 사람이 얼마나 되며, 문제에 대해 얼마나 인식하고 있는지를 파악한다.
- 문제를 개인적으로는 해결할 수 없는지, 문제를 사회적으로 해결하는 데 비용은 얼마나 드는지, 어떻게 재원을 조달할 것인지를 파악한다.
- 문제가 사회적 또는 정치적 중요성을 갖는지를 파악한다.

2) 미래 예측 및 목표 설정

미래를 예측하는 방법으로 유추, 경향성 분석, 마코브모형, 회귀분석을 들 수 있다.

- 유추(analogy)는 두 가지 상황에 공통점이 있음을 인식하고, 한쪽 상황의 특성이 다른 상황에도 있으리라 추정하는 방법이다. 유추하는 사례와 미래의 사례 사이의 속성이 같아야 할 것을 전제로 하기 때문에 그 속성이 서로 다른 경우에는 적용할 수 없다. 예를 들면, 건강보험과 산재보험이 동일한 사회보험이라는 점을 인식하고, 건강보험에서 나타나는 도덕적 해이(moral hazard)현상이 산재보험에서도 나타날 것이라고 추정하는 것이다.
- 경향성 분석(tendency analysis)은 과거의 추세를 미래에 연장시켜 추측함으로써 미래를 예측하는 방법이다. 예를 들면, 우리나라의 연령 계층별 인구 추이를 분석하여 저출산 · 고령화 경향을 파악한 후, 미래의 노령화지수를 예측한다.
- 마코브모형(Marcov model)은 과거에 있었던 변화를 토대로 앞으로 나타날 변화를 연속적으로 예측하는 방법이다. 예를 들면, 2009년 5월 우리나라 청년고용률이 41.3%, 청년실업률은 7.6%로 나타났다고 하자. 기존의 자료에서 현재 취업상태인 청년이 그다음 해에도 취업상태에 있을 확률이 90%, 실업상태일 확률이 10%

이고, 반면 현재 실업상태인 청년이 그다음 해에도 실업상태에 있을 확률이 40%, 취업상태일 확률이 60%로 나타났다면, 이를 토대로 2010년의 우리나라 청년실업률을 예측한다. 2010년의 청년실업률이 산출되면 다시 이를 토대로 2011년의 청년실업률을 연속적으로 예측하며, 이후도 같은 방식으로 연속적으로 산출해 나가는 방식이다.

2010년 청년실업률 예측 ⇨ $0.413 \times 0.1 + 0.076 \times 0.4 =$
2010년 청년고용률 예측 ⇨ $0.413 \times 0.9 + 0.076 \times 0.6 =$

- 회귀분석(regression analysis)은 종속변수와 독립변수라는 두 개 이상의 변수 간에 존재하는 인과관계를 분석하기 위하여, 관측된 자료를 활용해 변수 간의 함수관계를 나타내는 회귀방정식을 만들고, 이를 통하여 미래를 예측하는 방법이다. 종속변수가 범주적 변수인 경우 로지트분석(logit analysis) 또는 프로빗분석(probit analysis)이 사용된다.

$$Y = a + b_1X_1 + b_2X_2 + b_3X_3 + b_4X_4$$
Y=가구소득, X_1=교육수준, X_2=연령, X_3=직종(1=생산직, 0=비생산직), X_4=맞벌이 여부(1=yes, 0=no), a=상수

3) 실현가능성 검증

대안을 비교분석할 때 실현가능성 검증(feasibility test)을 하여야 한다. 실현가능성 검증은 기술적 실현가능성, 정치적 실현가능성, 문화적 실현가능성, 경제적 실현가능성 등을 통해 이루어진다. 또한 이들 실현가능성 이외에 효율성, 효과성, 형평성 등도 대안을 비교할 때 분석기준이 된다. 분석기준이 되는 이들의 특성이 클수록 정책대안의 실현가능성은 커진다.

- 기술적 실현가능성(technical feasibility)은 사회문제를 처리할 수 있는 집행기관의 전문화 수준, 행정능력에 비추어 볼 때 정책대안이 만족스럽게 실시될 수 있을 것

인가에 관한 것으로 행정적 실현가능성(administrative feasibility)이라고도 한다. 복지행정인프라가 잘 구축된 복지선진국에서 실시되고 있는 사회복지정책대안들을 도입할 것인가를 검토할 때 집행기관의 행정적 실현가능성을 검토하여야 한다.

- 정치적 실현가능성(political feasibility)은 오늘 가능한 것 그리고 지금부터 내년 또는 10년까지 연기될 필요가 있는지에 관한 평가와 관련이 있다.[41] 정책대안이 국회나 지방의회를 통과할 가능성, 대통령이 거부권을 행사할 가능성, NIMBY(Not In My Back Yard)현상과 같은 지역이기주의 등을 들 수 있다. 신자유주의를 지지하는 보수정당이 다수당인 경우 복지급여수준을 높이거나 수급자를 확대하려는 정책대안은 정치적 실현가능성이 낮다.

- 문화적 실현가능성(cultural feasibility)은 사회구성원에 의하여 습득 · 공유 · 전달되는 행동양식이나 생활양식의 측면에서 바라볼 때 받아들일 수 있을 가능성을 말한다. 예를 들면, 노인복지정책대안은 경로효친사상이 오랫동안 존중되어 온 우리나라의 유교문화 전통에 비추어 볼 때 문화적 실현가능성이 상대적으로 크다.

- 경제적 실현가능성(economic feasibility)은 정책대안을 실행하는 데 소요되는 재정을 충당할 수 있는 가능성을 말한다. 예를 들면, 미국의 식품권(food stamp)제도가 내용적으로 빈민구제에 효과적이고 효율적인 대안으로 우리나라 기획재정부에서 검토되었으나 실제로 채택되지 못하고 있는 이유 가운데 하나는 식품권제도를 실시하는 데 소요되는 막대한 재정을 정부가 충당하기가 어렵기 때문이다.

- 효율성(efficiency)은 투입과 산출의 비율로, 일정한 산출하에서 투입을 최소화하거나, 일정한 투입하에서 산출을 극대화할수록 효율성이 높다. 효율성은 일반적으로 비용최소화(cost minimization)를 말한다. 예를 들면, 분산되어 관리 · 운영되고 있는 공적연금을 통합하려는 대안은 규모의 경제(economy of scale)를 높여 관리운영비를 감소시키려는 효율성 증진 대안이다.

- 효과성(effectiveness)은 사회복지정책대안이 본래 의도한 정책목표를 달성하는 정도로, 보다 효과적인 정책대안이 실현가능성이 크다. 효과성은 목적달성도(degree of goal achievement)라고도 불린다. 예를 들면, 사회복지급여 유형 가운데

---

41) Prigmore & Atherton(1979), pp. 48-51.

현물급여(in-kind benefit)는 현금급여(in-cash benefit)보다 유용(misuse)가능성이 낮기 때문에 본래 의도한 목적을 보다 잘 달성할 가능성이 높아 효과적인 정책대안이 된다. 사회복지정책 시행으로 형성된 사회연대의식, 사회적 포용, 사회통합, 사회구성원 상호 간의 신뢰 등과 같은 사회적 자본(social capital)을 형성하는 기능을 사회적 효과성(social effectiveness)이라고 부른다.

- 사회적 형평성(social equity)은 사회복지정책대안이 사회계층 간의 불평등을 시정할 수 있는 정도를 말한다. 일반적으로 사회복지정책 분야에서 사회적 형평성이 클수록 정책대안의 실현가능성은 높다. 우리나라 「사회보장기본법」 제24조에서는 "국가와 지방자치단체는 사회보장제도의 급여 수준과 비용 부담 등에서 형평성을 유지하여야 한다."라고 명시하고 있다.

앳킨슨(Atkinson)은 형평을 수평적 형평(horizontal equity)과 수직적 형평(vertical equity)으로 구분한다.[42] 수평적 형평은 복지서비스를 제공하는 데서 그 결정기준이 되는 특성을 가진 모든 사람에게 동일한 급여를 제공하는 것으로, 같은 조건의 클라이언트에 대한 서비스의 배분이 동일해야 한다는 것이다. 반면, 수직적 형평은 소득, 건강, 성별, 연령 등이 차이가 있는 사람들에게는 서로 다른 기준을 적용하여 복지서비스를 배분하여야 한다는 것이다. 간략히 설명하면, 수평적 형평은 같은 처지에 있는 사람은 똑같이 처우하고, 수직적 형평은 다른 처지에 있는 사람은 서로 다르게 처우한다는 것을 의미한다.

오자와(Ozawa)는 노년계층에 대한 보조금 재정을 충당하기 위한 근로계층의 책임을 강조하면서 젊은 세대와 노령세대와 같이 서로 다른 세대 간에 이루어지는 '세대 간 형평(intergenerational equity)'과, 같은 노령세대 내에서와 같이 동일한 세대 내에서 세대원 간에 이루어지는 '세대 내 형평(intragenerational equity)'을 구분하였다.[43]

4) 사회복지정책대안 비교분석기법

정책대안을 비교분석하기 위한 기법들로는 비용편익분석, 비용효과분석, 줄서기분

---

42) Atkinson(1983): 송근원(1994), pp. 179-183 재인용.
43) Ozawa(1984/2), pp. 131-137.

석, 모의실험, 결정나무분석, 선형계획, PERT, 갠트도표(Gantt chart) 등이 있다.

(1) 비용편익분석

비용편익분석(Cost-Benefit Analysis: CBA 또는 Benefit-Cost Analysis: BCA)은 각각의 정책대안에 소요될 비용과 예상되는 편익을 비교하는 방법이다. 모든 비용과 편익을 화폐가치로 환산하여 기간별로 추정하고, 여기에 할인율(discount rate)을 적용하여 전 기간에 걸친 비용과 편익의 현재가치(present value)를 계산한다. 편익의 현재가치에서 비용의 현재가치를 뺀 순현재가치(net present value)나 편익의 현재가치를 비용의 현재 가치로 나눈 편익비용비율(B/C ratio)을 활용하여 대안을 비교한다. 비용편익분석은 화 폐가치로 계량화할 수 없는 경우 적용할 수 없으며, 각 대안의 효율성은 측정하는 데 만족스럽게 적용할 수 있으나 사회적 형평성에는 적용하기 어렵다.

비용과 편익을 분석하는 단계는 다음과 같다.

비용과 편익 분석 단계

① 실현가능하고 상호배타적인 모든 비교 대안의 식별
② 프로그램의 비용과 편익이 발생되는 전체의 기간, 즉 시계(時界)의 결정
③ 각 대안의 편익과 비용의 추정
④ 사용될 할인율의 구체화 할인이란 미래에 발생할 편익이나 비용을 현재의 가치로 계산하는 것
  으로, 이에 사용되는 교환비율을 할인율이라 하고, 공공사업의 평가에 적용되는 할인율을 사회
  적 할인율(social discount rate)이라 한다.

$$P = F / (1 + i)n$$
P=현재 가치(present value), F=미래 가치(future value), i=할인율, n=년수

⑤ 프로그램 효율성을 측정할 적당한 방법 선택[비용편익비율(B-C ratio) 또는 순현재가치(net
  present value) 사용]
⑥ 측정방법에 의한 대안의 비교
⑦ 민감도 분석(만일 ~라면 어떻게 될 것인가) 실시
⑧ 적정 대안의 선택

비용편익분석에서 대안을 결정하는 원칙과 적용 사례는 〈표 8-2〉, 〈표 8-3〉에서 볼
수 있다.

〈표 8-2〉 비용편익분석에서 대안을 결정하는 원칙

결정 유형	결정 원칙
가부(可否)의 결정	순편익(net benefit, B-C) > 0 또는 편익비용비율(B/C) > 1 ➡ 자영업 지원을 제외한 다른 대안 프로그램은 해도 좋음
수 개의 대안 중 하나를 선택	순편익(B-C)이 가장 큰 것을 선택 ➡ 특수교육프로그램 채택
수 개의 대안 가운데 예산이 허용하는 한도까지 선택	편익비용비율(B/C)이 가장 큰 것부터 순차적으로 비용누적액이 예산한도액에 이르기까지 선택 ➡ 만일 예산이 400억 원이라면 직업훈련, 우선고용, 보호고용 프로그램을 선택

〈표 8-3〉 장애인 직업재활정책대안 비용편익분석 가상 적용 사례

비용편익분석 (단위: 억 원)

대안	비용(C)	편익(B)	순편익(B-C)	편익비용비율(B/C)	비용누적액
직업훈련	100	600	500	6	100
우선고용	200	900	700	4.5	300
보호고용	50	175	125	3.5	350
지원고용	150	450	300	3	500
할당고용	150	375	225	2.5	650
자영업 지원	200	100	−100	0.5	850

(2) 비용효과분석

비용효과분석(Cost-Effectiveness Analysis: CEA)은 각각의 정책대안을 시행할 때 소요
될 비용과 예상되는 효과를 비교하여 분석하는 방법이다. 비용효과를 분석하는 단계
는 다음과 같다.

비용효과분석 단계

① 정책대안이 달성하고자 하는 목적을 정의

② 목적을 달성하기 위해 필요한 사항을 기술

③ 목적을 달성하기 위한 대안을 기술

④ 성과, 이용가능도, 프로그램 성공률과 같은 평가척도를 설정(예: 알코올중독 치료 성공률, 가출
  청소년 가정복귀율, 조건부수급자 취업률 등)

⑤ 비용효과 접근방법 결정
  - 고정효과 평가기준: 목적을 명시하고, 주어진 목적의 달성을 위한 최소비용대안 발견
  - 고정비용 평가기준: 비용을 명시하고, 주어진 비용으로 최대효과대안 발견

⑥ 평가척도에 의한 각 대안의 능력을 측정

⑦ 비용효과비율[cost-effectiveness ratio, 효과(E)/비용(C)]을 활용하여 각 대안의 효과성과 비
  용을 비교분석. 여기서 효과는 단위×성공확률을 의미하며, 비용효과비율(E/C)은 금전 단위(예:
  달러)당 효과의 크기를 나타냄.

⑧ 민감도 분석(만일 ~라면 어떻게 될 것인가) 실시

⑨ 적정 대안 선택

 비용편익분석은 모든 대안의 편익과 비용을 금전적 가치로 전환시켜야 하는 어려움이 있다. 반면, 비용효과분석의 경우 투입된 비용은 모두 금전적 가치로 전환시켜야 하지만 정책대안에서 나오는 산출은 금전적 가치로 전환시키지 않고 산출물을 그대로 분석에 사용하는 이점이 있다. 그러나 비용효과분석에서는 정책대안들을 비교하려 할 때 공통적인 산출물이 있어야 한다. 사회복지정책 분야에서는 삶의 질 향상과 같이 질적이고 추상적인 측면이 많아 이를 금전적으로 계량화하기가 어려운 측면이 있다. 이러한 경우 비용편익분석보다는 비용효과분석이 더 나은 분석방법이 될 수 있다.

〈표 8-4〉 정서장애아동 재활정책대안 비용효과분석 가상 적용 사례

정책대안	치료단위	성공확률	효과	비용(억 원)	효과/비용
약물치료	10명	0.8	10×0.8=8	25	8/25
인지치료	10명	0.7	10×0.7=7	18	7/18
음악치료	10명	0.6	10×0.6=6	15	6/15
미술치료	10명	0.6	10×0.6=6	12	6/12

* 가부 결정=성공확률 > 0 또는 효과/비용 > 0
* 여러 대안 가운데 하나의 대안 채택=효과/비용 최대값의 대안
* 예산 범위에서 둘 이상 대안 채택=예산 범위에서 효과/비용의 값이 가장 큰 것부터 순차적으로 비용누적액이 예산한도액을 초과하지 않을 때까지 대안을 선택

(3) 줄서기분석

줄서기분석(queueing analysis)은 서비스를 받기 위한 줄서기, 즉 대기(queuing or waiting for service)의 특징을 연구하기 위해 사용되는 수학적 기법이다. 줄서기분석은 서비스를 기다리는 동안 소요되는 시간 등의 사회적 비용과 이를 줄이기 위해 투자하는 시설투자비의 적정 수준을 찾아내기 위해 사용되는 분석기법이다. 클라이언트가 서비스를 받기 위해 대기해야 하는 평균대기시간과 각 대안의 시설이나 인력증원에 투자되는 소요비용에 관한 정보를 제공하여 대안 간 평균대기비용을 파악한 후, 각 대안의 유지관리비, 인건비 그리고 총대기시간의 금전적 가치를 합한 총비용을 비교분석하여 총비용이 적은 대안을 찾아내는 기법이다. 대기비용을 산정하는 데 기회비용(opportunity cost) 개념을 활용할 수 있다.

(4) 모의실험

모의실험(simulation)은 사회복지정책대안들이 어떠한 변화를 가져올 것인가를 실제로 집행하지 아니하고 가상적 시나리오에서 상정한 원인변수가 결과변수에 미치는 영향을 분석함으로써 미래를 예측하는 방법이다. 본래 모의실험은 실제 상황이나 과정을 모방하는 것으로, 선택된 구체적 또는 추상적 체계의 주요 행태나 특징을 추정해 낸다. 사회복지정책 분야에서의 모의실험은 실제 사건 또는 과정을 시험적으로 재현하기 위하여 고도의 수학적 모델을 사용하여 실시되는 경우가 많다. 복지정책의 결과요인을 종속변수로 그리고 결과요인에 영향을 미치는 정책변수를 독립변수로 채택하고, 이 변수들 간의 회귀분석모델과 같은 수학적 관계식을 설정한 후, 각 변수 간의 상호작용을 통해 미래의 상태를 추정하거나 새로운 규칙을 만들어 냄으로써 미래의 결과를 추정한다.

모의실험은 희소한 사회적 자원을 사용하지 않고 미래의 대안적 상황을 예측하고, 사회적 환경요인 간의 복잡한 상호작용을 이해하는 데 효율적인 기법이라는 장점이 있다. 그러나 모의실험모델을 설정하는 데서 어느 정책변수를 모델에 포함시켜야 할 것인가, 즉 통계적 통제의 문제 그리고 질적인 측면이 많은 사회복지정책 상황들을 어떻게 계량화할 것인가 하는 변수의 조작적 정의(operational definition)의 문제를 해결해야 하는 과제가 있다. 또한 변수 간의 관계를 정교하게 수학적 관계식으로 개발해야 하는 문제도 있다.

한국조세재정연구원은 조세·재정 관련 모의실험모형을 개발하여 효과적인 재정

정책대안을 수립하기 위해 각 대안의 정책효과를 예측하고 있다. 예를 들면, 이 모의실험을 위한 정책시나리오에서 각각 공적연금이나 기타 사회보장수혜금 규모를 20%, 50%, 100% 증액하는 경우, 공적연금 · 건강보험료 · 기타 사회보장기여금의 부담액을 20%, 50%, 100% 증액하는 경우 소득재분배는 어떻게 개선될 것인지, 지니계수(Gini-coefficient)는 어떻게 변화할 것인지 등이다. 이 모의실험 결과에 따르면, 2009년 현재 가상 시나리오에서 상정한 소득세, 소비세, 재산세, 사회보장기여금, 공적이전수혜 등의 변동에 따른 소득재분배 효과를 측정하였을 때 공적연금기여금 > 기타 사회보장수혜 > 공적연금수혜 > 근로 · 종합소득세 등의 순으로 소득재분배 효과가 큰 것으로 추정되었다.[44]

(5) 결정나무분석

결정나무(decision tree)는 나뭇가지 같은 그래프로 묘사된 의사결정모델과 그 의사결정의 가능한 결과에 관한 모델을 사용하는 의사결정지원도구(decision support tool)다. 결정나무분석(decision tree analysis)에서는 정책대안의 결과를 예측하기 위해 나타날 수 있는 확률적 사건을 나뭇가지처럼 그려 놓고 분석한다. 정책대안들이 가지처럼 뻗어 나가는 결정마디와 확률적 사건들이 가지처럼 뻗어 나가는 기회마디가 있다. 결정나무 그림은 정책대안, 결과이익(pay-off), 결과 상황을 초래할 수 있는 확률, 결과 상황(outcome state)으로 구성된다.

각 대안의 결과 상황이 발생할 각각의 확률에 각각의 결과이익을 곱한 후 이를 합한 값이 각 대안의 기댓값이다. 이들 기댓값을 비교하여 대안을 비교한다.

$$기댓값 = \Sigma[(결과\ 상황\ 확률) \times (결과이익)]$$

(6) 선형계획

선형계획(linear programming)은 일정한 제약조건에서 편익의 극대화나 비용의 극소화를 달성할 수 있는 자원배분방법으로 주어진 선형 제약조건들(constraints)을 만족시키면서 선형목적함수를 최적화하는 기법(a technique for optimization of a linear

---

44) 성명재 외(2009), pp. 74-86.

objective function)이다. 선형계획법은 의사결정의 대상인 의사결정변수(decision variables), 의사결정의 목표인 선형목적함수(linear objective function) 그리고 목표를 달성하는 과정에서 제한되는 한계인 등식과 부등식 선형제약조건(linear equality and linear inequality constraints)의 세 가지 요소로 구성되며, 목적함수와 제약조건식 모두 1차식으로 표현된다.

가상적인 예를 들면, 정부는 장애인들의 직업재활을 원조하기 위하여 제빵사업을 계획하고, 장애인자립작업장에 장애인들이 손쉽게 사용할 수 있는 장애인용 식빵기와 장애인용 도넛기계를 만들어 보급하려 한다. 식빵기 1대의 제작비는 300만 원이고 도넛기계 1대의 제작비는 200만 원이다. 매달 예상되는 평균수익은 제빵기 1대에서 400만 원, 도넛기계 1대에서 500만 원이다.

정부는 두 기계를 합쳐 40개 이상을 만들어 전국의 장애인자립작업장에 보급하기로 하고, 이 사업을 통하여 전체 사업장의 수익이 최소한 1억 7,500만 원 이상이 되도록 하려 한다.

이러한 상황에서 가능한 여러 대안 가운데 보급해야 할 적정 규모의 제빵기와 반죽기는 몇 대인지를 산출하려 할 때 선형계획이 사용될 수 있다.

제빵기 대수=X, 반죽기 대수=Y

선형목적함수　　$300X + 200Y = Z \rightarrow Y = -3/2\,X + Z$

선형제약조건　　$X + Y\ ?\ 40$　　　　　　　　　　$\rightarrow Y \geqq -X + 40$

　　　　　　　　$400X + 500Y \geqq 175,000,000 \rightarrow Y \geqq -4/5\,X + 350,000$

선형제약조건은 가능한 영역이고, 이 가능한 영역하에서 선형목적함수의 'Z' 값을 최소화하는(min Z) 최적점을 찾아야 한다. 최적의 상황은 두 선형부등식이 만나는 점에서 이루어진다. 만나는 점은 X=25, Y=15다. 따라서 식빵기 15대, 도넛기계 25대를 만들어 보급하면 된다. 이 경우 소요비용은 1억 500만 원이 들게 되므로 정부는 이 예산을 확충하면 된다.

---

(7) 프로그램 평가 및 검토 기법

PERT의 의의

PERT(Program Evaluation and Review Technique)는 프로그램이나 프로젝트 관리를 분석하거나, 주어진 프로젝트가 얼마나 완성되었는지를 분석하는 방법으로 프로그램 평가 및 검토 기법 또는 공정관리라고도 불린다. PERT는 활동만료시간 내에 무작위성

(randomness)을 허용하는 모델로, 각 활동의 작업에 필요한 시간을 계산하고, 주요경로를 파악함으로써 모든 프로젝트를 끝내는 데 소요되는 최소시간이 어느 정도인지를 알려 준다. PERT는 수천 개의 회사와 계약을 맺어 건설되던 1950년대 미 해군의 폴라리스 잠수함 프로젝트를 수행하기 위해 개발되어 발전되었으며, 프로젝트를 완수하기 위해 소요되는 시간과 비용을 모두 절약할 수 있는 잠재력을 갖고 있기 때문에 미국 정부는 경영관리적 측면에서 PERT를 적극적으로 활용하였다.[45] PERT는 대규모의 복잡한 프로젝트 일정 중 정확하게 알려지지 않은 세부요인과 지속기간에 대해 모든 프로젝트의 일정을 만들 수 있게 하여, 불확정한 일을 통합하는 것이 가능하도록 하였다.

프로젝트에서 활동(activity)은 반드시 수행되어야 하는 과업(task)이고, 사건(event)은 하나 이상의 활동의 완료를 명시하는 중대 시점(milestone)이다. 어느 한 활동이 시작되기 전에, 모든 선행활동(predecessor activities)은 반드시 완료되어야 한다.

PERT는 의사결정자들이 프로젝트를 수행하는 데서 의사결정을 용이하게 할 수 있도록 하여 준다. PERT는 두 개의 연속적인 사건을 화살표를 사용하여 활동으로 연결시키며, 당면한 사건은 논리적인 순서에 따라 바로 이전의 사건이 완료된 이후 시작될 수 있다.

PERT 기획과정 단계

PERT의 기획은 다음의 단계를 거쳐 이루어진다. 특정한 활동과 중대 시점을 확인하기, 활동의 적절한 전후관계를 결정하기, 네트워크 도표를 구성하기, 각 활동에 필요한 시간을 산정하기, 주요경로 또는 임계경로를 결정하기, 프로젝트가 진행됨에 따라 PERT 도표를 새롭게 하기다.

① 특정한 활동과 중요 시점을 확인하기

활동은 프로그램을 완수하는 데 필요한 과업이다. 중요 시점은 하나 이상 활동의 시작과 종료를 나타내는 사건(event)이다. 전후관계와 지속기간에 관한 정보를 포함시키기 위해서 나중 단계에서 설명될 과업들을 도표상에 열거하는 것이 도움이 된다.

---

45) Net MBA, www.NetMBA.com/operations/project/pert

② 활동의 적절한 전후관계를 결정하기

어떤 과업에서는 활동의 전후관계가 명백하기 때문에 이 단계는 활동확인단계와 결합될 수도 있다. 다른 과업들은 과업들이 반드시 수행되어야 하는 정확한 순서를 결정하기 위해 더 많은 분석을 필요로 하게 될 수도 있다.

③ 네트워크 도표를 구성하기

활동 전후관계에 관한 정보를 사용해서, 네트워크 도표를 연속적이고 같은 방향으로 나아가는 활동들의 전후관계가 드러나 보이도록 그릴 수 있다. 활동은 화살표로, 중요 시점, 즉 사건은 원으로 그려진다.

④ 각 활동에 필요한 시간을 산정하기

활동 완수를 위한 단위시간으로 보통 주(week)가 사용된다. 그러나 어느 시간단위라도 일관성이 있다면 사용될 수 있다. PERT의 특징은 활동완수시간의 불확실성을 처리할 능력이 있다는 것이다. 각각의 활동에 대해 PERT 모델은 일반적으로 세 개의 시간을 산정하는 방법을 사용한다.

- **낙관적 시간(optimistic time):** 일반적으로 그 활동이 완료될 수 있는 가장 짧은 시간이다.
- **가장 유망한 시간(most likely time):** 그 활동을 완료할 확률이 가장 높은 시간이다. 즉, 가장 빈번하게 나타날 시간이다. 이 시간은 기대시간(expected time)과는 다르다는 점을 주의해야 한다.
- **비관적 시간(pessimistic time):** 활동이 필요로 하는 가장 오래 걸리는 시간이다.

PERT는 시간 산정을 위하여 베타확률분포(beta probability distribution)를 가정한다.[46] 베타확률분포에서 각 활동의 기대시간은 다음의 가중치가 사용된 평균을 사용하여 계산될 수 있다.

---

46) 베타확률분포는 α와 β에 의해 표시되는 두 개의 양의 형태 파라미터에 의해 [0, 1] 구간에서 정의되는 연속확률분포다.

$$기대시간 = \frac{(낙관적\ 시간 + 4 \times 가장\ 유망한\ 시간 + 비관적\ 시간)}{6}$$

이 기대시간은 네트워크 도표 위에 나타낼 수 있다.

⑤ 주요경로(critical path) 또는 임계경로를 결정하기

주요경로는 각 연속선에서의 활동시간을 더하고 그 프로젝트에서 가장 오래 걸리는 경로를 결정함으로써 결정된다. 즉, 가장 오래 걸리는 경로를 주요경로 또는 임계경로라고 한다. 주요경로는 그 프로젝트에 필요한 전체 행사예정시간을 결정한다. 즉, 그 프로젝트를 수행하는 데 확보해야 할 최소한의 시간을 의미한다. 만일 주요경로의 범위를 넘어서는 활동들이 속도를 내거나 한도 내에서 속도를 줄인다면, 전체 프로젝트 시간은 변화하지 않는다. 프로젝트를 지연시키지 않고 주요경로가 아닌 활동이 지연될 수 있는 시간의 양을 여유시간(slack time)이라고 부른다.

주요경로가 프로젝트의 완료일을 결정하기 때문에, 그 프로젝트는 주요경로상의 활동시간을 감소시키는 데 필요한 자원들을 추가함으로써 촉진될 수 있다. 이러한 프로젝트의 단축을 종종 프로젝트 일정 충돌(project crashing)이라고 부른다.

⑥ 프로젝트가 진행됨에 따라 PERT 도표를 새롭게 하기

프로젝트가 진행됨에 따라 PERT 도표에서 조정을 행하라. 프로젝트가 전개되어 가면서, 산정된 시간들이 실제 시간들로 대체될 수 있다. 지연이 있는 경우에는 일정에 맞추기 위해서 추가적인 자원들이 필요하게 되고, PERT 도표는 새로운 상황을 반영하기 위해 수정하게 된다.

PERT · 갠트도표 · 셰드유 그래프 비교

정책목표를 달성하기 위해 선택된 프로그램을 실시하기 위한 실행계획으로 PERT뿐만 아니라 활동별 시간계획도표인 갠트(Gantt)도표와 월별 활동계획카드인 셰드유 그래프(Shed-U graph)가 있다.[47]

---

47) 최성재, 남기민(1993), pp. 159-163.

　갠트도표는 프로젝트 일정관리를 위한 막대(bar) 형태의 도구로, 세로에는 사업(행사)을 위한 주요 세부목표 및 관련 활동을 기입하고, 가로에는 월별 또는 일별 시간을 기입한 도표에 사업의 시작 또는 완료 시까지 계획된 세부목표 및 활동기간과 그것의 실제 수행현황을 병행하여 막대 모양으로 표시한 도표다. 그러나 갠트도표는 활동만 나타내고 행사를 나타내지 않으며, 활동과 행사 사이의 상관관계를 나타내지 않아 전반적인 계획을 잘 이해하는 데 어려움이 있다.

　월별 활동계획카드인 셰드유 그래프는 바탕종이에 카드를 꽂을 수 있는 주머니가 달려 있고, 이 바탕종이의 위쪽에 가로로 월별이 기록되어 있고 특정 활동이나 업무를 조그만 카드에 기입하여 월별 아래 공간에 삽입하거나 붙인다. 이 카드는 업무 시간에 따라 변경하여 이동시키는 데는 편하지만 과업과 완성된 행사들 간의 상관관계를 알 수 없다.

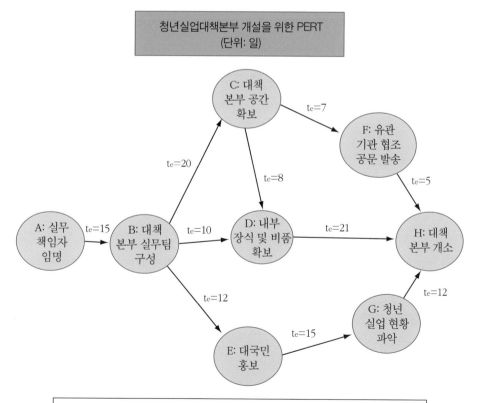

[그림 8-3] PERT 사례

5. 집행과정

정책집행이란 결정된 정책내용을 실현시키는 과정으로, 정책수단을 실현하여 소기의 정책목표를 달성하고자 하는 과정을 말한다. 정책집행은 주로 일선 관료기구가 담당하는데, 최근에는 공사화, 민간위탁 등으로 공공기관, 비영리기관 그리고 영리를 목적으로 하는 회사들이 집행에 참여하게 되었다.

정책집행과정에서 집행담당자가 정책결정자의 의도를 제대로 이해하지 못할 경우 전달과정에서 그 내용이 왜곡될 가능성이 있으며, 정책결정자의 의도를 충분히 이해한 경우에도 자원이나 능력 부족 등 여러 가지 이유로 집행과정에서 차질이 발생할 가능성이 항상 존재한다.[48]

정책과정에서 정책집행단계가 중요한 이유는 정책이 집행되지 않으면 의도한 정책목표가 실현될 수 없고, 실질적 정책내용이 집행단계에서 결정되기 때문이다. 정책을 결정할 때 정책내용을 정책집행자에게 위임하거나 전가하는 경우가 많은데, 이러한 경우 집행단계에서 실질적인 정책내용이 결정된다. 또한 정부가 문제를 해결하는 단계에서 대상집단과 직접 피부로 접촉하며 이루어지는 활동이기 때문에 국민생활과 직결된다. 결정된 정책이 소기의 성과를 달성할 수 있는지는 집행단계에서의 대상집단의 순응(compliance) 여부가 큰 영향을 미친다.

정책집행에 관한 접근방법에는 정책결정자가 분명한 정책목표를 제시하고 집행단계를 통제할 능력이 있다는 하향적 모형, 일선관료를 정책전달의 주요 행위자로 보며 정책집행을 집행자의 네트워크 내에서의 교섭과정으로 보는 상향적 모형 그리고 두 접근방법뿐 아니라 다른 이론 모형들의 주요 요소를 통합하려는 통합모형이 있다.

1970년대 이전의 고전적 행정모형에서는 행정을 기계라는 관점에서 바라보았기 때문에 정책집행에 관한 연구가 본격적으로 이루어지지 않았지만, 계층제적 조직구조, 정치 · 행정이원론, 과학적 관리와 능률성 강조라는 기본적인 행정개념을 발전시키는 데 기여하였다.

정책집행과정에서 핵심적인 연구과제 가운데 하나는 순응(compliance) 또는 불응(non-compliance)이다. 순응이란 특정 행동규정에 일치하는 행위자의 행동을 말한다.

---

48) 남궁근(2009), pp. 463-523.

〈표 8-5〉 정책집행의 유형

집행유형	정책집행자
고전적 기술관료형	집행자는 정책을 형성할 수 있는 공식적 권한과 정당성을 보유하고 있는 정책결정자가 설정한 목표를 지지하며, 이러한 목표를 달성하기 위해 기술적 수단을 강구한다.
지시적 위임형	집행자는 정책결정자가 설정한 목표를 지지하며, 집행자 상호 간에 목표를 달성하기 위한 행정적 수단에 관하여 교섭이 이루어진다.
협상형	집행자는 정책결정자와 목표 또는 목표달성수단에 관하여 협상한다.
재량적 실험가형	집행자는 정책결정자를 위하여 목표와 수단을 구체화한다.
관료적 기업가형	집행자가 정책목표를 설정하고 정책목표의 실행수단을 강구한 다음, 정책결정자를 설득하여 목표와 수단을 받아들이게 한다.

정책집행에서 순응이란 정책결정자가 결정한 정책의 내용 및 지침과 일치하는 정책집행과정의 참여자, 즉 정책집행자 및 정책대상집단의 행태를 의미한다. 다시 말하면, 순응은 정책지시와 정책지침에서 설정한 행동규정과 집행과정에서 요구되는 여러 가지 기준을 집행자와 대상집단이 이의 없이 받아들이고, 기존 행태의 변화를 감수하며, 행동규정이 요구하는 방향으로 행동을 변화시키는 것을 말한다. 순응은 일반적으로 내면적 가치관의 변화까지를 포함하지는 않는다. 순응은 정책이나 법규에서 요구하는 행태를 정책집행자나 정책대상집단이 따르는가의 문제인데, 현실적으로 완전한 순응이냐 또는 완전한 불응이냐의 양자택일 문제가 아니라 연속선상에서 순응 정도의 상대적 차이로 나타난다.[49]

반면, 불응이란 특정의 행동규정과 일치하지 않는 행동을 말한다. 정책의 순응과 불응의 주체는 정책지시를 이행할 수 있는 합법적인 권위·책임·공공자원을 공개적으로 부여받고 있는 공식적 정책집행자, 공식 정책집행자로부터 집행의 책임을 위임받은 개인 및 집단인 중간매개집단(intermediary groups, 예: 중앙정부 정책집행의 경우 지방정부의 공무원·공공기관 및 집행을 위임받은 민간부문 행위자 등)이나 정책의 적용을 받는 집단이나 사람이다. 정책대상집단이 정책지침에 따르지 않는 원인으로는 정책의 내용이 정책집행의 참여자 개개인에게 명료하게 전달되지 못한 경우, 대상집단이 정책의

---

49) 순응은 특정한 규율과 사회적 규범에 따를지를 판단하는 것을 의미하는 반면, 복종은 특정 행위자의 명령에 따를지를 판단하는 것을 의미한다.

요구사항을 분명하게 전달받았지만 순응에 필요한 자금 · 능력 · 시간 · 에너지 등 자원이 부족한 경우, 대상집단이 정책의 목표에 동의하지 않았거나 목표에 동의한다 하더라도 그 목표의 우선순위가 낮게 평가되었거나 목표에는 동의하지만 목표달성을 위해 채택된 수단이 목표를 달성하리라 생각하지 않는 경우와 같이 정책 자체에 대한 회의가 있을 경우, 정책에 순응함으로써 지불해야 하는 희생 또는 부담이 큰 경우, 정책결정 및 집행기관의 정통성이 약하거나 그들의 권위에 대한 불신이 있는 경우다.

일부 지역 국민연금 지역가입자의 연구 결과, 정책불응 사례가 나타난 경우가 있다. 이 경우 정책불응의 원인으로 국민연금정책의 소망성 차원의 문제점(필요성, 시기의 적절성, 신고기준의 적절성, 소득재분배 효과), 정부의 신뢰성(국민연금정책 목적의 순수성, 기금운영능력, 담당공무원 태도의 일관성 등), 정책대상집단의 심리적 거부감과 무관심 등이 지적되었다.

사회복지정책집행이란 복지 관련 문제들을 해결해 나가기 위해 마련된 정책대안을 구체적으로 실행해 나가는 목적지향적 과정으로 권위 있는 정책지시를 실행에 옮기는 과정이다. 과거에는 정책집행을 일종의 순응과정으로 보았으나 최근에는 이를 복잡한 이해갈등요인들이 직간접적으로 작용하는 역동적인 과정으로 이해하고 있다. 이러한 역동적인 사회복지정책의 집행과정에서 사회복지정책 전반에 걸쳐 논의되고 있는 성장과 분배 또는 효율과 형평 간에 타협을 위한 흥정(trade-off)이 이루어지기도 한다.[50] 또한 공무원노조가 결성되는 시점에서 사회복지정책의 집행과정에서 정책집행자들의 집단적 불응현상인 집행불이행(non-implementation)현상이 발생할 수도 있다. 집행불이행이란 정책집행과정에서 집행활동이 이루어지지 않을 경우를 말하며, 비집행(非執行) 또는 부집행(不執行)이라고도 불린다.

사회복지정책집행에는 여러 요인이 영향을 미치고 있다.[51] 영향을 미치는 주요 변수들은 다음과 같다.

- **다양하고 수많은 참여자**: 사회복지정책의 집행과정에는 보건복지부, 고용노동부, 행정안전부 등 중앙부처의 관료들과 지방자치단체의 관료들, 민간복지기관, 경총이나 의사협회 등과 같은 이익집단, 노조나 시민사회단체 등이 집행에 참여하고

---

50) Pressman & Wildavsky(1978), pp. 232-238.
51) 최성모(1993), pp. 495-504.

영향을 미친다. 이 참여자들은 집행과정에서 긴밀히 상호작용하고 있다.

- **정책목표의 다양성과 기대수준**: 다양한 정책목표는 정책집행에 혼선을 가져오고, 정책결과에 대한 높은 기대수준은 집행결과를 과소평가할 수 있다.
- **정책의 수와 복잡성**: 최근 정부가 집행해야 할 사회복지정책대안은 그 수가 급증하고 있다. 따라서 집행기관과 사회복지전담공무원과 같은 집행자의 수가 증가하고, 기관 간의 업무조정이 필요하며, 관련된 사회복지재정도 증가하여 재원확보도 새로운 과제로 남아 있다.
- **정부 간의 관계**: 사회복지정책은 보건복지부, 고용노동부, 행정안전부, 기획재정부, 지방자치단체 등 다양한 기관이 긴밀히 연계되어 실시되고 있다. 이 관련 기관들 간에 일방적 통제가 이루어지기도 하지만 때로는 협상과 타협을 통해 정책이 집행되기도 한다.
- **통제불가능한 외생변수(extraneous variables)**: 사회복지정책을 집행하기 위한 조건들이 잘 갖추어졌다 하더라도 정책집행자가 통제할 수 없는 외환위기, 기술 변화, 천재지변 등의 사건이 발생한 경우 이 외생변수들은 정책집행에 영향을 미친다.

또한 정책집행 주체의 사회복지정책에 대한 호감도, 집행체제(중앙정부-지방정부-중간매개집단 등) 간의 명령체계 및 협조관계, 정책집행책임을 위임받은 중간매개집단도 정책집행의 효율성에 영향을 미친다.[52] 이 밖에 정치적 · 경제적 · 사회적 정책환경, 정책의 명확성, 지침의 구체성, 모니터링, 책임 있는 집행기관의 존재, 정책집행자의 헌신, 상급자의 관심, 수혜자의 태도, 정책유인과 제재 방안, 중앙정부의 직접적 관여 등도 정책집행의 성패에 영향을 미칠 수 있다.

정책집행과정에서 관리자가 적절한 관리기술(management skill)을 갖추고 있느냐도 정책의 성패에 영향을 미친다. 관리자들이 갖추어야 할 관리기술은 계층에 따라 정도의 차이는 있지만 대체로 전문적 기술, 인간적 기술, 개념적 기술을 갖추어야 한다.[53] 감독관리자(supervisory management)에게는 기관의 핵심활동 수행과 관련된 전문적 기술(technical skills)이 상대적으로 더 많이 요구되고, 중간관리자(middle management)에게는 의사소통, 갈등관리, 지도, 동기부여와 같은 대인관계의 효과성을 증진하기 위한

---

52) 김병식(2001), pp. 145-161.
53) Lewis et al.(2001), pp. 6-10.

[그림 8-4] 관리계층에 따라 요구되는 기술

인간적 기술(human skill)이 상대적으로 더 요구되고 최고관리자(top management)에게는 외부집단과의 관계를 정립하는 큰 그림(big picture)을 그릴 수 있으며 조직의 역동성을 분석하고 이해하며 서로 다른 기능과 과정들이 상호작용하여 문제를 해결할 수 있을 것인가에 관심을 갖는 개념적 기술(conceptual skill)이 상대적으로 더 요구된다.

6. 평가 및 환류

1) 평가

정책평가는 특정한 정책 또는 프로그램의 가치를 판단하는 과정이다. 정책평가란 실제로 집행되고 있는 정책들이 의도한 성과를 나타내고 있는지, 그 정책들이 추구하는 목적을 달성하기 위해 채택된 수단들이 효과가 있었는지를 발견하는 과정들로, 정책평가의 결과는 정책환류(policy feedback or policy feedforward)를 통하여 정책학습과 정책변동의 토대가 된다.[54]

정책평가는 1960년대 중반 미국 존슨 행정부가 소외계층의 빈곤퇴치를 위하여 취학 전 아동 조기교육프로그램(Head Start program)과 같은 다양한 관련 사회복지법령을 만든 다음, 엄청난 재원을 투입하고도 소기의 목적을 달성하지 못했다는, 즉 집행하는 과정에서 실패한 정책이라는 보수주의자들의 사회정책프로그램에 대한 비판이 심해지자 본격적으로 연구가 시작되었다.

---

54) 남궁근(2009), pp. 524-569.

정책평가의 목적은 다음과 같다.

- **책무성(accountability) 확보**: 책무성이란 공직자가 정책결정과 예산지출 등 직무수행의 내용을 정당화해야 할 책임을 의미한다.
- **정책정보의 환류**: 정책평가 결과 얻게 된 정책 관련 정보는 정책결정이나 집행과정에서 그 효과성과 능률성을 제고하기 위한 환류 메커니즘의 활용과 아울러 정책결정자나 집행자들이 지위를 유지하고 자원을 동원하려는 메커니즘의 활용이라는 양면적인 목적이 있다.
- **지식의 축적**: 관심의 대상이 되고 있는 정책이나 프로그램의 평가를 통하여 사회현상에 관한 새로운 지식이 추가되어 결과적으로 지식의 축적이 가능해지며, 학문발전에도 기여할 수 있다.

정책평가는 책무성의 유형, 평가의 주체, 평가의 단위, 평가의 대상, 평가의 시점에 따라 분류할 수 있다.

첫째, 책무성의 유형에 따라 정책평가는 행정적 평가, 사법적 평가, 정치적 평가로 구분된다. 행정적 평가는 정부서비스가 능률적으로 전달되었는지를 심사하고, 비용투입에 따른 가치(value for money)가 달성되었는지를 판단하고자 하는 평가를 말한다. 즉, 정책집행과정에서 최소의 비용으로, 개인들에게는 최소의 부담으로 설정된 목표를 달성했는지를 분석하는 것이다. 협의의 정책평가는 행정적 평가를 의미한다. 사법적 평가는 정책집행자의 활동이 법규와 회계규칙에 일치했는지를 평가한다. 사법적 평가는 사법부가 주로 담당하며, 정당한 절차(due process)와 승인된 행정법규에 따라 자의적이 아닌(non-arbitrary) 방법으로 집행되었는지를 검토하고 평가한다. 정치적 평가는 정치적 책무성을 확보하기 위하여 정책결정자의 정치적 판단을 평가하는 것이다. 정치적 평가는 체계적이지 않고 또 기술적 정교함을 필요로 하지 않는다.

둘째, 평가의 주체에 따라 내부평가(inside evaluation)와 외부평가(outside evaluation)로 나뉜다. 내부평가란 정책집행기관 내부에 소속된 평가자에 의한 평가를 말하며, 이를 자체평가라고 부른다. 외부평가는 정책집행기관의 외부기관 또는 계약을 통한 외부전문가가 수행하는 평가를 말한다. 의회나 감사원에 의한 평가가 전형적인 예이나, 최근에는 위탁계약을 맺은 외부연구기관이 실시하기도 하고 시민단체들이 자발적으로 실시하기도 한다.

셋째, 평가의 단위에 따라 기관평가, 정책평가, 프로그램평가로 나뉜다. 기관평가란 중앙정부의 부처 단위, 지방정부의 기관 단위로 이루어지는 평가를 말한다. 일반적으로 하나의 기관에서 복수의 정책을 수행하는데, 기관평가는 하나의 기관에서 추진하는 복수의 정책이 집행되는 상황에 관한 평가내용을 종합한 것이다. 중앙정부와 같이 대규모 기관인 경우에는 주요 정책들을 전략목표라는 명칭 아래 몇 개로 범주화하기도 한다. 전략목표를 설정하고 그러한 전략목표를 달성할 수 있는 여러 정책을 추진하며, 각각의 정책에 대하여 복수의 프로그램이 마련된다. 수단-목표 계층구조(means-ends hierarchy)에서 정책은 상층부에 해당하고, 프로그램은 하층부에 해당한다. 여러 프로그램으로 구성된 정책의 평가는 결국 각각의 프로그램에 대한 평가를 합산한 것이다. 정책과 프로그램을 단위로 평가하기도 하지만 이를 집행하는 기관을 단위로 하는 평가도 이루어진다.

넷째, 정책 또는 프로그램 평가는 프로그램 논리모형(program logic model)의 어느 부분이 평가대상이 되느냐에 따라 구분된다. 프로그램 논리모형이란 프로그램의 집행과정을 순서에 따라 배열하여 정리한 것으로 자원의 투입으로부터 활동을 거쳐 산출 및 결과로 연결된다.

이러한 프로그램 논리모형에서 평가의 대상에 따라 과정평가(process evaluation)와 총괄평가(summative evaluation)가 구분된다. 과정평가는 정책의 집행과정에 대하여 평가하는 활동으로, 집행의 절차, 방법 등 관리 전략을 평가하는 활동이다. 이는 집행과정에서 이루어질 수 있고(형성평가), 집행종료 후에도 이루어질 수 있다(사후평가).

과정평가는 집행과정을 대상으로 한 평가로, 형성평가와 사후적 과정평가로 구분할 수 있다. 형성평가는 정책집행 도중의 평가로, 정책의 집행과정에서 집행 전략이나 집행설계의 수정 및 보완을 위한 평가를 말한다. 그러므로 본격적 집행이 이루어지기 전에 실시되어야 한다. 사후적 과정평가는 정책집행 이후에 관리 절차, 관리 전략, 인과관계 경로 등을 평가하는 것을 말한다. 형성평가의 주요 질문은 '정책효과는 어떠한 경로를 거쳐 발생하게 되었는가?' '정책효과가 발생하지 않을 경우, 어떤 경로에 잘못이 있었는가?' '정책효과가 발생하지 않을 경우, 어떤 경로에 잘못이 있었는가?' '보다 강한 영향을 미치는 경로는 없었는가?' 등이다.

사후적 과정평가는 정책수단과 정책효과 간의 인과관계의 경로와 매개변수를 검증하고 확인하기 위한 평가다. 집행분석 또는 집행과정평가는 정책이 의도한 대로 집행되었는지 확인·점검하는 평가를 말한다. 우리나라의 과거의 심사분석은 주목적이 분기별로 사업진행 상황을 점검하는 것으로 성격상 집행분석에 가깝다. 집행과정분석의 주요 질문은 '원래 집행계획에서 수렴한 활동(activity)들이 제대로 이루어졌는가?' '계획된 양과 질의 자원이 계획된 시간에 투입(input)되었는가?' '서비스가 원래 의도한 정책대상집단에 전달(coverage)되었는가?' '정책집행자가 관련된 법률이나 규정에 순응(compliance)하였는가?' 등이다.

총괄평가도 집행과정에서 이루어질 수도 있고 집행종료 후에도 이루어질 수 있으나, 집행종료 후에 이루어지는 것이 일반적으로 정책평가의 핵심을 이룬다. 총괄평가는 정책이 집행되고 난 후 정책이 사회에 미친 결과를 추정하는 판단활동이다. 그런데 정책집행 이후 나타나는 결과를 판단하는 데서 정책산출(policy output)과 정책결과(policy outcomes) 또는 정책영향(policy impact)을 구분하여야 한다. 정책산출이란 대상집단과 수혜자들이 받는 재화와 서비스 및 자원을 말한다. 예를 들면, 일인당 복지비 지출, 무료급식서비스 수혜를 받는 아동의 수, 인구 천 명당 병상 수 등이다. 이러한 정책산출은 단기적이며 측정이 비교적 용이하다. 정책결과 또는 정책영향이란 정책산출로 인한 대상집단과 수혜자의 행동이나 태도에 실제로 일어난 변화를 말한다. 예를 들면, 정부가 지급하는 복지비를 받은 복지수혜자가 실제로 생활의 어려움이 줄었는지, 무료급식서비스를 받은 아동이 실제로 배가 고프지는 않은지, 병상 수가 늘어 환자들이 입원하기 위해 기다리는 시간이 줄었는지 등이다. 정책영향은 장기적이며 측정하는 것이 쉽지 않다. 또한 정책영향을 파악할 때에는 의도된 효과(intended effect)뿐 아니라 부수적 효과(side effect)도 파악해야 한다. 부수적 효과는 긍정적일 수도 있으나 부정적일 수도 있다. 정책산출과 정책영향을 판단할 때, 대상집단과 수혜자가 반드시 일치하지 않을 수도 있다. 대상집단이란 정책과 프로그램을 통하여 영향을 미치고자

〈표 8-6〉 휴먼서비스 프로그램의 논리모형

단계	투입	활동	산출	결과		
주요 내용	자원 - 금전 - 인력 - 자원봉사자 - 시설 - 장비 및 보급품	서비스 - 피신처 - 훈련 - 교육 - 상담 - 멘토링	산물 - 교육시간 - 상담횟수 - 배부된 교재 - 서비스 - 전달시간 - 참여자 수	학습 - 지식 - 기술 - 태도 - 가치 - 의견 - 동기 등의 변화	행위 - 행태 - 실제 - 결정 - 사회적 행위 등의 변화	상황 - 사회적 - 경제적 - 시민사회 - 환경적 상황 등의 개선

하는 개인, 지역사회, 조직 등을 말하는 반면, 수혜자들(beneficiaries)이란 정책의 효과를 유익하고 가치 있는 것으로 느끼는 집단을 말한다. 대상집단은 산업체이지만 수혜자는 그곳에 근무하는 근로자들과 가족들일 수 있다. 총괄평가의 핵심과제는 효과의 발생 여부를 판단하는 것, 정책의 영향에 따른 효과와 다른 원인의 영향을 분리하는 것이다. 총괄평가는 평가의 목적, 즉 평가기준에 따라 효과성 평가, 능률성 평가, 공평성 평가로 구분된다. 효과성 평가는 정책집행의 결과에 따라 정책목적이 달성되었는지를 판단하기 위한 평가다. 예를 들면, 무료유아원 사업으로 아동의 지적 · 정서적 능력이 향상되었는지를 판단하는 것이다. 능률성 평가는 정책의 효과를 투입된 자원과 대비하는 평가를 말한다. 원래 능률성은 투입과 산출의 비율로 표시된다. 즉, 정책사업의 비용과 효과를 대비하는 것으로, 이는 정책이나 사업의 효과를 화폐적 가치로 표현하는 것을 전제로 하며 비용편익분석에 의존한다. 공평성 평가는 정책효과와 정책비용의 배분이 사회집단(예: 소득계층, 성별) 간, 지역 간에 공평하게 배분되었는지를 평가한다.

다섯째, 평가 시점에 따라 사전평가(ex-ante evaluation), 집행평가(ongoing evaluation) 그리고 사후평가(ex-post evaluation)로 구분된다. 사전평가는 정책결정이 이루어지기 전에 진행되는 것으로, 계획된 정책과 행위의 효과 및 결과를 미리 추정하고자 하는 것이다. 일반적으로 사전평가는 정책분석이라고 부른다. 집행평가는 정책이 집행되는 도중에 이루어지는 평가로, 정책의 집행과정에서 그 과정을 개선하려는 목적으로 실시하는 평가다. 이를 형성평가(formative evaluation) 또는 동반평가(accompanying evaluation)라고 부르기도 한다. 모니터링(monitoring) 역시 진행 중인 프로그램에 대한 평가로 적절한 성과지표를 활용하여 진행 중인 활동의 효과를 측정하고자 하는 것이 주된 목표다. 사후평가는 정책집행 종료 후 이루어지는 평가로 주로 정책의 영향을 판단하는 활동이다. 이를 총괄평가라고 부르기도 한다.

2) 환류 및 정책변동

정책평가 단계에서 평가 결과는 정책과정의 다른 단계로 환류(feedback)되며, 많은 경우에 아젠다설정(agenda setting) 단계로 되돌아간다. 따라서 정책과정은 반복적으로 순환되는 것으로 볼 수 있다. 정책평가의 결과는 정책환류(policy feedback)를 통하여 정책학습(policy learning)과 정책변동(policy change)의 토대가 된다.

정책환류란 일정한 시점(t)에서 정책과정의 각 단계를 활용한 결과 얻게 되는 정보가 다음 시점(t+1)에서 이전 단계의 활동에 투입되는 것을 의미한다.

(t)	아젠다형성 → 정책형성 → 정책집행 → 정책평가
(t+1)	↑　　　　　↑　　　　　↑　　　　　┘

　　정책정보의 환류가 이루어지면 정책문제의 정의와 해석, 잠재적 해결방안의 실현가능성 검토, 대상집단의 특성에 대한 판단에 영향을 미칠 수 있다. 그러므로 정책이 형성되고 집행되는 조건을 변경시키게 된다. 정책학습이란 정책을 수행하는 과정에서 시행착오(trial and error)를 통한 시정활동을 말한다. 학습이란 학습주체가 시행착오를 토대로 목표와 수단을 수정하고 보완해 나아가는 과정이다. 학습의 기본원칙은 환류에 대한 적응이다. 그 결과가 긍정적이면 그와 연관된 루틴을 반복하거나 재생할 확률이 높아지고, 부정적이면 감소된다. 정책학습은 조직학습의 한 과정이다. 조직은 조직의 경험에 의하여 조직목표를 바꾸고(목표의 적응), 조직의 관심을 변경하며(이용규칙의 적응), 조직의 탐색절차를 변경(탐색규칙에서의 적응)하면서 변화에 적응·발전해 간다. 아지리스(Argyris)의 조직학습이론 가운데 단일순환학습(single-loop learning)과 이중순환학습(double-loop learning)에 따르면 시스템의 유지, 성장에 기여한 반응 및 행동들은 반복되고, 그렇지 못한 반응 및 행동들은 중단되거나 수정되어야 하는데, 이때 반응이나 행동들만을 수정해 가면서 기존의 시스템 목표를 달성하는 활동을 일차학습 또는 적응학습이라 하고, 시스템의 목표 그 자체까지 수정하는 학습을 이차학습 또는 생성학습이라고 한다. 이 가운데 일차학습은 일상적이고 반복적인 문제에 적절하고, 이차학습은 복잡하고 프로그램화할 수 없는 문제의 학습에 더 적절하다.[55] 정책학습이란 정책과정에 참여하는 개인이나 조직이 특정한 정책목표나 정책수단의 효과성과 적절성 또는 효율성 등과 관련된 경험이나 체계적 사고를 통하여 목표와 수단을 바꾸어 나가는 과정이다.

　　정책변동은 정책환류와 정책학습의 결과에 따라 정책내용(목표, 수단, 대상집단 등)과 정책집행 방법에 변화가 발생하는 것을 말한다. 실제로는 환류를 통한 변동이 잘 이루어지지 않아 적절한 시기를 놓치는 경우가 많은데 이는 정책상황의 인지가 부정확하

---

55) Argyris(1977), Havard Business Review. https://hhr.org

거나 이해관계자의 반대나 저항이 있기 때문이다.

정책변동의 유형에는 정책혁신(policy innovation), 정책유지(policy maintenance), 정책승계(policy succession), 정책종결(policy termination) 등이 있다. 정책혁신이란 정부가 관여하지 않던 분야에 개입하기 위해 새로운 정책을 도입하는 것을 의미한다. 정책혁신으로 채택된 정책을 집행하려면 그에 따른 프로그램, 예산, 조직이 추가되어야 한다. 정책유지는 현재의 정책을 기본적으로 유지하면서 정책수단의 부분적인 변화만 이루어지는 경우를 말한다. 정책승계는 동일한 정책문제와 관련되는 영역에서 정책목표는 유지되지만 이전의 프로그램과 조직이 새로운 것으로 대체되는 것을 말한다. 정책종결은 정책을 완전히 종료하는 것으로 이를 담당하는 프로그램, 예산, 조직이 없어지는 경우를 말한다. 정책종결이 선택되면 하나의 문제영역과 관련된 정책이나 프로그램, 조직이 일제히 폐지된다.

제9장

사회복지정책의 공급주체와 거버넌스

사회복지수급자(beneficiaries)에게 급여(benefits: 제공되는 각종 형태의 혜택)를 제공하는 조직이나 조직의 체계를 사회복지공급자라고 부른다. 사회복지 현장에는 다양한 복지 공급자가 존재한다. 이러한 사회복지 주체의 다양성은 복지다원주의(welfare pluralism), 복지의 혼합(welfare mix), 복지의 혼합경제(mixed economy of social welfare), 복지지도론(welfare map) 등을 통해 설명된다. 사회복지정책의 공급주체는 제1영역(the first sector)인 국가, 제2영역(the second sector)인 시장, 제3영역(the third sector)인 자원조직 등으로 정리할 수 있다. 즉, 사회복지의 공급자인 사회복지의 주체는 단일하지 않고 국가, 지방자치단체, 공공기관, 사회복지법인, 비영리법인, 기업, 시민단체, 종교단체, 지역사회, 개인 등 다양하게 구성되어 있다. 사회복지는 모든 사람의 인간다운 생활을 보장하기 위한 사회적 노력이기 때문에, 사회복지 주체들의 공공성과 윤리성이 중시된다. 사회복지의 주체는 크게 공적 사회복지 주체와 민간 사회복지 주체로 구분된다. 사회복지정책을 형성하고 집행하는 것은 주로 공적 사회복지 주체들이지만, 최근 복지거버넌스(welfare governance)의 중요성이 강조됨에 따라 공적 사회복지 주체와 민간 사회복지 주체 간의 협력, 즉 협치(協治)가 주목을 받고 있다. 이 장에서는 사회복지정책의 주된 주체로서 공적 사회복지 주체뿐만 아니라 사회복지정책과정에서의 민간사회복지 주체들의 역할을 논하고자 한다.

1. 사회복지 공급주체에 관한 논의

에스핑-앤더슨(Esping-Andersen)에 따르면 복지생산의 주체로는 정부, 시장, 가족이 있으며, 이 복지생산의 세 주체는 상호의존적 관계를 갖고 있다.[1] 사람들은 성인기에 대부분의 소득을 고용을 통해서 얻을 뿐 아니라 복지의 대부분을 시장에서 구매하기 때문에 시장이 주된 복지자원이 된다. 가정에서 이루어지는 혈족 간 상호교환(reciprocity)은 복지와 안정, 특히 돌봄과 소득에서 또 하나의 중요한 복지자원이다. 복지생산에서 정부의 역할은 구매나 상호교환에 기반을 두는 것이 아니라 일종의 공동체적 연대감을 반영하는 재분배적 '사회적 계약'에 기반을 둔다. 이러한 세 가지 복지생산의 주체는 상호의존적 관계를 갖는다. 가족은 정부와 마찬가지로, 이론적으로 시장의 실패를 흡수하며 반대로 시장 또는 정부는 가족의 실패(family failure)를 보상하는 기능을 담당한다. 이러한 세 주체 간에 어떤 주체도 다른 두 주체의 실패를 보완할 수 없을 때 우리는 복지적자(welfare deficit) 또는 복지위기를 맞는다.

◆ 복지주체의 실패

어떤 주체로 하여금 복지생산의 주된 역할을 담당하게 할 것인가를 결정할 때, 복지주체의 실패(pillar-failure)에 대한 정확한 진단을 할 필요가 있다. 복지주체의 실패로는 시장의 실패(market failure)와 정부의 실패(government failure) 그리고 가족의 실패(family failure) 등을 들 수 있다.

(1) 시장의 실패
시장의 실패 의의

사적 영역에서의 활동은 주로 자발적 교환에 근거하고 있다. 재화나 서비스를 얻고자 하는 사람들의 열망은 그 항목에 대한 그들의 수요를 통해 표현된다. 사람들이 생산해서 공급하는 재화의 양은 대체로 관련된 비용에 달려 있다. 사람들은 그들의 교환을 시장에서 실행한다. 경쟁적인 시장에서는 사람들이 기꺼이 지불하려는 가격과 생

---

1) Esping-Andersen et al.(2006), pp. 60-62.

산품에 내재된 자원의 가치가 동등해진다. 이러할 때 시장은 효율적인 결과를 만들어 내고, 성공하게 된다.[2]

시장의 실패(market failure)란 1958년부터 경제학자들이 사용하고 있으나 본래 빅토리아 시대의 철학자 시지윅(Sidgwick)이 처음 사용한 개념이다. 시장의 실패란 자유시장(free market)에 의한 재화와 서비스의 할당이 효율적이지 않은 경우를 말한다. 이는 시장의 참여자가 다른 사람을 더 어렵게(worse-off) 하지 않고 더 형편이 나아지는 (better-off) 다른 상당한 결과가 존재하는 것을 의미한다.[3] 시장의 실패는 종종 정보의 비대칭성(information asymmetries), 비경쟁적인 시장, 주요 대리인 문제(principal-agent problems), 외부효과, 공공재 등과 종종 관련이 있다. 시장의 실패의 존재는 종종 특정 시장에 대한 정부의 개입을 정당화하는 근거로 사용된다. 그러나 조세, 보조금, 긴급기업구제, 임금 및 가격통제 등과 같은 시장의 실패를 교정하기 위한 많은 형태의 정부 정책도 자원을 비효율적으로 할당하는 결과를 파생할 수 있다. 즉, 정부의 실패가 파생될 수도 있다. 주류 신고전주의와 케인즈주의 경제학자들은 정부가 비효율적인 시장의 결과를 향상시킬 수 있다고 보는 반면, 일부 다른 학파의 학자들은 이에 반대한다.

시장의 실패 원인

① 시장의 불안전성

시장은 완전경쟁하에서만 가격기구를 통하여 효율적으로 자원을 배분한다. 그러나 현실적으로 대규모 사업장의 경우 규모의 경제(economy of scale)를 이루어 평균비용 (Average Cost: AC)이 낮아짐으로써 결과적으로 시장을 지배하게 되는 자연적 독과점, 법에 의한 인 · 허가제도나 자격증제도를 통하여 시장의 진입을 제한하는 법률적 독과점, 지리적으로 일정 수의 사업장만이 존립하게 하는 지리적 독과점 등이 존재하게 되며, 이와 같은 독과점의 존재로 시장이 불안전 경쟁 상태에 있는 경우, 시장은 효율적으로 자원을 배분하지 못하게 되고 실패하게 된다. 현재 우리나라의 사회보험제도를 운영하고 있는 국민연금관리공단, 국민건강보험공단, 근로복지공단 등은 법률적으로 독점적인 지위를 누리고 있다.

---

2) Aronson(1985), pp. 16-20.
3) Medema(2007), pp. 331-358.

② 정보의 비대칭성

정보의 비대칭성(asymmetric information)이란 거래 당사자 쌍방 가운데 어느 한쪽이 상대적으로 더 많은 정보를 가지고 있어 거래 당사자 간 완전한 정보라는 시장의 특성이 충족되지 못해 시장의 실패가 일어나는 경우를 말한다. 시장이 성공하기 위해서는 시장에 참여하는 모든 사람이 완전한 정보를 갖고 있어야 한다. 그러나 만일 어느 한쪽이 다른 거래 당사자보다 많은 정보를 갖고 있다면, 이러한 거래자 간 정보의 차이는 상대적으로 정보가 많은 쪽이 적게 가진 쪽을 이용하게 됨으로써 시장의 실패가 발생하게 된다.

③ 외부효과의 발생

외부효과(external effect) 또는 외부성(externality)은 어느 경제주체의 행동이 다른 경제주체에게 부수적으로 이익 또는 손해를 가져다주면서도 이에 대한 대가를 지불받지도 지불하지도 않는 현상을 말한다. 전자를 외부경제(external economy), 긍정적 외부효과(positive externality) 또는 외부편익(external benefit)이라 하고, 후자를 외부비경제(external diseconomy), 부정적 외부효과(negative externality) 또는 외부비용(external cost)이라고 한다.

외부효과란 어떤 경제활동과 관련하여 제3자에게 의도하지 않은 혜택이나 손해를 가져다주면서도 이에 대한 대가를 받지도 지불하지도 않는 상태라고 하여 제3자 효과(the third party effect)라고도 한다. 제조산업에서 방출되는 각종 공해요인은 간접적으로 근처 주민들에게 피해를 주고 있는데도 여기에 대한 기업의 보상이 없는 것이 외부효과의 대표적 예다.

경쟁시장에서 이러한 외부효과가 존재하는 경우에는 가격이 재화나 서비스를 생산하는 데 소요되는 비용과 재화나 서비스를 소비함으로써 얻게 되는 이익을 완전하게 반영하지 못하게 되고, 생산자와 소비자는 모든 비용을 부담하지 않거나 경제활동의 모든 이익을 거두지 못하게 된다. 그 결과, 너무 많은 재화나 서비스가 생산되거나 소비되고, 반대로 너무 적은 재화나 서비스가 생산되거나 소비된다.

만일 공해와 같은 외부비용이 존재한다면, 생산자는 재화를 생산할 때 외부비용을 고려하지 않기 때문에 그 재화는 경쟁시장에 의해 과도하게 생산될 것이다. 만일 교육이나 공공안전과 같은 영역에서 외부편익이 존재한다면, 생산자와 구매자가 다른 사람들에 대한 외부편익을 고려하지 않기 때문에 그 재화가 사적 시장에서 너무 적게 생산될 것이다.

긍정적 외부효과를 가진 재화로는 교육, 공중보건 그리고 법 집행 등을 들 수 있다. 긍정적 외부효과는 종종 무임승차문제(free rider problem)와 연관이 된다.

하이에크(Hayek)나 프리드먼(Friedman) 같은 자유방임주의자들은 때로는 외부효과를 이웃효과(neighborhood effects) 또는 파급효과(spillovers)라고도 부른다.

사회적 비용은 사회가 부담하기 때문에 그 비용은 사회에 대한 파급비용(the spillover costs to society)이며, 반면 사적 비용은 개인 기업이나 생산자에게 부과되는 비용이다. 부정적 외부효과(negative externality)는 제3자에게 부정적인 부수효과를 미치는 소비자에 대한 생산활동이기 때문에 그것은 사회적 비용이다. 한 소비자에 의한 소비가 가격 인상의 원인이 되고 그것이 다른 소비자들의 소비를 감소시킴으로써 그들의 삶을 더 열악하게 만드는 경우가 있는데, 이러한 영향은 '금전상의 외부효과(pecuniary externalities)'라고도 불리며, 이는 '실제 외부효과(real externality)'나 '기술적 외부효과(technological externalities)'와 구분된다. 금전적 외부효과는 외부효과인 것처럼 보이지만 이는 시장기구 내에서 발생하기 때문에 시장의 실패(market failure)나 시장의 비효율성(market inefficiency)의 근거가 되지 않는다.

긍정적 외부효과(positive externality)는 유익한 외부효과(beneficial externality)로 때로는 가치재(merit goods)와 관련이 있다. 긍정적 외부효과의 예로 종종 언급되는 것은 과수원 주인과 양봉업자의 관계에서 나타나는 예다. 양봉업자는 자신의 꿀을 수확하기 위해 벌을 키운다. 그의 행위와 관련 있는 부수효과 또는 외부효과의 예로는 주변 작물들이 과실을 맺게 하는 데 매우 중요한 벌들의 수분작업(pollination)을 들 수 있다. 벌들의 수분작업에 의해 창출되는 가치는 아마도 수확된 꿀의 가치보다 중요할지도 모른다.

외부효과 문제를 해결하기 위한 일반적인 해결책으로 네 가지가 있다. 첫째는 범죄로 규정하는 것(criminalization)이다. 마약, 매매춘, 환경오염, 공중보건 저해 등과 같은 경우 이를 범죄로 간주하고 법적인 제재를 가하는 것이다. 둘째는「민사배상법(Civil Tort Law)」에 의한 잘못된 행위(Tort: wrong doing)를 규제하는 것이다. 흡연가에 대한 집단소송(class action)이나 다양한 생산품 책임소송 등을 예로 들 수 있다. 셋째는 정부가 제공하는 것(government provision)이다. 교육이나 국방 등을 예로 들 수 있다. 넷째는 피구세(Pigovian taxes) 또는 보조금(subsidies)이다. 이는 경제적 부정의(不正義, injustices)나 불균형을 시정하기 위한 조치다. 피구세는 가치에 있어서 부정적인 외부효과와 동등하게 부과되는 세금이다. 결과적으로 시장의 결과가 효율적인 양으로 줄어들게 된다. 부수효과는 다른 경우와 달리 정부의 부과에 따른 조세왜곡을 감소시키면서 정부를 위한 세입을 거둬들일 수 있는 것이다. 경제학자들은 피구세와 보조금을 외부효과를 해결하기 위한 가장 효율적인 방법으로 선호하고 있다. 다섯째로 가장 통상적인 형태의 해결책은 정치적 과정을 통한 무언의 협약(tacit agreement)이다. 정부는 시민을 대표하고 다양한 이해당사자 간에 정치적 타협을 이루기 위하여 선출되었다. 정부는 공해나 다른 환경적 피해를 규정하는 법과 규칙을 제정한다.

다른 형태의 해결책은 관련 당사자 간의 순수한 사적 협약(purely private agreement)이다. 외부비용과 외부편익을 처리하는 데 정부의 개입이 항상 필요한 것이 아니다. 민주적으로 운영되는 지역사회는 우호적인 방법으로 외부비용과 외부편익을 합의하여 처리할 수 있다.

코스(Coase)에 따르면, 만일 모든 관련 당사자가 그들의 행동에 대해 서로서로 지불하기 위하여 지불금을 쉽게 준비할 수 있다면 정부의 개입 없이 효율적인 결과가 도출될 수 있을 것이다.[4] 이러한 주장은 한 발 더 나아가 정부의 역할에 대하여 영향을 받는 집단이나 개인 간에 협상을 용이하게 하고 그 결과로 이루어진 계약을 이행하는 것으로 제한하여야 한다고 한다. 이러한 논리를 '코스의 정리(Coase Theorem)'라고 부른다. 코스의 정리가 적용되기 위해서는 재산권이 잘 정의되고, 사람들이 합리적으로 행동하며, 거래비용이 최소화되어야 하며, 이러한 모든 조건이 적용된다면 사적 당사자가 외부효과 문제를 해결하기 위하여 협상을 할 수 있어야 한다.

외부효과의 내부화(internalization of externality)란 사적 비용이나 편익을 사회적 비용이나 편익과 동등하게 변화시키는 것을 말한다. 자신들의 행동이 초래하는 외부효과를 내부화해 의사결정에 반영시키는 방법은 다음과 같다.

첫째, 미국의 경제학자 코스가 제시하는 피해배상청구권을 부여하는 것이다. 코스의 정리에 따르면 민간 경제주체들이 스스로 협상을 통하여 외부효과를 해결할 수 있다. 최근 「사회보장법」 개정으로 환경이 사회보장의 영역에 포함되었다. 산업시설의 생산과정에서 배출되는 오염물질로 오염행위자는 편익을 얻는 반면, 직접적인 거래 당사자가 아닌 공장 주변의 주민들이 오염된 물과 공기로 질병 발생가능성이 높아지고 삶의 질이 저하되는 등 간접적인 피해를 보게 되면, 피해를 배상받을 수 있는 피해배상청구권을 피해주민들에게 제공하는 것이다. 따라서 오염행위자가 오염물질 배출행위로 얻

---

4) Coase(1960), pp. 1-44.

게 되는 편익이 손해보다 크다면, 오염행위자는 피해를 배상해 주고 오염물질 배출행위를 계속할 것이다. 그러나 피해배상금이 오염배출로 얻게 되는 편익보다 크다면, 오염행위자는 피해배상금을 주는 대신 오염물질 배출행위를 중단하게 될 것이다.

둘째, 긍정적 외부효과를 내부화하는 방법으로 보조금제도를 들 수 있다. 거래 당사자가 아닌 제3자에게 주는 외부편익이 존재하게 되면, 시장에서 제공하는 재화나 서비스의 양이 사회적으로 바람직한 수준에 미치지 못하게 되므로 사회적으로 적절한 재화나 서비스가 제공되도록 하기 위하여 정부가 외부편익 창출자에게 보조금을 지급하는 것이다.

셋째, 부정적 외부효과를 내부화하는 방법으로서 조세제도를 들 수 있다. 거래 당사자가 아닌 제3자에게 피해를 주는 외부비용이 존재하게 되면, 시장에서 제공하는 재화나 서비스의 양이 사회적으로 바람직한 수준보다 많게 되므로 사회적으로 적절한 재화나 서비스가 제공되도록 하기 위하여 정부가 외부비용의 창출자에게 세금을 부과하는 것이다.

④ 독과점의 존재

독점이란 특정 재화나 서비스에 대한 공급을 오직 하나의 기업이 점유하고 있는 상태를 말한다. 한편, 두 개 이상의 소수 기업이 시장을 점유한 경우는 과점이라 한다. 독과점이 존재하는 경우, 지나친 이윤을 추구하려는 독과점기업의 의도 때문에 시장의 기능이 제대로 작동하지 않고, 경쟁시장에서보다 생산량은 더 적고 가격은 더 높게 형성된다. 완전경쟁하에서 생산자는 시장에서 결정된 가격을 받아들이는 가격수용자(price taker)로 활동하는 반면, 독과점하에서 생산자는 시장을 지배하고 있기 때문에 더 많은 이윤을 창출하기 위해 가격을 스스로 결정하는 가격 설정자(price maker)로서 행동하게 된다.

때로는 독점이 불가피한 경우도 있다. 시장에서 기업 간에 치열한 경쟁이 벌어지고, 그 결과 하나의 기업만이 생존하게 된다. 이러한 경우의 독점을 자연적 독점(natural monopoly)이라고 한다.

⑤ 공공재

공공재(公共財, public goods)는 비경쟁성(nonrivalry)과 비배제성(nonexclusion)의 특징을 갖고 있기 때문에 한 경제주체에 의해서 생산이 이루어지면 다른 구성원의 사용가능

량을 줄이지 않고 구성원 모두가 소비혜택을 누릴 수 있는 재화 또는 서비스를 말한다.[5]

비경쟁성은 공동소비성(joint consumption)을 의미한다. 공동소비성은 재화의 혜택을 한 명 이상에 의해 동시에 누릴 수 있다는 것이다. 갑과 을 두 사람이 동시에 등대의 불빛을 즐기고 있다. 갑의 불빛 사용이 을에게 사용가능한 불빛의 양을 심각하게 감소시키지 않는다. 이 경우에 갑의 사용과 을의 사용은 비경쟁적이라고 불린다.

비배제성 또는 비배제가능성(nonexcludability)은 재화를 소비하는 데 값을 치르지 않은 사람을 재화를 소비하지 못하도록 배제하는 것이 거의 불가능한 경우에 발생한다. 비배제가능성은 어느 한 사람이 값을 지불하든 지불하지 않든 간에 재화의 혜택을 누릴 수 있을 때 존재한다. 예를 들면, 일단 국방시스템이 가동되면, 국가안보에 필요한 재원인 방위세를 납부했든 납부하지 않았든 간에 모든 국민이 국가안보의 혜택을 누릴 수 있다. 이 경우 방위세를 납부하지 않은 사람들을 국방시스템의 보호를 받지 못하도록 막을 수 없을 때 국가안보서비스는 비배제성의 특징을 갖는다. 이러한 비배제성으로 재화나 서비스가 창출되는 데 충분히 기여하지 않고도 공공재를 이용할 수 있는데, 전혀 기여하지 않고 이용하는 무임승차문제(free rider problem)가 발생하고, 경우에 따라서는 전혀 기여하지는 않지만 조금만 기여하고 이용하는 손쉬운 승차문제(easy rider problem)가 발생한다. 이러한 무임승차문제가 발생할 때 시장을 통한 재화나 서비스를 제공하려는 인센티브가 사라지고, 결과적으로 시장은 재화나 서비스를 제공하는 데 실패하게 된다.

사적재(private goods)는 경쟁성(rivalry)과 배제성(exclusion)을 특징으로 하며, 시장에서 제공된다. 즉, 시장에서 제공되는 재화는 희소성(scarcity)을 가져 한 사람의 사용은 다른 사람들이 사용할 수 있는 재화의 양을 줄이게 되므로 경쟁적이고, 시장에서 값을 지불하지 않은 사람을 재화의 혜택에서 배제하기 때문에 배제적이다. 공공재의 특징인 비경쟁성과 비배제성이 존재할 때 시장은 실패하기 때문에 공공재는 정치적 과정을 거쳐 정부가 제공하게 된다.

사실, 사회복지의 재화와 서비스는 경쟁적이고 배제적인 특징을 갖는다. 그럼에도 정부가 공적 재원을 사용하여 개입하는 것은 비록 사적재의 특징을 가졌지만 공공의 유익이 있기 때문에 정부가 개입하여 사회복지의 재화와 서비스를 제공하는 것이다.

---

5) 공공재 이론을 처음 발전시킨 사람은 새뮤얼슨(Samuelson)으로 그는 1954년 논문에서 공공재를 집합적 소비재(collective consumption good)라고 정의하였다.

〈표 9-1〉 사적재와 공공재의 구분

	배제적(excludable)	비배제적(non-excludable)
경쟁적 (rivalous)	사적재 (예: 식품, 의복, 자동차, 가전제품)	공동재(공동 풀 자원) (예: 바다의 어류자원, 석탄, 삼림)
비경쟁적 (non-rivalous)	클럽재 (예: 영화, 개인 공원, 위성방송)	공공재 (예: 시청료 무료 텔레비전 방송, 공기, 국방)

이러한 재화와 서비스를 머스그레이브(Musgrave)는 가치재 또는 우량재(merit goods)라고 부른다. 때로는 준공공재(quasi-public goods)라고도 부른다.[6)]

사회재(social goods)는 사적재로 제공될 수 있으나 사회정책 등과 같은 다양한 이유로 정부에 의해 제공되고 조세와 같은 공적인 자금을 통하여 재정이 조달되는 공공재를 말한다.

(2) 정부의 실패

정부의 실패(government failure) 또는 비시장 실패(non-market failure)는 시장의 실패와 대비되는 개념으로, 정부가 개입함으로써 정부의 개입이 없을 때보다 비효율적인 재화와 자원의 분배를 더 많이 가져올 때 발생한다. 마찬가지로, 사회적으로 바람직한 산출을 가져오는 시장의 실패에 대한 정부의 비개입도 소극적인 정부의 실패(passive government failure)에 속한다.

정부의 실패는 다음과 같이 입법, 규제, 정보 평가 등의 영역에서 나타날 수 있다.

입법적 구축(驅逐, crowding out)은 정부가 증가된 재정지출이나 조세감축을 충당하기 위해서 차입을 더 확대하면 이자율이 상승하여 민간영역의 투자를 감축시킬 때 나타난다.

말 거래(horse trading)/로그롤링(logrolling)은 입법가들이 표를 거래하는 과정을 말한다. 본래 '말 거래'는 말을 사고팔 때 판매할 말의 장점을 평가하기 어렵기 때문에 말을 판매하는 사람은 거짓을 행할 많은 기회를 부여받는다는 것이다. 말 판매자는 이러한 기회를 이용하고, 그런 까닭에 말을 거래하는 사람은 의심스러운 사업관행을 행하는 것으로 소문이 나 있다. '말 거래'는 오늘날 비윤리적인 사업관행을 의미한다. 정치

---

6) Musgrave(1959), pp. 13-15.

적으로 표현하면 정치 현장에서 이루어지는 비윤리적인 관행들을 말한다.

로그롤링은 입법부 구성원들이 구성원 각자에게 이익을 주는 법안을 통과시키기 위하여 표 거래(vote trading)와 같이 선호하는 것을 거래하거나 응분의 대가를 받고 거래하는 것이다.

포크배럴 지출(pork barrel spending)은 그것이 효율적이건 유용하건 간에 정부지출을 그들 자신의 지역구에 하도록 고무하는 입법가들의 경향을 말한다. 고향에 베이컨을 가져올 수 있는 더 높은 지위와 더 많은 능력을 가진 고참 입법가들은 비록 그들의 정책 의도가 다르고 지역주민과 사이가 나쁘다 할지라도 이러한 이유로 재선될지도 모른다.

합리적 무시(rational ignorance)는 정보 수집과 관련된 금전적 그리고 시간적 비용 때문에 무시하는 경우다.

이익집단의 포로는 정부의 관료나 의회의원들이 이익집단의 사익에 좌지우지될 때 발생한다. 정부의 실패가 일부 무능한 관료나 정치인들 때문에 발생하는 것이 아니라 정부 조직에 내재하는 구조적 요인 때문에 발생하고, 시장의 실패보다 보편적이고 구조적인 현상이다. 특히, 다원민주주의가 발달한 선진국일수록 이익집단의 정치적 개입에 의한 정부 실패 가능성이 높은 것으로 나타나고 있다. 정부의 정책과 제도가 대다수 국민의 공익보다는 조직화된 이익집단의 사익(私益) 보호 또는 이익 증대를 위한 수단으로 사용되기 때문이다. 조직된 이익집단의 사적 이익이 대다수 국민의 공익을 능가하는 현상은 이제 한국에서도 일반화된 현상이다. 이러한 현상을 '권력피라미드 모델(Power Pyramid Model)'에서는 "잘 길든 정치가들의 도움을 받는 몇몇 자본가들과 기업가들이 모든 결정을 하고, 그 결정들을 사회구조에서 그들보다 아래에 있는 더 낮은 사람들에게 강요한다."라고 표현하기도 한다.[7]

또한 정부조직은 민간조직에 비해 현저하게 효율성이 낮다. 공조직에 상존하는 관료의 병리현상(bureau-pathology)은 정부조직의 효율성을 저하시킨다. 예를 들면, 번잡한 행정절차인 번문욕례(red tape), 수단인 규칙을 지나치게 중시하여 의도한 목적을 달성하지 못하게 되는 동조과잉(overconformity), 고통이 상대적으로 덜 심한, 프로그램 성공 가능성이 큰 클라이언트만을 프로그램에 참여시키는 크리밍현상(creaming), 지역 할거주의(sectionalism), 복지부동(伏地不動), 무사안일주의 등은 오랫동안 관료제를 비효율적으로 만드는 요인으로 존재하여 왔다.

---

7) Prigmore & Atherton(1979), p. 193.

(3) 가족의 실패

우리나라의 「건강가정기본법」에 따르면, 가족이라 함은 혼인·혈연·입양으로 이루어진 사회의 기본단위를 말한다.[8] 일반적으로 가족은 대체로 혈연이나 입양, 결혼 등으로 관계를 맺어 일상생활을 함께하는 사람들의 집단(공동체) 또는 그 구성원을 말한다. 가족이란 부부와 그들의 부모, 형제, 자녀로 구성되는 기본적인 사회집단으로서 이익관계를 초월한 애정적인 혈연집단이며, 같은 장소에서 기거하고 취사하는 동거동재집단이고, 그 가족만의 고유한 가풍을 갖는 문화집단이다. 양육과 사회화를 통하여 인격형성이 이루어지는 인간발달의 근원적 집단임과 동시에 사회변동과 함께 의도적인 정치적 개입에 의해 변화하며, 그러한 변화에 대하여 역동적으로 적응할 수 있는 사회제도의 하나다.

가족은 양질의 노동력 제공자이자 균형적 소비의 주체로서 경제적 기능을 수행하고, 의식주 및 기타 일상생활에 필요한 기본적 욕구를 충족해 주는 경제적 부양 기능을 수행하며, 가족원 간 소통이나 관심 그리고 개인문제의 공동해결 등을 하는 정서적 부양 기능, 신체적 보호나 적절한 의료보장, 불편한 가족원 돌봄을 행하는 신체적 부양 기능, 자녀교육이나 사회화를 행하는 자녀양육 및 사회화 기능, 가족오락활동·종교활동·가족외식·가족 운동 등을 행하는 여가 및 휴식 기능, 이웃이나 친인척을 도와주거나 대소사에 협력하는 사회보장 기능 등을 수행한다.

가족의 실패(family failure)란 가족이 수행해야 할 바람직한 기능들을 수행하지 못할 때 발생한다. 가족이 적절한 보호와 돌봄을 제공할 능력이 약화되거나 상실되어 갈 때 가족이 수행하도록 기대되는 기능을 수행하지 못하고 결과적으로 가족의 실패가 발생한다. 가족의 다양한 기능이 사회복지정책과 직간접적으로 관련되지만, 특히 경제적 부양 기능, 신체적 부양 기능, 사회보장 기능 등이 보다 밀접한 관계를 갖고 있다. 이러한 가족의 경제적·신체적 부양 기능이나 사회보장 기능이 가족에 의해 온전하게 수행되지 못할 때 가족의 실패가 발생한다. 가족이 실패할 경우 가족구성원들은 경제적으로 또는 신체적으로 어려움을 겪게 되고, 이러한 문제를 해결하기 위하여 정부가 개입하곤 한다. 가족부양이 실패했을 때 정부의 개입은 사회적 부양의 형태로 도입된다. 사회적 부양제도의 예로는 노인장기요양보험제도를 들 수 있다.

---

8) 법제처, www.moleg.go.kr. 「건강가정기본법」에 따르면, '가정'이라 함은 가족구성원이 생계 또는 주거를 함께하는 생활공동체로서 구성원의 일상적인 부양·양육·보호·교육 등이 이루어지는 생활단위를 말한다.

2. 사회복지 공급주체에 관한 주요 학자들의 논의

1) 길버트와 테럴의 사회제도

길버트와 테럴(Gilbert & Terrell)은 사회복지를 조직하고 제공하는 사회의 주요 제도로서 친족, 종교, 직장, 시장, 상호부조 그리고 정부를 들고 있다.[9] 이 6가지의 기본적인 사회제도는 모든 사회에 존재하며, 각각 일차적 기능(primary function)을 수행하고, 동시에 사회복지 기능을 수행한다.

〈표 9-2〉 제도, 조직 그리고 기능

사회제도 (social institutions)	주요 조직 형태 (key organizational forms)	일차적 기능 (promary functions)	사회복지 기능 (social welfare functions)
친족(kinship)	가족	출산, 사회화, 보호, 친밀함, 정서적 지지	부양(dependent care), 가족 간 재정적 지원
종교(religion)	교회	영적 개발	신앙에 기초한 보건·교육·사회서비스
직장(workplace)	기업체, 공장, 농장	재화와 서비스의 생산	근로자 법정급여 및 부가급여
시장(marketplace)	생산자(기업)와 소비자(가계)	재화·서비스와 화폐를 교환	상업적 사회복지 재화 및 서비스
상호부조 (mutual support)	지지집단(support groups), 자원기관	상호원조(mutual aid), 자선	자조(self-help), 자원봉사, 비영리 사회서비스
정부(government)	연방정부, 주정부, 지방정부	공통 목적을 위한 자원의 조달(raising)과 분배	빈곤퇴치(antipoverty), 경제적 보장, 보건, 교육, 사회서비스

출처: Gilbert & Terrell(2005), p. 3.

---

9) Gilbert & Terrell(2005), pp. 2-14.

(1) 친족

가족은 항상 사회적, 경제적 그리고 정서적 지지를 위한 사회의 주요 제도로서 공헌하여 왔다. 가족은 항상 사회화(socialization)의 주요 도구로서 사회가 널리 보급된 지식, 사회적 가치 그리고 행동양식을 한 세대에서 다른 세대로 전달하는 것을 도와준다. 사회복지의 도구로서 가족은 핏줄과 상호애착(blood and mutual attachment)에 근거한 부조의 연결망을 구성한다. 부모는 예를 들면, 자녀의 건강, 물질적 복리 그리고 교육을 제공함으로써 자녀의 미래에 투자를 한다. 그리고 모든 사회에서 가족들은 서로의 욕구를 돌보아 주기 위한 일련의 상호책임(reciprocal obligations)을 구현한다. 보다 엄밀히 말하면, 가족은 사회정책 수립가에게 매우 중요한 적어도 세 가지 영역(장기요양, 아동복지 그리고 경제적 지지)에서 중요한 역할을 수행하고 있다.

가족은 재정원조와 현물원조를 매우 다양한 형태로 가족구성원들에게 제공한다. 이 같은 도움은 종종 부모들의 요양비용 또는 의료비용을 도와주는 자식들, 자식들이 재정적 위기에 대처하도록 하거나 집 장만을 위해 자금을 도와주는 부모들 또는 양육비를 제공하는 별거 또는 이혼 부모들과 같이 재정적 원조의 형태를 취한다. 예를 들면, 가족 간 복지(interfamilial welfare)의 가장 중요한 원천은 특히 부재 부친(absent fathers)이 부담하는 소득보조금인 아동양육비와 이혼수당이다. 끝으로, 국제적 가족원조인 송금(remittances)으로 부유한 나라의 이민자로부터 개발도상국에 있는 그들의 친척들에게 상당한 원조가 제공되기도 한다.

(2) 종교

종교제도는 예배의 체계를 형성하는 의식과 말씀의 준수를 통하여 인간사회의 영적인 측면을 드러낸다. 이 밖에도 교회는 비공식적 지원과 상담에서부터 수백만 달러의 보건, 교육 그리고 사회서비스 프로그램들에 이르는 사회복지설비를 공들여 후원하고 있다.

종교적 프로그램의 잠재성은 1996년 주정부가 복지계획을 수립할 때 빈곤구제서비스를 실시하는 종교기관과 계약을 체결할 수 있도록 권한을 부여한 복지개혁의 '자선선택 조항(charitable choice provision)'의 제정과 더불어 상당히 확대되었다. 신앙에 기초한 서비스(faith-based services)는 오랫동안 가난한 사람들의 문제를 해결하기 위해 교회와 교회신자들의 열정, 자원 그리고 도덕성을 활용한다고 전해진다.

교회 관련 서비스는 최근 수 년간 기혼부부와 자녀들, 결혼 미혼자들과 독신자들 그리고 알코올중독 및 이혼과 같은 특별한 문제에 직면한 사람들에게 초점을 맞춘 가정사역(family ministries)과 가정생활교육 프로그램에 의해 그 범위가 확대되었다.

많은 종교기관은 빈곤구제는 물론 도심빈민문제, 약물, 알코올, 성, 직업훈련 프로그램들을 후원하고 있으며, 이러한 프로그램들은 종종 사람들에게 생활상의 문제를 극복하는 데 도움이 되는 영적인 자원은 물론 유형의 자원을 제공한다.

(3) 직장

직장(workplace)조직(공장, 농장, 대학, 서비스제공기업)은 종종 일반적인 임금과 함께 직무 관련 재화와 서비스를 제공함으로써 직장 구성원들의 복지를 증진한다. 사람들의 직업은 일상생활에 필요한 소득을 제공함으로써 그리고 일반적으로 부가급여(fringe benefits)로 알려진 직업상 복지조치들을 통하여 대다수의 국민을 위한 가장 중요한 부양의 근원이 되고 있다.

(4) 시장

비록 사회에서 재화와 서비스가 생산되고 분배되는 몇 가지 이론적 방법들이 있지만(중앙집권적 국가의 통제가 하나의 체계이고, 사적 이타주의도 또 다른 체계다) 사람들의 물질적 욕구를 만족시켜 줄 수 있는, 오늘날 가장 널리 존재하고 성공적인 경제제도는 사적 시장(marketplace)이다.

의복, 식품, 주거, 의료, 교통과 같은 대부분 인간의 욕구는 민간기업과 소비자 간에 시장 거래를 통하여 전형적으로 충족된다. 최근에는 주로 비영리 또는 정부의 영역이던 사회복지 분야에 대한 민간회사의 관여가 급속히 증가하고 있다. 샐러먼(Salamon)에 따르면, 민간회사가 거의 모든 서비스 영역에서 전통적인 기관들보다 인기를 끌게 됨에 따라 대규모 시장화(marketization)가 발생하고 있다.[10]

총판권 원리(franchise principle)에 따라 운영되는 주요 보육 체인들이 미국 전체 보육센터의 약 10%를 차지하고 있다. 심지어는 아동복지기관, 그룹홈 보호, 재가치료와 같은 전통적인 사회서비스 영역에서조차 절반 이상의 프로그램들이 회사 소유의 시설들에 의해 운영되고 있다. 가장 큰 영리적 운영은 의료 분야에서 이루어진다.

---

10) Salamon(1999), p. 118.

(5) 상호부조

상호부조는 사회복지활동에 초점을 맞추고 있는 것이 매우 명백하다. 자선, 박애, 비공식적 구제 또는 사회적 원조로서 다양하게 특징지어지기 때문에, 이들 제도는 사회의 상호관계의 필요성, 상호의존의 인정 그리고 보다 가난한 자들을 원조하려는 사회의 욕구를 나타낸다. 이타주의의 기능으로 보이든 개화된 이기심으로 보이든 간에, 상호부조는 지역사회 생활의 필수적인 부분을 형성하고 있다.

친구, 이웃, 동료들, 자조집단 등이 상호부조를 행한다. 자조집단은 소규모이고, 비관료적이며, 비전문적이지만 공통의 정서적 문제와 생활조건에 직면한 사람들을 돕는다. 그들의 어려움을 이해하고 공유하는 다른 사람들과 얼굴을 맞대고 일하기 때문에 수백만의 사람들은 자신에 대해 긍정적인 생각을 갖고, 심리적 지지를 얻게 되며, 문제해결을 위한 현실적 전략을 배운다. 약 7%의 미국 국민이 자조집단에 속하는 것으로 평가된다.

가장 널리 알려진 자조집단은 다음과 같다.

- 배우자 없는 부모(Parents Without Partners: 한부모와 그들의 자녀들)
- 라 레체 리그(La Leche League: 모유로 키우는 어머니와 다른 출산모)
- 촛불 켜는 자들(Candlelighters: 소아암 어린이의 어머니)
- 익명의 알코올중독자들(Alcoholics Anonymous: 알코올중독 극복하기)
- 알라논(Al-Anon: 알코올중독 가족 구성원들)
- 정신질환자를 위한 국민연합(National Alliance for the Mentally Ill: 중증 정신병자의 가족과 친구들)

(6) 정부

복지 목적을 위해 자원을 조달하고 할당하는 것이 현대국가의 가장 중요한 기능에 속한다. 이 영역에서 공공활동의 역할이 너무 크고 중요해서 현대국가는 주로 복지국가(welfare state)라고 종종 정의된다. 오늘날의 정부(government)는 적어도 산업세계에서 복지를 지원하기 위해 조직된다. 광범위하게 말하면, 현대국가는 경제적 번영과 사회안전, 보다 구체적으로 말하면 물질적 보장, 최소 수준의 보건, 교육, 주거, 또 사람들의 복지를 저해하는 현대생활의 뜻하지 않은 사고에 대비한 보호를 보장하기 위해서 조직된다.

2) 윌렌스키와 르보의 잔여적 · 제도적 사회복지의 주체

제1장에서 소개한 바와 같이 윌렌스키와 르보(Wilensky & Lebeaux)는 잔여적(보충적 또는 보완적) · 제도적 사회복지 개념을 구분하고 있다. 이에 따라 잔여적 사회복지정책의 주체와 제도적 사회복지정책의 주체를 구분할 수 있다.[11]

잔여적 사회복지 개념에 따르면, 사회복지제도는 오직 가족 또는 시장과 같은 정상적인 공급구조가 제 기능을 발휘하지 못하는 경우에만 활동을 시작해야 한다고 한다. 잔여적(보충적 또는 보완적) 사회복지의 주된 주체는 가족이나 시장으로, 정부는 가족의 실패 또는 시장의 실패로 가족이나 시장이 제 기능을 원활히 수행하지 못해 사람들이 정상적인 사회생활을 유지할 수 없는 경우에 이들을 보호 · 치료 · 예방함으로써 최소한의 인간다운 생활을 영위할 수 있도록 하기 위해 보충적이고 보완적으로 개입하게 된다.

반면, 제도적 사회복지는 현대산업사회에서 각 개인은 자신의 힘만으로는 생활상의 어려움을 충분히 대비할 수 없기 때문에, 가족이나 직장을 통해 그 자신의 모든 필요를 충족할 수 없는 것을 지극히 정상적인 상태로 간주한다. 따라서 제도적 사회복지의 주된 주체는 가족이나 시장이 아니라 정부다. 제도적 사회복지정책에서는 현대산업사회에서 사람들이 생활상의 곤란을 겪고 있거나 사회문제가 발생할 경우 가족과 시장이 제 기능을 완전하게 수행할 수 없는 가족의 실패와 시장의 실패가 상존하기 때문에, 정부는 가족이나 시장이 그 기능을 수행함으로써 생활상의 곤란이나 사회문제를 해결하기를 기다리지 않고 상부상조의 가치를 바탕으로 한 사회복지정책을 실시하게 되며, 사회복지정책은 안전망으로서가 아니라 사회의 필수적이고 정상적인 제일선의 기능을 수행한다.

3) 길버트와 스펙트의 사회복지제도

길버트와 스펙트(Gilbert & Specht)에 따르면 매우 단순한 사회에서는 생산 · 분배 · 소비, 사회화, 사회통제, 사회통합 그리고 상호부조라는 기능들이 가족이라는 하나의 사회제도에 의해서 수행된다.[12] 그러나 사회가 점차 복잡해짐에 따라 개인과 집단은 이러한 사회적 기능을 전문화하였고, 종교적 · 정치적 · 경제적 제도들과 같은 다른 제

---

11) Wilensky & Lebeaux(1985), pp. 119-121.
12) Gilbert & Specht(1974), pp. 2-9.

〈표 9-3〉 **사회제도와 사회복지의 일차적 기능**

제도		일차적 기능
주요 사회제도	가족	사회화(socialization)
	종교	사회통합(social integration)
	경제	생산·분배·소비(production-distribution-consumption)
	정치	사회통제(social control)
사회복지		상호부조(mutual support)

도들은 이러한 전문화와 더불어 진화하였다. 이 네 가지 형태의 제도들—가족, 종교, 정치, 경제—은 일반적으로 사회의 주요 제도로 인정되고 있다.

　이 네 가지 사회제도들은 각각 주된 핵심적 기능인 일차적 기능을 수행하면서 동시에 사회복지제도가 수행하는 기능을 수행한다. 사회복지는 상호부조의 기능을 수행한다. 이 각 제도들이 수행하는 제도적 기능을 정리하면 〈표 9-3〉과 같다.

　따라서 가족제도, 종교제도, 경제제도, 정치제도는 각각 일차적 기능을 수행하면서, 동시에 사회복지가 수행하는 상호부조 기능을 수행한다.

4) 에버스의 복지삼각형과 페스토프의 복지의 혼합

　에버스(Evers)는 사회복지에 기여하는 다양한 자원의 구조를 설명하기 위해 복지삼각형(welfare triangle)을 제시하였다.[13]

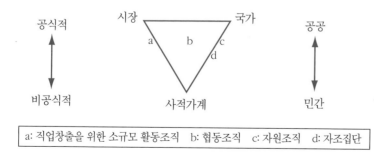

a: 직업창출을 위한 소규모 활동조직   b: 협동조직   c: 자원조직   d: 자조집단

[그림 9-1] **복지삼각형상의 위상**

13) Evers et al.(1999), pp. 5-8.

복지삼각형은 시장(market), 국가(state), 사적가계(private households)의 세 개의 축으로 구성되어 있다. 세 개의 축을 중심으로 중간영역(intermediate area)에서 소규모 직업창출을 위한 소규모 활동조직, 협동조직, 자원조직, 자조집단이 각기 다른 특성을 갖고 복지주체로서의 역할을 수행하고 있다. 소규모 직업창출 조직으로는 사회적 기업을 들 수 있으며, 협동조직으로는 길드나 생활협동조합을 들 수 있고, 자원조직으로는 자원봉사단체나 LETS(Local Exchange Trading System)를 들 수 있으며, 자조조직으로는 A.A.(Alcoholic Anonymous, 알코올중독자모임)나 P.A.(Parents Anonymous, 장애아동부모회)와 같은 자조집단(self-help group)을 들 수 있다.[14]

복지삼각형은 여러 학자에 의해 응용되어 독자적인 형태의 혼합복지체계가 개발되었다. 그 가운데 하나가 페스토프(Pestoff)가 개발한 복지혼합(welfare mix)이다.[15]

페스토프의 복지혼합은 에버스의 시장, 국가, 사적가계를 기초로 공공기관인 국가(state), 가계나 가족 등과 같은 지역사회(community), 민간회사와 같은 시장(market)이라는 세 가지 축 외에 중간영역(intermediate area)에 자원/비영리조직(voluntary/non-profit organization)인 제3영역(tne third sector)을 추가하였다. 그러면서 복지의 혼합을 구성하는 주체들을 공식적/비공식적, 영리/비영리, 공적/사적 기준에 따라 구분하였다. 국가는 공식적-비영리적-공적인 주체이고, 시장은 공식적-영리적-사적인 주체이고, 공동사회는 비공식적-비영리적-사적인 주체이며, 중간영역인 제3영역은 공식적인 주체와 비공식적인 주체, 영리인 주체와 비영리적인 주체, 공적인 주체와 사적인 주체가 혼재해 있다. 제3영역은 국가, 사적 영리회사 그리고 비공식적 영역과 긴밀하게 관련되어 있는 중간영역이다.

제3영역은 제1영역인 정부, 제2영역인 시장에 이어 새로이 발전하고 있는 자원조직(voluntary organization)을 의미한다. 자원조직은 민간조직이면서 법에 근거하여 성립된 법정조직이 아니고, 영리를 추구하지 않는 비영리조직(non-profit organization)이

---

14) 자조집단은 자신들의 공통된 문제를 서로 이야기하고, 격려하며, 서로 도움을 주고받는 집단들을 말한다. 자조집단은 ① 같은 문제를 갖고 있는 당사자들이나 가족들로 구성되며, ② 문제가 되는 행동을 단절하거나 유용한 정보를 획득하려는 공통의 목표를 갖고,③ 구성원 상호 간에 대등한 관계를 가지며, ④ 강제가 아닌 자발적으로 참여하고, ⑤ 공식적 계층구조를 갖지 않아 비공식적이며, ⑥ 재원을 외부에 의존하지 않고 내부에서 조달하는 특징을 갖고 있다. 자조집단의 예로는 A.A.(Alcoholic Anonymous, 알코올중독자모임), P.A.(Parents Anonymous, 장애아동부모모임), D.A.(Drug Anonymous, 약물중독자모임), G.A.(Gambling Anonymous, 도박중독자모임), D.A.(Divorce Anonymous, 이혼자모임)를 들 수 있다.

15) Pestoff & Dufonrny(2008), pp. 7-9.

며, 조직적 형태를 갖추고 활동하는 공식조직(formal organization)이고, 주로 자원봉사에 의존하며, 재원은 자선적 기부에 의존하지만 스스로를 보호하기 위하여 재원조달과 활동을 하기도 한다. 자원조직은 북유럽국가들과 같은 사민주의국가에서는 자원조직의 활동이 국가나 공공조직으로 이전된 반면, 국가의 역할이 상대적으로 크지 않은 미국이나 일본과 같은 자유주의 국가에서는 자원조직이 활발하게 활동하고 있다. 자원조직은 구성원 상호 간의 유익이나 보호를 도모하는 LETS, 신용협동조합, 우애조합과 같은 보호조직, 조직구성원의 이익을 위해 외부활동에 전념하는 노동조합과 같은 대표조직, 사회 전체에 영향을 미치려고 노력하는 기아체험이나 그린피스와 같은 캠페인조직, 이타주의에 근거하여 타인을 돕기 위해 활동하는 아름다운 가게나 옥스팜(Oxfam)과 같은 서비스조직으로 구분된다.

제3영역은 제1영역인 정부의 실패와 제2영역인 시장의 실패가 동시에 발생하여 정부나 시장이 사회복지주체로서 국민복지 향상에 실패한 경우 이들의 역할을 대체하는 대안자(alternater)로서의 역할을 하기도 하고, 정부나 시장이 제공하는 사회복지서비스의 부족한 부분을 보충하는 보완자(complementer)로서의 역할을 하기도 하며, 정부나 시장의 파트너로서 공동의 목적을 달성하려는 동반자(partner)로서의 역할을 하기도 하고, 정부나 시장과 서비스계약을 체결한 후 서비스를 제공하는 계약자(contractor)로서의 역할을 하기도 한다. 또한 사회복지수혜자의 문제를 해결하고 권익을 보호하기 위해 활동하는 옹호자(advocator)로서의 역할을 하기도 한다.

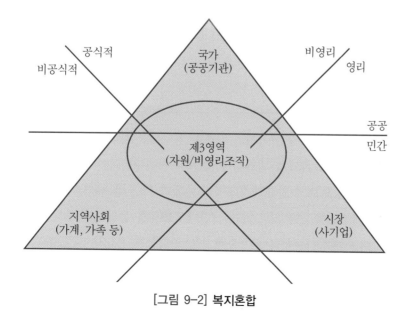

[그림 9-2] 복지혼합

3. 사회복지의 공적 주체와 사적 주체

복지다원주의하에서 사회복지의 공급주체는 크게 공적 사회복지주체와 사적 사회복지주체로 구분된다.

1) 공적 사회복지주체

사회복지 현장에서 사회복지정책을 수립하고, 복지행정권을 행사하고, 그의 법적 효과가 궁극적으로 귀속되는 당사자를 공적 사회복지주체라고 한다. 일반적으로 공적 사회복지주체는 국가와 공공단체가 되며, 민간기관이지만 국가나 지방자치단체 등과 같은 공적 사회복지주체와 외부계약(contract-out)을 체결하고 재정적 지원을 받아 서비스를 제공하는 경우에는 사인도 공적 사회복지주체가 되기도 한다.[16)]

공적 사회복지주체의 대표적인 유형은 국가와 지방자치단체다. 국가 및 지방자치단체는 국가발전의 수준에 부응하는 사회보장제도를 확립할 책임이 있으며, 사회보장제도에 필요한 재원을 조달하여야 한다.

국가는 지방자치단체와 사회보장에 관한 책임과 역할을 합리적으로 조정하여야 한다. 우리나라의 사회보장제도 가운데 사회보험은 국가의 책임하에 수행되도록 되어 있다. 공공부조 및 사회서비스는 국가 및 지방자치단체의 책임으로 행함을 원칙으로 하되, 국가 및 지방자치단체의 재정형편 등을 감안하여 이를 조정할 수 있도록 되어 있다.

국가

국가란 공식적인 통치조직을 가지고 일정한 영토에 정착해 거주하는 다수인으로 이루어진 단체를 말한다. 국가는 법률상 하나의 인격을 가지는 것으로 간주된다. 다시 말하면, 국가는 법인으로서 법률관계에서의 주체가 된다. 국가가 행정주체가 되는 경우, 그 권한은 대통령을 정점으로 하는 국가행정조직을 통해 행사된다. 그리고 그 국가를 위해 실제로 행정사무를 담당·수행하는 역할을 하는 것이 행정기관이며, 이 행

---

16) 김기원(2009b), pp. 168-185.

정기관은 어떠한 권한을 행사하느냐에 따라 행정관청, 집행기관, 의결기관, 자문기관, 보조기관 등으로 분류된다. 경우에 따라서는 동일기관이 서로 다른 행정기관의 권한을 행사하는 경우가 있다.

지방자치단체

지방자치단체는 자치행정의 주체로서 국가로부터 행정권의 일부를 부여받은 공공단체이며 공법인(公法人)이다.

지방자치단체는 국가 영토의 일부를 자기 구역으로 하여 그 구역 내의 모든 주민에 대하여 법률이 정하는 범위에서 지배권을 행사하는 단체다. 지방자치단체는 그의 지배권이 지방자치단체에 고유한 것이 아니고 국가로부터 부여된다는 점에서 국가와 구별되고, 일정한 구역에 대한 지배권을 가지는 지역단체인 점에서 다른 공법인과 구별된다.

지방자치단체는 국민기초생활보장제도와 같은 공공부조나 사회서비스를 직접 국민의 삶의 현장에서 집행하는 데 중요한 역할을 하고 있다. 지방자치가 발전되어 가면서 오늘날 공적 사회복지주체로서 지방자치단체는 그 역할이 점차 증가하고 있다. 최근 일부 지방재정자립도가 높은 지역의 지방자치단체는 지방자치단체의 자체 재원을 활용하여 재정자립도가 낮은 지역의 지방자치단체보다 높은 수준의 복지혜택을 해당지역의 주민들에게 제공하는 경우를 찾아볼 수 있다.

「지방자치법」상 우리나라의 지방자치단체는 특별시, 광역시, 특별자치시, 도, 특별자치도와 시, 군, 구의 두 종류로 나뉜다. 공적 사회복지주체로서의 지방자치단체에는 보통지방자치단체(서울특별시, 광역시, 도, 시, 군, 구)와 특별지방자치단체(지방자치단체조합)가 있다. 전자가 전형적인 지방자치단체이고, 후자는 특별한 목적을 위해 설치되는 특수한 지방자치단체다. 보통지방자치단체는 다시 상급지방자치단체(특별시, 광역시, 도)와 하급지방자치단체(시, 군, 자치구)로 나뉜다. 지방자치단체의 기관에는 의결기관인 지방의회가 있고, 집행기관으로 지방자치단체의 장, 보조기관(부지사, 부시장, 부군수, 부구청장, 행정기구), 소속행정기관(직속기관, 사업소, 출장소, 합의제 행정기관), 하부행정기관(구청장, 읍장, 면장, 동장)이 있다.

공공조합

공공조합은 일정한 자격을 가진 사람(조합원)에 의해 구성된 「공법」상의 사단법인으로, 한정된 특수한 사업을 수행함을 목적으로 설립된다. 공공조합이 일정한 지역을 기반으로 구성되기도 하나, 그 지역의 요소는 자격요건에 지나지 않으며, 지방자치단체에서와 같은 필수적인 구성요소가 아니다. 두 개 이상의 지방자치단체가 하나 또는 둘 이상의 사무를 공동으로 처리할 필요가 있을 때에는 규약을 정하여 당해 지방의회의 의결을 거쳐 시·도는 행정자치부장관, 시·군 및 자치구는 시·도지사의 승인을 얻어 지방자치단체조합을 설립할 수 있다. 지방자치단체조합은 법인으로 하며 종종 사무조합이라고 불린다. 지방자치단체조합은 현재에는 쓰레기 처리, 도로건설, 상하수도공사 등과 같은 사무처리를 위해 제한적으로 실시되고 있으나 향후 두 개 이상의 지방자치단체들이 공동으로 복지사업을 수행할 때 활용될 수 있는 시스템이다.

영조물법인

영조물법인(營造物法人)은 영조물이 독립된 법인격을 취득한 공공단체다. 영조물이란 국가 및 공공단체 또는 그로부터 특허를 받은 자가 특정한 공공목적을 위하여 계속적으로 봉사하도록 정해진 인적·물적 시설을 말한다. 영조물법인은 독립채산제를 지향하고 있으나, 기업으로서의 영리보다는 공익적인 사업을 목적으로 하는 특징이 있다. 영조물에는 이용자는 있으나 구성원은 없으며, 영조물의 운영자 또는 직원 역시 구성원은 아니다. 이와 같이 구성원이 없는 점이 영조물과 공공조합이 다른 점이다.[17]

사회복지 분야의 영조물법인의 예는 주로 교도소, 소년원, 보호관찰소, 치료감호소 등과 같은 교정복지시설에서 찾아볼 수 있다. 그 밖의 영조물법인으로 서울대학교병원, 적십자병원 등이 있다.

공법상 재단(공재단)

공법상 재단 또는 공재단이라 함은 재단설립자에 의해 출연된 재산(기금, 물건 등)을 관리하기 위해 설립된 공공단체다. 공재단에도 그의 운영자 또는 직원 및 수혜자는 있으나 구성원은 없기 때문에 자치단체로 부를 수 없다.

---

17) 사단은 구성원과 독립하여 단체 그 자체가 주체가 된다. 조합은 구성원 모두가 그 주체가 된다. 반면, 영조물은 이용자는 있으나 구성원은 없다(직원은 구성원이 아니다).

최근 지방자치단체들이 사회복지사업을 독자적으로 추진하기 위한 복지재단을 설립하고 있다. 서울복지재단이나 경기복지재단, 대전복지재단, 광주복지재단 등이 그 예다. 서울복지재단의 경우 조사·연구사업이나 심사·평가·인증 사업 등을 하는 이외에 자원연계, 자산형성사업, 사회안전망사업 등을 실시함으로써 사회복지의 주체로서 역할을 수행하고 있다.

공무수탁사인

사회복지 관련 공무수탁사인(公務受託私人)도 공적 사회복지의 주체가 될 수 있다. 사인이라 함은 자연인은 물론이고 사법인 혹은 법인격이 없는 단체를 말한다. 보통의 경우 사인(私人)은 사회복지법률관계에서 복지행정주체의 상대방인 행정객체로서의 지위를 가진다. 그러나 때로는 사회복지 분야에서 사인이 국가적 공권을 부여받아 행정주체로서의 지위를 가지는 경우가 있는데 사인 또는 사업인이 그의 직원으로부터 국민연금보험료, 사립학교교직원연금보험료, 국민건강보험보험료, 고용보험보험료를 원천징수하는 경우가 이에 해당한다.

또한 고용보험·산재보험 보험사무대행기관도 공무수탁사인으로서 공적 사회복지 주체가 될 수 있다. 보험사무대행기관은 근로복지공단의 인가를 받아 영세사업주의 대리인으로서 보험사무 처리를 대행해 주고, 보험혜택에 대한 상담을 제공함으로써 실질적으로 공적 사회복지주체로서 역할을 수행한다.

2) 사적 사회복지주체

복지혼합(welfare mix) 또는 복지다원주의(welfare pluralism)하에서 국가와 지방자치단체 이외의 자도 사회복지의 제공 주체가 될 수 있다. 국가와 지방자치단체 이외의 자로는 사회복지법인, 비영리법인, 단체, 개인 등이 있다. 이들 사적 사회복지주체들은 독자적으로 사회복지 재화나 서비스를 제공하기도 하지만, 경우에 따라서는 국가나 지방자치단체와 서비스공급계약을 체결하고 사무를 위탁받은 수탁자로서 국가나 지방자치단체의 복지사무를 수행하기도 한다.

(1) 사법인

본래 법인(法人, artificial person, juridical person, corporation)이란 자연인이 아닌 자로

서 법률상의 권리·의무의 주체가 된다. 법인이란 일정한 목적하에 결합된 사람의 집단 또는 재산의 집합체에 대하여 법인격, 즉 법률상 권리·의무의 주체가 될 능력이 부여된 것을 말한다. 권리의 주체에는 자연인과 법인이 있다. 법인격을 취득할 수 있는 단체로는 사단과 재단이 있다. 사람의 단체를 사단법인이라 하고, 재산의 집합체를 재단법인이라 한다. 사회복지법인은 비영리법인이고, 대부분 재단법인이다. 사회복지의 사적 주체로서 법인의 종류를 설명하면 다음과 같다.

사회복지법인

민간 사회복지의 주체로서 가장 핵심적인 주체는 사회복지법인이다. 사회복지법인이라 함은 사회복지사업을 행할 목적으로 설립된 법인을 말한다. 사회복지법인은 「사회복지사업법」에서 규정한 사회복지사업을 수행하기 위해 설립된 비영리·공익·특수법인으로 「사회복지사업법」에 의해 시·도지사의 허가를 받아 설립된다.

사회복지법인제도는 민간 사회복지사업의 공공성과 안정성을 높이기 위한 것으로 사회복지 시설법인과 지원법인으로 구분된다. 시설법인이란 시설의 설치 및 운용을 목적으로 하는 법인을 말한다. 사회복지시설은 수용시설과 이용시설로 구분된다. 반면, 지원법인이란 시설의 설치 및 운용을 목적으로 하지 아니하고 사회복지사업을 지원하는 것을 목적으로 하는 법인을 말한다. 지원법인에 가까운 사회복지법인으로 주로 대기업들이 설립한 법인인 아산복지재단이나 삼성복지재단을 들 수 있다.

사회복지법인은 기본적인 사업, 공익사업, 수익사업을 행한다. 첫째는 기본적인 사업으로 아동복지사업, 노인복지사업, 여성복지사업, 장애인복지사업, 기타 사회복지사업 등이 있다. 둘째는 공익사업으로 「사회복지사업법」 이외의 각종 법령에서 비영리법인이 수행할 수 있는 것으로 규정된 공익사업으로 의료법에 의한 의료사업,「장애인 등에 대한 특수교육법」에 의한 특수교육기관 설치, 기타 저소득층 및 지역주민에 대한 생활보조금·학자금·의료비지원 등의 사업이 있다. 셋째는 수익사업으로 사회복지법인의 설립목적 수행에 지장을 주지 않고, 사회복지법인의 명예나 신용을 손상치 않는 범위에서 수익사업을 할 수 있다. 법인은 수익사업으로부터 생긴 수익을 법인 또는 그가 설치한 사회복지시설의 운영 외의 목적에 사용할 수 없다. 수익사업에 관한 회계는 특별회계로 처리되어 법인의 다른 회계와 구분하여 계리하여야 한다. 예를 들어, 부동산 임대료 수입, 농수산물 및 축산 수익, 주식의 배당이익, 사회교육프로그램 운영수익 등이 있다.

영리법인과 비영리법인

사법인 중에서도 상법상의 법인은 영리법인이고, 민법상의 법인은 비영리법인이다. 영리법인은 사원의 경제적 이익을 도모함을 궁극적 목적으로 하여 설립된 법인으로 사단법인만이 영리법인이 될 수 있고, 재단법인은 영리법인이 될 수 없다. 반면, 공익을 위한 사업이나 학술, 종교, 자선, 기예, 사교, 기타 영리가 아닌 사업을 목적으로 하는 법인을 비영리법인이라 한다. 대부분의 사회복지기관이나 시설이 사회복지법인이나 비영리법인에 의해 설치되었지만, 유료노인복지시설인 실버사업과 같은 이용시설의 경우는 영리법인이 운영할 수 있다. 최근에는 영리법인인 주식회사들이 노인복지시설 운영에 참여하는 사례가 증가하고 있다. 또한 일종의 가맹점과 같은 프랜차이즈 형태의 복지시설도 점차 증가하는 추세다.

사단법인과 재단법인

「민법」은 비영리법인으로서 사단법인과 재단법인의 두 가지만을 인정한다. 사단법인은 일정한 목적을 위하여 결합한 사람의 단체(社團)에 법인격이 부여된 것인 반면, 재단법인은 일정한 목적에 바쳐진 재산이라는 실체(財團)에 법인격이 부여된 것이다. 전자는 단체의사에 의하여 자율적으로 활동하는 자율법인인 데 반하여, 후자는 설립자의 의사에 의하여 타율적으로 운영되는 타율법인이다. 사회복지법인에는 사단법인과 재단법인 모두 포함될 수 있으나, 대부분의 사회복지법인은 재산의 출연이 필수조건인 재단법인이다. 사회복지법인 가운데 사단법인의 예로는 한국사회복지사협회나 한국사회복지협의회를 들 수 있다.

(2) 경제적 시장과 사회적 시장

사회복지주체로서의 비영리부문은 경제적 시장(economic market)의 원리에 따라 운영되기보다는 경제시장 밖에서 사회적 시장(social market)의 원리에 따라 운영된다. 경제시장은 서비스의 배분이 주로 개인의 경제적 능력, 자유경쟁, 이윤추구 등의 원리에 따라 운영되지만, 사회적 시장은 개인의 경제적 욕구, 결과의 평등, 이타주의, 사회연대 등의 원리에 따라 운영된다.[18]

사회적 시장에는 공공부문과 민간부문이 모두 포함된다. 공공부문은 중앙정부와 지

---

18) Gilbert & Terrell(2005), pp. 62-67.

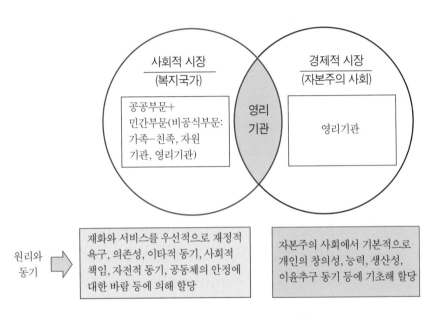

[그림 9-3] 사회적 시장과 경제적 시장

방정부(미국의 경우 연방정부, 주정부, 지방정부) 모두를 포함하며, 복지국가에서 재화와 서비스를 가장 많이 분배하고 있다. 민간부문에서는 가족과 친구 등과 같은 비공식적 노력, 자원기관 그리고 종종 영리추구기관이 재화나 서비스를 제공한다. 영리기관은 경제적 시장과 사회적 시장 양쪽에 모두 해당할 수 있어 경제적 시장과 사회적 시장 간의 구분이 불분명해지기도 한다. 최근 사회적 시장에서 민간의 영리기관이 차지하는 비중이 점차 증가하고 있다.

(3) 비영리부문

비영리부문의 대표적인 조직으로 비정부기구(Non-Governmental Organization: NGO)를 들 수 있다. NGO란 어의적으로는 정부기구가 아닌 모든 기구를 의미하지만 공식적으로는 시민사회단체를 의미한다. NGO는 기업과 같은 영리조직을 제외한 비정부적(non-governmental), 비당파적(non-partisan), 비영리적 또는 공익적(not-for-private profit or for public interest), 자발적(voluntary), 자율적(self-governing) 성격을 갖고 있는 기구를 의미한다.

최근 우리나라의 사회복지 분야에서 발전되고 있는 비영리부문으로는 사회적 협동조합과 사회적 기업을 들 수 있다. 사회적 협동조합은 비영리조합으로 5인 이상의 발기인이 정관을 작성하고, 창립총회를 개최한 후 기획재정부장관의 인가를 받아 설립된다. 사회적 기업이란 일부 영리기관도 제한적으로 참여하고는 있지만 취약계층에게 사회서비스 또는 일자리를 제공하거나 지역사회에 공헌함으로써 지역주민의 삶의 질을 높이는 등의 사회적 목적을 추구하면서 재화 및 서비스의 생산 · 판매 등 영업활동을 하는 기업으로서 고용노동부장관의 인증을 받은 자를 말한다.

비영리부문의 다른 예로는 자원조직을 들 수 있다. 자원조직(voluntary organization)은 공공조직과 같이 법률로 규정되어 있는 것도 아니고, 영리조직과 같이 시장기구 내에서 활동하는 조직도 아니고, 민간조직이면서 활동원리가 상업적 원칙에서 벗어나 있고, 하나의 조직적인 형태로 활동한다는 점에서 비공식적 영역과는 구별되며, 집단적 사회복지활동을 수행하는 조직이다. 자원조직의 예로는 영국의 옥스팜(OxFam)을 모델로 한 아름다운 가게, 한부모가족의 지원 및 옹호단체인 생강빵(Ginger Bread), 자원봉사 관리단체인 LETS 등을 들 수 있다.

(4) 시장부문(영리부문)

통상적으로 정부와 같은 공공부문은 제1영역(the first sector), 자원/비영리부문은 제3영역(the third sector)이라 불리는 반면, 시장은 영리부문으로 제2영역(the second sector)이라 불린다. 영리부문은 과거에는 사회복지의 주체로서 인정되지 않았으나 사회복지의 대상이 요보호대상자뿐만 아니라 전 국민으로 확대되어 감에 따라 부담능력이 있는 중상층의 상위욕구에 대해서는 공적인 사회복지주체보다는 영리부문이 복지 제공의 주체로서 활동하게 되었다. 매슬로(Maslow)의 욕구이론을 토대로 설명하면, 생리적 욕구와 안전의 욕구와 같은 기본적 욕구를 충족하기 위한 금품이나 서비스는 국가나 지방자치단체가 제공하는 반면, 사회적 욕구, 자아존중 욕구, 자아실현 욕구와 같은 상위욕구를 충족하기 위한 금품이나 서비스까지 국가나 지방자치단체가 공적인 정부예산을 사용하여 제공하기에는 한계가 있으므로 이러한 금품이나 서비스는 부담능력이 있는 중상층 국민에게 영리부문이 비용을 받고 서비스를 제공하며 운영은 수익자부담의 원칙을 적용하고 있다.

시장부문의 대표적인 복지주체는 기업이다. 기업의 사회복지는 최근 기업의 사회적 책임(Corporate Social Responsibility: CSR)의 일환으로 수행된다.

길버트와 테럴에 따르면 시장(marketplace)은 상업적 사회복지(commercial social welfare)라는 기능을 수행한다. 상업적 사회복지는 주로 부담능력이 있는 중상층이 수익자부담의 원칙하에 재화나 서비스를 구매하거나 바우처와 연계된 사업을 수행한다.

(5) 종교조직

길버트와 테럴에 따르면, 사회제도로서 종교의 일차적 기능은 영성개발(spiritual development)이지만 동시에 사회복지의 기능을 수행한다. 종교의 사회복지 기능은 '신앙에 기초한(faith-based) 보건서비스 · 교육서비스 · 사회서비스'를 제공하는 것이다.

종교조직은 기독교를 중심으로 살펴보면 인류의 역사와 함께하는 오랜 역사를 가진 조직으로, 인류가 탄생한 이래 오늘날까지 사회복지의 주체로서 활동하고 있다. 사회복지 역사가 오래된 서구사회를 중심으로 살펴보면, 초기에는 기독교기관들이 복지 제공의 주된 주체로서 역할을 수행하여 왔다. 그러나 종교개혁을 전후한 기독교 내부의 부패와 무능으로 기독교계는 사회복지 제공의 주된 주체로서의 역할을 상실하게 되었다. 이와 같이 복지 제공의 주된 주체로서의 역할상실(role loss)은 기존의 복지체계에 일종의 공백상태를 초래하게 되었고 기독교기관들의 구제대상자이던 빈민이나 걸인들이 거리에 방치되는 결과를 가져왔다. 이와 같은 복지공백상태(welfare vacuum)에는 국가가 개입하게 된다. '사회복지의 세속화현상(secularization of social welfare)'이 나타난 것이다. 즉, 사회복지의 주체가 성역(sacral universe)에서 속역(secular universe)으로 넘어가는 것이다. 그러나 최근 복지국가 위기론이 대두되면서 사회복지 제공 주체로서 종교기관의 역할이 다시 강조되고 있다. 사회복지를 탈세속화(de-secularization of social welfare)할 수 있는, 사회복지를 성역화(sacralization of social welfare)할 수 있는 여건이 마련되고 있는 것이다.[19]

(6) 비공식부문

비공식부문(informal sector)은 가족, 친족, 이웃 등과 같이 비조직적으로 일정한 형식

---

19) 김기원(2009a), pp. 33-34.

을 갖추지 않으면서 사회복지서비스를 공급하고 전달하는 체계다.

길버트와 스펙트에 따르면 가족의 일차적 기능은 사회화(socialization)이며, 동시에 사회복지가 수행하는 상호부조(mutual support)의 기능을 수행한다.[20]

길버트와 테럴은 6가지의 사회제도를 소개한다. 이 가운데 친족의 주요 조직형태는 가족으로, 가족은 일차적으로 출산, 사회화, 보호, 친밀, 정서적 지지의 기능을 수행하면서, 동시에 가족 부양, 가족 간 재정지원과 같은 사회복지 기능을 수행하고 있다.

4. 복지다원주의와 거버넌스

복지다원주의(welfare pluralism)는 복지 제공의 주체가 하나가 아니라 다수로 구성되어 있다는 것을 의미한다. 복지다원주의하에서는 공적 주체와 사적 주체가 복지 제공의 주체로서 혼재되어 공존하는 복지혼합(welfare mix)을 이룬다. 또한 복지재원이 공공·영리·비영리 부문에서 조달되는 복지의 혼합경제(mixed economy of welfare)를 이루면서 각자가 다양한 복지서비스를 제공하고 있다. 이러한 다양한 주체들이 활동하는 가운데 정책적 관심을 끄는 분야 가운데 하나는 이들 간에 유기적인 네트워크를 구축하고 협력을 도모하기 위한 시스템인 거버넌스다.

거버넌스는 공공부문, 민간부문 그리고 시민사회를 포함한 다양한 자원조직들이 자발적으로 상호의존하고 협력하는 통치방식이나 네트워크 체계를 말한다. 통치(government)는 사회적·정치적·행정적 행위자들이 사회를 이끌고, 통제하고, 조종하고, 관리하는 의식적인 노력인 데 반해, 거버넌스(governance)는 사회적·정치적·행정적 행위자들의 통치행위로부터 형성되는 패턴이자 관리구조이며, 공적 사업과 민간사업의 운영을 위한 틀을 창출하는 규칙과 제도뿐만 아니라 공공영역의 기능과 능력을 포함한다. 나아가 거버넌스는 시민들이 상호작용하고, 정부기관이나 공무원과 상호작용하는 제도적 환경을 포함하고 있다.

협의의 거버넌스의 개념은 네트워크를 관리하는 것이다. 여기에는 하나의 중앙이 있다기보다는 다수의 중앙이 존재하며, 네트워크가 상당한 자율성을 갖고 있기 때문에 주관적 권위는 존재하지 않는다. 이렇게 자율적으로 조직화된 네트워크들의 거버

20) Gilbert & Specht(1974), pp. 4-9.

넌스는 네트워크 내부의 대화 및 합의를 촉진하는 것과 더 원활하게 공동 의사결정에 도달할 수 있도록 관리하는 것이 필요하다. 반면에 메타 거버넌스(meta-governance)라고도 불리는 광의의 거버넌스는 협의의 네트워크 관리뿐만 아니라 공공정책이 수립되고 집행되는 규칙을 관리하는 과정을 포함한다. 즉, 공공정책 과정의 속성에 영향을 미치는 모든 범위의 제도적 장치를 포함하는 과정을 의미한다.[21]

거버넌스이론의 의미 중 하나는 국민이 정부 정책의 단순한 객체인 동시에 주체가 되어야 한다는 것이다. 이는 토플러(Toffler)가 『제3의 물결(The Third Wave)』에서 제시한 프로슈머(prosumer)라는 개념과도 접목된다.[22] 정책과정에서의 프로슈머의 함의는 공적 서비스와 재화를 국가만이 생산해 내고 국민은 생산된 재화나 서비스를 그대로 소비하기만 하는 '소극적 소비자(negative consumer)'인 것이 아니라 국가가 스스로 공적 서비스와 재화를 생산하는 과정에 직간접적으로 적극 참여하여 자신이 원하는 서비스와 재화를 생산해 내는 '적극적 소비자(positive consumer)'로서의 국민을 의미한다는 것이다. 이러한 프로슈머의 개념은 일종의 시민공동생산 활동과도 접맥될 수 있으며, 노인과 같은 사회적 약자의 복지를 향상시킬 수 있는 정책적 함의를 포함하고 있다.[23]

로즈(Rhodes)에 따르면, 거버넌스는 다음과 같이 6가지 유형으로 구분된다.[24]

- 공공서비스를 공급하는 데 시장과 준시장(quasi-market)을 활용하는 '최소국가(the minimal state)'[25]
- 기업의 최고경영자가 주주 및 기타 이해당사자의 이익을 보호하기 위하여 경영의 책임성과 투명성을 제고하고, 감독하고, 평가하고, 통제하는 방안을 모색하는 '기업 거버넌스(corporate governance)'
- 민간부문의 경영방식을 공공부문에 도입하는 관리주의(managerialism)와 시장경

21) Kjaer(2007), pp. 76-77.
22) 프로슈머(prosumer)란 1980년 미래학자인 토플러(Toeffler)가 『제3의 물결(The Third Wave)』이라는 자신의 저서에서 Producer와 Consumer를 합성하여 만들어 낸 용어로, 미래 사회에서는 생산자와 소비자의 역할 구분이 불명확해지고 결합된다고 하였다.
23) Healey(2003), pp. 253-255.
24) Rhodes(1996), pp. 652-667.
25) 준시장이란 전통적인 공행정과 공재정 체제의 형평성 편익을 상실하지 않고 자유시장의 효율성 이득을 얻을 수 있도록 고안된 공적 영역의 제도적 구조를 말한다.

제와 같은 유인체계를 공공서비스 분야에 도입하는 신제도경제(new institutional economics)를 포함하는 신공공관리(new public management)[26]
- 신공공관리와 자유민주주의를 결합하여 국가의 일을 관리하기 위해 정치권력을 행사하는 '이상적 거버넌스(good governance)'
- 정부정책의 성과는 중앙정부가 지방정부, 비정부기구, 자원조직, 민간부문 등과 상호작용하는 가운데 이루어지고, 이러한 과정에서 이들 각자는 서로를 필요로 할 뿐만 아니라 서로에게 공헌하는 상호작용적 사회정치 형태의 국정관리를 의미하는, 사람들이 '중심 없는 사회(centerless society)' 속에서 살아가는 '사회적 사이버네틱 시스템(socio-cybernetic system)'
- 신뢰와 상호조정, 경쟁에 기초한 관리, 자율성, 중앙의 지도에 대한 거부 등을 강조하면서 연결망들에 의해 시장과 계층제의 권위에 의한 자원배분이나 통제 및 조정을 행하는 '자기조직화 연결망(self-organizing networks)'[27]

피터스(Peters)는 거버넌스 모형을 시장의 효율성을 강조하고 분권화를 추구하며 민간조직이나 준민간조직을 활용하는 대안을 권고하는 시장형 정부, 계층제적 체계하에서 배제되던 사람들의 조직적 참여를 허용하는 역량강화국가(empowerment state)를 권장하는 참여적 정부 모형, 정부 내의 구조적 변화를 통하여 생존을 위해 변화에 효과적으로 대응하는 대안을 권장하는 신축적 정부 모형, 관료제의 내부규제에서 파생되는 역기능 현상을 타파할 대안을 강조하는 탈규제적 정부 모형으로 구분하고 있다.[28]

그는 거버넌스를 국가중심적 거버넌스와 사회중심적 거버넌스로 구분한다. 국가중심적 거버넌스는 거버넌스를 수행함에 있어 정책의 우선순위를 결정하고 목표를 설정하는 효율적인 중앙정부의 방향 잡기(steering), 즉 조종의 역할을 중시한다. 반면, 사회중심적 거버넌스는 거버넌스 구성주체들 간의 상호작용 및 상호협력을 강조하는 신거버넌스(new governance)의 입장에서 소극적 모형과 적극적 모형으로 구분한다.[29] 즉, 소극적 거버넌스론자들은 지역사회 주민이 자율적으로 자기통치를 행하는 것이 가능

26) 신공공관리에서는 정책결정(조종, steering)과 서비스 전달(노젓기, rowing)을 구분하여, 일종의 부도난 노젓기 수단인 관료제 대신에 기업가적 정부(entrepreneurial government)를 제시한다.
27) Rhodes(1996), pp. 652-667.
28) 김석준 외(2002), pp. 111-112.
29) 최성욱(2003), pp. 111-125.

하다고 주장하는 반면, 적극적 거버넌스론자들은 국가의 개입이 없더라도 사회에는 정책형성을 충분히 할 수 있도록 자신들과 관련된 문제를 관리할 수 있는 역량과 자원이 있으며, 이러한 사회자본(social capital)을 형성하는 사회적 집단이 정치참여훈련을 통해 효과적인 거버넌스를 생성할 수 있다고 주장한다.[30]

거버넌스는 소위 국가의 위기, 정부의 위기, 통치능력의 위기를 극복하기 위하여 관료제 중심의 전통적인 정부의 통치 개념에서 벗어나 행정의 효율성과 반응성을 확보하려는 대중주의적 관리방식이며, 기존의 수직적 통치양식이 수평적 통치양식으로 전환되는, 국정관리의 기본양식에서의 일종의 '패러다임 전환(paradigm shift)'이라고 볼 수 있다.

사회복지의 다양한 주체들이 상호 긴밀한 관계를 유지하면서 국민의 복지 향상을 위해 노력하는 협력적 과정을 복지거버넌스라고 할 수 있다. 거버넌스의 핵심은 협력적 통치, 즉 협치(協治)다. 최근 사회복지정책 분야에서도 이러한 협력적 통치, 협치에 관한 논의가 활발하게 진행되고 있다.

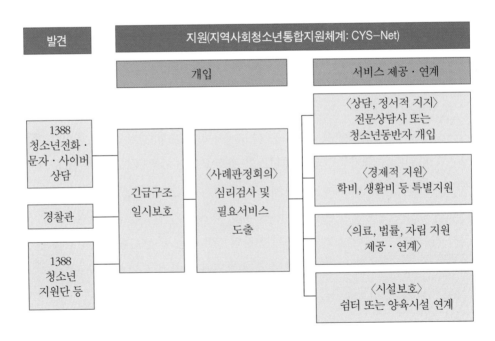

[그림 9-4] 지역사회청소년통합지원체계도

출처: 여성가족부, www.mogef.go.kr/korea/view/policy guide/

---

30) 김찬동(2005), pp. 513-540.

우리나라에서 법제화된 복지거버넌스의 예로 위기청소년을 위한 청소년통합지원체계(Community Youth Safety Net: CYS-Net)를 들 수 있다. '위기청소년'이란 가정 문제가 있거나 학업 수행 또는 사회 적응에 어려움을 겪는 등 조화롭고 건강한 성장과 생활에 필요한 여건을 갖추지 못한 청소년을 말한다.

지역사회청소년통합지원체계(CYS-Net)란 지역사회 내 청소년 관련 자원을 연계하여 학업중단, 가출, 인터넷중독 등 위기청소년에 대한 상담·보호·교육·자립 등 맞춤형 서비스를 제공하는 사업이다. CYS-Net는 위기청소년 및 그 부모 등 가족이 겪고 있는 위기상황에 대해 상담을 실시하고, 필요한 경우 보다 심화된 보호·교육·자립 등 맞춤형 서비스를 지원한다.[31]

5. 사회복지 공급주체로서의 국가와 민간

국가는 공식적인 통치조직을 가지고 일정한 영토에 정주하는 다수인으로 이루어진 단체로서 법률상 권리·의무의 주체가 될 수 있는 법인격을 가지고 있다. 따라서 국가는 법률상 사람, 즉 법인으로서 사회복지 서비스나 재화를 직접 제공하기도 하지만, 주로 정부를 구성하여 사회복지정책이 나아가야 할 기본방향을 설정하고, 재정을 확충하며, 민간의 사회복지활동을 보조하는 역할을 한다.

국가가 사회복지 재화나 서비스를 제공하는 것이 바람직한 대표적인 근거로 '시장의 실패' 또는 '가족의 실패'를 든다. 반면, 민간이 사회복지 재화나 서비스를 제공하는 것이 바람직한 대표적인 근거로 '정부의 실패'를 든다.

1) 사회복지 공급주체로서의 국가

⑴ 사회복지 공급주체로서 국가가 바람직한 경우

사회복지의 공급주체로서 국가가 바람직한 경우는 일반적으로 시장의 실패 또는 가족의 실패가 발생하는 경우다. 즉, 시장이나 가족이 본래 수행해야 할 기능을 수행할 수 없을 때 국가가 그 사회복지의 주체로서 역할을 수행한다. 그러나 이러한 견해는

---

31) 여성가족부, 청소년 복지, www.mogef.go.kr/korea/view/policy guide/

잔여적 사회복지의 관점에 따른 견해로, 이와는 다른 제도적 사회복지의 관점에서 보면 국가는 모든 국민의 인간의 존엄과 가치를 보존하여야 하며, 이를 위하여 모든 국민의 인간다운 생활을 보장해 주어야 할 본연의 임무가 있다. 즉, 국가는 시장의 실패, 가족의 실패 여부를 떠나서 국가는 당연히 사회복지 기능을 수행해야 한다는 것이다. 통상적으로 소개되는 사회복지의 제공주체로서 국가가 바람직한 경우를 정리하면 다음과 같다.

시장의 실패

시장이 실패한 경우 국가가 책임지고 복지를 제공하는 것이 바람직하다. 시장의 실패란 자유시장에 의한 재화와 서비스의 할당이 효율적이지 못한 것을 의미한다. 사회적 관점에서 바라보면, 시장의 실패는 순수한 개인의 자기 이익 추구가 사회 전체 사람들의 삶을 향상시키지 못하는, 즉 사회적 효용을 극대화하지 못하는 결과를 가져오기 때문에 비효율적이라고 볼 수 있다. 시장의 실패는 흔히 공공재(public goods), 독과점, 외부효과(externality), 정보의 비대칭성, 불완전한 정보, 역의 선택, 도덕적 해이, 위험발생의 상호의존 등과 관련이 있으며, 종종 시장에 대한 정부의 개입(government intervention)을 정당화하는 근거가 되기도 한다(이 장 262쪽 (1) 시장의 실패 참고). 시장의 실패 원인은 다음과 같다.

첫째, '사회복지서비스가 공공재인가'에 관한 논의다. 결론적으로 정부가 제공하는 사회복지서비스는 공공재나 사적재가 아닌 우량재(merit goods) 또는 가치재, 준공공재(quasi-public goods)에 속한다.

공공재란 비배제성(non-exclusion)과 비경쟁성(non-rivalry)의 특징을 갖고 있다. 비배제성이란 특정인을 서비스 수혜과정에서 서비스를 사용하지 못하도록 배제할 수 없거나, 비록 배제할 수는 있을지 모르나 배제하는 데 소요되는 비용이 엄청나게 크기 때문에는 실제로 배제할 수 없는 것을 말한다. 비배제성의 특징은 무임승차(free rider)의 문제를 발생시킨다. 공공재의 경우, 이러한 비배제성의 특징 때문에 만일 이러한 재화나 서비스에 대한 욕구를 숨기고 비용부담을 하지 않으면서도 재화나 서비스를 이용하여 자신의 욕구를 충족시키는 무임승차의 문제가 발생할 수 있다. 공공재의 대표적인 예로는 국가안보를 든다.

비경쟁성이란 특정인의 서비스 사용이 다른 사람이 사용할 수 있는 서비스의 양을 감소시키지 않는다는 것을 말한다. 비경쟁성은 사람들이 이용할 수 있는 서비스의 양이 무한하여 서비스에 값을 치르지 않은 사람이 서비스를 이용한다 하더라도, 다른 사람의 서비스 이용 가능량을 감소시키거나 서비스 공급에 소요되는 비용을 증가시키지 않는다는 것을 말한다. 예를 들면, 공기를 들 수 있다.

　비배제성과 비경쟁성의 측면에서 볼 때, 사회복지 재화나 서비스는 공공재의 특징을 갖는다고 볼 수 없다. 사회복지 재화나 서비스는 사회보험의 경우 보험가입자, 공공부조의 경우 소득인정액조사와 부양의무자조사 결과에 따른 유자격자에 한해 선별적으로 급여가 제공되며, 사회복지서비스는 연령이나 장애, 기타 가족 형태 등을 기준으로 유자격자를 선정하여 서비스를 제공하고 있기 때문에 비배제적이라기보다는 배제가능성(excludability)을 특징으로 하고 있다. 또한 정부나 서비스기관의 예산이나 시설의 한계로, 특정인이 사회복지 재화나 서비스를 이용하면 그만큼 다른 사람이 이용할 수 있는 양이 줄어들게 된다. 따라서 사회복지 재화나 서비스는 소비에 있어서 경쟁적이다(rivalrous consumption).

　사회복지 재화나 서비스가 경쟁적이라면 이는 공공재가 아니라 사적재(private goods)의 특징을 갖고 있는 것이다. 사적재는 시장을 통해 공급되어야 한다. 즉, 복지소비자는 시장에서 가격을 지불하고 사회복지 재화나 서비스를 이용하여야 한다. 사적재로서 사회복지서비스의 예로는 일체의 소요비용을 이용자가 운영자에게 납부해야 하는 노인유료복지시설이나 장애인유료복지시설에서 제공하는 서비스를 들 수 있다.

　대부분의 사회복지 재화나 서비스는 배제성과 경쟁성이라는 사적재의 특징을 갖고 있지만, 시장에서 제공되기보다는 정부나 사회가 제공하고 있다. 이는 사회복지 재화나 서비스의 제공이 공공의 유익이 있거나 사회적으로 바람직하지만, 사람들이 그 재화나 서비스에 대한 욕구를 숨기거나 잘 알지 못하여 필요성을 느끼지 못한다 하더라도 정부나 사회가 제공해야 하기 때문이다. 머스그레이브(Musgrave)는 이러한 재화나 서비스를 가치재 또는 우량재 혹은 준공공재라 부른다. 가치재의 예로 사회복지, 보건, 교육 등을 들 수 있다.[32]

　[그림 9-5]에서 나타나듯이 사적 한계이익(Private Marginal Benefit: PMB)과 사회적 한계비용(Social Marginal Cost: SMC)의 접점에서 이루어지는 사적 최적점(private optimum)에서의 재화나 서비스의 공급은 OQ_1으로, 이는 사회적 한계이익과 사회적 한계비용의 접점에서 이루어지는 사회적 최적점(social optimum)에서의 재화나 서비스의 공급

---

32) Musgrave(1959), pp. 13-15.

인 OQ2보다 적게 된다. 따라서 가치재를 시장에 맡길 경우 사회적으로 바람직한 양을 공급하지 못하게 되므로 시장이 아닌 정부나 사회가 공급주체가 되어 가치재의 하나인 사회복지 재화나 서비스를 공급하게 된다.

둘째, 독점의 존재다. 독점에는 크게 자연독점, 경제적 독점, 법률적 독점, 국가독점 등이 있다. 자연독점(自然獨占, natural monopoly)은 특정한 재화나 서비스의 생산이 일정한 범위의 생산량에서 평균비용(생산량 1단위당 생산비용, Average Cost: AC)이 하락하는 현상인 규모의 경제(規模의 經濟, economies of scale)라는 기술적 요인으로 단일 공급자를 통한 재화의 생산 및 공급이 최대 효율을 나타냄으로써 특정 산업의 시장진입 장벽이 높아지고, 결과적으로 독점화가 이루어지는 것을 말한다.

규모의 경제가 발생하면, 생산량이 증가하면서 평균비용(AC)이 하락하게 되고 한계비용(마지막 1단위를 생산하는 데 드는 비용 MC)은 평균비용보다 작아진다. 결국 시장에서 한 기업이 경쟁 기업들과의 경쟁에서 승리함으로써 해당 시장에서 절대적 우위를 차지하게 된다.

사회보험의 경우 강제가입이라는 특징으로 가입자의 수가 많아지기 때문에 사회보험서비스를 제공하는 데 소요되는 1인당 평균비용이 상대적으로 낮아져 규모의 경제를 이루게 된다. 따라서 유사한 서비스가 민간시장에서 공급될 경우에도 상대적으로 사회보험이 갖고 있는 규모의 경제로 민간시장과의 경쟁에서 독점적 지위를 누릴 가능성이 크다.

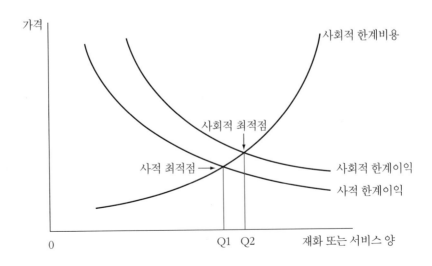

[그림 9-5] 가치재의 수요-공급-최적점

경제적 독점은 카르텔·트러스트·콘체른 등의 기업집중(企業集中)에 의하여 독점체를 형성하는 경우를 말하며, 독점이 경제체제를 지배하게 되었을 때 자본주의는 독점자본주의로 전화(轉化)한다. 국가는 독점으로 인한 폐해를 방지하기 위하여 「독점 규제 및 공정 거래에 관한 법률」을 제정하여 경제적 독점을 방지하고 있다. 카르텔(Kartell)은 기업(사업자) 간의 담합행위로, 상품 또는 용역의 가격이나 생산 수량, 거래 조건, 거래 상대방, 판매 지역을 제한하는 것이다. 카르텔이 성립하기 위해서는 사업자가 다른 사업자와 공동으로 부당하게 경쟁을 제한하는 행위를 할 것을 약정하는 합의가 있어야 한다. 트러스트(Trust)란 기업합동 또는 기업합병을 말하며, 이는 카르텔보다 강력한 기업집중의 형태로 시장독점을 위하여 각 기업체가 개개의 독립성을 상실하고 합동하는 것을 말한다. 콘체른(Konzern)이란 법률상으로는 독립되어 있으나 경제적으로는 통일된 지배를 받는 기업집단을 말하며, 일반적으로 지주회사가 여러 산업 분야의 다수 기업을 지배할 목적으로 형성한다.

최근 노인복지 분야에 주식회사들이 전국에 걸쳐 프랜차이즈 형태로 복지시설을 확대해 나가고 있다. 복지시장이 소수에 의하여 점유되고 있다. 향후 시장에서 사회복지 서비스를 제공하는 상업적 사회복지(commercial social welfare)가 활성화되어 독과점이 발생할 경우, 시장의 실패로 인한 문제의 해결을 위해 국가의 개입이 불가피하게 될 것이다.

사회보험 분야에서는 법률적 독점이 이루어지고 있다. 법률적 독점이란 국가가 특정 목적을 위해 특정 기업이 특정 산업을 독점하도록 하는 것으로, 사회복지 분야에서는 국민연금, 건강보험, 고용보험, 산재보험, 노인장기요양보험 등 사회보험을 들 수 있다. 국가가 법적으로 특수공법인(예: 국민연금관리공단, 국민건강보험공단, 근로복지공단 등)을 설립하여 관련 사회보험서비스를 독점적으로 제공하고 있다.

국가적 독점이란 국가가 독점적으로 재화나 서비스를 공급하는 것이 국민경제나 사회발전을 위해 유리하기 때문에 국가가 막대한 자본을 투입하여 직접 공급하는 것을 말한다. 전기, 수도, 가스, 항만, 철도 등 국가기반산업이 이에 해당한다. 국가는 복지정책의 일환으로 기초생활수급자, 노인, 장애인 등 사회적 취약계층에게 전기·수도·가스 요금을 감면해 주거나 철도 등 운송서비스 요금을 감면해 주고 있다.

셋째, 외부효과의 발생이다. 외부효과(external effect)란 외부경제(external economy), 외부성(externality), 파급효과, 이웃효과 등으로 불리는데, 어느 경제주체의 행동이 다른 경제주체에게 부수적으로 이익 또는 손해를 가져다주면서도 이에 대한 대가를 지불받지도 지불하지도 않는 현상을 말한다. 전자를 외부경제 또는 외부편익이라 하고, 후자를 외부비경제 또는 외부비용이라고 한다.

외부효과란 어떤 경제활동과 관련하여 제3자에게 의도하지 않은 혜택이나 손해를 가져다주면서도 이에 대한 대가를 받지도 지불하지도 않는 상태를 말한다. 따라서 외부효과는 발생되는 비용과 편익이 가격에 반영되지 않기 때문에 시장의 가격 메커니즘을 왜곡시킨다. 제조산업에서 방출되는 각종 공해요인들은 간접적으로 근처 주민들에게 피해를 주고 있는데도 여기에 대한 기업의 보상이 없는 것이 외부효과의 대표적 예다.

경쟁시장에서 이러한 외부효과가 존재하는 경우에는, 가격이 재화나 서비스를 생산하는 데 소요되는 비용과 재화나 서비스를 소비함으로써 얻게 되는 이익을 완전하게 반영하지 못하게 되고, 생산자와 소비자는 모든 비용을 부담하지 않거나 경제활동의 모든 이익을 거두지 못하게 되며, 그래서 너무 많은 재화나 서비스가 생산되거나 소비되고, 반대로 너무 적은 재화나 서비스가 생산되거나 소비된다(264쪽 ③ 외부효과의 발생 참고).

넷째, 정보의 비대칭성이다. 어떤 재화나 서비스가 시장 메커니즘을 통해서 효율적인 배분을 이루기 위해서는 수요자나 공급자 모두 그 재화의 질과 가격 등에 대한 완전한 정보를 갖고 있어야 한다. 불완전한 정보나 정보의 비대칭성이 존재할 때 시장의 분배구조는 실패하게 된다. 이러한 상황에서 재화나 서비스를 사용하는 소비자들보다 국가가 이러한 재화나 서비스에 대한 정보를 더 많이 갖고 있다면 국가가 주도하여 이러한 재화나 서비스를 제공하는 것이 더 효율적인 배분이 될 수 있다.[33]

다섯째, 불완전한 정보로 시장에서의 배분이 비효율적으로 되는 경우는 그 재화나 서비스에 대한 정보에 접근하기가 매우 어려워 정보를 수집하거나 정보의 질을 높이는 데 막대한 비용이 소요되는 경우, 그 재화나 서비스에 대한 정보가 전문적이거나 기술적이어서 비록 이를 수집하였다고 하더라도 그러한 정보를 이해하기가 매우 어려운 경우, 잘못된 형태의 재화나 서비스를 선택했을 때 많은 피해를 입게 되는 경우, 어떤 재화나 서비스에 대한 소비자들의 선택의 폭이 비교적 단순한 경우 등이다.

불완전한 정보의 대표적인 사회복지 재화나 서비스는 국민연금, 건강보험, 고용보험, 산재보험, 노인장기요양보험 등과 같은 사회보험이다. 이러한 형태의 재화나 서비스는 전문적이고 기술적인 정보를 많이 갖고 있고 또한 이를 관리하는 전문 관료들이

---

33) 김태성, 성경륭(1993), pp. 206-208.

있는 국가가 제공하는 것이 바람직하다.

여섯째, 역의 선택(adverse selection)이 존재하는 경우다. 역의 선택의 문제는 보험회사가 보험에 가입할 개인들의 위험 발생가능성에 대한 충분한 정보를 구하기 어렵고, 따라서 보험에 가입할 개인들이 보험회사보다 자기 자신의 위험 발생가능성에 대한 더 많은 정보를 갖고 있기 때문에 보험회사는 각 개인들에 대한 적정한 보험료를 책정하기 어렵게 되는 데 있다. 따라서 보험회사가 이익을 남기기 위해서는 이들에 대해서 높은 보험료를 부과할 수밖에 없다. 이러한 높은 보험료 부과는 역의 선택의 문제를 더욱 악화시켜 위험 발생가능성이 상대적으로 적다고 판단되는 사람들은 높은 보험료 때문에 가입을 회피하게 되고, 위험 발생가능성이 매우 높은 사람들만 가입을 하게 되어 보험회사는 이익을 위해 더욱 높은 보험료를 책정하게 되는 악순환이 계속된다. 이러한 악순환의 결과로 보험료는 매우 높아져서 대부분의 사람들은 이러한 보험에 가입하기에 비용이 너무 많이 들어 가입을 못하게 되고 결과적으로 이러한 보험 상품은 민간시장에서 존재하기가 어려워진다. 대표적인 예가 실업보험이다. 오늘날 실업보험을 민간시장에서 개인을 대상으로 판매하는 경우는 없다.

역의 선택의 문제를 해결하기 위해서는 보험을 회피하거나 탈퇴하지 못하도록 강제가입방식을 택하여 집단적으로 보험에 가입하게 하여 가입집단의 크기를 크게 유지해야 한다. 집단의 크기가 크면 클수록 역의 선택의 문제는 약화되기 때문에, 결국 가장 큰 집단인 국가 구성원 전부를 강제로 가입하게 하면 보험의 관리가 가장 효율적으로 이루어질 수 있다. 바로 이러한 역의 선택 문제를 해결하기 위하여 강제가입을 특징으로 하는 사회보험을 채택하게 된다.[34]

일곱째, 도덕적 해이(moral hazard) 현상이 존재하는 경우다. 도덕적 해이는 개인의 의도적 행위가 보험이 대상으로 하는 위험 발생가능성에 영향을 줄 수 있다는 데에서 비롯된다. 즉, 사람들은 일단 어떤 위험에 대비한 보험에 가입하면, 그리고 그 위험이 발생해도 그에 따른 심리적 손해가 적다면, 보험에 가입을 하지 않았을 때보다 그러한 위험을 예방할 행위를 적게 할 동기가 부여되어 결과적으로 위험발생률은 높아지게 된다. 이러한 결과로 가입자들의 보험료는 높아지고, 따라서 가입자는 줄어들게 되며, 이 문제가 심각해지면 이러한 상품은 민간보험에서 제공되기 어렵게 된다.

결국 도덕적 해이의 문제는 어떤 서비스의 제공자가 수혜자의 행위에 대한 충분한

---

34) 앞의 책, pp. 208-210.

정보를 갖고 그들의 행위를 감시(monitor)하고 통제함으로써 해결될 수 있다. 이때 민간시장에서 개별적인 제공자가 이러한 조정 통제를 위한 정보를 구하기가 매우 어렵고 비용이 많이 들기 때문에 국가가 집단적으로 혹은 강제적으로 하는 것이 비용이 적게 들고 더 효율적이다.

도덕적 해이의 대표적인 예가 실업보험이다. 실업보험에 가입하면 실업이 일어나지 않도록 노력할 동기가 낮다. 따라서 정부가 실업이 된 후 적극적으로 일자리를 찾게 하거나, 적극적 노동시장정책의 일환으로 일자리를 제공하는 방법이 도입된다.

여덟째, 위험발생이 상호의존적일 때다. 어떤 사람의 위험발생과 다른 사람의 위험발생이 관련되어 있을 때는 재정안정이 이루어지기 어렵고, 결국 민간시장에서는 이러한 위험에 대한 보험상품이 제공되기 어렵다. 예를 들면, 실업보험의 경우 어느 한 개인이 실업할 가능성은 그 자신이 속한 회사나 산업만의 문제가 아니라 대공황 같은 국가 전체의 경제상황에도 달려 있다. 이런 경우 민간보험에서 이러한 보험을 제공하게 되면 필연적으로 재정파탄이 초래될 것이다. 이러한 경우에는 국가만이 보장해 줄 수 있는 것이다.

가족의 실패

길버트와 스펙트는 가족의 일차적 기능은 사회화(socialization)에 있다고 하였다. 사회화란 사회적으로 바람직한 규범이나 가치를 전수하는 과정을 말한다. 가족의 이차적 기능은 사회복지 기능으로 가족 부양의 기능을 수행한다.

가족구성원의 부양은 일차적으로 가족이 수행해야 하나, 사회구조적인 원인으로 가족이 수행해야 할 본연의 기능을 수행할 수 없을 때 가족의 실패(family failure)가 발생하게 되고, 가족구성원의 경제적인 삶은 위기에 처하게 된다.

전통사회에서 가족의 대표적인 형태는 확대가족이다. 확대가족체계하에서 가족은 부양의 기능을 수행하여 왔다. 그러나 산업화가 진행되면서 가족의 구조가 확대가족에서 핵가족으로 변화하게 되고 그에 따라 가족은 더 이상 가족구성원을 부양하는 데 많은 어려움을 겪게 된다. 이와 같이 가족의 실패는 개인적 차원에서 발생하기보다는 사회구조적 차원에서 발생하기 때문에 티트머스(Titmuss)가 언급하는 비복지현상의 하나다. 가족의 실패는 산업사회에 나타나는 여러 사회적 변동 가운데 하나로, 산업화로 누군가는 이득을 얻게 되지만 누군가는 삶의 질을 해치게 된다. 이와 같이 가족의 실패는 산업화과정에서 다른 사람이 획득한 진보에 대한 대가의 일부로 누군가가 부

담하게 되는 비복지로 연결되기 때문에 비복지현상은 개인의 문제가 아니라 사회문제
가 된다. 따라서 사회문제이기 때문에 가족의 실패로 인한 비복지 문제를 해결하기 위
하여 국가의 개입이 이루어진다.

인간다운 생활 보장의무 이행

국민 모두가 갖고 있는 욕구 가운데 인간으로서 최소한의 품위를 유지할 수 있도록
하기 위해 충족해야 할 기본적이고 보편적인 욕구(basic and universal needs)는 정부가
사회복지정책 대안을 강구하여 충족하는 것이 바람직하다.

국민이 갖고 있는 기본적이고 보편적인 욕구로는 매슬로의 욕구이론 가운데 하위욕
구에 해당하는 생리적 욕구나 안전의 욕구를 들 수 있다. 생리적 욕구는 배고픔, 헐벗
음, 갈증, 질병, 피로, 성적 좌절 등과 같은 결핍상황에서 오는 욕구다. 안전의 욕구는
적당한 주거의 결핍, 불안, 상실감, 두려움, 강박감 등과 같은 결핍상황에서 오는 욕구
다. 이러한 기본적 욕구 가운데 생리적 욕구는 국가가 국민기초생활보장제도나 의료
급여와 같은 공공부조제도를 통하여 어느 정도 충족해 줄 수 있다. 노령, 실업, 산업재
해, 치매 등과 같은 사회적 사고나 사회적 위험으로 인한 불안과 같은 결핍상황은 상
당 부분 사회보험제도를 통해 보장받을 수 있다. 사회복지정책적 차원에서는 생리적
욕구는 주로 일차적 사회안전망인 공공부조제도를 통해서 그리고 안전의 욕구는 주로
이차적 사회안전망인 사회보험제도를 통해서 충족하고 있다.

(2) 사회복지 공급주체로서의 중앙정부와 지방정부

사회복지 공급주체로서 국가는 다시 중앙정부와 지방정부로 구분할 수 있다.

사회복지 공급주체로서의 중앙정부

사회복지정책의 공급주체로서 중앙정부의 역할은 제2차 세계대전 이후 복지국가
가 제도적으로 발전하면서 점점 확대되어 갔다. 그러나 1970년대에 중동의 오일쇼크
로 시작된 전 세계적인 경제위기로 복지국가는 위기에 처하게 되었고, 복지서비스 전
달체계로서 중앙정부의 기능과 역할은 축소되기 시작하였다.[35] 이러한 과정에서 복지
제공주체의 다양화를 강조하는 복지혼합 또는 복지다원주의가 등장했다.

---

35) 현외성(2000), pp. 93-127.

① 사회복지 공급주체로서의 중앙정부의 특징

사회복지 재화나 서비스의 공급주체로서 중앙정부가 갖고 있는 특징은 다음과 같다.

■ 보편적이고 기본적인 복지권 보장자로서의 중앙정부

중앙정부는 국민 모두가 누려야 할 보편적이고 기본적인 복지권을 보장한다. 1919년 독일의 「바이마르 헌법」에 세계 최초로 '인간다운 생활을 할 권리'가 규정된 이후 많은 나라가 이 규정을 자국의 「헌법」에 채택하였다. 우리나라도 「헌법」 제34조에 인간다운 생활을 할 권리를 모든 국민이 누릴 수 있는 사회권, 복지권 내지 생존권적 기본권의 대표적 권리로 규정하고 있다. 이와 같이 전체 국민 모두가 누려야 할 기초적인 서비스는 중앙정부가 일괄적이고 통일적으로, 일관되고 책임성 있게 제공하는 것이 바람직하다. 또한 전국적으로 전 국민을 대상으로 실시되는 사회복지정책이나 제도는 막대한 재정이 소요되므로 재정적 실현가능성(fiscal feasibility) 차원에서 중앙정부가 관련된 재화나 서비스를 제공하는 것이 바람직하다.

우리나라의 「사회보장기본법」 제25조의 사회보장 운영원칙에 따르면 국민에게 발생하는 사회적 위험에 대해 보험의 방식으로 대처함으로써 국민의 건강과 소득을 보장하는 제도인 사회보험은 국가의 책임으로 시행함을 원칙으로 하고 있다.

■ 국고보조금 교부자로서의 중앙정부

중앙정부는 지방정부와 민간의 사회복지활동을 지원하기 위하여 직접적으로 또는 조세감면 등을 통하여 간접적으로 보조금을 지급한다. 「보조금 관리에 관한 법률」 제2조 제1호에 따르면 '보조금'이라 함은 국가 외의 자가 수행하는 사무 또는 사업에 대하여 국가가 이를 조성하거나 재정상의 원조를 하기 위하여 교부하는 보조금(지방자치단체에 교부하는 것과 그 밖에 법인·단체 또는 개인의 시설자금이나 운영자금으로 교부하는 것만 해당한다), 부담금(국제조약에 따른 부담금은 제외한다), 그 밖에 상당한 반대급부를 받지 아니하고 교부하는 급부금을 말한다.

중앙정부의 보조금 가운데 대표적인 예는 국고보조금이다. 국고보조금은 국가가 지방자치단체에 대하여 국가의 주요 시책사업을 수행하는 데 필요로 하는 경비의 재원을 충당할 수 있도록 사용 용도를 지정해서 교부하는 지출금을 의미한다.

보조금은 보조형태에 따라 정률보조금과 정액보조금으로 나뉜다. 정률보조금(matching grants)은 비례적 보조금이라고 하는데 이것은 지방자치단체가 지출하는 경비의 일정비율에 해당하는 금액을 국가가 보조하는 것을 말한다. 국고보조금의 대부분이 정률보조금의 형태를 갖는데, 그 보조비율은 국가의 재정사정이나 지방비 부담능력, 주민의 요구 정도, 당해사무에 대한 국가의 관심도 또는 장려 의지 정도 등을 감안하여 개별 법령에 규정되는 경우도 있으나 대부분 「보조금 관리에 관한 법률」에서 정하고 있다.

정액보조금(lump-sum grants)은 특정한 사업의 실시에 대하여 일정액의 보조금을 교부하는 유형을 말한다. 정액보조금의 교부방법에는 보조대상 사업의 사업량에 일정단가를 곱한 금액을 교부하는 방법과 매 단위 건별로 일정액을 정하는 방법이 있다.

공공부조의 대표적인 국민기초생활보장제도의 경우 국민기초생활보장제도 운영을 위한 국가의 보조금제도가 정률보조금제도의 형태로 다음과 같이 규정되어 있다.[36]

보조금은 보조대상의 범주 크기에 따라 범주적 보조금(categorical grants)과 포괄보조금 또는 통합보조금(block grants)으로 나뉜다. 범주적 보조금은 중앙정부가 지정한 용도에 따라 지방정부가 집행해야 할 의무를 갖는 특정 보조금이다. 포괄보조금은 몇 개의 유사범주들을 하나의 보다 광범위한 범주로 통합한 후 인구수, 세수입 등으로 구성된 법정공식에 따라 포괄적으로 지원하는 보조금이다. 범주적 보조금은 사용용도가

---

36) 「국민기초생활 보장법」 제43조(보장비용의 부담 구분) ① 보장비용의 부담은 다음 각 호의 구분에 따른다.
　1. 국가 또는 시·도가 직접 수행하는 보장업무에 드는 비용은 국가 또는 해당 시·도가 부담한다.
　2. 보건복지부장관과 시·도지사는 수급자를 각각 국가나 해당 지방자치단체가 경영하는 보장시설에 입소하게 하거나 다른 보장시설에 위탁하여 급여를 실시하는 경우 급여의 실시 비용은 국가 또는 해당 시·도가 부담한다.
　3. 시·군·구가 수행하는 보장업무에 드는 비용 중 보장업무에 드는 인건비와 사무비 그리고 생활보장위원회의 운영에 드는 비용은 해당 시·군·구가 부담한다.
　4. 시·군·구가 수행하는 보장업무에 드는 비용 중 급여 실시 비용과 그 밖에 이 법에 따른 보장업무에 드는 비용(시·군·구 보장비용)은 시·군·구의 재정여건, 사회보장비 지출 등을 고려하여 국가, 시·도 및 시·군·구가 다음 각 목에 따라 차등하여 분담한다.
　　가. 국가는 시·군·구 보장비용의 총액 중 100분의 40 이상 100분의 90 이하를 부담한다.
　　나. 시·도는 시·군·구 보장비용의 총액에서 가목의 국가부담분을 뺀 금액 중 100분의 30 이상 100분의 70 이하를 부담하고, 시·군·구는 시·군·구 보장비용의 총액 중에서 국가와 시·도가 부담하는 금액을 뺀 금액을 부담한다. 다만, 특별자치도는 시·군·구 보장비용의 총액 중에서 국가가 부담하는 금액을 뺀 금액을 부담한다.
　② 국가는 매년 이 법에 따른 보장비용 중 국가부담 예정 합계액을 각각 보조금으로 지급하고, 그 과부족(過不足) 금액은 정산하여 추가로 지급하거나 반납하게 한다.
　③ 시·도는 매년 시·군·구에 대하여 국가의 보조금에, 시·도의 부담예정액을 합하여 보조금으로 지급하고 그 과부족 금액은 정산하여 추가로 지급하거나 반납하게 한다.
법제처(2016), www.moleg.go.kr

각 범주로 제한되어 있어 보조금을 받는 지방정부는 보조금 사용에 재량권이 없으며, 반면 중앙정부의 입장에서는 보조금 사용에 관해 지방정부를 통제하기가 쉽다. 즉, 범주적 보조금은 선택의 자유라는 가치를 구현하기는 어려우나 사회통제라는 가치를 잘 구현할 수 있다. 반면, 포괄보조금은 선택의 자유라는 가치는 잘 구현할 수 있으나 사회통제라는 가치를 구현하기는 어렵다.[37]

■ 행정규제자로서의 중앙정부

중앙정부는 행정규제자로서의 역할을 수행한다. 행정규제라 함은 국가 또는 지방자치단체가 특정한 행정목적을 실현하기 위하여 국민의 권리를 제한하거나 의무를 부과하는 것으로 법령 등 또는 조례·규칙에 규정되는 사항을 말한다.[38] 행정규제의 범위는 허가·인가·특허·면허·승인·지정·인정·시험·검사·검정·확인·증명 등 일정한 요건과 기준을 정하여 놓고 행정기관이 국민으로부터 신청을 받아 처리하는 행정처분 또는 이와 유사한 사항이다.

사회복지정책에서 중앙정부가 실시하는 행정규제는 주로 법에 근거하고 있다. 대표적인 사례로 장애인의무고용제와 직장어린이집을 들 수 있다.

장애인고용촉진 및 직업재활법(약칭 '장애인고용법' [시행 2020. 1. 1.])
제3장 장애인 고용 의무 및 부담금
제27조(국가와 지방자치단체의 장애인 고용 의무) ① 국가와 지방자치단체의 장은 장애인을 소속 공무원 정원에 대하여 다음 각 호의 구분에 해당하는 비율 이상 고용하여야 한다.
    1. 2017년 1월 1일부터 2018년 12월 31일까지: 1천분의 32
    2. 2019년 이후: 1천분의 34
제28조(사업주의 장애인 고용 의무) ① 상시 50명 이상의 근로자를 고용하는 사업주(건설업에서 근로자 수를 확인하기 곤란한 경우에는 공사 실적액이 고용노동부장관이 정하여 고시하는 금액 이상인 사업주)는 그 근로자의 총수(건설업에서 근로자 수를 확인하기 곤란한 경우에는 대통령령으로 정하는 바에 따라 공사 실적액을 근로자의 총수로 환산한다)의 100분의 5의 범위에서 대통령령으로 정하는 비율(이하 "의무고용률"이라 한다) 이상에 해당(그 수에서 소수점 이하는 버린다)하는 장애인을 고용하여야 한다.

---

37) 김정훈(2001), pp. 55-65.
38) 법제처(2019), 「행정규제기본법」 제2조 제1항 제1호 및 동법 시행령 제2조, www.moleg.go.kr

> **영유아보육법**([시행 2020. 3. 24.])
>
> 제14조(직장어린이집의 설치 등) ① 대통령령으로 정하는 일정 규모 이상의 사업장(상시 여성근
> 로자 300명 이상 또는 상시근로자 500명 이상을 고용하고 있는 사업장)의 사업주는 직장어
> 린이집을 설치하여야 한다. 다만, 사업장의 사업주가 직장어린이집을 단독으로 설치할 수 없
> 을 때에는 사업주 공동으로 직장어린이집을 설치·운영하거나, 지역의 어린이집과 위탁계약
> 을 맺어 근로자 자녀의 보육을 지원(이하 이 조에서 "위탁보육"이라 한다)하여야 한다.

중앙정부는 국민의 권리를 제한하거나 의무를 부과하는 행정행위를 수행한다. 전통적으로 국민에게는 국방의 의무, 납세의 의무, 근로의 의무, 교육의 의무가 있다. 사회복지 분야에서도 국민의 책임과 의무를 규정하고 있다. 「사회보장기본법」은 관계 법령에서 정하는 바에 따라 사회보장급여에 필요한 비용의 부담, 정보의 제공 등 국가의 사회보장정책에 협력하여야 할 책임을 지우고 있다. 「국민기초생활 보장법」은 수급권자의 1촌 직계혈족 및 그 배우자에게 수급권자를 부양할 의무를 지우고 있으며, 근로능력이 있는 수급자인 조건부수급자에게는 생계급여를 받기 위해서는 자활사업에 참여할 의무를 지우고 있다. 「고용보험법」은 구직급여를 받기 위해서는 실업 인정을 받아야 한다. 즉, 적극적 구직노력을 반드시 할 의무를 지우고 있다.

■ **거대 고용자로서의 중앙정부**

중앙정부는 국가의 업무를 수행하기 위하여 많은 인력을 고용하는 거대한 고용자다. 사회복지 관련 분야의 공무원으로는 보건복지부뿐만 아니라 고용노동부, 행정자치부, 여성가족부, 국토교통부 등의 부처에서 사회복지 관련 업무를 관장하고 있다. 그 밖에 특수공법인으로서 국민연금관리공단, 국민건강보험공단, 근로복지공단, 한국장애인고용공단, 한국산업인력공단 등이 있으며, 이들 공법인에서 다수의 직원들이 복지 관련 업무를 관장하고 있다. 광역자치단체별로 고용하는 지방공무원인 사회복지전담공무원은 2014년 현재 약 1만 4,000명 정도 된다.[39]

② **사회복지서비스 제공자로서의 중앙정부의 약점**

사회복지 재화나 서비스의 제공주체로서 중앙정부가 갖고 있는 약점은 다음과 같

---

39) 김성근(2015), pp. 44-46.

다.[40] 첫째로 융통성의 부족이다. 중앙정부는 전국적으로 획일적인 서비스를 제공하여야 하기 때문에 지역적으로 특수하거나 다양한 인구집단이 갖고 있는 특수한 욕구를 융통성 있게 충족해 주는 데 한계가 있다. 둘째로 문제의 상존이다. 오랫동안 중앙정부는 막대한 국가 예산을 투자하여 복지정책을 수행하여 왔지만, 절대빈곤과 같은 우리 사회의 문제는 근본적으로 해결되지 못하고 있다. 셋째로 매슬로가 주장하는 바와 같이, 사람들의 욕구는 상향 이동하는 측면이 있다. 중앙정부는 점점 높아지는 국민의 복지욕구를 억제하지 못함으로써 욕구 불충족은 상존하며, 그러한 욕구를 모두 충족하기 위해서는 막대한 재정이 필요하다. 넷째로 사회적 소수자에 대한 배려의 한계다. 중앙정부는 전체 국민을 대상으로 복지정책을 수립하기 때문에 상대적으로 소수인 지역사회의 다문화가족이나 이주노동자들의 삶의 문제에 관심을 기울이는 데 한계가 있다. 다섯째로 중앙정부는 규모가 거대해져 종종 관료제의 역기능인 관료제의 병리현상(bureau-pathology)이 나타나고, 법과 절차를 강조해 서비스에 대한 접근성과 유연성이 떨어지게 된다.

사회복지 공급주체로서의 지방정부

사회복지 공급주체로서 지방정부는 주로 지방자치단체를 의미한다. 우리나라 「지방자치법」에 따르면, 지방자치단체는 특별시, 광역시, 특별자치시, 도, 특별자치도와 시, 군, 구의 두 종류로 구분된다. 지방자치단체는 국민기초생활보장제도와 같은 공공부조나 사회복지서비스를 직접 국민의 삶의 현장에서 집행하는 데 중요한 역할을 하고 있다. 지방자치가 발전되어 가면서 오늘날 공적 사회복지 주체로서 지방자치단체는 그 역할이 점차 증가하고 있다.[41]

「지방자치법」상 지방자치단체는 그 사무를 처리함에 있어서 주민의 편의 및 복리 증진을 위하여 노력하여야 하고, 조직 및 운영의 합리화와 그 규모의 적정화를 도모하며, 법령이나 상급지방자치단체의 조례에 위반되지 않아야 하며, 그 관할구역의 자치사무와 법령에 의하여 지방자치단체에 속하는 사무를 처리해야 한다는 것을 기본원칙으로 삼고 있다.

우리나라의 「사회보장기본법」 제25조의 사회보장 운영원칙에 따르면, 생활유지능력

---

40) 현외성(2000), pp. 98-103.
41) 김기원(2009b), p. 166.

이 없거나 생활이 어려운 국민의 최저생활을 보장하고 자립을 지원하는 제도인 공공부조와 도움이 필요한 모든 국민에게 복지, 보건의료, 교육, 고용, 주거, 문화, 환경 등의 분야에서 인간다운 생활을 보장하고 상담, 재활, 돌봄, 정보의 제공, 관련 시설의 이용, 역량 개발, 사회참여 지원 등을 통하여 국민의 삶의 질이 향상되도록 지원하는 제도인 사회서비스는 국가와 지방자치단체의 책임으로 시행하는 것을 원칙으로 하고 있다.

① 사회복지 공급주체로서의 지방정부의 특징

사회복지 공급주체로서 지방정부가 갖고 있는 강점은 신속성과 융통성이다. 그러나 지역 간 복지 차이로 인한 위화감과 규모의 경제를 살릴 수 없는 단점도 있으며, 전문지식을 갖춘 행정가의 부족도 문제가 되기도 한다.

지방정부는 각 지방의 지리적 · 인구적 · 사회적 · 경제적 · 문화적 차이를 반영하여, 각자가 갖고 있는 복지욕구를 충족할 수 있는 복지정책 대안을 형성하고 집행할 수 있다는 점에서 융통성이 있다. 때로는 그 지역의 특수 욕구를 충족하기 위한 지역특화적인 복지프로그램을 운영할 수도 있다. 그러하기 때문에 지방정부 복지정책에 대한 지역주민들의 만족도가 높아짐으로써 정책의 효용(utility)이 증가하고, 결과적으로 경제적 효율성(economic efficiency)을 달성하게 된다. 그러나 전국적으로 실시되는 중앙정부의 정책보다 정책 실시과정에서 단위당 평균비용(average cost)이 커져서 규모의 경제를 달성할 수 없게 되므로 비용 측면에서 효율성, 즉 비용효율성(cost efficiency)은 낮아지게 된다.

지방정부의 또 다른 강점은 신속성이다. 중앙정부의 경우 의사결정이 이루어지고, 필요한 재화나 서비스를 복지 현장에 일일이 직접 전달할 만한 충분한 인력이 없기 때문에 대부분의 경우 지방정부에 의뢰하여 서비스를 전달한다. 이러한 과정에서 상당한 시간이 소비되기 때문에 지역의 문제와 욕구를 가장 잘 알고 있는 지방정부가 필요한 재화나 서비스를 제공한다면 신속히 업무를 수행할 수 있다.

지방정부가 주체가 되어 서비스를 제공하기에 가장 바람직한 사회보장제도는 사회서비스다. 사회서비스란 국가 · 지방자치단체 및 민간부문의 도움이 필요한 모든 국민에게 복지, 보건의료, 교육, 고용, 주거, 문화, 환경 등의 분야에서 인간다운 생활을 보장하고 상담, 재활, 돌봄, 정보의 제공, 관련 시설의 이용, 역량 개발, 사회참여 지원 등을 통하여 국민의 삶의 질이 향상되도록 지원하는 사회보장제도를 말한다. 사회서비스는 비화폐적이고 사회심리적인 측면이 강해 중앙정부가 전국에 걸쳐 획일적으로 서비스를 제공하기에는 한계가 있기 때문에 대부분의 국가에서 지방정부가 제공하고 있다.

② 사회복지서비스 제공자로서의 지방정부의 약점

지방정부가 복지 제공주체로서 갖고 있는 가장 심각한 문제는 재정격차(fiscal disparity)에 따른 복지혜택의 차이다. 오늘날 지방정부의 재정형편은 지역에 따라 매우 큰 차이가 난다. 재정자립도가 높은 지방자치단체는 높은 수준의 복지혜택을 주민들에게 제공할 수 있지만, 재정자립도가 낮은 지역의 지방자치단체는 열악한 복지재정으로 낮은 수준의 복지혜택을 제공할 수밖에 없다. 이러한 지역 간 복지수준의 차이는 복지혜택이 열악한 지역의 주민들이 복지혜택이 풍부한 지역으로 이주해 가는 소위 복지이주현상(welfare migration)을 발생시키기도 한다.

2) 사회복지 공급주체로서의 민간

(1) 사회복지 공급주체로서 민간이 바람직한 경우

민간이 사회복지의 재화나 서비스를 제공하는 주체로서 바람직한 경우는 정부의 실패가 나타날 때 그리고 시장의 성공(market success)이 발생할 때다.

국가에 의한 사회복지 재화나 서비스가 국가에 의해 제공되어야 할 근거를 살펴보았지만, 국가가 제공주체로서 효율적인 재화나 서비스를 제공하는 데에는 문제점도 있다. 이러할 때 정부의 실패가 나타난다. 그 이유는 다음과 같다.[42] 첫째로 국가나 공적인 전달체계는 독자적인 체제이므로 비효율적이며, 독점으로 인해 서비스의 질을 개선하려는 노력이 부족하고, 대상자의 다양한 욕구에 신속하고 융통성 있게 대응하지 못한다. 둘째로 정부는 모든 국민에게 공통적으로 요구되는 욕구를 충족하는 것을 우선하기 때문에 다양한 이해관계나 가치를 반영하지 못하고, 다양하고 개별화된 욕구에 적절히 대응하지 못한다. 셋째로 공공부문은 비효율적으로 사회복지서비스를 운영해도 책임추궁이 용이하지 않아 신속하고 책임 있는 개선이 어렵다. 넷째로 공공부문은 관련 종사자나 정치인의 이익을 추구하는 과정에서 불필요한 서비스를 확대할

---

42) 구인회, 손병돈, 안상훈(2010), pp. 245-249.

수 있고, 이것이 낭비요인으로 작용할 수 있다.

(2) 민간 사회복지의 주체

사회복지 재화나 서비스를 제공할 수 있는 민간기관으로는 영리기관, 비영리기관, 가족, 친족, 지역사회 등이 있다.

영리기관

영리기관은 이익을 창출할 목적으로 이용료나 대가를 받고 영리를 추구하며 시장기제를 통하여 재화나 서비스를 제공한다. 시장이 재화나 서비스를 제공하는 것이 바람직한 경우는 그 재화나 서비스가 경쟁적이고(rival) 배제적인(exclusive) 특징을 갖고 있는 경우다. 경쟁적이란 재화나 서비스의 양이 유한하여 어떤 한 사람이 재화나 서비스를 사용하게 되면 다른 사람이 사용할 수 있는 재화나 서비스의 양이 그만큼 줄어들게 되는 경우를 말한다. 배제적이란 특정인이 재화나 서비스를 사용하지 못하도록 만들 수 있느냐, 즉 재화나 서비스의 사용과정에서 특정인을 배제할 수 있느냐의 문제로 특정인이 사용하지 못하도록 할 수 있을 때 배제적인 특징을 갖는다. 시장에서는 재화나 서비스를 얻기 위해 값을 치러야 하기 때문에 배제적이다. 즉, 가격기제를 통하여 특정인의 재화나 서비스의 사용을 배제할 수 있다.

시장은 자유경쟁과 이익추구가 보장될 때 사회가 필요로 하는 재화와 서비스를 효율적으로 분배한다. 시장은 사유재산의 보장, 자유로운 영리추구 그리고 경제적 의사결정의 자유라는 기본 원칙하에서 판매자와 구매자가 재화나 서비스의 종류, 가격, 대금의 지급 조건 등을 서로의 약속에 따라 정하고, 수요와 공급이 일치할 때 재화나 서비스의 가격이 결정되고 재화나 서비스의 공급량이 결정된다.

그러나 앞에서 언급한 바와 같이 시장은 사적 이익의 추구와 그로 인한 개인 간의 소득분배의 불평등, 실업과 인플레이션, 독점적 및 비경제적 요소의 존재와 이로부터 오는 폐해, 시장정보 및 접근기회의 결여, 경제성장과정의 부산물인 환경오염, 도시의 인구집중과 교통혼잡 등 심각하고 시급한 문제들을 해결하는 데서 시장의 기능만으로는 치유될 수 없는 한계를 보이고 있다. 이처럼 시장 내부의 여러 가지 제약으로 시장의 기능이 제대로 발휘되지 못하고 있는 현상을 시장 기능의 실패 또는 시장의 실패라한다.

시장이 성공하는 경우 이외에 매슬로의 욕구 단계에서 상위욕구에 속하는, 즉 인간

의 기본 욕구 이외의 부차적·부가적 욕구에 관련된 사회복지서비스 공급은 민간부문
이, 특히 시장이 책임지는 것이 바람직하다.

길버트와 테럴에 따르면, 앞에서 언급한 바와 같이 지역사회생활의 주요 활동들
이 발생하는 6가지 기본적인 사회제도는 친족, 종교, 직장, 시장, 상호부조 그리고 정
부다.[43] 이 6가지의 기본적인 사회제도는 모든 사회에 존재하며, 각각 일차적 기능
(primary function)을 수행하고, 동시에 사회복지 기능을 수행한다. 그 가운데 시장은 일
차적으로 재화나 서비스를 교환하는 기능을 수행하며 동시에 '상업적 사회복지 재화나
서비스(commercial social welfare goods and services)'를 제공하는 기능을 수행한다. 여
기서 상업적(commercial)이란 영리를 추구하기 위하여 사회복지의 재화와 서비스를 공
급함을 의미한다. 비록 사회에서 재화와 서비스가 생산되고 분배되는 몇 가지 이론적
방법이 있지만 의식주, 의료, 교통, 통신 등과 같은 대부분 인간의 욕구를 만족시켜 줄
수 있는 성공적인 경제제도는 사적 시장이다. 최근에는 주로 비영리 또는 정부의 영역
이던 사회복지 분야에 대한 민간회사의 관여가 급속히 증가하고 있다. 민간회사가 거
의 모든 서비스 영역에서 전통적인 기관들보다 더 인기를 끌게 됨에 따라 대규모 시장
화(marketization)가 발생하고 있다. 길버트와 테럴은 시장을 경제적 시장과 사회적 시
장으로 구분하는데, 이 가운데 영리기업은 경제적 시장에 속하면서 동시에 사회적 시
장에도 속한다. 즉, 사회복지 제공주체로서의 영리기업의 의미를 인정하고 있다.

미국의 경우 총판권 원리(franchise principle)에 따라 운영되는 주요 보육 체인들이 미
국 전체 보육센터의 약 10%를 차지하고 있다. 심지어는 아동복지기관, 그룹홈 보호, 재
가치료와 같은 전통적인 사회서비스 영역에서조차 절반 이상의 프로그램들이 회사 소
유의 시설들에 의해 운영되고 있다. 가장 큰 영리적 운영은 의료 분야에서 이루어진다.

사회복지에서 영리조직이 최근 발달하게 된 배경에는 몇 가지 요인이 있다.[44] 먼저,
경제가 발전하여 1인당 국민소득이 증가하고 저출산·고령화나 핵가족화 등 인구사회
학적 변동으로 국민이 추구하는 욕구의 단계가 상향이동하여 이제는 과거의 기본적이
고 보편적인 욕구만을 추구하는 것이 아니라 상위 단계의 부가적이고 특수한 성격을
띤 사회복지욕구가 새롭게 등장하였다. 이러한 부가적이고 특수한 사회복지욕구의 충
족은 정부에 의존하기보다는 그러한 욕구를 가진 개인이 서비스 비용을 부담하고 욕

43) Gilbert & Terrell(2005), pp. 2-14.
44) 현외성(2000), pp. 104-106.

구를 충족하는 것이 바람직하다. 따라서 사회복지시장에서 영리조직에 비용을 지불하고 자신이 원하는 서비스를 구매하도록 하는 것이 바람직하다. 다음으로는 복지국가 위기론의 주된 내용인 재정의 위기를 극복하기 위한 대안으로 '사회복지의 민영화 또는 사영화(privatization of social welfare)' 전략이 채택된다. 사회복지의 민영화는 복지에서 국가의 책임이 축소되는 점이 우려되나 사회복지서비스를 민간복지기관으로부터 서비스 이용료를 부담하고 구매하도록 함으로써 국민의 복지욕구를 어느 정도 억제할 수 있는 대안이 될 수 있다.

제3영역

제3영역(the third sector)이란 제1영역인 정부나 제2영역인 시장과 구분되는 대안적인 공동체 영역으로, 비영리적 성격을 갖는 사회적 활동영역을 의미한다. 제3영역에 대한 정의는 연구자에 따라 상이하게 정의되어 왔지만, 점차 전통적 비영리단체와 사회적 기업 등을 포괄하는 경향을 나타낸다. 유럽에서 제3영역의 개념은 1970년 샤방델마스(Chaban-Delmas)에 의해 처음 사용되었고, 1979년 유럽연합 집행위원장을 지냈던 들로르(Delors)에 의해 공식적으로 개념화되었다.

유럽 국가들은 제3영역 개념을 협동조합(cooperatives), 공제조합(mutuals), 자발적 결사체(associations) 등을 포함하는 사회적 경제(social economy) 개념과 동일시하고 있다. 미국은 제3영역을 비영리부문(Non-Profit Sectors, Not-for-profit Sector) 개념과 동일시하며, 이는 협동조합 등 경제활동을 통해 수익을 창출하는 조직을 배제하고 있다. 영국은 전통적으로 제3영역을 자선 및 자원봉사 부문(Charity and Voluntary Sector)과 동일시해 왔으나, 2005년 영국 정부가 새로운 기업형태인 '지역사회 이익 기업(Community Interest Company: CIC)'을 도입하면서 보다 포괄적으로 접근하는 경향을 보이고 있다.[45]

대체로 서구에서는 국가·시장·시민사회의 3분법적 시각에서 비정부조직과 비영리조직을 포함하는 공적인 기능을 수행하는 전반적인 비영리영역을 제3영역이라고 인식하고, 자원조직, 비정부조직, 비영리조직, 비정부조직 등으로 개념화된다.

비정부조직은 기본적으로 인도주의적이거나 조합적 목적을 갖고 면세혜택을 받으면서 비영리적으로 운영되는 자발적인 민간조직으로, 어의적으로는 정부기구가 아닌

---

45) 노대명(2011), pp. 1-4.

모든 기구를 의미하지만 공식적으로는 시민사회단체를 의미한다. NGO를 열악한 처지에 있는 사람들의 삶의 질을 향상시키기 위해 고안된 자율적이고, 사적이며, 비영리적인 조직이라고 정의하기도 한다.[46]

일반적으로 NGO는 비정부-비영리기구로서 권력이나 이윤을 추구하지 않고, 인간의 존엄성을 옹호하며, 시민사회의 공공선을 지향하면서 시민사회에서 활동하였다. NGO는 공식적으로 1950년 2월 UN 경제사회이사회에서 결의안 288조가 통과되면서, 비록 정부 대표는 아니지만 UN에서 협의적 지위를 인정받은 공식적 조직이란 의미로 사용되기 시작하였다. 오늘날 NGO는 기업과 같은 영리조직을 제외한 비정부적(non-governmental), 비당파적(non-partisan), 비영리적 또는 공익적(not-for-private profit or for public interest), 자발적(voluntary), 자율적(self-governing) 성격을 갖고 있는 기구를 의미한다.

길버트와 스펙트에 따르면, 자발적 서비스(voluntary service)는 가치수호자 기능, 전위 기능, 개선자 기능 그리고 보충자 기능을 수행한다. 가치수호자 기능(value guardian function)은 특수집단의 가치와 소수집단의 가치가 사회복지 내에서 표현될 수 있도록 하는 기능으로, 이는 다원주의(pluralism)를 고취함으로써 개인이나 집단들에 그들이 가진 종교적·인종적·문화적 가치를 추구할 수 있도록 하여 주며, 지역사회에서 다양성과 다원성을 촉진해 준다. 전위 기능(vanguard function)은 새롭고 아직 알려지지 않은 구상을 실천에 옮기는 기능이다. 자원기관은 유연성과 변화적인 특징을 갖고 있기 때문에 이러한 전위 기능을 수행하는 데 적합하다. 개선자(improvers) 기능은 자원기관이 공공서비스에 대한 깨어 있는 비판자의 역할을 수행함으로써 공공서비스의 수준을 일정하게 보장하여 주는 기능이다. 보충자(supplementers) 기능은 자원기관이 공공기관이 담당할 수 없거나 기꺼이 수행하려고 하지 않는 욕구를 충족하기 위한 프로그램을 지원하는 기능이다.[47]

자원조직(voluntary organizations)은 정부로부터 독립된 공식적 조직으로 비영리적이며 또한 공익성 또는 인도주의적 목적을 추구하기 위해 민간 시민들이 설립하고 운영하는 조직으로 자발적인 개인들의 기부에 의해 운영된다. 자원조직은 규모나 형태 그리고 기능이 매우 다양하며, 공공조직과 같이 법률로 규정되어 있는 것도 아니고, 영

46) Vakil(1997), pp. 2057-2070.
47) Gilbert & Terrell(2005), pp. 207-210.

리조직과 같이 시장기구 내에서 활동하는 조직도 아니며, 민간조직이면서 활동원리가 상업적 원칙에서 벗어나 있고, 가족·친구·이웃·직장동료 등과 같이 비조직적으로 상호원조하는 비공식 지원체계와는 달리 조직적인 형태로 집단적 활동을 한다. 자원조직은 국가·영리조직·비공식부문 간에 연관성을 가지면서 독자적으로 자신만의 배타적 영역을 갖고 있다. 자원조직은 사회민주주의 전통이 강한 유럽 국가에서는 자원조직의 역할 중 많은 부분이 국가나 공공조직으로 이전되어 그 역할이 상대적으로 미미한 반면, 미국이나 일본과 같이 자유주의 전통이 강한 국가에서는 상대적으로 강하다.

자원조직은 다음과 같은 특징을 갖고 있다. 자원조직은 자원봉사자에게 의존하는 비중이 크고, 재원은 기부금 및 회비 등 자선적 기부에 크게 의존하고 있으며, 공제조합이나 신용조합 등과 같이 집단구성원이 스스로의 보호를 위해 갹출금을 납부하는 등 재원조달과 활동을 하는 경우가 많다는 특징을 갖고 있다.

자원조직은 기능적으로 다음과 같이 구분된다. 우애조합이나 신용조합과 같이 구성원 상호 간의 유익이나 보호를 위해 설립된 보호조직(protective organization), 노동조합과 같이 구성원의 이익을 증진하나 서비스 개선을 위해 캠페인을 하거나 욕구 충족을 위한 외부활동에 주력하는 대표조직(representative organization), 조직구성원의 이익을 위해 활동하지 않으나 이타주의에 근거하여 사회 전반에 걸친 보다 광범위한 이슈들에 대하여 캠페인을 전개하는 그린피스와 같은 캠페인 조직(campaign organization), 이타주의에 의해 동기화되어 다른 사람을 돕기 위해 무언가를 제공하는 데 관심이 있는, 우리나라의 아름다운 가게나 영국의 옥스팜과 같은 서비스조직(service organization)으로 구분될 수 있다. 이 자원조직들은 정부의 실패와 시장의 실패에 대처하기 위한 대안으로 작용하기도 하고, 국가 혹은 공적 전달체계가 제공하는 기본적 욕구의 충족 이외의 부차적·부가적 욕구의 충족을 제공하는 보완적 관계에 있기도 하며, 정부 또는 시장공급체계와 동반자(partnership)로서 시민복지를 증진하는 역할을 하기도 하고, 정부와 합의를 하고 서비스를 전달하는 계약적 관계에 있기도 하며, 사회복지수혜자들의 문제를 해결하기 위해 정부에 대항적으로 도전적 입장에서 정책목표를 달성하기 위해 활동하기도 한다.[48]

---

48) 현외성(2000), pp. 105-110.

근로자복지 주체로서의 기업

기업은 영리기관으로서 고객들에게 사회복지서비스를 판매하기도 하지만, 동시에 기업 내부의 근로자와 그 가족들에게, 때로는 기업 밖의 취약계층을 위해 복지서비스를 제공하는 주체로서의 역할을 수행한다. 기업들은 근로자의 삶의 질 향상, 노사관계의 안정, 기업의 사회적 책임(Corporate Social Responsibility: CSR)의 일환으로 복지사업을 수행한다. 이러한 기업의 복지사업은 법정(法定)복지와 비법정(非法定)복지로 구분된다.

기업복지는 종종 근로자복지라고도 불린다. 근로자복지란 기본적인 근로조건(예: 임금, 근로시간 등) 외에 부가적인 근로조건의 개선이나 근로자의 상호부조활동에 의하여 근로자 생활의 안정 및 향상을 목적으로 하여 실시되는 각종 시책과 활동을 말한다.

기업복지는 임금과는 달리 개인의 능력보다는 고용된 상태 자체로 수급권이 발생하며, 계약에 따라 지급되는 임금과는 달리 기업복지는 사유가 발생하였을 때 그 필요성에 따라 지급되고 집단적으로 실시되기 때문에 규모의 경제에 의한 제공이 가능한 부분도 있다. 현금·현물·서비스·시설물 이용 등 다양한 형태로 제공되고, 기업의 특성이나 해당 기업의 근로자의 욕구에 맞는 독특한 프로그램 운영이 가능한 특징을 갖고 있다.

최근 기업복지는 전통적인 방법 이외에 기업에서 최소한 단위만 남기고 나머지는 외부에 위탁하는 외부계약(contract-out) 또는 아웃소싱(outsourcing) 방식이 채택되기도 한다. 또한 유연급여제도(Flex Benefit Plan: FBP)의 일환으로 사전에 설계된 다양한 복지 메뉴 중 일정한 예산하에서 종업원 개입의 욕구에 가장 적합한 복지항목과 수혜 수준을 종업원들이 자유롭게 선택하도록 하는 카페테리아 플랜(cafeteria plan)이 실시되기도 한다.

기업복지프로그램의 내용을 살펴보면 퇴직금, 기업연금, 사내근로복지기금, 종업원지주제, 근로자주거안정프로그램, 식사지원프로그램, 의료 및 보건 프로그램, 문화·체육 및 오락 관련 프로그램, 보험료지원금제도, 경조비지원제도, 학비보조프로그램, 보육지원프로그램, 근로자휴양프로그램 등이 있다.

이 가운데 법으로 정해져 있는 법정기업복지를 살펴보면 다음과 같다.

첫째, 근로자의 안정적인 노후생활 보장에 이바지하기 위해 제정된 「근로자퇴직급여 보장법」상 퇴직급여제도가 있다. 사용자는 퇴직하는 근로자에게 급여를 지급하기 위하여 '퇴직급여제도' 중 하나 이상의 제도를 설정하여야 한다. 여기서 '퇴직급여제도'란 확정급여형 퇴직연금제도, 확정기여형 퇴직연금제도 및 퇴직금제도를 말한다. 확정급여형 퇴직연금제도(Defined Benefit Plan, DB 방식)란 근로자가 받을 급여의 수준이 사전에 결정되어 있는 퇴직연금제도를 말하며, 확정기여형 퇴직연금제도(Defined Contribution Plan, DC 방식)란 급여의 지급을 위하여 사용자가 부담하여야 할 부담금의 수준이 사전에 결정되어 있는 퇴직연금제도를 말한다. 퇴직금제도를 설정하려는 사용자는 계속근로기간 1년에 대하여 30일분 이상의 평균임금을 퇴직금으로 퇴직 근로자에게 지급할 수 있는 제도를 설정하여야 한다.[49]

사내근로복지기금이란 후생복지제도의 일종으로서 임금 및 기타 근로조건에 부가하여 근로자의 실질소득을 증대시키고 근로의욕과 노사공동체의식을 고취하기 위하여 기업이익의 일부를 기금으로 출현하여 근로자의 복지증진사업에 사용하게 함으로써 근로자에게 복지후생혜택을 보장하는 제도다. 사내근로복지기금은 근로자주택자금 제공, 종업원지주제 지원을 통한 재산형성 지원, 학자금 · 재난구조금 · 경조비 등 근로자의 생계비 지출 보조를 통한 생활원조, 생활안정자금과 소액 대부를 통한 금융공제 등에 사용된다.

둘째, 종업원지주제(Employee Stock Ownership Plan: ESOP)가 있다. 종업원지주제도란 회사가 경영방침으로 특별한 편의를 제공하여 종업원으로 하여금 자사 주식을 취득 · 보유케 하고 기업경영 및 이익분배에 참여하게 함으로써 근로자의 근로소득 외에 자본소득을 증대시켜 나가는 제도다. 대표적인 형태가 「근로복지기본법」상 우리사주조합이다. 우리사주조합이란 주식회사의 소속 근로자가 그 주식회사의 주식을 취득 · 관리하기 위하여 「근로복지기본법」에서 정하는 요건을 갖추어 설립한 단체를 말한다. 우리사주제도는 근로자로 하여금 우리사주조합을 통하여 해당 우리사주조합이 설립된 주식회사의 주식을 취득 · 보유하게 함으로써 근로자의 경제 · 사회적 지위 향상과 노사협력 증진을 도모함을 목적으로 한다. 우리사주조합을 설립하려는 주식회사의 소속 근로자는 우리사주조합원의 자격을 가진 근로자 전체의 5분의 1 이상의 동의를 받아 우리사주조합 설립준비위원회를 구성하여 우리사주조합을 설립할 수 있다.

셋째, 「영유아보육법」상 어린이집 종류 가운데 하나로 직장어린이집이 있다. 직장어린이집은 사업주가 사업장의 근로자를 위하여 설치 · 운영하는 어린이집을 말한다. 국가나 지방자치단체의 장이 소속 공무원을 위하여 설치 · 운영하는 어린이집을 포함한다. 상시 여성근로자 300명 이상 또는 상시근로자 500명 이상을 고용하고 있는 사업장

49) 법제처, 「근로자퇴직급여 보장법」, www.moleg.go.kr

의 사업주는 직장어린이집을 설치하여야 한다. 다만, 사업장의 사업주가 직장어린이집을 단독으로 설치할 수 없을 때에는 사업주 공동으로 직장어린이집을 설치·운영하거나, 지역의 어린이집과 위탁계약을 맺어 근로자 자녀의 보육을 지원하거나, 근로자에게 보육수당을 지급하여야 한다.

넷째, 「임금채권보장법」상 임금채권보장제도가 있다. 이 제도는 경기 변동과 산업구조 변화 등으로 사업을 계속하는 것이 불가능하거나 기업의 경영이 불안정하여 임금 등을 지급받지 못하고 퇴직한 근로자에게 그 지급을 보장하는 조치를 마련함으로써 근로자의 생활안정에 이바지하는 것을 목적으로 한다. 고용노동부장관은 사업주가 파산 등 사유에 해당하는 경우에 퇴직한 근로자가 지급받지 못한 임금 등의 지급을 청구하면 그 근로자의 미지급 임금 등을 사업주를 대신하여 지급한다. 고용노동부장관이 사업주를 대신하여 지급하는 임금 등을 '체당금(替當金)'이라 하며, 그 범위는 「근로기준법」에 따른 임금 및 「근로자퇴직급여보장법」에 따른 최종 3년간의 퇴직급여 등과 「근로기준법」에 따른 최종 3개월분의 휴업수당으로 한다.

사회복지의 제공주체로서 기업은 기업의 사회적 책임(Corporate Social Responsibility: CSR)의 일환으로 복지사업을 수행하기도 한다. 기업의 사회적 책임은 사회적 선(善)과 공공의 이익에 공헌하기 위하여 기업들이 자발적으로 그들의 사업 영역에서 이해관계자들의 사회적 그리고 환경적 관심사들을 수용해 적용함으로써 이해당사자들과 지속적인 상호작용을 이루면서 공생관계를 형성하는 것이다.

사회적 기업

통상적으로 알려진 기업과는 다른 유형의 기업이 있는데 바로 사회적 기업이다. 「사회적 기업 육성법」에 따르면, 사회적 기업은 자신에게 필요한 사회서비스를 시장가격으로 구매하는 데 어려움이 있는 취약계층에게 교육·보건·사회복지·환경 및 문화 분야의 사회서비스 또는 일자리를 제공하여 지역주민의 삶의 질을 높이는 등의 사회적 목적을 추구하면서 재화 및 서비스의 생산·판매 등 영업활동을 수행하는 기업으로 노동부장관의 인증을 받은 자다. 또한 특정한 사회적 기업에 대하여 재정지원, 경영자문 등 다양한 지원을 행하는 기업으로서 그 사회적 기업과 인적·물적·법적으로 독립되어 있는 연계기업이 있다.[50]

---

50) 법제처, 「사회적 기업 육성법」, www.moleg.go.kr

노동조합

노동조합의 탄생 배경을 살펴보면, 그 배경은 정치적이기보다는 근로조건의 개선과 근로자의 복지 증진에 있다. 노동조합이 주체가 되는 복지를 자주복지(自主福祉)라 한다. 자주복지는 근로자 상호 간의 상부상조 정신에 따라 노동조합을 중심으로 이루어지는 근로자복지사업이다.

노동조합이 실시하는 복지사업으로는 장학사업, 근로자복지매장사업, 어린이집 설립·운영, 자원봉사활동 등을 들 수 있다.[51] 자주복지는 향후 적극적으로 개발하여 근로자들이 주체가 되어 근로자 자신들의 삶을 향상시킬 수 있도록 발전시켜야 할 사회복지 분야다.

종교조직

길버트와 스펙트에 따르면 종교의 일차적 기능은 통합(integration)이지만 동시에 사회복지의 기능을 수행한다. 같은 맥락에서 길버트와 테럴은 종교의 일차적 기능은 영성 개발(spiritual development)이지만 동시에 사회복지의 기능을 수행한다고 주장한다. 종교의 사회복지 기능은 신앙에 기초한(faith-based) 보건·교육·사회서비스를 제공하는 것이다.

기독교에서는 이웃 사랑을 하나님 사랑과 함께 가장 큰 계명으로 믿는다. 따라서 자선을 사랑의 최고 형태로 간주한다. 기독교가 사회복지의 주체로서 활동한 구체적 역사는 성서에 나타난 다양한 부조활동에서 찾아볼 수 있다.

불교는 사람들이 살아가면서 취해야 할 네 가지 덕목으로 보시섭(布施攝), 애어섭(愛語攝), 이행섭(利行攝), 동사섭(同事攝)의 사섭법(四攝法)을 가르친다. 보시섭은 세상의 바른 이치와 삶의 지혜를 가르쳐 주는 법시(法施), 불안과 공포를 덜어 주라는 무외시(無畏施), 탐욕심 없이 필요한 사람들에게 재물을 베풀어 주라는 재시(財施)로 구성되어 있다. 애어섭은 따뜻하고 사랑스런 언어를 사용하라는 것이다. 이행섭은 이기적 행위가 아닌 사회의 공동선이나 타인의 유익을 구하는 이타적 행위다. 동사섭이란 함께 고락과 화복을 나누는 것이다.

유교에서는 인간의 본성을 사단(四端)이라고 한다. 사단은 측은지심(惻隱之心)·수오지심(羞惡之心)·사양지심(辭讓之心)·시비지심(是非之心)으로 나뉜다. 측은지심은

---

51) 유길상 외(1996), pp. 427-508.

어려움에 처한 사람을 애처롭게 여기는 마음으로 자선의 기본이다.

비공식부문

비공식부문(informal sector)은 가족을 중심으로 한 일차적 집단으로서 가족·친구·이웃 등과 같이 비조직적으로 일정한 형식을 갖추지 않으면서 사회복지서비스를 공급·전달하는 체계를 말한다.[52] 산업화가 이루어지기 이전의 전통사회에서는 사람들의 욕구와 문제가 주로 이들 비공식부문에 의해 충족되고 해결되었다. 산업화가 진행된 이후에 비복지의 문제가 발생하고, 전통사회의 확대가족이 핵가족으로 바뀌어 감에 따라 국가나 공식적인 사회기관들이 비복지의 문제나 핵가족화에 따른 문제를 해결하기 위한 주된 주체로 역할을 수행하고 있지만, 사회복지 분야에서 비공식부문은 여전히 사회복지의 주체로서 역할을 수행해 오고 있다.

사회복지서비스 공급체계로서 비공식부문은 조직 형태를 갖고 있는 자원조직과는 달리 조직형태를 갖고 있지 않으며, 규칙이나 규정 그리고 계약 등이 없고 단지 기꺼이 타인을 돕겠다는 선의와 자신도 다른 사람의 도움을 받을 수 있다는 상호의존성이 보호와 지원의 중심에 자리 잡고 있다.

비공식부문이 주된 역할을 하는 사회서비스 부문은 세탁, 옷 입기, 음식물 제공 등과 같은 개인적 돌봄(personal care), 취사·세탁 등과 같은 가정적 돌봄(domestic care), 정원정리·잡무 등과 같은 보조적 보호(auxiliary care), 방문, 친구 삼기 등과 같은 사회적 지원(social support), 약한 노인을 지속적으로 돌보기 등과 같은 감시(surveillance)다.[53]

사회복지의 제공 주체로서 비공식부문의 장점은 다음과 같다. 비공식부문은 제도화된 절차나 규칙을 기반으로 하지 않고 있어 각자가 처한 상황이나 필요에 신속하게 그리고 융통성을 발휘하며 용이하게 대처할 수 있다는 것, 비공식부문은 별도의 전달체계를 구축할 필요가 없으므로 운영비용이 절약되어 비용효율성이 높다는 것, 서비스 전달과정에서 대규모 조직에서 나타나는 관료제의 병리현상이 발생하지 않다는 것, 비공식부문은 수혜자의 외적 문제뿐 아니라 내면적인 욕구 그리고 그들의 문화와 정서에 대해 잘 알고 있기 때문에 이러한 욕구와 문제를 가장 잘 해결할 수 있는 재화나 서비스를 제공해 줌으로써 의도한 목적을 보다 용이하게 달성할 수 있다는 것이다.

---

52) 현외성(2000), pp. 116-119.
53) Johnson(1987), pp. 91-94.

즉, 서비스의 목적 달성도, 다시 말해 효과성을 높일 수 있다.

사회복지의 제공주체로서 비공식부문의 단점으로는 서비스 제공에 필요한 인적·물적·사회적 자원을 동원하는 데 한계가 있다는 것, 제공할 수 있는 서비스의 종류가 제한적이고 공식부문과 비교할 때 서비스의 전문성이 떨어진다는 것, 문제해결을 종합적이고 효과적으로 할 수 있는 통합사례관리 네트워크를 구축하기가 어렵다는 것, 규모가 작으므로 중앙정부와 같은 대규모 조직이 누리는 규모의 경제(economy of scale)를 누릴 수 없다는 것이다.

3) 복지다원주의(복지의 혼합)

복지다원주의란 복지 제공의 주체가 하나가 아니라 여럿인 복지체계를 말한다. 복지다원주의와 유사한 개념으로는 복지의 혼합, 복지의 혼합경제, 복지지도(welfare map) 등이 있다.

기든스(Giddens)는 제3의 길을 논하면서 적극적 복지정책(positive welfare policies)의 대안의 하나로 복지다원주의를 강조한다.[54] 적극적 복지는 복지 제공주체를 국가로 한정하지 않고 다양한 복지주체의 적극적 활동을 전제로 하는 복지다원주의 또는 복지혼합을 추구한다. 전통적인 복지 제공주체인 국가 이외에 가족·친족·시장은 물론 그 밖에 '제3영역(the third sector)'인 지역사회기관이나 종교기관과 같은 시민사회들이 적극적으로 복지 제공의 주체로서 공헌한다.

적극적 복지에서는 다른 복지 제공주체의 역할도 중시하지만 무엇보다도 국가와 시민사회의 동반자 관계를 강조하고 있다. 시민사회와의 동반자 관계는 비스마르크 시대 이후 발전해 왔다. 19세기 말 독일의 비스마르크(Bismarck)는 복지국가의 고전적 모델을 설립하였다. 비스마르크 제국에서 사회보험제도를 만든 통치 집단들은 사회주의와 자유방임주의를 모두 배척하였다. 독일의 복지국가는 복지정책을 수행하기 위해 '제3영역'을 활용하였다. 독일의 복지국가는 공익적 목적을 위해 설립된 비영리 시민단체와 같은 제3영역 집단들과 긴밀한 협조관계를 유지하고 이들의 활동을 지원함으로써 이들이 복지국가의 목적 달성에 기여할 수 있도록 노력하였다. 특히, 아동보육정책과 같은 분야에서 제3영역 집단들은 중요한 서비스 공급자로서의 역할을 수행하였

---

54) Giddens(1998), pp. 111-118.

다. 그 후 복지국가가 성장해 감에 따라 이 비영리부문들의 활동은 줄어들지 않고 오히려 확대되었으며, 교회나 사회단체들은 사회적 연대를 위해 중요한 역할을 수행하였다.

적극적 복지는 '더불어 사는 사회'를 추구하는 공동체 복지사회를 조성한다. 이를 위해서 국가와 시민사회는 다른 분야에서와 같이 복지 분야에서도 상호 간에 협력하면서도 상호 간에 선의의 통제를 행하는 발전적 동반자 관계를 형성한다. 국가기구나 재벌기업 등에 포섭되지 않은 채 이로부터 독립해서 공익을 요구하고 추구할 수 있는 전문가단체와 시민단체인 중민(中民)이 일반 사회와 종교 분야와 같은 제3영역에 널리 산재해 있다.[55] 정부는 이들 시민사회가 복지주체로서 시민생활을 풍요롭게 만드는 데 의미 있는 기여를 할 수 있도록 원조하여야 한다. 이러한 측면에서 제3의 길에서는 '복지국가(welfare state)'라는 용어보다는 '복지사회(welfare society)'라는 용어를 선호한다.

복지사회의 건설을 위해서는 무엇보다 제3영역의 복지활동 참여가 활성화되어야 한다. 개혁적 측면에서 언급하면 복지 분야에서 시민혁명이 이룩되는 것이다. 시민사회단체들이나 지역사회조직 종교기관들이 복지서비스를 제공하는 데 적극적인 역할을 수행하여 정부의 공공복지 분야와 병행 발전함으로써 복지사회건설에 의미 있는 활동을 할 수 있도록 하여야 한다. 정부는 이들 제3영역과의 협조하에 복지정책을 수행하면서 동시에 이들 시민사회가 성장하면서 발전해 나아갈 수 있도록 제도적 뒷받침을 기울여야 한다.

---

55) 앞의 책, pp. 111-118.

제10장

사회복지정책의 대상

최근 우리 사회는 무상복지에 대한 찬반을 둘러싸고, 소위 '복지 논쟁'에 휩싸인 적이 있다. 그 핵심은 국가가 사회복지정책을 통하여 가난한 자와 부유한 자 모두에게 무조건적으로 복지혜택을 줄 것인가, 아니면 가난한 자만 선별하여 복지혜택을 줄 것인가에 있다. 이러한 논쟁은 오늘날 시작된 논쟁이 아니라,「구빈법」이래 정부가 복지 제공의 주된 주체로서 역할을 담당하기 시작한 후 오랫동안 지속되어 온 논쟁이다.

정부가 누구에게 사회복지정책급여를 제공할 것인가에 관한 논의는 전통적으로 보편주의와 선별주의라는 할당원리로 진행되었으나, 전통적인 보편주의나 선별주의만으로 설명할 수 없는 부분이 있어 이를 보완하기 위한 대안이 되는 사회적 할당의 원리들이 제기되었다. 사회적 할당의 원리란 일반적으로 사회복지정책급여를 누구에게 제공하여 줄 것인가를 정하는 기준 또는 원리를 말한다.

1. 욕구와 대상자 선택의 기준

◆ 욕구의 개념과 유형

사회복지의 3대 요소를 소개할 때 자원, 욕구, 전달체계를 말한다. 욕구란 이와 같이 사회복지의 전반에 걸쳐 매우 중요한 요소다. 사전적으로 욕구(欲求, needs)란 '원하거나 필요하다고 생각하는 것이 부족한 상태(a lack of something wanted or deemed necessary)'를 말한다. 그러한 부족함이 인간유기체의 기능을 저해하거나 질병이나 사망과 같은 부정적인 결과를 초래하기 때문에 단순한 결핍과는 구분된다.

인간 욕구 중에서 모든 개인에게 있어야 하는 공통적이면서 동시에 필수불가결한 욕구의 최소한을 기본적 욕구(basic needs)라 한다. 기본적 욕구는 모든 개인에게 공통적으로 존재하며, 필수불가결하면서 최소한 있어야 하는 욕구다. 사회적 욕구(social needs)는 이러한 기본적 욕구 가운데 사회적 맥락에서 나타나는 욕구를 말한다.

(1) 고프의 욕구이론

정치경제학자 도얄과 고프(Doyal & Gough)는 복지국가가 제공하는 사회부조(social assistance)의 맥락에서 인간의 욕구에 관해 저술하였다.[1] 욕구를 충족하지 못한 사람(a needy person)은 사회 내에서 제대로 기능하지 못한다. 고프의 견해에 따르면, 모든 사람은 신체적 건강과 개인적 자율성(autonomy)을 필요로 한다. 자율성은 무엇이 행해져야 하고 그것을 어떻게 수행할 것인가에 관해 선택할 수 있는 능력을 말하는데, 이는 정신건강, 인지기술 그리고 사회활동과 집합적 의사결정에 참여하는 기회를 필요로 한다.

도얄과 고프는 신체적 건강과 개인적 자율성이 성취되는 방법을 규정하는 11개의 광범위한 중간적 욕구(intermediate needs)의 범주를 다음과 같이 제시하였다.[2]

중간적 욕구
적절한 영양이 있는 음식과 물, 적절하게 보호해 줄 수 있는 주거, 안전한 근로환경, 의복 제공, 안전한 물리적 환경, 적절한 의료, 아동 시기의 안전, 다른 사람과의 중요한 기본적인 관계, 신체적 안전, 경제적 보장, 안전한 산아제한과 분만 그리고 적절한 기본적·다문화적 교육

(2) 매슬로의 욕구이론

매슬로(Maslow)는 자신의 욕구이론이 기능주의적 전통(functionalist tradition)에 있으며, 전체론(holism), 게슈탈트 심리학(Gestalt psychology) 그리고 프로이트(Freud)와 아

1) 위키피디아, http://en.wikipedia.org/wiki/Need
2) Doyal & Gough(1991), pp. 191-221.

들러(Adler)의 역동주의(dynamicism)와 융합되어 있다고 하면서, 이러한 융합 또는 통합을 '일반적-역동적 이론(general-dynamic theory)'이라고 하였다.[3]

매슬로의 욕구이론에 따르면 욕구는 세 가지 특징을 갖고 있다. 첫째로, 욕구 충족이 실패하였을 때, 상대적으로 역기능이나 혼란상태가 발생한다. 둘째로, 욕구를 충족시켜 회복됨으로써 욕구 불충족으로 발생한 역기능이나 혼란상태가 치유된다. 셋째로, 하나의 기본적인 욕구가 충족되면 그 상태에서 만족하고 머물러 있는 것이 아니라, 그 욕구가 충족되는 순간 상위의 다른 욕구를 갖게 되고 그 욕구를 충족하기 위해 노력한다. 매슬로는 "인간은 항상 부족을 느끼는 동물(Man is a wanting animal)"이라고 정의한다. 인간은 짧은 시간을 제외하고는 완전한 만족의 상태에 거의 도달할 수 없다. 하나의 욕구가 충족되면, 다른 욕구가 이 욕구를 대체한다.

욕구의 종류

매슬로는 그의 동기이론에서 인간이 누려야 할 기본적 욕구를 초기에는 생리적 욕구-안전의 욕구-소속과 사랑의 욕구-존중의 욕구-자아실현의 욕구라는 5단계로 설

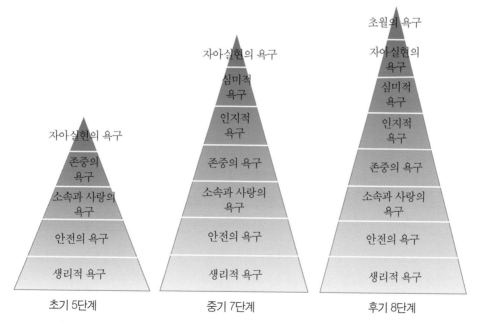

[그림 10-1] **매슬로 욕구이론의 발달**

---

3) Maslow(1970), pp. 97-115.

명하였고, 그 후 7단계로 '알고 싶고 이해하고 싶은 욕구(needs to know and understand)'인 인지적 욕구(cognitive needs)와 질서와 안정을 바라며 아름다움을 추구하는 욕구인 심미적 욕구(aesthetic needs)를 추가하여 7단계의 욕구로 발전시켰으며, 그 후에 초월의 욕구(transcendence needs)를 추가하여 8단계의 욕구로 발전시켰다.[4]

여기서는 가장 자주 인용되는 초기 5단계 욕구이론을 중심으로 매슬로의 욕구이론을 논한다.

① 생리적 욕구

일반적으로 동기부여이론의 출발점으로서 받아들여지는 욕구는 이른바 생리적 욕구('physiological' needs)다. 의심할 여지 없이 생리적 욕구는 모든 욕구 가운데 가장 우세한 욕구(the most pre-potent needs)다. 식품, 안전, 사랑 그리고 존경이 결핍된 사람은 다른 그 무엇보다 음식을 가장 강력하게 갈망할 가능성이 매우 높다. 굶주림이나 목마름을 해결하고자 하는 욕구는 대표적인 생리적 욕구다.

만일에 모든 욕구가 충족되지 않고, 유기체가 생리적 욕구에 의해 지배받는다면, 다른 욕구는 모두 그저 존재하지 않거나 배후에 밀려들어 가게 된다.

사람이 빵으로 산다는 것은 사실이다. 그러나 충분한 양의 빵이 있고 그의 배가 항상 가득 차 있을 때 사람의 욕구에는 어떤 일이 일어날 것인가? 즉시 다른 상위 욕구가 등장하고, 생리적인 굶주림보다는 다른 욕구들이 유기체를 지배하게 된다. 그리고 이러한 욕구들이 차례차례 만족될 때, 다시 새로운 더 높은 상위욕구들이 등장한다. 기본적인 인간 욕구들은 상대적 우세를 나타내는 계층 속으로 편성된다.

만족이라는 것은 동기부여이론에서 박탈로서 중요한 개념이 된다. 만족은 유기체로 하여금 상대적으로 더 이상 생리적 욕구에 지배당하지 않도록 해방시키고, 그로써 다른 더 많은 사회적 목적을 추구할 수 있도록 기회를 마련해 준다. 생리적 욕구가 만성적으로 만족될 때 생리적 욕구는 더 이상 적극적 결정자로서 또는 행동의 조직자로서 존재하지 않게 된다. 만일 생리적 욕구가 좌절될 경우, 생리적 욕구는 다시 등장하여 유기체를 지배하게 될 것이라는 의미에서 잠재적인 형태로 존재하게 된다. 충족된 욕구는 더 이상 욕구가 아니다. 유기체는 오로지 충족되지 않은 욕구에 의해서만 지배되고 욕구를 충족하려는 행동이 나타난다. 만일 배고픔이 충족되면, 그 욕구는 개인의

---

4) 앞의 책, pp. 39-51.

현재의 역학에서 중요하지 않게 된다.

② 안전의 욕구

만일 생리적 욕구가 상대적으로 잘 충족된다면 일군의 새로운 욕구들이 등장하는데, 이러한 욕구를 대체로 안전의 욕구(safety needs) 범주에 넣는다. 생리적 욕구에 관해 이야기한 모든 것이 비록 그 정도의 차이는 있으나 안전의 욕구에 적용된다.

전체 유기체는 안전을 추구하는 메커니즘으로 묘사된다. 굶주린 사람에게서와 같이, 그 지배적인 목적은 현재의 세계관과 철학의 결정요인일 뿐만 아니라 미래의 철학과 가치관의 결정요인이기도 하다. 실제로 모든 것이 안전과 보호보다 덜 중요하게 보인다(심지어는 충족된 생리적 욕구가 때로 과소평가되기도 한다). 이러한 상태에서 사람은 거의 안전만을 위해 살아가는 존재로 간주되기도 한다.

우리는 주로 성인들의 욕구에 관심을 갖지만, 안전의 욕구가 보다 단순하고 명백하게 나타나는 유아나 아동들을 관찰하면 안전의 욕구를 잘 이해할 수 있다. 우리 사회에서 성인들은 어떠한 희생을 치르더라도 두려움이나 위험에 반응하는 것을 억제하도록 배워 온 반면, 유아들의 경우 이러한 반응을 전혀 억제하지 못하기 때문에 두려움이나 위험에 분명하게 반응한다. 따라서 성인들은 안전의 욕구가 위협받는다고 느낄 때일지라도 표면상으로는 그들의 안전의 욕구가 위협받는다는 것을 볼 수 없을지 모른다. 만일 유아들이 불안에 빠지거나 갑자기 떨어뜨려지거나, 큰 소리나 번쩍이는 빛이나 다른 감각적 자극에 의해, 거친 취급에 의해, 어머니의 팔에서의 일반적인 지지의 상실에 의해 또는 부적절한 지지에 의해 놀란다면, 유아들은 전적으로 그리고 마치 그들이 위험에 빠진 것처럼 반응할 것이다.

유아들에게서 우리는 다양한 신체 질병에 대한 훨씬 직접적인 반응을 발견할 수 있다. 가끔 이러한 질병은 즉각적이고 그 자체가 위협적인 것처럼 보이며, 그래서 아동들이 불안을 느끼게 한다.

안전의 욕구는 법에 대한, 질서에 대한, 사회의 권위에 대한 실제 위협이 있을 때마다 사회 현장에서 매우 절박해질 수 있다. 혼돈이나 무정부주의의 위협은 대부분의 인간으로 하여금 더 높은 어느 욕구로부터 더 강력한 안전의 욕구로 되돌아가도록 할 수 있다. 공통적으로 거의 기대할 수 있는 반응은 독재나 군사 통치를 더 쉽게 받아들이는 것이다. 모든 인간이 안전의 욕구 수준으로 현실적으로 되돌아가는 방식으로 위험에 반응하고 자신을 방어하기 위해 준비하기 때문에 이는 건강한 사람을 포함한 모든 인간에게 적용된다. 그러나 이는 안전선 근처에서 생활하고 있는 사람들에게 가장 많이 해당한다. 그들은 특히 권위에 대한, 적법성에 대한 그리고 법의 대표자에 대한 위협에 의해 불안해진다.

③ 소속과 사랑의 욕구

만일 생리적 욕구와 안전의 욕구가 매우 잘 충족되면, 사랑과 애정과 소속의 욕구가 등장하게 되고, 전과는 달리 친구나 애인이나 아내나 자녀들의 부재를 강렬하게 느낀다. 이것은 소속과 사랑의 욕구(belongingness and love needs)다. 그는 일반 대중과 애정을 나누는 관계에 대해, 즉 집단이나 가족이 있는 장소에 대해 갈망하게 되어 이 목적을 성취하기 위해 매우 열심히 노력할 것이다. 그는 이 세상에서 그 무엇보다도 이같은 상황을 달성하기를 원할 것이며, 그가 굶주렸을 때 사랑을 비현실적이거나 불필요하거나 중요하지 않은 것이라고 비웃던 사실들을 심지어 잊어버리게 될지도 모른다. 이제 그는 외로움과 배척과 거부와 친구 없음과 뿌리 없음의 고통을 뚜렷하게 느낄 것이다.

우리 사회에서 이러한 욕구를 좌절시키는 것은 부적응과 더 심각한 건강이상의 경우에 가장 공통적으로 발견되는 핵심적 사항이다. 성적 관심에서 그들의 가능한 표현뿐만 아니라 사랑과 애정은 일반적으로 반대 감정이 함께 존재하는 것으로 보이고 습관적으로 많은 제약과 금지로 속박된다.

현시점에서 강조되어야 할 것은 사랑은 섹스와 같은 것을 나타내는 것이 아니라는 점이다. 섹스는 순수한 생리적 욕구로서 연구되어야 한다. 보통 성적 행동은 다양한 요인에 의해 결정된다. 즉, 성적 욕구뿐만 아니라 다른 욕구에 의해서도 결정된다. 또한 간과해서는 안 될 것은, 사랑의 욕구는 사랑을 주는 것과 받는 것 모두와 관련이 있다는 점이다.

④ 존중의 욕구

일부 병적인 경우를 제외하고 우리 사회의 모든 사람은 안정적이고, 확고하고, 보통 자신에 대한 높은 평가와 자존감이나 자부심 그리고 타인에 대한 존중의 욕구(esteem needs)와 갈망을 갖고 있다. 이러한 욕구는 두 개의 부차적인 집단으로 구분될 수 있다. 첫째는 강점에 대한, 성취에 대한, 타당성에 대한, 전문기술과 능력에 대한, 체면 불구하고 갖는 자신감에 대한 그리고 독립심과 자유에 대한 갈망을 들 수 있다. 둘째는 평판이나 명성, 지위, 명망과 영광, 권세, 인정, 관심, 중요성, 존엄, 존중에 대한 갈망으로 불리는 것을 들 수 있다.

자아존중의 욕구에 대한 만족은 자신감, 가치, 정신력, 능력 그리고 적절성에 대한 느낌을 갖게 되는 원인이 되며, 세상에서 자신이 쓸모가 있고 필요한 존재라는 생각을 갖게 한다. 그러나 이러한 욕구가 충족되지 못하면 열등감, 연약함 그리고 무력함을 느끼게 되는 원인이 된다. 이러한 감정들은 차례로 근본적인 실망감이나 다른 보상적 동향이나 신경과민을 불러일으킨다.

가장 안정적이고 건전한 자아존중은 외면적인 평판이나 명성과 부당한 아첨에 기초를 두기보다는 타인으로부터 응당 받아야 할 존경에 기초하고 있다. 여기서 순수한 의지력, 결단력, 책임감에 기초한 실제 능력과 성취를 자신의 참된 내면적 본질, 체질, 생물학적 운명에서 자연적으로 그리고 용이하게 나오는 또는 이상화한 허위자아(idealized pseudo-self)로부터라기보다는 실제 자아(real self)로부터 나오는 실제 능력과 성취와 구분하는 것이 도움이 될 것이다.

⑤ 자아실현의 욕구

모든 이러한 욕구들이 충족된다 할지라도, 만일 개인이 개별적으로 그가 적합한 일과 같은 것을 하고 있지 않다면 곧 새로운 불만과 불안이 나타나게 될 것으로 기대된다. 만일 그가 궁극적으로 자신과 평화로워지려고 한다면, 음악가는 반드시 음악을 만들고, 예술가는 반드시 그림을 그리고, 시인은 반드시 시를 써야 한다. 사람이 할 수 있는 것이, 반드시 그 자신이어야 한다(What a man can be, he must be). 그는 반드시 그 자신의 속성에 일치하여야 한다. 이 욕구를 자아실현의 욕구(the need for self-actualization)라 부른다.

자아실현이란 용어는 처음 골드스타인(Goldstein)에 의해 만들어졌는데, 이는 자아성취에 대한 인간의 갈망, 즉 잠재적으로 그 자신인 것 안에서 그가 실현되는 성향을 말한다.[5] 이러한 성향은 특이하게도 그 자신인 것이 점점 더 되고 싶어 하는, 자신이 될 수 있는 모든 것이 되고자 하는 갈망을 말한다.

물론 이러한 욕구들을 취할 수 있는 특별한 형태는 사람에 따라 다양하게 나타난다. 자아실현의 욕구는 어느 한 사람에게는 이상적인 어머니가 되려는 갈망의 형태로 나

---

5) Goldstein(1939). http://eu.wikipedia.org/wiki/self-actualization.

타나고, 다른 사람에게는 스포츠맨답게 표현될 수 있으며, 또 다른 사람에게는 그림을 그리거나 발명을 하는 것으로 나타날 수 있다. 자아실현의 욕구수준에서 개인 간의 차이가 가장 크게 나타난다.

일반적으로 자아실현의 욕구가 명확하게 나타나는 것은 생리적 욕구, 안전의 욕구, 소속과 사랑의 욕구 그리고 존중의 욕구가 이전에 얼마만큼 충족되었느냐에 달려 있다. 욕구는 보통 더 우세한 욕구가 충족되었을 때에만 비로소 등장한다. 그래서 충족은 동기이론에서 중요한 역할을 한다. 그러나 이와는 별도로, 욕구는 그 욕구가 충족되자마자 더 이상 적극적으로 결정적인 또는 체계적인 역할을 하지 않게 된다.

하위 욕구와 상위 욕구

기본적 욕구는 '상대적 세력의 원칙(principle of relative potency)'에 근거하여 매우 명확하게 계층적으로 정렬된다. 이와 같이 안전의 욕구, 소속과 사랑의 욕구가 모두 충족되지 않았을 때 안전의 욕구가 다양하고 명백한 방법으로 유기체를 지배하기 때문에 안전의 욕구가 소속과 사랑의 욕구보다 강력하다. 이런 점에서, 하위계층(subhierarchy)에 배열된 생리적 욕구는 안전의 욕구보다 더 강력하고, 안전의 욕구는 소속과 사랑의 욕구보다 더 강력하며, 소속과 사랑의 욕구는 차례로 존중의 욕구보다 더 강력하고, 존중의 욕구는 자아실현의 욕구라고 불리는 그 특유한 욕구보다 더 강하다.[6]

매슬로의 욕구 종류 가운데 생리적 욕구, 안전의 욕구, 소속과 사랑의 욕구, 존중의 욕구는 한번 충족되면 더 이상 동기로서 작용하지 않기 때문에 이를 결핍 욕구라 한다. 반면, 자아실현의 욕구는 충족될수록 그 욕구가 더욱 증대된다 하여 이를 성장 욕구라 한다.

이는 선택이나 선호의 순서다. 그러나 이는 다른 다양한 점에서 낮은 것에서부터 높은 것으로 정렬된 순서다.

• 더 높은 욕구는 나중에 계통발생적으로 또는 진화적으로 발전한다. 먹을 것에 대한 욕구는 살아 있는 모든 생물체에게 있고, 사랑에 대한 욕구는 아마도 고등 영장류에게 있으며, 자아실현에 대한 욕구를 가진 것들은 없다.

---

6) Maslow(1970), pp. 97-115.

- 더 높은 욕구들은 나중에 개체발생적으로 발전한다. 태어났을 때에는 어느 개인이라도 물질적 욕구를 보이고, 아마도 불완전한 형태로 안전을 필요로 한다. 유아가 처음으로 사람 간에 유대나 선별적 애정의 표시를 보이는 것은 태어나서 수개월이 지난 후부터다.

- 더 높은 욕구일수록 순수한 생존을 위해서는 덜 필수적이고, 더 오랫동안 충족이 연장될 수 있으며, 영원히 그 욕구를 사라지게 하는 것이 더 용이하다. 상위 욕구는 지배하거나 조직하거나 자동적으로 반응하도록 하는 능력을 덜 갖고 있다. 상위 욕구의 부족은 하위 욕구의 부족에 의해 나타나는 것만큼 방어와 위기상황적 반응이 필사적이지 않다. 존경은 먹을 것이나 안전과 비교할 때 없어도 되는 사치품이다.

- 높은 욕구수준에서 생활하는 것은 보다 큰 생물학적 효율, 보다 긴 수명, 더 적은 질병, 더 나은 수면, 입맛 등을 의미한다.

- 상위 욕구는 주관적으로 덜 절박하다. 상위 욕구들은 더 지각하기가 쉽지 않고, 더 명백하지 않고, 제안이나 모방 그리고 잘못된 신념이나 습관에 의해서 다른 욕구들과 더 쉽게 혼동될 수 있다.

- 상위 욕구의 충족은 더 바람직한 주관적 결과, 즉 더 심오한 행복, 평온 그리고 내적 생활의 풍요를 만들어 낸다.

- 상위 욕구의 추구와 충족은 일반적으로 건강지향적 경향, 즉 정신병리학으로부터 떨어진 경향을 나타낸다.

- 상위 욕구는 더 많은 사전조건을 갖고 있다. 단지 상위 욕구가 충족될 수 있기 전에 대단히 우세한 욕구가 반드시 충족되어야 한다면 이것은 사실이다.

- 상위 욕구는 상위 욕구를 가능하도록 하는 외부조건을 더 필요로 한다. 더 좋은 가족적·경제적·정치적·교육적 환경조건들이 단지 사람들이 서로 죽이는 것을 방지하는 것보다 사람들이 서로 사랑하도록 하게 해 주는 데 더 필요하다. 자아실현이 가능하도록 하기 위해서는 매우 좋은 조건이 필요하다.

- 상위 욕구와 하위 욕구 양자가 충족되어 온 사람은 보통 하위 욕구보다는 상위 욕구에 더 높은 가치를 부여한다. 이러한 사람들은 상위 욕구를 위하여 더 많은 것을 희생할 것이며, 더 나아가 하위 욕구의 부족을 쉽게 견딜 것이다.

- 욕구수준이 높으면 높을수록 사랑 일체감의 범위(circle of love identification)가 더 넓다. 즉, 사랑이 확인된 사람들의 수가 더 많고 사랑 일체감의 평균 정도가 더 크

다. 여기서 '사랑 일체감(love identification)'이란 원칙적으로 둘 이상의 사람들의 욕구를 단일한 우세 계층으로 융합하는 것을 말한다. 서로 사랑하는 두 사람은 서로의 욕구와 그들 자신의 욕구에 무차별적으로 잘 반응할 것이다. 실제로 다른 사람의 욕구가 그 자신의 욕구인 것이다.

- 상위 욕구를 추구하고 충족하는 것은 바람직한 시민적·사회적 결과를 갖는다. 어느 정도까지는 욕구가 상위에 속할수록 덜 이기적임은 틀림없다. 굶주림은 가장 자기중심적이다. 굶주림을 만족시키는 유일한 방법은 자신을 만족시키는 것이다. 그러나 사랑과 존경을 추구하는 것은 반드시 다른 사람과 관련시켜야 한다. 게다가 사랑과 존경을 추구하는 것은 다른 사람들을 위한 만족을 수반하여야 한다.
- 상위 욕구의 충족은 하위 욕구의 충족보다 자아실현에 더 가깝다.
- 상위 욕구의 추구와 충족은 더 현저하고, 더 강하고, 더 진실한 개인주의의 원인이 된다. 이는 상위 욕구에서 살아가는 것은 더 많은 사랑 일체감, 즉 더 많은 사회화(socialization)를 의미한다는 앞에서의 언급과 상반되는 것처럼 보인다. 그러나 자아실현의 수준에서 생활하는 사람은 사람들을 가장 사랑하는 동시에 가장 성숙한 사람이다.
- 욕구수준이 높을수록 심리치료(psychotherapy)가 더 용이하고 더 효과적일 수 있다. 굶주림은 심리치료로 완화시킬 수 없다.
- 하위 욕구는 상위 욕구보다 훨씬 국부적이고, 명백하고, 제한되어 있다. 굶주림과 목마름은 사랑보다 훨씬 명백하게 육체적이고, 차례로 사랑은 존중보다 더 육체적이다. 그 외에, 하위 욕구의 만족은 상위 욕구의 만족보다 훨씬 명백하거나 관찰될 수 있다. 하위 욕구는 그 욕구를 충족하기 위해 더 적은 양의 충족요인이 필요하다는 점에서 제한적이다. 식품은 일정량만 먹을 수 있으나 사랑, 존경 그리고 인지에 대한 욕구는 만족에 거의 한계가 없다.

(3) 하비의 욕구 유형

하비(Harvey)는 정책적 관점에서 9개의 욕구영역을 구분하였다. 9개의 욕구영역으로 식품, 주거, 의료, 교육, 사회적·환경적 서비스, 소비재, 레크리에이션, 주민편의시설(neighborhood amenities) 그리고 교통시설을 들고 있다.

⑷ 브래드쇼의 욕구 유형

브래드쇼(Bradshaw)는 매슬로나 하비의 욕구에 대한 정의는 기능적이고 욕구나 비욕구(need or no-need)로서 간주될지 모르는 것들에 대한 느슨한 경계를 제공하는 반면, 욕구가 있는 사람들과 없는 집단들을 구분하지 못할 수 있다고 본다.[7]

이러한 점에서 브래드쇼는 진정한 욕구를 가능하게 만드는 방법론을 제공하였다. 그의 제안은 네 가지 사회적 욕구, 즉 규범적 욕구, 체감적 욕구, 표현된 욕구 그리고 비교적 욕구의 윤곽을 묘사하였고, 주어진 상황하에서 그들의 실재를 조사하였다. 모든 유형의 욕구의 존재는 실제 욕구와 동일시된다.[8]

규범적 욕구

규범적 욕구(normative need)는 전문적으로 정의되는 경향이 있고 지식 기반을 갖고 있다. 실제 기준과는 대조적으로, 바람직한 기준은 전문가, 정책결정자 또는 사회과학자에 의해 설정된다. 그 기준 이하의 사람들은 지원과 특별한 서비스의 필요가 있는 것으로 일컬어진다. 좋은 예는 특별한 욕구(80점 이하는 중간 정도의 지체로서 정의됨)를 나타내는 데 사용되는 지능지수다. 사회보장의 수혜자격 또한 규범적으로 정의된다. 사람들의 욕구는 그들이 소유한 자산과 비교하여 평가된다. 단지 자산가치가 정책결정자가 결정한 정해진 금액 이하가 되어야지만 결과적으로 수급자격이 부여된다. 사실, 그 금액의 설정은 가치중립적이 아니라 사회적·정치적·경제적 상황에 따라 상대적이며, 시간에 따라 변화하게 된다.

또 다른 예를 들면, 국민기초생활보장제도 생계급여의 최저보장수준은 보건복지부의 중앙생활보장위원회가 3년마다 결정하여 발표한다. 중앙생활보장위원회는 국무총리가 위원장이 되고 기획재정부장관 및 보건복지부장관이 부위원장이 되며, 위원은 대통령령으로 정하는 관계 중앙행정기관의 장과 대통령이 위촉하는 근로자를 대표하는 사람, 사용자를 대표하는 사람, 사회보장에 관한 학식과 경험이 있는 사람, 변호사 자격이 있는 사람으로 구성된다. 2020년의 경우 생계급여의 최저보장수준은 4인 가구 기준 1,424,752원이다.[9] 4인 가구의 소득인정액(소득평가액과 재산의 소득환산액의 합)이 이 기준선 이하이면 최소한의 인간다운 생활을 하지 못하고 있기 때문에 최소한의

---

7) 현외성(2000), pp. 129-134.
8) United Nation(2002), pp. 17-23.
9) 2020년 현재 「국민기초생활보장법」상 생계급여의 선정기준은 기준중위소득의 100분의 30 이상으로 한다.

인간다운 생활을 영위하고자 하는 욕구가 있다고 판단할 수 있다.

체감적 욕구

체감적 욕구(felt need) 또는 느낄 욕구는 사람들이 원하는 것과 동등하다. 체감적 욕구는 서비스 이용자들이나 잠재적 이용자들에게 그들이 갖기를 원하는 것이 무엇인지를 물음으로써 쉽게 정의될 수 있다. 그래서 체감적 욕구는, 예를 들면 좋은 민간시장 기준에 해당하는 주거단위와 같이, 그들 자신의 높은 기대를 언급함으로써 과장될 수 있다. 반면, 체감적 욕구는, 예를 들면 개인적 상담서비스에 대한 이해의 부족으로 인한 상담서비스 거부와 같이, 잠재적 사용자의 무지나 서비스에 대한 거부에 의해서 축소될 수도 있다.

체감적 욕구가 당사자에게 필요 여부를 직접 질문하여 파악되는 욕구이기에 사람마다, 또 시점에 따라 응답의 내용이 변하고 달라질 수 있다. 당사자에게 직접 질문을 하지 않더라도 지역사회공개토론회와 같은 토론회를 통해서 지역사회의 욕구를 체감적으로 파악할 수도 있다.

표현적 욕구

표현적 욕구(expressed need)는 일반적으로 충족되지 않은 욕구로서 요구(demand)에 상당하는 것으로 받아들여진다. 이 개념은 사람들이 욕구를 느끼지 않는다면 요구를 하지 않는다는 것이다. 그러나 사회서비스를 필요로 하는 사람들은 종종 자원과 교육을 적게 가지고 있는 사람들이기 때문에, 종종 그들의 요구를 말하지 않는다.

가끔은 산업 안전에 대한 요구와 같이 잘 정당화된 집합적 요구가 정부에 반대하는 정치적 활동으로서 쉽게 받아들여지곤 한다. 그래서 이러한 욕구들은 마지못해 표현되곤 한다. 정책결정자들은 보통은 '요구가 없으면 욕구가 없다는 것을 의미한다('no demand' means 'no need')'고 받아들인다.

또한 왜 욕구가 표현되지 않느냐에 대한 문화적 이유가 있다. 예를 들면, 아내와 아동에 대한 학대는 몇몇 국가에서는 매우 심각하게 받아들여지지만, 일부 국가에서는 가족의 일 안에서 정한 것으로 받아들여져 왔다. 또 다른 예를 들면, 특정 서비스에 대한 대기자 명단에 있는 사람들이 다른 서비스에 대한 대기자 명단보다 많다면 그 특정 서비스에 대한 욕구가 많다고 판단할 수 있다.

비교적 욕구

비교적 욕구(comparative need)는 문제의 서비스를 이미 받고 있는 사용자에 대한 조회에 의해 측정된다. 그러므로 어떤 사람이 그 서비스를 받고 있는 사람과 동일한 또는 더 열악한 특성을 갖고 있다면, 그 사람은 비교적 욕구를 갖고 있다. 동일한 소득인 정액인 갑과 을이 있는데 둘 가운데 갑만이 국민기초생활보장제도의 생계급여를 받고 있다면, 갑과 비교할 때 을도 생계급여 욕구를 갖고 있다. 그 개념은 또한 지역이나 국가에 적용될 수 있다. 예를 들면, A와 B 두 지역의 사회경제적 수준이 동일한데 B라는 지역은 무상의료서비스를 제공하고 있는 반면, A라는 지역은 무상의료서비스를 제공하고 있지 않다면, B와 비교할 때 A 지역도 무상의료서비스에 대한 욕구가 있다.

2. 사회문제

1) 개인문제와 사회문제

개인의 문제(personal troubles)란 개인에게 그에 대한 해결 욕구를 유발하는 불만족스러운 상태 또는 조건으로, 이는 문제의 존재는 인식하나 적극적으로 해결할 의지가 없는 '소극적 존재양식을 지닌 문제'와 적극적으로 해결하려고 하는 의지가 있는 '적극적인 존재양식을 지닌 문제'로 구분할 수 있다.

일반적으로 사회문제(social problems)란 사회집단의 구성원들이 바람직하지 않다고 간주해서 사회구성원들이 협력해서 치유하여야 한다고 생각하는 상황을 말한다.[10] 또는 변화를 도모하기 위하여 공공의 관심과 집합적 행동이 반드시 필요한 행동패턴이나 사회적 상황을 말하기도 한다.[11] 사회문제는 여론을 통해서 의사결정자들이 바람직하지 못하지만 고쳐질 수 있다고 간주하는 상황일 때, 개인과 사회의 복지에 부정적인 영향을 미치는 상황일 때, 집합적(集合的) 행위나 사회운동이 조직적으로 나타날 때 확인된다.[12]

사회문제는 사회구성원인 개인의 문제와 일치할 수도 있고 다를 수도 있다. 대체로

---

10) Balswick & Morland(1990), pp. 16-17.
11) Kendall(1998), pp. 2-4.
12) Scarpitti & Andersen(1989), pp. 4-12.

이들 구성원의 문제가 사회문제로서 정의되기 위해서는 다음의 네 가지 요소들을 갖추고 있어야 한다. 개인이나 사회에 대해 물리적·정신적 피해를 끼쳐 온 것으로 인식되어 왔을 것, 어떤 영향력 있는 사회집단의 가치나 기준을 위반하여 왔을 것, 일정 기간 이러한 문제들이 지속되어 왔을 것, 제안된 문제의 해결방안이 서로 경합될 것 등이다.[13]

또한 사회문제는 다음과 같은 일련의 패턴을 유지하면서 전개되고 있다. 일단 어느 집단이 불쾌하거나 해로운 상황이 존재한다고 주장하면, 정부나 다른 영향력 있는 기관이 이에 대해 상투적인 또는 비효과적인 방법으로 반응한다. 문제를 제기한 집단은 이러한 정부나 영향력 있는 기관의 불만족스러운 반응에 대해 새로운 요구를 하고, 그 집단이 정부나 영향력 있는 기관들에 대해 문제해결을 위한 새로운 대안을 세울 것을 요구한다.[14]

사회문제란 사회성과 보편성이라는 특징을 갖는다. 즉, 문제의 원인이 개인에게 존재하기보다는 사회구조에 존재할 때 개인의 문제는 사회성을 갖게 되고, 그것을 비록 사회구성원 모두나 다수가 갖고 있지 않다 하더라도 그 문제는 사회문제가 된다. 예를 들면, 2009년 우리나라의 결혼이민자 수가 약 16만 7천 명으로 국가적으로 볼 때 소수에 불과하지만 이들이 속한 다문화가족이 겪고 있는 문제는 개인의 문제라기보다는 단일민족국가에서 다민족국가로 전환되어 가는 우리 사회의 구조적인 문제이므로 사회문제가 된다. 또 다른 구조적 사회문제의 예로 빈곤의 악순환(vicious cycle of poverty) 또는 빈곤의 세대 간 전승(intergenerational transmission of poverty)을 들 수 있다. 재스트로우(Zastrow)는 빈곤의 악순환 현상을 [그림 10-2]와 같이 도식화하여 보여 준다.[15]

[그림 10-2]에서 보는 것과 같이, 1세대의 빈곤이 2세대의 빈곤으로, 2세대의 빈곤은 3세대의 빈곤으로 계속 전승되어 이러한 빈곤의 순환은 결과적으로 빈곤이 영속화되는 사회문제를 파생시키게 된다.

특정 개인이 갖고 있는 문제를 사회구성원 모두가 또는 다수가 갖고 있을 때 그 문제는 보편성을 갖게 되며, 이는 특정 개인의 문제라기보다는 그 사회구성원이 갖고 있는 사회문제가 된다. 최소한의 의식주와 같은 기본적 욕구를 충족하지 못하는 것은 절

13) Parrillo et al.(1988), pp. 7-13.
14) Manning(1985), pp. 9-13.
15) Zastrow(2000), p. 139.

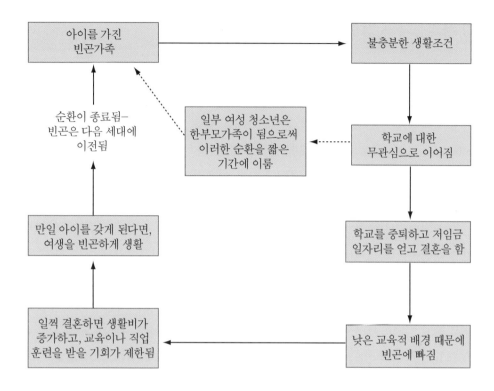

[그림 10-2] 빈곤의 순환

출처: Zastrow(2000), p. 139.

대빈곤층에게는 심각한 문제이나 사회문제가 되지 않는다. 그러나 빈곤하지 않은 계층의 사람들이 절대빈곤층들을 도와주려고 할 때 사회구성원의 관계성이 성립되며, 그 문제는 비로소 사회적 차원의 문제가 된다.

구조기능주의자인 머튼(Merton)에 따르면 사회문제는 어떤 조건들이 체계의 순탄한 작동을 파괴하고 사회의 존속과 효과적인 기능성을 위협할 때 나타난다. 이러한 사회적 역기능(social dysfunction)은 결국 집합적 목표를 성공적으로 달성하지 못하게 한다. 본래 구조기능주의자들은 '사회는 상호의존적인 부분들로 구성되어 있는 체계'로 간주한다. 각 부분은 체계의 작동에 기여하며, 이로써 전체 체계는 순탄하게 기능하며 균형 상태를 유지한다. 사회가 유지되기 위해서는 어떤 기본적인 것들이 수행되어야 하며, 그렇지 못할 경우 사회는 해체되거나 실질적인 변화를 경험하게 될 것이라고 한다.

2) 사회문제와 정부의 개입

사회문제는 특정 개인만의 문제가 아니므로 정부나 사회공동체의 체계적 개입이 필요하다. 대공황에 따른 대량실업과 대량빈곤의 문제를 해결하기 위해 미국 정부가 채택한 문제해결 전략으로는 완화적 전략, 치유적 전략, 예방적 전략이 있다. 완화적 전략(alleviative strategy)은 이미 발생한 빈곤과 같은 사회문제로 인한 고통을 덜어 주려는 사후구제적 전략이다. 완화적 전략에 따른 대표적인 문제해결 대안은 공공부조다. 치유적 전략(curative strategy)은 사회문제가 왜 발생하게 되었는지 그 원인을 찾아내어 원인을 제거함으로써 문제를 해결하려는 전략이다. 치유적 전략에 따른 대표적인 문제해결 대안은 빈곤의 원인이 되는 지식과 기술의 결핍과 같은 문제를 해결하기 위한 교육이나 직업훈련과 같은 인간자본(human capital)을 향상하기 위한 정책대안을 들 수 있다. 예방적 전략(preventive strategy)은 사회문제가 발생할 것을 사전에 대비함으로써 문제의 발생을 예방하여 사회문제를 해결하고자 하는 전략이다. 사회문제를 예방하기 위한 대표적인 전략으로는 노령이나 질병·실업·재해·사망 등과 같은 사회적 위험의 발생을 사전에 대비하기 위한 사회보험제도를 들 수 있다.

사회문제를 해결하기 위한 대안으로는 이념적 성향에 따라 보수적·개혁적·혁명적 대안이 제시될 수 있다. 보수적 대안은 가능한 기득권자의 이익을 해치지 않으면서 현재 상태를 유지하려는 정책대안이다. 예를 들면, 빈곤문제를 해결함에 있어 노동시장의 기능을 강화하여 노동의 수요와 공급을 적극적으로 연계하려는 적극적 노동시장정책이 보수적 대안이나 근로능력이 있는 빈민들에게 생계급여를 받는 조건으로 자활사업에 참여하도록 하는 조건부수급자제도 등이 이에 속한다. 개혁적 대안은 기득권자의 이익이 일부 손상되더라도 기존의 제도나 전통 또는 관행이 갖고 있는 문제를 해결하기 위한 정책대안이다. 예를 들면, 누진적 조세제도나 재분배기능이 큰 사회복지정책대안을 선호하는 제도적 복지제도들이 이에 속한다. 혁명적 대안은 사회나 정치체제를 새로운 체제로 대체하거나 급격한 변동을 야기하는 정책대안을 말한다. 예를 들면, 복지국가를 사회주의로 넘어가는 과도기적 형태로 간주하고, 정부 주도의 복지개혁을 통해 사회주의를 건설하려는 복지사회주의(welfare socialism)가 채택하는 복지정책대안들이 이에 속한다.

3. 사회복지정책의 대상: 사회적 할당의 기반

사회복지정책의 대상은 사회적 욕구와 사회문제를 가진 사람들에게 사회복지급여를 어떻게 할당하느냐에 따라 결정된다. 즉, 어떠한 할당의 원칙이 적용되느냐에 따라 사회복지정책의 대상자가 다르게 결정된다.

할당이란 사회복지급여를 누구에게 제공할 것인가와 관련된 것으로 수급자를 결정하여 급여를 제공하는 것이다.

길버트와 테럴은 사회적 할당(social allocation)이란 사회복지급여를 받을 자격을 가진 사람이 누구인지를 결정하기 위한 조건이라고 설명하면서 사회적 할당의 원리 (basis of social allocation)란 누구에게 사회복지정책의 혜택을 줄 것인가를 결정하는 데 적용되는 다양한 기준에 내재해 있는 일반적인 원리라고 말한다.[16)]

그들은 사람들이 어떤 자격으로 자신들이 받을 몫을 요구할 수 있는지, 즉 할당의 근거가 무엇인지에 관하여 두 이상주의자 벨라미(Bellamy)와 마르크스(Marx)의 주장을 소개한다. 벨라미는 1884년 그의 유토피아적 소설인『회고(Looking Backward)』에서 사람들이 자신들의 몫을 요구할 수 있는 기반은 그들이 인간이라는 사실 그 자체라고 주장함으로써 유토피아적 복지관에 근거한 할당의 원리를 제시하였다. 벨라미는 국민이 생산한 재화와 서비스에 대해 모든 개인이 똑같은 몫을 주장할 수 있는 사회가 '좋은 사회(good society)'이며, 그 사회에서 시민들이 요람에서 무덤까지(cradle to grave) 안락한 생활수준을 보장받을 수 있다고 하였다. 할당의 원리가 인간이라는 사실 그 자체이기 때문에, 사회적 할당은 하나의 예외를 제외하고는 모든 사람이 똑같은 몫을 받을 가치가 있다(everyone deserves an equal share)는 원칙에 근거하여야 한다고 주장한다. 그 예외는 근로능력이 있는 빈민의 경우다. '어디에도 없는 장소'인 유토피아적 사회에 있어서도 근로능력이 있으면서 일하기를 거부하는 자는 수급자격을 박탈하도록 함으로써 사회적 할당의 문제를 원리원칙에 근거하여 완벽하게 해결할 수 없음을 암시하고 있다.

과학적 사회주의의 창시자인 마르크스는 자본주의의 모순은 생산의 사회적 성격과 소유의 사적 성격의 모순에서 발생하며, 이 모순은 생산의 사회적 성격의 승리에 의해

---

16) Gilbert & Terrell(2005), pp. 96-99.

서, 즉 소유의 사적 성격의 부정에 의해서 해결되고, 이러한 사회가 프롤레타리아 계급
투쟁에 의해 이루어질 사회주의 사회라고 주장한다. 마르크스는 1874년 그의『고타강
령비판(Kritik des Gothaer Programms)』에서 유토피아적 사회적 할당의 원리로 "각자 능
력에 따라, 각자 필요에 따라(From each according to his ability, to each according to his
needs)"를 주장하였다.

마르크스의 생산양식과 분배양식인 '각자 능력에 따라, 각자 필요에 따라'라는 모토
는 각자가 능력에 따라 일하고 필요에 따라 분배받는다는 것을 뜻한다. 마르크스는 공
산주의 사회가 되면 인간의 성향이 달라져서, 이기적이지 않은 연대의 공동체적 인간
으로 변화될 것을 기대하였다. '능력에 따라 노동하고 필요에 따라 분배받는 생산양식'
은 완전히 유토피아적이다. 그러나 자본주의 노동시장체제하에서는 '능력에 따라 노
동하고 성과에 따라 분배받는' 원리가 지배하며, 자본주의의 문제점을 개선하려는 복
지사회에서는 '각자가 능력에 따라 노동하고 성과뿐 아니라 필요에 따라 분배받는 생
산양식'으로 원리가 적용되고 있다.

1) 전통적 할당의 원리와 대안적 할당의 원리

(1) 전통적 할당의 원리의 의의와 문제점

전통적 할당의 원리: 보편주의와 선별주의

사회복지정책의 현실에서는 누가 혜택을 받을 것인가 그리고 수급자격을 어떻게 규
정할 것인가보다 더 활발하게 논의된 이슈는 없을 것이다. 사회복지정책으로부터 누
가 혜택을 받도록 할 것인가를 결정하는 데 사용되는 법칙은 매우 다양하다. 이러한
기준의 기초가 되고 있는 일반적인 원리를 사회적 할당의 원리(base of social allocation)
라 부른다.

전통적으로 수급자격의 원칙을 개발하려는 시도는 보편주의(universalism)와 선별
주의(selectivity)의 구분으로 시작된다.[17] 보편주의는 급여가 모든 국민에게 기본적 권
리(basic right)로서 이용가능해야 한다는 원리다. 보편주의의 예로는 노인을 위한 사
회보장과 젊은이를 위한 공공교육을 들 수 있다. 선별주의는 급여가 일반적으로 소득

---

17) 길버트와 스펙트는 universalism에 대한 대응어로 selectivism(선별주의) 대신 selectivity(선별성)을 사
용하나 문맥의 일관성을 위해 여기서는 선별주의로 표현한다.

조사(test of income)에 의해 결정되는, 개인의 욕구에 기초하여(on the basis of individul needs) 이용가능하도록 만들어진 급여를 말한다. 선별주의의 예로는 공공부조와 공공주택을 들 수 있다.[18]

① 보편주의자들의 주장

보편주의자들(universalists)에 따르면, 사회구성원 모두는 다양한 공통의 사회적 욕구에 언젠가는 한 번 이상(at one time or another) 직면하게 되기 때문에 모든 사람은 위험에 처해 있다(All citizens are at risk). 사회정책은 빈민이나 장애인이나 특별한 곤경에 처한 사람들만이 아니라 사회구성원 모두가 직면한 일상적인 삶의 문제에 대해 사회가 적절히 대응하는 것으로 간주한다. 따라서 복지국가의 목적은 가난한지 부자인지, 남자인지 여자인지, 또는 다른 범주에 속하는지를 구분하지 말고 이러한 욕구에 반응할 광범위한 프로그램을 만드는 데 두어야 한다.

예를 들면, 젊은이들은 돌봄과 교육이 필요하다. 아픈 사람은 의료가 필요하고, 노인과 장애인과 실직자는 소득지원이 필요하다. 보편주의자들은 일반적인 수급자격에 기초하여 이러한 욕구들을 처리할 수 있는 공공제도를, 우리가 당연시하는 정치권에 비길 만한 사회권(social right)으로서 선호한다. 소득에 관계없이 이용가능한 프로그램인 사회보험, 공공교육, 노인을 위한 의료가 적절한 복지사회를 위한 모델의 사례다.

보편주의자들은 사회적 효과성의 가치, 개인의 존엄성을 보존하려는 욕구 그리고 사회의 결속을 강조한다. 모든 사람을 위해 고안된 프로그램은 수급자격을 특정 집단에 제한함으로써 훼손되는 평등을 창출하고 보존할 수 있다.

경제적 결정에 기초한 프로그램들은 특별히 집단 간 불화를 일으켜 종종 경제적 의미뿐 아니라 도덕적 의미를 갖는 사회적 차이점을 두드러지게 한다. 급여를 받는 사람은 비록 급여를 받을 권리가 명백한 경우에조차 인간으로서의 품위가 떨어짐을 느낄 것이다. 식품권을 받거나 교육적 장애로 특별학급에 배정되는 것은 실패의 상징이고, 당혹스럽고 수치스러운 경험이다. 쇼어(Schorr)가 말하는 것처럼, 빈민들의 마음을 상하게 하는 배분은 복지국가를 위한 건전한 원칙이 아니다(Invidious rationing for the poor does not seem a sound principle for a welfare state).[19]

---

18) Gilbert & Terrell(2005), pp. 96-99.
19) Schorr(1986), p. 31.

보편주의자들은 포용(inclusiveness)에 기초한 사회적 프로그램의 정치적 이점을 주장한다. 보편적 프로그램은 확실히 비용이 더 들지만, 주변적인 사회집단에 초점을 맞추는 자산조사에 의한 프로그램보다 훨씬 평판이 좋다. 가장 주목할 만한 예인 AFDC(Aid to Families with Dependent Children, 부양아동가족원조)와 같이 미국에서 사회적 급여의 역사를 살펴보면 오직 빈민을 위한 프로그램은 정치적으로 매우 취약함을 생생하게 보여 준다.

② 선별주의자들의 주장

선별주의자들은 사회정책의 적절한 범위를 신중하게 목표로 삼은 수급자들의 관점에서 고찰한다. 선별주의자들은 욕구를 증명한 가족이나 개인들은 우선적으로 도움을 받아야 한다고 믿는다. 선별주의자들은 보편적으로 이용가능한 수급자격을 지지하기보다는 제한된 급여를 지지한다. 이러한 관점의 밑바닥에는 적절한 사회정책은 특히 재정적으로 제약을 받는 영역에서 반드시 제한된 사회정책(a limited social policy)이어야 하고, 그들 자신의 욕구를 충족할 여유가 있는 사람들은 정부의 분배를 받아서는 안되며, 그리고 납세자들은 그들의 원조를 합법적으로 자신을 보호할 수 없는 한계집단(a margin of population)을 원조하는 데 집중해야 한다는 견해가 자리 잡고 있다.

자산조사를 하는 것은 분명히 사회적 급여를 제한하는 직접적인 방법이다. 선별주의자들은 욕구에 따라 수급자격을 제한하는 것은 전체적인 지출을 줄이고, 복지가 정치적으로 강력한 중간계층에게 혜택을 주는 경향을 극복하고, 이용가능한 재원을 확실하고 가장 절실하게 도움이 필요한 궁핍한 사람들(those in the most dire staits)에게 집중할 수 있다고 주장한다. 그러한 주장은 틀림없이 합리적인 주장이다. 만일 우리가 빈곤을 퇴치하기를 원한다면, 우리는 반드시 빈민들에게 초점을 맞추어야 한다. 예를 들면, 낮은 수준의 직업 기술을 향상시키기 위한 직업훈련, 교육적 보강(educational enrichment)을 제공하는 취학 전 아동 조기교육프로그램인 헤드스타트(Head Start), 빈곤가족에 대한 임시적 원조프로그램인 TANF(Temporary Assistance for Needy Families)의 수혜자인 한부모들이 일자리시장에 진입할 수 있도록 하는 주간보호(day care)를 들수 있다. 만일 효과적인 빈곤구제정책에 관심이 있다면, 왜 욕구가 크지 않거나 전혀 없는 사람들에게 돈을 낭비하여야 하는가?

그러나 보편주의나 선별주의 그 어느 쪽도 그러한 논쟁을 중지할 만큼 정말 만족스럽지 않다. 각자는 적어도 상대방이 주장하는 가치의 일부분을 특성으로서 갖고 있다고 주장한다. 예를 들면, 보편주의자들은 포괄적인 태아 의료나 일반적으로 이용가능한 취학 전 프로그램 같은 광범위한 예방 프로그램은 개별적으로 수혜자격 유무를 결정하는 것이 바람직하지 않거나 불가능한 경우에 채택하는 방식으로 이 방식을 채택하면 미래의 문제와 관련된 비용이 발생하는 것을 예방할 수 있다고 한다. 장기적으로 적은 비용의 예방 프로그램이 전체 사회를 위해 경제적으로 절약할 수 있다고 주장한다. 게다가 보편적 할당은 적절한 원조수준을 확보하기 위하여 지속적인 적격심사, 정밀검사 그리고 급여조정을 필요로 하지 않기 때문에 행정비용이 선별적 할당보다 덜 들어간다고 한다.

보편주의자들은 또한 광범위한 정책들이 적절히 만들어진다면 가장 욕구가 큰 사람들에게 원조를 집중함으로써 재분배적이 될 수 있다고 본다. 예를 들면, 보편적 급여의 부담을 경제적으로 부유한 사람들에게 전가하기 위하여 스카치폴(Skocpol)이 주장하는 조세를 통한 급여 환수(tax backs)제도를 채택할 수 있다.[20] 즉, 과세가능 소득에 보편적 급여의 값을 포함시킴으로써, 부유한 개인이나 가족들이 보편적 급여로 얻게 되는 소득보다 많은 액수의 세금을 납부하게 되어 결국 보편적 급여에 든 비용보다 많은 금액이 국가의 재정에 편입되는 것이다. 미국을 포함한 많은 국가가 적어도 사회보장급여 액수의 일부를 과세가능소득에 포함시키고 있다. 점점 많은 국가가 아동수당에 과세를 하기 시작하고 있다. 이러한 방식으로, 모두를 위한 프로그램들에 소요되는 비용은 세금을 납부할 능력이 가장 큰 사람들에 의해 상당히 충당된다.

보편주의 찬성론자인 스코폴은 「지탱 가능한 사회정책: 빈곤 프로그램 없는 빈곤 퇴치(Sustainable Social Policy: Fighting Poverty Without Poverty Programs)」라는 글에서 미국의 사회복지역사 가운데 빈곤을 퇴치하기 위한 선별주의적 접근은 충분한 재원을 확보하지 못하고, 빈민들에게 낙인감을 느끼게 하였으며, 정치적으로도 지탱할 수 없어 실패하였다고 한다. 반면, 보편적 사회정책은 낙인감을 주지 않고서도 추가적인 급여를 빈민에게 제공할 수 있었으므로 빈민을 원조할 경우 저소득층이나 하위계급(underclass)만을 표적으로 한 프로그램을 만들어서는 안 되며, 자산조사를 실시하는 공공부조프로그램을 개혁해야 한다고 주장하였다. 스코폴은 이를 '보편주의 내에서의 표적화(targeting within universalism)'라고 하였다. 이것이 활성화된 빈곤구제전략을 위한 기초가 된다고 하였다.[21]

---

20) Skocpol & Greenstein(1991), pp. 411-459.
21) Scopol(1990), p. 59, 67.

보편적 서비스는 지출 측면에서 기본적 수준의 원조를 모두에게 제공하도록 하고, 추가적인 원조는 가장 욕구가 큰 사람들에게 집중할 수 있도록 조정될 수 있다. 이런 방식으로, 레만(Lemann)이 언급하는 것과 같이 빈민을 위한 프로그램들은 중간계층을 원조하기 위한 프로그램 내에 포함될 수(어느 정도 위장될 수) 있다.[22] 많은 국가가 이러한 접근을 따라 하면서, 보편적 범위의 프로그램을 수정하여 가난한 자의 욕구를 처리한다. 예를 들면, 미국에서는 사회보장급여 구조가 과도하게 저소득임금노동자를 원조한다고 알려져 있다. 영국에서는 출산모를 위한 공공보건가정방문서비스가 보다 큰 위험에 처해 있는 어머니와 자녀에게 집중하는 추가적 방문을 하면서도 보편적으로 운영되고 있다. 프랑스에서는 한부모, 저소득 가족 그리고 장애아동은 기본적인 가족수당 이외에 특별하게 목표로 설정한 보조금을 보충적으로 받는다.

선별주의자들은 그들 자신의 견해로 사회적 효과성(social effectiveness)을 주장한다. 만일 사회가 평등을 향해 더 나아가기를 추구한다면, 빈민에게만 급여를 제공하는 것이 모든 사람에게 할당하는 것보다 효과적임이 틀림없다고 주장한다. 빈민을 목표로 한 급여—그것이 교육이건 보건이건 아동양육이건 주거이건 간에—는 우리 사회에서 긴장과 적대감을 만들어 내는 사회적·경제적 차이를 확실히 감소시킨다. 선별주의자들은 충족되지 않은 욕구가 매우 많이 존재하기 때문에, 평등을 이루기 위해서는 희소한 공적 자원에 대해 빈민들이 최우선적으로 요구할 수 있도록 하여야 한다고 한다.

이러한 논의들은 보편주의와 선별주의 간의 논쟁에 대한 골격을 제공해 주는 일반적인 이슈들이다. 보다 실제적인 맥락에서 이러한 논쟁을 하기 위해서는 보편적인 원리와 선별적인 원리 간의 선택이 어떻게 특별한 정책적 제안에서 표현되는지를 설명할 수 있어야 한다. 그리고 선별주의와 보편주의 원리가 적용될 때 이러한 원리의 밑에 자리 잡고 있는 가치와 가정을 면밀히 살펴보아야 한다.

저소득자에 대한 정부의 소득보조에서의 보편주의와 선별주의[23]

지난 수십 년 동안 미국에서는 소득보조프로그램(income maintenance programs) 개혁조치에 관한 논의가 학자와 정치가들 사이에 지속되어 왔다. 이러한 제안들은 서로 다른 관점에서 분석될 수 있다. 예를 들면, 이러한 개혁적 조치들은 빈곤수준이

22) Lemann(1996), p. 29.
23) Gilbert & Terrell(2005), pp. 99-101.

어느 정도이고 재정적 원조액이 얼마인가를 나타내는 관용의 연속체(a continuum of generosity) 선상에서 논의가 이루어질 수 있다. 또한 이러한 개혁안들은 정책이 중앙집권화되어 있는 또는 지방분권화되어 있는 정도가 다양한데 다양한 의사결정구조에 따라 분석될 수 있다. 최근에는 논쟁이 일자리, 시한부 원조 그리고 십대 임신 감소에 초점을 맞춘 공적원조체계를 진작하려는 보수주의자들과 함께 도덕적 가치와 권리·의무 같은 상호성(reciprocity)의 이슈가 집중적으로 거론되었다.

현금급여를 할당하기 위한 적절한 근거에 관한 수 년에 걸친 논쟁에서 다양한 프로그램 개혁들이 옹호되어 왔다. 1960년대와 1970년대 적절한 할당의 근거가 선별주의냐 보편주의냐를 놓고 벌어진 논쟁의 중심에 두 개의 대안이 있었는데 하나는 선별주의적 대안인 부(負)의 소득세 또는 마이너스 소득세로 불리는 NIT(Negative Income Tax)라는 보장소득프로그램(guaranteed-income program)이고 다른 하나는 보편주의적 대안인 아동수당(children's allowances) 또는 가족수당(family allowances)이다. 1980년대 이후에는 보편주의와 선별주의 간의 타협점을 찾기 위한 노력이 이루어졌으며, 그 결과 우리나라 근로장려세제의 모델이며 NIT의 변형인 근로소득지원세제(Earned Income Tax Credit: EITC)가 상당한 성공을 거두었다.

보장소득프로그램은 두 가지 특징을 갖고 있는데, 하나는 정해진 최소한의 보조금을 소득이 전혀 없거나 거의 없는 가족에게 제공하는 것이고, 다른 하나는 소득이 증가함에 따라서 이 보조금을 얼마나 감소시킬 것인가를 결정하는 공식을 사용한다는 것이다. 이 공식을 경제학자들은 부(負)의 조세 또는 마이너스(-) 조세(negative tax)라 부른다. 대부분의 안은 개인소득세를 징수하고 환불금을 나누어 주는 것과 같은 절차를 사용하여 국세청이 보장업무를 관장해 줄 것을 제안한다. 단순히 말하면, 소득세 구조가 일정 수준 이상의 소득을 가진 사람들로부터는 돈이 정부로 흘러들어 가고 일정 수준 이하의 소득을 가진 사람들에게는 정부로부터 돈이 흘러가는 양방향으로 운용(two-way operation)되는 것이다. 어느 경우에든 납부하거나 입금되는 금액은 소득에 따라 점차 변하게 되어 있다. 보장소득과 같은 제도의 가장 중요한 특징은 급여의 할당이 직접적으로 소득조사와 연계되고 이로써 선별주의의 원칙에 근거하고 있다는 것이다.

반면에 아동수당제도는 오로지 인구학적(보통 연령) 특징에 의해서만 식별되는 확정된 범주의 사람들에 대한 균일한 급여(a uniform payment to certain categories of persons identified only by demographic[usually age] characteristics)인 데모그란트(demogrants) 급

여와 관계가 있다. 아동수당제도는 미국을 제외한 서구 산업국가들 모두가 실시하고 있으며, 전 세계적으로 80여 개국이 실시하고 있다. 미국의 경우 연방소득세 내에 부양아동에 대한 공제(dependents exemption)제도를 실시하고 있는데, 이 제도가 아동수당제도가 추구하는 목적을 어느 정도 달성하고 있다.

아동수당제도의 발전은 다양한 이유로 광범위한 지지를 받아 왔다. 그러한 이유 가운데 하나는 아동은 빈민의 상당부분을 차지하며, 비난하는 사람들이 어디에 있든 빈곤의 원인을 어떻게 보든 간에 아동은 분명히 죄 없는 희생자라는 사실이다.

데모그란트의 가장 중요한 특징은 경제적 환경과 상관없이 급여가 모든 가족에게 할당되며, 따라서 보편주의의 원칙을 반영한다는 것이다.

보편적·선별적 구조를 적용하는 데서 나타나는 이슈들을 설명하기 위해 두 개의 고전적인 소득보조대안의 기본적인 측면을 고찰하여야 한다. 1970년대 중반 시애틀과 덴버에서 시험적으로 실시된 '부의 조세 프로그램(negative tax program)'과 아동수당과 같은 형태의 프로그램을 적극 지지한 오자와(Ozawa)에 의해 1974년 개발된 아동수당 대안이 이에 해당한다.

① 시애틀과 덴버의 소득보조실험

시애틀과 덴버의 소득보조실험(Seatte and Denver Income Maintenance Experiments: SIME/DIME)은 소득보조프로그램을 실시한 실험집단과 프로그램을 실시하지 않은 통제집단으로 이루어진 실험설계를 토대로 하여 이루어졌다. 실험집단은 연간 보장소득수준(guaranteed level of annual income)을 3,800달러, 4,800달러, 5,600달러 중에서 한 가지를 받도록 하고, 소득에 따라 네 가지의 '부(負)의 세율(negative tax rate)'을 적용하였다. 두 개는 고정세율(하나는 50%이고 다른 하나는 70%)이고, 나머지 두 개는 변동세율로 하였으며 이는 70%와 80%에서 시작하고 소득이 증가함에 따라 점차 감소하도록 하였다. 예를 들면, 고정세율을 50%로 하고 5,600달러의 보조금을 받는다면, 근로소득이 전혀 없는 수급자 가족의 경우 1년에 5,600달러를 받게 된다. 그들의 보조금은 근로소득 1달러에 대하여 50센트씩 감소하게 된다. 이 부(負)의 세율의 경우, 소득 1만 1,200달러가 보조금이 영으로 떨어지는 손익분기점(break-even level)이다.[24] [25]

---

24) 경제학이나 경영학에서 손익분기점(Break-Even Point: BEP)은 비용과 수입이 같아 순이익(net gain)도 순손실(net loss)도 없는 점을 말한다.

25) Gilbert & Terrell(2005), p. 101.

② 오자와가 제안한 아동수당

1974년 오자와(Ozawa)가 만들어 낸 아동수당에 관한 제안은 가족의 소득이나 다른 수급자격조건과는 관계없이 아동 1명에 대하여 한 달에 60달러씩 가족수당을 제공하는 것으로 되어 있다.[26] 이 제안에서 수당 그 자체는 과세대상소득이 되도록 만들어졌다. 금전만을 고려하여 해석하면, 이는 동일한 크기의 가족들은 똑같은 혜택을 받는다는 것을 의미한다. 그러나 그들의 소득에 따라서, 이 가족들은 결국 그들의 소득세를 통하여 정부에 서로 같지 않은 금액의 수당을 돌려주게 된다. 예를 들면, 납세자 수입이 상위 15%에 속하는 계층의 가족은 수당의 일정 부분을 세금으로 돌려주어야(taxed back) 하는 반면, 연방세분계점(federal tax threshold)에 미치지 못하는 낮은 소득을 가진 가족들은 그들의 수당이 전혀 과세되지 않도록 설계되었다. 상위 과세계층에 들어가는 상위 소득 가구들은 그들의 수당이 더 많은 금액으로 줄어드는 것을 알 수 있다.[27]

이런 방식으로, 수당에 의해 받게 되는 순이익은 소득에 따라 다양하게 된다. 이러한 제도적 장치의 중요성은 그러한 장치를 통해서 아동수당제도가 분배 시점에서는 보편적이지만 소비 시점에서는 선별적인 급여가 되게 만드는 것이다. 급여에 소요되는 재원을 조달하는 방법을 살펴보면, 실제로 모든 보편주의 제도 속에 선별주의가 스며들어 있음을 알 수 있다. 레딘(Reddin)이 설명하는 것처럼, "보편주의적 급여는 보편주의적 유전인자가 우세하지만 변형된 형태의 열성인 선별주의적 유전자가 그 구조 속에 통합되어 있는 급여다(Universal benefits are those in which the universal gene is dominant but where there are also variant form of recessive selective gene incorporated in the structure)."[28]

보다 최근에는 현재의 아동에 대한 연방소득세공제제도를 폐지하고 그것을 아동수당으로 대체하는 대안이 제안되고 있다. 이렇게 아동수당으로 대체하게 되면 결정적인 재분배 효과를 가져올 수 있다. 연방소득세공제—2000년에 아동 1인당 2,800달러—가 하위 소득 부모보다 상위 소득 부모에게 훨씬 유리하기 때문이다. 예를 들면, 2000년에 39.6%의 소득세계층에 속하는 부모들은 아동 1인당 1,109달러의 세금감면을 받는 반면, 15%의 소득세계층에 속하는 부모들은 단지 아동 1인당 420달러의 세금밖에 감면받지 못한다. 그리고 소득이 너무 적어 세금을 전혀 내지 않는 가난한 부모

26) Ozawa(1982), pp. 129-136.
27) Gilbert & Terrell(2005), pp. 101-203.
28) Reddin(1969), p. 14.

들은 아무런 혜택을 받지 못한다. 이러한 연방소득세공제제도를 폐지함으로써 매년 약 440억 달러를 절약하게 되며, 만일 연방소득세공제제도를 보편적인 수당으로 전환한다면 이 절약된 총비용을 가지고 '모든 부모에게' 1년에 아동 1인당 약 600달러를 제공할 수 있다.

③ 근로자를 위한 부의 소득세: 근로소득조세감면(A Negative Income Tax for Workers: The Earned Income Tax Credit)

부(負)의 소득과 아동수당을 둘러싼 찬반 논쟁이 한동안 이루어져 왔다. 그러나 두 대안 모두 정치적으로 인기를 끌지 못했다. 미국은 사회복지체제에서 전면적인 포괄적 변화를 이루기보다는, 시민들과 선출된 관료들이 일반적으로 특정 욕구와 인구집단에 맞추어진 그리고 서로 다른 원리와 가치를 반영하는 다양한 분리된 프로그램과 더불어 살아가는 것에 만족하여 왔다. 비록 정치체제가 총괄적인 포괄적 개혁안을 회피하지만, 부(負)의 소득세와 아동수당은 신중하게 그리고 은밀하게 현존의 사회정책 속에 자리를 잡아 왔다.[29]

개인소득공제 사례는 그동안 주목을 받아 왔다. 납세가족들은 그들의 부양가족 각각에 대해 오랫동안 공제를 받아 왔는데, 이러한 공제는 가족의 책임관계에 따라 다르지만 중요한 소득지원방식이 되었다. 「내국세법」은 부의 소득세를 근로소득세공제 (Earned Income Tax Credit: EITC, 우리나라의 근로장려세제에 해당함)로 만들었다. 1974년에 처음 제정된 EITC는 보장소득제도의 주요 특징을 많이 포함하고 있다. EITC는 저소득 가족들에게 기본적인 소득보조금을 제공하고, 근로소득이 증가함에 따라 어떻게 보조금이 줄어드는가를 결정하는 공식을 사용하고, 「세법」을 통하여 관리된다. 그러나 EITC는 단지 인구의 일부분만을, 즉 저소득 임금근로자가족(low-income wage-earning families)만을 포함한다는 점에서 보장소득제도와 다른 형태다. 일하지 않는 사람은 EITC의 혜택을 받을 수 없다.

2010년 기준 EITC하에서 아동 2명을 가진 가족의 연간 근로소득이 1만 2,550달러 미만인 단계적 도입(phase-in) 구간에서는 근로소득의 40%에 해당하는 금액을 세금공제로 받는다.[30] 즉, 그들이 벌어들인 근로소득 1달러에 대하여 40센트의 보조금을 받

---

29) Gilbert & Terrell(2005), pp. 103-104.
30) 자녀 수가 많아지면 기울기와 상한액이 변화한다. 우리나라 근로장려세제에도 자녀에 따라 기울기와 상한액의 차이가 있다.

〈표 10-1〉 가구 규모별 EITC 공제 구조(2010년 예)[31]

근로소득	단계	공제 (아동 3명 이상)	근로소득	단계	공제액 (아동 2명)
1∼ 12,549달러	단계적 도입 (phase-in)	근로소득의 45%	1∼ 12,549달러	단계적 도입 (phase-in)	근로소득의 40%
12,550∼ 16,449달러	평탄 영역 (plateau)	5,666달러	12,550∼ 16,449달러	평탄 (plateau)	5,036달러
16,450∼ 42,249달러	단계적 중지 (phase-out)	5,666달러- 21%(근로소득 -16,450달러)	16,450∼ 40,362달러	단계적 중지 (phase-out)	5,036달러- 21%(근로소득 -16,450달러)
≧43,350달러	중지 (no credit)	0	≧40,363달러	중지 (no credit)	0

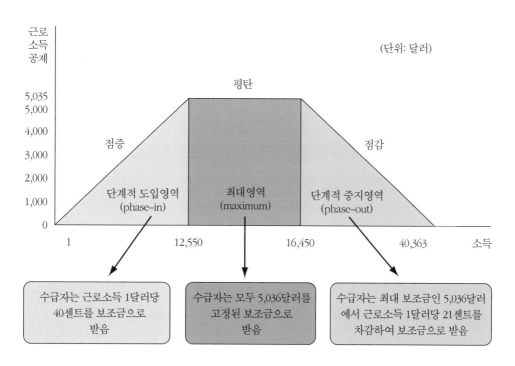

[그림 10-3] EITC-자녀 2명인 수급자(2010년)

31) www.eitc.irs.gov

는다. 근로소득이 1만 2,550달러 이상 1만 6,450달러 미만인 평탄(plateau) 구간에서는 세금공제액은 5,036달러로 최대치에 달하게 된다. 근로소득이 1만 6,450달러 이상 4만 363달러 미만인 단계적 중지(phase-out) 구간에서는 최대급여액인 5,036달러에서 추가소득 1달러에 대하여 2센트씩 감소하다가, 근로소득이 4만 363달러 이상이 되면 세금공제가 더 이상 없게 된다. 이러한 방식이 부의 소득세(negative tax)가 되는 이유는 환급가능성(refundability) 때문이다. 즉, 공제금액이 납부해야 할 세금을 초과하면 근로자는 현금환급(cash rebate)을 받는다.

EITC 제도의 적용대상은 근로자에 한정한다. 그래서 SIME/DIME와는 달리, 고용에 유익한 영향을 미친다. 이러한 의미에서, EITC는 근로를 할지라도 가난한 근로빈곤층에게 집중적인 혜택을 주는 임금보조(wage subsidy)와 유사하다. 적어도 일정 수준까지는 일을 많이 하면 할수록 더 많은 혜택을 누릴 수 있기 때문에 부의 소득세나 보장소득제도와는 정반대다.

엘우드(Ellwood)에 따르면, EITC는 복지의 수수께끼 같은 문제(conundrum of welfare)를 피해 갈 수 있다고 한다. 엘우드는 그의 책 『빈민 원조(Poor Support)』에서 EITC를 다음과 같이 설명한다.[32]

근로에 따른 보상은 증가하고 줄지 않는다. 혜택은 오로지 근로소득이 있는 사람에게만 돌아간다. 사람들은 낙인감을 주고, 사생활을 침해하고, 종종 품위를 떨어뜨리는 복지체제의 필요 없이, 원조를 받으면서도 그들의 자율성은 증가하고 감소되지 않는다. EITC는 참으로 조세제도의 일부이기 때문에, 사람들이 고립되지 않는다. 빈민의 근로노력에 미치는 부정적인 영향은 실제 있다 하더라도 적어질 것인 반면, 근로빈민에 대한 혜택은 클 것이다. 그리고 고용주들은 그들의 고용관행을 변경할 아무런 이유가 없다. 세금을 원천징수하는 고용주들에게는 제도를 운영하는 데 소요되는 비용은 약간의 추가적인 행정비용을 제외하고는 근본적으로 변화가 없을 것이다.

EITC 모델의 환급가능한 공제는 상당히 장래가 촉망되는 빈곤구제조치다. 소득세공제와 결합된다면 EITC는 특히 저임금근로자를 위한 중요한 소득지원방법이 될 것이다. 만일 EITC가 한층 더 제약이 풀어지고 가족의 규모와 더 밀접하게 연계된다면 빈

---

32) Ellwood(1988), p. 115.

곤을 감소시키는 데 보다 큰 기여를 할 수 있을 것이다.

④ 아동부양

엘우드와 가핑클(Garfinkel)과 같은 학자들은 빈곤구제(anti-poverty) 접근방법의 하나로서 한부모가족의 자녀들에게 상당한 수준의 소득을 보장해 주는 것을 목적으로 한 빈곤구제 접근방법인 '아동부양보증(Child Support Assurance)제도'의 확실한 지지자들이다. 아동부양보증제도는 한부모가족 아동들에게 정부가 책임지고 매년 2,000달러에서 2,500달러까지 보장해 주는 대안이다. 미국 재무부는 매달 자동적으로 이 수표를 한부모가족에게 배분하고, 동시에 주정부와 협력하여 자녀와 함께 생활하지 않는 부재 부모(absent parents)에게 그가 본래 부담했어야 할 자녀양육비를 납부하도록 하고 있다. 이러한 아동부양보증제도는 특히 아동부양비를 확보하기 위하여 힘들고 시간 소모적이고 종종 무익한 법적 그리고 개인적 노력을 가난한 어머니들이 하지 않아도 될 수 있도록 하여 준다.[33]

⑤ 자산형성

애커먼과 앨스토트(Ackerman & Alstot)는 그들의 『이해관계자 사회(The Stakeholders Society)』라는 저서에서, 모든 젊은이에게 그들이 대학에 입학하거나 또는 스물한 살이 될 때 8만 달러의 공적 기부금(public contribution)을 제공하자는 대안을 제시하였다. 이들은 이러한 보편적 현금보조금(universal cash grant)이 막 인생을 시작하려는 젊은이들이 그들의 미래에 투자할 수 있도록 함으로써 미국의 근본적인 불평등을 해결할 수 있다고 보았다. 그들은 이러한 보조금을 '지분(stake)'이라고 불렀다. 이러한 보편적 현금보조금은 특히 빈곤가족에서 성장한 개인들에게 혜택을 주어, 그들이 대학 등록금을 내도록 하고, 가족을 형성하며, 성인으로서의 길을 성공적으로 시작할 수 있도록 하여 준다.

세라든(Sherraden)은 유사한 대안으로 아동저축계좌(Children's Saving Accounts: CSA)의 확립을 제안하였다. 아동저축계좌제도는 장기적으로 빈민들이 자산을 형성할 수 있도록 하기 위한 사회투자전략(social investment strategy)의 한 요소다. 세라든의 아이디어는 연방정부가 빈곤아동들을 위한 은행계좌에 자금을 제공하여, 이 아동들이 대

---

33) Gilbert & Terrell(2005), pp. 105-106.

학 진학이나 주택 구입과 같은 목적으로 이 돈을 사용할 수 있도록 자금의 밑천을 축적할 수 있도록 해 주자는 것이다.

보편적 현금보조금제도나 아동저축계좌제도는 단순한 소득보조라기보다는 '자산의 축적(accumulation of resources)'에 초점을 맞추고 있다. 자산형성(asset building)은 특히 아동빈곤을 감소시키는 특별히 가치 있는 접근방법으로 간주된다. 예를 들면, 아동저축계좌는 18세 미만의 모든 아동이 미국 정부로부터 매년 적립금을 납입받고, 가족구성원들이 보충적으로 조세혜택을 받는 기여금을 받기 때문에 범위가 보편적이다.

아동저축계좌는 아동의 인간자본과 사회자본을 개발하여야 한다는 우리의 정치적 가치와 책무와 일관성 있게 일치한다. 아동저축계좌는 교육기회를 민주화하고, 부의 분배를 확장하며, 가족과 지역사회를 튼튼하게 하고, 경제성장을 증진시킨다.

아동양육보증제도가 급박한 욕구를 충족하기 위한 직접적인 현금지원을 제공하는 반면, 자산형성은 장기적 목적을 달성하는 데 목적을 두고 있다. 2000년 대통령선거 기간에 앨 고어(Al Gore)와 조지 부시(Geroge W. Bush) 후보자는 모두 퇴직 후 자신의 생활보장에 도움이 되기도 하지만 동시에 다른 가족의 생활에도 도움을 줄 수 있는 개인투자계정제도(private investment account)에 대해 연방정부가 인센티브를 제공할 것이라는 공약을 제시한 바 있다.

(2) 사회적 효과성과 비용효과성

보편주의와 선별주의 논쟁의 추상적 원리들이 이제 방금 기술한 소득보조제도의 구체적인 대안 가운데 어느 것을 선택할 것인가에 적용될 때, 또는 사회보장이나 공공원조와 같은 현존 프로그램에 적용될 때, 논의는 일반적으로 사회적 효과성(social effectiveness)과 비용효과성(cost effectiveness)의 고려에, 이러한 가치의 정의에, 그리고 실현을 용이하게 하기도 하고 저해하기도 하는 정책요소에 관한 가정을 중심으로 전개된다.

소득보조프로그램에서 비용효과성의 측정은 보통 대안이 되는 제도들의 총비용, 할당된 자금이 빈곤갭(poverty gap)을 채우는 정도, 그리고 가난하지 않은 사람들에게 누출(seepage)된 금액에 의해 결정된다. 통계적으로 정의된 빈민들(연간소득이 연방정부가 규정한 빈곤선 이하인 사람들)의 운명을 향상시키기 위해 노력하는 소득보조프로그램의 정의가 이러한 내용 가운데 내재해 있다.

이러한 기준에 기초하여 본다면, 부(負)의 소득세는 분명히 아동수당이나 자산형성

프로그램보다 분명히 더 뛰어난 제도다. 즉, EITC와 같은 급여는 더 잘사는 소득집단에 거의 누출되지 않고 빈곤가족들에게 더 높은 수준의 원조를 제공한다. 똑같은 내용이 오늘날의 공공부조프로그램에도 적용된다. 모든 소득계층의 시민들이 이용가능한 보편적 프로그램들은 분명히 빈곤을 완화시키는 데는 도움을 주지만, 그렇게 함에 있어서 상대적으로 비효율적이다. 전체 가치 가운데 오직 적은 부분만이 빈민들을 돕는 데 사용되기 때문이다. 이러한 사항은 특히 아동과 가족에게 있어서 사실이다. 예를 들면, 가핑클(Garfinkel)의 최근 계산에 따르면 빈곤에 특히 취약한 집단인 한부모가족들은 전체 인구 가운데 그들이 차지하는 비율과 거의 같은 정도의 보편적 급여를 받는다.

빈민을 선별해 급여를 제공하는 것은 효율적인 빈곤구제전략이다. 그러나 만일 공공정책의 목적이 일반적으로 아동의 운명을 향상하는 것이고, 빈민뿐만 아니라 근로 중산층가족 구성원들의 복지도 안전하게 보장될 수 있도록 도와줄 필요가 있다는 사실이 중요한 목적으로 주어진다면, 이러한 이점은 거의 인상적이 되지 못한다. 이러한 관점에서 살펴보면, 비용효과성은 정말 다르게 정의되고, 보편적 제도가 더 선호될지 모른다.

커트(Cutt)가 지적하는 바와 같이, 보편적 제도는 수평적 의미에서 아동이 없는 사람들로부터 아동이 있는 사람들에게 재분배적으로 간주될지 모르며, 그러므로 보편적 제도가 특히 통계적 의미에서 빈곤가족이라고 정의된 가족의 욕구를 보다 엄격하게 완화시키는 것이 아니라 모든 소득집단 아동들의 욕구를 완화시킬 때, 선별적 제도보다 광범위한 목적을 가진다고 할 수 있다. 이러한 논쟁의 다른 한편에는, 비록 여기에 명확한 사례는 없지만, 사회적 효과성이 보편적 접근방법과 동일한 것으로 간주되는 경향이 있다.

소득보조제도의 사회적 효과성에 관한 가치판단은 목표로 설정된 빈곤구제 접근방법의 해로운 결과에 관한 가정에 근거를 두고 있다. 이러한 결과는 근로, 출산, 가족 안

〈표 10-2〉 **아동이 있는 가족에 대한 공적 급여(1992년)**

		전체 가족에 지급된 급여액	한부모가족에 지급된 급여 비율
보편적 프로그램	현금	500억 달러	24%
	현물	2,300억 달러	25%
선별적 프로그램	현금	320억 달러	78%
	현물	950억 달러	74%

정(family stability), 낙인화(stigmatization) 그리고 사회통합에 대한 영향을 포함한다. 이러한 요인들을 설명하기 위하여 몇몇 관련된 연구 결과를 검토해 보기로 한다.

근로유인

모든 사회복지급여는 어느 정도 그 급여를 통하여 개선하고자 하는 바로 그 상황을 오히려 유발하는 유인을 제공한다. 예를 들면, 고용보험이 실업을 조장하고, 공공부조는 일하지 않고서도 아동을 부양할 수 있게 해 준다. 아동수당은 근로유인(work incentive, incentive to work)에 부정적인 영향을 미친다. 이러한 의미에서 머레이(Charles Murray)와 다른 보수주의자들의 '복지가 종속(의존)을 야기한다(welfare causes dependency)'는 주장은 상당한 사실적 근원을 갖고 있다.[34]

미국에서 1960~1970년대 복지개혁을 주도한 사람들은 복지종속(welfare dependency)이나 근로비유인(disincentive to work)과 같이 본래 부정적 유인들(perverse incentives)에 민감해하면서, 그러한 유인들을 최소화하기 위한 지급방안들을 준비하였다. 일하지 않아 소득이 없는(zero-work/zero-income) 상황에서 기본급여가 높아 보장소득제도에서 근로비유인이 크므로, 이러한 프로그램들은 이러한 근로비유인을 상쇄하기 위한 유인책을 만들기 위해 노력한다. 예를 들면, 급여공식에 내재해 있는 근로소득에 대한 세금을 낮게 책정하여 근로소득자들이 자신의 소득 상당 부분을 가질 수 있도록 함으로써 근로가 매력 있게 만드는 것이다.

부의 소득세(NIT)를 설계함에 있어서, 서로 다른 세율들이 근로유인에 어떻게 영향을 미치는가를 연구한 결과, 세율을 높이면 근로유인이 높아지기도 하고 반대로 낮아지기도 하는 상반된 결과가 나타났다. 세율을 높이면 현재의 생활수준을 유지하기 위해 더 열심히 더 많이 일을 한다는 연구 결과가 있는 반면, 현재 미국의 대표적 공공부조제도인 TANF(Temporary Assistance for Needy Families, 일시적 빈곤가족원조)가 탄생하기 이전에 오랫동안 실시되어 온 AFDC제도의 연구 결과에서 나타난 바와 같이 세율을 높이면 근로유인이 감소하여 근로노력이 줄어들게 된다는 연구 결과도 있다. 또한 최저소득보장은 조기퇴직을 불러올 가능성도 있다. 자립하기 위한 노력과 솔선을 존중하는 사회는 근로윤리(work ethic)를 손상시키는 공공정책을 높이 평가하지 않을 것이다.

근로는 자아존중(self-esteem)을 유지시켜 주는 중요한 이유가 있지만, 단기적으로

---

34) Murray(1984).

는 근로자가 복지급여를 받는 것보다 빈곤가족에게 더 큰 이익을 주지 않는다.

근로와 복지 간의 딜레마(work-welfare dilemma)는 복지가 근로유인을 저하시킨다는 것이다. 이러한 딜레마를 타개하기 위하여 미국 정부는 1996년「PRWORA(Personal Responsibility and Work Opportunity Reconciliation Act of 1996)」라는 복지개혁법을 제정하고 복지종속적인 AFDC를 임시적 빈곤가족원조프로그램인 TANF로 전환하고 근로를 고무하기보다는 근로를 강제하는 대안을 마련하였다.

출산

아동수당(children's allowances)이 출산율(birthrate)에 어떠한 영향을 미치느냐에 관하여 서로 다른 주장들이 제기되고 있다. 한때 아동수당은 인구규모에 상당한 영향을 미치는 것으로 간주되었다. 아동수당의 찬성자들은 아동수당이 출산율을 증가시키는 데 긍정적인 영향을 미친다고 찬사를 보내는 반면, 아동수당을 비판하는 사람들은 아동수당이 일종의 '출산상여금(baby bonus)'의 역할을 하여 지나친 출산(childbearing)의 원인이 된다고 주장하였다.[35] 그러나 최근에는 과거와 달리 우리나라를 포함하여 세계 여러 나라가 인구 증가가 아닌 낮은 출산율로 인한 인구 감소라는 문제에 직면해 있다.

아동수당이 출산율에 긍정적인 영향을 미친다고 추정할 수 있으나, 아동수당을 포함하여 보장현금수당, 가족지원금, 아동에 대한 세제 감면, 보육, 출산, 아동이 있는 부모에 대한 유연근무제 등과 같이 가장 관대한 가족지원정책(family support policy)을 실시하는 유럽의 주요 국가들이 출산율 감소라는 문제에 직면하고 있는 현실에서 아동수당이 출산율을 높이는 데 기여한다는 주장은 재고해 볼 필요가 있다.

유럽 전역에 걸쳐 지속적인 인구 부족에 시달리고 아동수당을 통하여 출산율을 높이는 데 어려움을 겪게 되자, 많은 국가에서 논쟁의 중심이 아동수당과 같은 가족지원정책에서 이민정책으로 옮겨 가고 있다. 즉, 유럽의 인구 부족으로 세금을 내서 사회보장제도를 지탱해 주어야 할 상대적으로 적은 수의 근로자층과 혜택을 받는 상대적으로 많은 수의 퇴직자 간의 매우 심각한 불균형으로 많은 사람이 외국인 근로자의 유입에 관한 법을 상당히 관대하게 만드는 것에 관하여 옹호하고 있다. 인구학자 러츠(Lutz)는 1년에 100만 명의 이민자들이 유럽에 들어오는 것이 유럽 여성들이 평균 1명의 아이를 더 출산하는 것과 동등하다고 추정하였다.

---

35) Gilbert & Terrell(2005), pp. 110-111.

이러한 이민정책은 사회보험의 재원을 공고히 하는 데 기여할 수 있다는 점에서 의미가 있지만, 모든 국가에서 상당한 논란을 불러일으키고 있으며, 많은 국가에서는 아직도 반이민정당(anti-immigration parties)이 지지를 받고 있고 문화적 희석(cultural dilution)에 점점 민감해하고 있다.

선별적 소득보조제도가 출산에 대해 미치는 영향은 뜨거운 논쟁이 지속되고 있기는 하지만 불분명한 상태로 남아 있다. 미국의 1996년 '개인의 책임 및 근로기회 조정에 관한 법'인 「PRWORA」에 의해 AFDC가 TANF로 바뀌기 전에 AFDC제도는 복지의존(종속), 건전한 가족구조 위해, 출산율 증가 등의 이유로 사회적 비난의 대상이 되었다. 이러한 AFDC에 대한 비난 가운데 하나는 수급자격이 부양아동의 존재와 연계되어 있기 때문에 AFDC가 상당한 출산유인(baby incentive)을 제공한다는 것이었다.

공공부조가 혼외출산과 같은 비합법적 출산을 불러일으킨다고 주장하는 길더(George Gilder)와 같은 비판자들은 복지개혁에 '가족상한선(family cap)'을 포함시키는 데 성공하였다. 그러나 공공부조가 출산율을 증가시킨다는 합리적 근거는 아직 발견하지 못하였다.

가족의 안정

보장소득제도(guaranteed-income schemes)와 관련된 재정지원수준은 가족의 안정(family stability)에 서로 다른 영향을 미친다. 이러한 영향의 속성에 대해서는 두 개의 가설이 있다. 첫 번째 가설은, 경제적 압박은 이혼의 위험을 증가시키는 주요 요인 가운데 하나이기 때문에, 확실한 재정적 원조를 이용할 수 있는 권리가 있다는 것은 가족생활을 안정시키는 데 도움을 줄 것이라는 것이다. 다음 가설은, 결혼을 하지 않은 어머니에게 확실한 원조 공급자를 제공하는 것은 결혼하거나 또는 결혼생활을 유지하도록 하는 실질적인 동기를 감소시키게 될 것이라는 것이다. 보장소득을 받는 실험집단과 받지 않는 통제집단의 이혼율을 비교한 연구 결과에 따르면, 보장소득을 받는 실험집단의 결혼생활 붕괴율(rate of marital dissolution)이 통제집단가족보다 두 배가량 높은 것으로 나타났다. 그러나 재정적 원조수준이 가장 높은 실험집단의 이혼율이 재정적 원조수준이 낮은 실험집단의 이혼율보다 높은 것이 아니라 오히려 더 낮았다는 연구 결과도 있어 이러한 주장의 신빙성에 의문을 제기하고 있으며, 이러한 연구 결과를 보다 신빙성 있게 증명하기 위해서는 패널연구(panel study) 등을 통해 보장소득의 장기 수급이 이혼율에 미치는 영향을 분석하여야 할 것이다.

낙인과 사회통합

보편적 제도(universal schemes)를 찬성하는 가장 강력한 근거 가운데 하나는 보편적 제도가 수급자들을 낙인(stigma) 찍는 일이 일어나는 것을 예방하고 사회통합(social integration)에 기여한다는 것이다. 자산조사의 낙인 효과에 대한 가정은 많은 사람에게 사실로 간주되어 왔다. 낙인 없이 선별주의를 달성하기 위해서 티트머스(Titmuss)는 특정 범주, 집단 그리고 지역에 적용가능한 욕구조사(needs test)를 채택함으로써 자산조사를 폐지하고 자산조사로 인간의 존엄성이 훼손되지 않도록 하여야 한다고 제안하였다.[36] 그러나 칸(Kahn)은 아직 욕구조사의 실시로 낙인 효과가 제거된다는 증거가 없으며, 아무리 평등을 추구하는 사회라 할지라도 자산조사에 의한 선별주의를 완전히 없애는 것은 정치적으로나 재정적으로 불가능하다고 주장한다.

자산조사가 낙인을 찍는다는 주장이 오랫동안 지속되고 있다. 자산조사가 낙인을 찍게 되는 것은 자산조사가 인간성을 훼손하고, 사회를 분열시킨다는 것이다. 이러한 주장에 대해 길버트와 테럴은 다음과 같이 반론을 하고 있다. 자산조사의 어떠한 측면이 인간의 존엄성을 훼손하는 것인가? 자산조사가 인간 존엄성을 훼손한다고 추정하는 것은 아마도 자산조사가 급여를 신청하기 전에 낙인감을 느낀 적이 있는 빈민과 같이 사회적으로 평판이 좋지 않은 집단에게 종종 적용되기 때문에 자산조사가 인간의 존엄성을 훼손한다고 추론되는 것이다. 분명히 특혜집단인 대학생들은 재정원조를 신청할 때 자산조사를 받아야 하는 부담을 가볍게 받아들일 것이다. 대학생들은 어떤 경우에는 자산조사로 선정되는 것을 다른 할당의 원리에 의하는 것보다 더 강력히 선호하는 것으로 알려졌다. 보통의 시민들은 매년 세금을 납부할 때 자산조사를 받고 있지만, 그로 인해 자존감이 손상되었다고 생각하지 않는다. 사실, 자산조사의 사회적 심리적 영향은 일반적으로 추정되는 것보다, 심지어는 빈민에게도 덜 고통스러울지 모른다. 몇몇 연구에 따르면, 자산조사 자체는 공공부조수급자들을 짜증 나게 하는 중요한 원천이 아니다.

자산조사에 관한 논의는 원리와 실행을 혼동하는 경향이 있다. 할당의 원리로서의 자산조사와 자산조사의 실제 집행을 구분하는 것은 매우 중요하게 고려되어야 한다. 할당의 원리로서 자산조사 그 자체는 개인의 존엄과 가치를 해치지 않을지 모른다. 낙인감의 가능성은 자산조사 원리를 적용하는 과정에 존재한다.

---

36) Titmuss(1968), p. 122.

따라서 수급자의 불평을 드러내지 않고 자신의 욕구와 자원을 솔직히 드러낼 수 있게 단순하고 인간의 존엄성을 손상시키지 않는 절차에 따라 자산조사 원리가 조작적으로 정의되지 못할 이유는 없다. 자산조사가 비열할 필요가 없으며(The means test need not be mean-spirited), 악의를 품은 관료들에 의해 집행될 필요가 없고, 위협적일 필요도 없다.

만일 급여신청자의 모든 소득과 재산(income and assets)을 엄밀히 조사하는 전형적인 자산조사 대신에 신청자의 소득만을 조사하는 협의의 자산조사인 소득조사(income test)를 실시한다면, 국세청의 소득 자료를 활용하면 되기 때문에 소득조사과정에서 개인의 존엄성을 크게 훼손하지 않을 수 있다. 우리나라의 근로장려세제의 모태가 되는 미국의 EITC와 같은 소득조사에 의한 프로그램은 낙인 없이 선별주의를 적용하고 있다.

자산조사제도가 종종 악의적이라고 생각되는 두 번째 이유는 분열 효과(divisive influence)와 같은 광범위한 사회적 효과와 관련이 있다. 자산조사프로그램은 그 속성상 사회를 '주는 자와 받는 자(givers and receivers)'의 서로 다른 집단으로 나누는 분열 효과가 있다. 그러나 자산조사가 갖고 있는 이러한 분열 효과와 받는 자가 느끼는 낙인감은 서로 독립적으로 비교검토되어야 한다. 즉, 비록 수급자의 신분에 낙인이 부착되지 않는다고 할지라도, 선별적 프로그램은 사회조직을 분열시키는 영향을 끼치고 있어, 소득에 따라 사회를 차이가 확실히 나는 집단으로 분열시키고 있다.

근접빈민(the near-poor), 근로계층 그리고 중산층은 이러한 처리과정에서 함께 주는 자(donor)의 입장에 서는 반면, 빈민들은 명백히 수급자 계급(recipient class)의 입장에 처하게 된다. 이러한 제도는 사회적 조화(social harmony)를 이루는 데 적합하지 않다. 이와는 대조적으로, 아동수당과 같은 보편적 제도는 다양한 경제적 환경에 있는 가족들이 직면하고 있는 공통의 욕구를 강조함으로써 사회통합을 용이하게 하여 준다. 우리가 논의해 온 다양한 이슈 가운데, 사회적 할당에 대한 보편적 접근방법의 사회적 효과성을 찬성하는 것으로 가장 많이 언급되는 주장 가운데 하나는 바로 이 통합 기능(integrative function)이다.

2) 할당에 대한 다른 관점: 선택의 연속체

보편주의와 선별주의의 이분법은 수급자격을 개념화하는 데서 유용한 출발점으로서 역할을 수행하지만, 사회적 할당의 기반(base of social allocation)은 이러한 보편주의
와 선별주의 아이디어가 암시하는 것보다 복잡하다. 사실, 보편주의와 선별주의의 이
분법은 선택의 연속체(another perspective on allocation: continuum of choice)보다 덜 유
용하다. 따라서 개인적 자산조사에 의지하지 않고 선별된 범주, 집단 또는 지역에 속
하는 사람들에게 급여가 제공되는 많은 정책이 있다.

　지금까지 우리는 자산조사에 의한 할당을 의미하는 선별주의(selectivity)라는 용어를
협의로 사용하였다. 그러나 티트머스가 지적하는 것처럼 선별주의는 자산조사를 반드

〈표 10-3〉 일부 연방정책에서의 할당의 원리

수급조건 (condition of eligibility)	연방정책	수급집단(eligible groups)
귀속적 욕구	1992년 「가족 및 의료휴가법」	피부양자를 돌보는 근로자
	「라이언 화이트 요양법(Ryan White Care Act)」	AIDS/HIV 위험이 높은 대도시 지역들
	「노령미국인법 (Older American Act: OAA)」	노인
	지역사회행동프로그램: Head Start, 법률원조	저소득 지역 거주자
보상	사회보장(노령 · 유족 · 장애 보험, OASDI)	저소득 퇴직자[가입자가 납부한 보험료를 반영하는 소득기반방식이지만(earning-based, reflecting contributions), 저소득 퇴직자에 유리하게 조정을 함]
	긍정적(적극적) 조치(Affirmative Action: A. A.)	인종과 성에 기반(예: 소수인종이나 여성)
진단적 차별	「장애인교육법」	중증장애아동과 같은 특별한 욕구가 있는 아동들
	메디케어 요양원 돌봄	일상생활활동(Activities of Daily Living: ADL) 손상에 의해 측정된 기능적 장애 정도(자산조사도 병행)
자산조사에 의한 욕구	보충적 보장소득(SSI)	빈곤한 노인과 장애인
	여성, 영아, 아동을 위한 특별한 영양보충프로그램(WIC)	영양적으로 위험에 처한 임산부나 산후조리 중이거나 수유 중인 저소득 여성

시 실시하지 않고도 차별화된 욕구(differential needs)에 근거할 수도 있다. 그러나 일단 선별주의 개념이 엄격히 경제적인 자산조사를 고려하여 이해되지 않고 느슨하게 이해된다면, 그 개념에 대한 정의가 너무 많은 조건까지 포함하게 되고, 심지어는 일반적으로 보편주의적인 프로그램이라고 생각하는 것까지 선별주의적 프로그램에 포함시켜야 하는 문제가 발생하게 되며, 이렇게 되면 선별주의라는 개념이 의미를 상실하게 되는 딜레마에 빠지게 된다.

예를 들면, 퇴역군인급여, 주거재배치, 특수교육학급 그리고 고용 및 대학입학 특혜도 자산과 관련된 기준은 아니지만 나름대로의 수급자격기준에 의해 선별되어 급여를 받고 있다. 사실, 일단 우리가 선별주의의 광범위한 정의를 받아들이게 되면, 심지어 아동수당은 적어도 아동 한 명 이상을 가진 가족에게 제한되기 때문에 아동수당까지도 선별주의에 포함시켜야 하는 딜레마에 직면하게 된다.

따라서 수급자격을 보편주의와 협의의 자산조사로 이분법적으로 구분하기보다는 개인과 집단이 사회적 급여를 받을 수 있는 다양한 조건에 기반을 두고 할당의 원리를 개념화할 필요가 있다. 이러한 관점에서 길버트와 스펙트는 사회적 할당의 기반은 귀속적 욕구, 보상, 진단적 차별 그리고 자산조사에 의한 욕구라는 네 가지 할당의 원리에 따라 구분하였다.[37]

(1) 귀속적 욕구

귀속적 욕구(attributed need)에 기반을 둔 수급자격은 현존의 사회적 · 경제적 제도에 의해서 충족될 수 없는 공동의 욕구를 가진 사람들의 집단에 속하였다는 것을 조건으로 주어진다. 이 원리에 따르면 욕구는 규범적 기준에 따라 정해진다. 귀속적 욕구에서 욕구란 영국의 의료보장(국민보건서비스, NHS)의 경우에서와 같이 전체 국민과 같이 큰 범주에 속할 수도 있고, 일하는 부모 또는 하위계급지역 거주자들 또는 제한된 영어구사능력을 가진 학교아동과 같은 제한된 집단에 속할 수도 있다. 이 원리를 지배하는 두 가지 조건은 규범적 욕구 기준에 근거한 집단지향적 할당이다[The two conditions that govern this principle are (1) group-oriented allocation that are (2) based on normative criteria of need].

---

37) Gilbert & Terrell(2005), pp. 114-117.

> 귀속적 욕구 기반 할당 원리의 두 조건=집단지향적 할당+규범적 욕구 기준

또한 면역결핍바이러스/에이즈(HIV/AIDS)의 독특한 성격과 피해자들이 직면한 특유의 환경으로 특별한 프로그램이 만들어지기도 하였다. 「라이언 화이트법」과 같은 연방법은 에이즈가 예외적인 질병이라는 전제하에 의료치료와 재가요양(in-house care)에서부터 거주자 상담(tenant counseling)과 건강정보를 제공하는 도서대여점(lending library)에 이르기까지 다양한 서비스를 제공하는 지역전문기관들이 네트워크를 조성할 수 있도록 매년 10억 달러 이상을 제공하고 있다. 그러나 이러한 에이즈환자들에 대한 지원은 암환자나 파킨슨병 환자와 같이 빈곤하나 혜택을 받지 못하는 집단들에게는 상대적으로 부당한 처사가 되고 있다는 비판을 받기도 한다.

수급자격이 귀속적 욕구에 근거한 연방정책의 예를 들면, 1992년 「가족 및 의료 휴가법」에 따르면 근로자들은 일자리를 상실할 두려움 없이 신생아, 부양부모나 배우자를 돌볼 기회를 보장받는다. 이 경우 '피부양가족이 있는 집단'과 '돌보아 주어야 할 욕구'라는 두 조건을 갖춘 집단들에게 서비스를 제공한다.

최근 우리나라에서 도입 여부를 두고 논란이 되고 있는 보편적 기본소득(Universal Basic Income: UBI)도 귀속적 욕구에 근거한 정책대안이다.

보편적 기본소득의 의의 및 특징

보편적 기본소득(Universal Basic Income: UBI)이란 중앙정부나 지방정부와 같은 정치적 공동체가 모든 국민 또는 해당 지방자치단체의 모든 구성원에게 자산(means, 재산이나 소득)이 많은지 적은지, 노동에 종사하고 있는지 하지 않고 있는지, 근로의지가 있는지 없는지 여부를 불문하고, 아무런 조건 없이, 정부의 공적인 예산을 사용하여, 개인별로, 정기적으로 현금을 지급하는 보편적 소득지원정책이다.[38] [39]

보편적 기본소득은 다음과 같은 특징이 있다. 첫째, 선별성(selectivity)이 아닌 보편성(universality)을 특징으로 한다. 기본소득은 공공부조제도와 같이 경제적으로 어려운 사람들만을 선별하여 지원하는 제도가 아니라 모든 국민 또는 모든 지방자치단체의 구성원 또는 청년이나 노인과 같은 특정 인구집단에게 지원함으로써 그들의 실질적 자유를 확보해 주는 보편적인 제도이다.

---

[38] 이관형(2020), pp. 21-23.
[39] https://youmatter.world/en/universal-basic-income-28215/

둘째, 실질적 자유를 보장해야 하기 때문에 무조건성(unconditionality)을 특징으로 한다. 기본소득 수급의 대가로 근로를 하거나 직업훈련을 받는다는 조건이나 적극적 구직활동 등을 요구하지 않는다. 즉, 근로연계복지(workfare) 또는 근로조건부복지나 학습연계복지(learnfare) 또는 훈련연계복지와 같은 규정이 없다.

셋째, 개인의 자유 보장을 위해 '개별성'을 특징으로 한다. 가구단위로 조사를 하고 가구단위로 급여를 지급하는 공공부조와는 달리 기본소득은 가구단위가 아니라 개인 단위로 지급한다.

넷째, 일회성이 아닌 정기성(periodicity)을 특징으로 한다. 기본소득은 평생사회안전망의 일환으로 실시되는 제도이므로 삶의 전 과정에서 실질적 자유를 보장하기 위해서는 한두 번 지급하고 끝나는 것이 아니라 정기적·지속적으로 지급한다.

다섯째, 급여대안은 현물이 아닌 현금을 특징으로 한다. 기본소득은 개인의 실질적 자유를 보장하기 위한 제도이다. 따라서 기본소득은 수급자의 선택권, 즉 수급자 주권(client sovereignty)을 극대화하기 위해서 급여대안을 현물이나 바우처, 즉 서비스이용권이 아닌 현금으로 한다. 따라서 원칙적으로 기본소득의 사용용도에 대한 제한은 없다.

여섯째, 재원 마련을 위해 보험료나 이용료 납부 등과 같은 경제적 기여를 하지 않고 수급권을 갖게 되는 무기여(noncontribution)를 특징으로 한다. 따라서 기본소득의 재원은 국민의 세금을 원천으로 하는 정부의 공적 예산이다.

일곱째, 급여대안의 비대체성(nonsubstitutability)이다. 기본소득은 개인의 실질적 자유를 보전해 주어야 하기 때문에 기본소득의 실시로 인해 기존에 실시하고 있던 기초연금, 아동수당, 장애연금 등과 같은 사회보장제도가 폐지되거나 대체되어서는 안 된다.

(2) 보상

보상(compensation)에 근거한 수급자격은 퇴역군인이나 사회보험료 납부자와 같이 특별한 사회적·경제적 기여를 한 적이 있거나 인종차별이나 성차별의 희생자와 같이 사회의 손(hands of society)에 의해 부당하게 피해를 겪은 적이 있는 사람들의 집단에 속한 구성원임을 조건으로 한다.

보상의 원리를 지배하는 두 가지 조건은 형평을 위한 규범적 기준에 근거한 집단지향적 할당이다[(1) group-oriented allocation that are (2) based on normative criteria for equity].

가장 논란이 되고 있는 보상에 근거한(compensation-based) 프로그램의 하나인 적극적 조치 또는 긍정적 조치는 본래는 1970년대 연방정부가 과거에 미국의 아프리카계 미국인에게 정상적인 접근과 기회 통로가 배제되어 온 것을 보상해 주기 위한 노력의 일환으로 실시한 조치였으나, 그 후 광범위한 인종 차별이나 특정성에 대한 선호의 문제로 인한 피해자들에게 고등교육, 일자리 그리고 공공계약에 대한 접근이 보다 용이하도록 하기 위한 조치로까지 발전되었다.

공공서비스를 할당함에 있어서 성(gender), 민족 또는 인종은 미국 정치에서 가장 분열을 일으키는 이슈이지만, 많은 분야에서 과거에 행해진 차별에 대해 보상해 주려는 노력의 일환으로 지속적으로 수급자격을 부여하고 있다. 예를 들어, 미국의 많은 주에서 대학입학은 적극적 조치 또는 긍정적 조치(Affirmative Action: A. A.) 기준을 활용하고 있다. 유사하게 고용 및 계약기회도 종종 '집단에 예민한 사항이기 때문에(group-sensitive)' 표적 대상이 된 수혜계층들에게 유리하게 이루어지고 있다. 그리고 연방정부의 혜택은 오랫동안, 연방적으로 인정받은 인디안 종족에 속하는 사람들과 같이, 인종을 조건으로 이루어지거나 특정 '혈액 양자(blood quantum)'를 가지고 있는지를 조건으로 이루어지고 있다.

물론 특혜에 해당하는 적극적 조치는 다양한 목적을 달성하는 데 기여한다. 적극적 조치는 과거의 인종차별이나 성차별에 대한 시정조치로서, 소수인종과 여성들에게 그들의 조상들이 겪은 억압의 유산에 대한 배상으로 행해진다. 또한 적극적 조치는 우리 사회의 다양성을 증진하기 위해 그리고 좋은 직업과 좋은 학교에서 모든 집단이 공평하게 대표될 수 있도록 하기 위해 노력한다.

그러나 적극적 조치에 반대하는 사람들은 적극적 조치가 백인과 남성들에게 불리한 차별적인 특혜라고 간주할 뿐만 아니라, 반대자들은 적극적 조치의 수혜자들은 심각한 사회경제적 고통을 겪고 있는 사람들이라기보다는 중산층 소수민족 학생들과 여성들이라는 점을 언급하고 있다.

(3) 진단적 차별

진단적 차별(diagnostic differentiation)에 근거한 수급자격은 신체적·정신적 손상을 입은 상태에 놓여 있어 특별한 재화나 서비스가 필요하다는 개별적 사례에 대한 전문가의 판단을 조건으로 부여된다. 이 원칙을 좌우하는 두 가지 조건은 (1) 개인적 할당이고 (2) 그 할당이 욕구에 대한 기술적 진단기준에 근거한다는 것이다. 예를 들면, 공립학교에서 특수교육서비스는 지적장애, 자폐, 시각장애, 청각장애, 심각한 정서장애 그리고 특수한 학습장애를 포함한 연방정부가 명시한 13개의 장애범주에 초점을 맞추고 있다.

특수교육에 대한 수급자격은 오로지 공인된 전문가에 의해서만 결정된다. 이와 유사하게도, 전형적으로 정신보건서비스에 대한 수급자격은 클라이언트의 장애의 특성과 심각성에 대한 공인된 정신보건전문가에 의한 결정을 필요로 한다.

(4) 자산조사에 의한 욕구

자산조사에 의한 욕구(means-tested need)에 근거한 수급자격은 재화나 서비스를 구매할 수 없는 개인의 능력에 관한 증거를 조건으로 부여된다. 사회적 급여에 대한 개인의 접근은 주로 개인의 경제적 환경에 의해 제한된다. 이러한 원칙을 좌우하는 주된 조건들은 (1) 개인적 할당이고 (2) 그 할당이 욕구에 대한 경제적 기준에 근거한다는 것이다. 우리는 종종 자산조사에 의한 프로그램을 빈민을 위한 안전망을 제공하는 수단으로 간주하기는 하나, 많은 공적인 급부들은 상당히 높은 소득계층에 배분되고 있다. 예를 들면, 지난 수십 년간 저소득 공공주택은 복지수급자, 노숙자, 정신질환자 그리고 다양한 문제를 가진 가족들과 같이 가장 경제적으로 고통받는 사람들에게 초점을 맞추어 왔지만 그 후로는 수급자격기준을 확대하여 안정적인 근로계층 가족들까지 포함시키고 있다. '탈집중화(deconcentration)'라 불리는 이러한 기준의 완화는 경제집단의 혼합과 행동양식의 혼합을 창조함으로써 그동안 많은 프로젝트를 파멸시켜 온 사회적 불안을 회피하려는 정책적 의도를 갖고 있다.

옹호집단들(advocacy groups)과 연방관료들은 희소한 공공주택의 여석을 노숙자, 장애인, 극빈자들에게 우선적으로 배정하여야 한다고 주장하는 반면, 많은 대규모 도시 주택사업 관료들은 도시개발에서 사회적 안정을 확보하기 위해 광범위한 소득계층의 혼합이 필요하므로 극빈층이 아닌 저소득 근로가족을 보다 많이 포함시켜야 한다고 주장한다.

3) 할당의 원리와 제도적 · 잔여적 개념의 사회복지

할당의 원리(allocative principle)를 더 살펴보기 전에, 사회복지의 제도적 지위의 대안적 개념에 관한 이슈로 잠시 돌아가 보기로 한다. 사회적 할당의 근거는 제도적 · 잔여적 개념과 밀접하게 관련되어 있기 때문에 우리는 이 이슈를 다시 소개한다. 이러한 논의의 목적은 이러한 개념들이 정책설계와 어떻게 관련되어 있는지를 명확히 하는 데 도움을 주기 위한 것이다.

언급한 것처럼, 제도적 개념은 사회복지를 지속적인 사회의 최일선 기능으로 가정하는 반면, 잔여적 개념은 복지를 욕구를 충족하기 위한 정상적인 경로가 적절히 수행되지 못할 때 일시적으로 필요한 것으로 간주한다. 근본적인 차이는 사회의 충족되지 않은 욕구와 문제의 원인 및 발생과 관계가 있다.

이러한 충족되지 않은 욕구들이 그 시스템의 실패를 어느 정도 나타내고 있는지 그리고 충족되지 않은 욕구들이 고통받는 사람들의 실패를 어느 정도 나타내고 있는지, 정상적인 일이라기보다는 일탈적이거나 특별한 사례로서 특징지어지는 문제가 어느 정도인지와 같은 이러한 질문에 대한 해답은 다음 〈표 10-4〉에 제시된 것처럼 사회적 할당의 근거에 관한 선택에서 나타나게 된다.

귀속적 욕구에 근거해 이루어지는 할당은 욕구라는 것은 사회에서 통상적으로 발생하는 것으로 이는 체계의 불완전(system inadequacy)에서 기인할 수 있다는 가정하에서 이루어진다. 이러한 조건하에서 수급자격은 신체적 · 정신적 장애에 대한 구체적인 검사나 특별한 환경에 놓여 있다는 증거에 의해 파생된 개인의 속성에 근거하기보다는 시민, 아동, 취업모, 거주자 등과 같은 유기체적 신분(organic status)에 따라서 결정된다. 이러한 방침에 따라 고안된 정책들은 통상적인 욕구를 충족하기 위한 제도들을 안정적이고 지속적으로(ongoing arrangement) 만들어 내기 위해 노력함으로써 제도적 사회복지 개념의 좋은 예가 된다.

〈표 10-4〉 **할당의 원리와 사회복지의 개념**

할당의 원리			
귀속적 욕구	보상	진단적 차별	자산조사에 의한 욕구
제도적 개념의 사회복지	←――――――――――――→		잔여적 개념의 사회복지

자산조사에 의한 욕구가 할당의 원리인 연속선상의 반대편 끝에서는 보통 개인적 결핍의 결과로 나타나는 특별한 환경이 문제로 논의된다. 빈곤하다는 것은 취업모의 경우에서와 같이 내재적인 권리와 의무에 관해 정의되는 유기체적 신분이 아니라, 임의적인 경제적 복리수준과 비교하여 개인이 활용할 수 있는 모든 소득과 자원을 계산함으로써 결정되는 상대적 조건이다. 이러한 정책이 좋은 결과를 낳은 예로는 개인이 재활되고, 교육받고, 재훈련을 받거나 또는 달리 자립할 수 있을 때까지 일시적 원조(temporary support)를 제공하는 사회복지의 잔여적 사회안전망 개념을 들 수 있다.

보상과 진단적 차별의 원리는 제도적 개념과 잔여적 개념 사이의 중간에 위치하고 있다. 보상의 원리는 체계의 실패 또는 빚(a systemic failure or debt)을 암시하기 때문에 이 원리는 제도적(institutional) 견해에 더 가깝다. 여기서, 수급자격은 유기체적 신분에 따라서 결정된다. 진단적 차별은 개인적 장애와 관련이 있고 수급자격을 부여하기 위해서는 신청자의 특별한 특징에 대한 기계적 평가를 다소 필요로 하기 때문에 잔여적 (residual) 견해에 더 가깝다.

이러한 패러다임은 진단적 차별과 자산조사에 의한 욕구(즉, 개인들을 차별화하는 것을 추구하는 할당의 원리들)가 사회복지정책의 설계에 포함되어 있는 한 사회복지의 잔여적 개념은 지속된다는 것을 시사한다. 이러한 원리하에서는, 수급자격을 결정하기 위한 운영기구가 얼마나 자애롭든지 간에, 충족되지 않은 욕구들은 제도적 긴장이나 실패에 기인하기보다는 기회나 개인적 장애에 더 기인하게 될 것이다.

물론 사회복지급여를 할당함에 있어서 개인들을 차별화하는 것은 필요하고, 바람직한 사례는 항상 존재할 것이다. 비록 시간이 지나감에 따라 그 균형이 사회복지를 위한 제도적 역할을 더 강조하는 방향으로 나아가지만, 그렇다고 해서 잔여적 기능이 언젠가는 사라질 것이라 보이지는 않는다. 그렇다고 이것이 잔여적 기능의 부정적인 측면이 반드시 지속될 것임을 의미하지는 않는다. 만일 귀속적 욕구와 보상이 사회적 할당의 근거로서 확대된다면, 적당한 사회복지의 제도적 핵심이 나타나게 될지 모른다. 그래서 슐래크만(Shlakman)이 제안하는 것처럼, 잔여적 기능은 당연한 것으로 생각되는 평균욕구에 근거한 프로그램에 의해서 효과적으로 충족될 수가 없는 욕구의 특수성과 예외적인 환경을 원조하기 때문에, 이러한 잔여적 기능은 점점 작아지고 점점 쉽게 관리될 수 있게 되며, 가장 유연하고 가장 전문지향적인 서비스로서 나타나게 될 가능성을 갖고 있다.[40]

4) 할당 원리의 다양한 결합

앞에서 언급한 귀속적 욕구, 보상, 진단적 차별 그리고 자산조사에 의한 욕구라는 네 가지 사회적 할당의 원리는 각각 단독으로 사회적 할당의 근거로서 작용하기도 하지만, 때로는 어느 하나의 원리가 다른 원리와 결합되어 사회적 할당의 근거로 작용할

---

40) Shlakman(1972), p. 207.

수도 있다. 즉, 네 가지 사회적 할당의 원리는 어느 하나의 원리가 다른 원리와 결합되어 작용할 수 없는 상호배타적인(mutually exclusive) 것이 아니라, 하나의 원리는 하나 이상의 다른 원리와 결합되어 사회적 할당의 근거로서 작용할 수 있다. 예를 들면, 국민연금과 같은 사회보험의 수급자격은 귀속적 욕구와 보상이라는 두 가지 원리(dual principles)에 근거하여 결정된다.

급여할당공식에서 지속적인 이슈는 적절성(adequacy)과 형평(equity) 간의 균형이다. 국민연금의 경우 경제활동을 하던 시기에 기여금을 더 많이 낸 사람은 퇴직한 이후에 더 많은 금액의 연금을 받도록 되어 있어 형평의 가치를 반영한다. 우리나라 국민연금의 급여산정공식에서는 소득비례부분인 'B 값'이 형평의 가치를 반영한다. 따라서 사회적 할당의 원리 가운데 보상은 형평의 가치와 밀접하다. 반면, 국민연금은 은퇴근로자 모두에게 일정한 보호를 실시하여 노후에 적절한 생활수준(an adequate standard of living)을 유지하도록 하여 준다는 측면에서 은퇴근로자의 귀속적 욕구는 적절성이라는 가치와 밀접하다. 국민연금의 급여산정공식 가운데 균등부분인 'A 값'은 바로 이 적절성의 가치를 구현하고 있다. 따라서 국민연금은 가입자에게 자신이 낸 기여금에 비례하여(in proportion to their contributions) 보상하려고 할 뿐만 아니라, 납부한 기여금이 적은 저소득 근로자에게는 상대적으로 좀 더 유리한 급여 산정을 함으로써 적절성(a level of adequacy)의 가치를 일정 수준 실현하고 있다.

대부분의 사회보험에는 귀속적 욕구와 보상이라는 두 가지 원리가 급여와 기여를 결정할 때 적용되지만, 형평을 추구하는 정책적 노력들에 의해 적절성을 고려하게 되고, 결과적으로 급여와 기여 수준이 수정되기도 한다.

질서정연하지 못한 측면이 있음에도, 귀속적 욕구, 보상, 진단적 차별 그리고 자산조사에 의한 욕구라는 네 가지 할당의 원리들은 정책대안들을 개념화하기 위한 유용한 뼈대를 제공한다. 누구에게 그리고 어떤 근거에서 사회복지서비스들을 제공해 주어야 할 것인가? 이러한 질문에 대하여 네 가지 할당의 원리들은 정책대안들을 개념화하기 위한 질서정연한 뼈대를 제공한다.

보육서비스를 예로 들면, 서비스를 할당하기 위한 대안적 기준은 〈표 10-5〉와 같다.

〈표 10-5〉 보육서비스 할당을 위한 대안적 기준

수급 자격조건	할당을 위한 대안적 기준
귀속적 욕구	• 모든 가족 • 한부모가족 • 부모가 모두 학생인 가족
보상	• 소수인종 가족 • 군인가족 • 특정 직업을 가진 집단의 근로자 가족
진단적 차별	• 특수한 욕구를 가진 아동이 있는 가족 • 일시적 위기상황에 있는 가족
자산조사에 의한 욕구	• 소득과 재산이 저임금 수준에 미치지 못하는 가족

367

제11장

사회복지정책의 급여

1. 사회복지정책 급여의 의의

사회복지정책은 충족되지 않은 사회적 욕구와 해결되지 않은 사회문제를 해결하는 데 필요한 자원을 제공해 주기 위한 정부의 의도적 행위라고 말할 수 있다. 이러한 욕구와 문제를 해결하기 위해 제공해 주는 자원이 급여다. 사회적 욕구와 사회문제는 사람들과 상황에 따라 다양하기 때문에 사회복지정책 급여의 형태도 다양하다. 때로는 현금 형태로, 때로는 물품 형태로, 때로는 바우처 형태로, 때로는 권력이나 기회 등의 형태로 급여가 제공된다. 사회복지정책결정자들은 지향하는 정책 가치와 의도한 정책 목표를 달성하기 위하여 이러한 다양한 정책급여 가운데 특정 급여를 선택하여 정책을 수행한다.

2. 사회복지정책 급여의 유형과 특성

사회복지정책의 급여 형태는 기준에 따라 몇 가지로 나누어질 수 있다. 일반적으로 존재형태가 현금·현물 또는 중간적인 증서형태냐에 따라 현금급여, 현물급여, 증서제도로 나뉜다. 이 밖에도 학자에 따라서는 서비스를 분리하기도 하고 권력, 기회 등의 급여를 추가하기도 한다. 특정 인구학적 집단에만 급여하느냐에 따라 범주적 급여와 일반적 급여로 나뉜다. 또한 자산조사나 상태조사를 통해 급여가 이루어지느냐에 따라 선별적 급여와 보편적 급여로 나뉜다.[1]

1) 현금급여

현금급여(in-cash benefit)는 사회복지수혜자가 인간다운 삶을 유지하도록 하기 위해 현금이나 수표를 제공하는 것을 말한다. 우리나라의 경우 현금급여를 제공하는 사례는 다음과 같다.

(1) 국민연금

국민연금제도의 급여로는 노령연금, 장애연금, 유족연금 및 반환일시금을 들 수 있다. 이 가운데 가장 주된 급여인 노령연금을 소개하면 다음과 같다.

〈표 11-1〉 국민연금: 노령연금의 유형

노령연금	수급요건	가입기간 연령 등		급여수준
완전노령연금	가입기간 20년 이상, 60세에 달한 자	가입기간	20년 이상	기본연금액 100%+부양가족연금액 (과거 가급연금액) (65세 미만인 자는 소득이 없는 경우에 한함)
감액노령연금	가입기간 10년 이상 20년 미만, 60세에 달한 자	가입기간	10년	기본연금액 50.0%+부양가족연금액
			11년	〃 52.5%+ 〃
			12년	〃 57.5%+ 〃
			13년	〃 62.5%+ 〃
			14년	〃 67.5%+ 〃
			15년	〃 72.5%+ 〃
			16년	〃 77.5%+ 〃
			17년	〃 82.5%+ 〃
			18년	〃 87.5%+ 〃
			19년	〃 92.5%+ 〃

---

1) 김기원(2000a), pp. 18-22.

조기 노령 연금	가입기간 10년 이상, 연령 55세 이상인 자가 소득 있는 업무에 종사하지 아니하고 60세 도달 전에 연금수급을 원하는 경우	수급 개시 연령	55세 56세 57세 58세 59세	※ 가입기간이 10년인 경우 　기본연금액 50%×75%+부양가족연금액 　기본연금액 50%×80%+부양가족연금액 　기본연금액 50%×85%+부양가족연금액 　기본연금액 50%×90%+부양가족연금액 　기본연금액 50%×95%+부양가족연금액 ※ 가입기간이 1년 증가 시마다 지급률 5%씩 증가(11년 가입, 55세인 경우 기본연금액 52.5%×75%+부양가족연금액) ※ 65세 전에 소득이 있는 업무에 종사할 경우에 소득이 있는 동안 지급 정지
재직자 노령 연금	가입기간 10년 이상, 60세 이상 65세 미만인 자로 소득이 있는 업무에 종사하는 경우	수급 개시 연령	60세 61세 62세 63세 64세	※ 가입기간이 20년인 경우 개시연령에 따라 기본연금액 50%(부양가족연금액지급 제외) 　　〃　　60%(　　〃　　　　) 　　〃　　70%(　　〃　　　　) 　　〃　　80%(　　〃　　　　) 　　〃　　90%(　　〃　　　　) ※ 가입기간이 10년 이상 20년 미만인 경우, 기본연금액×가입기간 지급률×연령 지급률(가입기간 지급률=10년인 경우 47.5%부터 1년 증가 시마다 5%씩 증가) 　- 11년, 60세: 기본연금액 52.5%×50%)
특례 노령 연금	※ 1988. 1. 1. 현재 45세 이상 60세 미만 자로서 가입기간이 15년 미만인 자(1988. 1. 1. 시행부칙 제5조)-국민연금 최초 시행 ※ 1995. 7. 1. 현재 45세 이상 60세 미만인 자로서 1995. 7. 1.~1999. 3. 31. 지역가입 이력이 있고 가입기간이 15년 미만인 자(1995. 7. 1. 시행부터 제6조)-농어촌 확대 ※ 1999. 4. 1. 현재 50세 이상 60세 미만인 자로서 가입기간 10년 미만인 자(1999. 1. 1. 시행부칙 제15조)-도시지역 확대	가입 기간	5년	(가입기간 5년의 경우) 기본연금액 25%+부양가족연금액 ※ 가입기간 1년 증가할 때마다 기본연금액의 5%씩 증가

(2) 건강보험의 요양비

공단은 가입자 및 피부양자가 긴급, 기타 부득이한 사유로 요양기관과 유사한 기능을 수행하는 기관에서 질병·부상·출산 등에 대하여 요양을 받거나 요양기관 외의 장소에서 출산을 한 때에는 그 요양급여에 상당하는 금액을 그 가입자 또는 피부양자에게 요양비로 지급한다.

(3) 고용보험

고용보험의 현금급여로는 실업급여가 있다. 실업급여의 세부 급여유형은 다음과 같다.

〈표 11-2〉 **실업급여의 유형**

구분		지급요건	지급금액
구직급여		1) 고용보험이 적용되는 사업장에서 이직일 이전 18개월 동안에 180일(피보험단위기간) 이상 근무하여야 하고, 회사의 경영 사정 등과 관련하여 비자발적으로 이직한 경우(정당한 사유 없는 자기 사정으로 직장을 그만두거나 본인의 중대한 잘못으로 해고된 경우에는 구직급여를 받을 수 없음) 2) 실직 후 근로의사와 능력을 가지고 적극적으로 구직활동을 하여야 함(퇴직 시 퇴직금이나 퇴직위로금 등 1억 원 이상의 수령을 하거나 수령이 확실시된 자는 실업신고일로부터 실업급여 지급을 3개월 유예)	이직 시 연령과 피보험기간에 따라 90~240일간 실직 전 평균임금의 50%를 지급 - 최고: 35,000원 - 최저: 최저임금액의 90%

피보험기간/연령	1년 미만	1~3년	3~5년	5~10년	10년 이상
30세 미만	90	90	120	150	180
30~50세	90	120	150	180	210
50세 이상 및 장애인	90	150	180	210	240

구분		지급요건	지급금액
상병급여		• 실업급여 신청 후 7일 이상의 질병 부상으로 실업인정을 받지 못한 경우 • 수급자격자가 출산으로 취업이 불가능한 경우	구직급여액과 같은 금액
연장급여	훈련연장급여	지방관서장의 직업능력개발훈련 지시에 의하여 훈련을 수강하는 경우	직업능력개발훈련을 받는 동안(최대 2년) 구직급여의 70%를 연장지급
	개별연장급여	취직이 특히 곤란하고 생활이 어려운 수급자격자로 지방노동관서장이 인정하는 자	취직이 특히 곤란한 경우에는 60일 범위에서 구직급여의 70%를 연장지급
	특별연장급여	대통령령이 정하는 사유가 발생한 경우	60일의 범위에서 실업인정을 받은 날에 대하여 구직급여의 70%를 연장지급

취직 촉진 수당	조기재취 직수당	구직급여를 지급받을 수 있는 급여일수 1/2 이상을 남기고 재취직할 때	남은 기간에 받을 수 있는 구직급여액의 1/2을 지급(단, 인력난을 겪고 있는 중소제 조업체 등의 생산직에 재취직한 경우에는 남은 구직급여액 전액지급)
	직업능력 개발수당	지방노동관서장이 지시한 직업능력개발훈 련을 받을 때	실제로 훈련을 받은 날 1일 5,000원
	광역 구직 활동비	지방노동관서장의 소개로 거주지에서 50km 이상 떨어진 회사에 구직활동을 할 때	숙박료: 1일 20,000원 운임: 철도(무궁화호보통), 선박(2등정액요 금), 자동차(건설교통부고시요금)
	이주비	취직하거나 직업능력개발훈련을 받기 위하 여 이사할 때	이주거리와 동반가족 수에 따라 43,150~ 348,790원 지급
모 성 보 호 급 여	출산휴가 급여	고용보험에 6개월 이상 가입한 자(산전후 휴가 종료일 기준)로서 출산휴가를 부여받 은 경우	1개월분의 통상임금 지급 - 최고: 135만 원, 최저: 최저임금
	육아휴직 급여	고용보험에 6개월 이상 가입한 후 육아휴직 을 부여받은 경우	매월 20만 원을 지급(여자의 경우 최대 10.5개월, 남자의 경우 12개월 지급)

(4) 산재보험

산재보험의 현금급여는 다음과 같다. 다만, 휴업급여는 2년간만 지급하고, 그 후에
는 상병보상연금으로 지급한다.

〈표 11-3〉 산재보험 급여의 유형

종류	내용
요양급여	질병이 치료될 때까지 국민건강보험 진료비 수가 및 요양급여 산정기준에 의거 요양비 전액 지급
휴업급여	요양으로 취업하지 못한 기간에 대하여 평균임금의 70% 지급
장해급여	치료종결 후 잔존 장해상태에 따라 1~14등급으로 세분하여 연금 또는 일시금 지급
유족급여	근로자 사망 시 유족에게 평균임금의 47~67%를 연금으로 지급
장의비	근로자 사망 시 평균임금의 120일분 지급
간병급여	치료종결 후에도 장해로 간병이 필요한 1·2급 중장해자에게 수시·상시 간병 대상으로 나누어 노동부장관이 고시하는 금액을 지급

(5) 국민기초생활보장제도의 생계급여

생계급여(生計給與, livelihood benefit)는 생활보장 급여 가운데 모든 대상자에게 행해지는 기본급여다. 생계급여는 생활이 어려운 생활보장대상자에 대하여 의복, 음식물, 연료비, 생활용품비, 월동대책비 등 일상생활에 기본적으로 필요한 금품을 지급하여 최저생계를 유지하게 하는 것이다. 생계급여는 기존의 생활보호제도에서와는 달리 근로능력 유무와 관계없이 빈곤이라는 객관적 사실과 친족으로부터 부양을 받을 수 없다는 사실이 입증되면 모든 생활보장대상자에게 행해지는 기본급여로서 금전지급을 원칙으로 한다.

2020년 생계급여액은 생계급여 최저보장수준(대상자 선정기준)에서 가구의 소득인정액(소득평가액+재산의 소득환산액)을 차감한 금액을 지급하는 보충급여방식을 택하고 있다.[2] 이러한 방식으로 최저보장수준을 유지할 수 있도록 하여 줌으로써 모든 국민이 최소한의 인간다운 생활을 영위할 수 있도록 보장하여 준다.

생계급여액 산정방식(2020)

생계급여액 = 생계급여 최저보장수준(대상자 선정기준)
– 소득인정액(소득평가액+재산의 소득환산액)

〈표 11-4〉 2020년도 생계급여 최저보장수준 및 선정기준

가구규모 2020년	1인가구	2인가구	3인가구	4인가구	5인가구	6인가구	7인가구
기준중위 소득(A)	1,757,194	2,991,980	3,870,577	4,749,174	5,627,771	6,506,368	7,389,715
생계급여 선정 및 급여기준 (A의 30%)	527,158	897,594	1,161,173	1,424,752	1,688,331	1,951,910	2,216,915

* 8인 이상 가구의 선정 및 급여기준: 1인 증가 시마다 7인가구 생계급여 선정기준액에서 6인가구 생계급여 선정기준액을 차감한 금액을 7인가구 기준에 더하여 산정.

* 생계급여 선정 및 급여 기준은 2017년부터 기준중위소득의 30%로 인상 조정됨.

---

2) 보건복지부(2020), p. 50.

(6) 근로장려세제

근로장려세제(Earned Income Tax Credit: EITC)는 저소득 근로자가구의 저임금을 보완하기 위해 연방 조세체계를 통해 운용되는 저소득 근로자에 대한 일종의 근로소득 보조정책이다. EITC는 근로소득이 일정 수준에 도달하기까지는 점증적으로 급여액을 증가시키고, 이후의 일정 소득수준까지는 최대급여금액을 유지시키고, 근로소득이 일정 수준을 넘어서면 급여액을 점차로 감소시키고, 특정 소득에 이르면 급여를 중지하도록 설계되어 있다.

미국의 EITC에 해당하는 우리나라 제도는 국세청이 주관하는 근로장려세제다. 근로장려세제는 열심히 일은 하지만 소득이 적어 생활이 어려운 근로자 또는 보험모집인이나 방문판매원 같은 사업자가구에 대하여 부양자녀 수와 총급여액 등에 따라 산정된 근로장려금을 지급함으로써 근로유인을 제고하고 실질소득을 지원하기 위한 근로연계형 소득지원제도다. 근로장려세제는 점증구간-평탄구간-점감구간으로 구성되어 있다. 우리나라 근로장려세제의 근로장여금 최대지급액은 다음과 같다.[3]

〈표 11-5〉 **근로장려금 최대지급액(2020년)**

단독가구	525,000원
홑벌이가구	910,000원
맞벌이가구	1,050,000원

(7) 임금채권보장제

경기의 변동 및 산업구조의 변화 등으로 사업의 계속이 불가능하거나 기업의 경영이 불안정하여 퇴직한 근로자가 임금과 퇴직금을 지급받지 못한 경우 사업주를 대신하여 일정 범위의 임금채권에 대해 지급해 줌으로써 근로자와 그 가족의 기본적인 생활안정을 도모하기 위한 제도다. 사업주의 도산 등의 사유로 퇴직한 근로자가 지급받지 못한 임금 및 퇴직금을 체당금(替當金)이라고 한다.

임금채권의 지급보장 범위는 최종 3월분의 임금, 최종 3년간의 퇴직금, 3개월분의 휴업수당으로 연령에 따른 상한액을 정하여 체당금의 지급을 기본적인 생계유지 범위로

---

3) 국세청, www.eitc.go.kr

〈표 11-6〉 2020년도 체당금 상한액

	30세 미만	30~40세	40~50세	50~60세	60세 이상
임금 · 퇴직금	220만 원	350만 원	350만 원	330만 원	230만 원
휴업수당	154만 원	217만 원	245만 원	231만 원	161만 원

제한한다. 2020년 「임금채권보장법 시행령」상 체당금 상한액은 〈표 11-6〉과 같다.[4]

(8) 기초연금

기초연금은 노인이 후손의 양육과 국가 및 사회의 발전에 이바지하여 온 점을 고려하여 생활이 어려운 노인에게 기초노령연금을 지급함으로써 노인의 생활안정을 지원하고 복지를 증진하며, 노후 소득보장 사각지대를 해소하기 위한 사회부조식 공적연금이다.

기초연금의 수급(권)자는 만 65세 이상으로 소득과 재산 수준, 즉 소득인정액 수준이 정부가 정한 일정액 이하인 노인을 말한다. 보건복지부장관은 선정기준액을 정하는 경우 65세 이상인 사람 중 기초연금수급자가 100분의 70 수준이 되도록 한다. 기초연금의 금액은 기준연금액과 국민연금급여액 등을 고려하여 산정한다.

2) 현물급여

현물급여(in-kind benefit)는 사회복지정책의 수혜자에게 인간다운 삶을 영위하도록 하기 위해 현금 대신 현물이나 비현금 서비스를 제공하는 것을 말한다. 쌀, 라면, 우유, 육류, 통조림 등과 같은 식료품 제공, 병 · 의원에서 질병 예방과 치료를 받을 수 있는 의료서비스, 영구임대아파트와 같은 무료 또는 저가 임대주택서비스, 무상보육서비스, 무상교육서비스, 직업훈련서비스, 무료교통서비스, 무료전화서비스(복지전화), 시설수용보호서비스 등이 이에 속한다. 길버트와 스펙트(Gilberet & Specht) 같은 학자는 현물급여를 물품과 서비스로 구분하여 설명하고 있다.

우리나라의 사회복지정책 사례 가운데 현물급여가 제공되는 경우는 국민건강보험제도, 노인장기요양보험, 기초생활보장제도, 각종 사회서비스제도 등에서 다양하게

---

4) 법제처, www.moleg.go.kr

찾아볼 수 있다.

국민건강보험제도는 국민에게 질병이나 부상이라는 불확실한 사회적 위험(social risks)이 발생하거나, 분만이나 사망 등으로 일시에 과다한 의료비 지출을 하게 됨으로써 가계에 경제적 부담이 발생했을 때 동질의 위험에 처해 있는 다수의 위험집단을 결합(risk pooling)하여 사회적 사고가 발생한 사람의 어려움을 덜어 주기 위해 국가가 법으로 정하여 예방, 치료, 재활과 출산, 사망 및 건강증진에 대하여 보험급여를 제공한다. 국민건강보험제도상의 현물로 제공되는 보험급여의 종류로는 요양급여, 건강검진제도 그리고 장애인보장구를 들 수 있다. 요양급여는 가입자 및 피부양자의 질병·부상·출산 등에 대하여 진찰·검사, 약제·치료재료의 지급, 처치·수술 및 기타 치료, 예방·재활, 입원, 간호, 이송의 요양급여를 실시한다. 건강검진은 2년마다 1회 이상 실시하되, 사무직에 종사하지 아니하는 직장가입자에 대하여는 연 1회 실시한다. 등록한 장애인인 가입자 및 피부양자에게는 보장구에 대하여 보험급여를 실시할 수 있다.

노인장기요양보험제도는 고령이나 노인성 질병 등으로 일상생활을 혼자 수행하기 어려운 노인 등에게 신체활동 또는 가사지원 등의 장기요양급여를 사회연대원리에 의해 제공하여 노후의 건강증진 및 생활안정을 도모하고 그 가족의 부담을 덜어 줌으로써 국민의 삶의 질을 향상시키기 위해 수급자에게 배설, 목욕, 식사, 취사, 조리, 세탁, 청소, 간호, 진료의 보조 또는 요양상의 상담 등 다양한 방식으로 장기요양급여를 제공한다.

국민건강보험은 치매·중풍 등 질환의 진단, 입원 및 외래 치료, 재활치료 등을 목적으로 주로 병·의원 및 약국에서 제공하는 서비스를 급여 대상으로 하는 반면, 노인장기요양보험은 치매·중풍의 노화 및 노인성 질환 등으로 혼자 힘으로 일상생활을 영위하기 어려운 대상자에게 요양시설이나 재가장기요양기관을 통해 신체활동 또는 가사지원 등의 서비스를 제공한다.

장기요양급여는 크게 재가급여, 시설급여, 특별현금급여로 나뉘는데 이 가운데 재가급여와 시설급여는 현물급여에 속한다. 재가급여는 부득이한 사유로 일시적으로 가족의 보호를 받을 수 없는 수급자를 일정 기간 단기보호시설에 보호하여 신체활동 지원과 심신 기능의 유지·향상을 위한 교육·훈련 등을 제공하는 단기보호와 수급자의 일상생활·신체활동 지원에 필요한 용구를 제공하거나 가정을 방문하여 재활에 관한 지원 등을 제공하는 급여(휠체어, 전동·수동 침대, 욕창방지 매트리스·방석, 욕조용 리프트, 이동욕조, 보행기 등)인 기타 재가급여가 있다.

사회서비스 분야에서의 현물급여는 주로 노인복지서비스·아동복지서비스·장애인복지서비스·영유아보육서비스·다문화가족복지서비스·정신보건서비스 등으로 다양하게 이루어진다. 이 가운데 노인복지서비스를 예로 들면 다음과 같다.

노인복지서비스의 종류는 크게 시설서비스와 비시설서비스로 나눌 수 있다. 시설서비스로는 크게 노인주거복지시설, 노인의료복지시설, 노인여가복지시설, 재가노인복지시설, 노인보호전문기관에서 행해지는 서비스를 들 수 있다. 비시설서비스로는 가정건강원조서비스, 공동급식서비스, 가사봉사서비스, 전화확인서비스, 급식배달서비스, 우호방문서비스, 상담서비스, 교통편의서비스, 정보제공서비스, 의뢰서비스, 교육·훈련서비스, 주택수리서비스, 법률구조서비스 등을 들 수 있다.

3) 바우처(이용권, 증서)

(1) 바우처의 의의

바우처(voucher)는 복지수혜대상자에게 제공하는, 이용가능한 서비스의 금액이나 수량이 기재되어 일정한 현금 가치를 갖는 이용권 또는 증서로 사용 용도가 특정 분야로 지정되어 있다. 때로는 증권(certificate), 쿠폰(coupon) 또는 교환권(stamp)이란 용어로 사용되기도 하나, 바우처와 관련하여 우리나라에서 사용되고 있는 법적 용어는 사회서비스이용권이다. 「사회서비스 이용 및 이용권 관리에 관한 법률」에 따르면, 사회서비스이용권이란 그 명칭 또는 형태와 상관없이 사회서비스 이용자가 사회서비스 제공자에게 제시하여 일정한 사회서비스를 제공받을 수 있도록 그 사회서비스의 수량 또는 그에 상응하는 금액이 기재(전자적 또는 자기적 방법에 의한 기록을 포함)된 증표를 말한다.

바우처제도를 법제화하여 오랫동안 사용하고 있는 나라는 미국이다. 미국의 바우처 가운데 가장 널리 인용되는 것은 「식품권법(Food Stamp Act)」에 기초하여 실시되고 있는 식품권(food stamp)제도다. 식품권이란 정부가 빈민들이 최소한의 건강하고 문화적인 생활을 영위할 수 있을 정도로 그들의 영양수준을 유지하도록 하기 위해 만들어진 식료품 구입을 위한 쿠폰으로, 일반 식품판매업소에서 통용되며 구입품목이 법에 의해 지정된 정부가 지불보증한 식료품교환권이다.[5] 그 밖에 보육기관을 수혜자가 취사선택해 아동양육서비스를 받을 수 있도록 한 보육스탬프, 교육서비스를 받을 수 있는

---

5) 김기원(1994), p. 226.

교육증서, 빈민들이 민간주택시장에서 주택임대료를 대신해 지불할 수 있도록 한 주거증서 등이 있다.[6]

바우처는 상품을 이용할 수 있는 구매력을 제공한다. 또한 정책목적이나 취지에 따라 선택권을 조정하고 통제가 가능하다. 구매하는 상품의 종류, 양, 범위 등에 대해 제한할 수 있으며, 이용의 합리성 제고를 위한 자부담(본인부담금) 제도를 도입하였다. 수요자와 공급자에게 별도 자격기준 설정이 가능하다. 수요 측면에서 소득기준, 장애인, 외국인, 연령 등에 따른 자격기준 설정이 가능하며, 공급 측면에서는 자격이나 면허, 품질인증 등에 따라 자격기준 설정이 가능하다.[7]

바우처의 형태에는 쿠폰형과 포인트형이 있다. 쿠폰형은 기본서비스를 산정하고, 일정한 단위기간(시간, 일, 주, 월 등)의 단가를 산정한 후 제공된 지원수준의 범위에서 사용하는 방식이다. 현재 쿠폰형은 노인돌봄종합서비스, 노인단기가사서비스, 장애인 활동지원, 산모·신생아 건강관리지원사업, 가사·간병 방문지원사업에서 사용하고 있다. 포인트형은 금액결제와 유사한 방식으로, 단가 산정이 곤란한 경우 또는 기본서비스의 설정 자체가 곤란한 경우 사용된다. 포인트형은 지역사회서비스투자사업, 발달재활서비스, 언어발달지원사업에서 사용하고 있다.

바우처는 본인부담금과 정부지원금으로 구성된다.

(2) 사회서비스 전자바우처의 도입

우리나라는 2007년부터 사회서비스 분야에 전자바우처 형태의 바우처제도를 도입하였다. 전자바우처는 서비스 신청, 이용, 비용 지불·정산 등의 전 과정을 전산시스템으로 처리하는 전달수단을 갖춘 바우처를 말한다. 우리나라에서 사회서비스 전자바우처(사회서비스 이용권)가 도입된 배경은 다음과 같다. 첫째로 기존의 사회복지서비스는 공급자 지원방식으로 이루어져 수요자의 선택권이 제한되었기 때문에 시장 창출에 한계가 있어 이를 수요자 중심의 직접 지원방식으로 전환할 필요가 있었다. 둘째로 수요자 직접 지원방식을 통하여 공급기관의 허위·부당 청구 등 서비스공급자의 도덕적

---

6) 빈민들을 위한 공공부조제도는 아니지만 교육증서(education voucher)제도는 미국의 AmeriCorps라는 사회봉사프로그램에서 활용하고 있는 제도다. AmeriCorps라는 사회봉사제도에서는 1년간 풀타임으로 지역사회에서 자원봉사를 하면 대학이나 직업전문학교의 등록금에 사용할 수 있는 4,727달러의 교육증서를 받는다.

7) 보건복지부. 사회서비스 전자바우처, www.socialservice.or.kr

해이(moral hazard)를 최소화할 필요가 있었다. 셋째로 금융기관 시스템을 활용하여 자금 흐름의 투명성을 높이기 위해 도입되었다. 넷째로 중앙정보 집적관리체계를 활용하여 사업실적을 실시간으로 파악하고, 수작업으로 인한 행정부담과 행정비용을 줄여 사회서비스 행정의 효율성을 높이기 위해 도입되었다. 다섯째로 사회서비스를 공급하는 사회적 시장(social market)에서 고용취약계층에게 적합한 사회적 일자리를 창출하려는 부수적 목적도 있다.

사회서비스란 「사회복지사업법」상 사회복지서비스, 「보건의료기본법」상 보건의료서비스, 그 밖에 이에 준하는 서비스를 말한다. 일반적으로 사회서비스란 개인 또는 사회 전체의 복지증진 및 삶의 질 향상을 위해 사회적으로 제공되는 서비스를 말하며 공공행정(일반행정, 환경, 안전), 사회복지(보육, 아동, 장애인, 노인 보호), 보건의료(간병, 간호), 교육(방과 후 활동, 특수 교육), 문화(도서관, 박물관, 미술관 등 문화시설 운영)를 포괄하는 개념이다.[8]

사회서비스 이용권이란 그 명칭 또는 형태와 상관없이 사회서비스 이용자가 사회서비스 제공자에게 제시하여 일정한 사회서비스를 제공받을 수 있도록 그 사회서비스의 수량 또는 그에 상응하는 금액이 기재된 증표를 말한다.[9]

전자바우처제도는 기존의 공급기관 지원방식의 사회서비스제도에서 수요자의 선택권을 보장하는 수요자 중심의 직접 지원방식으로 전환하기 위해 도입된 제도다. 양자의 특징을 비교하면 〈표 11-7〉과 같다.

〈표 11-7〉 기존의 공급기관 지원방식과 전자바우처방식의 비교

	기존의 공급기관 지원방식	사회서비스 전자바우처방식
지원	서비스 공급기관 지원	서비스 수요자 지원
서비스 대상	국민기초생활보장수급자 등	서민과 중산층
서비스 비용	전액 국가 지원	정부지원금과 본인부담금
서비스 기간	서비스 공급기관 재량	대상자 욕구별로 표준화
서비스 공급기관	단일 기관이 독점	다수 기관이 경쟁
서비스 특징	획일적이고 정형화된 서비스	공급자 간 경쟁을 통한 다양한 서비스

---

8) www.socialservice.or.kr
9) 법제처, 「사회서비스 이용 및 이용권 관리에 관한 법」, www.moleg.go.kr

　　바우처 비용은 본인부담금과 정부지원금으로 구성된다. 사회서비스 전자바우처의
본인부담금 내역을 포함한 현황은 〈표 11-8〉과 같다.[10]

〈표 11-8〉 2020년 사회서비스 전자바우처 사업현황

사업명		바우처 시작연도	대상	선정기준	지원수준	본인부담금 (월/원)
장애인 활동지원	장애인 활동지원	11.11월	등록 1~3급 장애인 (만 6세 이상~ 만 65세 미만)	인정점수 220점 이상 1~3급 장애인	등급에 따라 47~118시간 (추가급여 10~273시간)	면제 ~113,500원
	시 · 도 추가지원	10.10월	등록 1~6급 장애인 (시 · 도별 등급상이)	시 · 도별 상이	시 · 도 및 등급에 따라 10~868시간	시 · 도 및 등급별 상이
지역자율형 사회서비스 투자사업	지역사회 서비스투자	07.8월	사업별로 상이	중위소득 120% 이하 (사업별로 상이)	사업별로 상이 (월 1회~월 20회)	사업별로 상이
	산모신생아 건강관리지원	08.2월	출산 가정	기준중위소득 100% 이하 단, 소득기준을 초과하는 대상자에 대해 시 · 군 · 구별 예외 지원 가능	등급에 따라 5일~25일간 건강관리사 파견	기관별 상이
	가사간병 방문지원	08.9월	기초수급자 및 차상위 계층 (만 65세 미만)	생계 · 의료 · 주거 · 교육 급여 수급자, 차상위계층 중 가사 · 간병 서비스가 필요한 자	월 24, 27시간	면제 ~22,680원
장애아동 가족지원	발달재활 서비스	09.2월	만 18세 미만	기준중위소득 180% 이하 (소득별 차등지원)	월 14~22만 원 내에 서 포인트 지원 (월 8회 주 2회/ 회당 50분)	면제~최대 8만 원 (제공기관 직납)
	언어발달 지원	10.8월	만 12세 미만 비장애 아동	기준중위소득 120% 이하 (소득별 차등지원)	월 16~22만 원 내에서 포인트 제공 (월 8회 주 2회/ 회당 50분)	면제~최대 6만 원
발달장애인 지원	발달장애인 부모상담 지원	14.2월	발달장애인 자녀의 부모	발달장애인으로 (「장애인 복지법」상 지적 · 자폐성 장애인) 등록된 자녀의 부모 및 보호자	월 16만 원 포인트 제공(회당 50~100 분, 월 3~4회 이상)	4천 원~최대 4만 원

---

10) 사회보장정보원, https://www.socialservice.or.kr:444/user/htmlEditor/view.do?p_sn=2

발달장애인 주간활동 서비스	19.3월	만 18세 이상 65세 미만 발달장애인	만 18세 이상 65세 미만의 「장애인복지법」상 등록된 지적 및 자폐성 장애인	월 56, 100, 132시간	없음
청소년 발달장애학생 방과후활동 서비스	19.9월	만 12세 이상 18세 미만 발달장애학생	만 12세 이상 18세 미만으로 일반 중·고등학교 및 특수 학교 (중·고등학교 해당학급) 에 재학 중인 발달장애학생	월 44시간	없음
임신출산 진료비지원	08.12월	임신확인서로 임신이 확진된 임신·출산 진료비 지원 신청자	임신확인서로 임신이 확진된 건강보험 가입자	임신 1회당 60만 원 (일 한도 없음) (다태아의 경우 100만 원)	면제 (월 지원금액 소진 시 신용카 드대금으로 청구)
청소년산모 임신출산 의료비지원	15.5월	만 18세 이하 청소년산모	임신확인서상의 임신확인일 기준 만 18세 미만의 청소년산모	임신 1회당 120만 원	면제 (월 지원금액 소진 시 신용카 드대금으로 청구)
기저귀 조제분유 지원	15.10월	저소득층 영아 (24개월 미만)	만 2세 미만 영아를 둔 저소득층 가구	기저귀: 월 64,000원 조제분유: 월 86,000원	면제 (월 지원금액 소진 시 신용카 드대금으로 청구)
에너지바우처	15.10월	생계급여 또는 의료급여수급자 (노인, 영유아, 장애인, 임산부, 중증/희귀/중증난치질환자, 한부모가족, 소년소녀가정)	생계급여 또는 의료급여 수급자 가구원 중 노인, 영유아, 장애인, 임산부, 중증/희귀/중증난치질환자, 한부모가족, 소년소녀가정을 포함하는 가구	1인 가구: 95,000원 (하: 7,000/동: 88,000) 2인 가구: 134,000원 (하: 10,000/동: 124,000) 3인 가구: 167,500원 (하: 15,000/동: 152,000)	면제 (지원금액 소진 시 신용카드 대 금으로 청구)
아이돌봄지원	17.1월	시간제: 만 3개월~만 12세 이하 아동 종일제: 만 3개월~만 36개월 영아	기준 중위소득 150% 이하 가구	소득 유형별 상이	소득 유형별 상이
여성청소년 생리대바우처 지원사업	19.1월	출생연도기준 만 11세~만 18세 ※ "연(年)"을 기준으로 만나이 산정 - 지원대상: 2002.1.1.~2009.12.31. 출생자 (2020년 기준) - 지원기간: 만 18세에 도달하는 연도 말까지 바우처 지급	「국민기초생활보장법」 따른 생계·의료·주거·교육 급여 수급자 -「국민기초생활보장법」 따른 법정차상위계층 * 차상위계층: 차상위자활, 차상위본인부담경감대상자, 차상위장애인, 차상위계층확인서 발급 -「한부모가족지원법」 제5조 및 제5조의2에 따른 지원대상자	월 11,000원 (연간 최대 132,000원, 6개월 단위로 지원)	없음

사회보장정보원, https://www.socialservice.or.kr:444/user/htmlEditor/view.do?p_sn=2

3. 사회적 급여의 특징

길버트와 테럴(Gilbert & Terrell)은 사회적 급여의 특징을 다음과 같이 설명하고 있다.[11]

1) 기본적인 급여 형태: 현금급여와 현물급여의 비교

사회복지정책 분야에서 가장 전통적인 논쟁 가운데 하나는 급여를 현물로 줄 것인가 아니면 현금으로 줄 것인가(cash versus in-kind)에 대한 논쟁이다. 현물급여대안을 찬성하는 대표적인 학자는 뮈르달(Myrdal)이고, 반면 현금급여대안을 찬성하는 대표적인 학자는 프리드먼(Friedman)이다.

(1) 현금급여에 대한 논쟁

1930년대 아동복지급여를 현물급여(in-kind benefits)로 줄 것인가 아니면 현금으로 줄 것인가에 관한 국가적 논쟁이 있을 당시 초기에, 스웨덴 경제학자인 뮈르달은 아동복지급여의 대안적 급여형태 가운데 현물급여가 규모의 경제를 이룰 수 있기 때문에 현금아동수당(cash children's allowances)보다 우수하다고 주장하였다. 규모의 경제란 투입규모가 커질수록 장기평균비용(long-run average cost)이 줄어드는 현상으로 대규모로 생산이 이루어지면 생산비가 절감되고 수익이 증가하는 것을 의미한다.

뮈르달(Myrdal)은 공기업(public enterprise)이 신발이나 의복 또는 유사한 제품들과 같은 재화나 서비스를 대량으로 생산하여 분배하는 현물급여대안이 수혜자들에게 현금보조금을 주어 그들이 사적으로 생산된(privately-produced) 재화나 서비스를 각자 돈을 주고 구매하도록 하는 현금급여대안보다 낮은 비용으로 재화나 서비스를 제공할 수 있기 때문에 더 효율적(more efficient)이라고 주장하였다.

뮈르달은 또한 현물급여는 그것이 표적으로 하는 수혜집단에게 분명하게 급여가 전달될 수 있어 정책목적을 보다 잘 달성할 수 있기 때문에 현금급여보다 효과적(more effective)이라고 주장한다. 반면, 현금급여는 급여의 소비시점에서 수혜자의 소비행위

11) Gilbert & Terrell(2005), pp. 134-158.

를 통제할 수 없기 때문에 비효과적이라고 주장한다. 현금급여는 정책목적과는 다른 용도에 사용할 수 있기 때문에, 즉 아동수당이나 어떠한 현금보조금도 일반적인 가계 예산에 편입되어 아동양육에 필요한 것이 아닌 다양한 다른 품목들을 구매하는 데 사용되고 극히 일부만이 의도한 목적에 직접 사용될 수 있기 때문에, 현금급여는 분명히 단점이 있다고 주장한다. 즉, 현금급여는 잘못된 선택이나 오용(misuse) 가능성이 있기 때문에 의도한 목적을 분명하게 달성할 수 없는 측면이 있어 비효과적이라고 주장하는 것이다.[12]

뮈르달은 사회적 급여가 본래 의도한 목적을 제대로 달성할 수 있도록 하기 위해서는 소비 측면에서 통제를 증대시킴으로써 사회적 급여가 공적 급여임을 명백하게 규정할 필요가 있다고 주장하였다. 이러한 종류의 '사회공학(social engineering)'이야말로 협력과 집단 충성(cooperation and group loyalty)에 기초한 자비로운 사회정책(benign social policy)의 주된 흐름이라고 단정하였다. 뮈르달의 관점에서 현물급여는 단순한 개인적 이익의 보장에 기초하기보다는 사회연대와 공통의 목적을 위한 자원의 공유(social solidarity and the pooling of resources for common aims)에 기초한다. 이러한 논쟁의 핵심은 수혜자의 소비시점에 집합적 선(集合的 善, collective good)을 위하여 개인적인 이익을 억누르도록 하는 사회통제(social control)를 부과해야 한다는 것이다.

홀든(Holden)이 언급하는 바와 같이, 사회는 오로지 현물급여를 통해서만 조세수입의 최종적인 사용을 통제할 수 있다. 복잡하고 상호의존성이 고도로 높아진 사회를 규제하기 위해서는 사회통제는 반드시 필요하다. 프로이트(Freud)는 개인의 권력을 공동체의 권력으로 대체하는 규제는 문명단계로 나아가는 데 반드시 필요한 단계라고 주장했다.

물론 사회통제라는 용어는 부정적인 의미를 함축하고 있다. 사회복지를 비판하는 사람들은 항상 복지국가가 가난한 사람들과 경제적·사회적 혜택을 받지 못하는 사람들의 행동을 규제하기 위한 수단에 불과하며, 불공정한 질서(unjust order)에 순응토록 하여 그들을 잠재우는 억압적 메커니즘이라고 주장한다. 이슈가 되는 것은 우리가 통제를 하느냐가 아니라 그 통제가 인간의 존엄성과 정의라는 이상을 실현하기 위해 고안되었느냐 아니면 영혼을 길들이거나 잠재우기 위해, 즉 사악한 목적을 달성하기 위해 고안되었느냐 하는 것이다.

---

12) 앞의 책, pp. 134-135.

뮈르달은 비록 선한 목적을 위해 사회통제를 제안하였지만, 현물급여의 경우 사회통제는 그것이 집합적 목적의 실현에 도움이 된다 할지라도 소비자의 자유를 제한할 수 있다는 딜레마에 봉착할 수밖에 없다. 또한 뮈르달은 현물급여는 수급자 가족의 소득이 충분한 경우에는 적절한 급여대안이 될 수 있지만, 가족의 소득이 충분하지 못한 경우에는 적절한 급여대안이 될 수 없다고 주장한다.

오늘날 뮈르달의 주장이 이치에 맞지 않는다는 비판의 소리도 있다. 정부가 독점적으로 재화나 서비스를 생산하는 경우, 일부의 경우에는 생산규모가 커지면 커질수록 재화나 서비스를 생산하는 데 소요되는 평균비용이 감소한다는 규모의 경제가 나타날 수도 있지만, 집중적 기술(intensive technology)을 필요로 하는 개별사회사업이나 직업상담과 같은 사회서비스의 경우에 규모의 경제가 과연 실현될 수 있을까에 대해서는 분명한 의구심을 자아내게 된다. 톰슨(Thompson)에 따르면, 집중적 기술이란 지속적인 환류(feedback)에 근거하여 정확한 치료행위를 함으로써 클라이언트를 변화시키거나 돕기 위해 활용되는 기술들을 의미한다. 이러한 유형의 기술은 개별적인 사례에 맞추어져 있어서 실제적으로는 표준화(standardization)를 실행할 수 없게 만든다. 표준화가 어렵다면 결과적으로 규모의 경제는 실현되기 어렵다.

의복과 같이 표준화가 더 용이한 사회적 급여의 경우라 할지라도, 엄격히 관리된 보편적 산출물(universal produce)을 더 선호하여 선택의 자유를 희생시키는 것은 분명히 유쾌하지 않은 일이다. 게다가 이러한 현물급여가 비록 이론적으로는 복수 공급자의 낭비적 요소들을 제거할 수 있을지는 모르지만, 장기적으로는 현금급여와 관련된 시장경쟁이 혁신(innovation)을 발생시켜 상당한 비용절약을 가져올 수도 있다.

(2) 현금급여에 대한 논쟁

고전적인 복지경제이론가들(theorists of welfare economics)은 소비자는 합리적이어서 무엇이 자신에게 최선의 이익이 되는 것인가를 정확히 판단할 능력이 있다고 가정하기 때문에 현금급여가 최적(optimal)이라고 단정한다. 따라서 합리적인 이성능력을 가진 소비자에게 현금급여를 제공하면, 현금사용자는 최대한의 선택권(선택의 자유)을 누리게 되고, 결과적으로 그들 자신의 효용(utility), 즉 행복을 극대화할 수 있다고 주창한다. 또한 소비자의 선호를 극대화해 주는 것이 보다 광범위한 사회의 선(善)을 이루는 데도 도움이 된다고 한다. 즉, 그들 자신의 복지를 위해 소비자들이 선택한 것들은 서로 합쳐져서 공동의 복지(common welfare)를 향상시키게 된다고 가정한다.

애덤 스미스(Adam Smith)는 『국부론(An Inquiry into the Nature and Causes of the Wealth of Nations)』(1776)에서 "공익을 추구하려는 의도도 없고 자신이 공익에 얼마나 기여하는지조차 모르는 사람이 오직 자신의 이익만을 추구하는 과정에서 시장의 가격기구인 보이지 않는 손(invisible hand)에 이끌리어 행동할 때 의도하지 않은 공익도 얻게 된다."라고 주장하였다. 이는 각 개인의 이기심에 따라 생산된 부(富) 또는 재화가 시장의 가격을 통해 최적의 상태로 분배될 수 있음을 의미한다. 그는 인간의 본성인 이기심을 경제행위의 동기로 보고, 이에 따른 경제행위는 '보이지 않는 손'에 의해 궁극적으로는 공공복지에 기여하고 인류를 번영과 질서로 이끈다고 주장하면서, 이러한 '보이지 않는 손'이 제대로 작동하기 위해서는 사회는 평화(peace), 까다롭지 않은 조세(easy taxes), 합리적인 법 집행(the reasonable administration of justice)이라는 세 가지 전제조건을 갖추어야 한다고 주장하였다.[13]

노벨 경제학자인 프리드먼(Friedman)은 자유에 대한 신념은 아동이나 정신질환자들을 제외한 모든 책임성 있는 구성 단위에 적용되어야 한다고 주장한다.[14] 프리드먼은 정부는 시장의 보이지 않는 손을 관료주의의 죽은 손으로 대체하지 말고 시장의 보이지 않는 손이 작동할 수 있도록 도와야 하며, 그렇게 할 경우 민간의 창의성과 기업정신으로 사회는 더욱 진보될 것이라고 주장하였다.

또한 의복과 같이 상대적으로 표준화하기가 용이한 현물급여 형태의 사회적 급여의 경우라 할지라도, 획일적으로 관리된 생산품(regimented universal product)을 선호하여 수급자 개개인의 선호의 차이를 고려하지 않고 그들에게 선택의 자유를 희생시킨다면 그들 개인의 행복을 극대화할 수 없을 뿐 아니라, 개인의 합인 사회 전체의 행복도 극대화할 수 없다. 게다가 현물급여가 비록 이론적으로는 다수 공급자라는 낭비적 속성을 어느 정도 제거할 수 있다고 할지라도, 현금급여와 관련된 시장경쟁은 장기적으로는 상당히 비용을 절감할 수 있는 혁신을 가져올 수 있다.

현금급여를 찬성하는 주장 가운데 우선적으로 끌리는 것은 소비자 주권(consumer sovereignty)에 대한 신뢰, 즉 개인의 선택의 자유(individual freedom of choice)를 찬성하는 것이다. 본질적으로 소비자 주권은 자기결정권(right to self-determination)을 가정하고 있다. 즉, 심리적 또는 물질적 편익이 무엇이든 간에 그 편익을 얻기 위해 자신

---

13) 위키피디아. 국부론, http://ko.wikipedia.org
14) Gilbert & Terrell(2005), pp. 134-140.

의 자원을 사용할 수 있는 권리, 역으로 이야기하면 어떠한 미래가 바람직하든 간에 그것을 위해 자신의 자원을 스스로 통제할 수 있는 권리를 가정하고 있다. 소비자 주권이란 아무 일도 하지 않을(self-denial) 수 있을 뿐만 아니라 자기 마음대로 할(self-indulgence) 수 있는 개인의 권리인 것이다.

소비자 주권을 옹호하는 이와 같은 견해는 '시장은 소비자의 수요에 반응한다'는 신념에 강하게 의존하고 있기 때문에 이러한 견해하에서는 집합적 개입(collective intervention), 즉 정부의 개입을 선호하는 주장들은 설득력을 상실하게 된다.

현금급여를 옹호하는 또 다른 이유는 현금급여는 관리운영이 편리하다는 것이다. 현금급여는 급여를 제공하는 과정에 따르는 비용이나 급여를 관리하는 데 따르는 각종 규제 관련 비용이 거의 들지 않기 때문에 현물급여에 비해 관리운영비를 상당히 절약하게 된다.

또한 현금급여는 빈민들에게 자신의 삶을 자신의 뜻에 따라 살아갈 수 있도록 함으로써 인간으로서의 존엄성(dignity)을 부여할 수 있기 때문에 현물급여에서 발생하는 낙인으로 인한 심리적 위축감을 제거할 수 있다.

현금은 소득빈곤을 감소시키는 가장 효율적인 수단을 제공한다. 버틀리스(Burtless)에 따르면, 빈민에 대한 모든 공공부조를 현금 형태로 배분한다면 공식적 빈곤(official poverty)을 완전히 제거할 수 있으며, 현재의 현물급여와 현금급여가 혼합된 프로그램들보다 적은 비용으로 복지업무를 수행할 수 있다고 주장한다.

집합적 개입을 선호하는 사람들은 소비자 주권을 주장하는 사람들의 견해에 동의하지 않는다. 갤브레이스(Galbraith)에 따르면, 소비자들은 "광고와 모방의 힘에 종속되어 있으며, 그에 따라 소비가 생산을 창출하는 것이 아니라 생산이 그 스스로 수요를 창출하게 된다."라고 주장한다. 갤브레이스는 이러한 현상을 '의존효과(dependence effect)'라 부르는데, 이에 의하면 소비자들은 자신의 수요를 스스로 결정하는 것이 아니다. 재화와 서비스를 생산하는 생산자들은 그 재화와 서비스에 대한 수요도 함께 창출하게 된다.[15]

그러나 갤브레이스의 이러한 주장에 대해 반론을 펴는 사람들은 생산자들이 소비자들의 수요를 실제로 결정할 수 없다고 주장한다. 생산자들은 단지 자신들이 생산한 상품에 관해 정보를 제공할 뿐이며, 자신들이 만들어 낸 생산품의 가치를 소비자들에게

15) Galbraith(1958), p. 205.

설득하려고 노력할 뿐이라는 것이다.

소비자 주권은 소비자가 소비할 상품에 대한 객관적인 정보를 갖고 있어 합리적인 선택을 할 수 있다는 전제하에 가능한 개념이다. 따라서 소비자가 합리적인 선택을 할 수 있는 객관적 정보가 결여된 경우, 즉 소비자의 무지(consumer ignorance)가 존재하는 경우 소비자 주권은 제대로 작동할 수 없다. 소비자의 무지는 빈민, 장애인, 고령자, 다문화가족, 이주노동자, 교육수준이 낮은 자 등 사회적 약자에게 나타날 가능성이 더 많다.

2) 대안적 급여 형태: 선택의 확대

많은 경우, 앞에서와 같이 사회적 급여를 현금급여와 현물급여라는 두 가지의 기본적 급여 형태로 분류하고 있으나, 이는 정책결정자들이 실제로 직면하는 현실을 지나치게 단순화하는 오류를 범할 수 있다. 따라서 더 정교한 구분을 통하여 정책분석의 정확성을 기하는 것이 바람직하다.

길버트와 테럴에 따르면, 사회적 급여는 개인의 권력을 향상시키는 급여에서부터 구체적인 재화의 형태를 띠는 급여에 이르기까지 매우 다양한 형태를 가질 수 있다. 이러한 다양한 형태의 사회적 급여들은 급여가 허용하는 또는 제공하는 소비자 선택의 정도를 의미하는 양도가능성의 차원(dimension of transferability)에서 구분될 수 있다. 양도가능성의 차원에서 볼 때, 사회적 급여는 기회, 서비스, 재화, 신용(바우처 및 세금공제), 현금, 권력이라는 여섯 가지의 광범위한 범주로 분류될 수 있다.[16]

(1) 기회

기회(opportunities)란 바람직한 목적을 달성하기 위해 활용되는 유인과 제재(incentives and sanctions)를 말한다. 비록 기회는 모호한 형태의 직접적 급여이기는 하지만 중요한 의미를 갖는 급여다. 많은 사회정책은 기회를 만들어 내고 배분하는 일과 관련되어 있다.

재화나 서비스와 달리 기회라는 급여는 시민권이나 '특별한 기회(extra chance)'와 관련이 있다. 때로는 특별한 기회는 공무원임용시험에서 퇴역군인에 대해 가산점을 부여하는 제도와 이민자, 유색인종 학생, 저소득가정 학생 등과 같이 대학에 진학할 가능

---

16) Gilbert & Terrell(2005), pp. 141-142.

성이 비교적 적은 소외계층 학생들(underrepresented students)을 유치하려는 학교의 특별한 노력과 같은 사회적 할당의 원리에 포함되어 있다. 이러한 경우에 급여의 본질은 사회적 할당의 원리와 상당부분 중복된다. 기회는 궁극적으로 다른 급여의 획득으로 이어진다. 그러나 기회는 그것이 주어진 전후관계 내에서만 사용되어야 하기 때문에 직접적인 양도가치는 전혀 없다. X라는 기회의 수급자는 그것을 Y라는 기회와 교환하거나 재화나 서비스 또는 다른 사회적 급여와 교환할 수 없다.

(2) 서비스

서비스(services)는 재가요양, 개인적 상담, 사례관리 그리고 직업훈련과 같이 클라이언트를 위해 수행되는 활동이다. 수급자에 대한 직접적인 시장가치의 측면에서 보면 서비스 급여는 양도가능성이 없다. 즉, 타인에게 이전될 수 없다.

(3) 재화

재화(goods)란 식품, 의류, 주택 등과 같은 구체적인 상품을 말한다. 재화인 급여는 제한적인 양도가치를 갖는데, 일반적으로 재화라는 사회적 급여의 양도는 전당포나 벼룩시장에서 그 재화를 판매하거나 개인적으로 교환하는 경우 등과 같이 주변적인 교환수단에 한정하여 이루어진다.

(4) 바우처와 세금공제

바우처(vouchers)와 세금공제(tax credits)는 구조화된 교환가치를 가지고 있는 급여로서, 일정하게 윤곽이 정해진 영역 내에서 필요한 자원을 자신의 선호에 따라 양도할 수 있다. 이러한 측면에서 양도가능성이 있다. 예컨대, 세금공제는 보육비를 차감 계산하는 데 사용될 수 있으며, 식품권은 다양한 식료품과 교환될 수 있다. 이 급여들은 재화나 서비스에 비해 더 많은 선택의 자유를 제공할 수 있다.

사회적 급여의 한 형태로서 바우처는 소비자 주권과 사회통제를 동시에 가능하게 한다는 점에서 특별한 매력을 갖는다. 바우처는 정해진 영역 내(within a sector)에서는 자신의 선호에 따라 자신이 원하는 재화나 서비스를 선택할 수 있어 약간의 소비자 주권을 행사할 수 있지만, 정해진 영역 이외의 다른 영역에서는 사용할 수 없기 때문에 영역 간(between sector)에는 사회통제가 이루어진다. 즉, 법적으로 사용 용도가 정해진 영역 내에서는 소비자가 자신의 선호에 따라 재화나 서비스를 선택하여 바우처를 사용할 수 있어 제한적으로나마 소비자 주권이 보장된다. 동시에 사용 용도가 법적으로 정해진 범위 외의 다른 영역에서는 바우처를 사용할 수 없어, 분야 간에는 사회통제가 이루어지고 있다. 따라서 증서는 사회통제를 지지하는 집합주의적 편애를 가진 지지자들과 소비자 주권을 지지하는 개인주의적 편애를 가진 지지자들 모두로부터 광범위한 지지를 받고 있다.

(5) 현금

현금(cash)급여는 국민기초생활보장제도의 생계급여, 국민연금제도의 노령연금, 고용보험의 실업급여, 기초연금제도의 기초연금, 중증저소득장애인을 위한 장애인연금, 근로장려세제의 장려금, 영유아보육제도의 양육수당 등과 같이 사회복지정책의 다양한 분야에서 사용되고 있다.

현금급여는 제한 없이 구매력을 행사할 수 있기 때문에 양도가능성이 매우 높다. 또한 현금급여는 아무런 제한 없이 사용할 수 있으므로 소비자 주권을 완벽하게 보장할 수 있다.

개인과 가족으로 하여금 소득을 더 많이 갖도록 해 주는 세제조치들도 간접적으로 현금급여와 같은 성격을 갖는다. 현금급여는 보편적인 교환가치를 갖는 급여대안이기 때문에 소비자들에게 가장 넓은 범위의 선택의 자유를 부여한다.

(6) 권력

권력(power)이란 재화와 자원에 대한 통제력을 재분배하는 것을 말한다. 권력이라는 사회적 급여는 사회복지정책 분야에서 복지수혜자의 대표가 위원회의 위원으로 참여하는 경우에 찾아볼 수 있다.

권력이라는 사회적 급여는 정책을 수립하는 권한을 다른 특정 집단에 이전하는 대안적 장치를 통해 성취될 수 있다. 예를 들면, 1960년대와 1970년대에 미국 연방정부는 빈곤구제정책의 일환으로 '빈곤과의 전쟁(the War on Poverty)'을 수행하였다. 미국의 연방정부는 이 기간에 사회복지급여를 배분하기 위해 설립된 지역사회행동기관들(Community Action Agencies) 내에 정책적으로 그 기관의 운영위원회와 같은 위원회를 설치하고, 그 운영위원회에 빈민, 클라이언트 그리고 다른 취약계층들의 대표가 위원으로 참여하도록 할 것을 요구함으로써 이들 취약계층들이 사회복지급여가 배분되는 과정에 영향력을 행사할 수 있도록 하였다. 클라이언트나 사회적 취약계층의 대표가

위원회의 위원으로 참여함으로써, 의사결정과정에 이들의 이익과 권익을 반영할 수 있는 힘(power)이 주어지게 된다. 이와 같이 의사결정과정에 미치는 영향력이 복지수혜계층이나 그 대표에게 주어지도록 서비스전달체계가 마련되고, 그에 따라 정책결정이 이루어질 때, 권력이라는 사회적 급여가 복지수혜자에게 주어지는 것이다.

권력은 현금이나 증서 등과 같은 방식으로 소비되는 것은 아니지만, 재화나 서비스, 기회 같은 형태의 급여보다 사회적·경제적 선택에 대한 통제력을 더 많이 행사할 수 있게 된다. 이러한 점에서 권력은 유동적인 교환가치를 갖는다(Power has a fluid exchange value)고도 한다.

이 여섯 가지의 급여 외에 개인과 집단들에게 간접적인 도움을 주는 여러 가지 사회적 개입이 있다. 상당수의 사회복지정책은 욕구가 있는 특정 개인에게 특정 유형의 급여를 제공하기보다는 급여를 제공하는 프로그램의 개발과 실행에 도움이 되는 여러 가지 프로그램을 만들어 낸다. 그와 같은 정책들은 이른바 '수단적 급여(instrumental provision)'라 하는 것으로, 수단적 급여는 사회복지급여를 직접 제공하는 사회복지기관 가운데 보다 효율적이고 효과적인 조치들을 만들도록 장려하기 위한 급여들을 들 수 있다. 수단적 급여의 예를 들면, 지역사회의 자원 동원이나 조정 그리고 프로그램 평가 등을 들 수 있다.

600개 이상의 지역노인기관(Area Agencies on Aging: AAA)을 탄생시킨 「미국노인복지법(Older Americans Act)」의 1973년 개정안을 살펴보면, 지역노인사무소는 노인을 위한 포괄적인 서비스 체계를 구축하기 위한 계획 및 각 지역자원의 동원 및 조정 업무를 담당하는 기관이다. 또한 AAA는 노인에게 영향을 미칠 수 있는 각종 정책 및 프로그램을 검토·평가함으로써 노인의 이익을 옹호하는 역할을 수행하도록 되어 있다. 이와 같은 수단적 급여를 통해 사회적 급여의 분배에 영향을 미치기도 한다.

3) 현물급여·현금급여·바우처의 특징 비교

앞에서 길버트와 테럴이 설명한 것과 같이 현물급여, 현금급여 그리고 바우처는 서로 다른 특징들을 갖고 있다. 이들의 대안적 특징들을 비교하면 다음과 같다.[17)]

---

17) 김기원(2000), pp. 24-30.

〈표 11-9〉 급여대안의 특징 비교

		현물급여	현금급여	바우처
효율성	시장가치적 효율성	낮음	높음	중간
	관리적 효율성	낮음	높음	중간
	수혜자 효율성	낮음	높음	중간
효과성		높음	낮음	중간
낙인		높음	낮음	중간
소비패턴 통제		높음	낮음	중간
실질가치 보전		높음	낮음	낮음
정치적 실현가능성		높음	낮음	중간

(1) 효율성

효율성은 시장가치적 효율성, 관리적 효율성, 수혜자 효율성으로 나누어 볼 수 있다.

시장가치적 효율성은 대안급여들의 시장가치를 액면가로 나눈 것으로 시장에서의 교환가치다. 시장가치적 효율성을 비교하면 현금>바우처>현물 순으로 효율성이 크다. 현물은 유동성의 측면에서 효율성이 가장 떨어지므로 현금화되기 어렵고, 바우처의 경우 현물보다는 유동성이 크지만 현금과 같지는 못하다. 실제 양자를 비교한 효율성비율(efficiency ratio)을 통해 보면 식품권(food stamp)의 경우 0.88, 의료보호서비스의 경우 0.68, 공공주택서비스의 경우 0.56으로 나타났다. 즉, 식품권의 효율성 비율이 0.88이라는 것은 100달러 상당의 식품권의 시장교환가치는 88달러에 해당한다는 것이다.

대안급여들의 시행에서 제조, 구입, 배분, 감독, 상환, 폐기 등에 관련된 비용이 얼마나 많은가를 비교함으로써 관리적 효율성을 비교할 수 있다. 현물의 경우 현물을 시장이나 생산자로부터 구입하고, 이를 운반하여, 창고에 저장하고, 수혜대상자 거주지에 배분하는 과정에서 많은 관리비용이 든다. 바우처의 경우 제조·배분·상환·폐기 과정에 일부 비용이 들 수 있으나 기존의 금융기관과 우편제도를 활용할 경우 적은 비용으로 운영할 수 있다. 한 연구에 따르면 식품권의 경우 관리비용이 식품권 1달러당 약 8센트라고 한다. 현금의 경우 금융기관의 온라인시스템을 활용해 직접 수혜자에 지급할 수 있어 관리비용이 적게 든다. 따라서 관리적 효율성의 경우 현금>바우처>현물 순으로 효율성이 크다. 그러나 현물급여의 경우 생산자나 시장으로부터 대규모로 구입할 경우 시장가격보다 낮은 가격으로 구입할 수 있어 더 큰 비용절약을 가져올 수 있다는 주장도 있다.

수혜자 효율성은 수혜자가 각 대안급여로부터 느끼는 만족도다. 수혜자 만족도는 예산선과 무차별곡선을 활용해 비교분석할 수 있다. 서술적으로 설명하면, 현물급여의 경우 배분된 현물의 질과 양, 상표에 대한 수혜자의 선호가 무시된 채 행정기관의 일방적 결정대로 수혜자가 따라야 하기 때문에 취사선택의 여지가 없어 수혜자 만족도가 매우 낮다. 반면, 바우처급여는 사용목적은 한정되어 있지만 한정된 사용목적을 성취하는 제한된 범위에서 수혜자의 선호에 맞게 양과 질, 상표를 취사선택할 수 있다. 현금급여의 경우 수혜자가 자유로이 자신의 선호에 맞게 제한 없이 사용할 수 있어 만족도가 가장 높다. 따라서 수혜자 효율성의 측면에서 살펴보면 현금＞바우처＞현물 순으로 효율성이 크다.

(2) 효과성

효과성(effectiveness)이란 본래 의도한 목적을 어느 정도 달성하느냐 하는 목적달성도를 의미한다. 공공부조는 저소득층에게 최소한의 인간다운 생활을 보장해 주기 위한 제도다. 현물급여의 경우에도 정책목적을 달성하기 위한 현물이 제공되기 때문에 다른 용도로 전용하기가 어렵다. 즉, 현물급여는 수혜자의 소비패턴을 통제할 수 있다. 바우처의 경우 사용 용도가 법으로 제한되어 있어 다른 용도로 사용하기는 어려우나, 간혹 타인에게 액면 이하로 매도한 후 의도한 목적과 다른 용도로 오용되는 사례가 있다. 현금의 경우 본래 의도한 목적과 전혀 다른 용도로 오용될 가능성이 쉽기 때문에 효과성이 위협받을 가능성이 크다. 예를 들면, 지급된 현금이 주류, 담배, 약물 등의 구입에 사용될 경우 건강하고 문화적인 인간다운 삶을 오히려 해치는 결과가 된다. 따라서 효과성의 측면에서 보면 현물＞바우처＞현금 순으로 효과성이 크다.

(3) 낙인

공공부조급여 수혜과정과 급여 사용과정에서 수혜자가 얼마나 낙인감을 느끼느냐 하는 것이다. 현물급여의 경우 수혜과정에서 급여의 형태와 수혜자가 노출되기 때문에 낙인을 느끼게 되기 쉽다. 바우처의 경우 사용할 때 사용자가 노출되고 바우처가 현금과 달리 표시가 나기 때문에 낙인을 느끼게 될 가능성이 있으나 이는 바우처를 대금으로 지급할 때만 일시적으로 발생하게 된다. 현금급여의 경우 수급 시 예금통장을 통해 온라인 송금이 되고 사용할 때에 표시가 나지 않기 때문에 낙인감이 가장 약하다. 따라서 수혜자가 느끼는 낙인의 정도를 비교하면 현물>바우처>현금 순으로 낙인의 정도가 크다.

(4) 인플레이션 영향

소비자 물가지수가 상승되었을 때 실질가치를 유지하는 측면에서 살펴보면 현물급여의 경우 실질가치가 유지되는 반면, 바우처와 현금의 경우 실질가치가 하락되어 급여수준이 상대적으로 하락된 결과를 가져온다. 실질가치의 측면에서 보면 현물>바우처=현금 순으로 나타난다.

(5) 정치적 실현가능성

공공부조급여가 이루어지기 위해서는 국회에서 프로그램 시행을 결정하고 필요한 예산을 배정하여야 한다. 일반적으로 정치가들은 가시성을 중시하기 때문에 현금급여보다 현물급여를 선호한다. 바우처는 현금과 현물의 중간단계로 추정된다. 정치적 실현가능성(political feasibility)의 측면에서 비교하면 현물>바우처>현금 순으로 실현가능성이 크다.

제12장

사회복지정책의 전달체계

　사회복지정책의 전달체계란 사회복지서비스의 공급자와 소비자를 연결하기 위한 조직적 장치(organizational arrangements)를 의미한다. 달리 표현하면, 서비스 공급자와 소비자들 사이에 존재하는 조직의 체계를 말한다.

　서비스 전달체계는 통상적으로 서비스 공급자와 소비자가 함께 모이는 장소인 지역사회를 중심으로 살펴보게 된다. 전달체계를 설계할 때 보통 서비스 공급자로부터 서비스 소비자에 이르는 서비스의 흐름을 향상시키기 위한 서비스 전달체계의 개선전략을 논의하게 되는데, 이러한 설계 시 서비스 전달체계의 전체적인 구성, 서비스 구성단위 간의 연계, 시설의 지리적 위치, 서비스 전달을 담당할 인력의 능력과 적절성 그리고 공적 원조를 할 것인지 사적 원조를 할 것인지 등을 고려하게 된다.

　전달체계 설계 시 논의되는 대안들은 다음과 같다.[1]

- 공급자들을 행정적으로 집권화할 것인가 아니면 분권화할 것인가?
- 공급자들이 서비스들(예를 들면, 보건, 보호관찰 그리고 소득보조)을 결합해 제공할 것인가 아니면 각각 분리하여 한 개의 서비스만을 제공할 것인가?
- 공급자들이 하나의 시설 내에 위치할 것인가 아니면 분리된 시설을 유지할 것인가?

---

1) Gilbert & Terrell(2005), p. 160.

- 공급자들이 그들의 노력들을 조정할 것인가 아니면 결코 소통하지 않을 것인가?
- 공급자들이 고용된 전문가에게 의존할 것인가 아니면 소비자나 준전문가 (paraprofessional)를 고용할 것인가?
- 공급자들이 권위를 서비스 사용자에게 위임할 것인가 아니면 전문가들의 손에 권위를 집중시킬 것인가?
- 공급자들이 공공행정가여야 하는가 아니면 사적 계약자여야 하는가?

1. 서비스 전달의 민영화와 상업화

서비스 전달의 관리운영 주체에 관한 분석은 민영화와 상업화라는 두 가지 선택차원과 관련이 된다. 먼저, 민영화(privatization)라는 광범위한 이슈는 공공기관이 직접적으로 서비스를 전달하도록 할 것인가 아니면 공공기관이 자원기관이나 비영리기관과 같은 사적 공급자와 계약을 맺어 간접적으로 서비스를 전달할 것인가라는 두 대안에 관한 이슈다. 다음으로, 상업화(commercialization)라는 보다 좁은 범위의 이슈는 사적 공급자로 영리공급자와 비영리공급자 간에 누구를 선택할 것인가에 관한 이슈다.

1) 민영화와 공공서비스의 미래

1980년대 초반 이래, 미국에서는 '제3자 서비스 매입방식(third-party purchase of service arrangement)'이 크게 증가하였다. 이 방식은 일종의 서비스 매입방식으로, 정부가 공공기금을 사용하여 민간기관이 제공한 서비스에 대해 서비스 제공비용을 지불하는 방식이다. 이러한 추세는 미국의 복지개혁하에서 지역사회기관과 더불어 확대되어 갔는데, 많은 경우에 신앙에 기초한(faith-based) 지역사회기관이 임시적 빈곤가족원조(Temporary Assistance for Needy Families: TANF)프로그램의 계약기관으로 선호되어 왔다.[2]

외부계약(contract-out)을 통한 서비스의 제공은 우파의 자유시장 이데올로기(free

---

2) 여기서 TANF(Temporary Assistance for Needy Families)란 미국의 「복지개혁법」으로도 불리는, 1996년에 제정된 「PRWORA(Personal Responsibility Work Opportunity Reconciliation Act of 1996)」에 의해 AFDC(Aid to Families with Dependent Children)를 대체한 빈민에 대한 일시적 원조프로그램이다.

market ideology of the right)와 좌파의 시민참여/역량강화 목표(citizen participation/ empowerment objectives of the left)라는 일반적인 가정이 수렴된 결과다. 따라서 민영 화는 사람들이 당연한 것으로 생각하는 경쟁적인 시장의 장점과 공공관료제의 실패라 는 두 가지가 모두 연계되어 있는 대안이다.

민간기관들은 사회서비스의 생산과 전달에 가장 효율적인 방법을 제공하기 때문에 자신들이 이러한 임무를 잘 수행할 수 있다고 주장한다. 반면, 그들은 공공관료제는 서비스 영역에서 독점을 행사하기 때문에 '포로가 된 청중(captive audience)'인 공공서 비스 소비자들은 선택의 여지가 없이 공공기관이 제공하는 서비스들을 이용할 수밖에 없으며, 따라서 이러한 독점적 상황하에서 공공관료제는 사회서비스의 생산과 전달 임무를 잘 수행할 수 없다고 주장한다.

비록 경쟁적인 시장이 비용효과적인 결과를 가져오는 강력한 인센티브를 제공하는 것은 사실이지만, '제3자 서비스 매입방식'을 채택하게 될 경우 소비자 선택에 따라 반 응하게 되는 경쟁의 효력이 훼손되므로 사회서비스 계약의 영역에서는 경쟁적인 시장 의 장점이 그대로 적용되지 않는다.

서비스 매입계약하에서 개별적인 서비스 소비자는 자신이 받는 서비스에 대해 비용 을 지불하지 않으며 또한 서비스를 구매하는 공공기관은 자신이 서비스 수혜자가 아 니기 때문에 완전한 거래가 이루어진다고 받아들이지 않는다.

시장원리(market discipline)가 제대로 작동하기 위해서 소비자는 자신이 받은 서비스 에 대해 충분한 지식을 갖고 있고, 서비스를 이용하기 위해서 상응하는 비용을 지불해 야 한다. 그러나 제3자 계약방식을 통하여 전달되는 서비스의 경우 서비스 비용을 이 용자인 수혜자가 모두 부담하는 것이 아니며, 서비스의 질도 공공기관이 정한 최저보 장수준에 따라 정해지기 때문에 이러한 환경하에서는 시장의 원리가 제대로 작동하지 않는다. 게다가 일반적으로 사회서비스의 소비자들은 아동·노인·빈민 등과 같이 취 약한 사람들이어서 자신들이 제공받는 사회서비스에 대한 정보가 충분하지 못하다. 이러한 불완전한 정보는 시장의 실패 원인이 되기도 한다. 한스만(Hansmann)은 이러 한 문제를 다음과 같이 '계약실패이론(contract failure theory)'으로 설명하고 있다.[3]

경쟁과 소비자 선택의 부재에서 나타나는 이러한 계약 실패의 문제를 해결하기 위 해 서비스 매입방식에 시장원리를 도입한 대안들로 '제3자의 계약을 위한 경쟁 입찰'

---

3) Hansmann(1989), pp. 29-32.

'대리쇼핑(proxy shopping)' 방식 등이 제시된다. '대리쇼핑'은 비용을 기꺼이 지불하려는 소비자를 끌어들이려는 서비스 공급자와만 계약을 하는 방식으로, 서비스 비용을 지불해야 하는 소비자가 바로 공공기관을 대신하여 공급자를 선별해 주는 대리쇼핑자 (proxy-shopper)가 된다. 자신의 돈으로 여기저기 다니면서 쇼핑을 하는 소비자가 기꺼이 자신이 선택한 서비스에 대해 비용을 지불하게 된다면, 그 비용과 질을 다른 서비스 공급자들이 제공하는 서비스의 비용과 질과 비교함으로써 서비스기관 간에 경쟁을 유도하게 된다.[4]

계약을 통해 서비스를 전달하는 방식은 효과적이고 효율적일 뿐만 아니라 사회서비스를 민주화할 좋은 방법이라고 할 수 있지만, 정부가 구매하는 서비스의 단위가격 결정요인을 측정하는 과정에서 그리고 계약을 한 이후 민간기관이 제공하는 서비스의 가격과 품질을 모니터하는 과정에서 상당한 거래비용(transaction cost)이 발생할 가능성이 있다.

2) 신앙에 기초한 서비스

신앙에 기초한 서비스(faith-based services)는 종교기관이 제공하는 서비스다. 오늘날 미국 사회에 존재하는 기독교 교회, 유대교 사원, 이슬람 사원, 불교 사찰 등과 같은 종교단체의 수는 약 50만 개에 달하는데 이들은 미국의 자원봉사영역(voluntary sector)에서 가장 큰 부분을 차지하고 있을 뿐 아니라 시민사회에서도 매우 중요한 역할을 수행하고 있다. 그러나 사회복지에서 종교의 역할은 모호했을 뿐만 아니라 종종 논쟁의 대상이 되어 왔다.

기독교의 경우, 사회복지의 주체로서 교회의 세속화(secularization or secularisation)란 일반적으로 사회가 종교기관과 밀접하게 일체화된 관계로부터 종교기관과 보다 분리된 관계로 전환되어 가는 과정을 말한다. 사회복지의 세속화란 종교가 주된 주체로서 역할을 수행하던 사회복지의 영역이 국가와 같은 비종교적인 주체가 주된 역할을 수행하는 사회복지의 영역으로 전환되어 가는 과정을 의미한다.

전체적으로 사회복지가 세속화되어 감에 따라 교회가 사회복지 분야에서 수행해 온 주도적인 역할은 시대가 지남에 따라 축소되어 정부가 주도하는 공공복지 역할을 보

---

4) Gilbert & Terrell(2005), pp. 159-161.

완해 주는 역할로 변화하였다. 이러한 현상과 관련해 니부어(Reinhold Niebuhr)는『사회사업에 대한 종교의 기여(The Contribution of Religion to Social Work)』라는 자신의 저서에서 교회는 사회사업을 낳고 키운 어머니였는데 어머니로서 책임을 포기하여 세속화를 초래하였다고 주장하면서, 종교는 사회정의를 보다 적절하게 실현할 수 있는 잠재력을 갖고 있기 때문에 사회사업가에게는 하나의 자원이 된다고 하였다.[5]

미국의 초기 사회복지시스템에서 종교기관은 두드러진 역할을 수행했다. 19세기 말 대부분의 도시 빈곤구제 노력은 종교적 신념을 기반으로 이루어졌다. 보통 종교기관의 빈곤구제는 개인적 자선과 자원봉사 선행을 통해 비공식적으로 행해졌지만, 많은 수의 공식조직이 도시의 사회보건에서 중요한 역할을 수행하였다. 예들 들어, 구세군과 같은 도시지역의 선교단체들은 빈민가의 상황, 알코올중독, 빈곤과 같은 문제들을 성경과 물질적 구제를 통해 본격적으로 해결하고자 노력하였다. 가톨릭과 개신교에서 설립한 병원, 고아원, 양로원 등은 사회의 피부양자를 위해 봉사하는 기관으로 발전해 갔다.

복지국가가 발전하면서 사회복지에 대한 종교단체들의 역할은 점차 감소되어 갔다. 초기의 공공복지 지지자들은 지나치게 적극적일 정도로 비종교적(secular)이어서, 즉 종교기관의 복지사업에 비판적이어서, 종교적인 원조를 편협하고 미숙하고 도덕적이라고 간주한다. 그런 가운데 종교기관들이 지속적으로 가치 있는 서비스를 제공하고 있지만, 그들은 점점 다른 비영리 자원기관과 거의 똑같이 운영되고 있다. 예를 들면, 미국 가톨릭자선회는 광범위한 지역사회를 위해 봉사하는데, 재원의 60% 이상을 정부계약으로 조달하는 10억 달러의 자금을 운영하는 사업체가 되었다.

오늘날 신앙에 기초한 조직들(faith-based organization)ㅡ이 용어는 1990년대 중반에 나타나기 시작하였다ㅡ은 1996년의「복지개혁법」이 제정된 이후 주목할 만한 부활의 시기(renaissance)를 맞이하고 있다.

'자선적 선택(charitable choice)'에 권한을 부여한 법률의 해당 조항은 주정부에 복지수혜자들을 원조하는 종교기관과 계약을 체결하도록 허락하였다. 이러한 조치는 예를 들면, 종교적 상징을 나타내거나 직원을 선발할 때 종교적 기준을 사용하는 공개적으로 종교적 기관임을 표방하는 조직과 계약을 체결하는 것을 금지하던 과거의 관행과 비교할 때 상당히 급속한 변화를 가져오는 조치였다. TANF제도에서는 가톨릭자선회

---

5) Patton, Howard, & Niebuhr(1977), www.religion-online.org

처럼 다소 세속화된 기관들뿐만 아니라 더 공개적으로 종교지향적인 집단들에도 주정부의 재정적 원조를 받을 자격이 주어졌다.

대통령으로서 조지 부시(George W. Bush)가 처음 제출한 법률안 가운데 하나는 지역사회의 종교기관의 사회복지 노력을 증진하기 위한 새로운 법안에 '온정적 보수주의(compassionate conservatism)'의 철학을 구현하는 것이었다.

과거 지역사회의 종교기관들이 관료조직의 번잡한 행정절차인 번문욕례와 자금제공 제한에 의해 부당하게 금지를 당했다고 믿기 때문에, 새로운 '신앙에 기초한 지역사회 법률안을 위한 센터(Center for the Faith-Based and Community Initiative)'가 지역기관이 연방정부의 재원을 얻기 위해 동등한 입장에서 경쟁하고 더 많은 민간의 지원을 받고 관료제적 장애를 겪지 않도록 하기 위해 7개의 연방기관에 설치되었다.

그 결과, 상당수의 교회와 관련기관이 직업훈련, 문해능력 개발 교육(literacy development), 아버지 자격 프로그램(fatherhood program), 약물 및 알코올 중독 치료 프로그램, 미혼여성을 위한 주거 프로그램 등을 제공하고 있다. 이 종교 관련 기관들이 적극적인 전도활동을 벌이거나 비종교인을 차별하지 않는 이상 주정부로부터 서비스 제공에 필요한 재정을 지원받을 수 있도록 되어 있다.

이러한 제약이 '자선적 선택'을 「헌법」 제1조에 명시된 교회와 국가 간의 경계에 대한 미국 「헌법」 수정조항 제1조를 위반한 위험스러운 사례로 간주하는 분리주의자들을 만족시키지는 못하였지만, 광범위한 제휴는 신앙조직을 사회복지를 위한 정부의 동반자(좌파의 견해) 또는 정부를 대신할 수 있는 주체(우파의 견해)로서 사회복지의 가치 있는 도구가 될 수 있다고 간주하게 되었다.

진보주의자와 보수주의자 모두가 사회서비스 프로그램에 영적 차원(spiritual dimension)을 추가하는 것이 중요하다는 것을 점점 더 인정하고 있지만, 인정하는 논거는 서로 다르다. 보수주의자들은 종교기관들이 관료주의적이고 비효율적인 공공프로그램을 대체할 수 있는 도덕성, 개인적 자선 그리고 직접적 동정에 기초하고 있다고 보는 반면, 진보주의자들은 복지에 신경을 쓰는 시민사회(welfare-sensitive civil society)의 발전을 촉진함에 있어 정부와 종교적 자선기관들이 공존할 수 있다고 보고 있다.[6]

---

6) Gilbert & Terrell(2005), pp. 164-165.

3) 상업화: 이윤추구를 위한 서비스

1960년대 이전까지만 해도, 사회서비스는 거의 전적으로 공공조직과 비영리자원조직에 의해 제공되었다. 그때까지만 해도 누구의 주최로 제공되는가의 문제는 공공조직과 비영리자원조직 간의 관계에 초점을 맞추었다. 그러나 오늘날 사회서비스 전달에 상업적 기관의 참여가 증가함에 따라, 영리를 추구하는 공급자들이 사회복지 목표를 얼마나 잘 달성할 것인지에 관한 새로운 질문들이 제기되기 시작하고 있다.

사회복지를 옹호하는 사람들은 영리를 추구하는 기관들을 편견을 가지고 바라본다. 이들은 영리추구기관의 영리추구 동기는 사회복지급여의 기본정신(ethos)과 도덕적으로 양립할 수 없다면서 영리추구기관에 대해 강한 의심을 품고 있다. 그러나 만일 영리추구기관들이 사회서비스를 전달하는 데 가장 효과적이고 효율적인 수단이라는 것을 보여 줄 수 있다면, 계속적으로 이러한 도덕적 반대를 하기 어려울 것이다. 반면에 만일 영리추구기관들이 비영리 공급자들보다 비효율적이고 비효과적이라면, 서비스의 민영화를 방지하기 위해서 도덕적 반대를 할 필요도 없을 것이다.

그러나 사회서비스의 효율성과 효과성에 대한 평가는 복잡한 일이다. 서비스 목적은 흔히 하나가 아니라 여럿이고 또 분명하지 않으며 정확히 측정하기도 어렵다. 따라서 영리추구기관과 비영리기관 간에 누가 더 사회서비스를 효율적이고 효과적으로 전달할 수 있을 것인지를 평가하는 것은 매우 어려운 일이다. 이론적으로 설명하면, 비영리조직의 지배구조는 법적으로 지역사회의 이익을 대변하는 사람들로 구성된 이사회를 갖추어야 하기 때문에 비영리조직은 소유주의 재정적 이익을 보호할 것으로 예상되는 영리조직에 비해 더 많은 공적 책임성(public accountability)을 갖고 있다고 볼 수 있다. 그러므로 비영리조직들에서는 물질적 이익을 얻기 위해 취약한 서비스 소비자들을 착취하려는 유혹이 사라지게 된다. 또한 비영리조직은 영리를 추구하는 기업들의 자본주의적 정신과는 다른 자선적인 기본정신(charitable ethos)을 갖고 있다.

영리기관과 비영리기관 간의 이러한 차이점들을 비교분석하게 되면, 영리기관과 비영리기관 가운데 누가 사회서비스를 제공하는 것이 바람직한지를 판단할 수 있을 것이다.

(1) 서비스의 표준화(standardization of service)

동일한 절차와 표준화된 제품과 관련된 서비스(예: 공공보건접종)의 경우, 영리조직의 경제적 기획기법과 기업의 창의성을 도입하기가 용이한 분야다. 동시에 구매자가 치유서비스와 같이 각각의 사례에 맞는(custom tailored) 기술을 필요로 하는 서비스들을 비교할 때, 절차가 동일하고 제품이 표준화되어 있는 서비스는 이들이 갖고 있는 획일적인 특성에 의해 서비스 전달과정에 잠재적으로 존재하는 남용가능성을 더 쉽게 감시할 수 있다.

(2) 클라이언트의 능력(client competence)

많은 사회서비스는 착취에 매우 취약한 클라이언트 집단들이 갖고 있는 문제를 다룬다. 아동, 지적장애인 또는 정서적인 혼란을 겪고 있는 사람들은 서비스 공급자들에게 그들이 제공하는 서비스의 질에 대해 책임을 지울 능력이 없다.

착취에 매우 취약한 클라이언트 집단들에게 사회서비스를 제공할 경우, 공적인 책임성과 자선적 특성을 보다 많이 갖고 있는 비영리기관이 서비스 전달기관으로서 영리기관들보다 선호될 것이다.

(3) 서비스의 강제성(coerciveness of service)

아동을 위한 보호서비스와 조건부로 감옥에서 나온 가석방자가 수행하여야 할 작업과 같이 어느 정도 강제력이 필요한 서비스의 경우는 개인의 자유에 대한 심각한 위협이 된다. 이러한 경우에는 서비스 공급자의 공적 책임성이 무엇보다 중요해진다. 클라이언트의 자유가 위험에 처해 있을 때, 공적인 책임성이 결여된 영리기관이 비영리기관보다 적절한 형태의 보호를 제공해 줄 수 있는 주체가 될 가능성은 낮다.

4) 규제적 환경이 미치는 영향

기준의 준수와 클라이언트 보호를 충분히 보장할 수 있는 공적인 규제하에서 서비스를 전달하고 있다면 영리추구 공급자와 비영리 공급자는 사회서비스 공급자로서 동등하게 선호될 수 있을 것이다. 다만, 사회서비스의 특성상 비영리기관을 선호하는 경향이 있기는 하지만, 장애인이나 노인들을 위한 교통서비스와 같이 일반적인 가정들이 적용되는 영역도 있고 그러한 가정들이 적용되지 않는 서비스 영역들도 있는 것은 분명하다. 영리추구 공급자와 비영리 공급자 간에 선택을 함에 있어서 본질적인 이슈는 모든 면에서 우월한, 즉 보편적으로 우월한 조직형태를 찾는 것이 아니라 영리추구기관이나 비영리추구기관들이 사회복지가 필요한 클라이언트들에게 서비스를 가장 잘 제공할 수 있는 특별한 조건들이 무엇인가를 결정하는 것이다.

이러한 조건들을 평가함에 있어서 우리는 반드시 앞에서 언급한 네 가지 조건을 고려해야 할 뿐만 아니라 서비스 매입방식(purchase-of-service arrangement)의 속성을 고려하여야 한다. 통상적으로 보조금이나 다른 형태로 재원이 제공될 때에는 그 재원의 사용목적이 정해져 있다. 따라서 재원을 보조받는 기관들이 이행해야 할 필수요건들이 있다. 재원을 제공하는 기관들이 재원을 제공하는 그들의 목적에 서비스 공급자들이 순응할 것을 보장하기 위해 설정해 놓은 보조금 필수요건들을 얼마나 이행할 수 있는지를 기획단계에서 고려하여야 한다.

2. 응집성과 접근성 제고: 서비스 전달 전략

사회서비스를 공적인 보호하에서 전달할 것인가 아니면 사적인 보호하에서 전달할 것인가의 문제를 논하였지만, 응집성(coherence)과 접근성(accessibility)을 촉진할 수 있도록 서비스 전달체계(service delivery system)를 어떻게 구성할 것인가에 관한 이슈는 여전히 남아 있다.

광범위하게 말하면, 응집성과 접근성을 촉진하기 위한 노력은 서비스 전달을 위한 구조적 장치에 관한 것이며, 다음의 세 가지 질문과 관련이 있다. 그러나 이러한 질문들과 관련된 사회적 가치들이 상반되는 경우도 있다.

- 의사결정을 위한 권한과 통제권을 어디에 둘 것인가?
- 누가 수행되어야 할 서로 다른 서비스 과업들을 실행할 것인가?
- 전달체계의 구성(단위의 수와 형태)은 어떻게 할 것인가?

지역사회 서비스 전달체계의 실패 특징들은 다양하지만, 그 가운데 특히 파편성, 비연속성, 접근불능성 그리고 무책임성에 초점을 맞추고 있다. 이러한 문제들은 문서에 기록되고 분석되어 사회서비스의 조직과 전달을 개혁하기 위한 계획들을 수립할 때 활용되고 있다. 예를 들어, 어린이집, 정신보건센터, 공공직업훈련소가 모두 서로 다른 지역에 있고, 서로 다른 스케줄에 따라 운영되며, 서로 중복되는 서비스를 제공한다면, 전달체계는 파편성(fragmentation)의 문제를 겪고 있는 것이다. 만일 이 세 기관 사이에 연결하는 편리한 이동수단(convenient means of transportation)이 없거나, 정신보건센터와 공공직업훈련소 간에 의뢰(referral)가 이루어지지 않거나, 또는 어린이집을 이용하는 데 정부의 보육료 지원이 없다면, 전달체계는 비연속성(discontinuity)의 문제를 겪고 있다. 또한 클라이언트의 주민등록상 주소가 정신보건센터나 공공직업훈련소의 관할 지역과 다르거나 의료보험이 없는 등과 같은 사유로 우울증 치료나 직업훈련을 받을 수 없다면, 전달체계는 접근불능성(inaccessibility)의 문제를 겪고 있다. 만일 이러한 상황 가운데 어느 하나 또는 모두가 존재하고, 클라이언트가 자신의 고충을 시정할 수 있는 실행가능한 수단을 가지고 있지 않다면, 전달체계는 비책임성(unaccountability)의 문제를 겪고 있다.

이상적인 서비스 전달체계는 서비스가 통합되어 있고, 연속적이며, 접근가능하고, 책임성 있는 전달체계다. 그러나 따로따로 생각해 보면, 이 각각의 요소들은 조화를 이루기보다는 서로 갈등을 일으키게 된다. 이러한 문제를 해결할 수 있는 몇 가지 대안을 요약하여 제시하면 다음과 같다.

- 조정을 통해서, 의사소통과 의뢰를 위한 새로운 창구를 개설함으로써 그리고 서비스의 중복을 제거함으로써 파편성과 비연속성을 감소시킨다. 그러나 이러한 대안은 비책임성과 접근불능성을 증가시킬 가능성이 있다.
- 서비스에 대한 새로운 접근수단을 만들고 기존의 서비스 제공을 중복시킴으로써 접근불능성을 감소시킨다. 그러나 이러한 대안은 파편성을 증가시킬 가능성이 있다.
- 클라이언트와 소비자들로 하여금 전달체계에 그들의 의견을 제공할 수 있도록 하여 전달체계에 대한 의사결정 권한을 증가시킬 수 있는 수단을 창출함으로써 비책임성을 감소시킨다. 그러나 이러한 대안은 파편성과 비연속성을 증가시킬 수 있다.

전달체계의 개선 전략들은 매우 다양하지만, 대부분의 전략은 다음 여섯 가지의 일반적인 전략 중 하나에 속한다.

- **정책결정에 관련된 권한과 통제력을 재구조화하려는 전략**: 조정(coordination), 시민참

여(citizen participation)

- **과업할당을 재구조화하기 위한 전략**: 역할부여, 전문적 이탈
- **전달체계의 구성(즉, 서비스 전달단위의 수와 형태)을 변화시키기 위한 전략**: 전문화된 접근구조, 의도적 중복

이 전략들은 모두 서비스 전달을 향상시키기 위해 지방 수준의 서비스체계를 재조직하려는 목적을 가진 것들이다. 조정과 시민참여 전략은 서비스 전달체계의 관료적 위계에 영향을 미치는 전략이며, 역할부여와 전문적 이탈 전략은 전달체계 내의 행위자들의 역할과 지위를 변화시키려는 전략이고, 전문화된 접근구조와 의도적 중복 전략은 전달체계를 이루는 요소들의 실질적 구성을 변화시키려는 전략이다.

1) 정책결정 권한을 재구조화하기 위한 전략

(1) 조정

사회복지사들과 다른 전문가들은 속성상 클라이언트를 단순히 서비스 이용자가 아닌 전인적(全人的) 사람(the whole person)으로서 대해야 하며, 포괄적인 서비스 접근방법을 사용해야 한다는 신념을 가지고 있다. 이 전문가들의 실천활동은 전문화를 지향하며, 좁은 의미로 정의된 전문지식의 범위에서의 기술적인 기법 개발에 치중되어 있다. 각자가 전문영역 내에서 전문적인 활동을 하다 보면 전문가 간에 갈등이 생긴다. 서비스의 조정은 전문적 가치구조 내에서 전문화와 포괄적 접근이 동시에 추구됨으로써 발생될 수도 있는 갈등을 완화하는 데 기여할 수 있다.

조정(coordination)은 통합적이고 포괄적인 사회서비스 체계를 개발하려는 목적을 가진 전략이다. 자연적인 서비스의 파편성에 응집성을 가져오기 위해 제안되고 시험되는 많은 제도가 있지만, 가장 가능성이 큰 것은 집중화, 연합 그리고 사례수준의 협력이다.

첫째, 서비스 집중화(centralization)는 기관, 직원 및 기능들을 단일한 행정조직 아래 두고 서비스를 통합하려는 서비스기관들의 재조직화 대안으로, 조정 절차 가운데 가장 강력한 절차다. 동시에 행정 통일을 통해 조정을 증가시키는 것은 서비스의 파편화(service fragmentation)에 대한 치유책이 될 수 있지만, 이는 또한 잠재적으로 역기능적인 결과를 초래한다. 서로 다른 목적, 기술 그리고 인식을 가지고 이전에는 독

립적이던 다양한 기관이 하나의 단일한 조직의 틀 안으로 합쳐졌을 때 조직 내 갈등 (intraorganizational conflict)의 잠재성이 특히 심해질 수 있다.

또한 하나의 행정구조 아래 서비스를 통합시키는 것은 하나의 창구인 '유일한 문 (single door)'만을 통해 서비스를 받게 하기 때문에 서비스의 접근(service accessibility) 을 제한하게 된다. '유일한 문'은 서비스 신청 접수(intake)를 상대적으로 소수의 게이 트키퍼들(gatekeepers), 즉 정보관리자의 손 안에 집중화한 서비스 네트워크가 행정기 관의 규칙과 규정에 포함되어 운영되는 전달체계를 의미한다. 이러한 '유일한 문'은 사 례 의뢰(case referral)나 지속성의 관점에서 서비스 전달체계를 합리화하는 메커니즘의 역할을 하기도 하고, 비의도적으로 또는 의도적으로 행정상 수급자격기준을 충족하지 못하는 사람들에게 서비스를 제공하는 데 장애가 되기도 한다.

둘째, 서비스 조정에 대한 또 다른 주된 접근방법은 서로 다른 기관 자원들의 지리 적 집중화와 종종 관련이 있는, 그러나 행정적 통일이 아닌 연합화(federation)를 통 해서다. 연합구조는 다소 공식적이고 구속력 있는 다양한 장치를 포함한다. 워런 (Warren)은 연합과 연립을 구분한다.[7] 연합은 일반적으로 구성기관의 승인을 받아야 행사할 수 있는 의사결정 권한을 갖춘 공식적 인사구조를 가진 지속적인 협력체계인 반면, 연립(coalition)은 구성기관의 의사결정 권한을 수정하거나 공유하지 못하기 때문 에 보다 임시적인(ad hoc) 방법이다.

연합 장치는 조직이 그들의 기술, 자원, 지식 그리고 직원을 협력적 사업에 끌어들 일 것을 요구한다. 연합화를 수행함에 있어서 구성기관들이 떠맡아야 하는 비용은 종 종 조정에 의해서 얻는 편익보다 적게 나타나는 것이 사실이다. 대체로 지방서비스기 관들의 목적과 정책은 주어진 시간, 인내 그리고 건설적인 정신상태를 가지고, 공동 의 대의명분의 틀 속으로 산뜻하게 들어맞을 수 있는, 서로 맞물려 연동되는 조각그림 의 부분들과 같은 것이 아니다. 그러나 물론 많은 조직이 부담하고 싶어 하지 않는 자 율성의 희생을 감내한다면 그렇게 꼭 들어맞게 할 수는 있을 것이다. 그러므로 연합 적 노력은 흔히 협력적인 이상이 상당히 부족하여 느슨하게 결합된 연립(loosely knit coalitions)으로 종결될 가능성이 크다.

집중화 전략과 연합화 전략을 비교하면 다음과 같다. 연합화 구조는 독립된 기관의 자발적 협력과 관련이 있다. 협력은 무엇보다 상호성(reciprocity)에 기초하고 있어서

---

7) Warren(1967), pp. 396-412.

집중화된 행정하에서처럼 단위조직들은 공식적 위계에 구속되지 않는다.

관료제적 권위와 비교할 때 상호성은 물론 애매한 통제 메커니즘이다. 연합화모델은 종종 중복된 수혜자들에게 봉사하는 기관 간의 쌍방적 협약 형태를 취한다. 대부분의 기관들은 한 가지 기능만을 가지고 있기 때문에 2개 이상의 복수의 문제(알코올중독과 정신병, 정신적·신체적 장애, 노숙, 빈곤 그리고 약물중독)를 가진 개인들은 몇 개의 분리되고 독립적인 서비스 시스템과 관계를 맺는 것은 어렵다는 것을 알게 된다. 이들 네트워크를 연결하기 위해서 기관들은 자주 빈민들을 원조하기 위해 그들 각자의 역할과 책임을 명시한 협력적 장치를 마련한다.

셋째, 사례수준의 협력(case-level collaboration)은 서비스 통일이나 연합화와 같이 공식적으로 구조화된 형태라기보다는 서비스기관과 서비스 직원 가운데 분권화된 상호작용과 관련이 있는 조정모델이다. 이와 같은 조정시스템이 없다면 다양한 원조 네트워크의 요소들을 반드시 연결해야 하는 사람은 일선 서비스 워커(ground-level service worker)다. 서비스 워커들은 전통적으로 다수의 문제를 가진 클라이언트들에게 그들이 필요로 하는 다양한 서비스를 제공하여야 한다. 그러나 오늘날 서비스 전달체계의 복잡성으로 인해 적시에 효율적인 방법으로 클라이언트를 연계하기 위해서는 정교함과 지식 그리고 권한을 갖춘 케이스워커가 점점 많이 필요해진다.

사례관리(case management)는 여러 개의 서로 다른 원천으로부터 도움을 필요로 하는 사람들에게 서비스를 계획하고 전달하는 하나의 방법이다. 2개 이상의 조직에 걸쳐 책임(cross-organizational responsibility)을 지고 있는 지정된 기관의 대표자인 사례관리자는 적절한 서비스계획을 개발하기 위해, 서비스에 대한 접근을 보다 용이하게 하기 위해, 서비스 전달을 감시하기 위해 그리고 서비스 결과와 클라이언트의 발전을 평가하기 위해 지속적인 관계 속에서 클라이언트와 함께 일을 하게 된다.

사례관리에서 비록 '연계(linkage)'가 명백하게 가장 주된 요소이지만, 사례관리자들은 적절한 서비스를 확보하기 위해서뿐만 아니라 종종 옹호자(advocates)로서 그리고 자원개발자로서의 역할을 반드시 수행해야 한다. 이 모델은 서비스 네트워크 내에서 자신이 일을 스스로 잘 처리할 수 없는 취약한 클라이언트들에게 특별히 적합한 모델이다.

(2) 시민참여

기관 간의 새로운 관계를 형성하는 조정 전략과 달리, 시민참여(citizen participation)

전략은 기관과 클라이언트 간에 의사결정 권한을 재분배하려는 목적을 갖고 있다. 시민참여를 지지하는 근본적인 이유는 오로지 클라이언트가 영향을 미칠 수 있는 처지에 있는 경우에만 클라이언트가 서비스에 즉각적으로 반응하고 효과적으로 보장받을 수 있다는 것이다.

시민참여를 통한 권위의 재분배는 서로 다른 참여의 수준과 유형에 따라 다음의 세 가지 양식으로 구분될 수 있다.

> 참여수준과 권위 변화 정도
> 재분배적 참여＞정상적 참여＞비배분적 참여

비배분적 참여(nondistributive participation) 또는 유사참여(pseudoparticipation)는 치유, 교육 또는 명백한 속임수와 관련이 있으며, 그 어느 경우에도 이미 확립된 권위형태에 어떠한 인식할 만한 변화도 가져오지 않는다. 명목적 시책(tokenism)이라고 비판받기도 하는 정상적 참여(normal participation)에서는 의사결정 권한에 대한 시민의 영향은 명백하고 실제로 존재하지만 최종 결과에서는 단지 시민의 의사결정 권한에 약간의 차이가 날 뿐이다. 재분배적 참여(redistributive participation)는 시민참여자가 서비스 전달체계에 영향을 미치는 의사결정과정에 상당한 영향력을 행사할 수 있을 정도로 권위의 변화 정도가 크다.

시민참여는 당연히 수단이 가치를 나타내는 전략인데, 여기서 가치는 민주주의를 의미한다. 민주적인 서비스는 의사결정이 오로지 전문가의 특권에 속하는 시스템에서 보다 더 반응적이라는 기본적인 가정을 갖고 있다. 단, 전달체계가 민주적으로 될 수는 있지만, 서비스 전달의 질이 저하될 가능성도 있다. 이러한 경우에 시민참여 전략은 보다 광범위한 정치적 이유 때문에 타당하게 여겨지는 것이지 여기서 고려되는 목적 때문에 타당한 것으로 고려되는 것은 아니다.

비록 참여적 민주주의가 모든 사람이 투표권을 가지고 있는 이상적인 타운미팅(town meeting)을 암시하지만, 실제로 시민참여는 항상 선거와 대표자 임명을 필요로 한다. 그러나 사람들은 단순히 그들에게 영향을 미치는 모든 결정에 참여할 시간이 없거나 또는 그렇게 하려고 하지도 않는다. 시민참여 전략은 반드시 대표성(representativeness)과 그에 따른 이슈인 '어떤 시민이 참여할 것인가, 누구를 대표할 것인가 그리고 어떻게 그들을 선택할 것인가'와 같은 부수적인 이슈들과 밀접한 관련이 있다. 참여는 1960년대 미국의 서비스 전달에서 두드러진 주제가 되었는데 '대중에게 권력을(power to the people)'과 같이 사회 변화를 위해 열악한 사람들을 조직화하려는 급진적 운동은 의회에서 '최대한 가능한 참여(maximum feasible participation)'와 같은 입법조치로 나타났다. 이는 1960년대 미국의 '빈곤과의 전쟁(War on Poverty)'하에서 지역사회행동위원회의 조직을 위한 기준이 되었을 뿐만 아니라 사회 내의 관료적 그리고 정치적 권력의 재분배를 위한 기본적 정신이 되기도 하였다. 서비스 전달의 수준에서 '최대한 가능한 참여'는 저소득주민들을 지역사회기관들의 이사회 이사로 선정하도록 함으로써 분권화된 의사결정을 추구한다.

2) 과업할당의 재구조화(조직화) 전략

(1) 역할부여

서비스 제공자와 서비스 수혜자 간에는 계급적 격차가 존재한다. 사회서비스는 상당한 정도로 중산층 전문가들에 의해 제공되는 반면, 비록 사회서비스가 지역사회 전체를 대상으로 제공되기는 하지만 서비스가 필요한 사람들의 상당수는 저소득집단으로부터 나온다. 역할부여(role attachments) 전략에 따르면, 서비스 제공자와 서비스 수혜자 간의 계급적 격차는 수혜대상자들이 지역의 서비스 전달체계에 진입하는 데 그리고 지역서비스 전달체계를 통해 서비스를 제공받는 데 장애가 된다고 간주된다.

한편, 중산층 전문가들은 클라이언트의 인생관, 행동양식, 언어 또는 문화 가치를 이해하지 못하거나, 존중하지 못하거나, 또는 신경을 잘 쓰지 않을지도 모른다. 다른 한편으로는 전문가적 객관성과 몰인격적 처우라는 규범은 클라이언트에게는 생색을 내는 듯하거나, 불친절하거나 거만하게 인식될 수 있는 행동이 나타나도록 할 수 있다. 이와 같은 혼재된 관점들이 주어진 가운데, 접근성의 문제나 비연속성의 문제는 서비스 전달체계의 조직적 구조 때문이라기보다는 사회적 계층화(social stratification) 때문에 발생하는 것이다. 이러한 관점에서 밀러와 리스먼(Miller & Riessman)은 "서비스나 돌봄의 연속성이라는 문제는 행정적 개선만을 통해서는 해결될 수 없다.[8] 인간적 연결고리(human link)가 필요하다."라고 강조한다. 이 인간적 연결고리의 예로 '원주민

---

[8] Miller & Riessman(1968), p. 207.

비전문보조원(indigenous nonprofessional aides)'의 활용을 들 수 있다. 원주민 비전문
보조원의 스타일과 특별한 기술 덕택으로 전문기관들과 그들의 고객인 수혜자들을 연
결함으로써 이들은 브래거(Brager, 1965)가 묘사하는 것처럼 '사회계급 간·중재 기능
(social-class-mediating function)'을 수행한다.

이 전략에는 세 가지의 잠재적 문제점이 존재한다. 먼저, 비전문가들의 고용은 클
라이언트들이 미숙하거나 질이 낮은 서비스를 받게 할 수도 있다. 다음으로, 보조원
들을 전달체계 구조 속으로 통합시키는 노력은 전문가들의 저항을 발생시킬 수도 있
다. 또한 비전문가들이 연결 역할을 효과적으로 수행하고 서비스 전달구조 속으로 원
만하게 통합된다고 할지라도, 후자는 전자를 손상시킬 수 있다. 관료제적 규정 순응
(bureaucratic conformity)과 원주민 보조원의 자유분방한 스타일 간의 갈등을 해결하려
는 압력으로 비전문가의 효과성은 저하된다.

(2) 전문가 이탈

비록 비전문가들에게 관료제의 규정에 명시된 전문가나 유사전문가(quasi-
professional)의 활동방식(modus operandi)을 채택하도록 강요함으로써 비전문가의 자
유분방한 스타일을 제한할 수 있지만, 동일한 규정 준수가 전문가들의 전문적 기능을
억제하는 결과가 나타나기도 한다. 예를 들면, 레비(Levy, 1970)는 공공복지 현장에서
행정의 필요와 클라이언트의 필요 간의 차이로 사회복지사들에게 발생하는 심각한 도
덕적 딜레마를 묘사하였다. 그는 공공복지기관에 종사하는 사회복지사들의 높은 이직
률은 사회복지사들이 자신들의 내면적 감정과 공공복지행정의 엄격한 논리를 융화시
킴에 있어 겪게 되는 어려움과 관련이 있다고 주장한다. 필리아빈(Piliavin)은 개발되어
공포된 기준, 목적 그리고 윤리강령과 같은 가치의 틀을 따라 활동하는 사회복지사협
회의 회원들이나 다른 사회복지사들은 그들의 초기 전임자들에게는 알려지지 않은 딜
레마를 겪게 되는데, 그들은 기관의 정책과 관행이 종종 공언된 전문가의 규범과 갈등
이 발생한다는 사실을 발견하게 된다고 주장한다.[9]

서비스 전달을 향상시키기 위해서는 관료제를 개혁하기보다는 관료제로부터 이탈
하는 것이 오히려 더 효과적일 수 있다. 즉, 전문가들은 기관정책으로 인한 서비스 전
달상의 제약으로부터 벗어나기 위해서는 서비스 이용요금을 받고(on a fee-for-service)

9) Piliavin(1968), p. 35.

개인적으로 개업(private practice)을 하는 것이 좋다. 전문가 이탈은 관료로부터 기업가로 그들의 역할을 변경하는 것이다.

그러나 문제는 사회서비스 이용자의 서비스 비용 부담능력이 부족하다는 점이다. 사회서비스를 사용하는 많은 사람이 요금시스템을 부담할 능력이 없기 때문에 개인 개업으로의 전환을 선호하는 사람들은 클라이언트에게 자신이 선호하는 서비스 제공자를 선택할 기회를 부여하여야 한다고 주장한다. 만일 바우처와 같은 제도를 통해 정부의 재원충당이 어느 정도 이루어질 수 있다고 가정한다면, 다음 단계로 이 전략이 갖는 몇 가지 제한점을 고려해야 한다.

개인적으로 개업을 한 사람들은 공공복지, 교정, 관계상담, 가족서비스, 학교사회사업, 노인에 대한 서비스 등과 같은 분야에 전문적 지식을 갖고 있지만, 그들은 이 모든 분야에 전문가가 될 수는 없다. 이런 의미에서 개인적으로 개업을 한 사람들은 다양한 전문가로 조직되어 있는 (기업화된) 기관들을 제외하고는 기관 중심의 워커(agency-based worker)들과 똑같은 전문적 근시안(professional myopia)에 빠질 가능성이 크다. 즉, 이들 개별적인 분야에 대한 전문적인 시야가 편협해지는 문제에 빠질 수밖에 없다. 관료제적 서비스 전달의 경우에서와 마찬가지로, 개인 개업자들이 수급자의 독특한 필요를 처리하기보다는, 교육, 통찰력 치료(insight therapy), 행동수정 또는 어떤 다른 기술 등과 같은 그들이 내세우는 특별한 종류의 서비스(brand of service)를 강요하는 것을 방지하기가 어렵게 된다.

그리고 가장 덜 탐욕스러운 경우라고 할지라도 클라이언트의 문제들을 그들 자신의 전문적 지식의 관점에서 해석하려는 경향은 '서비스를 이용할 때마다 이용료를 지불하는 제도(fee-for-service arrangements)'하에서는 더욱 심하게 나타날 수 있다.

서비스 전달체계에 대한 접근성과 응집성을 증가시키는 수단으로서 기업가적 모델(entrepreneurial model)은 기관 중심적 실천(agency-based practice)보다 오히려 효과적이지 못하다는 것이 증명될 수 있다.

3) 전달체계 구성을 변화시키기 위한 전략

⑴ 전문화된 접근구조

전문화된 접근구조(specialized access structure) 전략의 목적은 서비스 전달체계 내에서 역할의 결합을 변경하거나 집중화나 연합화를 통하여 권위 관계를 변경하려는 것이 아니다. 옹호자들은 전문화된 전문적 · 관료적 서비스는 전달기제로서의 약점에도 불구하고 중요한 기능을 수행한다고 한다. 역할과 같은 것들을 변경하는 대신에 그들은 새로운 요소를 추가함으로써 전달체계의 요소들을 변경하기를 원하였고, 서비스에 진입점을 넓게 열어 주기를 그리고 적절한 서비스 연결이 클라이언트에 의해 확실하게 이루어지도록 되기를 원하였다. 한마디로 표현하면, 서비스에 대한 접근 자체가 하나의 사회서비스로서 제공되도록 하는 것이다(Access is to be provided as a social service).

전통적으로, 접근의 제공은 일련의 서로 다른 서비스들을 조직하기 위한 분리된 기능이라기보다 기관 지원에 의해 수행되는 한계적 기능으로 간주되었다. 한계적 기능으로서 접근은 기관의 편협한 관점에 의해, 즉 클라이언트들의 특별한 문제들 대신에 기관의 핵심 기능과 우선적으로 관련된 관점에 의해 지나치게 제한되었다. 이러한 현상은 무능이나 악의에 의한 산물이 아니라, 전문화된 서비스 조직에서 통상적으로 나타나는 구조적 현실이다.

상대적으로 높은 정도의 전문성을 유지하면서 서비스에 대한 클라이언트의 접근성을 보다 용이하게 하기 위해서는 전달체계에 '전문적으로 공정한 출입구(professionally unbiased doorway)'로 특징지어질 수 있는 새로운 구조를 추가해야 한다고 제기되고 있다. 새로운 출입구의 예로 클라이언트가 관료적 미로를 잘 빠져나갈 수 있도록 도와주기 위한 사례옹호(case-advocacy), 자문, 정보 그리고 의뢰서비스를 제공하는 특별기관을 들 수 있다.

(2) 의도적 중복

의도적 중복(purposive duplication)이란 기존 전달체계 내에서 이용가능한 서비스의 일부 또는 전부를 새로운 기관 내에서 재현하도록 하는 전략이다. 의도적 중복은 표면적으로는 유사하지만 차별성이 분명할 정도로 서로 다른 두 개의 형태로 나타나는데, 바로 경쟁(competition)과 분리(separation)다.

경쟁은 클라이언트와 자원을 위하여 이미 설립된 기관과 경쟁하기 위해 기존의 전달체계 내에서 중복된 기관을 새로이 만들어 내는 것이다. 이 전략은 선택의 폭을 넓게 한다. 더 중요하게는, 경쟁은 기관과 전문가들에게 고무적인 효과를 미쳐서 그들로 하여금 클라이언트의 욕구에 보다 민감해지게 하고 더 큰 모험심과 창의성을 발휘할 수 있도록 하여 준다.

그러나 의도적 중복 전략의 결과는 이러한 동기와 항상 양립되지는 않는다. 의도적 중복은 클라이언트와 자원을 획득하기 위한 건전한 경쟁 대신에 전달체계 내에서 확고한 지위를 확립하기 위해 '너 죽고 나 죽자 하는 식의 갈등(internecine conflict)'이 기득권을 갖고 있는 강력한 기존 기관과 새로운 기관 간에 잇따라 일어나게 할 수 있다.

경쟁을 유발하는 서비스의 중복은 직접적 또는 간접적 방법으로 이루어질 수 있다. 직접적 접근방법은 새로운 기관을 창립함으로써 전달체계를 재구조화하는 것이다. 반면, 간접적 접근방법은 사회적 급여의 형태를 변화시키는 것이다. 즉, 사회적 급여의 형태를 서비스를 이용할 수 있는 바우처의 형태로 만들어 배분하는 것이다.

분리는 새로운 구조의 체계적 위치와 그들의 목적에서 경쟁과는 다르다. 분리를 선호하는 분리주의(separatism) 설계에서 새로운 기관들은 기존의 전달체계 밖에서 새로이 만들어지고 조직되는데, 새로운 기관들은 기존의 전달체계 안으로 들어가려고 노력하지 않는다.

분리 전략이 의도하는 바는 기존의 전달체계 내에서는 인종, 민족적 배경, 성별, 성적 지향 또는 사회경제적 지위 때문에 서비스를 잘 받지 못하거나 전혀 받지 못하는 어떤 취약집단들에 서비스를 제공하기 위해서 대안적인 네트워크를 만드는 것이다.

의도적 중복 전략은 경쟁이건 분리건 간에 매우 비용이 많이 들어가는 전략이다. 만일 그 비용의 사용으로 새로운 기관이 전달체계 내에서 바람직한 변화를 가져와서 서비스를 받지 못하던 사람들에게 서비스가 전달되는 데 역동적인 원동력이 된다면, 그 비용은 결과적으로 잘 사용되었다고 평가될 것이다. 반면에 무익한 갈등이나 발생시키고 심지어는 더 큰 프로그램의 분열(fragmentation)을 새로이 만들어 내는 데 희소한 자원들이 사용될 위험이 있다면, 얻어지는 편익과 소요되는 비용을 면밀히 비교검토하여야 할 것이다.

3. 전달 전략의 선택

전달체계의 두 가지 중요한 요소로 서비스 전문가와 서비스 조직을 들 수 있다. 이 두 가지 요소에 대해 적절한 작용을 가함으로써 클라이언트와 서비스를 일관되고 효과적으로 연결할 수 있다.

1) 사회서비스 전문가: 전문가주의의 기능에 관한 관점

사회서비스에서의 전문가주의(professionalism)의 기능에 관해 지위향상의 관점과 서비스의 관점이 존재한다. 지위향상(status enhancement)의 관점은 전문가주의란 전문가들의 특권과 지위를 보호하고 확장하는 기능을 하는 것이라고 보는 입장이다. 반면에 서비스 관점은 욕구가 있는 사람들에 대한 서비스 제공을 촉진하는 수단으로 전문가주의가 기능하는 것이라고 보는 입장이다.

전략 선택의 차이에 관련해서는 두 가지의 가정을 생각할 수 있다.

첫째, 전문직의 기능이 전문가들의 지위향상에 기여하는 것이라는 관점을 가진 경우에는 서비스 전달을 개선하려는 노력이 전문가들의 특권을 제한하거나 수정하는 형태를 띠게 될 것이다. 전문가의 특권을 수정 또는 제한하는 전략으로는 클라이언트에게 전문가를 일정하게 통제할 수 있도록 함으로써 권위를 기관으로부터 클라이언트에게로 재분배하는 전략(시민참여), 일부 기능을 더 잘 수행할 수 있는 지역사회의 비전문가들을 포함하도록 서비스 제공요원을 구성함으로써 역할을 변화시키는 전략(역할부여), 전문가들로 하여금 더 많은 노력을 하게 하고 무능력한 자를 제고하기 위해 전문가 간의 경쟁을 유도하는 새로운 요소를 전달체계에 추가시키는 전략(의도적 중복)을 들 수 있다.

둘째, 서비스 관점에서 전문직의 기능을 바라보는 경우에는 전달 전략의 선택이 전문가들에게 보다 많은 재량권을 부여하는 형태를 띠게 될 것이다. 전문가들에게 좀 더 많은 재량권을 부여하는 전달 전략으로는 전문적 통제의 위계를 더욱 강화하는 방향으로 권위를 재분배하는 전략(조정), 전문가의 역할을 관료로부터 사업가로 변화시킴으로써 조직생활의 요구조건에 의해 방해받지 않고 자신의 일에 전념할 수 있도록 하는 전략(전문적 이탈), 전문화에 도움이 되며 전문가 간의 업무분장을 더욱 세부화하는 새로운 접근구조를 만드는 전략(전문화된 접근구조)을 들 수 있다.

〈표 12-1〉 전문가주의에 대한 관점과 서비스 전달 전략의 선택

전문가주의에 대한 관점		
전달체계의 질문	지위향상 관점	서비스 관점
권위와 통제권을 어디에 둘 것인가?	시민참여	조정
다양한 과업을 누가 수행할 것인가?	역할부여	전문적 이탈
전달체계의 구성을 어떻게 할 것인가?	의도적 중복	전문화된 접근구조

2) 조직: 서비스 네트워크의 구조에 관한 관점

네트워크의 구조에 관한 관점은 전문가의 행동이라는 요인보다는 전달체계라는 맥락 내에서의 조직의 행동이라는 비이념적인 요인에 더 관련된다.

서비스 네트워크의 조직구조와 관련해서는 기본적으로 두 가지 관점이 존재한다. 하나는 합리적 모형(rational model) 관점이며, 다른 하나는 자연체계 모형(natural-system model) 관점이다. 합리적 모형은 조직을 폐쇄체계로 간주하는 것이며, 자연체계 모형은 조직을 개방체계로 간주하는 것이다.

개방체계 관점에서 서비스 전달망을 바라보는 경우, 서비스 전달 전략은 클라이언트로 하여금 일정한 몫의 권위와 서비스에 대한 일정한 통제권을 요구할 수 있도록 서비스 전달망을 조직하는 전략(시민참여), 조직에 필요한 좀 더 핵심적인 조직자원(전문가)을 위계적인 서비스 전달망 외부에서 활용하게 함으로써 그러한 조직자원을 과업환경의 일부로 편입시키는 전략(전문적 이탈), 클라이언트와 자원을 놓고 기존의 서비스 전달망과 경쟁하도록 유도하는 또는 서비스 전달망과 클라이언트 사이에서 독립적인 매개자의 역할을 하는 새로운 요소를 과업환경에 추가시키는 전략(의도적 중복, 전문화된 접근구조)의 형태를 띠게 될 것이다.

폐쇄체계 관점에서 전달 전략은 집중화 또는 연합화를 통하여 권위를 재분배하지만 권위가 언제나 폐쇄적인 서비스 전달 내에 위치하게 하는 전략(조정), 서비스 조직이 권위를 가지는 전달망의 기능을 향상시키기 위해 역할을 통합하는 전략(역할부여)의 형태를 띠게 될 것이다.

〈표 12-2〉 서비스 전달에 대한 관점

| 구분 | | 서비스 네트워크 구조에 대한 관점 | |
		폐쇄체계 관점	개방체계 관점
전달 체계의 문제	권위와 통제권을 어디에 둘 것인가?	조정	시민참여
	다양한 과업을 누가 수행할 것인가?	역할부여	전문적 이탈
	전달체계의 구성을 어떻게 할 것인가?	서비스 전달망 구성 단위의 기존 구조가 변화하지 않음	의도적 중복, 전문화된 접근구조

3) 서비스 전달체계에 대한 정향성

서비스 전달망의 구조에 관한 이론적 관점과 전문가주의의 기능에 관한 이론적 관점을 결합시킴으로써 서비스 전달체계에 관한 네 가지 유형의 정해진 방향성, 즉 정향성(orientation)을 도출할 수 있다.

〈표 12-3〉 서비스 전달체계에 관한 네 가지 이론적 정향성

구분		전문가주의의 기능에 관한 관점	
		서비스 관점	지위향상 관점
서비스 전달망의 조직에 관한 관점	폐쇄체계 관점	전문가적/관료적 정향성(조정)	평등주의적/관료적 정향성(역할부여)
	개방체계 관점	전문가적/행동가적 정향성(전문적 이탈, 전문화된 접근구조)	평등주의적/행동가적 정향성(시민참여, 의도적 중복)

415

제13장
사회복지정책의 재정

1. 사회복지재정의 의의 및 기능

1) 사회복지재정의 의의

사회복지재정은 국민경제를 운용하고 있는 주체인 가계, 기업 그리고 정부와 관계가 있다. 이 가운데 정부는 가계와 기업으로부터 거두어들인 조세수입과 사회보험료 등을 기반으로 하여 사회보험, 공공부조, 사회서비스와 같은 사회보장영역에서 사회보장급여를 제공하기 위하여 지출활동을 하게 되는데, 이러한 사회복지 부문에서 정부가 행하는 각종 수입과 지출에 관한 경제활동을 통칭하여 사회복지재정이라고 한다.

재정에 관련된 정책을 설계하는 데 있어 필수적인 두 가지 선택의 차원은 재원(source of funds)과 이전체계(system of transfer)로 이들은 상호 관련되어 있다.

첫째, 사회복지급여를 충당하기 위한 재원은 조세, 자발적 기부 그리고 이용료(fees)라는 세 가지 기본적인 방법으로 조성된다. 재원과 관련된 선택의 차원에서는 다음과 같은 대안들이 선택상 쟁점이 된다. 재정을 서비스의 이용료로 충당할 것인가 아니면 조세로 충당할 것인가, 조세로 충당할 경우 특정한 서비스를 위한 목적세(earmarked taxes)의 형태로 충당할 것인가 아니면 일반조세 수입으로 충당할 것인가, 또는 사회보험료로 충당할 것인가 아니면 민간의 기부금으로 충당할 것인가 아니면 이러한 방법들을 적절히 혼합한 방법으로 충당할 것인가 하는 것들이 선택상의 쟁점이 된다. 통상적으로 복지국가를 운영하기 위한 재원은 다양한 방식으로 충당되는데, 이러한 복지국가의 다원주의적 재원조달 패턴을 복지의 혼합경제라고 부른다.

둘째, 이전체계에 관련된 선택의 차원에서는 다음과 같은 대안들이 선택상 쟁점이 된다. 돈을 거두어들이는 재정 공급자(funders)가 돈을 사용하는 서비스 제공자(providers)에게로 재정을 이전할 때 어떤 제도적 장치(arrangements)가 돈의 흐름을 통제할 것인가, 재정 공급자와 서비스 제공자 간에 평가의 수준은 어떻게 다른가 그리고 재정의 이전에 부과되는 조건들은 무엇인가 등이 이에 해당한다.[1]

2) 우리나라 재정체계와 사회복지재정

우리나라의 재정체계는 크게 중앙정부재정과 지방정부재정으로 나뉜다.[2] 중앙정부재정은 일반회계, 기업특별회계, 기타특별회계, 기금으로 나뉜다.

일반회계는 세입과 세출로 구성되며, 세입에는 내국세, 관세, 목적세, 세외수입이 있다. 세입이 부족할 때에는 국채를 발행하게 된다. 이 가운데 사회복지재정은 주로 내국세에 의존하게 되며, 이른바 사회보장세나 복지세와 같은 목적세는 존재하지 않는다. 세출은 보건/복지/노동, 일반공공행정, 교육, 국방, 환경 등 12개 분야로 구성되어 있다. 사회복지 분야의 세출은 보건 분야와 노동 분야와 함께 통합되어 있다.

기업특별회계는 양곡관리, 우편사업 등 5개 부문으로 구성되어 있다.

기타특별회계는 교도작업, 환경개선, 교통시설, 우체국보험 등 13개 부문으로 구성되어 있다.

기금은 사회보장성기금 6개, 사업성기금 44개, 계정성기금 5개, 금융성기금 9개로 구성되어 있다. 이 가운데 사회보장급여 지급을 목적으로 정부가 통제하는 사회보장성기금은 국민연금기금, 사립학교 교직원연금기금, 산업재해보상보험 및 예방기금, 고용보험기금 등이 포함되나 급여지급대상자의 고용주가 정부인 공무원연금기금과 군인연금기금은 제외된다.

반면, 지방정부재정은 일반재정과 교육재정으로 구분된다.

---

1) Gilbert & Terrell(2005), pp. 200-203.
2) 국회예산정책처, 재정통계, www.nabo.go.kr

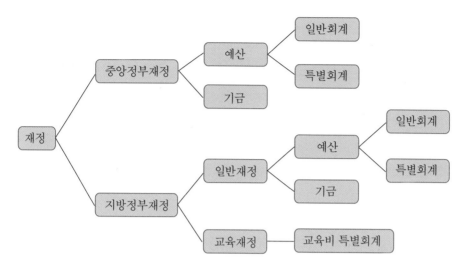

[그림 13-1] 우리나라 재정체계

3) 사회복지재정의 기능

일반적으로 사회복지재정도 재정이 수행하는 핵심적 기능인 효율적 자원배분, 소득
재분배, 경제안정 및 성장이라는 세 가지 기능을 수행한다.[3]

(1) 효율적 자원배분

재정은 시장의 실패로 발생하는 비효율적인 자원배분을 효율적으로 교정하는 데 기
여한다. 시장경제체제하에서 수요와 공급에 따라 결정되는 가격 메커니즘이라는 보이
지 않는 손에 의해 경제주체들은 자신의 이윤을 극대화하기 위한 생산량을 결정하고,
그에 필요한 노동과 자본을 구입하게 된다. 그러나 이러한 과정에서 독과점 현상이 나
타나 공급량을 임의로 결정하고 시장진입을 제한하기도 하고, 비경쟁성과 비배제성의
특징을 갖는 공공재(public goods)가 존재하며, 때로는 사적재의 특징을 갖고 있으나
공공의 유익이 있어 정부나 사회공동체가 제공해야 하는 교육서비스나 사회복지 재화
와 같은 가치재(merit goods)가 존재하고, 외부효과(externality)로 거래행위에 참가하지
않은 제3자에게 영향을 미치며, 불완전한 정보 혹은 정보의 비대칭성이 존재하여 소비

---

3) 국회예산정책처(2012), pp. 14-17.

자가 공급자에 의존하게 되는 의존효과(dependence effect)가 발생하게 됨으로써 자원의 배분이 비효율적으로 이루어지는 시장의 실패 현상이 발생한다. 이러한 경우 정부는 독과점 규제, 보조금 지급 등을 통하여 자원배분이 효율적으로 이루어지도록 하고 있다. 사회복지 재화와 서비스는 시장의 실패 요인이 될 수 있는 가치재적 성격을 갖고 있으며, 취약한 수혜자와 서비스 공급자 간에 정보의 비대칭성이 존재하고, 서비스 자체에 대한 이해부족으로 의존효과가 발생하기도 하며, 사회안정에 이바지하는 외부효과도 있어 사회적 효용을 극대화하고 정책목표를 달성하기 위해 정부가 재정적·행정적 개입을 하고 있다.

(2) 소득재분배

분배는 일차적으로 시장에서 이루어진다. 그러나 약육강식의 특성을 갖고 있는 시장에서의 분배 결과, 빈부격차가 심화되고, 사회계층 간에 갈등이 심해지며, 때로는 사회질서가 훼손되기도 한다. 이러한 사회적 비용을 감소시키기 위해 정부는 재정수단을 활용하여 소득재분배(income redistribution) 정책을 실시한다. 이러한 정책대안 가운데 가장 대표적인 대안은 누진적인 조세(progressive tax)의 채택이다. 누진적인 조세는 단순히 소득이 많을수록 세금을 많이 납부하는 것을 의미하는 것이 아니라 소득이 많을수록 세율(%)이 높아지는 것으로, 세율이 일정한 비례세(proportional tax)보다 소득재분배에 더 기여하는 대안이 된다. 또한 국민기초생활보장제도와 같은 공공부조(public assistance)는 조세를 재원으로 하여 생활이 어려운 국민에게 최소한의 인간다운 생활을 영위할 수 있도록 원조해 줌으로써 소득재분배 기능을 수행하고 있다.

(3) 경제 안정 및 성장

경기는 통상적으로 정도의 차이는 있지만 호황기와 불황기라는 경기순환을 경험한다. 호황기에는 생산과 소비가 증가하고, 투자가 확대되며, 그에 따라 고용이 증가하고, 국민의 소득이 증가한다. 하지만 일정수준 이상으로 생산이나 투자가 증가하면 과잉생산 등에 따라 재고가 증가하고, 투자가 감소되고, 고용이 위축되어 실업자가 발생하게 된다. 정부는 호황기에는 정부의 지출을 감소시키고, 경기가 과열되지 않도록 하기 위해 경기를 연착륙시키는 재정정책을 실시한다. 반면, 불경기에는 정부의 재정지출 증가 등을 통한 적극적인 경기부양정책을 실시함으로써 경기변동의 폭을 감소시키고 경기를 안정시킨다. 케인즈(Keynes)의 유효수요이론에 따르면, 특히 불경기 때 정부가 복지지출을 증가시키면 국민의 가처분소득이 증가하고, 유효수요(effective demand)가 증가하며, 소비가 증가하고, 그에 따라 생산이 증가하고, 투자가 증가하며, 고용이 증가한다.

정부의 복지증가가 경제성장에 미치는 영향에는 상반된 논리가 존재한다. 제로섬 (zero sum) 논리는 복지를 소비적인 것으로 간주한다. 따라서 정부가 복지지출을 증가시키면 상대적으로 경제 분야에 지출가능한 자원의 양이 줄어들기 때문에 경제는 위축된다고 주장한다. 이러한 주장은 조지와 와일딩(George & Wilding)의 탈산업화 (deindustrialization) 이론, 파업의 국가보조금 이론 등과 맥을 같이한다. 조지와 와일딩 은 사회정책이 경제성장을 저해하는 문제를 다음과 같이 네 가지 측면에서 설명한다.

첫째로 사회적 서비스에 대한 지출이 부를 창출하는 제조산업에서 사용되지 않는다 면 노동과 자본은 더 사용되게 되는데, 이것이 탈산업화 이론이다. 다시 말하면, 탈산 업화이론은 노동과 자본이 경제적인 부(富)를 창출하는 제조산업에 사용되지 않고 그 곳으로부터 이탈하여 소비적인 사회적 서비스에 지출됨으로써 결과적으로 산업을 저 하시키게 된다는 논리다. 둘째로 쟁의 중인 노동자에게 사회보장급여를 지급하는 것 은 쟁의를 고무하고 장기화하며, 이것은 경제적 손실을 가져오는 과도한 임금인상을 요구하도록 노동조합을 부추긴다. 이것이 '파업의 국가보조금 이론'이다. 셋째로 높은 사회적 서비스의 지출은 높은 조세율을 초래하고 결과적으로 노동에 대한 유인동기와 취업에 대한 의욕을 저해하며 인플레이션을 유발한다. 넷째로 사회보장급여가 너무 관대하기 때문에 많은 사람의 경우 일하는 것보다 일하지 않는 것이 재정적으로 더 낫 다. 이는 노동에 대한 유인동기에 어려움을 가져왔다.[4]

반면, 논제로섬(non-zero sum)의 포지티브섬(positive sum) 논리에 따르면, 단기적으 로는 정부의 복지지출로 경제가 위축될 수 있으나, 장기적으로는 정부의 복지지출 증 가로 최소한의 인간다운 삶이 유지됨으로써 노동력을 유지시키고 지속적으로 경제활 동에 참여할 수 있도록 하여 노동력을 재생산하게 하고, 교육과 훈련 등을 통해 인간자 본을 향상시키고 한계생산성을 증대시켜 궁극적으로 경제성장에 기여할 수 있다. 또 한 사회복지사나 요양보호사와 같은 직종을 탄생시켜 고용을 증대시키고, 국민연금기 금과 같은 사회보장기금이 도로·항만·철도·공항 등과 같은 산업간접자본에 투자 되어 경제성장의 기반이 되기도 한다.

[4] George & Wilding(1987), pp. 225-230.

2. 정부예산과 사회복지예산

1) 예산의 의의 · 원칙 · 편성절차

일반적으로 예산(budget)이라 함은 한 회계연도에서 국가 또는 단체의 수입과 지출을 계산하여 정한 예정계획을 말한다. 다시 말하면, 국가가 1년 동안 세금을 얼마나 걷고 또 어디에 얼마나 지출할 것인지에 대한 계획을 말한다.[5]

예산의 법적 성격에 관해서는 승인설, 법규범설, 예산법률설로 나뉜다. 먼저, 승인설에 따르면, 예산은 행정부의 행정계획이며 예산의 수립은 행정행위에 불과하다고 봄으로써 예산의 법적 성격을 부인한다. 다음으로, 법규범설에 따르면, 예산은 한 회계연도에서 국가의 재정행위에 관한 예정준칙으로서 국회의 의결에 의하여 성립되는 일종의 법규범적 성격을 띠며, 법률과 병행하는 국법의 한 형식으로 본다. 법규범설은 법형식설이라고도 부른다. 또한 예산법률설에 따르면, 예산은 나라의 살림살이에 관한 재정지출이므로, 권력은 국민으로부터 나온다는 국민주권원리에 따라 의회가 입법권과 동시에 재정권을 가지고 행사해야 하며, 따라서 예산은 의회에서 법률로 의결되고 법률과 동일한 효력을 갖는다고 본다. 우리나라의 국가 예산은 국회의 의결로써 성립하는 일종의 법규범적 성격을 갖는다는 법규범설에 가깝다.[6]

예산이 법률 형식을 취하느냐에 관해서는 예산법률주의와 예산비법률주의로 나뉜다. 이 가운데 우리나라는 의회 중심 국가에서처럼 예산이 법률로 의결되어 법률과 동일한 효력을 갖는 예산법률주의(豫算法律主義)를 채택하지 않고, 「프로이센헌법」을 참조한 일본의 영향을 받아 예산을 법률과는 다른 별개의 형식으로 규율하는 예산비법률주의(豫算非法律主義)를 채택하고 있다.[7]

예산 등에 관하여 우리 「헌법」은 다음과 같이 규정하고 있다.

---

5) 국회예산정책처, www.nabo.go.kr
6) 이창수, 예승우(2012), pp. 18-24.
7) 김세진(2010), pp. 15-18.

제54조

① 국회는 국가의 예산안을 심의·확정한다.

② 정부는 회계연도마다 예산안을 편성하여 회계연도 개시 90일 전까지 국회에 제출하고, 국회는 회계연도 개시 30일 전까지 이를 의결하여야 한다.

③ 새로운 회계연도가 개시될 때까지 예산안이 의결되지 못한 때에는 정부는 국회에서 예산안이 의결될 때까지 다음의 목적을 위한 경비는 전년도 예산에 준하여 집행할 수 있다.

   1. 「헌법」이나 법률에 의하여 설치된 기관 또는 시설의 유지·운영

   2. 법률상 지출의무의 이행

   3. 이미 예산으로 승인된 사업의 계속

제55조

① 한 회계연도를 넘어 계속하여 지출할 필요가 있을 때에는 정부는 연한을 정하여 계속비로서 국회의 의결을 얻어야 한다.

② 예비비는 총액으로 국회의 의결을 얻어야 한다. 예비비의 지출은 차기국회의 승인을 얻어야 한다.

제56조 정부는 예산에 변경을 가할 필요가 있을 때에는 추가경정예산안을 편성하여 국회에 제출할 수 있다.

제57조 국회는 정부의 동의 없이 정부가 제출한 지출예산 각항의 금액을 증가하거나 새 비목을 설치할 수 없다.

제58조 국채를 모집하거나 예산 외에 국가의 부담이 될 계약을 체결하려 할 때에는 정부는 미리 국회의 의결을 얻어야 한다.

제59조 조세의 종목과 세율은 법률로 정한다.

국가 재정활동의 근간인 세입과 세출 중 세입 분야에서는 「헌법」 제59조에 "조세의 종목과 세율은 법류로 정한다."라고 명시함으로써 「헌법」상 조세법률주의가 명문으로 채택되어 있으나, 세출 분야에서는 「헌법」에 예산법률주의가 명문으로 채택되어 있지 않고 다만 「헌법」 제54조에 "국회는 국가의 예산안을 심의·확정한다."라고 예산심의·확정권만 명시함으로써 예산을 법률보다 낮은 하위 개념으로 간주한다. 이러한 예산비법정주의는 재정지출 부문에서 의회의 행정부에 대한 통제가 미흡하여 국회의 재정통제권이 약하고 재정민주주의를 구현할 수 없다는 비판이 있다.[8]

「국가재정법」에 따르면, 정부는 예산의 편성 및 집행에서 다음과 같은 원칙을 준수

---

8) 이창수, 예승우(2012), pp. 18-24.

예산의 원칙
1. 정부는 재정건전성의 확보를 위하여 최선을 다하여야 한다. 2. 정부는 국민부담의 최소화를 위하여 최선을 다하여야 한다. 3. 정부는 재정을 운용함에 있어 재정지출 및 「조세특례제한법」 제142조의2 제1항에 따른 조세지출의 성과를 제고하여야 한다. 4. 정부는 예산과정의 투명성과 예산과정에의 국민참여를 제고하기 위하여 노력하여야 한다. 5. 정부는 예산이 여성과 남성에게 미치는 효과를 평가하고, 그 결과를 정부의 예산편성에 반영하기 위하여 노력하여야 한다.

하여야 한다.[9]

우리나라는 예산총계주의를 채택하고 있다. 따라서 한 회계연도의 모든 수입을 세입으로 하고, 모든 지출을 세출로 한다. 국가의 세출은 국채·차입금 외의 세입을 그 재원으로 한다. 다만, 부득이한 경우에는 국회의 의결을 얻은 금액의 범위에서 국채 또는 차입금으로 충당할 수 있다. 세입세출예산은 구분된다. 세입세출예산은 독립기관 및 중앙관서의 소관별로 구분한 후 소관 내에서 일반회계·특별회계로 구분한다.

정부는 예측할 수 없는 예산 외의 지출 또는 예산초과지출에 충당하기 위하여 일반회계 예산총액의 100분의 1 이내의 금액을 예비비로 세입세출예산에 포함시킬 수 있다.

완성에 수년을 요하는 공사나 제조 및 연구개발사업은 그 경비의 총액과 연부액(年賦額)을 정하여 미리 국회의 의결을 얻은 범위에서 수년에 걸쳐서 계속비로 지출할 수 있다. 계속비로 국가가 지출할 수 있는 연한은 그 회계연도부터 5년 이내로 한다. 다만, 사업규모 및 국가재원 여건상 필요한 경우에는 예외적으로 10년 이내로 할 수 있다.

국가는 법률에 따른 것과 세출예산금액 또는 계속비의 총액 범위의 것 외에 채무를 부담하는 행위를 하는 때에는 미리 예산으로 국회의 의결을 얻어야 한다. 국고채무부담행위는 사항마다 그 필요한 이유를 명백히 하고 그 행위를 할 연도 및 상환연도와 채무부담의 금액을 표시하여야 한다.

정부는 성인지(性認知) 예산서를 작성하여야 한다. 정부는 예산이 여성과 남성에게

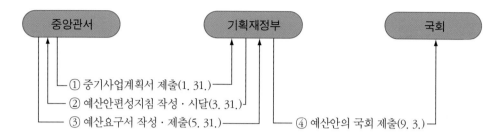

[그림 13-2] **정부예산안 편성과정**

출처: 국회예산정책처.

미칠 영향을 미리 분석한 보고서인 성인지 예산서를 작성하여야 하며, 성인지 예산서
에는 성평등 기대효과, 성과목표, 성별 수혜분석 등을 포함하여야 한다.

정부 예산안의 편성은 일련의 흐름에 따라 이루어진다. 여기서 중기사업계획이란
당해 회계연도부터 5회계연도 이상 기간의 신규사업 및 계속사업에 대한 계획을 말
한다. 예산요구서는 매년 5월 31일까지 기획재정부장관에게 제출하여야 한다. 정부
는 대통령의 승인을 얻은 예산안을 회계연도 개시 120일 전까지 국회에 제출하여야 한
다.[10] 국회는 제출된 예산안을 심의한 후 확정한다.

[그림 13-3] **정부예산안 흐름도**

2) 우리나라 광의의 사회복지예산 및 보건복지부예산

사회복지는 국민들의 인간다운 생활을 보장하기 위한 제도이다. 국민의 인간다운
삶에 영향을 미치는 주요 요인에는 복지뿐만 아니라 보건과 고용이 있다. 따라서 광의
의 사회복지영역에는 국민들의 건강이나 일자리와 같이 삶의 질에 직접적으로 영향을

---

10) 헌법상 예산안의 국회 제출 시기는 회계연도 개시 90일 이전으로 되어 있으나, 2013년 국회기획재정
위원회의 의결에 따라 예산안 국회 제출 시기가 회계연도 개시 120일 이전으로 앞당겨졌음.

미치는 보건과 고용이 포함되어 정의되고 있다. 우리나라의 기획재정부는 정부예산을 편성할 때 보건과 고용을 복지와 하나의 범주로 묶어 동일 항목으로 규정하여 구분하고 있다. 광의의 사회복지 개념을 채택하고 있는 측면이 있다.

2020년 기획재정부의 '분야별 재원배분 변동 내역'에 따르면, 정부 전체 총지출은 512.3조 원이며, 이 가운데 보건·복지·고용 분야의 총지출은 180.5조 원으로 전체의 약 35.2%를 차지하고 있다.

반면, 2020년 우리나라의 국방예산은 50.2조 원으로 전체의 약 9.8%에 해당한다. 따라서 우리나라의 광의의 복지예산은 국방예산의 약 3.6배에 해당한다.

2020년 우리나라의 분야별 재원배분 내역은 다음과 같다.

〈표 13-1〉 우리나라 정부예산의 분야별 재원배분(2020년)　　　　　(단위: 조 원)

구분	2019 예산	2020 예산		증감		
	본예산(A)	정부안(B)	최종(C)	국회증감 (C-B)	2019 대비 (C-A)	증가율(%)
총지출	469.6	513.5	512.3	△1.2	42.7	9.1
1. 보건·복지·고용	161.0	181.6	180.5	△1.0	19.5	12.1
2. 교육(교부금 제외)	70.6 (15.4)	72.5 (17.0)	72.6 (17.3)	0.2 (0.3)	2.0 (1.9)	2.8 (12.1)
3. 문화·체육·관광	7.2	8.0	8.0	0.05	0.8	10.6
4. 환경	7.4	8.8	9.0	0.2	1.6	21.8
5. R&D	20.5	24.1	24.2	0.1	3.7	18.0
6. 산업·중소·에너지	18.8	23.9	23.7	△0.2	5.0	26.4
7. SOC	19.8	22.3	23.2	0.9	3.5	17.6
8. 농림·수산·식품	20.0	21.0	21.5	0.5	1.5	7.4
9. 국방	46.7	50.2	50.2	0.0	3.5	7.4
10. 외교·통일	5.1	5.5	5.5	△0.02	0.4	8.8
11. 공공질서·안전	20.1	20.9	20.8	△0.1	0.7	3.5
12. 일반·지방행정(교부세 제외)	76.6 (24.1)	80.5 (28.2)	79.0 (26.8)	△1.5 (△1.4)	2.5 (2.7)	3.2 (11.2)

출처: 기획재정부(2019), p. 12.

2020년 보건복지부의 분야별 예산안을 살펴보면, 사회복지 분야가 약 84.3%를 차지하고 보건 분야가 15.7%를 차지해 보건복지부예산의 대부분은 사회복지 분야에 지출되고 있다. 사회복지 분야 가운데 공적연금 분야가 사회복지 분야 전체의 약 39.4%로 가장 많이 차지하고 있으며, 그다음으로 노인복지 분야가 23.9%, 국민기초생활보장 분야가 17.6%를 차지하고 있다.

보건복지부 소관 2020년도 예산 및 기금운용계획의 총지출 규모는 82조 5269억 원으로 전년 대비 13.8%가 증가하였다. 2020년 보건복지부의 예산 및 기금운영계획은 다음과 같다.

〈표 13-2〉 2020년 보건복지부 예산 및 기금운용계획　　　　　　　　　　　　　(단위: 억 원)

구분	2019년 본예산 Ⓐ	2020년 본예산 Ⓑ	전년대비	
			증감 Ⓑ-Ⓐ	%
총지출(A+B)	725,148	825,269	100,121	13.8
◇ 예산(A)	450,879	515,094	64,215	14.2
◇ 기금(B)	274,268	310,175	35,907	13.1
◇ 사회복지①	609,051	695,619	86,568	14.2
• 기초생활보장	109,000	122,338	13,338	12.2
• 취약계층지원	28,737	33,837	5,100	17.7
• 공적연금	237,583	274,111	36,528	15.4
• 사회복지일반	12,690	13,915	1,225	9.7
• 아동·보육	81,264	85,094	3,830	4.7
• 노인	139,776	166,323	26,547	19.0
◇ 보건②	116,097	129,650	13,554	11.7
• 보건의료	25,909	27,694	1,785	6.9
• 건강보험	90,187	101,956	11,769	13.0

출처: 보건복지부(2019), pp. 1-7.

3. 재원

재원(sources of funds)에 관련된 선택에서는 재정을 서비스의 이용자에게 비용을 부담시킬 것인가, 목적세(ear-marked tax)의 형태로 충당할 것인가 아니면 일반조세 수입으로 충당할 것인가, 또는 사회보험료로 충당할 것인가 아니면 민간의 기부금을 통해 충당할 것인가 아니면 이 방법들을 혼합하여 충당할 것인가 하는 것들이 선택상의 쟁점이 된다.[11]

사회복지급여에 충당되는 비용을 마련하기 위한 재정은 기본적으로 조세, 자발적 기부 그리고 이용료라는 세 가지 방법을 통해서 충당된다. 복지국가는 이 세 가지 재원을 활용하여 운영된다. 예를 들면, 사회복지기관과 단체의 실제 예산은 조세로부터 얻은 수입과 민간의 자발적인 기부금 그리고 프로그램 이용자들에게 부과한 이용료로부터 얻은 수입을 모두 포함하고 있다. 내용을 살펴보면, 조세를 재원으로 하는 정부보조금, 자발적 기부로 이루어지는 후원금, 서비스 이용료 수입이 대부분인 사업수입 등으로 구성되어 있다. 복지국가의 재원이 이처럼 다양한 방식으로 존재하는 것을 흔히 복지의 혼합경제라 부르기도 한다. 이와 유사하게 다양한 주체들이 복지를 제공한다는 의미에서 복지의 혼합 또는 복지다원주의라고 부르기도 한다.

1) 조세

(1) 조세의 의의와 분류

조세(taxes)는 과세권자인 국가나 지방자치단체가 재정수입을 조달하기 위해 법률에 규정한 것으로, 직접적인 반대급부 없이 과세요건을 충족한 모든 자에게 부과·징수하는 금전급부를 말한다.[12] 일반적인 재정의 기능과 유사하게 조세의 기능은 크게 소득재분배 기능, 자원배분 기능, 경제안정화 기능, 사회적 행위 유도 기능으로 구분된다.[13] 소득재분배(income redistribution) 기능이란 조세를 통하여 개인 및 집단 간 소득이 이전되는 것으로 공평한 소득분배 실현을 목적으로 한다. 조세가 누진적일수록 소

---

11) Gilbert & Terrell(2005), pp. 200-216.
12) 한국조세재정연구원, www.kipf.re.kr
13) 김재진(2013), pp. 9-10.

득재분배 기능은 크다. 자원배분(resource allocation) 기능은 경제적 자원을 민간 및 공공 부문에서 효율적으로 사용할 수 있도록 적절하게 배분하는 기능을 의미한다. 경제 안정화(stabilizing the economy) 기능은 경제가 안정적으로 성장할 수 있도록 지원하는 기능을 의미한다. 사회적 행위 유도 기능은 주류나 담배와 같이 사회적으로 바람직하지 않은 행위를 유발하는 항목에 대해서는 중과세를 부과함으로써 그러한 행위를 감소시키고[이러한 세금을 일명 죄악세(sin tax)라 부른다], 반면 입양이나 기부와 같이 사회적으로 바람직한 행위를 유발하는 항목에 대해서는 조세감면이나 면세조치를 취함으로써 그러한 행위를 장려할 수 있다. 경우에 따라서는 조세가 출산 장려 또는 출산 억제를 유인하는 수단으로 사용되기도 한다. 조세를 재원으로 아동이 있는 모든 가구에 아동 수에 따라 급여를 제공하는 아동수당은 자녀가 있는 가구를 지원함으로써 출산을 유인하는 정책수단이 되기도 한다. 일부 유럽 국가의 경우 소득세율이 가족의 크기와 반비례하도록 되어 있으며, 인적 공제를 통해 자녀가 많은 가족에게 다소 더 많은 혜택을 주고 있다. 중국은 한때 3명 이상의 자녀를 가진 가족에 대해 자녀세를 부과하여 조세를 통한 인구억제정책을 수행하였다.

조세는 과세 주체, 세수 용도, 다른 조세에 부가되는지 등에 따라 분류된다.[14]

첫째, 과세 주체에 따라 국세와 지방세로 나뉜다. 국세는 국가가 부과하는 조세로 내국세와 관세로 분류된다. 내국세는 원칙적으로 국세청과 관할세무서에 의하여 부과 징수되는 세금을 말하며, 관세는 외국과의 교역에 의하여 물품이 수입·수출되거나 국경을 통과할 때 부과하는 세금으로 재정관세와 보호관세로 구분된다. 지방세는 지방자치단체가 부과하는 조세로 도세와 시·군세로 분류된다. 도세에는 취득세, 등록면허세, 레저세 등이 있으며, 시·군세에는 주민세, 재산세, 자동차세, 담배소비세 등이 있다.

둘째, 세수의 용도에 따라 보통세와 목적세로 나뉜다. 보통세(general tax)는 세수의 용도를 특정하지 않고 일반경비를 충당한다. 목적세(earmarked tax/dedicated tax)는 세수의 용도를 특정하여 그 특정 경비만 충당한다. 목적세에는 교육세, 교통세, 농어촌특별세, 도시계획세, 공동시설세 등이 있다. 우리나라의 사회보장제도 가운데 사회보험을 제외한 공공부조와 사회서비스는 보통세를 재원으로 하여 서비스가 제공된다. 우리나라의 경우 외국의 사회보장세나 사회연대세와 같은 사회복지를 위한 목적세가 없으나 국민연금, 국민건강보험, 고용보험, 산업재해보상보험, 노인장기요양보험과

---

14) 한국조세재정연구원, http://www.kipf.re.kr

같은 5대 사회보험과 국민연금 이외에 군인연금, 공무원연금, 사립학교교직원연금과 같은 4대 공적연금의 보험료는 법률로 정해진 특별한 재정으로 충당되어 각각의 목적을 달성하기 위해 사용되어야 하므로, 비록 법률상 조세는 아니지만 목적세와 유사한 특성을 갖고 있다.

셋째, 다른 조세에 부가되는지에 따라 독립세와 부가세로 나뉜다. 부가세(sur tax)란 다른 조세에 부가되는 조세로 교육세, 농어촌특별세, 소득할주민세 등이 있다. 독립세는 부가세 외의 조세를 말한다.

넷째, 법률상 납세의무자와 경제상 담세자가 일치하는지에 따라 직접세와 간접세로 나뉜다. 직접세는 소득세나 법인세, 재산세와 같이 소득이 있는 사람이나 재산이 있는 사람이 직접 내는 세금이다. 간접세는 부가가치세나 주세의 경우와 같이 실제로 세금을 부담하는 사람은 거래나 소비를 하는 사람이지만 세금을 세무서에 납부하는 사람은 상품이나 주류를 제조·판매하는 회사로서 세금의 부담자와 납부자가 다른 세금이다. 누진적인 직접세는 빈부격차 해소에 도움이 되지만, 간접세는 빈부격차 해소에 도움이 되지 않는다.

다섯째, 과세물건을 화폐로 표시하느냐, 화폐 이외의 단위로 표시하느냐에 따라 종가세와 종량세로 나뉜다. 대부분의 조세는 종가세다. 종량세는 주정에 대해 리터 기준으로 부과하는 주세, CC 기준으로 부과하는 자동차세, 골프장이나 카지노와 같이 과세장소에 대해 부과하는 조세 등이 있다.

여섯째, 세율이 고정적인지 증가하는지에 따라 비례세와 누진세 그리고 역진세가 있다. 비례세(proportional tax)는 과세표준의 크기와 상관없이 일정률의 같은 세율이 적용되는 조세로 부가가치세, 특별소비세, 주세 등이 있다. 누진세(progressive tax)는 과세표준금액이 증가함에 따라 적용되는 세율이 점차 높아지는 조세로 소득세, 상속세, 증여세, 법인세 등이 있다. 우리나라 거주자의 종합소득에 대한 소득세 적용 세율은 2020년의 경우, 〈표 13-3〉의 종합소득과세표준과 같이 누진적으로 되어 있다. 또한 근로장려세제의 경우 근로소득이 일정 수준 이하인 사람은 근로장려세제를 통하여 오히려 근로장려금을 받는, 일종의 마이너스 소득세(negative income tax)를 실시하고 있다. 사회복지정책급여의 재정이 이와 같은 누진적인 조세제도를 통해 충당된다면, 수직적 재분배의 가능성은 더욱 커질 것이다. 역진세(regressive tax)는 소득이 증가할수록 적용되는 세율이 감소하는 조세제도다. 만일 가난한 사람이 부자보다 높은 비율의 세금을 납부한다면 역진적인 세금이 된다. 국민연금의 경우 소득만을 기준으로 보

〈표 13-3〉 2020 종합소득 과세표준과 세율(2018년 귀속 이후)

과세표준	세율
12,000,000 이하	6%
12,000,000 초과 46,000,000 이하	15%
46,000,000 초과 88,000,000 이하	24%
88,000,000 초과 150,000,000 이하	35%
150,000,000 초과 300,000,000 이하	38%
300,000,000 초과 500,000,000 이하	40%
500,000,000 초과	42%

출처: http://m.nts.go.kr

험료를 징수하고 있어 상대적으로 재산이 적은 가입자는 불리하고 재산이 많은 가입자는 유리하게 되는 역진적인 성격이 있다는 비판도 있다. 만일 사회복지정책급여의 재정이 역진적인 조세제도에 기반을 두고 있다고 하면서 급여할당과정에서 재분배적인 장치를 도입한다 하더라도 그 재분배 효과는 미미할 것이다.

재분배효과의 상대적 크기를 비교한다면 누진세>비례세>역진세 순이다. 일반적으로 조세제도는 누진세와 역진세를 연속선의 양 끝으로 하고 누진적인 정도에 따라 그 사이의 어느 곳에 위치하게 된다.

부과방식(pay-as-you go system)의 공적연금제도는 세대 간의 재분배 효과(inter-generational redistribution)가 있다. 부과방식 연금제도에서 은퇴한 노인들에게 주어지는 연금급여는 현재 경제활동을 하는 근로계층들이 납부한 연금보험료에서 제공되는 것이기 때문이다.

일곱째, 조세과정의 주기성을 기준으로 경상세와 임시세로 나뉜다. 경상세는 매년 규칙적으로 계속해서 과징되는 조세이며, 이에 반해 임시세는 비상시 또는 특수한 사정이 있어 일정기간에 한정하여 과징되는 조세다. 이를 비상세라고도 한다. 예를 들면, 법인세·소득세 등은 경상세이며, 방위세·교육세는 임시세다. 현행 조세는 경상세를 원칙으로 하고 있다.

우리나라의 조세체계는 국세 14개와 지방세 11개로 구성되어 있다.[15] 국세는 중앙

---

15) 국회예산정책처, 재정통계, www.nabo.go.kr

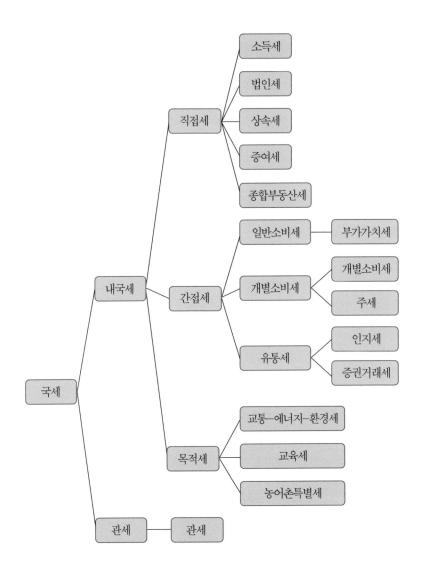

[그림 13-4] 우리나라의 조세체계

정부의 살림을 위해 국민으로부터 징수하는 세금으로 국민 전체의 이익을 위해 사용된다. 국세는 크게 내국세와 관세로 나뉜다. 내국세는 다시 직접세, 간접세, 목적세로 나뉜다.

지방세는 지방자치단체의 살림을 위해 지역주민으로부터 징수하는 세금으로 지역주민의 이익과 지역발전을 위해 사용된다. 지방세는 도세와 시·군세로 나뉜다. 도세는 보통세와 목적세로 나뉜다. 「지방세법」에 따라 보통세는 취득세, 등록면허세, 레저세, 지방소비세로 나뉘고, 목적세는 지역자원시설세와 지방교육세로 나뉜다. 시·군

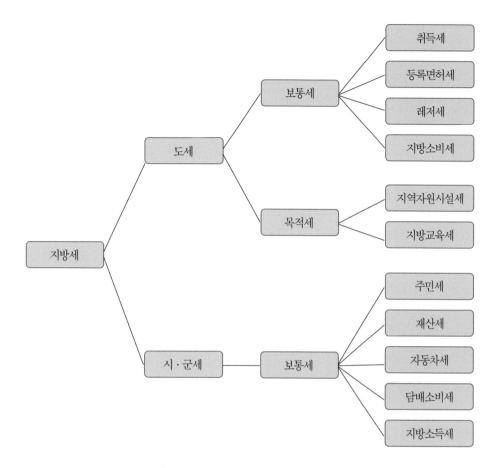

[그림 13-5] 우리나라의 지방세체계

세는 「지방세법」상 보통세만 있으며, 보통세는 주민세, 재산세, 자동차세, 담배소비세, 지방소득세로 나뉜다.

(2) 조세부담률과 국민부담률

조세와 관련되어 자주 언급되는 지표로는 조세부담률과 국민부담률이 있다. 조세부담률[Total tax revenue(excluding social security) as percentage of GDP]이란 대한민국 영토 내에서 생산된 가치의 명목적인 합인 경상GDP에서 조세수입이 차지하는 비중을 측정하는 지표다.

조세부담률=조세/경상GDP

조세부담률은 국민의 조세부담 정도를 나타내며, 국가 간 비교 기준이 되기도 한다. 따라서 각 개인의 조세부담률은 각자의 소득수준, 소비행태, 재산보유상황 등에 따라 달라진다. 여기서 조세는 국세뿐만 아니라 지방세를 포함하며, 사회보장기여금 등은 포함하지 아니한다.[16] 조세수입은 국가에서 법률로 정하여 거둬들이는 국세수입뿐 아니라 각 지역의 지방자치단체에서 거둬들여 쓰는 지방세수입까지를 포함하고, 전체 경제의 크기는 경상금액 기준의 국내총생산(GDP)을 기준으로 한다. 즉, 1년간 한 나라 안에서 만들어진 경제적 가치(GDP)에 비해 총조세수입의 비중이 얼마나 되는지 나타내는 수치가 조세부담률이다. 즉, 법인을 포함해서 국민이 생산해 낸 소득 중에서 얼마만큼을 각종 세금으로 부담하느냐를 나타낸다.

반면, 국민부담률(Total tax revenue as percentage of GDP)은 경상GDP에서 조세와 사회보장기금이 차지하는 비중을 의미한다.

> 국민부담률=조세부담률 + 사회보장부담률
> (조세/GDP) (사회보장기여금/GDP)

조세부담률은 국내총생산(GDP)에서 조세(국세+지방세)가 차지하는 비중을 나타내며 정부가 국민에게 어느 정도의 조세를 징수하는가를 측정하는 지표다. 조세부담률이 국민의 조세부담을 나타내는 대표적 지표이기는 하나 국민이 강제적으로 납부해야 하는 연금 및 사회보험의 부담은 나타내지 못한다는 한계가 있다. 이러한 문제점을 보완하기 위한 대안으로 국민부담률이 사용된다. 특히, OECD에서는 미래에 보장급부를 받을 수 있는 권한을 부여하는 모든 강제적인 납부액으로 정의되는 사회보장기여금(social security contributions)을 일종의 조세로 분류하여 국민부담률을 산출하고 있다. 국민부담률이란 조세와 사회보장기여금이 국내총생산에서 차지하는 비중(조세부담률+사회보장부담률)으로, 조세부담률보다 포괄적으로 국민부담 수준을 측정하는 지표다. 국민은 강제징수라는 특성 때문에 국민연금, 건강보험, 고용보험, 산재보험, 노인장기요양보험이라는 5대 사회보험과 국민연금 이외의 공적연금인 공무원연금, 군인연금, 사립학교교직원연금의 보험료 같은 사회보장기여금을 세금과 비슷하게 강제성을 띠

고 있다는 인식이 강하므로, 국민부담률이 실제 국민이 체감하는 부담의 수준을 더 정
확히 나타낸다고 볼 수도 있다.[17]

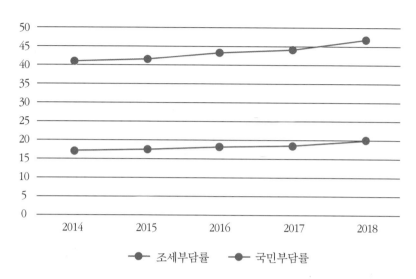

	2014	2015	2016	2017	2018
조세부담률	17.1	17.4	18.3	18.8	20
국민부담률	23.4	23.7	24.7	25.4	26.8

[그림 13-6] 우리나라 조세부담률-국민부담률 추이

출처: e-나라지표(조세부담률, %), 서울경제(국민부담률, %).

　우리나라의 조세부담률은 2014년 이후 지속적으로 증가하는 추세를 보이고 있으
며, 2018년에는 20%를 넘어서고 있다. 국민부담률 또한 이와 유사한 증가추세를 보이
고 있으며, 2017년에는 25%를 넘어서고 있다. 그러나 조세부담률이나 국민부담률은
국가 전체의 상황을 집계적으로 나타낸 개념이기 때문에 조세부담이 국민들 사이에서
얼마나 공평하게 분배되는지에 대해서는 알 수 없다는 단점이 있다.

---

17) KDI 경제정보센터, www.elec.kdi.re.kr

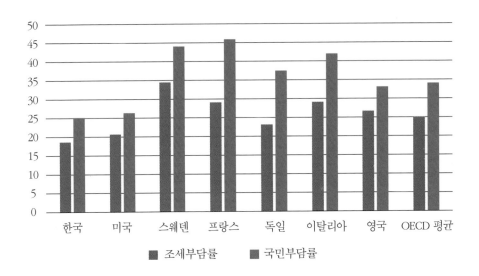

	한국	미국	스웨덴	프랑스	독일	이탈리아	영국	OECD 평균
조세부담률	18.8	20.6	34.7	29.3	23.3	29.4	26.9	24.9
국민부담률	25.4	26.8	44.4	46.1	37.6	42.1	33.3	34.2

[그림 13-7] 조세부담률 및 국민부담률 국제비교(2017)

출처: e-나라지표.

2017년을 기준으로 OECD 국가 간 조세부담률을 비교하면, 우리나라의 조세부담률은 18.8%로 OECD 평균 조세부담률 24.9%보다 6.1% 낮은 것으로 나타났다. 복지선진국인 스웨덴과 비교하면 무려 15.9%가 낮은 수준이다.

2017년을 기준으로 OECD 국가 간 국민부담률을 비교하면, 우리나라의 국민부담률은 25.4%로 OECD 평균 국민부담률 34.2%보다 8.8% 낮은 것으로 나타났다. 복지선진국인 스웨덴과 비교하면 무려 19%가 낮은 수준이다.

북유럽국가 수준의 복지를 지향하기 위해서는 국민들의 조세부담과 사회보험료 부담이 상당한 수준으로 증가하게 됨을 예측할 수 있다. 향후 우리나라는 고복지-고부담 정책으로 나아갈 것인가 아니면 적정 수준 복지-적정 수준 부담으로 나아갈 것인가, 아니면 저복지-저부담 정책으로 나아갈 것인가가 향후 주요한 제도아젠다에 올라 정치적 논의가 국가적으로 전개될 것으로 전망된다.

2) 자발적 기부

자발적 기부(voluntary giving)란 자선사업이나 공공사업을 돕기 위하여 개인이나 단체가 대가 없이 무상으로 내놓은 것을 말한다. 성숙한 기부문화를 조성하고 건전한 기부금품 모집제도를 정착시키기 위해 제정된 「기부금품의 모집 및 사용에 관한 법률」에 따르면 기부금품이란 환영금품, 축하금품, 찬조금품(贊助金品) 등 명칭이 어떠하든 반대급부 없이 취득하는 금전이나 물품을 말한다. 사회복지재원으로서 기부금은 일반적으로 사회 내에서 발생한 사회문제를 예방하거나 치유하고, 그로 인한 고통을 완화시킴으로써 사회구성원들의 인간다운 생활을 보장하고 복지를 향상시키는 데 우선적으로 사용된다.[18]

기부금은 개인 또는 법인의 자발적 의사에 의해 지출하는 것으로, 현재 우리나라에서 전체 기부금에 대해 공식적으로 그 규모를 발표하는 통계치는 없다. 다만, 기부금 지출에 대한 조세지원을 신청한 부분에 대해서는 소득신고자료 등을 통해 파악한 결과, 점차 증가하는 추세를 보이고 있다.[19]

사회복지재원으로서 기부금은 다음과 같은 특징이 있다.[20]

첫째, 융통적인 자원운용이다. 기부금을 사용하는 사회복지기관의 경우, 기부금은 사용목적이 제한되어 있고 관리가 엄격한 정부의 보조금과는 달리 사용 용도가 지정된 경우를 제외하고는 대부분 사용 용도나 관리에 규제가 거의 없기 때문에 자원운용의 융통성이 커서 기관 운영의 자율성을 높일 수 있다.

둘째, 기부금의 재원 성격은 정부가 민간 차원의 기부활동을 활성화하기 위하여 기부금의 제공자와 기부금을 받는 수혜자 양측 모두에게 세제혜택을 제공하므로 기부금에는 국가세금이 일부 포함되어 있다고 볼 수 있어 완전한 의미의 민간사회복지재원과는 다른 측면이 있기도 하다.

셋째, 민간 차원에서 기부금이 활성화되어 민간복지가 활성화되면, 사회복지와 관련한 국가의 부담이 그만큼 줄어들 수 있기 때문에 기부금은 국가의 사회복지 재정부담을 보완해 주는 특징이 있다.

넷째, 기부금의 경우, 기부자의 자발적 의사에 의존하기 때문에 수입에 관한 예측가

---

18) 조흥식(2011), pp. 11-13.
19) 박주언, 이희길(2011), www.kostat.go.kr
20) 구인회 외(2010), pp. 326-328.

능성이 낮아 사회복지재원으로서 안정성이 떨어진다. IMF 외환위기와 같이 경제가 어려운 시기에는 기부금이 감소하거나 줄어들 가능성이 있다.

다섯째, 기부금은 모금과 관련된 홍보비용과 관리비용이 많이 소요되는 단점이 있다.「사회복지공동모금회법」제25조에 따르면, 복지공동모금회의 경우 기부금품 모집과 모금회의 관리·운영에 필요한 비용은 바로 앞 회계연도 모금총액의 100분의 10의 범위에서 이사회의 의결을 거쳐 사용할 수 있다.

여섯째, 기부금은 누진적인 조세와 비교할 때 소득재분배 효과가 불확실하다. 소득이 많을수록 기부금을 많이 낸다고 볼 수 없으며, 기부금을 재원으로 하는 사회복지프로그램이 반드시 소득이 낮은 사람에게 주어지는 것은 아니다.

일곱째, 기부금은 자원주의(voluntarism)에 입각하여 내는 사람의 자발성이 강조된다. 대부분의 경우 기부금을 내는 사람의 자발적 의사에 의존하고 있으나, 때로 복지사업에 대해 기부금을 내야 한다는 사회적 압력에 의해 내는 경우도 있기 때문에 자원주의에 입각한 자발성이라는 특성이 손상되기도 한다.

자원적 서비스(voluntary service)는 가치수호자, 전위 기능 그리고 개선자로서 혹은 보충자로서 기능을 수행한다. 박애활동에 대한 인센티브는 소수인종이나 특수집단에게 그들이 각기 가진 종교적·인종적·문화적 이익을 추구할 기회를 제공하는 '가치수호자(value guardian)'의 기능을 수행한다. 다양성과 다원주의(pluralism)를 지지하는 것이외에도, 자원기관의 융통적이고 변화하는 특성은 새롭고 유행하지 않는 아이디어를 집행하기 위한 중요한 수단을 제공함으로써 혁신을 꾀하고 실험정신을 발휘할 수 있는 전위(前衛) 기능(vanguard function) 또는 선봉(先鋒) 기능을 수행한다. 자원기관들은 늘 깨어서 공공서비스를 비판함으로써 공공서비스의 질적 수준이 보장되도록 하는 역할을 하여 개선자(improvers)의 기능을 수행할 수 있다. 공공기관이 수행할 수 없거나 기꺼이 수행하려 하지 않는 욕구를 충족할 수 있는 프로그램을 지원하는 보완자(supplementers)로서의 기능을 수행한다.[21]

3) 이용료

이용료(fees)란 개방시장(open market)에서 사회복지 재화와 서비스에 대해 지불하

21) Gilbert & Terrell(2005), pp. 207-209.

는 비용을 말한다. 이러한 재화와 서비스의 공급자들은 생산비용에 이윤을 추가하여 이용료를 부과하는 기업가일 수도 있으며, 단지 그들이 제공하는 사회복지 재화와 서비스의 실비용만을 충당하기 위해서 사용자들에게 다소 저렴한 이용료를 요구하는 비영리기관일 수도 있다. 노인장기요양보험과 같은 몇몇 경우에는 공공기관도 소요비용의 일부에 대해 이용료를 부과하기도 한다.

복지의 혼합경제하에서 복지국가는 조세, 기부금, 이용료 등 다양한 재원을 혼합하여 복지재원으로 삼고 있다.[22] 사회복지기관과 단체의 실제 예산은 조세로부터 얻은 수입과 민간의 자발적인 기부금 그리고 프로그램 이용자에게 부과한 이용료에서 얻은 수입을 모두 포함한다.

우리나라 「사회보장기본법」도 복지의 혼합경제를 원칙으로 한다. 동법에 따르면 "사회보장비용의 부담은 각 사회보장제도의 목적에 따라 국가, 지방자치단체 및 민간부문 간에 합리적으로 조정되어야 한다. 사회보험에 드는 비용은 사용자, 피용자(被傭者) 및 자영업자가 부담하는 것을 원칙으로 하되, 관계 법령에서 정하는 바에 따라 국가가 그 비용의 일부를 부담할 수 있다. 공공부조 및 관계 법령에서 정하는 일정 소득 수준 이하의 국민에 대한 사회서비스에 드는 비용의 전부 또는 일부는 국가와 지방자치단체가 부담한다. 부담 능력이 있는 국민에 대한 사회서비스에 드는 비용은 그 수익자가 부담함을 원칙으로 하되, 관계 법령에서 정하는 바에 따라 국가와 지방자치단체가 그 비용의 일부를 부담할 수 있다."라고 규정하고 있다.

요금부과방식(fee charging)은 일반적으로 시장에서 재화의 구입과 판매에 관련된 것이지만, 민간비영리기관이나 공공기관에서도 흔히 활용해 온 방식이다. 요금부과방식이 적용되는 대표적인 예는 민영의료보험이나 유료노인복지시설서비스 등에서 나타난다. 이 가운데 민영의료보험방식은 다음과 같은 특징이 있다.

- 소비자에게 의료서비스의 선택권을 보장하여 의료서비스 이용자가 자신의 선호에 맞는 서비스를 이용할 수 있게 됨으로써 소비자의 효용(utility), 즉 만족도를 극대화하는 소비자 주권(consumer sovereignty)에 기반을 둔 소비자주의(consumerism)에 입각한 의료보장방식이다.

---

22) 복지의 혼합경제는 다양하고 다원화된 공적·사적 복지 제공주체를 의미하는 복지다원주의, 복지혼합, 복지지도와 유사한 개념으로도 사용된다.

- 공적의료보험의 대체재 또는 보완재의 역할을 수행할 수 있다. 민간의료보험은 공적의료보험이 극심한 재정적자를 겪을 경우에 이를 대신하는 대체수단이 될 수 있으며, 경우에 따라서는 공적의료보험이 보장하지 못하는 의료서비스를 제공하여 부족한 부분을 보충해 줌으로써 다층적 의료보장시스템을 구축하는 데 기여할 수도 있다.
- 민영의료보험은 프로그램의 내용에 별다른 제약이 없기 때문에, 혁신적이고 창의적인 보험서비스를 개발하여 소비자에게 제공할 수 있다.
- 민영의료보험은 의료서비스의 공급자와 소비자 간의 서비스 계약을 통해 운영되기 때문에 공급자와 소비자 간에 대등한 관계가 형성되며, 그에 상응하는 권리가 발생한다.

사회복지재원으로서 이용료의 비중은 재화나 서비스의 성격이 공공재(public goods)의 성격을 얼마나 갖고 있느냐, 반대로 재화나 서비스의 성격이 사적재(private goods)의 성격을 얼마나 갖고 있느냐에 따라 달라진다. 이용료는 사회복지재원 가운데 상대적으로 개방시장에서 구매가능한 사적재 성격이 강한 사회복지 재화나 서비스일수록 그 활용 비중이 높으며, 반대로 개방시장에서 판매와 구매가 적합하지 않는 공공재 성격이 강한 재화나 서비스일수록 이용료의 비중이 낮다.

사회복지재원으로서 이용료는 긍정적 측면과 부정적 측면을 동시에 갖고 있다. 이용료의 긍정적 측면은 다음과 같다.[23]

- 서비스 이용료를 지불하게 되면, 무료로 재화나 서비스를 이용할 때 발생하는 낙인을 느끼지 않으며 결과적으로 자존감을 가질 수 있게 되고, 다른 한편에서는 사회적 배제를 방지할 수 있다.
- 서비스 이용료를 지불할 경우, 이용자는 서비스에 대한 권리의식을 갖게 되어 자신이 지불한 이용료에 맞는 수준의 서비스가 제공되도록 요구할 수 있게 된다.
- 이용료는 서비스를 많이 이용할수록 이용자의 경제적 부담이 늘어나게 됨으로써 이용자의 도덕적 해이(moral hazard)에 따른 서비스 남용을 억제할 수 있다.
- 이용료는 정부의 복지재원을 대체하는 효과가 있어 정부가 부담해야 할 복지비용

---

23) 구인회 외(2010), pp. 330-332.

을 절약하게 할 수 있다.

- 이용료를 부과하면 서비스 이용자가 자신의 선호에 맞는 서비스를 선택할 수 있어 소비자 주권 또는 클라이언트 주권을 행사할 수 있으며, 효용, 즉 만족도가 높아져 효율성(efficiency)을 높일 수 있다.
- 이용료는 사회서비스를 복지시장에서 구매하는 것이므로 다수의 서비스 제공자가 경쟁을 하게 되고 그에 따라 독점적 요소가 없어지게 되어 서비스의 질을 향상시킬 수 있다.
- 부담능력이 있는 사람들이 이용료를 내고 사회서비스를 이용하게 되면 정부는 그만큼 예산절감 효과가 있으므로 절감된 예산을 이용료 부담능력이 없는 빈민의 복지 향상에 사용할 수 있어 빈민의 고통을 완화시킬 수 있다.
- 이용료를 부과하면 과도한 사회복지서비스 수요를 어느 정도 억제하거나 제한할 수 있다. 본인이 부담하는 이용료의 금액이 클수록, 필요성의 정도가 낮은 서비스일수록 수요 억제 효과가 크다.
- 사회복지서비스의 이용자에게 이용료를 부과하면 이용자는 자신의 욕구의 우선순위를 변경하게 되고, 사회적으로는 동일한 욕구를 가진 사람들의 대다수가 욕구의 우선순위를 변경하게 되어 결과적으로 해당 서비스의 소비계층이 변경될 수 있다.
- 사회복지서비스 이용료는 지리적 정의(district justice)를 구현하는 수단으로 사용될 수 있다. 예를 들면, 재정자립도가 높은 지역에는 서비스를 유료화하고, 반면 재정자립도가 낮은 지역에는 서비스를 무상으로 제공하거나 이용료를 감면하여 줌으로써 지역 간 복지격차를 다소 해소할 수 있다.
- 사회복지서비스에 대한 요금의 부과는 때로는 정치적 게임의 일환으로서 상징적으로 실시되기도 한다. 신자유주의자들로부터 국가의 복지정책에 대한 비판이 심할 때 또는 복지예산에 대한 감축 압력이 거셀 때 이들의 비판이나 압력을 피하는 방편으로 사회복지서비스에 대해 이용료를 징수하기도 한다.

사회복지재원으로서 이용료의 부정적 측면은 다음과 같다.[24]

- 통상적으로 이용료는 이용자의 소득수준에 관계없이 동일한 서비스에 대해서는

---

24) 김태성(2008), pp. 310-314.

동일한 금액의 이용료가 부과된다. 이러한 정액제는 소득재분배 효과가 적다. 이용료를 부과하는 방식은 크게 정률제, 정액제 그리고 연동제(sliding scale)로 구분할 수 있다. 정률제는 총 서비스 비용의 일정 비율을 이용료로 서비스 사용자 본인이 부담하는 것이다. 정액제는 총 서비스 비용 가운데 동일한 금액의 이용료를 서비스 사용자 본인이 부담하는 것이다. 연동제란 소득이 낮은 사람들에게는 사용자 부담을 적게 하는 반면, 소득이 높은 사람들에게는 사용자 부담을 크게 하는 방식을 말한다. 이 가운데 소득재분배 기능은 정액제가 가장 낮고, 정률제가 두 번째로 낮은 반면, 연동제는 소득재분배 기능을 상대적으로 가장 잘 높일 수 있는 대안이다.

이용료 비용 부과 대안 간 소득재분배 효과의 상대적 크기

연동제 > 정률제 > 정액제

- 소득계층 간의 서비스 이용률 차이다. 가난한 사람들은 부유한 사람들보다 경제적 부담이 더 커서 서비스 이용을 줄이거나 이용 자체를 하지 못하게 된다. 따라서 서비스 이용에서 저소득층과 고소득층 간에 불평등이 발생할 수 있다.
- 공공성(公共性)의 저하다. 이용료의 부과는 사회서비스 이용에 관한 권리가 이용료 납부자에 한해 이루어지므로 공공의 이익, 즉 공익을 폭넓게 보장할 수 없다.
- 소득계층 간 서비스 이용격차로 평등성이 보장되지 못하며, 서비스 비용의 사용자 부담이라는 민간재원에 의존하기 때문에 국가의 재정책임이 낮아진다.
- 사회서비스 이용자는 특수한 소비자로 경제시장에서 소비자 주권을 행사하지 못하는 경우가 있다.[25] 사회서비스 이용자들은 강요된 소비자, 취약한 소비자 그리고 간접적 소비자의 특징을 갖고 있는 특수한 소비자이기 때문에 사회적 시장 (social market)에서 서비스를 제공하여야 한다. 따라서 경제적 시장에서 이용료를 부과하는 것은 바람직하지 못하다.
    - 강요된 소비자: 사회서비스 가운데 보호관찰서비스나 교정서비스 등과 같은 경우는 소비자가 자신의 선호에 따라 서비스를 선택하여 이용하는 것이 아니

---

25) 현외성(2000), pp. 123-126.

라 자신의 선호와는 관계없이 자신이 원하지 않음에도 반드시 이용해야 하는 입장에 놓이게 된다.

- 취약한 소비자: 상당수의 사회복지서비스 이용자는 치매노인·장애인·영유아 등과 같이 취약하고 의존적인 사람들이기 때문에 적절한 지식과 정보를 갖고 있지 못하며, 설령 갖고 있다 하더라도 이를 활용할 능력이 부족하기 때문에 잘못된 선택을 하거나 악용당할 수도 있고, 스스로 자신의 문제나 욕구를 해결하기 위한 서비스 제공기관을 찾아내는 데 한계가 있다. 그러므로 취약한 소비자가 시장에서 이용료를 부담하고 올바르게 서비스를 선택하도록 하는 것은 문제가 있다.

- 간접적 소비자: 사회서비스 이용자들은 이용자가 직접 판매자로부터 서비스를 구매하는 것이 아니라 간접적으로 중간단계를 거쳐 서비스를 이용한다. 의료서비스의 경우 서비스의 내용을 결정하는 과정에 의료서비스 이용자의 의견이 아니라 전문적 지식을 가진 의사의 의견이 큰 영향을 미친다. 서비스 이용자는 의사를 통하여 서비스를 이용하는 간접적 소비자이기 때문에 이용자가 시장에서 이용료를 직접 지불하고 서비스를 이용하도록 할 경우 오·남용 등의 문제가 발생한다.

- 사회복지전문가나 인간서비스전문가는 경제적 보상 이외에 윤리강령, 양심, 사명, 가치관 등에 따라서도 활동하므로 경제시장의 논리로만 서비스가 제공되지는 않는다. 비록 경제적 유익이 적거나 경제적 효율성이 부족하다 하더라도 사회연대나 사회통합 등과 같은 사회복지정책의 기본 가치를 위해 서비스가 제공되기도 한다. 따라서 경제시장에서 가격기제에 따라 서비스 이용료를 받고 서비스를 제공하는 정책대안은 부적합할 수 있다.

- 사회복지서비스는 성격상 인간의 기본적인 욕구 해결이라는 특수성을 갖고 있기 때문에 무료로 평등하게 제공하는 것이 바람직하다. 따라서 이용료를 받고 제공하는 유료서비스는 옳지 않다는 주장이다.

- 비록 무료로 제공되는 사회서비스의 경우 수혜과정에서 낙인이 발생할 수 있으나, 만일 서비스에 대한 욕구가 수혜과정에서 느끼는 낙인보다 클 경우 이용자는 낙인을 감수하면서 무료로 서비스를 받을 것이다.

4. 이전체계 선택의 차원과 재정공동주의

이전체계에 관련된 선택의 차원에서는 돈을 거두어들이는 재정 공급자(funders)가 돈을 사용하는 서비스 제공자(providers)에게로 재정을 이전할 때 어떤 제도적 장치 (arrangements)가 돈의 흐름을 통제할 것인가, 재정 공급자와 서비스 제공자 간에 평가 의 수준은 어떻게 다른가 그리고 재정의 이전에 부과되는 조건들은 무엇인가에 관해 논한다.[26]

재정공동주의(fiscal federalism)는 중앙정부와 지방정부 간에 또는 광역자치단체 와 기초자치단체 간에 일정한 정책목적을 달성하기 위해서 재정을 분담하는 시스템 을 말한다. 재정공동주의가 발달한 나라로는 오랜 연방주의 전통을 갖고 있는 미국을 들 수 있다. 초기 미국의 연방주의는 1789년 「연방헌법」에 따라 국가의 수도와 주 간 에 연방의 권력분립을 어떻게 할 것인가에 대한 토대를 마련하였으며, 오랫동안 이 체 제가 유지되어 왔다. 이 체제의 특징은 이른바 '이중적 주권제도(arrangement of dual sovereignty)'로, 이 구조하에서 서로 다른 수준의 정부(예: 주정부, 지방정부)들은 각각 상당한 자율권을 가지고 다소 독립적으로 운영되었다. 그러나 오늘날 연방주의는 서 로 다른 수준의 정부 간의 관계나 국내 정책을 공동으로 만들고 운영하며, 재정을 지원 하는 협력적 활동을 하기 위한 실제적인 수단을 의미하고 있다. 이러한 과정에서 중요 성을 띠고 있는 것이 정부 간 보조금(grants-in-aid)이다. 연방정부는 연방보조금을 통 하여 특정 정책의 실행과정에서 재정적 리더의 역할을 담당하게 되는데, 이러한 보조 금은 집합적 의사결정을 위한 재정적·정책적 도구가 되며, 서로 다른 정부 간에 중요 한 정치적 자원을 교환하는 계기가 되기도 한다.[27]

연방정부나 중앙정부의 재정을 주정부나 지방정부에 할당하는 데 대해 보수주의자 들과 진보주의자들 간에 견해의 차이가 있다. 보수주의자들은 연방정부의 재정을 할 당하는 데서 지방주의(localism)를 선호하는데, 이는 현 세대 연방정부의 국내 정책에 서 가장 핵심적인 권한이양 전략(devolutionary strategy)이다. 보수주의자들은 사회복지 프로그램을 감독하고 관리하는 것은 워싱턴의 '큰 정부'가 하는 것이 아니라 주정부와

---

26) Gilbert & Terrell(2005), pp. 200-203.
27) 위의 책, pp. 243-255.

지방정부가 하는 것이라고 생각한다.

권한이양(devolution)은 초기 보조금 정책의 중앙화 경향에 대한 반발(reaction to the centralizing trend)로 나타났다. 특히, 1960년대는 케네디 대통령의 '뉴 프론티어(new frontier)'와 그의 유고로 대통령이 된 존슨 대통령의 '위대한 사회(great society)'와 '빈곤과의 전쟁(the war on poverty)'은 연방정부가 국민의 일상생활에 영향을 주는 중앙집중적인 정책노선을 표출하였다. 그러나 닉슨과 레이건의 신연방주의(the new federalism)는 주정부의 권리를 확장하는 정책노선을 채택하였다. 그에 따라 연방정부는 국방과 경제에 몰입하고, 복지사업 등 공공사업은 주정부에 대거 이양하면서 그동안 연방정부가 주정부나 지방정부에 제공하던 보조금을 대폭 삭감하고, 복지사업 등 공공사업의 사무권한을 지방에 이양하였으며, 재정적으로 주정부와 지방정부에 의존하게 되었다.

'위대한 사회' 시기의 중앙집중화(centralization)와 신연방주의 시기의 권한이양(devolution) 간에 대조가 되는 것은 정부 간 자금이전(inter-governmental transfer of funds)의 기본요소다. 일반적으로 보조금에 수반되는 조건은 종종 '조종줄(strings)' 또는 '통제(controls)'라고 불리는데, 그러한 조건은 보조금이 어떻게 사용될 수 있고 어떻게는 사용될 수 없는지를 결정하게 된다.

연방정부가 보조금을 지원할 때 내거는 네 가지 기본적인 조건으로는 프로그램 조건, 재정 조건, 수급자 조건, 절차적 조건이 있다.

첫째, 프로그램 조건(program condition)은 프로그램의 목적을 규정한다. 역사적으로 대부분의 보조금 프로그램은 특정 이슈나 인구집단을 목표로 하는 범주적 프로그램(categorical program)이라 한다. 범주적 보조금(categorical grants)은 서비스를 받을 대상이 누구인가, 주어지는 급여는 어떤 것인가 그리고 전달체계는 어떻게 조직할 것인가에 관해 열거하고 있다. 범주적 프로그램은 프로그램 담당 직원의 자격과 면허, 수혜자에 대한 면접 방법, 클라이언트의 불만을 처리하기 위한 수렴장치 등 일정 수의 조건을 열거하고 있다. 범주적 재정방식은 수입을 제공하는 정부단위가 그 수입의 지출에 대해 실질적인 통제력을 발휘한다. 그러나 범주적 프로그램에서는 지역사회의 복지 문제를 해결하기 위한 기본적인 결정을 내리는 주체가 문제를 가진 지방정부가 아니라 연방정부가 되기 때문에 민주성을 손상시키고, 프로그램 운영상 융통성이 없어 프로그램 간 조정이 불가능하고, 다수의 범주적 프로그램이 존재할 경우 행정적 과부하가 발생하는 등 관리·운영상 문제를 파생시키기도 한다.

이러한 문제점을 해결하기 위한 대안으로 포괄보조금 또는 통합보조금과 일반교부세가 있다. 포괄보조금(block grants)은 여러 개의 구체적인 범주적 보조금을 소수의 광범위한 범주에 통합하여 운영하는 보조금제도다. 예를 들면, 방과 후 교실, 아동급식, 아동보건이라는 세 개의 범주에 대해 각각 세 개의 범주적 보조금으로 운영하던 것을 '아동양육'이란 하나의 광범위한 범주로 통합하여 운영하는 것이 포괄보조금이다. 이와 같이 여러 개의 범주적 보조금을 하나의 통합보조금으로 운영하면, 행정이 일원화되고 문서 작업의 양이 대폭 줄어들며 광범위한 범주에서 지방정부가 자신의 필요와 선호에 따라 융통성 있게 프로그램을 운영할 수 있어 좀 더 효율적이다. 또한 연방정부 개입이 상당히 감소되는 반면, 주정부와 지방정부의 역할이 증가하기 때문에 민주성이 향상되는 측면도 있다.

일반교부세(general revenue sharing)는 재원의 사용에 어떠한 제한도 가해지지 않고, 아무런 조건 없이 주정부나 지방정부가 자신의 필요와 선호에 따라 사용할 수 있도록 연방정부가 제공하는 재원(unrestricted funds)이다. 일반교부세는 보수주의자가 선호하는 보조금제도이나 연방정부의 재정 적자를 감소시키기 위해 폐지되었다.

보조금의 목적과 주정부와 지방정부의 역할을 살펴보면, 범주적 보조금은 목적이 매우 세부적으로 규정되어 있고, 포괄보조금은 좀 더 광범위하게 포괄적으로 규정되어 있으며, 일반교부세는 목적 자체가 규정되어 있지 않다. 주정부나 지방정부의 역할은 일반교부세의 경우에 가장 크고, 그다음이 포괄보조금이며, 범주적 보조금의 경우에는 주정부의 역할이 미미하다.[28]

복지국가에 대해 비판적이고, 민주성과 효율성을 강조하는 보수주의자들이 선호하는 보조금 대안을 순서대로 열거하면 일반교부세를 가장 선호하고, 그다음이 포괄보조금이며, 범주적 보조금에 대해서는 비판적이다.

〈표 13-4〉 재정양식: 재정 이전체계

보조금 지원방식	보조금의 목적	주 · 지방의 역할
범주적 보조금	매우 세부적으로 규정	연방정부가 정한 정책과 절차의 엄격한 이행
포괄보조금	포괄적으로 규정	주 · 지방정부는 포괄적으로 규정된 기능적 영역의 범위에서 자율적으로 정책 수립 · 집행
일반교부세	목적을 규정하지 않음	주 · 지방 정부가 자율적으로 정책 수립 · 집행

---

28) 앞의 책, pp. 251-253.

보수주의자의 보조금 대안 선호도				
일반교부세 (general revenue sharing)	>	포괄보조금 (통합보조금) (block grants)	>	범주적 보조금 (categorical grants)

둘째, 재정조건(financial condition)이다. 일반적으로 연방정부의 보조금을 지원받는 주정부와 지방정부는 반드시 연방보조금의 일정 비율을 투자하는 이른바 '지방의 대응투자(local match)'를 기꺼이 부담하여야 한다. 즉, 만일 주정부와 지방정부가 연방보조금을 지원받기를 원한다면, 주정부와 지방정부는 프로그램 비용 가운데 자신의 몫을 반드시 부담해야 한다. 이와 같은 대응투자방식(matching)은 재정지원 주체의 비용부담을 덜어 예산을 절감시켜 주며, 상호 간의 협력을 통해 프로그램 거버넌스(governance)를 형성하고, 프로그램을 효율적으로 관리하도록 한다. 또한 대응투자방식은 주정부나 지방정부가 단순히 다른 누군가의 자금을 사용할 때보다 행정적 책임을 갖도록 하며, 특정 프로그램에 대해 주정부와 지방정부가 관여하도록 유인책을 제공함으로써 중요한 '당근책(carrot)'을 제공한다. 이러한 과정에서 대응투자방식은 정책형성과정에 영향을 미치는 데 사용되기도 한다.

셋째, 수급자 조건(beneficiary condition)이다. 이 세 번째 연방통제의 영역은 수급자의 정의와 관련이 있다. 연방정부가 보조금을 제공할 때는 종종 원조를 받을 자격이 있는 정부단위와 혜택을 받을 수 있는 개인의 유형에 대해 일정한 조건을 부과한다. 이 두 가지 조건을 '표적화(targeting)'라고 부른다. 사회서비스에 대한 연방보조금이 단순히 해당 지역의 인구수에 비례해서 분배된다면 이러한 표적화가 적용될 여지가 없지만, 지방정부가 절실하게 갖고 있는 욕구나 심각하게 겪고 있는 문제를 표적으로 삼거나 수급자격과 연계된다면 표적화는 작동될 수 있다. 예를 들면, 연방정부는 주택난을 겪는 지역이나 빈민 밀집지역, 공공부조수급자 비율이나 실업률 등이 심각한 지역에 집중적으로 지원한다면 표적화를 이룰 수 있다.

표적화는 수급자격을 제한함으로써 특정 관할지역 내의 특정 인구집단에 초점을 맞출 수도 있다. 가장 대표적인 방법은 자산조사를 실시하는 것이다. 우리나라의 기초생활보장제도와 같은 공공부조제도는 소득평가액과 재산의 소득환산액을 합산한 소득인정액이 최저생계비 이하인 빈민에게만 수급자격을 부여한다. 미국의 연방보조프로그램 가운데 식품권은 다른 여러 가지 공공부조프로그램에 대한 수급자격을 가진 사람들에게만 수급자격을 제한함으로써 '부조 연계적(assistance-linked)'인 특성을 띠고 있다.

넷째, 절차 조건(procedural conditions)이다. 보조금 관련 입법을 보면 기획, 인사, 보고, 수혜자 권리 등에 관한 절차 조건들이 포함되어 있다. 이러한 기준 가운데 어떤 것들은 '공통적(cross-cutting)' 성격을 갖는 기준인데, 이때 '공통적'이란 이러한 기준들이 모든 보조금 프로그램에 적용된다는 것을 의미한다. 예를 들면, 모든 보조금 프로그램은 직원채용 및 클라이언트에 대한 급여할당에서 성별, 신앙 또는 사회적 신분 등을 이유로 차별대우해서는 아니 된다는 무차별 평등의 원칙을 적용하도록 하고 있다. 우리나라의 「사회복지사업법」 제5조에서도 "복지업무에 종사하는 사람은 그 업무를 수행할 때에 사회복지를 필요로 하는 사람을 위하여 인권을 존중하고 차별 없이 최대로 봉사하여야 한다."라고 규정하고 있다.

이러한 인권 관련 조건은 소수인종 또는 소수구성원, 여성, 장애인 및 노인에 대한 차별을 막기 위해 1970년대와 1980년대 대폭 강화되었다. 이 밖에도 환경보호, 근로기준, 직원선발 시 능력 위주의 원칙 적용, 정보공개 등을 요구하는 공통적 조건이 있다.

그러나 많은 조건은 특정 프로그램에만 적용된다. 어떤 프로그램들은 시민참여를 필수로 한다. 지역사회행동(community action)은 빈곤퇴치프로그램을 계획하고 운영하는 데 빈민들의 '가능한 최대한 참여(maximum feasible participation)'를 조건으로 하고 있다. 경우에 따라서는 운영위원회를 반드시 두도록 하고 있으며, 시설을 폐쇄할 경우에는 청문 절차를 거치도록 하거나, 업무상 취득한 클라이언트의 정보에 관해 비밀을 유지하도록 하거나, 일정한 보고 기준을 마련해 놓고 이 절차에 따라 보고하도록 규정하기도 한다.

5. 범주적 보조금과 포괄보조금

미국에서는 1996년 이른바 「복지개혁법(Welfare Reform Act)」이라고 불리는 「개인의 책임과 근로기회 조정에 관한 법(Personal Responsibility Work Opportunity Reconciliation Act of 1996: PRWORA)」에 따라 지난 30여 년간 유지되어 오면서 복지종속(welfare dependency)을 야기하고 혼외자인 아기(out-of-wedlock babies)의 출산을 유인한다는 비난을 받아 오던 '부양아동 가족부조(Aid to Families with Dependent Children: AFDC)'

프로그램을 시한부 급여제도인 '빈곤가족에 대한 임시적 원조(Temporary Assistance for Needy Families: TANF)' 프로그램으로 대체하였다.

AFDC가 TANF로 바뀌면서 연방정부가 제공하는 보조금의 체계와 요구하는 조건들이 변화되었다.

- **이전체계(system of transfer):** AFDC의 경우 범주적 보조금 방식으로 운영되었으나, TANF의 경우 공공부조수급자들에게 근로기회를 제공하고 기본적인 기술을 교육하는 JOBS(Jobs Opportunity and Basic Skills) 프로그램과 긴급부조를 통합한 포괄보조금 방식을 취하고 있다.

- **연방정부 재정방식(federal funding):** AFDC의 경우 수급자격(entitlement)을 규정화하여, 주정부의 필수요건을 충족한 빈곤가정에 대해 원조를 보장하는 '제한이 없는 재정방식(open-ended funding)'을 취한다. 반면, TANF는 수급자격기준이 없으며, 1992~1994 회계연도에 기초하여 매년 고정된 액수의 재정을 편성하고 이에 더하여 20억 달러의 임시비를 편성하였다.

- **주정부 재정방식(state funding):** AFDC의 경우 주정부는 대응투자를 필수로 하는 반면, TANF의 경우 주정부의 지속적인 대응투자 노력을 필수로 한다.

- **수급자(beneficiary):** AFDC의 경우 주정부가 정한 수급자격을 충족하는 가족은 모두 의무적으로 수급자에 포함되어야 하는 반면, TANF의 경우 의무적 포함 규정을 변경하여 주정부는 근로필수요건과 제한된 급여기간을 초과한 가족에 대해서는 반드시 급여를 중지해야 하며 또한 다른 범주의 빈곤가족에게도 급여를 주지 않을 수 있다.

- **서비스 전달(service delivery):** AFDC는 주 단위와 지방 단위의 공공기관이 서비스를 전달하는 반면, TANF는 공공기관을 통해 운영할 것인가 아니면 민간과 서비스 공급계약을 맺는 외부계약(contracting out)을 통해서 운영할 것인가를 선택할 수 있다.

- **수급기간의 제한(time limits):** AFDC의 경우 급여를 받을 수 있는 기한이 정해져 있지 않아 수급자격을 충족하는 한평생 받을 수 있어 복지종속을 야기할 수 있는 반면, TANF에는 수급기간의 제한 규정이 있어 전 생애 동안 5년 이상 급여를 받을 수 없다. 단, '궁핍한 경우(hardship case)' 20%까지 수급기간을 연장할 수 있다. 이러한 예외 규정을 적용할 것인가는 TANF 초기에는 주정부가 선택할 수 있었다.

- **근로필수요건(work requirements)**: AFDC의 경우나 TANF 모두 근로필수요건을 두고 있다. AFDC의 경우 WIN(Work Incentive Now) 프로그램과 이후 JOBS 프로그램은 주정부로 하여금 AFDC 수급자가 근로-훈련 프로그램에 참여할 것을 필수요건으로 하도록 하고 있다. 반면, TANF의 경우 수급자가 된 지 2년 이내에 근로를 시작하거나 근로활동에 참여해야 하며, 그렇게 하지 않으면 수급자격을 상실하게 된다.

- **주 전체에서의 급여의 통일성(statewide uniformity)**: AFDC의 경우 주 전체에서의 통일성(statewideness)을 필수요건으로 하고 있다. 반면, TANF의 경우 이러한 제한이 없어 주정부는 고비용 지역과 저비용 지역 등 지역에 따라 서로 다른 수준의 급여를 제공할 수 있다.

- **가족상한선(family cap)**: 가족상한선제도는 아이를 한 명 더 출산하면 복지급여를 받는 어머니와 가족에게 재정적 원조를 더 이상 해 주지 않는 제도이다. AFDC의 경우 이러한 가족상한선이 없다. 반면, TANF의 경우 주정부가 혼외자 문제를 발생시키는 비합법적 출생(out-of-wedlock births)을 줄이고 자립을 촉진하기 위해 이러한 가족상한선을 두고 있다.[29]

- **재정 전용(fund shifting)**: AFDC의 경우 재정을 전용할 수 없다. 반면, TANF의 경우 30%는 아동양육과 사회서비스 분야에 전용할 수 있다.

- **적법 절차 보호(due process protections)**: AFDC의 경우 클라이언트에게 반드시 공정한 청문(fair hearigs)을 받을 권리를 부여하도록 하였다. 반면, TANF는 클라이언트의 공정한 청문권이 모호한 말로 명시되어 있다.

---

29) GAO(2001), pp. 9-11.

참고
문헌

고동수(2006). 기업의 사회적 책임(CSR): 국제논의 동향 및 우리의 대응방안. 서울: 산업연구원.

구인회, 손병돈, 안상훈(2010). 사회복지정책론. 서울: 나남.

국회예산정책처(2012). 2013 대한민국 재정. 서울: 국회예산정책처.

김광식(1999). 한국 NGO-시민사회단체, 21세기의 희망인가? 서울: 동명사.

김기원(1994). 한국형 식품권제도(food stamp program)모형에 관한 연구. 사회복지연구, 제5호, 226.

김기원(1995). 사회복지, 경제성장, 소득분배의 상호연계성에 관한 연구. 사회복지연구, 제6호, 13-17.

김기원(1996). 사회복지재정보조금 활용방안에 관한 연구. 한국정책학회보, 343-345.

김기원(2000a). 공공부조론. 서울: 학지사.

김기원(2000b). 제3의 길 복지정책에 관한 소고. 서울장신논단, 256-299.

김기원(2003). 한국사회복지정책론. 서울: 나눔의 집.

김기원(2009a). 기독교사회복지론. 경기: 교육과학사.

김기원(2009b). 사회복지법제론. 서울: 나눔의 집.

김동춘, 정태석, 차명제, 주성수, 김수현, 조희연(2000). NGO란 무엇인가. 서울: 아르케.

김병식(2001). 사회복지정책 집행의 적실성 제고방안에 관한 연구. 한국정책과학학회보, 5(3), 145-161.

김상균, 최일섭, 최성재, 조흥식, 김혜란, 이봉주, 구인회, 강상경, 안상훈(2007). 사회복지개론(개정2판). 경기: 나남.

김석준, 강인호, 김정렬, 강제상, 문병기, 이종열, 이재호, 윤태범, 최병대, 박홍식, 채원호(2002).

거버넌스의 이해. 경기: 대왕출판사.

김성근(2015). 사회복지전담공무원의 업무분담 합리화 방안 연구. 서울: 한국행정연구원.

김세진(2010). 예산법률주의에 관한 비교법적 연구. 서울: 한국법제연구원.

김순양(1996). 사회복지정책 집행의 성공 및 실패요인 고찰. 한국행정논집, 8(3), 1-30.

김영모(1982). 현대사회정책론. 서울: 한국복지정책연구소 출판부.

김영모(1999). 사회정책. 서울: 한국복지정책연구소 출판부.

김재진(2013). 소득세제 개편의 기본방향과 기대효과. 새 정부 조세재정 정책의 주요과제. 서울: 한국조세재정연구원.

김정훈(2001). 국고보조금제도의 개혁방향: 외국의 국고보조금제도. 지방재정, N5, 55-65.

김찬동(2005). 로컬 거버넌스 구축 방향과 전략. 한국지방정책학회 추계학술대회 논문집, 513-540.

김태성(2008). 사회복지정책입문. 서울: 청목출판사.

김태성, 성경륭(1993). 복지국가론. 경기: 나남.

김태성, 송근원(1995). 사회복지정책론. 경기: 나남.

남궁근(2009). 정책학: 이론과 경험적 연구. 경기: 법문사.

노대명(2011). 한국 제3섹터의 현황과 과제. 보건-복지 Issue & Focus, 제76호, 1-4.

노동부(2008). 공공부문 장애인고용현황 및 고용확대 방안. 서울: 노동부.

박병현(2007). 사회복지정책론. 경기: 학현사.

박상필(2003). NGO와 정부 그리고 정책. 서울: 아르케.

박상필(2005). NGO학-자율, 참여, 연대의 공학. 서울: 아르케.

보건복지가족부(2009). 2009년도 국민연금기금운용계획변경. 서울: 보건복지가족부.

보건복지부(2020). 2020 국민기초생활보장사업안내. 서울: 보건복지부.

성명재, 전병목, 전병힐(2009). 조세·재정모의실험 모형: KIPFSIM08 모형의 구축. 재정포럼. 서울: 한국조세재정연구원.

송근원(1994). 사회복지와 정책과정. 서울: 대영문화사.

송근원(2004). 사회복지정책학. 서울: 학지사.

신일철(1991). 현대철학사상의 새 흐름. 서울: 집문당.

신현웅(2007). 의료급여 본인부담제도 도입의 의미. 건강보험포럼. 서울: 한국보건사회연구원.

연하청, 민재성(1982). 국민경제와 복지연금제도. 서울: 한국개발연구원.

원석조(2006). 사회복지정책론. 경기: 공동체.

유길상 외(1996). 근로복지 전개방향 설정 연구. 서울: 근로복지공단.

이관형(2020). 기본소득 왜, 어떻게, 그리고 몇 가지 쟁점. 월간 공공정책, 172, 21-23.

이영숙 외(2004). 가족문제와 복지. 서울: 도서출판신정.

이창수, 예승우(2012). 예산법률주의 쟁점과 과제. 서울: 국회예산정책처.

장인협, 전남진(1982). 사회복지정책. 서울: 한국사회개발연구원.

장호연(2015). 보도참고자료. 2016 보건복지부 예산안. 서울: 보건복지부.

장호연(2015. 9. 8.). 2016년도 보건복지부 예산안 금년 대비 3.9% 증가한 55.6조원 (pp. 1-5). 보건복지부.

전남진(1986). 사회정책학강론. 서울: 서울대학교출판부.

전남진(1987). 사회정책학강론. 서울: 서울대학교출판부.

정정길(1993). 정책학원론. 서울: 대명출판사.

조홍식(2011). 우리나라 기부금 배분의 특성과 개선방안. 서울: 한국비영리학회 추계학술대회.

조홍식, 김인숙, 김혜란, 김혜련, 신은주(2006). 가족복지학. 서울: 학지사.

최경구(1993). 조합주의 복지국가. 서울: 한나래.

최경구, 강욱모, 김영란, 김진수, 박승희, 서용석, 안치민, 이성기, 이용갑, 이정우, 이준영, 이혜경, 최현숙, 한동우, 한형수(2002). 21세기 사회복지정책. 서울: 청목출판사.

최성모(1993). Randall B. Ripley와 Grace A. Franklin의 정책집행과 관료제. 정책학의 주요 이론. 서울: 경세원.

최성욱(2003). 한국의 거버넌스 연구경향에 대한 분석. 한국거버넌스학회보, 제10권. 111-125.

최성재, 남기민(1993). 사회복지행정론. 경기: 나남.

한규선(1998). 일자리 창출이 휴머니즘: DJ노믹스와 닮은 블레어노믹스의 미래. WIN, 제40호. 서울: 중앙일보사.

현외성(2000). 사회복지정책강론. 경기: 양서원.

Anderson, J. E. (1984). *Public policy making*. NY: Holt, Rinehart and Winston.

Argyris, C. (1977). Double Loop Learning in Organizations. *Harvard Business Review*, https://hbr.org/1977/09/double-loop-learning-in-organizations.

Aronson, J. R. (1985). *Public finance*. NY: McGraw-Hill Book Company.

Atkinson, A. B. (1983). *Social Justice and Public Policy*. Cambridge, MAL MJT Press.

Bachrach, P., & Baratz, M. (1962). "Two Faces of Power," *American Political Science Review*, 56(4), 947-952.

Balswick, J. O., & Morland, J. K. (1990). *Social problems*. Grand Rapids, MI: Baker Book House.

Blair, T. (1998). 옛 좌파와 새 우파를 넘어. (한겨레 역). 한겨레 21, 229호.

Boulding, K. L. (1967). Boundaries of Social Policy, *Social Work, vol 12*, no1.

Brager, G. (April, 1965). The Indigenous Worker: A New Approach to the Social Work Technician. *Social Work, 10*.

Brown, M. K. (1988). *Remaking the welfare state*. Philadelphia, PA: Temple University Press.

Burns, E. M. (1961). Social Policy: The Stepchild of the Curriculum, *Proceedings*, New York: Council on Social Work Education.

Carter, G. (January, 1977). "Public Welfare," in Henry S. Mass(ed). Research in the Social Service: Maintenance and Social Services. *Social Work, 12*.

Chambers, D. E., & Wedel, K. R. (2009). *Social policy and social programs: A method for the practical public policy analyst*. Boston, MA: Pearson Education, Inc.

Chandler, R. C., & Plano, J. C. (1982). *The public administration dictionary*. New York,

NY: John Wiley & Sons.

Coase, N. H. (October, 1960). "The Problem of Social Cost," *Journal of Law and Economics*.

Cobb, R. W., & Elder, C. D. (1983). *Participation in american politics: The dynamics of agenda-building*. Baltimore, MD: Johns Hopkins University Press.

Coleman, J. (1957). *Commyunity Confict*. Glencoe: Rree Press.

Connecticut Department of Labor (2000). *Work opportunity and welfare-to-work tax credit programs*. Connecticut: Connecticut Department of Labor.

Cutright, P. (1965). Political Structure, Economic Development, and National Social Security Programs. *American Journal of Sociology, 70*(4), 537-550.

Dahl, R. (1956). *A Preface to Democratic Theory*. Chicago: University of Chicago Press.

Dean, H. (2014). *Social Policy*. Cambridge, UK: Polity Press.

DHHS (1996). Personal Responsibility and Work Opportunity Reconciliation Act of 1966(PL 104-193). Washington: DHHS.

DHHS (1999). *TANF High Performance Bonus Report for Fiscal Year 1999*. Washington: DHHS.

DHHS (2000). *Clinton-Gore accomplishments: Reforming welfare*. Washington: DHHS.

DiNitto, D. M., & Cummins, L. K. (2007). *Social Welfare: Politics and Public Policy with Research Navigator*. Boston, MN: Pearson Education Inc.

DiNitto, D. M., & Dye, T. R. (1987). *Social welfare politics & public policy*. Englewood Cliffs, NJ: Prentice-Hall.

Dobelstein, A. W. (1990). *Social welfare: policy and analysis*. Chicago, IL: Nelson-Hall Publishers.

Dobelstein, A. W. (2003). *Social welfare policy and analysis*. Toronto, Ontario: Thompson & Brook/Cole.

Dolgoff, R., & Feldstein, D. (2003). *Understanding social welfare*. Boston, PA: Pearson Education Inc.

Duncan, A. (2000). *Portrait of Poverty in Oregon: Program Explores Policy Options*. OR: National Issues Forum.

Dunn, W. N. (1981). *Public policy analysis: An introduction* (pp. 7-9). Englewood Cliffs, NJ: Prentice-Hall.

Dye, T. R. (1984). *Understanding public policy*. Englewood Cliff, NJ: Prentice-Hall Inc.

Easton, D. (1953). *The Political System*. New York: Alfred A. Knopf Inc.

Edelman, M. (1964). *The Symbolic Uses of Politics*. Urbana: University of Illinois Press.

Ellwood, D. T. (1988). *Poor Support*. New York: Basic Books.

Esping-Andersen, G. (1990). *The study of welfare state regimes*. ME: Sharpe, Inc.

Esping-Andersen, G., Gallie, D., Hemerijck, A., & Myles, J. (2006). 21세기 새로운 복지국가 (*Why we need a new welfare state*). (유태균 역). 서울: 나남. (원저는 2002년에 출판).

Etzioni, A. (1967). "Mixed Scannong: A Third Approach to Decision Making," *Public Administration Review*, *27*(5), 385-392.

Eulau, H., & Prewitt, K. (1973). *Labyrinths of Democracy*. Indianapolis: Bobbs-Merrill.

Evers, A. et al. (1999). Third System: A European Definition. *The enterprises and organizations of the third system*. Brussels: European Commission.

Frederick, L. P. (1986). *Public Expenditure in Communist and Capitalist Nations*. Homewood, IL: Irwin.

Fredrich, C. J. (1963). *Man and His Government*. New York: Mc Graw-Hill.

Freeman, H., & Sherwood, C. (1970). *Social Research and Social Policy*. Englewood Cliffs.

Friedlander, W. A., & Apte, R. Z. (1955). *Introduction to Social Welfare*. New York: Prentice-Hall.

Friedlander, W. A., & Apte, R. Z. (1974). *Introduction to social welfare*. Englewood Cliffs, NJ: Prentice-Hall.

Galbraith, J. K. (1958). *The Affluent Society*. New York: Mentor Books.

GAO (2001). *More Research Needed on TANF Family Caps and Other Policies for Reducing Out-of-Wedlock Births*. Washington D.C: GAO.

George, V., & Wilding, P. (1987). 복지국가와 사회정책 (*The Impact of social policy*). (신섭중 역). 서울: 대학출판사.

George, V., & Wilding, P. (1994). 복지와 이데올로기 (*Welfare and Ideology*). (김영화, 이옥희 역). 서울: 한울아카데미.

Gergen, K. (1968). "Assessing the Leverage Points in the Process of Policy Formation (eds)." *The Study of Policy Formation*. New York: Free Press.

Giddens, A. (1998). 제3의길 (*The third way: The renewal of social democracy*). (한상진, 박찬욱 역). 서울: 생각의 나무.

Gilbert, N., & Specht, H. (1974). *Dimensions of social welfare policy*. Englewood Cliffs, NJ: Prentice-Hall Inc.

Gilbert, N., & Terrell, P. (2005). *Dimensions of social welfare policy*. Boston, PA: Pearson Education Inc.

Gonçalves, A. (2019. 6. 24.). Universal Basic Income: Is It Utopian Giving Free Money To Everyone? https://youmatter.world/en/universal-basic-income-28215/

Hall, P. (1952). *The Social Services of Modern England*. London: Routledge.

Hansmann, H. (1987). "Economic Theory of Nonprofit Organization," (ed). *The Nonprofit Sector*. New Haven, CT: Yale University Press.

Healey, P. (1997). 협력적 계획: 분절된 사회의 협력적 거버넌스 (*Collaborative planning: Shaping places in fragmented societies*). (권원용, 서운탁 역). 서울: 한울아카데미.

Henslin, J. M. (1996). *Social problems*. Upper Saddle River, NJ: Prentice Hall.

Hill, M. (1995). *Understanding social policy*. Cambridge, MA: Blackwell Publishers.

Hoppe, H-H. (1989). 사회주의와 자본주의 (*A theory of socialism and capitalism*). (이선환 역). 서울: 자유기업센터.

Hugman, R. (1998). *Social welfare and social value*. New York, NY: MacMillan.

Jansson, B. E. (1990). *Social welfare policy: From theory to practice*. Belmont, CA: Wadsworth Inc.

Jansson, B. S. (1994). *Social welfare policy: From theory to practice*. Belmont, CA: Wadsworth Publishing Company.

Jenkins, W. I. (1978). *Policy analysis: A political and organizational perspective*. New York, NY: St. Martin's Press, Inc.

Johnson, N. (1987). *The welfare state in transition*. Amherst, MA: University of Massachusetts Press.

Jones, C. O. (1970). *An introduction to the study of public policy*. Belmont, CA: Wadsworth Publishing Company.

Karger, H. J., & Stoesz, D. (2005). *American social welfare policy: A pluralist approach*. Boston, MA: Allyn and Bacon.

Karger, H. J., & Stoesz, D. (2010). *American social welfare policy: A pluralist approach*. Boston, MA: Allyn & Bacon.

Kendall, D. (1998). *Social problem*. Boston, PA: Allyn and Bacon.

Kharfen, M. (1998). Report Recommends State Welfare Reform Strategies. *DHHS Press Release, 1*. Washington: DHHS.

Kjaer, A. M. (2004). 거버넌스 (*Governance*). (이유진 역). 서울: 오름.

Kraft, M. E., & Furlong, S. R. (2012). *Public policy: Politics, analysis and alternatives*. Los Angeles, CA: Sage Copress.

Lasswell, H. D. (1971). *A preview of policy science*. New York, NY: American Elsevier Publishing Company, Inc.

Lee, P., & Raban, C. (1990). Welfare and Ideology. *Social Policy and Social Welfare*, 23-24.

Lemann, N. (November, 1996). "Target Practice." The New Republic.

Levine, E. (1988). *Arguing for socialism*. NY: Verso.

Levy, G. (1970). "Acute Workers in a Welfare Bureaucracy," *Social Problems and Social Policy*. New York: Appleton-Century.

Lewis, A. J., Packard, R. T., & Lewis, D. M. (2001). *Management of human service programs*. Australia: Brooks/Cole.

Lindblom, C. (1988). *The Policy-Making Process*. Englewood Cliffs: Prentice-Hall.

Lindblom, C. E. (1959). "The Science of Muddling Through," *Public Admonostratopn Review, 19*.

Lowi, T. (1964). "American Business Public Policy, Case Studies and Political Theory," *World Politics, 16*.

Manning, N. P. (1985). *Social problems and welfare ideology*. Hants: Gower.

Marshall, T. H. (January, 1972). "Value Problems of Welfare Capitalism," *Journal of Social Policy*.

Martin, R. (1970). *Social Policy: Issues of Choice and Change*. New York: Random House.

Maslow, A. H. (1970). *Motivation and personality*. New York, NY: Harper & Row.

Medema, S. G. (2007). The Hesitant Hand: Mill, Sidgwick, and the Evolution of the Theory of Market Failure. *History of Political Economy, 39*(3), 331-358.

Michell, W., & Simmon, R. T. (1994). *Beyond Politics: Markets, Welfare, And The Failure of Bureaucracy*. Berkley, CA: Westview Press.

Miller, S. M., & Riessman, Frank (1968). *Social Class and Social Policy*. New York: Basic Books.

Milton, F. (1985). 정부의 팽창과 자본주의의 위기. (박동운 역). 현대사상가선집. 서울: 단대출판부.

Mises, L. V. (1985). 자유주의 (*Liberalism*). (이지순 역). 서울: 자유기업센터.

Mishra, R. (1981). *Society and Social Policy: Theories and Practice of Welfare*. Atlantic Highlands, NJ: Humanities Press.

Mishra, R. (1996). 복지국가의 사상과 이론 (*Society and social policy: Theories and practice of welfare*). (남찬섭 역). 서울: 한울아카데미. (원저는 1981년에 출판).

Murray, C. (1984). *Losing Ground: America Social Policy*. New York: Basic Books.

Myrdal, A. (1968). *Nation and Family*. Cambridge, MA: MIT Press.

Nagel, J. (1968). "Some Questions About the Concept of Power," *Behavioral Science*.

Nalinakumari, B., & MacLean, R. (2005). *NGOs*. Hoboken, NJ: Wiley Periodicals, Inc.

NASW(National Association of Social Workers) (1963). *Goal of Public Social Policy*. New York: NASW.

O'Connor, J. S. (1984). *The Fiscal Crisis of the State*. NY: St. Martin's.

Offe, C. (1969). *Contradictions of the Welfare State* (ed). Cambridge, MA: MIT Press.

Ozawa, M. (1982). "Who Receives Subsidies through Social Security, and how much?" *Social Work, 27*.

Ozawa, M. (1984). The 1983 amendments to the Social Security Act: the issue of intergenerational equity. *Social Work, 29*(2), 131-137.

Parrillo, V. N. (1988). *Contemporary Social Problems*. New York, NY: Macmillan Publishing Company.

Pestoff, V., & Dufonrny, J. (2008). *Images and Concepts of the Third Sector in Europe*. Brussels: European Research Network.

Piven, F. F., & Cloward, R. A. (1987). *Mean Season: Attack on the Welfare State*. NY: Pantheon.

Powell, A. M. (2011). 복지혼합 (*Understanding the mixed economy of welfare*). (김기태 역).

서울: 나눔의 집. (원저는 2007년에 출판).

Pressman, J. L., & Wildavsky, A. (1978). *Implementation*. Berkley, CA: Oakland Project.

Prigmore, C. S., & Atherton, C. R. (1979). *Social welfare policy: Analysis and formulation*. Lexington, MA: D.C: Heath and Company.

Rein, M. (1970). *Social Policy Issue of Choice and Change*. New York: Random House.

Ramazanoglu, C. (1989). 페미니즘, 무엇이 문제인가 (*Feminism and the contradictions of oppression*). (김정선 역). 서울: 문예출판사.

Reddin, M. (March, 1969). "Universality versus Selectivity." *The Principal Quarterly*.

Reich, R. (1983). *The Next American Frontier*. New York: Times Books.

Rhodes, R. A. W. (1996). The New Governance: Governing Without Government. *Political Studies*, 652-667.

Rimlinger, G. V. (1971). 사회복지의 사상과 역사: 유럽, 미국, 러시아의 사회정책을 중심으로 (*Welfare policy and industrialization in Europe, America, and Russia*). (백종만, 김종해, 오정수, 이영환, 최원규, 최균, 이인재 역). 서울: 한울아카데미.

Romanyshyn, J. M. (1970). *Social welfare: Charity to justice*. Kingsport, TN: Kingsport Press Inc.

Salamon, L. (1999). *America's Nonprofit Sector*. New York: The Foundation Center.

Sandel, M. J. (2010). 정의란 무엇인가 (*Justice: What's the right thing to do?*). (이창신 역). 경기: 김영사. (원저는 2009년에 출판).

Scarpitti, F., & Andersen, M. (1989). *Social problems*. New York, NY: Harper & Row Publisher.

Schorr, A. (1986). *Common Deency*. New Haven, CT: Yale University Press.

Schottleland, C. J. (1967). *The Welfare State*. New York: Harper & Row.

Segal, E. A. (2010). *Social welfare policy and social programs*. Belmont, CA: Brook/Cole.

Segal, E. A., & Brzuzy, S. (1998). *Social welfare policy, programs, and practice*. Itasca, IL: F.F. Peacock Publishers.

Shlakman, V. (1972). "The Safety Net Function in Public Assistance," *Social Service Review*, *46*(2), 193-212.

Skidmore, R. A., & Thackeray, M. G. (1976). *Introduction to social work*. New Jersey, NJ: Prentice-Hall.

Skocpol, T. (1990). Sustainable Social Policy: Fighting Poverty Without Poverty Programs. *The American Prospect*, *59*, 67.

Skocpol, T., & Greenstein, R. (1991). in Christopher Jencks and Paul Peterson (Eds.), The Urban Underclass. Washington D.C.: The Brookings Institution.

Stone, D. A. (1988). *Policy paradox and political reason*. Glenview, IL: Scott, Foresman and Company.

Taylor, G. (1992). 이데올로기와 복지 (*Ideology and welfare*). (조성숙 역). 서울: 신정.

Titmuss, R. M. (1968). *Commitment to Welfare*. London: George Allen and Urwin Ltd.

Titmuss, R. M. (1969). *Essay on the Welfare State*. Boston: Beacon Press.

Titmuss, R. M. (1974). 사회정책개론 (*Social policy: An introduction*). (김영모 역). 서울: 일조각.

Townsend, P. (1975). *Sociology and Social Policy*. Harmondworth: Penguin.

Tropman, J. E. et al. (eds.) (1976). *Strategic Perspectives on Social Policy*. New York: Pergamon Press.

Truman, D. B. (1951). *The Governmental Process*. New York: Knopf.

United Nation (2002). *Access to Social Service By the Poor and Disadvantaged in Asia and the Pacific: Major Trend and Issue* (pp. 17-23). New York, NY: United Nation's Publication.

Vakil, A. C. (1997). Confronting the Classification Problem: Toward a taxonomy of NGOs. *World Development*, 2057-2070.

Wagner, A. (1981). Über soziale Finanz und Steuerpolitik, Archiv Für Soziale Gesetzgebung und Statistik Bd. IV.

Warren, R. L. (1967). "Interorganizational Field as a Focus for Investigation." *Administrative Science Quarterly*, 12.

Wilensky, H. L. (1975). *The Welfare State and Equality: Structural and Ideological Roots of Public Expenditure*. Berkely: University of California Press.

Wilensky, H. L. (1992). 비교사회정책 (*Comparative social policy*). (남찬섭 역). 서울: 한울아카데미.

Wilensky, H. L., & Lebeaux, C. N. (1965). 산업사회와 사회복지 (*Industrial society and social welfare*). (장인협 역). 서울: 대한교과서주식회사.

Williams, F. (1990). Good-enough Principles for Welfare. *Journal of Social Policy*, *28*, 670-675.

World Bank (1995). *Working with NGOs: A practical guide to operational collaboration between the World Bank and non-governmental organizations*. Operations Policy Department. Washington D.C: World Bank.

Young, P. (2000). *Mastering social welfare*. London: Macmillan.

Zald, M. (1965). *Social Welfare Institution*. New York: John Wiley & Sons.

Zastrow, C. (2000). *Introduction to social work and social welfare*. Belmont, CA: Brooks/Cole.

CNN Time. Background: Time For A New Approach?. *All Politics*. http://cnn.com.

e-나라지표. http://www.index.go.kr

KDI 경제정보센터. http://www.elec.kdi.re.kr

Net MBA. www.Net MBA.com/operations/project/pert

NGO Workshop. http://www.gdrc.org/ngol

OECD. OECD Revenue Statistics. www.OECD.org/ctp/tax/revenue statistics

Patton, Howard, Reinhold Nibuhr. http://www.religion-online.org/

국가인권위원회. 재정통계. http://www.humanrights.go.kr

국세청. http://www.nts.go.kr

국회예산정책처. https://www.nabo.go.kr

김세균. 신자유주의와 정치구조의 변화. www.dbpia.co.kr/Article/2686684

김정훈. http://ebook.klfa.or.kr/src

동아일보. 건보 본인부담 상한제 시행돼도 고액입원환자 진료비 절반 내야. http://news.donga.com/NEWS/3/all/20030722/7966564/1

박주언, 이희걸(2011). 통계청 나눔통계 개선방안. http://www.kostat.go.kr

법제처. 「국가재정법」. http://www.moleg.go.kr

보건복지부. http://www.socialservice.or.kr

복지연합신문(2003. 6. 16.). 노점상 투쟁가열. 복지연합신문사.

서울특별시 주택국. http://www.seoul.go.kr

여성가족부. www.mogef.go.kr/korea/view/policy guide/

연합뉴스. http://www.yonhapnews.co.kr

위키피디아. 국부론. http://ko.wikipedia.org

위키피디아. http://www.en.wikipedia.org

유시민. 의료급여제도 혁신에 대한 국민보고서. www.mohw.go.kr/front_new/al/sal0301vw.jsp?PAR_MENU_ID=04&MENU_ID=0403&CONT_SEQ=39179&page=576

조선일보. http://www.news.chosun.com

통계청. http://www.kostat.go.kr

한국조세재정연구원. http://www.kipf.re.kr

찾아
보기

■ 인명 ■

■ 내용 ■

● 저자 소개 ●

김기원(Kim, Ki-weon)
고려대학교 법과대학 행정학과(B.A.)
University of Texas(Dallas)(M.A., 세부전공: 사회정책)
University of Texas(Dallas)(Ph.D., 세부전공: 사회정책)
현 서울장신대학교 사회복지학과 교수

〈경력〉
University of Texas(Dallas) 연구조교
한국사회복지학회 이사, 편집위원 및 연구위원
한국사회복지정책학회 이사 및 정책위원
한국학술진흥재단 연구과제 심사위원
한국기독교사회복지학회 부회장
한국사회복지교육협의회 교과목지침서 책임집필위원
행정고등고시 출제, 채점 및 평가위원
7급 공무원 및 9급 공무원 시험 출제위원
사회복지사 1급 국가시험 출제위원 및 정답심사위원
사회복지공동모금회 중앙회 배분위원
노동부 근로복지공단 정책자문위원
기획예산처 바우처 시스템 자문위원
한국장애인고용촉진공단 연구자문위원
대한예수교장로회(통합)총회 사회봉사위원
광주시지역사회복지계획수립 책임연구원
경기복지재단 복지시설인증전문자문위원회 위원장
고려대학교, 서울대학교 등 대학원 강사 및 박사논문심사위원

〈저서〉
사회복지법제와 실천(학지사, 2019)
빈곤론(정민사, 2019)
사회복지 관련법의 제ㆍ개정 분석(정민사, 2018)
사회문제론(정민사, 2017)
사회보장론(정민사, 2016)
사회복지조사론(교육과학사, 2016)
최근 사회복지 입법의 분석(정민사, 2015)
빈곤복지 선교론(공저, 학지사, 2010)
기독교사회복지론(교육과학사, 2009)
사회복지법제론(나눔의집, 2009)
민영교도소론(한국학술정보, 2004)
한국사회복지정책론(나눔의집, 2003)
공공부조론(학지사, 2000, 문화관광부 추천 우수학술도서)

〈논문〉
「사회보장」「사회복지정책」「기독교사회복지」 등 사회복지 관련 분야의 논문 다수

사회복지정책론(2판)
Social Welfare Policy (2nd ed.)

2017년 2월 20일 1판 1쇄 발행
2018년 8월 20일 1판 2쇄 발행
2020년 8월 25일 2판 1쇄 발행

지은이 • 김기원
펴낸이 • 김진환
펴낸곳 • (주)**학지사**

04031 서울특별시 마포구 양화로 15길 20 마인드월드빌딩
대표전화 • 02)330-5114   팩스 • 02)324-2345
등록번호 • 제313-2006-000265호

홈페이지 • http://www.hakjisa.co.kr
페이스북 • https://www.facebook.com/hakjisa

ISBN 978-89-997-2142-7 93330

정가 23,000원

이 도서의 국립중앙도서관 출판시도서목록(CIP)은 서지정보유통지
원시스템 홈페이지(http://seoji.nl.go.kr)와 국가자료공동목록시스템
(http://www.nl.go.kr/kolisnet)에서 이용하실 수 있습니다.
(CIP 제어번호: CIP2020030675)

출판 · 교육 · 미디어기업 **학지사**

간호보건의학출판 **학지사메디컬** www.hakjisamd.co.kr
심리검사연구소 **인싸이트** www.inpsyt.co.kr
학술논문서비스 **뉴논문** www.newnonmun.com
원격교육연수원 **카운피아** www.counpia.com